Amerikanische Short Stories
des 20. Jahrhunderts

Amerikanische Short Stories des 20. Jahrhunderts

Herausgegeben von
Günter H. Lenz

Philipp Reclam jun. Stuttgart

Alle Rechte vorbehalten
© 1998 Philipp Reclam jun. GmbH & Co., Stuttgart
Copyrightvermerke für die Short Stories siehe Seiten 641 ff.
Satz und Druck: Reclam, Ditzingen. Printed in Germany 1998
Buchbinderische Verarbeitung:
Sigloch Buchbinderei, Künzelsau
RECLAM ist eine eingetragene Marke
der Philipp Reclam jun. GmbH & Co., Stuttgart
ISBN 3-15-059741-2

Inhalt

Einleitung 9
Bibliographische Hinweise 31

SHERWOOD ANDERSON
   Ich möchte wissen warum 35

ERNEST HEMINGWAY
   Soldaten zuhaus 50

F. SCOTT FITZGERALD
   Winterträume 60

JEAN TOOMER
   Theater 92

ZORA NEALE HURSTON
   Spunk 99

WILLIAM FAULKNER
   Eine Rose für Emily 109

EUDORA WELTY
   Der Tod eines Handlungsreisenden 123

RICHARD WRIGHT
   Der Mann, der fast ein Mann war 142

RALPH ELLISON
   Der schwarze Adler 161

JOHN CHEEVER
  Das grauenvolle Radio   190

SAUL BELLOW
  Ein künftiger Vater   206

BERNARD MALAMUD
  Das Zauberfaß   221

PHILIP ROTH
  Die Bekehrung der Juden   245

FLANNERY O'CONNOR
  Ein guter Mensch ist schwer zu finden   266

JOHN UPDIKE
  Dein Liebhaber hat eben angerufen   289

JAMES BALDWIN
  Sonnys Blues   301

THOMAS PYNCHON
  Entropie   347

ROBERT COOVER
  Der Aufzug   368

DONALD BARTHELME
  Paraguay   383

LEROI JONES
  Die Schreier   393

ALICE WALKER
  Für jeden Tag   404

RAYMOND CARVER
  So viel Wasser, direkt vor der Tür . .   417

JOYCE CAROL OATES
  Wie ich die Welt von der Detroiter
  Jugendstrafanstalt betrachtete und
  mein Leben von vorne anfing 427

GRACE PALEY
  Unterredung mit meinem Vater ... 449

MELVIN DIXON
  Der Mann mit dem Bier 457

TONI MORRISON
  Recitatif 471

LESLIE MARMON SILKO
  Gelbe Frau 501

LOUISE ERDRICH
  Der Schatten eines Schattens 515

AMY TAN
  Jing-Mei Woo: Zwei Sorten 531

SANDRA CISNEROS
  Bach der Schreienden Frau 547

CYNTHIA OZICK
  Der Schal 563

URSULA K. LEGUIN
  Texte 570

TAMA JANOWITZ
  Ein wirklich echter Kannibale in
  Manhattan 574

MICHAEL CHABON
  Ocean Avenue 582

JOHN EDGAR WIDEMAN
  Valaida 595

BHARATI MUKHERJEE
  Die Geschichte einer Ehefrau 611

MARK AMERIKA
  Grammatron 633

Autoren, Kurzbiographien, Textnach-
  weise 641

Einleitung

Zur Theorie der amerikanischen Short Story

Auf die Fragen »Was ist eine Short Story?«, »Wie unterscheidet man sie von anderen Prosagattungen?« gab es im neunzehnten, teilweise noch im zwanzigsten Jahrhundert, zahlreiche Antworten einer normativen Poetik, die die Short Story meist in Abgrenzung vom Roman in ihrer Eigenart überzeitlich zu definieren versuchten. Doch erwiesen sich diese Definitionsversuche alle als höchst unzureichend und trafen oft nicht einmal prägnant auf die literarische Produktion ihrer Zeit zu. Im Fortgang der Debatte um eine Gattungsdefinition der Short Story konnte selbst die immer wieder aufgeworfene Frage nach der ihr eigenen Länge nicht befriedigend geklärt werden. Abgrenzungen der Short Story von anderen Formen der kurzen Prosa wie Märchen, Fabel, Legende, Novelle oder »tale«, »sketch« oder »essay« sind für das neunzehnte Jahrhundert in manchem hilfreich, wurden aber durch die spätere Entwicklung überholt. So nimmt es nicht wunder, daß die Autoren und Autorinnen selbst sich immer mehr um eine historisch-deskriptive Theorie bemühten, die aus der Fülle der verschiedenen vorliegenden Kurzgeschichten allgemein gültige Merkmale und Gemeinsamkeiten abzuleiten versuchte. Doch hat auch dies nicht zu einer überzeugenden Theorie der Short Story geführt. Dennoch sind sowohl die normativ-poetologischen wie die historisch-deskriptiven Definitionsversuche, insbesondere soweit sie von den Schriftstellern und Schriftstellerinnen selbst stammen, keineswegs überflüssig, geben sie uns doch einen guten Aufschluß über die Literaturauffassungen ihrer Zeit und die Zielsetzungen ihrer literarischen Arbeit. Auch die literaturwissenschaftlichen Versuche, eine »Typologie« der Short Stories aufzustellen und grundsätzliche Möglichkeiten und Muster ihrer Konstruktion zu unterscheiden, etwa des Anfangs, der Personencharakterisierung, der »Pointe« und des Schlusses, sind zwar unter theoretischer Perspektive nur begrenzt tragfähig, haben aber den interpretatorischen Blick in vieler Hinsicht geschärft. Beide Bestrebungen erlauben uns, in unserer kritischen Lektüre von Kurzgeschichten hilfreiche Unterscheidungen vorzunehmen und Entwicklungsphasen, Schwerpunkte und besondere Eigenarten in der Geschichte der amerikanischen Short Story herauszuarbeiten.

Wiederholt ist in der amerikanischen Literaturkritik der Anspruch erhoben worden, daß die Short Story eine spezifisch amerikanische »Erfindung« sei, daß die Vereinigten Staaten mit ihr zum Kosmos der literarischen Gattungen und Formen einen eigenen Beitrag geleistet hätten. Als Begründung wurde etwa genannt, daß die an Gegensätzen reiche und nicht so sehr wie die europäische von Traditionen belastete, ständig im Fluß befindliche und schnellebige amerikanische Kultur und Gesellschaft einen besonders günstigen Boden für die Entfaltung der Short Story abgab. Dieser Anspruch ist aber in vergleichender Perspektive so nicht zu halten, gerade wenn man die Unschärfe in den Charakterisierungen der »short story« / Kurzgeschichte in Betracht zieht. Es gab durchaus vergleichbare europäische Entwicklungen. Dennoch ist es richtig, daß die Short Story seit dem neunzehnten Jahrhundert in den USA eine besonders große Bedeutung gehabt und sich in bemerkenswerter Reichhaltigkeit entwickelt hat; daß sie in der Tat damals ihre erste markante und bis nach Europa wirkende theoretische Formulierung durch ihre maßgebenden literarischen Vertreter gefunden hat; und daß sie für die weitere literarisch interessierte Öffentlichkeit durch ihre Publikation in national verbreiteten Magazinen wie *Atlantic Monthly*, *Harper's*, *The Century* oder *Cosmopolitan* einen außerordentlichen Einfluß auf die Bildung (später auch Mißbildung) des literarischen Geschmacks und eines nationalen kulturellen Selbstverständnisses ausgeübt hat. Diese bedeutende kulturelle Rolle der Zeitschriften gilt auch noch für das zwanzigste Jahrhundert, obwohl die genannten und verwandte Magazine häufig zunehmend auf Massenunterhaltung einschwenkten, an Einfluß verloren, durch andere – wie die *Saturday Evening Post* – abgelöst, z. T. eingestellt wurden und in ihrer populärkulturellen Funktion nicht zuletzt durch die »soap operas« des Fernsehens abgelöst wurden. Denn es entstanden ständig neue Zeitschriften, die sich an die verschiedensten Gruppen wandten, literarisch und kulturkritisch orientierte Zeitschriften, oft von Universitäten herausgegeben wie etwa der *Kenyon Review*, der *Hudson Review*, *Tri-Quarterly*, *Paris Review* und zahlreiche andere, die für neue Entwicklungen im Bereich der Kurzprosa von Autoren und Autorinnen der Moderne wie – seit den sechziger Jahren – der Postmoderne offen waren. Daneben hat es stets eine Fülle von oft kurzlebigen, in kleiner Auflage erscheinenden, experimentellen Zeitschriften der Avantgarde, der Gegenkultur oder der ethnischen und anderen Minderheiten gegeben, die von diesen alternativen kulturellen Gruppen selbst herausgegeben wurden und werden und die jeweils ein Forum darstellen, in dem neue Ausdrucks- und Darstellungsweisen erprobt werden konnten, die dann immer wieder die Entwicklungen der amerikanischen Literatur als einer multikulturellen Literatur nachdrücklich beeinflußt haben.

Das neunzehnte Jahrhundert

Der Begriff der »short story« wurde erst in den letzten Jahrzehnten des neunzehnten Jahrhunderts in den Vereinigten Staaten als fester Gattungsbegriff etabliert, vor allem durch Brander Matthews' programmatische Studie »The Philosophy of the Short-Story« aus dem Jahre 1884. Doch finden sich schon in der ersten Hälfte des Jahrhunderts wichtige Versuche der ersten bekanntgewordenen Kurzgeschichtenautoren, die von ihnen entwickelte Form kurzer Erzählungen zu charakterisieren. Nach Washington Irving, der mit »Rip Van Winkle« und »The Legend of Sleepy Hollow« die ersten, bewußt die amerikanische Landschaft und Lebenswelt beschreibenden und die neue republikanische Erfahrung nach der amerikanischen Revolution von 1776 und der Staatsgründung von 1789 thematisierenden Kurzgeschichten geschrieben hatte, waren es Nathaniel Hawthorne und dann vor allem Edgar Allan Poe, die die ersten »Theorien« der amerikanischen Short Story formulierten. Hawthorne hat eine Vielzahl von Kurzgeschichten (»Tales« genannt) vorgelegt, die von frühen Formen der Initiationsgeschichte über Auseinandersetzungen mit dem Erbe (und der Last) des neuenglischen Puritanismus, den verschiedenen Erscheinungen des Bösen und dem Fortwirken der amerikanischen Revolution bis hin zu Geschichten über den Künstler und die gefährliche Verführungskraft der Naturwissenschaften und früher Versuche der Naturbeherrschung reichen. Er hat in verschiedenen Bemerkungen zu seinen Geschichten, die oft auch didaktisch auf ihre symbolische und allegorische Bedeutung hinweisen und damit an die intellektuelle Interpretationskraft seiner Leserinnen und Leser appellieren, auch die Eigengesetzlichkeit betont, die »Einheit, Ganzheit, den eigenen Charakter«, den die gelungensten seiner Geschichten, oft gegen seine ursprünglichen Absichten, angenommen und ausgeformt hätten.

Aber es war Edgar Allan Poe, der in seiner Besprechung von Hawthornes *Twice-Told Tales* im Jahre 1842 diese Überlegungen Hawthornes zur Einheit und eigenen Geschlossenheit der Short Stories (er verwendet den Ausdruck »short prose narrative«) zu der für die Folgezeit einflußreichsten Theorie ausbaute. Für ihn war der zentrale Begriff die »unity of effect or impression« oder »unity or totality of *effect*«, die Einheit der Wirkung und des Eindrucks, die der Autor für seinen Schaffensvorgang möglichst klar und bewußt konzipiert (»a certain unique or single *effect* to be wrought out«), die er beim Schreiben seiner Geschichte konsequent konstruiert und verwirklicht (»establish this preconceived effect«) und die der Leser oder die Leserin bei der Lektüre in genau derselben Weise wieder nachvollzieht und realisiert. Für Poe war diese »unity of effect« die zentrale Vorstellung seiner Poetik, die daher auch normative Konsequenzen beinhaltet. Da die »Einheit der Wirkung« bei der Lektüre eines literarischen Werkes nur dann verwirklicht werden kann, wenn dieser Lesevorgang von ununterbrochener Konzentration geprägt ist, also die Wirkung Schritt für Schritt beim Lesen aufgebaut und schließlich am Ende erreicht wird, können nur solche Werke der Literatur diese höchste Vollkommenheit verkörpern und beim Leser oder der Leserin einlösen, die eine bestimmte Länge haben. Sie dürfen nicht zu kurz sein, sie dürfen aber auch nicht zu lang sein – Poe denkt an eine Lesezeit von ein bis zwei Stunden –, weil sonst beim Lesen der Aufbau der komplexen Spannung und der Emotionen zum Ende der »unity of effect« immer wieder abgebrochen wird. Daher sind für Poe das dem Ausdruck der Schönheit gewidmete »mittellange« Gedicht (wie etwa sein eigenes Gedicht »The Raven«, an dem er die rationale Logik seiner Poetik in seinem Essay »The Philosophy of Composition« exemplifizierte) und dann – in manchem auch vorrangig – die »short prose narrative«, dem Ziel der Wahrheit verpflichtet, die höchsten literarischen Gattungen, die dem Epos, dem Roman und dem Drama weit überlegen sind. Poe war es auch, der in seinem eigenen Werk einigen Grundformen der Kurzgeschichte wie der Detektivgeschichte oder der Horrorgeschichte (oder des »Grotesken« und Übernatürlichen) in seinen »tales of ratiocination« bzw. seinen »tales of terror« oder »tales of the grotesque and arabesque« ihre in der Literaturgeschichte erste verbindliche Ausformung gab.

Poes Überlegungen blieben bis ins zwanzigste Jahrhundert hinein verbindlich für die Theorie der Short Story. Brander Matthews wandelte in seinem schon erwähnten Essay Poes poetologische Vorstellungen in einigen Punkten ab und ergänzte sie in seiner Bestimmung der Short Story als eigener Gattung durch Hinweise auf ihre »grenzenlosen Möglichkeiten«. Dies paßte genau in eine Zeit des tiefgreifenden Wandels im Buch- und Zeitschriftendruck und der zunehmenden Verbreitung populärer Zeitschriften, eine Zeit, in der die Nachfrage nach neuen Kurzgeschichten unerschöpflich schien. Daher wurden die facettenreichen poetologischen Überlegungen Poes schnell zu Schreibanweisungen für ein auf eine Handlungsstruktur (»plot«) mit einem Überraschungseffekt am Ende hinzielendes Kurzgeschichtenmuster reduziert. Bekannte Prosaautoren wie Frank Norris, Bret Harte oder William Dean Howells, damals einflußreichster Literaturkritiker, wie im zwanzigsten Jahrhundert dann auch Ring Lardner oder James T. Farrell, machten sich deshalb über diese Art von »normativen« Theorien der Kurzgeschichte lustig und wandten sich genaueren historischen Studien der Entwicklung der Short Story in den Vereinigten Staaten zu. Dabei ging es ihnen insbesondere darum, die genuin eigenständigen Vorformen und Einflußlinien wie die der mündlichen Erzähltradition der »tall-tale stories«, der Aufschneidergeschichten, und des »frontier humor«, der humorvollen Erzählungen der Pioniererfahrungen an der Siedlungsgrenze, stärker zu berücksichtigen. Mit dieser verstärkten Einsicht in die eigenen, lokalen, amerikanischen Wurzeln der Short Story, gerade auch der »vernacular speech«, der Sprache des Volkes, um die Jahrhundertwende verband sich gelegentlich die These von dem spezifisch amerikanischen Charakter der Short Story.

Das zwanzigste Jahrhundert

Im zwanzigsten Jahrhundert haben amerikanische Schriftsteller und Schriftstellerinnen immer wieder über die Dynamik, die Probleme, die unerschöpflichen Möglichkeiten der Short Story nachgedacht, indem sie sich über ihre schöpferische Arbeit beim Schreiben der Geschichten Rechenschaft zu geben versuchten. Henry James war einer der ersten, der in besonders intensiver Weise die Dialektik beim Entstehen einer Short Story erforscht hat, die Dialektik zwischen dem Drang zur vollen Entfaltung des erzählerischen Impulses und Stoffes und der immer wieder unerläßlichen Begrenzung, Reduktion und Zuspitzung, die die Form der Kurzgeschichte verlangt und die für James nach Möglichkeit in einer »szenischen Darstellung« zu dramatisieren ist, soll die der Geschichte je eigene »organic form« erreicht werden. Edith Wharton hat diese Gedanken weitergeführt, die mannigfachen Wechselbeziehungen und Übergänge zwischen Roman und Kurzgeschichte angesprochen, doch als besondere Herausforderung beim Schreiben einer Short Story einige wichtige und für die Praxis anregende Prinzipien formuliert: zur Auswahl eines Stoffes, eines Ereignisses, in dem die Charakterentwicklung kulminiert, eine moralische Entscheidung fällt oder die Komplexität der Situation aufscheint, ohne daß die Entwicklung zu diesem Punkt, der Zeitablauf dargestellt werden muß, was der Roman hingegen leisten kann und muß. Oder auch zur Präsentation des Stoffes aus einer sorgfältig ausgewählten und in der Schreibpraxis konsequent durchgehaltenen Perspektive einer Erzählerfigur, der sich der Leser oder die Leserin anvertraut und durch die die beschriebene Situation und »story« lebendig und »präsent« wird (»the impression of vividness, of *presentness*, in the affair narrated«).

Mit diesen die poetologischen Vorstellungen des neunzehnten Jahrhunderts weiterführenden und an der eigenen Schreibpraxis orientierten deskriptiv-theoretischen Reflexionen von Henry James und Edith Wharton waren die Grundlagen formuliert für die vielfältigen Formen der amerikanischen literarischen Moderne nach dem Ersten Weltkrieg. Der Weltkrieg besiegelte für die Vereinigten Staaten endgültig das »end of innocence« (Henry F. May), brachte tiefgreifende ökonomische und soziale Wandlungen mit sich, rief aber auch das endgültige »coming of age« (Van Wyck Brooks) einer eigenständigen, selbstbewußten und mit allen Widersprüchen behafteten modernen amerikanischen Kultur hervor. Der Beginn der modernen amerikanischen Short Story wird von Sherwood Andersons Geschichtenzyklus *Winesburg, Ohio* (1921) markiert. Anderson, der in seinen Überlegungen zur Short Story nachdrücklich gegen die Überbetonung des »plot« und der moralischen Botschaft in den Standardgeschichten der Magazine polemisierte (»There are no plot short stories in life«), ging es vor allem darum, »to tell the tales of my people«, sie aus ihrer Sicht auf eine möglichst prägnante Weise zu erzählen. Entscheidend war für ihn die »form«, nicht der »plot«, eine Form, die der Schriftsteller erst langsam, in steter Arbeit, aus dem Erzählmaterial herausschälen mußte (»It was the tale trying to take form that kicked about inside the tale-teller at night when he wanted to sleep«). Anderson sah seine Aufgabe darin, mit den Worten, in dem Idiom der Umgangssprache (»the common words of our daily speech in shops and offices«) dem Leser und der Leserin Erfahrungsmomente zu vermitteln und Einsichten auszulösen, ohne direkt über sie zu reden und sie als Botschaft zu verkünden. Er zielt hier auf das ab, Forderungen von William Dean Howells und Mark Twain aufgreifend, was Ernest Hemingway, der Anderson zu Beginn seiner Karriere verehrte, später als das »Eisberg-Prinzip« beschrieb, das Ziel des modernen Schriftstellers, durch eine sorgfältig komponierte dramatische Konstellation von möglichst prägnanten, sinnlich präsenten, emotionslosen Worten der Alltagssprache so etwas wie ein »objektives Korrelat« (T. S. Eliot) zu schaffen, das in der Lektüre die an der Oberfläche nicht direkt sichtbare Tiefendimension an Bedeutungen produziert und aktiviert.

Auch in den folgenden Jahrzehnten haben amerikanische Schriftsteller und Schriftstellerinnen immer wieder über die »limitless possibilities« der offenen, nicht mehr auf eine Schlußpointe abzielenden Formen der modernen Kurzgeschichte nachgedacht und sie anhand ihrer eigenen Schreibpraxis erläutert, man denke nur an Katherine Anne Porter, William Faulkner, Eudora Welty oder Truman Capote. Diese »unbegrenzten Möglichkeiten« in Theorie und Praxis sind allerdings auch der Grund dafür, daß es zunehmend deutlicher wurde, wie wenig sinnvoll es ist, eine Theorie *der* Short Story oder *der* amerikanischen Short Story aufstellen oder herausarbeiten zu wollen. Doch erlaubt uns unsere eigene, von der Postmoderne und einem die literarische Produktion in nachdrücklicher Weise prägenden Multikulturalismus bestimmte literarische und literaturwissenschaftliche Perspektive rückblickend deutlicher als je zuvor zu erkennen, wie außerordentlich erfolgreich die Short Story als Gattung in der Moderne gewesen ist, einer literarischen

Moderne freilich, die wir nun in ihrer eigenen Pluralität, auch jenseits der seit langem kanonisierten weißen angelsächsischen Autoren (und – einzelnen – Autorinnen) wahrnehmen und wiederentdecken. Der große populäre Erfolg und die breite Anerkennung der Formen der modernen Short Story mußte jedoch auch die Skepsis der Kritiker hervorrufen, als sie mit dem Beginn der Postmoderne in den sechziger Jahren in der Hand jüngerer radikaler Autoren und Autorinnen ihre literarischen und kulturellen Grundlagen einzubüßen schien und sich – gegenüber dem Roman um Jahre verspätet – in endlosen selbstkritischen und metafiktionalen Reflexionen und dekonstruktiven Experimenten zu verlieren drohte. Doch Befürchtungen wie die von Saul Maloff, der 1967 den »Niedergang« der Short Story diagnostizierte und sie als »todesgeweiht« ansah, haben sich als verfehlt erwiesen. Eher wird man, wenn auch vielleicht mit Einschränkungen, William Peden zustimmen, der in seinem Buch *The American Short Story: Continuity and Change, 1940 to 1975*, feststellte, daß die Schriftsteller in der Zeit nach dem Zweiten Weltkrieg in der Short Story die »bedeutendste literarische Form« hervorgebracht hätten.

In Zeiten der Postmoderne und des Multikulturalismus können wir einen neuen, ebenso selbstreflexiven und kritischen wie unerschöpflich kreativen und innovativen Reichtum im Bereich der »Short Story« beobachten, der sich gelegentlich auch in selbstironisch-spekulativen Meditationen (wie etwa der von John Barths »It's a Short Story«) niederschlug. Er zeigt sich aber nicht zuletzt in einer beträchtlichen Anzahl neuer Anthologien gerade aus den letzten Jahren, in denen unter den verschiedensten Auswahlkriterien und Gesichtspunkten die Texte zusammengestellt sind. Wir finden Sammlungen, die sich an experimentell-literarischen Kriterien (wie »metafiction« oder »surfiction«) oder Genres (wie »science fiction«) orientieren, die verschiedene Regionen (wie den Süden oder Kalifornien) oder komplexe thematische Felder (etwa mehrere Anthologien zum Jazz und der schwarzen Musik) zu erfassen versuchen. Vor allem aber finden wir Zusammenstellungen von Short Stories unterschiedlichster literarischer Gestaltung und Orientierung, die von Mitgliedern der verschiedenen Gruppen verfaßt wurden, die sich nach den kulturellen Kategorien und Dimensionen konstituieren, die die amerikanische Auseinandersetzung um die Zielsetzungen, Bedeutungsweisen und spezifischen Ausdrucksformen der multikulturellen Literatur in der Postmoderne prägen, vor allem um Kategorien wie »gender«, »race« und »ethnicity«. Die große Zahl neuer Short Story-Bände von Autoren und Autorinnen der *African Americans*, der *Chicanos/Chicanas*, der *Native Americans*, der *Asian Americans* oder auch – wie gerade in Kalifornien – einer »multicultural literacy« mit ganz verschiedenem kulturellem Hintergrund zeigen an, daß sich das Bild der »amerikanischen Literatur« unwiderruflich verändert hat. Gleiches gilt für die Kurzgeschichten amerikanischer Schriftstellerinnen, oft auch den genannten Minderheitenkulturen zugehörig, die in außergewöhnlicher Differenziertheit und mit kritisch-kreativem Impuls feministische Perspektiven und Ausdrucksformen in die amerikanische Literatur als eine Literatur der Multikulturalität eingebracht haben. Die Short Story-Bände sind ganz besonders geeignet, diese Veränderungen der amerikanischen Literatur anschaulich zu machen.

*Die moderne amerikanische Short Story:
1920 bis 1960*

Diese tiefgreifenden Veränderungen, in deren Zuge die Literatur der Vereinigten Staaten schließlich zu ihrer unverwechselbaren, ebenso vielseitigen wie heterogenen Gestalt gefunden hat, lassen sich, wie wir jetzt deutlich sehen können, in mancher Hinsicht in die Jahrzehnte vor dem Zweiten Weltkrieg zurückverfolgen und haben die amerikanische Moderne in der ihr eigenen Art und damit auch den einzigartigen Triumph der modernen Kurzgeschichte in den Vereinigten Staaten geprägt. Doch sind diese neuen Dimensionen und Ausdrucksmöglichkeiten der amerikanischen Short Story erst mit den späten fünfziger und den sechziger Jahren, im Zuge des Civil Rights Movement, des Black Power / Black Arts Movement, der aufkommenden Postmoderne, der verschiedenen Phasen und Richtungen des Feminismus, der zahlreichen kulturellen Befreiungsbewegungen postkolonialistischer Herkunft und der sie oft kontrovers aufeinander beziehenden Strömungen des Multikulturalismus in der literarischen Praxis wie in ihrer literarisch-kulturellen Begründung entfaltet worden.

Die in diesem Band vorgelegte Auswahl amerikanischer Kurzgeschichten des zwanzigsten Jahrhunderts sucht diesem Sachverhalt gerecht zu werden. Sie zeichnet zunächst exemplarisch die Entwicklung der modernen amerikanischen Short Story seit Beginn der zwanziger Jahre bis zur Zeit des Zweiten Weltkriegs nach, ausgehend von einer Initiationsgeschichte SHERWOOD ANDERSON und von ERNEST HEMINGWAYS früher Short Story über die psychischen Auswirkungen des Ersten Weltkriegs auf einen jungen Kriegsheimkehrer in die verständnislose Welt seiner Heimat im Mittleren Westen. Ihnen schließt sich an F. SCOTT FITZGERALDS Geschichte über den Verlust des Traums von Schönheit, Jugend und Liebe in der Gesellschaft des *Jazz Age* und der *Roaring Twenties*.

Die folgende Gruppe ist der ganz anders gearteten Welt der Südstaaten, aber auch der großen Spannweite in der Art und der literarischen Verarbeitung dieser regionalen Erfahrungen gewidmet, von WILLIAM FAULKNERS kritischer Faszination durch den alten Süden (*Old South*) und das »burden of history«, EUDORA WELTYS sinnbildhafter Darstellung der Vereinsamung des Menschen in der modernen Welt, auch des Südens, und der wachsenden Einsicht des Protagonisten in die mythischen Gründe menschlicher Gemeinschaft und das Mysterium des Lebens, bis hin zu einer radikal verschiedenen Erfahrungswelt der Schwarzen im Süden, die durch offenen weißen Rassismus und ökonomische Ausbeutung, aber auch von einer starken, widerstandleistenden und eine eigenständige »black community« tragenden afroamerikanischen Volkskultur gekennzeichnet ist.

Die zwanziger Jahre sind hier vertreten zum einen durch JEAN TOOMERS sprachlich dichte Evokation des Stolzes und der Gegenwehr der Schwarzen in der von selbst dem Niedergang ausgelieferten weißen Plantagenbesitzern beherrschten Südstaatenwelt des Lynchmordes, eine Geschichte, die Toomer in sein bedeutendstes Werk der afroamerikanischen Moderne der Harlem Renaissance, sein aus Texten verschiedener literarischer Genres um den Gegensatz des amerikanischen Südens und des urbanen Nordens komplex komponiertes Buch *Cane* (1923) einfügte. Zum anderen durch ZORA NEALE HURSTONS Geschichte um Eifersucht, Schuldgefühle und Volksglauben in der rein schwarzen Gemeinde Eatonville in Florida, in der die Autorin aufgewachsen war und die sie als Folklore-Forscherin der New Yorker Columbia University eingehend untersucht und in ihren Romanen und anthropologischen Studien dargestellt hat.

Neben Hurston waren vor allem RICHARD WRIGHT und RALPH ELLISON dann für die »schwarze« Kurzgeschichte der dreißiger und vierziger Jahre bestimmend. Wright, der in seiner Sammlung *Uncle Tom's Children* (1938) die Brutalität des weißen Rassismus im tiefen Süden, in Mississippi, anprangerte, aber auch den Überlebenswillen und den sich zunehmend organisierenden Widerstand der schwarzen Bevölkerung realistisch-naturalistisch, aber auch poetisch-visionär darstellte, ist hier mit einer Initiationsgeschichte vertreten, in der den Weißen einmal nicht die entscheidende Macht zukommt. Ralph Ellison, der später mit seinem Roman *Invisible Man* (1952) weltberühmt wurde, hat in »Flying Home« in einer Zeit der radikalen Politisierung der jungen Schwarzen seiner Generation in und nach der Great Depression der dreißiger Jahre den Blick geschärft für die unerschöpfliche Kraft und die trickreichen Ressourcen der »black folk culture«, die er keineswegs als vom politischen Revolutionsbewußtsein (oder dem ersehnten Aufstieg der schwarzen Mittelklasse) historisch überholt ansah.

Die Jahre vom Zweiten Weltkrieg bis in die sechziger Jahre hinein waren beherrscht vom Aufstieg der jüdisch-amerikanischen Literatur, die in das Zentrum »der« amerikanischen Literatur insgesamt rückte. Autoren wie SAUL BELLOW, BERNARD MALAMUD und PHILIP ROTH gelang es, die Erfahrungen von Entfremdung, Vereinzelung, Sinnverlust, gekennzeichnet durch Begriffe wie »alienation«, »absurdity« und »exile«, die die jüdische Erfahrung, unermeßlich verstärkt durch den Holocaust, geprägt haben, als allgemeine, für die Welt nach dem Zweiten Weltkrieg repräsentative Erfahrungen in den Vereinigten Staaten, aber nicht nur dort, darzustellen. Die Geschichten Bellows, Malamuds und Roths spielen in der Welt der (oft armen) *Jewish Americans* und setzen sich intensiv mit Fragen an ihren jüdischen Glauben in einer säkularen, vom Materialismus bestimmten, vermeintlich christlichen Gesellschaft auseinander, in der die Juden stets zum Leiden verdammt scheinen, so daß sie es als ihre »Identität« anzunehmen bereit sind. Aber diese Auseinandersetzung mit der amerikanischen Gesellschaft geschieht bei den drei Autoren, wenn auch auf unterschiedliche Weise, nicht aus dem Horizont einer eher geschlossenen jüdisch-amerikanischen Gemeinschaft, sondern als radikale In-Frage-Stellung ihres Selbstverständnisses. Diese drückt sich aus als selbstkritische Neubestimmung der Position und der Lebensziele des (meist) urbanen jüdischen Intellektuellen, der unnachgiebig über die Welt und die Menschen, mit denen er zu tun hat und denen er sich (er-)öffnen möchte, grübelt und über das Verhältnis von Religion und Weltlichkeit, Intellekt und Emotionen, Tradition und Gegenwart zunehmend klarsichtiger reflektiert, oft voller Selbstironie und schlemihlhaftem Humor.

JOHN CHEEVER, wie später RAYMOND CARVER, einer der wenigen reinen Kurzgeschichtenautoren, und JOHN UPDIKE, berühmt durch seine *Rabbitt*-Romane, werfen in ihren Geschichten immer wieder auf ironische, oft sarkastische, manchmal aber auch einfühlende Weise einen Blick hinter die Fassade der weißen Mittelklasse, auf ihre falschen Träume vom sozialen Aufstieg und den brutalen Selbstbehauptungskampf zwischen Männern und Frauen in einer durch Werbung, Statussymbole und »freien« Lebensstil beherrschten Konsumwelt. Wie schon die Südstaaten-Geschichten von Faulkner und Welty ist auch FLANNERY O'CONNORS »Ein guter Mensch ist schwer zu finden« durch eine Mischung von realistischen und grotesk-ironischen Stilmitteln gekennzeichnet, die bei ihr unerbittlich die christliche Erlösungsthematik und den Einbruch des Bösen, des Grauens erforscht, den der Schluß der Geschichte trotz der furchtbaren Ermordung der ganzen Familie in der Andeutung einer Verheißung menschlicher Verständigung und Hoffnung aufhebt. JAMES BALDWINS bekannteste Kurzgeschichte, »Sonnys Blues«, gehört zu den seit der Harlem Renaissance immer wieder in der afroamerikanischen Literatur auftauchenden Jazzerzählungen, in denen die in den urbanen schwarzen Ghettos Lebenden durch das Drama und das Ritual der schwarzen Musik die Wirklichkeit schwarzer

Gemeinschaft und die Vision möglicher Rettung in und aus der Umwelt der Slums, der Drogen und der Verzweiflung erfahren. Baldwin dramatisiert zugleich die Konflikte zwischen einer mühsam ums Überleben kämpfenden schwarzen Mittelschicht und einer aus der Gesellschaft ausgegrenzten und verlorenen schwarzen Jugend, die aber vielleicht im kreativen Ausdruck, in der radikal eigenständigen und innovativen urbanen Musik des Bebop, d. h. in der die Improvisationen gemeinsam tragenden Musikergruppe und dem Respons des Publikums, Rettung finden kann.

Die amerikanische Short Story seit 1960:
Postmoderne und Multikulturalismus

Mit THOMAS PYNCHONS berühmter Short Story »Entropie« von 1960 beginnt der zweite Teil der Anthologie, der vor allem den literarischen Werken der Postmoderne und den verschiedenen Stimmen des Multikulturalismus gewidmet ist. Er setzt ein mit drei Geschichten von PYNCHON, ROBERT COOVER und DONALD BARTHELME, die als Antworten auf die Jeremiade ihres Kollegen John Barth über die »literature of exhaustion«, über das Aufgebrauchtsein, das Ende der Schreibweisen und Erzählformen der literarischen Moderne verstanden werden können. Diese »stories« – oder »antistories« – problematisieren und fragmentarisieren – in jeweils ganz verschiedener Weise – die Rolle des Erzählers, den Ablauf einer Erzählung und die Möglichkeiten und Grenzen der verschiedenen Diskurse, spielen mit ihnen, parodieren sie, brechen sie auf, wenden sie gegen sich selbst. Andererseits ringen sie doch auch diesem dekonstruktiven Spiel, diesen Textcollagen, den ständigen Perspektivenwechseln neue, provozierende, vorläufige Bedeutungsmöglichkeiten ab, ohne aber auf eine abschließende Pointe oder plötzliche Einsicht hinauszulaufen.

Dagegen sind die vorgestellten Kurzgeschichten von RAYMOND CARVER, JOYCE CAROL OATES und GRACE PALEY kaum auf einen gemeinsamen Nenner zu bringen. Sie zeigen in ihrer höchst unterschiedlichen Schreibweise, die vom asketischen, emotionslosen, hintergründigen Stil Carvers über die für Oates eher ungewöhnlich fragmentarischen, scheinbar inkohärenten, die gesellschaftlichen Widersprüche, das Scheitern und die Wiedergeburt umkreisenden Notizen eines jungen Mädchens bis hin zu Paleys selbstironischer und beziehungsreicher Erzählung über die Leseerwartungen an den Wirklichkeitsgehalt, den Ablauf und »Sinn« einer »Geschichte«, daß die postmodernen Reflexionen über die Möglichkeiten und Unmöglichkeiten des Erzählens und des Schreibens von »Geschichten« keineswegs auf die theoretisch ausgerichteten männlichen Autoren von »metafiction« und »surfiction« (Raymond Federman) beschränkt geblieben sind.

Von allen Minderheitenliteraturen ist die der Afroamerikaner und Afroamerikanerinnen, der *African Americans*, wie sie sich heute bevorzugt nennen, seit den sechziger und siebziger Jahren durch eine besondere Produktivität charakterisiert und hat die größte nationale und internationale Anerkennung gefunden, die mit der Zuerkennung des Nobelpreises an Toni Morrison im Jahre 1993 gekrönt wurde. Einige der wichtigsten Autorinnen und Autoren sind mit Short Stories vertreten, die die Spannweite und die Entwicklungslinien der afroamerikanischen Prosaliteratur andeuten. LEROI JONES (Amiri Baraka) hat in »Die Schreier« Baldwins »Sonnys Blues« ergänzt und radikalisiert, indem er die Rhythm'n'Blues-Musik der schwarzen urbanen Ghettos, das Spiel der *Honkers and Shouters*-Saxophonisten vor einem schwarzen Publikum in einer schwarzen »music hall« als Vor-Klang und Vor-Schein einer revolutionären Erneuerung der »black community« in einer weißen

Gesellschaft präsentiert und in Sprache umzusetzen versucht, eine radikale Deutung der politischen Kraft schwarzer Musik, die sich in einer kollektiven Straßendemonstration zelebriert. ALICE WALKERS frühe Geschichte, im Gefolge des Civil Rights Movement und des Black Arts Movement im schwarzen Süden angesiedelt, wirft ein kritisches Licht auf die Wiederaneignung schwarzer Volkskultur durch junge schwarze Intellektuelle, die die für den täglichen Gebrauch (»Everyday Use«) bestimmten Quilts als Kunstwerke aus ihrem Kontext reißt und als Beispiele von »Black Art« feiert. MELVIN DIXONS Short Story »Der Mann mit dem Bier« ist eine Initiationsgeschichte, in der der junge Protagonist zwischen Faszination, sinnlicher Begierde und Angst hin und her gerissen sich einzugestehen sucht, daß er schwul ist.

»Recitatif« ist TONI MORRISONS einzige Kurzgeschichte, die hier zum ersten Mal in deutscher Übersetzung vorgelegt wird. Für Morrison ist die Geschichte eine Modellstudie über die Art und Weise, wie wir als Leser und Leserinnen die wesentlichen Merkmale und die gesellschaftliche Positionierung der Charaktere anhand von »Indizien« und »Spuren« im Lektüreprozeß in literarischen Texten konstruieren, die uns nicht gleich zu Beginn ihre wesentlichen Eigenschaften nach Alter, Geschlecht oder Zugehörigkeit zu bestimmten Rassen, ethnischen Gruppen oder Klassen liefern. Die Geschichte sagt unzweideutig, daß es um die Jugenderfahrungen zweier Mädchen und ihre späteren Lebensumstände geht und daß eine der beiden weiß, die andere schwarz ist. Was sie nicht sagt, ist, welche von beiden weiße, welche schwarze Hautfarbe hat. »Recitatif« bietet statt dessen eine Fülle von Einzelheiten und Verweisen an, die der Leser oder die Leserin sofort aufgreift, um diese für das Leben in den USA eben entscheidende Frage nach der Rassenzugehörigkeit der beiden jungen Frauen zu beantworten. Immer wieder scheint bei der Lektüre aus den genannten Indizien eine klare Antwort möglich, die sich aber beim Weiterlesen stets als voreilige Festlegung erweist, zumal sowohl in der Rolle, die schwarze bzw. weiße Kultur für die beiden Frauen spielt, als auch im Hinblick auf ihr politisches Engagement im Kampf um Bürgerrechte und auf ihre Klassenzugehörigkeit bzw. die ihrer Ehemänner bei genauerem Hinsehen unlösbare Widersprüche auftreten. So wird der Leser oder die Leserin bis zum Ende der Geschichte gezwungen zuzugeben, daß die Frage von »race« nicht beantwortet werden kann, daß die Geschichte vielmehr die Einsicht dramatisiert, daß diese Kategorie der Kultur immer eine sozial konstruierte, nie eine die »Identität« einer Person konstituierende ist.

Die folgenden vier Short Stories sollen einige der spezifischen Schreibstrategien und kulturellen Besonderheiten anderer für die multikulturelle Literatur der Vereinigten Staaten bedeutender Minderheiten wenigstens exemplarisch deutlich machen: für die Literatur der *Native Americans* Geschichten von LESLIE MARMON SILKO und LOUISE ERDRICH, für die *Asian Americans* von AMY TAN und für die *Chicanas/Chicanos* von SANDRA CISNEROS. Trotz aller Unterschiede im einzelnen haben diese Geschichten gemeinsam, daß sie sich im Spannungsfeld einiger grundsätzlicher Fragen bewegen: der Dramatisierung kultureller Differenz gegenüber der weißen amerikanischen Mehrheitsgesellschaft, des Kulturkonflikts, der oft als Generationenkonflikt ausgetragen wird, der Neubestimmung und Herausbildung weiblichen Selbstverständnisses und der Wiederentdeckung und Verarbeitung ihrer andersgearteten kulturellen Traditionen, oft in literarischen Ausdrucksformen eines »magischen Realismus«, einer Literatur des »Phantastischen«. Gerade die durchaus unterschiedlichen, oft in der Gruppe umstrittenen Formen einer kritisch-prüfenden

Auseinandersetzung mit den Ursprungskulturen und den spezifischen, in den Vereinigten Staaten entwickelten gruppeneigenen, »ethnischen« Kulturformen sind zunehmend weniger als einseitige Verherrlichung einer »verlorenen« Unschuld und kulturellen Reinheit aufgefaßt worden, sondern haben eher zu einer bewußten Anerkennung und Entfaltung einer kulturell »hybriden« Identität geführt, die sie aktiv in das Bild der Multikulturalität der amerikanischen Gesellschaft einschreibt.

Die weiteren Short Stories der Sammlung, einige von ihnen zum ersten Mal übersetzt, zeigen noch einmal die Vielfalt der amerikanischen Kurzgeschichten der letzten zehn Jahre, die sich nicht auf eine gemeinsame »postmoderne« Theorie verpflichten läßt, belegen aber vor allem eindrucksvoll, wie intensiv sie ganz unterschiedliche Erfahrungen und Herausforderungen der Zeit literarisch verarbeiten. Die Auswahl reicht von TAMA JANOWITZ' und MICHAEL CHABONS Geschichten aus dem *New Yorker*, die das »Lebensgefühl« der späten achtziger Jahre in Manhattan und in Südkalifornien evozieren und ironisch beleuchten, bis hin zu URSULA K. LEGUINS »Texte«, worin sie ihre fiktionale Welt der feministischen Science Fiction und phantastischen Literatur auf die Frage nach der »Lesbarkeit« von Welt auf wenigen Seiten zuspitzt; diese ist dank der Imagination möglich, droht aber andererseits in einem Überfluß allgegenwärtiger »Botschaften« zu ersticken, deren Lektüre uns doch keine Antworten zu geben vermag. Zwei der Geschichten, CYNTHIA OZICKS »Der Schal« und JOHN EDGAR WIDEMANS »Valaida«, legen auf für den Leser oder die Leserin überwältigende Weise Zeugnis ab von den Schrecken des Holocausts und der Erinnerung der Überlebenden, wobei der schwarze Schriftsteller Wideman die Erfahrungen der Unterdrückung und Vernichtung der Juden mit der der Afroamerikaner in Beziehung setzt und die Anstrengungen der

Opfer um ein Weiterleben im Bemühen um wechselseitiges Zuhören und Verstehen und menschliche Solidarität nachzeichnet. Die in Indien geborene BHARATI MUKHERJEE, die seit langem in den Vereinigten Staaten lebt, will nicht verstanden werden als eine »multikulturelle« Autorin im Sinne einer traditionsorientierten »ethnischen« Gruppe von Einwanderern in die USA, sondern begreift sich bewußt als Amerikanerin. Aber, wie ihre Short Story zeigt, ist ihr Bild der amerikanischen Kultur eines, das nicht durch Assimilation der Immigranten an eine (weiße) Mehrheitsgesellschaft geprägt ist, sondern »amerikanische Kultur« *ist* für sie das Zusammenspiel, das Wechselspiel, auch das Gegenspiel ganz verschieden konstituierter und sich verändernder kultureller Gruppen und Individuen und insofern im Sinne dieser Einleitung eine postmodern multikulturelle. Schließlich MARK AMERIKAS »Avant-Pop«-Text (Larry MacCaffery) »Grammatron«, in gewissem Sinne Keimzelle seines sich ständig korrigierenden und erweiternden Hypertextprojektes gleichen Titels, das die fundamentale Veränderung der Schriftkultur und der Produktions- und Rezeptionsbedingungen von Literatur durch die neuen Kommunikationsmedien thematisiert und über unsere Anthologie amerikanischer Short Stories im zwanzigsten Jahrhundert in das nächste Jahrhundert vorausverweist.

Auch eine so umfangreiche Anthologie wie die vorliegende, die der Großzügigkeit des Verlags zu verdanken ist, ermöglicht nur eine Auswahl von Short Stories. So mußte schließlich auf Werke zahlreicher Autoren und Autorinnen, aber auch auf Texte aus verschiedenen kulturellen Gruppen und Subgenres der Kurzgeschichte verzichtet werden, aus der Zeit zwischen den Weltkriegen ebenso wie aus den letzten Jahrzehnten, die das Bild in mancher Hinsicht noch ergänzt oder auch korrigiert hätten und deren Abwesenheit man beklagen wird. Doch hoffe ich, daß die vorliegende Auswahl genügend Anregungen gibt, der multikulturellen Vielfalt und der literarischen Kraft der (U.S.)amerikanischen Kurzgeschichte verstärkt Aufmerksamkeit zu schenken und sie in weitergehender Lektüre zu erschließen.

Zum Schluß möchte ich Herrn Dr. Dietrich Klose vom Reclam Verlag für die Geduld und freundliche Ermutigung danken, die er mir während der recht aufwendigen Erstellung und Bearbeitung dieser Anthologie gewährt hat. Grit Kümmele und Annegret Mihan danke ich für die tatkräftige Unterstützung in der ersten Phase der Textauswahl und bei der oft schwierigen Beschaffung der Übersetzungen und der bio-bibliographischen Hinweise. Mein ganz besonderer Dank gilt Antje Dallmann, die das Unternehmen engagiert begleitet, bei der Abfassung der Kurzbiographien, der kritischen Durchsicht der Übersetzungen und der Erstellung der Anmerkungen sachkundig mitgewirkt und selbst eigene Übersetzungen zu dem Band beigesteuert hat.

Berlin 1998 *Günter H. Lenz*

Bibliographische Hinweise

Die wichtigste Einführung in die Theorie und Geschichte der amerikanischen Short Story ist Günter Ahrends, *Die amerikanische Kurzgeschichte*, 3. verb. u. erw. Aufl., Trier 1996. Zur Entwicklung der amerikanischen Kurzgeschichte bis in die jeweilige Gegenwart vgl. die älteren Interpretationssammelbände von Hans Bungert (Hrsg.), *Die amerikanische Short Story: Theorie und Entwicklung*, Darmstadt 1972; Karl Heinz Göller / Gerhard Hoffmann (Hrsg.), *Die amerikanische Kurzgeschichte*, Düsseldorf 1972; Paul G. Buchloh (Hrsg.), *Amerikanische Erzählungen von Hawthorne bis Salinger: Interpretationen*, Neumünster 1968; sowie den neueren Band von Klaus Lubbers (Hrsg.), *Die englische und amerikanische Kurzgeschichte*, Darmstadt 1990.

Zur ersten Jahrhunderthälfte liegt vor Philip Stevick (Hrsg.), *The American Short Story, 1900–1945*, Boston 1984. Auf die Zeit von etwa 1940 bis Mitte der siebziger Jahre konzentrieren sich Peter Freese (Hrsg.), *Die amerikanische Short Story der Gegenwart: Interpretationen*, Berlin 1976; die Monographie von Peter Freese, *Die amerikanische Kurzgeschichte nach 1945: Salinger, Malamud, Baldwin, Purdy, Barth*, Frankfurt a. M. 1974, mit ausführlicher Einleitung; sowie William Peden, *The American Short Story: Continuity and Change, 1940–1975*, 2., erw. Aufl., Boston 1975. Für die letzten Jahrzehnte vgl. James G. Watson (Hrsg.), *The American Short Story 1945–1980: A Critical History*, Boston 1985, und Wolfgang Galenski, *Continuity and Change: Die amerikanische Kurzgeschichte in den achtziger Jahren*, Trier 1995.

Essays zu Short Stories amerikanischer Schriftstellerinnen finden sich in Julie Brown (Hrsg.), *American Women Short Story Writers: A Collection of Critical Essays*, New York 1995. Zur afroamerikanischen Short Story siehe die Interpretationsbände von Peter Bruck (Hrsg.), *The Black American Short Story in the 20th Century: A Collection of Critical Essays*, Amsterdam 1977, und Wolfgang Karrer / Barbara Puschmann-Nalenz (Hrsg.), *The African American Short Story, 1970 to 1990: A Collection of Critical Essays*, Trier 1993.

Textsammlungen und Studien zur Theorie und zu wichtigen Fragestellungen der amerikanischen Short Story sind Alfred Weber / Walter F. Greiner (Hrsg.), *Short-Story-Theorien*, Kronberg 1977; Charles E. May (Hrsg.), *Short Story Theories*, Columbus (OH) 1976; und Paul Goetsch (Hrsg.), *Studien und Materialien zur Short Story, 1573–1973*, Frankfurt a. M. 1971. Eine allgemeine gattungstypologische Studie liefert Klaus Lubbers, *Typologie der Short Story*, Darmstadt 1977, 1989.

Wichtige neuere amerikanische Short Story-Sammlungen sind: Joyce Carol Oates (Hrsg.), *The Oxford Book of American Short Stories*, Oxford / New York 1992; weiterhin sehr hilfreich die breiter angelegte und mit zahlreichen zusätzlichen Materialien ergänzte Sammlung von R. V. Cassill (Hrsg.), *The Norton Anthology of Short Fiction*, 5., gekürzte Aufl., New York 1995; für die neuere Zeit Richard Ford (Hrsg.), *The Granta Book of the American Short Story*, London 1992; für die neueste Zeit Sally Arteseros, *American Voices: Best Short Fiction by Contemporary Authors*, New York 1992.

Short Stories

SHERWOOD ANDERSON

Ich möchte wissen warum

Um vier Uhr früh standen wir auf, damals, an unserm ersten Tag im Osten. Am Abend vorher waren wir am Rand des Städtchens von einem Güterzug geklettert und hatten mit der untrüglichen Witterung der Jungens von Kentucky den Weg durch die Stadt zur Rennbahn und zu den Ställen gefunden. Da wußten wir, daß alles im Lot war. Hanley Turner trieb denn auch gleich einen Nigger auf, den wir kannten: Bildad Johnson, der im Winter immer in Ed Beckers Mietstall arbeitete, bei uns daheim in Beckersville nämlich. Bildad kann gut kochen wie fast alle unsere Nigger, und natürlich hat er Pferde gern; bei uns in Kentucky hat jeder Mensch, der überhaupt einer ist, Pferde gern. Im Frühling geht Bildad ein bißchen auf die Walze. Die Nigger bei uns zulande verstehen sich drauf, jedem Honig um den Bart zu schmieren und ihm fast alles abzuschmeicheln, was ihnen paßt. Bildad streicht mit seinen Schmeichelkünsten um die Stalleute und Trainer in allen Gestüten rund um Lexington herum. Die Trainer kommen nachmittags ins Städtchen; da stehen sie herum und schwatzen, machen vielleicht auch mal eine Partie Poker. Bildad pirscht sich an sie heran. Er erweist ihnen allerhand kleine Gefälligkeiten und redet ihnen von was Gutem zu futtern vor – Brathühnchen zum Beispiel, oder wie man süße Kartoffeln kocht und Maisbrot bäckt. Das Wasser läuft einem im Munde zusammen, wenn man ihn bloß hört.

Dann rückt die Rennsaison heran; die Pferde werden auf die Rennbahnen gebracht, und nachmittags dreht sich das ganze Geschwätz auf den Straßen um die neuen Fohlen. Alle Welt redet darüber, wann sie nach Lexington kommen oder zum Frühjahrsrennen in Churchill Downs oder nach Latonia. Die Jockeys, die unten in New Orleans oder vielleicht auch beim Winterrennen in Havanna auf Kuba gewesen sind, kommen heim und bleiben eine Woche zu Hause, bevor sie wieder losgehen. In dieser Zeit, wenn jedes Wort und jedes Gespräch in Beckersville sich um Pferde und nur um Pferde dreht, wenn die Ställe mit allem Drum und Dran zum Aufbruch rüsten und man in jedem Mundvoll Atemluft die Pferderennen spürt, tritt Bildad plötzlich als Koch bei irgendeinem Stall in Erscheinung. Oft, wenn ich so denke, wie er da so in jeder Saison zu den Rennen geht und im Winter in dem Mietstall arbeitet, wo die Fachleute mit Vorliebe herumstehen und über Pferde schwatzen, dann wünschte ich mir, ich wäre auch so ein Nigger. Es klingt ja ein bißchen verrückt, wenn man es so sagt – aber so geht es mir nun mal mit Pferden: ich bin rein verrückt darauf. Ich kann nichts dafür.

Na, ich muß euch nun erst mal erzählen, was wir taten, um euch in die Geschichte, die ich berichten will, richtig hineinzubugsieren. Wir waren vier Beckersviller Jungens, alles Weiße und Söhne ordentlicher Bürgersleute von Beckersville, und wir setzten es uns in den Kopf, zu den Rennen zu fahren – nicht bloß nach Lexington oder Louisville, o nein –, sondern zu der großen Bahn im Osten, von der wir die Leute in Beckersville immer erzählen hörten: nach Saratoga. Wir waren alle noch hübsch jung, damals. Ich war gerade fünfzehn geworden und damit der älteste von den vieren. Ich hatte den Plan ausgeheckt, das gebe ich zu, und ich überredete die anderen, es auch mal zu versuchen. Die anderen: das waren Hanley Turner, Henry Rieback und Tom Tumberton. Ich besaß siebenunddreißig Dollar, die ich mir im Winter damit verdient hatte, daß ich abends und samstags in Enoch Myers' Krämerladen aushalf. Henry Rieback besaß elf Dollar; Hanley und Tom aber hatten jeder nur einen. Wir knobelten alles fein aus und saßen mucksstill, bis die Frühjahrsrennen in Kentucky gelaufen und ein paar von unseren Leuten, die fixesten Kerle, die wir am meisten beneideten, weg waren; da zogen wir auch los.

Ich will euch gar nicht erst erzählen, was für eine Schinderei es war, in den Güterzug hinein- und nachher weiterzukommen. Wir fuhren durch Cleveland und Buffalo und andere große Städte und sahen den Niagara. Da kauften wir allerlei Zeug, Reiseandenken und Löffel und Postkarten und Muscheln mit Bildern von den Wasserfällen drauf, für unsere Schwestern und Mütter, aber nachher fiel uns ein, daß es doch wohl besser wäre, wenn wir das Zeug nicht nach Hause schickten. Wir wollten denn doch die Leute nicht gern auf unsere Spur setzen und womöglich geschnappt werden.

Wir kamen abends in Saragota an, wie ich schon sagte, und gingen zur Rennbahn. Bildad gab uns erst mal was zu futtern. Er zeigte uns einen Platz im Heu oben in einem Schuppen, wo wir schlafen konnten, und versprach uns, seinen Mund zu halten. In dieser Hinsicht sind die Nigger tadellose Kerle. Die verpetzen einen nicht. Wenn man so wie wir von zu Hause ausgerissen ist, trifft man manchmal auch einen weißen Mann, der ein tadelloser Kerl zu sein scheint und einem einen viertel oder halben Dollar oder sonst was schenkt; und nachher geht er mir nichts, dir nichts hin und verpfeift einen. Weiße tun so was wohl, aber niemals ein Nigger. Denen kann man trauen. Die sind netter gegen Jungens. Ich weiß nicht warum.

Es waren in dem Jahr eine Menge Leute von zu Hause bei den Frühjahrsrennen in Saratoga: Dave Williams und Arthur Mullford und Jerry Myers und andere. Dann waren noch viele aus Louisville und Lexington da, die Henry Rieback kannte, aber ich nicht. Das waren berufsmäßige Rennschieber, und Henry Riebacks Vater ist auch so einer. Er ist das, was man einen Zeitungsschreiber nennt, und er ist fast das ganze Jahr über auf den Rennbahnen unterwegs. Im Winter, wenn er nach Beckersville kommt, bleibt er da nicht lange, sondern reist in die großen Städte und spielt Pharo. Er ist ein netter Kerl und freigebig, immer schickt er Henry Geschenke, ein Fahrrad und eine goldene Uhr und eine Pfadfinderausrüstung und allerlei so was.

Mein Vater ist Rechtsanwalt. Er ist auch ein netter Kerl, aber er verdient nicht viel Geld und kann mir so was nicht kaufen. Schließlich bin ich jetzt auch alt genug, um das nicht mehr zu erwarten. Er hat zu mir nie etwas gegen Henry gesagt, aber Hanley Turners und Tom Tumbertons Väter haben was gegen ihn. Geld, so sagen sie zu ihren Jungens, das auf solche Art verdient wird, bringt keinen Segen, und sie wollen, sagen sie, ihre Söhne nicht dazu großgezogen haben, daß sie Rennschieberausdrücke hören und solches Zeug in den Kopf kriegen und womöglich sich noch selbst auf so was einlassen.

Das ist wohl in Ordnung, und ich denke, die Leute wissen, was sie da sagen, aber ich sehe nicht ein, was das mit Henry oder mit Pferden zu tun hat. Deswegen schreibe ich ja diese Geschichte. Ich steh vor einem Rätsel. Ich bin jetzt dabei, ein Mann zu werden, und ich möchte gern recht denken und ein anständiger Kerl sein. Aber ich habe da bei dem Rennen auf der Bahn im Osten was gesehen, worauf ich mir keinen Vers machen kann.

Ich kann's nicht ändern, aber ich bin rein verrückt auf Vollblutpferde. Es war schon immer so mit mir. Als ich zehn Jahre alt wurde und merkte, daß ich für einen Rennreiter zu groß werden würde, bin ich beinahe gestorben vor Kummer. Harry Hellinfinger, der Sohn vom Postmeister in Beckersville, ist schon erwachsen. Zum Arbeiten ist er zu faul, aber er steht mit Vorliebe so auf den Straßen herum und macht seine Witze mit den Jungens; zum Beispiel: er schickt sie in eine Eisenwarenhandlung, um einen Bohrer zu kaufen, mit dem man viereckige Löcher machen kann – und was ihm sonst für Ulk einfällt. Mich hat er auch zum besten gehabt. Er sagte mir, wenn ich eine halbe Zigarre aufäße, würde ich klein bleiben wie ein Stint und gar nicht mehr wachsen, und dann könnte ich vielleicht doch Rennreiter werden. Na, ich tat es denn auch. Als Vater gerade mal nicht aufpaßte, nahm ich ihm eine Zigarre aus der Tasche und würgte sie auf Tod und Leben hinunter. Mir wurde gräßlich elend danach, und der Doktor mußte geholt werden, und genützt hat es nichts. Ich wuchs ruhig weiter. Harry hatte mich angeführt. Ich erzählte, was ich getan hatte und warum, und die meisten Väter hätten mich dafür wohl verhauen, aber meiner tat es nicht.

Na, klein wie ein Stint bin ich also nicht geblieben, und gestorben bin ich auch nicht dran. Geschieht Harry Hellinfinger ganz recht. Dann setzte ich es mir in den Kopf, Stallbursche zu werden, aber damit war es auch nichts. Die meisten Stallburschen sind Nigger, und ich wußte auch, Vater würde es mir nicht erlauben. Hatte gar keinen Zweck, ihn zu fragen.

Wenn ihr nie in eurem Leben so richtig verrückt auf Vollblutpferde gewesen seid, dann habt ihr eben niemals welche so richtig gesehen und versteht es nicht besser. Sie sind wundervoll. Es gibt nichts auf der Welt, das so anmutig und edel und feurig und treu und ich weiß nicht was noch alles ist wie manche Rennpferde. Auf den großen Gestüten, die überall rund um Beckersville liegen, sind Bahnen, auf denen die Pferde frühmorgens trainiert werden. Unzählige Male bin ich vor Tau und Tag aus den Federn gekrochen und zwei oder drei Meilen bis zu den Bahnen gelaufen. Mutter wollte es mir nicht erlauben, aber Vater sagte immer: »Laß ihn nur laufen.« Da holte ich mir denn etwas Brot aus dem Kasten und ein bißchen Butter und Marmelade, schlang es hinunter und sauste los.

Auf dem Geläuf sitzt man dann mit allerlei Leuten, Weißen und Niggern, auf dem Zaun, sie kauen Tabak und schwatzen, und dann werden die Fohlen herausgebracht. Es ist noch früh am Morgen, auf dem Gras liegt funkelnder Tau, auf dem Felde nebenan geht einer hinter dem Pflug, und in dem Schuppen, wo die Stallnigger übernachten, wird was gebraten. Na, und wie so ein Nigger kichern und lachen und einen mit seinem Geschwafel auch zum Lachen bringen kann, das weiß man ja. Ein Weißer kann das nicht, und manche anderen Nigger können es auch nicht, aber ein Stallnigger kann es zu jeder Tages- und Nachtzeit.

Ja, dann werden also die Fohlen herausgebracht, und einige werden von den Stallburschen auch richtig in Karriere geritten; aber auf einem großen Geläuf, das einem reichen Mann gehört – er wohnt, glaube ich, in Chicago –, laufen fast jeden Morgen ein paar Fohlen und einige alte Renngäule und Wallache und Stuten frei herum.

Ich hab so einen Klumpen in der Kehle, wenn ich ein Pferd laufen sehe. Ich meine nicht bei allen Pferden, aber bei manchen. Ich kann sie fast immer gleich herauskennen. Es liegt mir im Blut, wie den Rennstallniggern und Trainern. Selbst wenn sie bloß mit einem Niggerjungen auf dem Rücken so gemütlich vorbeikantern, kann ich sofort sagen, welches ein Sieger ist. Wenn mir die Kehle weh tut und ich nicht richtig runterschlucken kann, dann ist's richtig mit ihm. So einer läuft wie der Satan, wenn er erst mal richtig losgelassen ist. Und es ist ein Wunder, wenn er nicht jedesmal siegt, und kommt bloß daher, daß sie ihn hinter einem andern festkeilen, oder er wird gedrückt, oder er ist beim Start schlecht abgekommen, oder es ist sonst was los. Wollte ich Rennschieber werden, wie Henry Riebacks Vater – ich würde einen Haufen Geld verdienen. Jawohl, das weiß ich, und Henry sagt das auch. Ich brauchte weiter nichts zu tun – bloß warten, bis mir beim Anblick eines Gauls die Kehle weh tut, und dann jeden Cent auf ihn setzen. So würde ich es machen, wenn ich ein Rennschieber werden wollte, aber das will ich nicht.

Wenn man morgens auf den Geläufen ist – nicht auf den Rennbahnen, sondern auf den Trainierbahnen rings um Beckersville –, sieht man solche Gäule wie die, von denen ich eben sprach, nicht allzuoft, aber es ist trotzdem fein da. Jedes Vollblut, das von einem guten Vater und einer guten Mutter ist, kann laufen, wenn der Trainer seine Sache versteht. Wenn es das nicht könnte – wozu wäre es dann nütze, und warum ginge es dann nicht lieber vor dem Pflug?

Na, dann kommen also die Pferde aus den Ställen, mit den Burschen auf dem Rücken, und es ist famos, dabeizusein. Man knufft sich oben auf dem Zaun herum, und in einem fängt's an zu kribbeln. Drüben wird Speck gebraten und Kaffee gekocht. Überall riecht es gut. Nichts riecht besser als Kaffee und Mist und Pferde und Nigger und gebratener Speck und Pfeifenrauch da draußen im Freien an solch einem Morgen. Es packt einen ganz ordentlich, jawohl, das tut es.

Aber, um wieder auf Saratoga zurückzukommen – wir waren sechs Tage da, und keine Menschenseele aus Beckersville hat uns gesehen, und es kam überhaupt alles genau so, wie wir es uns gewünscht hatten, schönes Wetter und Pferde und Rennen und alles. Dann schlugen wir uns wieder heimwärts durch, und Bildad gab uns einen Korb mit Brathühnern und Brot und anderem Futtervorrat mit, und ich hatte noch achtzehn Dollar, als wir wieder in Beckersville anlangten. Mutter putzte mich herunter und weinte, aber der Alte sagte nicht viel. Ich erzählte alles, was wir angestellt hatten, bloß eines nicht. Das tat und sah ich allein.

Und das ist es, weshalb ich dies alles schreibe. Es hat mich scheußlich gebeutelt. Nachts muß ich immer daran denken. Und jetzt kommt es.

In Saratoga schliefen wir nachts im Heu in dem Schuppen, den Bildad uns gezeigt hatte, und früh und abends aßen wir mit den Niggern, wenn die Rennleute alle weg waren. Die von zu Hause blieben meistens bei den Tribünen und den Buchmachern und kamen nicht dahin, wo die Pferde sind – nur unmittelbar vor einem Rennen, wenn die Pferde gesattelt wurden, kamen sie wohl mal zu den Paddocks. In Saratoga haben wir keine Paddocks in einem offenen Schuppen wie in Lexington und Churchill Downs und auf anderen Bahnen bei uns zulande, sondern die Gäule werden draußen im Freien unter Bäumen gesattelt, auf einem Rasen, der so weich und schön ist wie das Gras in Bankier Bohons Vorgarten bei uns in Beckersville. Es ist herrlich. Die Pferde sind schweißig und nervös und glänzen, und die Zuschauer kommen mit Zigarren im Munde und begucken sie, und die Trainer sind da und die Stallbesitzer, und das Herz klopft einem so, daß man kaum atmen kann.

Dann wird das Signal zum Start geblasen, die Jockeys kommen herausgelaufen und haben ihre seidenen Anzüge an, und unsereins rennt zum Zaun, um einen Platz bei den Niggern zu erwischen.

Ich wünschte mir immer, ich wäre ein Trainer oder Rennstallbesitzer; und auf die Gefahr hin, geschnappt und nach Hause geschickt zu werden, ging ich vor jedem Rennen auf den Sattelplatz. Die andern Jungens taten das nicht, aber ich tat es.

Wir kamen an einem Freitag nach Saratoga, und am Mittwoch darauf sollte das große Mullford Handicap gelaufen werden. ›Middlestride‹ und ›Sunstreak‹ waren genannt. Das Wetter war schon und das Geläuf fest. In der Nacht vor dem Rennen konnte ich nicht schlafen.

Das kam nämlich daher, müßt ihr wissen, daß alle beide Pferde von der Art waren, bei der mir ein Kloß im Halse sitzt, wenn ich sie sehe. ›Middlestride‹ ist lang und sieht ziemlich plump aus und ist ein Wallach. Er gehört Joe Thompson, einem kleinen Stallbesitzer aus unserer Stadt, der bloß ein halbes Dutzend Pferde hat. Das Mullford Handicap geht über eine Meile, und ›Middlestride‹ kann immer nicht richtig vom Start abkommen. Er geht langsam los und liegt bis zur halben Strecke immer hinten, dann aber fängt er an zu laufen, und wenn das Rennen über eineinviertel Meile geht, überholt er alle andern und macht das Rennen.

›Sunstreak‹ ist anders. Er ist ein nervöser Hengst und gehört dem größten Gestüt bei uns, der van Riddle-Farm, Eigentum eines Mr. van Riddle in New York. ›Sunstreak‹ ist wie ein Mädchen, an das man manchmal denkt, das man aber niemals im Leben zu sehen kriegt. Er ist tadellos in Form und wunderschön. Wenn man seinen Kopf sieht, möchte man ihn am liebsten küssen. Sein Trainer ist Jerry Tillford, der mich kennt und schon manches Mal nett zu mir gewesen ist: er läßt mich zum Beispiel zu den Pferden in die Box, damit ich sie mir ganz aus der Nähe besehen kann, und so was. Es gibt auf der ganzen Welt nicht zum zweitenmal etwas so Schönes wie diesen Hengst. Er steht ganz ruhig am Start, und man merkt ihm gar nichts an, aber dabei brennt er innerlich lichterloh. Wenn dann die Schranke hochgeht, schießt er davon, schnell wie der Sonnenstrahl, nach dem er benannt ist. Es tut einem weh, wenn man ihn so sieht. Es geht einem durch und durch. Er streckt sich lang und tief und rennt wie ein Hühnerhund. Ich habe nie etwas anderes so laufen sehen wie ›Sunstreak‹, ausgenommen ›Middlestride‹, wenn der in Fahrt kommt und sich lang macht.

Weiß Gott, ich sehnte mich danach, dieses Rennen und diese beiden Pferde zu sehen – sehnte mich danach und fürchtete mich davor in einem. Unerträglich war mir der Gedanke, eines von unsern beiden Pferden besiegt zu sehen. Nie zuvor haben wir zwei solche Gäule gleichzeitig ins Rennen geschickt. Die alten Kenner aus Beckersville sagten das, und die Nigger sagten es auch. Also war es Tatsache.

Vor dem Rennen ging ich hinüber zu den Paddocks, um zu gucken. Ich warf einen letzten Blick auf ›Middlestride‹, der nicht viel hermacht, wenn er da so im Paddock steht. Dann sah ich mir ›Sunstreak‹ an.

Es war *sein* Tag. Ich wußte das, sowie ich ihn nur ansah. Ich vergaß alle Vorsicht und ging geradewegs auf ihn los. Alle Leute aus Beckersville waren da, aber keiner sah mich, keiner außer Jerry Tillford. Der sah mich, und da geschah etwas. Das will ich euch jetzt erzählen.

Da stand ich und sah das Pferd an, und alles tat mir weh vor Aufregung. Ich kann nicht sagen, wie das zuging – aber ich wußte ganz genau, wie es ›Sunstreak‹ zumute war. Er war ganz ruhig und ließ die Nigger seine Beine abreiben, und Mr. van Riddle legte ihm eigenhändig den Sattel auf; innerlich aber war er ein reißender Strom. Er war wie das Wasser oberhalb der Niagarafälle, unmittelbar bevor es herabsaust. An das Rennen dachte dieses Pferd gar nicht. Daran brauchte es nicht zu denken. Es dachte nur daran, wie es sich zurückhalten sollte, bis der Augenblick zum Losgehen gekommen wäre. Ich wußte das. Ich konnte sozusagen richtig in ›Sunstreak‹ hineinsehen. Er hatte vor, ein ganz erstaunliches Rennen zu liefern, und ich wußte das. Er protzte nicht und machte kein Aufhebens, er tänzelte nicht oder vollführte sonstige Mätzchen – er stand nur da und wartete. Ich wußte es, und Jerry Tillford, sein Trainer, wußte es auch. Ich sah auf, und dann blickten wir beide, der Mann und ich, uns in die Augen. Da ging etwas mit mir vor. Ich glaube, ich liebte den Mann ebenso sehr, wie ich das Pferd liebte, weil er wußte, was ich auch wußte. Mir war, als wären wir drei ganz allein auf der Welt, der Mann, das Pferd und ich. Ich weinte, und Jerry Tillford hatte blanke Augen. Dann ging ich weg und stellte mich an den Zaun, um auf das Rennen zu warten. Das Pferd war besser als ich, stetiger war es, und jetzt weiß ich, daß es auch besser als Jerry war. Es war am ruhigsten von uns dreien, und dabei sollte es doch das Rennen machen.

›Sunstreak‹ ging natürlich als Erster durchs Ziel und schlug den Weltrekord über eine Meile. Das habe ich gesehen, und wenn ich nie wieder etwas sehen sollte. Alles kam genau so, wie ich's vorhersah. ›Middlestride‹ blieb am Start zurück und lag hinten, dann holte er auf und wurde Zweiter – gerade wie ich's erwartet hatte. Er wird eines Tages auch mal einen Weltrekord aufstellen. Gegen unsere Beckersviller Pferde soll mal einer was sagen, wenn er kann!

Ich sah dem Rennen ganz gelassen zu, weil ich wußte, wie es gehen würde. Ich war meiner Sache sicher. Hanley Turner und Henry Rieback und Tom Tumberton waren samt und sonders viel aufgeregter als ich.

Etwas Merkwürdiges war mit mir vorgegangen. Ich dachte an Jerry Tillford, den Trainer, und stellte mir vor, wie glücklich der wohl während des ganzen Rennens sein mochte. Ja, ich liebte ihn an jenem Nachmittag mehr als meinen leiblichen Vater. Ich vergaß sogar fast die Pferde, wenn ich so an ihn dachte. Und das machte der Ausdruck, den ich in seinen Augen gesehen hatte, als er da vor dem Beginn des Rennens auf dem Sattelplatz neben ›Sunstreak‹ stand. Ich wußte, wie er ›Sunstreak‹ behütet, wie er mit ihm gearbeitet hatte seit der Zeit, da das Pferd noch ein ganz kleines Füllen war. Er hatte ihn laufen gelehrt, hatte ihm Geduld anerzogen, hatte ihm beigebracht, wann er richtig loslegen muß, und daß ein Pferd nicht ausbrechen darf, niemals. Ihm, das wußte ich, mußte zumute sein wie einer Mutter, die ihr Kind etwas Tapferes und Prächtiges vollbringen sieht. Es war das erstemal in meinem Leben, daß ich für einen Mann so empfand.

Abends, nach dem Rennen, ließ ich Tom und Henry und Hanley im Stich. Ich wollte allein sein, wollte Jerry Tillford nahe sein, wenn es sich irgend machen ließ. Und da geschah es denn.

Die Rennbahn liegt in Saratoga dicht am Rande der Stadt. Sie ist sehr hübsch angelegt, mit immergrünen Bäumen und Rasenplätzen drumherum, und alles ist fein angestrichen und überhaupt herrlich. Jenseits der Bahn kommt man auf eine asphaltierte Straße für Autos, und wenn man darauf ein paar Meilen entlanggeht, kommt man an eine Seitenstraße, die zu einem putzig aussehenden kleinen Farmhaus auf einem Hof führt.

Am Abend nach dem Rennen also ging ich auf dieser Straße dahin, weil ich gesehen hatte, daß Jerry mit ein paar anderen im Auto da hinunterfuhr. Ich glaubte eigentlich gar nicht, daß ich sie finden würde. Ich lief erst einmal ein tüchtiges Stück, dann setzte ich mich an einer Hecke hin, um nachzudenken. Die Richtung stimmte: hier waren sie gefahren. Ich wollte Jerry so nahe sein, wie es nur irgend ging. Ich fühlte mich ihm auch ganz nahe. Bald darauf schlug ich denn auch richtig den Seitenweg ein – warum, weiß ich nicht – und kam zu dem putzig aussehenden Farmhaus. Ich fühlte mich trostlos einsam und sehnte mich nach Jerry, wie man sich als kleines Kind nachts nach seinem Vater sehnt. Da kam ein Auto angefahren und bog in den Seitenweg ein. Jerry saß darin und Henry Riebacks Vater, Arthur Bedford aus Beckersville und Dave Williams und noch zwei andere, die ich nicht kannte. Sie stiegen aus und gingen ins Haus, bloß Henry Riebacks Vater sträubte sich und schimpfte und sagte, er wollte nicht mit. Es war erst neun Uhr abends, aber sie waren alle betrunken, und das putzige Farmhaus war ein Haus, in dem schlechte Weiber wohnten. Jawohl, das war es. Ich schlich mich an einem Zaun entlang und guckte durch ein Fenster. Und da sah ich es.

Es wird mir ewig ein Rätsel bleiben. Ich kann es nicht begreifen. Die Weiber in dem Hause waren häßlich und hatten gemeine Augen, nicht eine von ihnen sah hübsch aus oder war so, daß man ihr gern hätte nahe sein mögen. Und gewöhnlich waren sie obendrein, bis auf eine, die groß war und ein bißchen an den Wallach ›Middlestride‹ erinnerte, nur war sie nicht rassig wie er. Sie hatte einen harten, häßlichen Mund und rote Haare. Ich sah alles ganz genau. Ich kletterte an einem alten Rosenstrauch hoch, und so guckte ich durch ein offenes Fenster. Die Weiber hatten unanständige Kleider an und saßen auf Stühlen im Zimmer herum. Dann kamen die Männer herein, und ein paar von ihnen setzten sich den Weibern auf den Schoß. Überall stank es übel, und übel waren auch ihre Reden – Ausdrücke, wie man sie als Junge wohl in einem Nest wie Beckersville zur Winterszeit in einem Mietsstall hört, auf die man aber nie und nimmer gefaßt ist, wenn Frauen dabei sind. Es war ekelhaft. Ein Nigger ginge niemals in eine solche Spelunke.

Ich sah auf Jerry Tillford. Ich erzählte euch ja schon, was ich für ihn empfunden hatte, weil auch er wußte, was in ›Sunstreak‹ vorging – damals in der Minute, bevor er startete und den Weltrekord aufstellte.

Jerry protzte in dieser üblen Weiberspelunke, wie ›Sunstreak‹ selbst, das wußte ich, niemals geprotzt haben würde. Er hatte diesen Gaul gemacht, sagte er, und er hätte das Rennen gewonnen und den Weltrekord aufgestellt. Er log und plusterte sich auf wie verrückt. Nie im Leben hab ich so einen albernen Quatsch gehört.

Und dann – ja, habt ihr wohl eine Ahnung, was er dann tat? Er sah dieses Weibsbild an – die Magere mit dem harten Mund, die ein bißchen wie der Wallach ›Middlestride‹ aussah, aber nicht rassig wie er –, sah sie an und hatte weiß

Gott gerade solch einen Glanz in den Augen wie am Nachmittag auf dem Sattelplatz, als er mich und ›Sunstreak‹ ansah. Da stand ich nun am offenen Fenster, und das könnt ihr mir glauben, ich wünschte, ich wäre auf der Rennbahn bei den anderen Jungens und den Niggern und den Pferden geblieben. Das magere, gemein blickende Weibsstück war zwischen uns, gerade wie ›Sunstreak‹ nachmittags auf dem Sattelplatz.

Und dann, ganz plötzlich, stieg in mir Haß auf gegen den Mann. Ich hätte am liebsten geschrien und mich auf ihn gestürzt und ihn umgebracht. Nie zuvor war mir so zumute gewesen. Eine so rasende Wut schüttelte mich durch und durch, daß mir die Tränen herunterliefen und ich die Fäuste ballte, bis die Fingernägel sich in die Handflächen gruben.

Ja, und Jerrys Augen glänzten immer noch, er schwankte in seiner Trunkenheit hin und her, und dann ging er hin und küßte dieses Weibsbild. Ich aber schlich mich weg und kehrte zur Rennbahn zurück und legte mich hin; aber schlafen konnte ich so gut wie gar nicht. Am andern Tage versammelte ich die andern Jungen und startete mit ihnen zur Heimfahrt, aber erzählen tat ich keinem was von dem, was ich gesehen hatte.

Seither hab ich immer dran denken müssen. Ich kann mir keinen Vers drauf machen. Wieder ist es Frühling geworden, ich bin jetzt beinahe sechzehn und gehe morgens auf die Bahnen wie immer und sehe ›Sunstreak‹ und ›Middlestride‹ und ein neues Fohlen, das ›Strident‹ heißt und sie eines Tages alle miteinander ausstechen wird. Außer mir und zwei oder drei Niggern glaubt das allerdings kein Mensch.

Aber es ist doch alles anders. Die Luft auf den Geläufen schmeckt nicht mehr so gut und riecht auch nicht mehr so gut. Das kommt daher, daß ein Mann wie Jerry Tillford, der doch weiß, was er tut, ein Pferd wie ›Sunstreak‹ laufen sehen und am selben Tag solch ein Weibsbild küssen konnte.

Ich kann mir keinen Vers drauf machen. Hol ihn der Teufel, was hat er sich bloß dabei gedacht? Ich muß immer daran denken, wenn ich Pferde sehe und gute Dinge rieche und die Nigger lachen höre. Die Freude an alledem ist mir vergällt. Zuweilen macht es mich so wild, daß ich irgendwem an die Gurgel springen möchte. Es wird mir ewig ein Rätsel bleiben. Warum hat er das getan? Ich möchte wissen warum.

Übersetzung von Helene Henze und Karl Lerbs

ERNEST HEMINGWAY

Soldaten zuhaus

Krebs war von einem Methodistencollege in Kansas aus in den Krieg gegangen. Es gibt ein Bild von ihm mit seinen Bundesbrüdern, auf dem sie alle denselben steifen Modekragen tragen. Er wurde 1917 Marinesoldat und kam erst mit der zweiten Division, die im Sommer 1919 vom Rhein nach den Vereinigten Staaten zurückkam, heim.

Es gibt eine Photographie von ihm am Rhein mit zwei deutschen Mädchen und noch einem Unteroffizier. Krebs und der Unteroffizier sehen zu groß für ihre Uniformen aus. Die deutschen Mädchen sind nicht schön. Den Rhein sieht man auf dem Bilde nicht.

Als Krebs endlich in seine Heimatstadt in Oklahoma zurückkehrte, war der Heldenrummel vorbei. Er kam viel zu spät zurück. Bei ihrer Heimkehr hatte man allen aus der Stadt zum Heeresdienst Eingezogenen einen großartigen Empfang bereitet. Es war viel Hysterie dabeigewesen. Jetzt hatte die Reaktion eingesetzt. Die Leute fanden es beinahe ein wenig lächerlich von Krebs, daß er so spät, nachdem der Krieg seit Jahren vorbei war, nach Hause kam.

Zuerst wollte Krebs, der bei Belleau Wood, Soissons, in der Champagne, bei St. Mihiel und in den Argonnen gewesen war, gar nicht über den Krieg sprechen. Später empfand er das Bedürfnis danach, aber kein Mensch wollte etwas davon hören. Seine Stadt hatte zu viel Greuelgeschichten gehört, um noch über die bloße Wirklichkeit zu staunen. Krebs merkte, daß er lügen mußte, um überhaupt Zuhörer zu finden. Und nachdem er dies zweimal getan hatte, überfiel auch ihn ein Widerwillen gegen den Krieg und das Reden darüber. Die Lügen, die er erzählt hatte, erfüllten ihn mit Ekel vor all dem, was er im Krieg wirklich erlebt hatte. All die Augenblicke, die ihm, wenn er an sie dachte, ein Gefühl von innerer Kühle und Klarheit gegeben hatten, Augenblicke, die so weit zurücklagen, als er leicht und selbstverständlich das einzige, das für einen Mann in Frage kam, getan hatte, wenn er auch etwas anderes hätte tun können, verloren jetzt ihren kühlen, wertvollen Bestand und gingen endlich selbst verloren.

Seine Lügen waren ganz unwichtige Lügen und bestanden darin, daß er sich Dinge zuschrieb, die andere Leute gesehen, gehört oder getan hatten, und daß er gewisse zweifelhafte, jedem Soldaten geläufige Ereignisse als Wirklichkeit hinstellte. Selbst seine Lügen erregten im Billardzimmer kein Aufsehen. Seine Bekannten, die detaillierte Berichte über deutsche Frauen gehört hatten, die man an Maschinengewehre gefesselt in den Argonnen aufgefunden hatte, konnten ihm nicht folgen oder hatten wohl auch durch ihren Patriotismus kein Interesse an ungefesselten deutschen Artilleristen und machten sich nichts aus seinen Geschichten.

Krebs bekam als Resultat von Unwahrheit oder Übertreibung einen starken Widerwillen seinen Erlebnissen gegenüber, und wenn er gelegentlich mal jemanden traf, der wirklich Soldat gewesen war, und sie unterhielten sich ein paar Minuten während eines Tanzes in der Garderobe, so fiel er in die billige Pose des alten Soldaten andern Soldaten gegenüber, nämlich, daß er die ganze Zeit über gräßliche, entsetzliche Angst ausgestanden hätte. Auf diese Art verlor er alles.

Während dieser Zeit, es war im Spätsommer, schlief er morgens lange, stand auf, um sich aus der städtischen Bibliothek ein Buch zu holen, aß zu Hause, saß lesend vor der

Haustür, bis er gelangweilt aufstand und durch die Stadt schlenderte, um die heißesten Stunden des Tages in der kühlen Dunkelheit des Billardzimmers zu verbringen. Er spielte leidenschaftlich gern Billard.

Abends übte er auf seiner Klarinette, bummelte ein bißchen in die Stadt hinunter, las und ging zu Bett. Für seine beiden jüngeren Schwestern war er immer noch ein Held. Seine Mutter hätte ihm das Frühstück ans Bett gebracht, wenn er's gewollt hätte. Sie kam oft herein, wenn er noch zu Bett lag, und bat ihn, ihr vom Krieg zu erzählen, aber ihre Gedanken schweiften stets ab. Sein Vater war unverbindlich.

Krebs hatte, bevor er in den Krieg ging, nie das Familienauto fahren dürfen. Sein Vater war Grundstücksmakler und wollte es stets zur Verfügung haben, wenn er es brauchte, um Kunden zur Besichtigung von Grundstücken aufs Land hinausfahren zu können. Das Auto stand immer vor dem Gebäude der First National Bank, wo sein Vater in der zweiten Etage sein Büro hatte. Jetzt, nach dem Krieg, war es immer noch derselbe Wagen.

Nichts hatte sich in der Stadt verändert; nur die jungen Mädchen waren herangewachsen. Aber sie lebten in einer so komplizierten Welt von genau geregelten Freundschaftsverhältnissen und wechselnden Fehden, daß Krebs nicht genügend Energie und Kraft fühlte, in diesen Kreis einzudringen. Er sah sie jedoch gern. Es gab so viele hübsche junge Mädchen. Fast alle hatten ihr Haar kurz geschnitten. Als er damals eingerückt war, hatten nur ganz kleine Mädchen ihr Haar so getragen oder Mädchen, die ein bißchen keß waren. Alle trugen Jumper und Hemdblusen mit runden Bubikragen. Es war wie eine Uniform. Er sah sie gern von der Haustür aus, wenn sie auf der anderen Straßenseite vorbeigingen. Er sah sie gern im Schatten der Bäume vorbeischlendern. Ihm gefielen die Bubikragen über den Jumpern.

Ihm gefielen die seidenen Strümpfe und die niedrigen Absätze. Ihm gefielen ihre Bubiköpfe und die Art, wie sie gingen.

Drinnen in der Stadt lockten sie ihn weniger. Er mochte sie nicht, wenn er sie in der griechischen Eisstube sah. Er wollte sie wohl in Wirklichkeit auch nicht. Sie waren viel zu kompliziert. Es war etwas anderes. Dunkel wünschte er sich wohl ein Mädchen, aber er hatte keine Lust, sich dafür anzustrengen. Er hätte gern ein Mädchen gehabt, aber er wollte nicht erst viel Zeit damit verbringen, eine zu kriegen. Er wollte nicht in Intrigen und Politik verstrickt werden. Er wollte auch keiner den Hof machen. Er hatte keine Lust, noch mehr zu lügen. Es lohnte sich nicht.

Er wollte keine Folgen. Er wollte niemals mehr irgendwelche Folgen tragen. Er wollte ohne Folgen dahinleben. Außerdem brauchte er eigentlich gar kein Mädchen. Das hatte er bei den Soldaten gelernt. Es war ja ganz schön, wenn man so tat, als ob man ein Mädchen haben müsse. Fast alle taten so. Aber es war nicht wahr. Man brauchte gar kein Mädchen. Das war das Komische. Zuerst rühmte sich ein Kerl, daß Mädchen für ihn gar nicht existierten, daß er nie an sie denke, daß sie ihn gar nichts angingen. Dann protzte ein anderer, daß er ohne Mädchen gar nicht leben könne, daß er immerfort welche haben müsse, daß er ohne gar nicht einschlafen könnte.

Das war alles Lüge. Alles beides war Lüge. Man brauchte kein Mädchen, wenn man nicht daran dachte. Das hatte er bei den Soldaten gelernt. Und dann, früher oder später, bekam man immer eins. Wenn man wirklich reif für ein Mädchen war, kriegte man schon immer eins. Darüber brauchte man nicht nachzudenken. Früher oder später kam das schon. Das hatte er bei den Soldaten gelernt.

Er hätte schon gern ein Mädchen gehabt, wenn sie zu ihm gekommen wäre und keine Unterhaltung verlangt hätte.

Aber hier zu Hause war alles so kompliziert. Er wußte, das konnte er nicht noch mal alles durchmachen. Es lohnte nicht die Mühe. Das war das Gute an den französischen und deutschen Mädchen. Da gab es nicht all das Gerede. Man konnte nicht viel reden, und man brauchte nicht zu reden: Es war einfach, und man war gut Freund. Er dachte an Frankreich, und dann begann er, an Deutschland zu denken. Im ganzen hatte ihm Deutschland besser gefallen. Er wollte gar nicht aus Deutschland weg. Er wollte gar nicht wieder nach Hause kommen. Und doch war er nach Hause gekommen. Er saß vor der Haustür.

Ihm gefielen die Mädchen, die auf der andern Straßenseite vorüberschlenderten. Sie gefielen ihm bei weitem besser als die französischen Mädchen oder die deutschen Mädchen. Aber die Welt, in der sie lebten, war nicht die Welt, in der er lebte. Er hätte gern eine von ihnen gehabt. Aber es lohnte nicht. Sie waren eine hübsche Schablone. Ihm gefiel die Schablone. Sie war aufregend. Aber er wollte nicht all das Gerede drum machen. Er wollte keine dringend genug. Aber ansehen mochte er sie alle gern. Es lohnte nicht. Nicht jetzt, wo alles in die Reihe zu kommen schien.

Er saß dort vor der Tür und las ein Buch über den Krieg. Es war ein Geschichtswerk, und er las über all die Gefechte, die er mitgemacht hatte. Es war die interessanteste Lektüre, die ihm je vorgekommen war. Er hätte nur gern noch mehr Kartenmaterial gehabt. Er freute sich richtig auf das Erscheinen von all den wirklich guten Geschichtswerken mit guten Spezialkarten. Jetzt erst lernte er etwas über den Krieg. Er war ein guter Soldat gewesen. Das machte einen Unterschied.

Eines Morgens, nachdem er vielleicht einen Monat zu Hause gewesen war, kam seine Mutter zu ihm ins Schlafzimmer und setzte sich auf sein Bett. Sie glättete ihre Schürze.

»Harold, gestern abend habe ich mit deinem Vater gesprochen«, sagte sie, »und er ist damit einverstanden, daß du das Auto abends benutzt.«

»So«, sagte Krebs noch halb im Schlaf, »das Auto benutzt? So?«

»Ja, Vater hat schon seit einiger Zeit gefunden, daß du den Wagen abends, wenn du möchtest, benutzen solltest, aber wir haben es erst gestern abend besprochen.«

»Na, ich wette, du hast ihn dazu gebracht«, sagte Krebs.

»Nein, es war Vaters Vorschlag.«

»So, na, ich wette, du hast ihn dazu gebracht.« Krebs setzte sich im Bett auf.

»Willst du zum Frühstück runterkommen, Harold?« sagte seine Mutter.

»Sobald ich angezogen bin«, sagte Krebs.

Seine Mutter ging aus dem Zimmer, und während er sich wusch, rasierte und anzog, um zum Frühstück ins Eßzimmer hinunterzugehen, hörte er, wie sie unten etwas briet. Während er frühstückte, brachte seine Schwester die Post herein.

»Na, Hare«, sagte sie, »du alte Schlafmütze, warum stehst du überhaupt auf?«

Krebs sah sie an. Er hatte sie gern. Sie war seine Lieblingsschwester.

»Hast du die Zeitung?« fragte er.

Sie reichte ihm den *Kansas City Star*, und er riß das braune Kreuzband herunter und öffnete den Sportteil. Er faltete den *Star* auseinander, lehnte ihn gegen die Wasserkaraffe und stützte ihn mit seinem Teller, damit er beim Essen lesen konnte.

»Harold«, seine Mutter stand in der Küchentür. »Harold, bitte bring die Zeitung nicht durcheinander. Vater kann seinen *Star* nicht lesen, wenn er durcheinander ist.«

»Ich werd ihn schon nicht durcheinanderbringen«, sagte Krebs.

Seine Schwester setzte sich zu ihm und beobachtete ihn beim Lesen.

»Wir spielen heute nachmittag Hallenbaseball«, sagte sie. »Ich pitsche.«

»Recht so«, sagte Krebs, »was macht der alte Außenstürmer?«

»Ich pitsche besser als eine ganze Reihe Jungens. Ich zeige ihnen alles, was du mir beigebracht hast. Die andern Mädels taugen nicht viel.«

»So?« sagte Krebs.

»Ich sage ihnen allen, daß du mein Schatz bist; nicht wahr, Hare, du bist doch mein Schatz?«

»Na, aber sicher.«

»Kannst du denn, nur weil du mein Bruder bist, nicht wirklich mein Schatz sein?«

»Ich weiß nicht.«

»Natürlich weißt du's. Könntest du nicht mein Schatz sein, Hare, wenn ich alt genug wäre und du wolltest?«

»Sicher. Du bist auch jetzt mein Schatz.«

»Bin ich wirklich dein Schatz?«

»Sicher.«

»Hast du mich lieb?«

»Hm, hm!«

»Wirst du mich immer liebhaben?«

»Sicher.«

»Wirst du nachher rüberkommen und zusehen, wie ich Baseball spiele?«

»Vielleicht.«

»Ach, Hare, du hast mich nicht lieb. Wenn du mich liebhättest, würdest du rüberkommen wollen, um zuzusehen, wenn ich spiele.«

Krebs' Mutter kam von der Küche ins Eßzimmer. Sie trug einen Teller mit zwei Spiegeleiern und knusprigem Speck und einen Teller mit Buchweizenkuchen.

»Helen, geh mal raus, ich möchte mit Harold sprechen«, sagte sie.

Sie stellte Eier und Speck vor ihn hin und brachte eine Kanne mit Ahornsirup für die Buchweizenkuchen herein. Dann setzte sie sich Krebs gegenüber an den Tisch.

»Harold, könntest du nicht die Zeitung einen Augenblick weglegen?« sagte sie.

Krebs nahm die Zeitung und faltete sie zusammen.

»Hast du dich eigentlich schon entschieden, was nun werden soll, Harold?« sagte seine Mutter und nahm ihre Brille ab.

»Nein«, sagte Krebs.

»Findest du nicht, daß es an der Zeit ist?« Seine Mutter sagte es nicht auf böse Art. Sie schien besorgt.

»Ich habe noch nicht darüber nachgedacht«, sagte Krebs.

»Gott hat für jeden Arbeit«, sagte seine Mutter. »In Seinem Reich darf niemand müßig sein.«

»Ich bin nicht in Seinem Reich«, sagte Krebs.

»Wir sind alle in Seinem Reich.«

Krebs fühlte sich unbehaglich und gekränkt wie stets.

»Harold, ich habe mich schon so um dich gesorgt«, fuhr seine Mutter fort. »Ich weiß von den Versuchungen, denen du sicher ausgesetzt gewesen bist. Ich weiß, wie schwach der Mensch ist. Ich weiß, was dein lieber Großvater, mein eigener Vater, uns vom Bürgerkrieg erzählt hat, und ich habe für dich gebetet. Harold, ich bete den ganzen Tag für dich.«

Krebs sah zu, wie das Fett auf seinem Teller gerann.

»Auch Vater grämt sich«, fuhr seine Mutter fort. »Er glaubt, du hast allen Ehrgeiz verloren, und fürchtet, daß du kein festes Lebensziel hast. Charley Simmons, der in deinem Alter ist, hat eine gute Anstellung und wird bald heiraten. Die Jungens etablieren sich alle; alle wollen etwas erreichen; man sieht, daß Jungens wie Charley Simmons wirklich auf dem besten Wege sind, der Gemeinde Ehre zu machen.«

Krebs sagte nichts.

»Mach nicht solch ein Gesicht, Harold«, sagte seine Mutter. »Du weißt, daß wir dich liebhaben, und ich sage dir doch nur zu deinem Besten, wie die Dinge liegen. Vater will in keiner Weise deine Freiheit beschränken. Er möchte, daß du das Auto benutzt. Wenn du ein oder das andere nette junge Mädchen mitnimmst, freuen wir uns nur. Wir wollen, daß du dich amüsierst. Aber du mußt dich zu einem Beruf entschließen, Harold. Vater ist es ganz gleich, was du anfängst. Alle Arbeit ist ehrenwert, wie er sagt. Aber du mußt mal mit irgendwas einen Anfang machen. Er bat mich, heute früh mit dir zu sprechen, und dann kannst du am besten gleich zu ihm ins Büro gehen.«

»Ist das alles?« sagte Krebs.

»Ja. Hast du deine Mutter nicht mehr lieb, mein Junge?«

»Nein«, sagte Krebs.

Seine Mutter sah ihn über den Tisch hinweg an. Ihre Augen glänzten. Sie begann zu weinen.

»Ich habe niemanden lieb«, sagte Krebs.

Es hatte keinen Sinn. Er konnte es ihr nicht sagen; er konnte es ihr nicht klarmachen. Es war dumm, daß er es gesagt hatte. Es hatte ihr nur weh getan. Er ging hinüber und nahm ihren Arm. Sie weinte mit dem Kopf in den Händen.

»Ich hab's doch nicht so gemeint«, sagte er. »Ich hatte mich nur grade über was geärgert. Ich hab nicht gemeint, daß ich dich nicht liebhabe.«

Seine Mutter weinte weiter. Krebs legte den Arm um ihre Schulter.

»Glaubst du mir nicht, Mutter?«

Seine Mutter schüttelte den Kopf.

»Bitte, bitte, Mutter. Bitte glaub mir!«

»Schön«, würgte seine Mutter heraus. Sie blickte zu ihm auf. »Ich glaube dir, Harold.«

Krebs küßte ihr Haar. Sie hielt ihm ihr Gesicht hin.

»Ich bin doch deine Mutter«, sagte sie. »Ich hielt dich ganz nah an meinem Herzen, als du ein winziges Baby warst.«

Krebs fühlte sich elend und ein bißchen angeekelt.

»Ich weiß, Mammi«, sagte er, »ich will versuchen, ein guter Junge zu sein.«

»Willst du mit mir niederknien und beten, Harold?« fragte seine Mutter.

Sie knieten neben dem Eßtisch nieder, und Krebs' Mutter betete.

»Harold, jetzt bete du«, sagte sie.

»Ich kann nicht«, sagte Krebs.

»Versuch's, Harold!«

»Ich kann nicht.«

»Soll ich für dich beten?«

»Ja.«

Also betete seine Mutter für ihn, und dann standen sie auf, und Krebs gab seiner Mutter einen Kuß und ging aus dem Haus. Er hatte sich so bemüht, seinem Leben alle Komplikationen fernzuhalten. Innerlich hatte ihn hiervon nichts berührt. Seine Mutter hatte ihm leid getan und ihn zum Lügen gezwungen. Er beabsichtigte, nach Kansas City zu gehen und Arbeit zu suchen, und sie würde froh darüber sein. Es stand ihm vielleicht noch eine Szene bevor, ehe er wegging. Er würde nicht zu seinem Vater ins Büro gehen. Die würde er auslassen. Er wollte ein reibungsloses Leben. Grade schien es so zu werden. Nun, das war jetzt eben vorbei. Er würde jetzt hinüber zum Schulhof gehen und zusehen, wie Helen Hallenbaseball spielte.

Übersetzung von Annemarie Horschitz-Horst

F. SCOTT FITZGERALD

Winterträume

I

Die Caddies des Sherry Island Golfclubs waren zum Teil bettelarm und wohnten in winzigen Häuschen mit nur einem Zimmer und einer rachitischen Kuh davor. Dexter Greens Vater jedoch besaß das zweitbeste Lebensmittelgeschäft in Black Bear – das beste war »The Hub« mit der reichen Kundschaft von Sherry Island –, und Dexter verdiente sich als Caddy lediglich ein Taschengeld.

Im Herbst, wenn die Tage kühl und grau wurden, und später, wenn der lange Winter von Minnesota sich wie ein weißer Deckel über das Land stülpte, fuhr Dexter auf Skiern über das schneebedeckte Golfgelände. In dieser Jahreszeit stimmte ihn die Landschaft immer tief melancholisch – es beleidigte ihn geradezu, daß die Golfplätze gezwungenermaßen brachlagen und die ganze Zeit über nur von zerzausten Sperlingen heimgesucht wurden. Trostlos auch, daß auf den kleinen Hügeln, wo im Sommer bunte Fähnchen flatterten, jetzt nur die verlassenen Sandkästen knietief im verharschten Schnee standen. Wenn er über die Anhöhen fuhr, blies der Wind elend kalt, und wenn die Sonne hervorkam, wanderte er darüber hin und blinzelte mit den Augen in die grell flimmernde, raumlose Weite.

Im April hörte dann der Winter plötzlich auf. Der Schnee rann schmelzend in den Black Bear-See hinab und gab verfrühten Golfspielern kaum Gelegenheit, mit roten und schwarzen Bällen der Jahreszeit zu trotzen. Sang- und klanglos, ohne den Aplomb eines regenreichen Zwischenspiels, war die kalte Jahreszeit vorbei.

Dexter wußte, daß dieser nördliche Frühling ihn immer etwas trübsinnig machte, wohingegen der Herbst für ihn immer etwas Strahlendes hatte. Der Herbst machte ihm die Hände klamm, ließ ihn erbeben und sinnloses Zeug vor sich hin sagen und ließ ihn brüske, herrische Gesten vollführen, mit denen er Menschenmassen und ganzen Armeen, die er in seiner Phantasie aufmarschieren ließ, seinen Willen aufzwang. Der Oktober erfüllte ihn mit neuer Hoffnung, die sich dann im November ekstatisch zu einer Art von Triumph steigerte, und vollends die glanzvollen Eindrücke des Sommers auf Sherry Island, die er noch einmal an sich vorüberziehen ließ, waren Wasser auf die Mühle seiner Phantasie. Er sah sich als Golfchampion und besiegte Mr. T. A. Hedrick in einem fabelhaften Match, das wohl hundertmal auf den Golfplätzen seiner Einbildung abrollte, ein Match, dessen einzelne Phasen er unermüdlich abwandelte – mal siegte er mit geradezu lächerlicher Überlegenheit, mal holte er in glänzendem Stil von hinten auf. Dann wieder entstieg er einem Pierce-Arrow-Automobil, wie dem von Mr. Mortimer Jones, und schlenderte kaltlächelnd durch die Halle des Sherry Island Golfclubs oder produzierte sich, von einer bewundernden Menge umgeben, als Kunstspringer vom Sprungturm des Clubs aus ... Und unter denen, die ihm zusahen und vor Staunen den Mund aufsperrten, befand sich Mr. Mortimer Jones.

Eines Tages nun begab es sich, daß Mr. Jones – höchstselbst und nicht sein Geist – mit Tränen in den Augen auf Dexter zutrat und sagte, Dexter sei der beste Caddy vom Club und ob er nicht seinen Entschluß auszuscheiden rückgängig machen wolle, wenn Mr. Jones dafür aufkäme, denn jeder andere Caddy verliere ihm pro Loch einen Ball – regelmäßig – –

»Nein, Sir«, sagte Dexter bestimmt, »ich will kein Caddy mehr sein.« Dann nach einer Pause: »Ich bin zu alt dazu.«

»Du bist doch erst vierzehn. Weshalb zum Teufel hast du dich ausgerechnet heute morgen entschlossen, nicht mehr mitzumachen? Du wolltest doch nächste Woche mit mir zum Nationalen Turnier fahren.«

»Ich habe festgestellt, daß ich zu alt bin.«

Dexter gab seine A-Klassen-Plakette ab, ließ sich vom Caddy-Aufseher das Geld geben, das ihm noch zustand, und ging heim nach Black Bear Village.

»Der beste – Caddy, den ich je gehabt habe«, rief Mortimer Jones bei einem Drink am Nachmittag. »Nie einen Ball verloren! Anstellig! Intelligent! Besonnen! Ehrlich! Dankbar!«

Das kleine Mädchen, das hierzu den Anlaß gegeben hatte, war erst elf – so wundervoll garstig, wie es sich für kleine Mädchen gehört, denen es vorbehalten ist, in wenigen Jahren liebreizend auszusehen und eine ganze Reihe von Männern ewig unglücklich zu machen. Diesen Funken trug sie unverkennbar schon in sich. In der Art, wie sie beim Lächeln die Mundwinkel herabzog, war etwas im weitesten Sinne Gottloses und erst recht in dem – Hilf Himmel! – geradezu verzehrenden Blick ihrer Augen. In solchen Frauen meldet sich die Vitalität früh. Hier war sie schon jetzt offensichtlich, durchdrang mit einer Art von Glut ihre schmächtige Gestalt.

Sie war früh um neun voller Eifer auf dem Golfplatz erschienen, begleitet von einem weißgekleideten Kinderfräulein und mit sechs neuen kleinen Golfschlägern in einem weißleinenen Behältnis, welches das Kinderfräulein trug. Als Dexter sie zuerst erblickte, stand sie etwas unschlüssig beim Caddy-Haus und versuchte, ihre Verlegenheit dadurch zu verbergen, daß sie mit dem Kinderfräulein sehr blasiert Konversation machte und dabei absonderliche, sinnlos-reizende Grimassen schnitt.

»Ist es nicht ein prächtiger Tag, Hilda«, hörte Dexter sie sagen. Sie zog die Mundwinkel herab, lächelte und blickte schüchtern umher, wobei ihre Augen für einen Moment Dexter streiften.

Dann zu dem Kinderfräulein:

»Ich vermute, es werden nicht viel Leute heut morgen draußen sein, nicht wahr?«

Wieder das Lächeln – strahlend, übertrieben künstlich, aber bezwingend.

»Ich weiß nicht recht, was wir jetzt anfangen sollen«, sagte das Kinderfräulein und blickte ziellos umher.

Dexter stand vollkommen still mit leicht geöffnetem Munde. Er wußte, daß sie, wenn er nur einen Schritt vortrat, bemerken würde, wie er sie anstarrte, und wenn er einen Schritt zurücktrat, würde er ihr Gesicht nicht mehr ganz sehen können. In diesem Augenblick hatte er völlig vergessen, daß sie noch so jung war. Dann erinnerte er sich, sie im vorigen Jahr schon mehrmals gesehen zu haben – in Spielhöschen.

Auf einmal mußte er unwillkürlich lachen, ein kurzes abgerissenes Lachen. Dann erschrak er über sich selbst, machte kehrt und ging schnell davon.

»Boy!«

Dexter blieb stehen.

»Boy –«

Ohne Frage war er damit gemeint, und nicht nur das, sondern ihm galt auch jenes grundlose, widersinnige Lächeln, an das sich noch mindestens ein Dutzend Männer bis in ihr höheres Alter erinnern sollte.

»Heda, Junge, weißt du, wo der Golflehrer steckt?«

»Er gibt gerade Trainerstunde.«

»So, und weißt du, wo der Caddy-Aufseher ist?«

»Heute morgen noch nicht da.«

»Oh.« Das machte sie einen Moment stutzig. Sie trat abwechselnd von einem Fuß auf den anderen.

»Wir hätten gern einen Caddy«, sagte das Kinderfräulein.

»Mrs. Mortimer Jones hat uns zum Golfspielen geschickt, und wir wissen nicht wie, wenn wir keinen Caddy bekommen.«

Hier wurde sie durch einen unheilverkündenden Blick von Miß Jones unterbrochen, dem sogleich das bekannte Lächeln folgte.

»Außer mir sind keine Caddies da«, sagte Dexter zu dem Fräulein, »und ich muß hierbleiben, bis der Caddy-Aufseher kommt.«

»Oh.«

Miß Jones und ihre Begleiterin zogen sich jetzt zurück und gerieten, in gemessenem Abstand von Dexter, in einen hitzigen Wortwechsel, den Miß Jones damit beendete, daß sie mit dem Golfschläger heftig auf den Boden schlug. Zur weiteren Bekräftigung hob sie ihn dann und holte schon zu einem wohlgezielten Schlag auf den Busen des Fräuleins aus, als diese den Schläger packte und ihn ihren Händen entwand.

»Sie verdammtes falsches Stück!« schrie Miß Jones wütend.

Folgte ein neues Streitgespräch. Dexter sah, daß die Szene nicht der Komik entbehrte, und begann mehrmals zu lachen, was er aber jedesmal rasch unterdrückte, bevor es laut werden konnte. Er konnte sich des grotesken Eindrucks nicht erwehren, daß die Kleine durchaus im Recht war, ihr Kinderfräulein zu verprügeln.

Die Situation wurde durch den zufälligen Auftritt des Caddy-Aufsehers gerettet, an den sich das Fräulein sogleich wandte.

»Miß Jones braucht einen kleinen Caddy, aber der hier kann nicht abkommen.«

»Mr. McKenna hat gesagt, ich solle hier warten, bis Sie kämen«, sagte Dexter rasch.

»Schön, jetzt ist er also da.« Miß Jones lächelte den

Caddy-Aufseher gewinnend an. Dann warf sie ihre Schlägertasche hin und setzte sich mit hochmütiger Miene auf den ersten Hügel zu in Bewegung.

»Nun?« Der Caddy-Aufseher wandte sich Dexter zu. »Was stehst du da wie ein Klotz? Nimm die Schläger der jungen Dame auf.«

»Ich glaube, ich werde heute nicht mitmachen«, sagte Dexter.

»Du glaubst wohl –«

»Ich gedenke auszuscheiden.«

Er erschrak selbst über die Tragweite seines Entschlusses. Er war ein beliebter Caddy, und die dreißig Dollar im Monat, die er den Sommer über verdiente, waren anderswo rund um den See nicht zu holen. Aber innerlich hatte es ihm einen starken Ruck gegeben; er war so verstört, daß er sich sogleich heftig Luft machen mußte.

Ganz so einfach lagen die Dinge freilich nicht. Dexter stand, wie es ihm noch oft in seinem künftigen Leben gehen sollte, im Banne seiner Winterträume und tat unwillkürlich, was sie ihm geboten.

II

Natürlich waren diese Winterträume nach Art und Anlaß jeweils verschieden, nur das Traumziel blieb stets das gleiche. Diese Träume verführten Dexter einige Jahre später dazu, einen kaufmännischen Kurs, für den sein Vater, der jetzt finanziell besser stand, aufgekommen wäre, aufzugeben für den zweifelhaften Vorzug, eine der älteren und berühmteren Universitäten des Ostens besuchen zu dürfen, wo er es mit seinen kümmerlichen Geldmitteln schwer hatte. Daraus nun, daß seine Winterträume sich in erster Linie um die Reichen drehten, darf man nicht den Schluß ziehen, daß dieser junge Mann lediglich ein Snob war. Er strebte nicht nach einer Verbindung mit dem Glanz der Dinge und Menschen – er strebte nach diesen Dingen selbst. Oft war ihm das Beste gerade gut genug – dabei wußte er nicht einmal, weshalb er seine Hände danach ausstreckte –, und manchmal sah er sich abgewiesen und stieß an jene geheimnisvollen Schranken, an denen das Leben so reich ist. Von einer dieser Enttäuschungen und nicht von seiner Laufbahn im ganzen handelt unsere Geschichte.

Er kam zu Geld. Es war fast unglaublich. Nachdem er das College durchlaufen hatte, ließ er sich in der Stadt nieder, deren reiche Leute im Sommer den Black-Bear-See bevölkerten. Er war erst dreiundzwanzig und noch nicht ganz zwei Jahre dort, da gab es schon Leute, die zu sagen pflegten: »Der Junge ist richtig.« Wohin er blickte, waren die Söhne der Reichen damit beschäftigt, mit Aktien zu spekulieren, ihr väterliches Erbteil schlecht anzulegen, oder sie quälten sich mühsam durch das vierundzwanzigbändige *George-Washington-Handelslehrbuch*. Dexter jedoch borgte sich mit Hilfe seines akademischen Titels und seines selbstbewußten Auftretens tausend Dollar und kaufte sich damit als Teilhaber in eine Wäscherei ein.

Als er in die Firma eintrat, war es nur eine kleine Wäscherei, aber Dexter spezialisierte sich auf die englische Waschmethode für feine wollne Golfstrümpfe, die sie nicht einlaufen ließ, und bediente binnen eines Jahres das gesamte Knickerbocker-Geschäft. Männer wollten ihre Shetlandhosen und -sweater nur noch bei ihm waschen lassen, so wie sie einst darauf bestanden hatten, einen Caddy zu haben, der jeden Golfball wiederfand. Nicht lange, so wusch er auch alles für ihre Ehefrauen – und hatte bald fünf Filialen in allen Teilen der Stadt. Mit noch nicht siebenundzwanzig Jahren besaß er den größten Wäschereikonzern in diesem Teil des Landes. Etwa um diese Zeit verkaufte er seinen Anteil und ging nach New York. Aber der Teil seiner Lebensgeschichte, der uns hier angeht, reicht in die Tage seiner ersten großen Erfolge zurück.

Als er dreiundzwanzig Jahre war, gab ihm Mr. Hart – einer der grauhaarigen Männer, die zu sagen pflegten: »Der Junge ist richtig« – zum Wochenende eine Gastkarte für den Sherry Island Golfclub. So schrieb er sich denn eines Tages dort im Gästebuch ein und spielte an jenem Nachmittag einen Vierer mit Mr. Hart, Mr. Sandwood und Mr. T. A. Hedrick. Er hielt es nicht für angebracht, darauf hinzuweisen, daß er einst Mr. Harts Schlägertasche über diesen selben Golfrasen getragen hatte und daß er jede Erdfalte und jedes Loch mit geschlossenen Augen kannte, und dennoch ertappte er sich dabei, wie er nach den vier Caddies, die ihnen folgten, hinäugte und versuchte, einen Blick oder eine Geste zu erhaschen, die ihn an ihn selbst erinnerte und dazu angetan war, die Kluft zwischen seiner Vergangenheit und der Gegenwart zu verringern.

Es war ein merkwürdiger Tag, an dem unversehens und flüchtig vertraute Erinnerungen aufblitzten. Mal fühlte er sich als unbefugter Eindringling, dann wieder stand er ganz unter dem Eindruck seiner gewaltigen Überlegenheit über Mr. T. A. Hedrick, der ein langweiliger Patron und nicht einmal mehr ein guter Golfspieler war.

Dann ereignete sich, als Mr. Hart in der Nähe des fünfzehnten Grüns einen Ball verloren hatte, etwas Ungewöhnliches. Während sie noch rings das struppige Gras absuchten, ertönte in ihrem Rücken hinter einem Hügel der deutliche Ruf »Achtung!« Als sie alle jäh von ihrer Suche aufblickten und sich umwandten, kam ein leuchtender neuer Ball über den Hügel geflogen und traf Mr. T. A. Hedrick in der Magengegend.

»Teufel!« rief Mr. T. A. Hedrick, »man sollte einige dieser verrückten Weiber vom Platz weisen. Es ist nachgerade empörend.«

Über dem Hügel tauchte ein Kopf auf und schon tönte eine Stimme: »Erlauben Sie, daß wir da vorbeispielen?«

»Sie haben mich in den Magen getroffen!« erklärte Mr. Hedrick wütend.

»So?« Das Mädchen näherte sich der Gruppe. »Bedaure sehr. Ich habe aber ›Achtung‹ gerufen!«

Ihr Blick streifte wie zufällig jeden einzelnen der Männer – dann prüfte sie die Schußbahn für ihren Ball.

»Habe ich das Grün verfehlt?«

Es war unmöglich festzustellen, ob diese Frage ehrlich oder boshaft gemeint war. Aber schon im nächsten Augenblick ließ sie darüber keinen Zweifel, denn als ihr Partner über dem Hügel erschien, rief sie ihm strahlend zu:

»Hier bin ich! Ich wäre aufs Grün gekommen, nur hab ich was andres getroffen.«

Als sie sich für einen kurzen Mashie in Positur stellte, betrachtete Dexter sie näher. Sie trug ein blaukariertes Kostüm, das am Hals und an den Schultern weiß abgesetzt war und so ihren Teint zur Geltung brachte. Das Fragile ihrer Gestalt, das damals mit elf Jahren das leidenschaftliche Feuer ihrer Augen und den herabgezogenen Mund so übertrieben und absurd hatte erscheinen lassen, war jetzt verschwunden. Sie war eine auffallende Schönheit. Die Farbe auf ihren Wangen vertiefte sich wie auf einem Gemälde – es war keine »gehöhte« Farbe, sondern eine Art fluktuierender, fiebriger Wärme und so abgetönt, daß man meinte, sie werde jeden Augenblick zurücktreten und verschwinden. Diese Farbe und ihr beweglicher Mund brachten eine anhaltende Wirkung pulsierender Lebensintensität, vitaler Leidenschaft hervor, die nur teilweise von der dunklen Schwermut ihrer Augen ausgeglichen wurde.

Sie schwang ihren Mashie voller Ungeduld und ohne wirkliches Interesse und setzte den Ball auf einen Sandhaufen auf der anderen Seite des Grüns. Dann ging sie ihm mit einem raschen gekünstelten Lächeln und einem gleichgültigen »Dankeschön« nach.

»Diese Judy Jones!« bemerkte Mr. Hedrick beim nächsten Sandhügel, als sie einige Augenblicke warten mußten, bis sie weitergespielt hatte. »Man müßte mit ihr weiter nichts machen, als sie überlegen, sechs Monate lang durchprügeln und dann an einen abgetakelten Kavallerieoffizier verheiraten.«

»Gott, sieht sie fabelhaft aus!« sagte Mr. Sandwood, der gerade die Dreißig hinter sich hatte.

»Fabelhaft aus!« rief Mr. Hedrick verächtlich. »Sie sieht aus, als ob sie andauernd geküßt werden wollte! Schmeißt ihre großen Kuhaugen auf jedes Kälbchen in der Stadt!«

Es war zweifelhaft, ob Mr. Hedrick damit auf mütterliche Instinkte anspielen wollte.

»Sie könnte recht gut Golf spielen, wenn sie sich nur Mühe gäbe«, sagte Mr. Sandwood.

»Sie hat keinen Stil«, sagte Mr. Hedrick feierlich.

»Aber eine gute Figur«, sagte Mr. Sandwood.

»Danken Sie Gott, daß sie keinen schnelleren Ball schlägt«, sagte Mr. Hart und zwinkerte Dexter zu.

Später gegen Abend, als die Sonne in einem wilden Farbenstrudel von Gold, Rot und Blau aller Schattierungen unterging und der trocken raschelnden Dunkelheit einer westlichen Sommernacht zu weichen begann, saß Dexter auf der Terrasse des Golfclubs und beobachtete das von einer kleinen Brise gleichmäßig bewegte Wasser, silbern und sirupartig unter dem herbstlichen Mond. Und als halte dieser einen Finger an seine Lippen, wurde der See alsbald still und klar wie ein Teich.

Dexter zog seinen Badeanzug an und schwamm bis zu dem fernsten Floß hinaus, wo er sich triefend auf dem weißbespannten Sprungbrett ausstreckte.

Hin und wieder sprang ein Fisch, ein Stern schimmerte auf, und die Lichter rings um den See leuchteten herüber.

Jenseits auf einer dunklen Halbinsel spielte jemand auf einem Klavier die Schlager dieses Sommers und der Sommer davor – Schlager aus *Graf von Luxemburg*, aus *Chin-Chin* und *Chocolate-Soldier* –, und weil Dexter der Ton eines Klaviers über eine Wasserfläche hinweg immer besonders reizvoll erschienen war, lag er ganz still und lauschte.

Jetzt wurde drüben auf dem Klavier eine Melodie gespielt, die vor fünf Jahren neu und modern gewesen war, als Dexter auf dem College studierte. Er hatte sie auf einem Studentenball gehört, allerdings nur von draußen, denn er hatte sich den Luxus der Studentenbälle nicht leisten können. Die Klänge dieses Schlagers versetzten ihn in eine Art von Ekstase, die während seiner nun folgenden Erlebnisse noch anhielt. Alle seine Sinne waren geschärft und aufnahmebereit, er fühlte sich dieses eine Mal auf wunderbare Weise eins mit dem Leben, und alles, was ihn umgab, erschien ihm in einem strahlenden Glanz, wie er ihn nie wieder erleben würde.

Eine flache, schlanke Form löste sich plötzlich hell von der dunklen Halbinsel ab und näherte sich mit dem spukkenden und fauchenden Geräusch eines Rennmotorboots. Zwei weiße Stromlinien schäumten in seinem Kielwasser, und schon war das Boot neben ihm und ertränkte das Klimpern des fernen Klaviers in der rauschenden Gischt seiner Bugwelle. Dexter stützte sich auf und gewahrte eine Gestalt am Steuer und zwei dunkle Augen, die ihn im Vorbeifahren musterten. Dann war das Boot schon wieder fern und zog, einen riesigen Kreis schäumenden Wassers aufwirbelnd, sinnlos Runde um Runde mitten im See. Und ebenso mutwillig weitete sich eine dieser Schleifen und endete wieder bei dem Floß.

»Wer ist da?« rief sie und stellte den Motor ab. Sie war jetzt so nahe, daß Dexter ihren Badeanzug sehen konnte, der offenbar aus einem rosa Spielhöschen bestand.

Das Boot stieß mit der Nase an das Floß, und als dieses sich bedenklich neigte, rutschte Dexter auf sie zu. Sie erkannten sich wieder, wenn auch nicht beiderseits mit dem gleichen Interesse.

»Waren Sie nicht einer von den vieren, an denen wir heute nachmittag vorbeigespielt haben?« fragte sie.

Er war es.

»So. Und wissen Sie, wie man ein Motorboot bedient? Wenn Sie es nämlich können, möchte ich, daß Sie fahren, damit ich hintendran wellenreiten kann. Ich heiße Judy Jones« – sie schenkte ihm ein ganz unmotiviertes Schmunzeln, vielmehr: was ein Schmunzeln sein sollte, hatte bei ihrer Art, die Mundwinkel zu kräuseln, nichts Groteskes, sondern war einfach wundervoll – »und ich wohne in einem Haus drüben auf der Halbinsel, und in dem Haus wartet ein Mann auf mich. Als er vorn vorfuhr, stieß ich hinten vom Bootssteg ab, denn er behauptet, ich sei sein Ideal.«

Hin und wieder sprang ein Fisch, ein Stern strahlte auf, und die Lichter rings um den See leuchteten herüber. Dexter saß neben Judy Jones, und sie erklärte ihm, wie ihr Boot zu fahren sei. Dann war sie auf einmal im Wasser und schlängelte sich kraulend zu dem Wellenbrett hin. Ihr mit den Augen zu folgen war mühelos und angenehm, als wenn man einen bewegten Zweig oder eine fliegende Möwe beobachtet. Ihre nußbraun verbrannten Arme bewegten sich schlangenhaft durch das Platingekräusel der kleinen Wellen; erst sah man die Ellenbogen, dann warf sie den Unterarm im Rhythmus eines Wasserfalls zurück, dann griff sie wieder aus und bahnte sich ihren Pfad. Sie fuhren auf den See hinaus. Bei einer Wende sah Dexter, daß sie auf dem unteren Rand des jetzt steil aufgerichteten Wellenbretts kniete.

»Schneller«, rief sie, »so schnell es geht.«

Gehorsam schob er den Hebel vorwärts, und die Gischt stieg weiß am Bug empor. Als er sich umsah, stand das

Mädchen wieder auf dem sausenden Brett, die Arme weit gespreizt und die Augen zum Mond emporgerichtet.

»Scheußlich kalt«, brüllte sie. »Wie heißen Sie übrigens?«

Er sagte es ihr.

»Schön, warum kommen Sie eigentlich nicht morgen abend zum Essen?«

Sein Herz wirbelte um und um wie die Schraubenflügel des Bootes, und – ein zweites Mal – gab ihr lässiger Peitschenschlag seinem Leben eine neue Wendung.

III

Am nächsten Abend, während Dexter darauf wartete, daß sie die Treppe herunterkäme, bevölkerte er im Geiste den großen wohnlichen Raum und die anschließende Veranda mit den Männern, die Judy Jones bisher geliebt hatten. Er kannte diese Sorte Männer – sie waren, als er zuerst aufs College ging, von den berühmtesten Schulen zur Universität gekommen, elegant gekleidet und tief gebräunt von gesund und angenehm verbrachten Sommertagen. Er wußte, daß er in mancher Beziehung mehr wert war als diese jungen Männer. Er hatte mehr Frische und Kraft. Doch indem er sich den Wunsch eingestand, seine Kinder möchten ihnen gleich sein, gab er zu, daß er selbst nur den kräftigen Rohstoff bildete, aus dem sie sich ewig erneuerten.

Als dann auch er soweit war, sich gute Kleider leisten zu können, kannte er die besten Schneider in ganz Amerika, und diese besten Schneider in Amerika hatten ihm denn auch den Anzug geschneidert, den er heute abend trug. Er hatte sich die besondere Note seiner Universität angeeignet, die sie von den anderen Universitäten abhob. Er wußte den Wert solcher Manieriertheiten zu schätzen; darum hatte er sie angenommen. Er wußte auch, daß man zu lässiger Kleidung und lässigen Manieren größerer Selbstsicherheit bedarf, als wenn man in diesen Dingen sorgfältig ist. Zu dieser Lässigkeit würden es erst seine Kinder bringen. Seine Mutter war eine geborene Krimplich, aus einer böhmischen Bauernfamilie, und hatte bis an ihr Lebensende nur gebrochen Englisch gesprochen. Also mußte ihr Sohn sich an den vorgeschriebenen Standard halten.

Kurz nach sieben kam Judy Jones die Treppe herab. Sie trug ein blauseidenes Nachmittagskleid, und er war zuerst enttäuscht, daß sie nichts Prächtigeres angezogen hatte. Dieses Gefühl verstärkte sich noch, als sie nach kurzer Begrüßung die Tür zur Anrichte aufstieß und hinausrief: »Sie können das Essen bringen, Martha.« Er hatte eher erwartet, daß ein Butler verkünden werde, es sei angerichtet, und daß es vorher einen Cocktail gäbe. Als sie dann aber Seite an Seite auf einer Couch saßen und einander ansahen, entschlug er sich dieser Gedanken.

»Mein Vater und meine Mutter werden nicht da sein«, sagte sie nachdenklich.

Er erinnerte sich, wann er ihren Vater zuletzt gesehen hatte, und war erleichtert, daß die Eltern heute abend nicht da waren – sie hätten sich wohl gefragt, woher er eigentlich käme. Er war in Keeble geboren, einem Städtchen in Minnesota, achtzig Kilometer weiter nördlich, und er gab immer Keeble als Vaterstadt an, nicht Black Bear Village. Landstädtchen, wenn sie nicht allzu häßlich waren und mondänen Seen als Fußschemel dienten, nahmen sich als Geburtsort recht gut aus.

Sie sprachen über seine Universität, die sie in den letzten zwei Jahren mehrmals besucht hatte, und über die nahegelegene Stadt, aus der die reichen Leute nach Sherry Island kamen und wohin Dexter am nächsten Morgen zu seinen gutgehenden Wäschereien zurückkehren würde.

Während des Abendessens versank sie in eine grüblerische Schwermut, bei der Dexter sich unbehaglich fühlte.

Alle ihre launischen Reden, mit kehliger Stimme vorgebracht, bekümmerten ihn. Jedesmal wenn sie lächelte – über ihn, über eine Hühnerleber, über nichts –, verwirrte es ihn, daß dieses Lächeln nicht aus harmloser Fröhlichkeit, ja nicht einmal aus Übermut kam. Wenn ihre rosenfarbenen Lippen sich an den Mundwinkeln herabzogen, war es weniger ein Lächeln als vielmehr eine Aufforderung, sie zu küssen.

Später nach dem Essen führte sie ihn hinaus auf die dunkle Veranda und schlug absichtlich einen neuen Ton an.

»Haben Sie etwas dagegen, wenn ich ein bißchen weine?« sagte sie.

»Ich fürchte, ich langweile Sie«, erwiderte er rasch.

»Keineswegs. Ich mag Sie gern. Aber ich hatte gerade heute einen schlimmen Nachmittag. Mit einem Mann, den ich liebte, und heute nachmittag eröffnete er mir aus heiterem Himmel, daß er arm wie eine Kirchenmaus sei. Er hatte vorher nicht die geringste Andeutung gemacht. Klingt wohl gräßlich materiell?«

»Vielleicht hatte er Angst, es Ihnen zu sagen.«

»Wahrscheinlich«, antwortete sie. »Er hat es eben nicht richtig angefangen. Sehn Sie mal, wenn ich es zum Beispiel von vornherein gewußt hätte – ich bin immerhin schon nach zahllosen Männern verrückt gewesen, die kein Geld hatten, und war durchaus entschlossen, sie zu heiraten. In diesem Fall aber hatte ich mir andere Vorstellungen von ihm gemacht, und meine Neigung war nicht stark genug, den Schock zu überleben. Das ist gerade so, als wenn ein Mädchen ihrem Verlobten in aller Ruhe mitteilt, sie sei schon Witwe. Vielleicht hat er gar nichts gegen Witwen, aber –«

»Fangen wir also richtig von vorne an«, unterbrach sie sich plötzlich. »Vor allem: wer sind Sie?«

Dexter zögerte einen Augenblick. Dann:

»Ich bin niemand Besonderes«, verkündete er. »Meine Karriere liegt noch weitgehend in der Zukunft.«

»Sind Sie arm?«

»Nein«, sagte er geradeheraus, »wahrscheinlich verdiene ich mehr Geld als irgendein Mann meines Alters hier im Nordwesten. Ich weiß, es ist plump, so etwas zu sagen, aber Sie wollten ja, daß ich damit anfange.«

Es entstand eine Pause. Dann lächelte sie, und ihre Mundwinkel zogen sich herab, und ein fast unmerklicher Schwung ihres Körpers brachte sie näher an ihn heran, wobei sie ihm von unten in die Augen sah. Es würgte Dexter in der Kehle, er wartete mit angehaltenem Atem auf diese neue Erfahrung, auf das nicht vorauszuahnende Einswerden, das sich auf geheimnisvolle Weise aus den Komponenten ihrer Lippen bilden müßte. Dann sah er es – sie übertrug ihre Verzückung auf ihn, überschüttete ihn damit, ließ es ihn tief spüren mit Küssen, die kein Versprechen mehr, sondern eine Erfüllung waren. Sie erregten nicht Hunger nach Wiederholung, sondern bewirkten Hingebung, die nach immer mehr Hingebung verlangte ... Küsse, großherzig gespendet, die aber neue Not schufen, indem sie nichts vorenthielten.

Es dauerte nicht lange bei ihm, bis er zu der Erkenntnis gelangte, daß er Judy Jones seit seinen stolzen Knabenträumen schon immer begehrt hatte.

IV

So hatte das angefangen – und so setzte es sich mit wechselnden Intensitätsgraden fort, immer am Rande der Auflösung. Dexter lieferte der hemmungslosesten und wankelmütigsten Person, mit der er je in Berührung gekommen war, einen Teil seiner selbst aus. Was immer es sein mochte – Judy verfolgte jedes Wunschziel mit dem ganzen Aufgebot ihrer Reize. Die Methode blieb stets die gleiche: keine Winkelzüge oder Berechnung der Effekte; der geistige Aufwand bei all ihren Liebesaffären war nur sehr gering. Sie tat weiter nichts, als den Männern vor Augen zu führen, in welch hohem Grade sie körperlich begehrenswert sei. Dexter hatte nicht den Wunsch, ihren Charakter zu beeinflussen. Ihre Mängel wurden durch die vitale Leidenschaft, die dahinter stand, gleichsam transzendent und erschienen beinahe gerechtfertigt.

Als Judy an jenem ersten Abend, ihren Kopf an seine Schulter lehnend, flüsterte: »Ich weiß gar nicht, was mit mir los ist. Erst gestern abend glaubte ich in einen Mann verliebt zu sein, und heute abend ist mir, als liebte ich dich« – da fand er diesen Ausspruch wunderbar und geradezu romantisch. Diese außerordentliche Entflammbarkeit tat es ihm an, und – für den Augenblick wenigstens – fühlte er sich über sie als Herr und Gebieter. Schon eine Woche später jedoch war er genötigt, diese selbe Eigenschaft in einem anderen Licht zu sehen. Sie nahm ihn in ihrem Roadster zu einem abendlichen Picknick mit, um gleich nach dem Essen, ebenfalls in ihrem Roadster, mit einem anderen Mann zu entschwinden. Dexter geriet in mächtige Erregung und war kaum noch imstande, sich den anderen Gästen gegenüber taktvoll und höflich zu benehmen. Als sie ihm dann später versicherte, sie habe den anderen Mann nicht geküßt, wußte er, daß sie log – und dennoch schmeichelte es ihm, daß sie sich die Mühe machte, ihn zu belügen.

Noch vor Ende des Sommers mußte er erkennen, daß er nur einer von einem Dutzend ständig wechselnder Männer war, die sie umschwirrten. Jeder von ihnen hatte irgendwann einmal in ihrer Gunst über allen anderen gestanden, und etwa die Hälfte von ihnen tröstete sich mit einem gelegentlichen sentimentalen Wiederaufleben ihrer Neigung. Wenn sie einen zu lange vernachlässigt hatte und er Miene machte auszubrechen, gewährte sie ihm ein süßes Stündchen, so daß er neuen Mut schöpfte und ein Jahr oder länger bei der Stange blieb. Diese Anschläge auf die wehrlosen Opfer verübte Judy ohne alle Bosheit und ohne sich der Tücke in ihrem Verhalten recht bewußt zu sein.

Wenn ein neuer Mann auf der Bildfläche erschien, ließ sie alle anderen fallen – alle Rendezvous wurden automatisch abgesagt.

Es war aussichtslos, etwas dagegen unternehmen zu wollen, weil alles von ihr ausging. Sie war kein Mädchen, das man im eigentlichen Sinne des Wortes »erobern« konnte; sie war gefeit gegen Fixigkeit, gefeit gegen Charme. Wenn so jemand sie allzu heftig bedrängte, reduzierte sie die Sache sogleich auf eine rein sinnliche Basis, und unter dem Zauber ihres physischen Reizes tanzten sowohl die starken Männer als auch die Charmeure nach ihrer Pfeife und verloren das Heft aus der Hand. Ihre Befriedigung lag lediglich darin, daß sie ihren Begierden nachgab und ihre Reize unmittelbar wirken ließ. Vielleicht war sie bei so viel jugendlichem Feuer, das ihr entgegenbrannte, und bei so viel jungen Liebhabern aus reinem Selbsterhaltungstrieb dazu gekommen, sich nur aus sich selbst zu nähren.

Nach dem ersten Jubel war es um Dexters Ruhe bald geschehen, und er war rastlos und unbefriedigt. Die hilflose Ekstase, mit der er sich an sie verlor, war eher ein Rauschgift als ein Stärkungsmittel. Zum Glück für seine Arbeit waren diese Augenblicke der Ekstase während jenes Winters nicht sehr häufig. Im Anfang ihrer Bekanntschaft schien es eine Zeitlang so, als bestünde zwischen ihnen eine tiefe und spontane gegenseitige Anziehung – an jenem ersten August zum Beispiel, dann drei lange Abende auf ihrer schummrigen Veranda, seltsam sehnsuchtsmatte Küsse am Spätnachmittag in schattigen Gartenlauben oder hinter dem schützenden Spalier der Obstbäume, oder an Vormittagen, wenn sie frisch war wie ein junger Traum und beinahe scheu beim Wiedersehen in der klaren Morgenfrühe. Die ganze Begeisterung des Füreinanderbestimmtseins war darin, und das steigerte sich noch durch sein Bewußtsein, daß sie nicht miteinander verlobt waren. Während jener drei Tage hatte er sie zum erstenmal gefragt, ob sie ihn heiraten wolle. Sie sagte »Eines Tages – vielleicht«, sie sagte »Küß mich«, sie sagte »Ich möchte dich schon heiraten«, sie sagte »Ich liebe dich«, und sie sagte im Grunde – nichts.

Die drei Tage wurden durch die Ankunft eines Mannes aus New York unterbrochen, der für den halben September als Gast in ihrem Hause blieb. Zu Dexters Verzweiflung wollte das Gerücht von einer Verlobung der beiden wissen. Der Mann war der Sohn des Präsidenten eines großen Industriekonzerns. Am Ende des Monats aber hieß es, Judy langweile sich. Bei einem Tanzabend saß sie die ganze Zeit mit einem schönen Jungen aus dem Städtchen im Motorboot, während der New Yorker in wilder Verzweiflung den ganzen Club nach ihr absuchte. Dem Jungen erzählte sie, daß sie von ihrem Besucher genug habe, und zwei Tage darauf reiste dieser denn auch ab. Man sah sie mit ihm auf dem Bahnhof, und es wurde berichtet, er habe wirklich kummervoll dreingeblickt.

Bei diesem Stand der Dinge ging der Sommer zu Ende. Dexter war vierundzwanzig und allmählich in einer Position, daß er tun und lassen konnte, was er wollte. Er war Mitglied von zwei Clubs und wohnte sogar in einem. Er gehörte keineswegs zur tanzwütigen Jugend dieser Clubs, wußte es aber immer so einzurichten, daß er bei den Tanzabenden erschien, zu denen auch Judy Jones wahrscheinlich kommen würde. Er hätte so viele Einladungen haben können, wie er wollte; er galt jetzt als gesellschaftsfähig und stand mit den Vätern aus der Geschäftswelt auf gutem Fuße. Die Tatsache, daß er erklärtermaßen Judy Jones den

Hof machte, hatte seine Position nur noch befestigt. Aber er hatte keinen gesellschaftlichen Ehrgeiz und verachtete eher die übereifrigen Tänzer, die bei den Donnerstags- und Samstagsgesellschaften immer auf dem Sprunge waren und beim Diner mit den jüngeren Ehepaaren zusammensaßen. Zu jener Zeit spielte er schon mit dem Gedanken, nach New York zu gehen, und hegte den Wunsch, Judy Jones dorthin mitzunehmen. Doch so nüchtern er auch die Welt, in der sie aufgewachsen war, betrachtete – seine Illusion, wie begehrenswert sie selbst sei, wurde davon nicht geheilt.

Das wollen wir festhalten – denn nur so läßt sich begreifen, was er nun für sie tat.

Anderthalb Jahre nach seiner ersten Begegnung mit Judy Jones verlobte er sich mit einem anderen Mädchen. Sie hieß Irene Scheerer; ihr Vater war einer der Männer, die von jeher viel von Dexter gehalten hatten. Irene war hochblond, nett und ehrbar, außerdem etwas stämmig; sie hatte zwei Verehrer, die sie jedoch gern sitzenließ, als Dexter in aller Form um sie anhielt.

Sommer, Herbst, Winter, Frühling, noch ein Sommer und noch ein Herbst – so viel von seiner Zeit und seiner Arbeit hatte er um Judy Jones' unverbesserlicher Lippen willen geopfert. Sie hatte sich für ihn interessiert, ihn ermutigt und ihn nacheinander mit Bosheit, Gleichgültigkeit und Verachtung gestraft. Sie hatte ihm die zahllosen kleinen Erniedrigungen und Demütigungen auferlegt, die sich in solchen Fällen ergeben – gleichsam als Rache dafür, daß sie je etwas für ihn übrig gehabt hatte. Sie hatte ihm gewinkt, ihn gähnend fortgeschickt und ihm wieder gewinkt, und oft war er nur verbittert und mit verkniffenen Augen darauf eingegangen. Sie hatte ihn vor Glück außer sich gebracht und ihm unerträgliche seelische Qualen bereitet. Sie hatte ihm Unerhörtes abverlangt und ihm nicht wenig Ärger gemacht. Sie hatte ihn verletzt, ihn wie Luft behandelt oder hatte sein Interesse für sie gegen sein Interesse für seine Arbeit ausgespielt – alles nur zum Spaß. Sie hatte ihm alles und jedes angetan, nur daß sie ihn nicht kritisiert hatte, und das, wie ihm schien, nur deshalb, weil sie sonst die grenzenlose Gleichgültigkeit, die sie ihm bezeigte und auch wirklich gegen ihn empfand, durchbrochen hätte.

Als wieder ein Herbst gekommen und gegangen war, kam er zu der Erkenntnis, daß er Judy Jones nie besitzen könnte. Er mußte sich das einhämmern, aber schließlich gelangte er zu dieser Überzeugung. Nachts lag er stundenlang wach und dachte darüber nach. Er hielt sich die Mühen und Qualen, die sie ihm verursacht hatte, vor Augen; er zählte sich ihre offenkundigen Mängel als Ehefrau auf. Dann sagte er sich, daß er sie liebe, und schlief darüber nach einer Weile ein. Eine Woche lang arbeitete er hart und ausdauernd, nur daß er sich gelegentlich ihre heisere Stimme am Telefon oder ihre Augen über den Tisch hinweg vorstellte, und sogar abends ging er noch mal in sein Büro und entwarf einen Plan für die nächsten Jahre.

Am Ende dieser Woche ging er zu einem Tanzabend und forderte sie nur zu einem einzigen Tanz auf. Zum erstenmal, seitdem sie sich kannten, bat er sie nicht, ein wenig draußen mit ihm zu sitzen, und sagte auch nicht, daß sie reizend aussähe. Es tat ihm weh, daß sie das gar nicht zu vermissen schien – das war alles. Er war nicht eifersüchtig, als er an diesem Abend einen neuen Mann bei ihr sah. Über Eifersucht war er längst hinaus.

An diesem Abend blieb er lange. Er saß eine Stunde mit Irene Scheerer zusammen und unterhielt sich über Literatur und Musik. Von beidem verstand er nur sehr wenig. Aber er fing jetzt an, planmäßig über seine Zeit zu verfügen, und hegte die etwas dünkelhafte Meinung von sich, daß er – der junge und schon unglaublich erfolgreiche Dexter Green – über diese Dinge durchaus mitreden könne.

Das war im Oktober, und er war damals fünfundzwanzig. Im Januar verlobten sich Dexter und Irene. Es sollte im Juni bekanntgegeben werden, und drei Monate später sollten sie heiraten.

Der Minnesota-Winter zog sich unendlich lange hin; es war schon fast Mai, als die Winde milder wurden und der Schnee endlich in den Black-Bear-See abfloß. Zum erstenmal seit über einem Jahr erfreute sich Dexter einer gewissen inneren Ruhe. Judy Jones war in Florida und danach in Hot Springs gewesen, hatte sich irgendwo verlobt und irgendwo wieder entlobt. Anfangs, als Dexter sie endgültig aufgegeben hatte, bekümmerte es ihn, daß die Leute ihn und sie immer noch als ein Paar betrachteten und ihn nach ihr fragten. Als er dann aber bei Tischgesellschaften immer öfter neben Irene Scheerer plaziert wurde, fragten die Leute ihn nicht mehr nach Judy – im Gegenteil, sie erzählten ihm von ihr. Er hatte aufgehört, als Autorität über sie zu gelten.

Endlich Mai. Nachts, wenn die Dunkelheit sich regenfeucht anfühlte, spazierte Dexter durch die Straßen und wunderte sich, welche Geringfügigkeiten genügt hatten, daß ein so überwältigendes Entzücken so schnell von ihm abgefallen war. Der Mai vor einem Jahre war durch Judys unwiderstehliches, unverzeihliches und dennoch verziehenes Liebesungestüm gekennzeichnet gewesen – eins der wenigen Male, da er sich einbildete, es wäre endlich so weit, daß sie ihn liebe. Diesen alten Glückspfennig, den er nun für ein Sträußchen Zufriedenheit eingetauscht hatte. Er wußte, daß Irene ihm nie mehr bedeuten konnte als eine Folie, eine Hand, die mit blitzsauberen Teetassen hantierte, eine Stimme, die den Kindern rief ... dahin waren feurige Glut und süßer Liebreiz, der Zauber der Abende und das Verwundern über den Wechsel der Stunden und Jahreszeiten ... schmale Lippen, die sich herabzogen, sich auf seine Lippen neigten und ihn in einen Himmel von Augen emportrugen ... Das saß tief in ihm. Er war zu stark und lebenshungrig, um das leichthin zu begraben.

Mitte Mai, als das Wetter sich ein paar Tage lang auf dem schmalen Übergang zum Hochsommer in der Schwebe hielt, sprach er eines Abends bei Irene vor. Ihre Verlobung sollte in einer Woche öffentlich werden – also konnte niemand etwas dabei finden. Und heute abend wollten sie zusammen im University-Club auf einem Sofa sitzen und den Tanzenden zuschauen. Mit ihr auszugehen, hatte für ihn etwas Solides – ihre allgemeine Beliebtheit war so gut fundiert, sie war so entschieden eine »Partie«.

Er eilte die Stufen zu dem braunen Sandsteinhaus hinauf und trat ein.

»Irene«, rief er.

Mrs. Scheerer kam ihm aus dem Wohnzimmer entgegen.

»Dexter«, sagte sie, »Irene ist oben; sie hat mörderische Kopfschmerzen. Sie wollte mit Ihnen gehen, aber ich habe sie lieber ins Bett geschickt.«

»Nichts Ernstes, hoffe ich –«

»O nein. Morgen früh kann sie wieder mit Ihnen Golf spielen. Für einen Abend können Sie sie wohl entbehren, nicht wahr, Dexter?«

Ihr Lächeln war freundlich. Dexter kam gut mit ihr aus. Im Wohnzimmer unterhielt er sich noch ein Weilchen und verabschiedete sich dann.

In den University-Club, wo er auch wohnte, zurückgekehrt, blieb er einen Augenblick in der Tür stehen und sah den Tanzenden zu. Er lehnte am Türpfosten, nickte einem oder zwei Bekannten zu – gähnte.

»Hallo, Liebling.«

Die vertraute Stimme an seiner Seite machte ihn betroffen. Judy Jones hatte einen Tänzer stehenlassen und war quer durch den Raum zu ihm gekommen – Judy Jones, ein schlankes, gepudertes Püppchen, ganz in Gold: goldenes

Stirnband, zwei goldene Pantöffelchen unter dem Kleidersaum. Das schwache Leuchten auf ihrem Gesicht blühte auf, als sie ihn anlächelte. Der Raum war plötzlich von Wärme und Licht durchflutet. Seine Hände, die er in den Taschen des Smokings hielt, krampften sich zusammen. Erregung wallte in ihm empor.

»Seit wann bist du wieder da?« fragte er beiläufig.

»Komm mit, dann werde ich dir alles erzählen.«

Sie wandte sich um, und er folgte ihr. Sie war weit fort gewesen – er hätte über das Wunder ihrer Rückkehr weinen können. Durch verzauberte Straßen war sie gegangen und hatte Dinge getan, die wie eine aufreizende Musik waren. Alle geheimnisvollen Glücksfälle, alle überstürzten Hoffnungen waren mit ihr dahingegangen und kamen jetzt mit ihr zurück.

Im Torbogen wandte sie sich nach ihm um.

»Hast du einen Wagen hier? Wenn nicht, ich habe einen.«

»Ich habe ein Coupé da.«

Hinein also, mit einem Rascheln goldener Seide. Er schlug die Tür zu. In so viele Wagen war sie mit eingestiegen – Wagen wie dieser, wie jener –, den Rücken gegen das Lederpolster, den Ellbogen an der Tür aufgestützt, so – wartend. Sie wäre schon längst verführt worden, aber es gab nichts, das sie beflecken konnte – es sei denn sie selbst. Alles ging von ihr aus.

Er mußte sich zwingen, den Wagen zu starten und rückwärts auf die Straße zu fahren. Das bedeutete noch nichts, weckte noch keinerlei Erinnerungen. Sie hatte das schon oft getan, und er hatte sie aus seinem Leben gelöscht, wie man einen faulen Posten aus seinen Büchern streicht.

Er fuhr langsam stadtwärts und, als sei er zerstreut, kreuz und quer durch die verlassenen Straßen des Geschäftsviertels, wo nur hier und da Menschen aus einem Kino strömten oder vor einem Lagerhaus schwindsüchtige Jugendliche herumlungerten oder Boxkämpfe austrugen. Aus schmutziggelb erleuchteten Kneipen mit beschlagenen Fensterscheiben hörte man die Gläser klirren, wenn jemand mit der Faust auf den Schanktisch schlug.

Sie beobachtete ihn scharf; das Schweigen wurde bedrückend, aber selbst in dieser kritischen Situation fiel ihm keine Phrase ein, mit der er der Sache eine harmlose Wendung hätte geben können. Als es sich machen ließ, wendete er den Wagen und fuhr auf Umwegen wieder in Richtung des University-Clubs.

»Hast du mich vermißt?« fragte sie unvermittelt.

»Alle Welt hat dich vermißt.«

Er fragte sich, ob sie wohl etwas von Irene Scheerer wisse. Sie war erst einen Tag wieder da, und die Zeit ihres Fortseins war ziemlich genau mit seiner Verlobung zusammengefallen.

»Wie geistreich!« Judy lachte schmerzlich, aber ohne wirklich bekümmert zu sein. Sie sah ihn forschend an. Er starrte geflissentlich auf das Schaltbrett.

»Du siehst besser aus als früher«, sagte sie nachdenklich. »Dexter, du hast Augen, die man einfach nicht vergessen kann.«

Er hätte sie deswegen auslachen können, aber er lachte nicht. So etwas sagte man zu jungen Semestern. Dennoch verfing es bei ihm.

»Ich habe alles entsetzlich satt, Liebling.« Sie nannte jeden »Liebling«, wobei sie dem zärtlichen Wort eine gleichgültige Nuance von Kameradschaftlichkeit gab. »Ich möchte wohl, daß du mich heiratest.«

Diese Direktheit verwirrte ihn. Er hätte ihr jetzt sagen müssen, daß er im Begriff war, eine andere zu heiraten, aber er brachte es nicht fertig. Ebensogut hätte er schwören können, daß er sie nie geliebt hätte.

»Ich denke, wir könnten schon miteinander auskommen«, fuhr sie im gleichen Ton fort, »es sei denn, du hast mich vergessen und dich in ein anderes Mädchen verliebt.«

Ihr Selbstvertrauen war offenbar unerschütterlich. Sie hatte in Wahrheit zu verstehen gegeben, daß sie so etwas für ganz unmöglich hielte oder daß er, wenn es zutraf, nur einen kindischen Streich begangen hatte – vielleicht um sich damit zu brüsten. Sie würde ihm verzeihen, weil sie der Sache überhaupt kein Gewicht beimaß – nur eine Lappalie, die man einfach abstreifte.

»Wie könntest du auch je eine andere lieben als mich«, fuhr sie fort, »ich mag die Art, wie du mich liebst. Oh, Dexter, hast du das letzte Jahr vergessen?«

»Nein, ich habe es nicht vergessen.«

»Ich auch nicht.«

War sie ernstlich bewegt oder wurde sie nur von ihrer eigenen Initiative fortgerissen?

»Ich wünschte, wir könnten wieder sein wie damals«, sagte sie, und er nahm all seine Kraft zusammen und erwiderte:

»Ich glaube, das können wir nicht.«

»Anzunehmen ... Wie ich höre, machst du Irene Scheerer gewaltig den Hof.« Sie legte nicht die geringste Betonung auf den Namen; dennoch schämte Dexter sich plötzlich.

»Ach, fahr mich nach Hause«, rief Judy auf einmal. »Ich mag nicht zu dieser idiotischen Tanzerei zurück – mit diesen Kindern.«

Als er dann die Straße zu dem Villenviertel hinauffuhr, begann Judy still vor sich hin zu weinen. Er hatte sie noch nie weinen sehen.

Die dunkle Straße lichtete sich; überall tauchten die Villen der reichen Leute auf. Er hielt vor dem großen weißen Kasten, Mortimer Jones' Haus, eine verschlafene Pracht, vom wäßrigen Glanz des Mondes umflossen. Seine Monumentalität überraschte ihn. Die soliden Mauern, die Stahlträger, seine massive Breite und sein strahlender Pomp schienen nur den Kontrast zu der jugendlichen Schönen neben ihm hervorheben zu sollen. Ein gewaltiger Bau, nur dazu da, ihre Winzigkeit zu betonen – als müsse bewiesen werden, wieviel Wind ein zarter Schmetterlingsflügel erzeugen kann.

Er saß ganz still, während seine Nerven in wildem Aufruhr waren; er fürchtete, bei der geringsten Bewegung werde sie ihm unweigerlich in den Armen liegen. Zwei Tränen waren über ihre feuchten Wangen gerollt und hingen zitternd an ihrer Oberlippe.

»Ich bin schöner als jede andere«, sagte sie schluchzend, »warum kann ich denn nicht glücklich sein?« Ihre tränennassen Augen zerrten an seinem Willen, fest zu bleiben. Ihr Mund krümmte sich langsam abwärts mit einem unsagbar schwermütigen Ausdruck: »Heirate mich, Dexter, wenn du mich überhaupt willst. Wahrscheinlich denkst du, ich sei das nicht wert, aber ich will ja immer so schön für dich sein, Dexter.«

Tausend Antworten – zornige, stolze, leidenschaftliche, haßerfüllte, zärtliche – lagen auf seinen Lippen im Widerstreit. Dann schlug eine Woge des Gefühls über ihm zusammen und schwemmte auch die Reste von Klugheit, Konvention, Zweifel und Ehre mit hinweg. Hier sprach das Mädchen, das ihm gehörte, seine Allerschönste, sein ganzer Stolz.

»Willst du nicht mit reinkommen?« Er spürte, wie sie den Atem anhielt.

Wartete.

»Gut«, seine Stimme zitterte, »ich komme.«

V

Es war seltsam, daß keiner von beiden, als es vorbei war und noch lange danach, den Abend bereute. Die Tatsache, daß Judys wiederauflodernde Leidenschaft für ihn nur einen Monat währte, schien aus der abgeklärten Perspektive von zehn Jahren nur von untergeordneter Bedeutung. Auch kam es nicht darauf an, daß er sich durch sein Nachgeben am Ende in eine tiefere Qual verstrickte und daß er Irene Scheerer und ihren Eltern, die ihn freundschaftlich aufgenommen hatten, eine ernste Schmach antat. Die leidende Irene bot kein Schauspiel, das sich seinem Geist nachhaltig einprägen konnte.

Im Grunde war Dexter eine harte Natur. Die Reaktion des Städtchens auf sein Verhalten kümmerte ihn wenig, nicht weil er ohnehin bald fortgehen wollte, sondern weil jede Reaktion von außen seine Lage nur oberflächlich berührte. Er war gegen die öffentliche Meinung völlig immun. Auch als er eingesehen hatte, daß es zwecklos war und daß er Judy Jones weder halten konnte noch stark genug war, ihren Charakter von Grund auf zu verändern, trug er ihr nichts nach. Er liebte sie eben und würde sie lieben, bis er über das Liebesalter hinaus war – aber er konnte sie nicht besitzen. So kostete er denn die tiefe Qual, die nur den Starken vorbehalten ist, wie er einst für kurze Zeit das tiefste Glück genossen hatte.

Auch die ausgemachte Verlogenheit der Beweggründe, aus denen Judy ihrer Beziehung ein Ende gemacht hatte, daß sie nämlich ihn Irene nicht »wegnehmen« wollte – und nichts anderes war Judys Absicht gewesen –, nicht einmal das empörte ihn. Er war längst darüber hinaus, sich angewidert oder amüsiert zu fühlen.

Im Februar ging er mit der Absicht, seine Wäschereibetriebe zu verkaufen und sich in New York niederzulassen, in den Osten. Doch im März kam für Amerika der Krieg und warf seine Pläne um. Er kehrte in den Westen zurück, übergab die Geschäftsleitung seinem Partner und meldete sich Ende April zu einem Offiziers-Ausbildungskursus. Er war einer von jenen Tausenden junger Leute, die den

Krieg mit einer gewissen Erleichterung begrüßten, weil er sie von manchen sie umstrickenden Gefühlswirrungen befreite.

VI

Diese Geschichte – das möge man festhalten – ist keine Biographie, obwohl allerlei in ihr vorkommt, das mit Dexters Jugendträumen nichts zu tun hat. Mit ihnen sind wir auch fast durch und desgleichen bald mit ihm selbst. Nur ein Vorfall bleibt noch zu berichten, und der ereignete sich sieben Jahre später.

Dieser Vorfall begab sich in New York, wo er es inzwischen weit gebracht hatte – so weit, daß irgendwelche Schranken für ihn nicht mehr existierten. Er war zweiunddreißig Jahre alt und war, abgesehen von einer kurzen Flugreise gleich nach Kriegsende, sieben Jahre nicht mehr im Westen gewesen. Ein Mann namens Devlin aus Detroit kam zu einem Geschäftsbesuch in sein Büro, und dort und bei dieser Gelegenheit kam es zu jenem Vorfall, durch den diese besondere Etappe seines Lebens sozusagen ihren Abschluß fand.

»Sie sind also aus dem mittleren Westen«, sagte der Mann namens Devlin mit lässiger Neugier. »Komisch – ich dachte, Leute wie Sie könnten nur in Wallstreet geboren und aufgewachsen sein. Übrigens: die Frau von einem meiner besten Freunde stammt aus Ihrer Stadt. Ich war bei der Hochzeit Trauzeuge.«

Dexter wartete ahnungslos, was nun kommen würde.

»Judy Simms«, fuhr Devlin ganz beiläufig fort. »Judy Jones hieß sie vorher.«

»Ja, ich kenne sie.« Dexter wurde von einer merkwürdigen Unruhe ergriffen. Natürlich hatte er gehört, daß sie geheiratet hatte, aber weiter nichts – vielleicht mit Absicht.

»Eine schrecklich nette Person«, meinte Devlin so obenhin, »sie tut mir eigentlich leid.«

»Weshalb?« Dexter fühlte sich gewarnt, doch zugleich wollte er mehr wissen.

»Ach, Lud Simms ist ganz heruntergekommen. Ich will nicht sagen, daß er sie mißhandelt, aber er trinkt und treibt sich herum –«

»Und treibt sie sich nicht herum?«

»Nein. Bleibt zu Hause bei den Kindern.«

»Oh.«

»Sie ist wohl etwas zu alt für ihn«, sagte Devlin.

»Zu alt!« rief Dexter aus. »Aber Mann, sie ist doch erst siebenundzwanzig!«

Er sah sich schon in wilder Hast auf die Straße rennen und den nächsten Zug nach Detroit nehmen. Mit einem Ruck sprang er auf.

»Ich nehme an, Sie haben zu tun«, entschuldigte sich Devlin rasch. »Ich dachte nicht –«

»Nein, ich habe Zeit«, sagte Dexter in möglichst ruhigem Ton. »Ich habe nichts vor. Ganz und gar nichts. Sagten Sie, sie sei – siebenundzwanzig? Richtig, ich habe gesagt, daß sie siebenundzwanzig ist.«

»Ja, Sie sagten es«, bemerkte Devlin trocken.

»Dann also weiter. Legen Sie los.«

»Was meinen Sie?«

»Über Judy Jones natürlich.«

Devlin sah ihn verständnislos an.

»Nun, das ist – ich habe Ihnen schon alles gesagt. Er behandelt sie saumäßig. Oh, nicht daß sie sich scheiden ließen oder so. Immer wenn er besonders ausfällig wird, verzeiht sie ihm. Tatsächlich, ich glaube fast, sie liebt ihn. Und sie war so ein hübsches Mädchen, als sie zuerst nach Detroit kam.«

Ein hübsches Mädchen! Der Ausdruck machte Dexter betroffen, weil er so unmöglich war.

»Und jetzt ist sie wohl kein – hübsches Mädchen mehr?«
»Oh, sie ist eine fabelhafte Person.«
»Hören Sie mal«, sagte Dexter und setzte sich plötzlich wieder hin. »Ich verstehe Sie nicht. Eben sagten Sie noch, sie sei ein ›hübsches Mädchen‹ gewesen, und jetzt sagen Sie auf einmal, sie sei eine ›fabelhafte Person‹. Ich weiß nicht, was Sie wollen – Judy war absolut kein hübsches Mädchen. Sie war eine Schönheit ersten Ranges. Denn ich kannte sie, ich hab sie gekannt. Sie war –«

Devlin lachte verbindlich.

»Ich will keinen Streit anfangen«, sagte er. »Ich finde, Judy ist eine nette Person, und ich mag sie gern. Ich begreife zwar nicht, wie ein Mann wie Lud Simms sich so wahnsinnig in sie verlieben konnte, aber so kam es eben.« Dann fügte er hinzu: »Die meisten Frauen mögen sie gut leiden.«

Dexter blickte Devlin scharf an, als sei er überzeugt, da müsse etwas dahinterstecken, irgendeine Gefühlsstutzigkeit bei dem Mann oder eine private Intrige.

»Mit vielen Frauen geht es so abwärts.« Devlin schnippte mit dem Finger. »Man muß das aus der Nähe erlebt haben. Vielleicht habe ich auch vergessen, wie hübsch sie bei ihrer Hochzeit war. Ich habe sie seitdem so oft gesehen, wissen Sie. Sie hat nette Augen.«

Eine Art von Umnebelung senkte sich auf Dexter herab. Zum erstenmal in seinem Leben fühlte er sich, als sei er im Begriff, sehr betrunken zu werden. Er wußte noch, daß er über irgend etwas, was Devlin sagte, schallend gelacht hatte, aber was es war und warum es komisch war, wußte er nicht mehr. Als Devlin nach ein paar Minuten ging, legte er sich auf seine Couch und sah zum Fenster hinaus auf das Häuserpanorama von New York, in dem die Sonne mit grotesken Farbeffekten von Gold und Rosa versank.

Er hatte immer gedacht, er sei, da er nichts mehr zu verlieren hatte, unverletzlich – doch jetzt wußte er, daß er soeben noch etwas mehr verloren hatte – wußte es so sicher, als wenn er selbst Judy Jones geheiratet hätte und vor seinen Augen dahinwelken sähe.

Der Traum war aus. Etwas war ihm genommen worden. In einem Anfall von Panik preßte er die Handflächen in die Augen und versuchte, sich das Bild des leise plätschernden Sees von Sherry Island zurückzurufen, die Veranda im Mondschein, die farbenfrohen Golfkostüme auf dem grünen Rasen und die sengende Sonne und das Goldbraun ihres sanft geneigten Nackens. Und ihren Mund, der feucht seinen Küssen entgegenkam, und ihre Augen so voll Melancholie und ihre Frische wie neues kühles Leinen am Morgen. Das alles gab es also nicht mehr auf der Welt! Es hatte es gegeben, aber nun war es auf einmal nicht mehr da.

Zum erstenmal seit Jahren strömten ihm Tränen übers Gesicht. Doch diesmal galten sie ihm selbst. Ein Mund, ein Paar Augen, Hände, die sich bewegten – das war's nicht mehr, woran ihm lag. Er wollte lieben und konnte es nicht. Denn er war weit fort und konnte nie mehr dahin zurückgelangen. Die Tore waren verschlossen, die Sonne untergegangen, und es gab keine Schönheit mehr außer der grauen Schönheit des Stahls, der die Zeiten überdauert. Sogar das Leid, zu dem er fähig gewesen war, lag hinter ihm im Land der Illusionen, der Jugend, der Lebensfülle – dem Land, in dem einst seine Winterträume geblüht hatten.

»Vor langer Zeit«, sagte er, »vor langer Zeit, da war etwas in mir, aber das ist jetzt dahin. Das ist vorbei, endgültig vorbei. Ich kann nicht mehr weinen. Ich kann nicht mehr lieben. Das kehrt nie wieder.«

Übersetzung von Walter Schürenberg

JEAN TOOMER

Theater

Das Leben der schwarzen Gassen, der Billardsäle, Spielhallen, Gaststätten und Dünnbierkneipen sickert hinein in die Wände des Howard-Theaters und durchpulst sie mit Jazzsongs. Schwarzhäutig tanzen sie und überschreien das Girren und Trillern weißhäutiger Gebäude. Am Abend öffnen sie ihre Tore und lassen Menschen ein, die mit den Füßen stampfen und schreien wollen. Am Abend knattern Roadshows[1] ihre Songs in das Massenherz der Schwarzen. Songs sickern durch die Wände hinaus ins Niggerleben der Gassen und Dünnbierkneipen, der Poodle-Dog- und der Black-Bear-Bar. Nachmittags ist das Haus dunkel, und die Wände sind schlafende Sänger, bis die Probe beginnt. Wenn nicht John dazwischenkommt. Dann beginnen sie, in leichten Synkopen zu pulsen. Und die Luft, schwarz wie das All, fängt an, zart zu leuchten.

John ist der Bruder des Theaterdirektors. Er sitzt mitten im Zuschauerraum, kurz vor der Probe. Die eine Hälfte seines Gesichts ist in Orange getaucht, die andere liegt im Schatten. Das sachte Glimmen des Hauses eilt auf den Lichtstreif zu und verdichtet sich dort. Johns Geist ist eins mit dem Lichtstreif. Gedanken eilen auf ihn zu und verdichten sich. Das Leben des Hauses und der langsam erwachenden Bühne strudelt auf Johns Körper zu und erregt ihn. Johns Körper ist abgetrennt von den Gedanken, die sich in seinem Geist zusammenballen.

---

[1] Herumziehende Theater-/Show-Truppe. (Anm. d. Hrsg.)

Bühnenbeleuchtung, sanft getönt, als schiene sie durch rosige Finger. Darunter, verdeckt vom Schatten einer Kulisse, Dorris. Andere Tänzerinnen strömen herein. John spürt sie schon in der Masse. Und als ob sein Körper das Massenherz eines schwarzen Publikums wäre, möchte er mit den Füßen stampfen und schreien. Sein Geist, gezügelt, erhaben über das Begehren des Körpers, sondert die Mädchen aus und versucht, ihre Herkunft und Zukunft zu bestimmen.

Ein Klavierspieler schlüpft in den Orchestergraben und improvisiert Jazzmusik. Die Wände erwachen. Die Arme der Mädchen und ihre Glieder, die sie ... jazz, jazz ... durch Heben der engen Straßenröcke freilegen, peitschen die Luft und stampfen die Erde im Rhythmus der Töne (Heb das Röckchen, Baby, und zeig's deinem Väterchen!), krude, allein mit sich und ... eintönig ...

John: Gleich wird der Choreograph euch zusammentrommeln, meine vollippigen Schönheiten, und euch zähmen und eure eckigen Bocksprünge zu aufreizender Bewegung abdämpfen, so wie es sich am Broadway gehört (Oh, tanzt!). Bald wird das Publikum eure dämmrigen Gesichter weiß anmalen und sagen, daß ihr schön seid (Oh, tanzt!). Bald werde ich ... (Oh, tanzt!) Ich möchte ...

Mädchen lachen und kreischen. Singen zusammenhanglose Fetzen aus anderen Jazzsongs. Wirbeln in verspielter Leidenschaft vorübergehenden Showmen in die Arme.

John: Zu dick aufgetragen. Zu blaß. Zu monoton. Sie, die ich lieben würde. Ich verließe sie, bevor sie noch ahnen könnte, daß ich bei ihr war. Sie? Welche? (Oh tanzt!) Ich möchte gern ...

Mädchen tanzen und singen. Männer klatschen. Die Wände singen und drängen nach innen. Sie drängen die Männer und Mädchen, sie drängen John auf eine Mitte körperlicher Ekstase zu. Mach, Baby! Mach du's bei dir und gib's deinem Väterchen! Mach schon ... keiner hat gelogen ... und nimm schon ... wenn gesagt wird, ich hätte über dich geweint. Keine Lüge. Schimmer und Farbe aufgestapelter Szenenbilder, Gold, Messing und Karmin konvergieren zu einer Mitte körperlicher Ekstase. Johns Füße und Rumpf, sein Blut, bedrängen ihn. Er zwingt Gedanken herbei, seine Leidenschaft loszuwerden.

»Na also, ihr Mädchen. Alaska. Miß Reynolds, darf ich bitten!«

Der Choreograph möchte die Probe hinter sich bringen. Die Mädchen formieren sich. John sieht nur die erste Reihe: tanzende Ponys. Der Rest ist im Schatten. Die Vorsängerin gliedert sich lose in die Front ein. Kein Schwung. Monoton. »Eins, zwei, drei –« Die Musik setzt ein. Der Gesang ist irgendwo, wo er die Kehle der Vorsängerin nicht strapazieren kann. Der Tanz ist irgendwo, wo er die Mädchen nicht strapaziert. All dieser Schalheit wirft sich eine Tänzerin entgegen. Dorris. John sieht sie. Buschiges, gestutztes Gelock. Buschiger, schwarzer gestutzter Bubikopf um das zitronenfarbene Gesicht herum. Die Lippen sind überaus voll und sehr rot. Die Beine in purpurnen Seidenstrümpfen entzückend. John spürt sie. Begehrt sie. Reißt sich zusammen.

John: Schmachtender Jüngling am Bühnenausgang, Ballettratte. Nein, das ginge ja. Feiner Pinkel, riecht nach Tinte, hochnäsig, Tänzerin. Jawohl. Ihr Mißtrauen wäre stärker als ihre Leidenschaft. Daraus würde nichts. Bewahr ihr die Lieblichkeit. Laß sie in Frieden.

Dorris sieht John und weiß, daß er sie ansieht. Ihre Glut ist zu üppig, als daß sie die Schmächtigkeit seiner verdünnten Leidenschaft spüren könnte.

»Wer ist das?« fragt sie ihren Tanzpartner.

»Dem Direktor sein Bruder. Feiner Pinkel. Finger weg, Schätzchen.«

Dorris wirft den Kopf zurück und tanzt für ihn, bis sie

spürt, sie hat ihn. Dann zieht sie sich verächtlich zurück und flirtet mit dem Choreographen.

Dorris: Finger weg? Ja, wieso denn? Bin ich denn nicht genausogut wie er? Hätte doch auch nach Tinte riechen können, wenn ich nur gewollt hätte. Kenne ich nicht eine Menge feiner Leute, in Philadelphia, New York, Chicago? Hab ich nicht schon genauso feine Pinkel gehabt wie den? Feinere. Ärzte, Anwälte. Was ist schon der Bruder eines Theaterdirektors?

Zwei Schritt zurück, und zwei nach vorn.

»Du, Mame, wer hat dir denn bloß den Quatsch eingeredet?«

»Welchen, Dorris?«

»Wenn ihr zwei da drüben nicht hören könnt, was ich euch sage, weiß ich, wo ich welche herkriege, die auf mich hören. Also, aufgepaßt.«

Mame: Scher dich zum Teufel, schwarzes Mistvieh.

Dorris: Komisch, was hat der denn auf einmal?

»Also merkt euch das endlich, ihr Weibsen. Drei Takte nach rechts, drei Takte nach links, und dann tanzt ihr Shimmy –«

John: – und dann tanzt ihr Shimmy. Ich wette, die kann. Irgendein gutes Nachtlokal mit Separée oben. Und was zur Hölle denkst du, würdest du davon haben? Du fängst es verkehrt an. So ist's richtig. Laß sie kommen, laß sie nur machen – (Jesus, wie wird sie mich langweilen nach den ersten fünf Minuten) – wenn du sie gleich haben willst, wird sie nicht wollen. Sie berühren, meine ich. Bei ihr zu Hause – irgendein möbliertes Zimmer vielleicht. Irgendein billiges, ödes Schlafzimmer. Nein, um Himmels willen, das geht nicht. Das ist es ja gerade, es geht doch, Freund John, das geht doch. Laß sie machen, irgendwo, irgendwie, bei sich. Fang es auf deine Weise an, und sie wird dich für den letzten Esel halten, solange du erst mit dir zu Rande kommen mußt. Reiß dich zusammen, Kerl. Laß sie in Frieden. (Tanze, und ich liebe dich!) Und bewahr ihr die Lieblichkeit.

»Recht so, Chicken Chaser[2]. Dorris und ihr anderen Mädchen. Wo ist Dorris? Ich hab dir gesagt, daß du auf der Bühne bleiben sollst, hab ich nicht? Stimmt's? So, das genügt. In Ordnung. Alles in Ordnung da drüben, Professor? Los also. Eins, zwei, drei –«

Dorris swingt in den Vordergrund. Die Gruppe der Tänzerinnen, vier Reihen tief, verschwindet im Schatten irgendwelcher Soffitten. Dorris will tanzen. Der Choreograph weiß es und tritt zur Seite. Er lächelt und merkt sie vor als Solistin, irgendwann. Ein paar Bühnenarbeiter tauchen aus den Kulissen auf, starren sie an und klatschen. In der Gasse hört plötzlich ein Würfelspiel auf. Schwarze Gesichter drängen sich an den hinteren Bühnenausgängen. Die Mädchen, mitgerissen von Dorris' Überschwang, blitzen auf in der Glut des Rampenlichtes. Sie vergessen die vorgeschriebenen Schritte. Sie finden eigene. Der Choreograph vergißt, sie anzubrüllen. Dorris tanzt.

John: Sie schielt noch zu sehr nach dem Broadway. Tanz wie du bist. Tanze. Oh, noch ein bißchen mehr!

Dorris' Augen brennen durch den leeren Zuschauerraum zu ihm hinüber.

Dorris: Wetten, daß der was von Liebe versteht. Verdammt, der kann gar nicht. Er ist zu mager. Die Lippen sind viel zu dünn. Er würde mich sowieso nicht lieben, allein deswegen. Aber ich würde ein Paar Seidenstrümpfe dafür bekommen. Rote Seide. Purpurrote habe ich schon. Schluß, dumme Ziege. Auf die Weise bringst du ihn nicht dazu, daß er Respekt vor dir hat. Würde der sowieso nicht haben. Vielleicht doch. Vielleicht verliebt er sich richtig in mich. Ich

2 Schwarzer Tanz. (Anm. d. Hrsg.)

hab gehört, daß Männer, die so aussehen wie er (wie sieht er aus?) heiraten, wenn sie lieben. Oh, wirst du mich lieben? Kinder und ein richtiges Zuhause und all das? (Ich würde dir schon ein warmes Nest bereiten, ehrlich, Schätzchen, und durchbrennen würde ich dir nicht.) Wenn ich will, wirst du. Sieh mir nur zu.

Dorris tanzt. Sie vergißt alle Tricks. Sie tanzt.

Herrliche Songs sind die Muskeln ihrer Glieder.

Und sie singt von Liebe im Zuckerrohr und von Mangrovengelagen.

Die Wände drängen nach innen, singen. Fleisch eines bebenden Körpers, drängen sie sich dicht an John und Dorris heran. Sie umschließen sie. Johns Herz schlägt dicht an ihrem tanzenden Körper. Die Wände pressen seinen Geist in sein Herz. Und dann verschwindet der Lichtstreif aus dem Fenster hoch über ihm. Johns Geist fliegt auf, ihm zu folgen. Geist reißt ihn in Traum empor. – Dorris tanzt ... John träumt:

Dorris trägt ein loses Gewand, berieselt mit zitronenfarbenen Bändern. Ihre Füße schlenkern lang und schmal an festen Gelenken. Sie wartet auf ihn, drinnen, dicht beim Bühnenausgang. John, Kragen und Schlips flatternd und farbenfroh, geht auf den Bühnenausgang zu. In der Gasse sind keine Bäume. Aber seine Füße fühlen sich an, als ob er auf Herbstlaub ginge, dessen Rascheln Millionen Ballettschuhe, die darüber hineilen, aus ihm herauspressen. Die Luft riecht süß nach gerösteten Kastanien, süß nach den Freudenfeuern vertrockneter Blätter. Johns Schwermut ist tief und versiegelt all seine Sinne außer den Augen. Sie macht aus ihm ein Ganzes.

Dorris weiß, daß er kommt. Genau im rechten Moment tritt sie aus der Türe, als wäre da gar keine. Ihr Gesicht ist getönt wie das Herbstlaub. Ihr Parfum erinnert an altmodische Blumen oder an ein Zuckerrohrfeld im Süden. »Glorreiche Dorris«, sagen seine Augen, deren Trauer zu tief ist für holde Lügen. Sie berührt nur leicht seinen Arm. Sie gleiten dahin, gedämpften Schrittes, über das welke Laub, das durch Millionen Ballettschuhe zu Pulver geworden ist.

Sie befinden sich in einem Raum. John kennt ihn nicht. Er spürt nur, daß die Wände Dorris' Fleisch und Blut sind. Singende Wände. Licht, weich, als schimmere es durch rosige Finger. Weiches Licht und Wärme.

John greift nach einem seiner Manuskripte und liest ihr vor. Dorris, die keine Augen hat, hat Augen, ihn zu begreifen. Er kommt zu einer Tanzszene. Es ist ihre Szene. Dorris tanzt. Glorreiche Dorris. Dorris wirbelt, wirbelt, tanzt ...

Dorris tanzt. Der Klavierspieler donnert einen schweren Akkord. Die ganze Bühne klatscht. Dorris, erhitzt, sieht rasch zu John hinüber. Sein Gesicht liegt im Schatten. Sie sucht ihren Tanz darin. Sie findet ihn als etwas Totes, das sein Traum ist, im Schatten. Sie rast von der Bühne. Stolpert die Treppe hinunter in ihre Garderobe. Rauft sich die Haare. Ihre Augen, durch eine Flut von Tränen, starren die Decke an, die weißgetüncht ist. (Geruch nach Kleister, trokken, nach Farbe und schmutzigen Kleidern.) Ihre Freundin tritt ein. Dorris stürzt sich in die vertrauten Arme und weint bitterlich.

»Hab ich dir nicht gesagt, Finger weg.« Das ist alles, was Mame zum Trost sagen kann.

Übersetzung von Monika Plessner

ZORA NEALE HURSTON

Spunk

I

Ein Gigant von einem dunkelhäutigen Mann kam die einzige Dorfstraße entlanggeschlendert und ging mit einer kleinen hübschen Frau, die verliebt an seinem Arm hing, in das Palmendickicht hinaus.

»Jetzt guckt euch das an, Leute!« schrie Elijah Mosley und schlug sich vergnügt aufs Knie. »Da laufen se, frech wie Oskar, und schämen tun se sich auch nich!«

Die Männer, die im Laden herumhingen, versuchten, mit einer gleichgültigen Miene zur Tür zu gehen, was aber von wenig Erfolg gekrönt war.

»Leute, Leute, Leute!« japste Walter Thomas. »Jetzt guckt euch die ma an!«

»Aber das isses, was man dem Spunk[1] Banks doch nun ma lassen muß – Schiß hat der vor nix und niemand hier auf Gottes grüner Fußbank – nich die *Bohne*! Draußen bei der Sägmühl tut er die Bäume genauso in die Säge schiebn, wie er hier mit der Frau von nem annern abschiebt – juckt ihn kein feuchten Kehricht. Der Tes' Miller, wie der da auf der Kreissäge zu Gulasch geschnitten worden is, da geht der Spunk glatt hin und fängt an zu sägen. Wir annern hatten Schiß, in die Nähe von dem Ding zu gehn.«

Eine Person mit gebeugten Schultern in viel zu großen Latzhosen kam nervös zur Tür herein, und das Gespräch verstummte. Die Männer zwinkerten sich zu.

---

[1] »Spunk« bedeutet im Englischen »Mumm, Mut«.

»Gib mir ma ne Limo, ne Sass'prilla nehm ich«, bestellte der Neuankömmling und stellte sich ganz hinten an die Theke, um sie zu trinken, neben das Faß mit den sauren Schweinsfüßen.

Elijah stieß Walter an und wandte sich mit gespieltem Ernst dem Neuankömmling zu.

»Und, Joe, wie läuft's denn so bei dir daheim? Wie geht's denn deiner Frau?«

Joe zuckte zusammen und hätte um ein Haar die Flasche fallen lassen, die er in der Hand hielt. Er schluckte mehrere Male angestrengt, und seine Lippen zitterten.

»Du, Eliesch, sowas kannst du aber nich machn, laß das ma bleibn«, brummelte Walter. Elijah ignorierte ihn.

»Grad is sie hier noch vorbeigelaufen, da is sie hin.« Er wedelte mit der Hand in Richtung Wäldchen.

Nun wußte Joe aber, daß seine Frau in diese Richtung vorbeigelaufen war. Er wußte, daß die Männer, die im Krämerladen herumhingen, sie gesehen hatten; nicht nur das – er wußte auch, daß die Männer wußten, daß *er* es wußte. Einen langen Augenblick stand er still da und starrte ausdruckslos vor sich hin, während der Adamsapfel nervös an seinem Hals auf- und abhüpfte. Man konnte seine Verzweiflung geradezu *sehen*, in seinen Augen, seinem Gesicht und sogar im niedergeschlagenen Hängen seiner Schultern. Er stellte die Flasche auf der Theke ab. Er knallte sie nicht auf, sondern ließ sie einfach still aus der Hand gleiten und fingerte an der Schnalle seines Hosenträgers herum.

»Heute nämlich, heute guck ich mir das nich mehr länger an. Ich mach ihr hinnerher und hol sie mir zurück. Jetzt reicht's mir nämlich mit dem Spunk, aber endgültig.«

Er langte tief in seine Hosentasche und zog ein hohlgeschliffenes Rasiermesser hervor, lang und glänzend, und fuhr mit dem angefeuchteten Daumen über die Schneide, vor und zurück.

»Jetzt redste wie ein Mann, Joe. Is ja *dein* Sach, *dein* Familje, aber son bißchen Mumm steht jedem zu Gesicht.«

Joe Kanty legte einen Nickel auf die Theke und stolperte hinaus auf die Straße.

Die Dämmerung kam vom Wäldchen her gekrochen. Ike Clarke zündete die schwankende Öllampe an, die fast augenblicklich von Motten umschwirrt war. Die Männer lachten polternd hinter Joe her, während sie zusahen, wie er in Richtung Wald schlurfte.

»Das hättste aber nich sagn sollen, was du da gesagt hast, Eliesch – guck's dir doch an, wie's ihn aufgeregt hat«, schimpfte Walter.

»Das wollt ich doch gehofft habn, daß ich ihn aufgeregt hab. Is nich anständich für ein Mann, daß er immer nur eisteckt und immer mehr eisteckt so wie er.«

»Spunk bringt den doch glatt um.«

»Ooch, schau mer mal. Das weiß ma nie devor. Vielleicht mischt er'n mal richtich auf und haut ihm'n paar rein, daß er ihm inne Quere kommen tut, aber erschießen, einen unbewaffneten Kerl, das würd der Spunk nich machn. Mit dem klein Messerche, mit dem er hier angekomme ist, wird er dem Spunk den Hals nich abschneiden könne; und außerdem bringt der Joe den Nerv nie auf, sich mit dem Spunk anzulegn, wo er weiß, daß der seine Fünfundvierziger von der Armee immer mit dabei hat. Der ist doch nur hier vorbeigekomme, um vor uns den dicken Max zu markiern. Das Rasiermesser da, das versteckt er hinter de nächste Palmenwurzel, und dann haut er sich heimlich daheim ins Bett. Von dem Hasenfuß von einem farbiche Mann brauchste mir nix zu erzähln. Letzte Woche war das doch erst, oder etwa nich, da hat er den Spunk und die Lena persönlich zusammen erwischt, und was tut er – hat sich eins innen Bart genuschelt, der Spunk sollt seine Frau in Ruh lassen.«

»Was hat Spunk dazu gsacht?« unterbrach ihn Walter. »Ich kann den schon leiden, aber wie er da mit der Lena Kanty rummacht, das gehört sich einfach nich – nur weil der Joe Angst hat, sich zu prügeln.«

»Da muß ich dir aba widersprechen, Walter. Hat nix damit zu tun, daß Joe 'n Angsthase ist; es is, weil der Spunk die Lena will. Wenn Joe 'n Rudel streunender Raubkatzn wär, würd Spunk die Sache kein bißchen anners angehn. Wenn der was will, dann kriegt der das auch, *egal*, was es is. Wie ich eben grad gemeint hab: der hat's dem Joe ins Gesicht rein gsagt, daß sie ihm gehören tät. ›Ruf se doch und guck, ob sie kommt. Eine Frau weiß, wer der Herr im Haus is, und wenn der ruft, dann gibt sie Antwort.‹ ›Lena, ich bin doch dein Mann, stimmt's?‹ greint der Joe da. Lena guckt 'n nur voller Abscheu an, aber antworten tut sie nix, und bewegen tut se sich nich vom Fleck. Da langt der Spunk nach ihr und nimmt ihrn Arm und sacht: ›Lena, du gehörst zu mir. Von jetzt an tu ich für dich arbeiten und für dich kämpfen und ich will, daß du nie mehr von jemand anneren ein Kanten Brot oder ein Fetzchen Klamotten oder ein Schindel über deim Kopf erwarten tust als allein von *mir*, solang ich leb. Morgen früh mach ich los und geh das Holz für unser Haus holen. Geh heim und pack dein Zeug zusammen!‹

›Das is mein Haus‹, sacht Lena da. ›Vom Papa hab ich das.‹

›Na gut‹, sacht Spunk, ›aufgeben brauchste nich, was dir ist, aber wenn du drin bist, vergeß nich, daß du mir bist, und kein Mann soll sich an dir vergreifen dürfen!‹

Lena sah zu ihm hoch mit Augen, die warn so voll mit Liebe, daß sie übergeflossn sind, und der Spunk hat's gesehn, und der Joe hat's auch gesehn, und seine Lippen fangn an zu zittern, und sein Adamsapfel galoppiert ihm den Hals rauf und runner wie ein Rennpferd. Ich wette, der hat 'n halbes Dutzend Adamsäppel aufgebraucht, seit Spunk mit der

Lena zugange ist. Aber sonst macht der doch nix. Wart's nur ab, gleich isser wieder da un schluckt und zuckt mit seine Lippe rum, als wollt er was sagn, und kann es nich.«

»Aber er hat echt nix, gar nix getan gegen die Sache mit den beiden?«

»Nix, nich das poplichste bißchen – einfach nur dagestanden hat er. Spunk hat die Lena am Arm genommen und is mit ihr davonstolziert, als wär nix gewesn, und er steht nur da und glotzt ihnen nach, bis sie verschwunden gewesen warn. Das weißte doch selbst, daß eine Frau mit som Mann nix zu schaffen haben will. Nur gespannt bin ich mal, was er wohl sagn wird, wenn er wieder hier is.«

II

Doch Joe Kanty kam nicht mehr zurück, nie mehr. Die Männer im Laden hörten den scharfen Knall einer Pistole irgendwo in der Ferne des Palmendickichts, und bald kam Spunk gemütlich des Weges, seinen großen, schwarzen Stetson in der gleichen, verwegenen Neigung auf dem Kopf und Lena am Arm, und ging geradewegs in den Krämerladen. Lena schluchzte verängstigt.

»Also«, verkündete Spunk seelenruhig, »Joe is mir da raus nachgekommen mit 'nem Fleischerbeil, und da hab ich ihn umbringen müssen.«

Er schickte Lena nach Hause und führte die Männer zurück zu Joe – eingeschrumpft und schlaff, mit der Rechten noch immer das Rasiermesser umklammernd.

»Seht ihr mein Rücken? Voll durch die Kleider durchgeschnitten. Rangeschlichen hat er sich und hat versucht, mich von hinne umzubringen, aber den hab ich gekriegt, und wie ich ihn gekriegt hab, mit 'm ersten Schuß«, sagte Spunk.

Die Männer sahen Elijah vorwurfsvoll an.

»Nehmt 'n mit und pflanzt ihn bei de letzte Ruh ein«, sagte Spunk mit beiläufiger Stimme. »Ich wollt ihn nich erschießn, aber er hat mich dazu gezwungen, und da hab ich's tun müssen. Ein feiger Hund, einen Mann so von hinne anzuspringen.«

Spunk drehte sich stehenden Fußes um und schlenderte davon, dorthin, wo er seine Geliebte vor Angst um ihn weinend wußte, und keiner der Männer hielt ihn auf. Später im Krämerladen redeten sie alle davon, daß sie ihn einsperren sollten, bis der Sheriff aus Orlando kam, aber keiner tat etwas außer Reden.

Ein eindeutiger Fall von Notwehr: Das Verfahren war kurz, und Spunk trat als freier Mann aus dem Gerichtshaus. Er konnte wieder arbeiten gehen, konnte wieder die gefährliche Baumstammführung betätigen, mit der die singende, schnarrende, beißende Kreissäge gefüttert wurde; er konnte die weichen, dunklen Gassen mit seiner Gitarre entlangspazieren. Er war frei, wieder die Wälder zu durchstreifen; er war frei, zu Lena zurückzukehren. All das tat er.

III

»Was sagst'n nu dazu, Walt?« fragte Elijah am nächsten Abend. »Spunk will die Lena jetzt schon ehelichen!«

»Nee, das gibt's doch nich! Joe is noch nich mal richtig kalt, und dann sowas. Hatt ich sowieso nicht gedacht, daß der Spunk einer für die Ehe is.«

»Tja, is er wohl doch«, erwiderte Elijah. »Fast die ganzen Sachn von der Lena, und sie gleich mit, hat er in das Haus vom Bradley geschafft. Das will er kaufen. Hab ich's euch nich gesacht, wie wir hier gewesen warn an dem Abnd, wo Joe umgebracht wordn ist. Spunk is total verrückt nach der Lena. Er will das nich, daß die Leut noch über sie reden – deswegen hat er's auch so eilich. War schon ne merkwürdiche Sache mit dem Luchs, was?«

»Was denn für'n Luchs, Eliesch? Davon hab ich noch gar nix gehört.«

»Haste nich gehört? Das war so. Vorgestern war das gewesn, da ham se ins Bett gehn wolln, da kommt doch dieser riesige schwarze Luchs, kohlrabenschwarz, stell dir das mal vor, *schwarz wie die Nacht*, und läuft immer um das Haus herum, rum und rum, und heult für vierzich, und wie Spunk sein Gewehr holt und zum Fenster geht und ihn abknallen will, da steht er da, ganz still und guckt ihm gradewegs ins Auge und tut ihn anheulen. Das Vieh hatt 'n so fertig mit die Nerven gemacht, daß er nich schießen hat können, hat er gesagt. Aber's war sowieso kein Luchs nich, hat der Spunk gesacht. Hat gesacht, daß das Joe gewesen wär, der von der Hölle zurückgekrochen kommen ist!«

»Pfffh!« schnaufte Walter. »Nach dem, was er da angestellt hat, da soll er's wohl an die Nerven habn. Also, ich tät mir denken, daß der Joe zurückgekommen is, um zu sehn, ob er's wagt, sich mit der Lena zu verheiratn, oder ob er rauskommt und mit ihm kämpft. Der kommt auch imma wieder, da wett ich drauf. Und wißt ihr, was ich denk? Joe hat mehr Mumm in den Knochen gehabt als Spunk.«

Aus der Gruppe kam ein einstimmiger Schrei der Mißbilligung.

»Und das is wahr«, fuhr Walter fort. »Denkt nur mal dran, was er gemacht hat: Ein Rasiermesser hat er sich geschnappt un is hingegangen, um gegen ein Mann anzugehn, wo er gewußt hat, daß der imma seine Knarre dabeigehabt hat, und schießen, schießen konnt der auch; un außerdem hat der Joe eine Heidenangst gehabt vor Spunk, stocksteif vor Angst war der! Aber er is trotzdem da rausgegangen. Lange hat er gebraucht gehabt, bis er den Nerv dazu hatt'. Für Spunk isses keine größere Sache zu kämpfen, wo er keine Angst vor gar nix hat. Und nu is Joe wieder da und will reinen Tisch machen mit dem Mann, wo alles besitzt, was er je besessen hat. Das wißt ihr alle ganz genau, daß Joe nie was gehabt hat oder gewollt hat, außer der Lena. 'n Gespenst muß es gewesen sein – 'n schwarzer Luchs, sowas hat noch nie jemand je gesehn.«

»Und wißt ihr schon das Neuste«, unterbrach einer der Männer. »Heute, da hat der Spunk das Blaue vom Himmel runter geflucht, weil er gemeint hat, daß die Säge geflattert hätt – beinah hätt's ihn einmal erwischt. Der Maschinist kommt, guckt sich die Sach an und sacht, da wär alles in Ordnung. Muß wohl so gewesn sein, daß der Spunk sich dagegengelehnt hat. Dann behauptet er, hätt ihn jemand geschubst, aber war ja gar keiner da bei ihm in seiner Nähe gewesen. Mann, war ich froh, als Feierabend war. Ich tu mich fürchten vor dem Mann, wenn dem die Galle überläuft. Der schafft's und haut einen windelweich, so schnell kann man gar nicht gucken.«

IV

Am nächsten Abend versammelten sich die Männer in anderer Stimmung, ohne Lachen. Diesmal ohne Scherze.

»Sach mal, Eliesch, willst du beim Spunk Wache halten?«

»Nee, ich glaub ma nicht, Walter. Wenn ich ma ganz ehrlich sein soll, irgendwie hab ich da so 'n mulmiches Gefühl. Spunk is zu bös gestorbn – mit 'm Fluch auf den Lippen, so is er gestorbn. Weißte, er hat gedacht, daß ihn einer ins Jenseits befördert hat.«

»Mein Gott, und was hat er gedacht, wer das gewesen sein soll?«

»Joe.«

»Joe Kanty? Warum 'n das?«

»Walter, vielleicht geh ich doch ma rüber und halt Wache. Lena würde das bestimmt gern sehn, denk ich mir.«

»Aber was hat er denn gesacht, Eliesch?«

Elijah gab keine Antwort, bis sie den erleuchteten Laden verlassen hatten und die dunkle Straße entlangspazierten.

»Ich war grad dabei gewesen und hab eine Fuhre mit Brettern vollgeladen, gleich neben der Säge, wie der Spunk auf den Schlitten gefallen ist, aber bevor ich zu ihm hin konnt, hat ihn die Säge schon im Körper erwischt – schlimm sah das aus. Ich un Skint Miller haben ihn rausgeholt, aber es war zu spät. Das hat man sofort gesehn. Und das erste, was er sagt, war: ›Er hat mich gestoßen, Eliesch – der Schweinehund hat mich von hinten geschubst! – Bei jedem Schnaufer hat er Blut gespuckt. Wir habn ihn auf den Sägemehlhaufen gelegt, mit dem Gesicht nach Osten, damit er 'n leichten Tod haben könnt. Bis zum Schluß hab ich ihm die Hand gehalten, Walter, und da sacht er: ›Der Joe war das, Eliesch ... der miese Schleicher hat mich geschubst ... von vorn hat er sich nich an mich rangetraut ... aber den miesen Krötenschleim, den schnapp mir, sobald ich da bin, und mach ihm die Hölle heiß ... Ich hab's gemerkt, wie er mich geschubst hat ...!‹ Un so isser gestorben.«

»Wenn Seelen sich prügeln können, dann gibt's irgendwo da drüben überm Jordan eine Riesenkeilerei, weil ich nämlich glaub, daß Joe jetzt sein Mann steht und kein Schiß vor Spunk mehr haben tut – jawoll, ich persönlich glaub's auch, daß Joe ihn gestoßn hat.«

Sie waren beim Haus angekommen. Lenas Wehklagen war tief und laut. Sie hatte das Zimmer mit Magnolienblüten gefüllt, die einen schweren, süßen Geruch verströmten. Die Teilnehmer an der Totenwache gingen auf Zehenspitzen umher und flüsterten in ängstlichen Tönen. Das gesamte Dorf war versammelt, sogar der alte Jeff Kanty, Joes Vater, der noch vor wenigen Stunden Angst gehabt hätte, auch nur in Spunks Nähe zu kommen. Jetzt stand er da und stierte triumphierend auf den gefallenen Giganten, als wären seine Finger die Stahlzähne gewesen, die ihn gefällt hatten.

Aufgebahrt lag er auf drei vierzig Zentimeter breiten Bohlen auf Sägeböcken, ein fleckiges Laken war sein Leichentuch.

Die Frauen aßen herzhaft vom Begräbnisbraten und fragten sich, wer Lenas Nächster sein würde. Die Männer murmelten wüste Vermutungen zwischen kräftigen Schlucken Whisky.

Übersetzung von Anke Caroline Burger

WILLIAM FAULKNER

Eine Rose für Emily

I

Als Miss Emily Grierson starb, ging unser ganzes Städtchen zum Begräbnis: die Männer aus einer Art verehrungsvoller Anhänglichkeit an ein gestürztes Monument, die Frauen meistens aus Neugier, um das Innere des Hauses zu sehen, das in den letzten zehn Jahren niemand außer einem alten Diener – der gleichzeitig Koch und Gärtner war – gesehen hatte.

Es war ein großes, fast quadratisches Holzhaus, das, ehemals weiß, mit Kuppeln und Spitztürmchen und verschnörkelten Balkonen im überladen eleganten Stil der siebziger Jahre verziert war, und es lag an einer Straße, die sich einst als unsere vornehmste präsentiert hatte. Aber Garagen und Baumwollmühlen hatten selbst die erlauchten Namen jener Gegend verdrängt und ausgelöscht; einzig Miss Emilys Haus war übriggeblieben und erhob sich in all seinem Verfall hartnäckig und kokett über die Baumwollwagen und Benzinpumpen – ein Schandfleck unter Schandflecken. Und nun war Miss Emily verschieden, um sich zu den Trägern der erlauchten Namen auf dem von nachdenklichen Zedern bestandenen Friedhof zu gesellen, wo sie zwischen den Gräbern der unionistischen und konföderierten Offiziere und unbekannten Soldaten lagen, die in der Schlacht von Jefferson gefallen waren.

Zu ihren Lebzeiten war Miss Emily eine Tradition, eine Pflicht und eine Sorge gewesen, eine Art erblicher Verpflichtung unseres Städtchens, die von jenem Tag im Jahre

1894 datierte, da der Oberst Sartoris, unser Bürgermeister –
es war der gleiche, von dem die Verfügung stammte, daß
keine Negerin ohne Schürze auf der Straße erscheinen dürfe
– ihr die Steuern erließ, und diese Dispensation galt vom
Tode ihres Vaters an auf ewige Zeiten. Nicht etwa, daß Miss
Emily Wohltaten empfangen hätte. Oberst Sartoris erfand
eine verwickelte Geschichte, die dahin lautete, daß Miss
Emilys Vater der Stadt Geld geliehen habe, das die Stadt aus
geschäftlichen Gründen auf diese Weise zurückzuzahlen
vorzog. Nur ein Mann von Oberst Sartoris' Generation
und Denkart hatte so etwas erfinden und nur eine Frau
hatte es glauben können.

Als die nächste Generation mit ihren modernen Ideen zu
Bürgermeistern und Stadtverordneten aufrückte, erregte das
Abkommen leisen Unwillen. Am Ersten des Jahres schickten sie ihr mit der Post einen Steuerzettel zu. Der Februar
kam, aber keine Antwort. Sie schrieben ihr einen formellen
Brief mit der Bitte, zu einer ihr passenden Stunde im Büro
des Sheriffs vorzusprechen. Eine Woche darauf schrieb ihr
der Bürgermeister persönlich und bot ihr an, sie aufzusuchen oder sie in seinem Wagen abholen zu lassen; darauf erhielt er auf einem Briefblatt von altmodischem Format mit
verblaßter Tinte in feiner, flüssiger Handschrift die Antwort, daß sie überhaupt nie mehr ausginge. Der Steuerzettel
lag bei, ohne irgendwie erwähnt worden zu sein.

Daraufhin wurden die Stadtverordneten zu einer Sondersitzung zusammengerufen. Eine Abordnung suchte Miss
Emily auf und klopfte an die Haustür, durch die kein Besucher mehr gegangen war, seit sie vor acht oder zehn Jahren
aufgehört hatte, Unterricht in Porzellanmalerei zu erteilen.
Der alte Neger ließ sie in einen dunklen Flur eintreten, von
dem eine Treppe zu noch dunkleren Schatten emporführte.
Es roch nach Staub und unbenützten Räumen – ein dumpfiger, modriger Geruch. Der Neger führte sie in einen Salon

mit schweren Ledermöbeln. Als er die Storen an einem Fenster hochzog, konnten sie sehen, wie brüchig das Leder war, und als sie sich niederließen, stieg um ihre Schenkel ein feiner, träger Staub auf und kreiselte mit den langsamen Sonnenstäubchen durch den einzigen Sonnenstrahl. Vor dem Kamin stand ein Pastellbildnis von Miss Emilys Vater auf einer schwarz angelaufenen, vergoldeten Staffelei.

Sie erhoben sich, als sie eintrat – eine kleine, fette Frau in Schwarz mit einer feinen Goldkette, die bis zur Taille niederhing und in ihrem Gürtel verschwand; sie stützte sich auf einen Ebenholzstock mit blindem Goldknauf. Ihr Knochengerüst war fein und schmächtig; das war vielleicht der Grund, weshalb das, was bei einer andern Frau nur rundlich gewesen wäre, bei ihr als aufgeschwemmt wirkte. Ihre Haut sah aufgedunsen aus, wie bei einer Leiche, die lange in stagnierendem Wasser gelegen hat, und zeigte die gleiche Blässe. Ihre Augen, die sich in den Fettpolstern ihres Gesichts verkrochen, sahen wie zwei in einen Teig gedrückte Kohlestückchen aus, als sie von einem Gesicht zum andern wanderten, während die Besucher sich ihres Auftrags entledigten.

Sie forderte sie nicht zum Sitzen auf. Sie stand einfach in der Tür und hörte stumm zu, bis der Sprecher der Abordnung stockte. Dann konnten sie die unsichtbare Uhr am Ende der goldenen Kette ticken hören.

Ihre Stimme war trocken und kalt. »Ich bin in Jefferson nicht steuerpflichtig. Oberst Sartoris hat es mir erklärt. Vielleicht kann einer von Ihnen Einblick in die Akten der Stadt nehmen und sich davon überzeugen.«

»Aber das haben wir getan! Wir verkörpern die städtische Behörde, Miss Emily! Haben Sie den Brief vom Sheriff nicht erhalten, den er selbst unterschrieben hat?«

»Ich habe ein Papier bekommen, doch«, sagte Miss Emily. »Vielleicht hält er sich für den Sheriff. Ich bin in Jefferson nicht steuerpflichtig.«

»Aber das geht aus den Büchern nicht hervor. Wir müssen uns nach dem richten, was ...«

»Sprechen Sie mit Oberst Sartoris! (Oberst Sartoris war seit beinahe zehn Jahren tot.) Ich bin in Jefferson nicht steuerpflichtig! – Tobe!« Der Neger erschien. »Begleite die Herren hinaus!«

II

Sie siegte also auf der ganzen Linie – genau wie sie vor dreißig Jahren ihre Väter besiegt hatte, als es um den Geruch ging. Es war zwei Jahre nach ihres Vaters Tod gewesen und kurz nachdem ihr Liebhaber – von dem wir geglaubt hatten, er würde sie heiraten – sie sitzengelassen hatte. Nach ihres Vaters Tod ging sie nur sehr wenig aus; nachdem ihr Liebhaber fort war, sah man sie fast nie mehr. Ein paar Damen besaßen die Dreistigkeit, ihr eine Visite zu machen, aber sie wurden nicht empfangen, und das einzige Anzeichen von Leben auf dem Anwesen war der Neger – damals noch ein junger Mann –, der mit einem Marktkorb ein und aus ging.

»Als ob ein Mann – egal wer – eine Küche instandhalten könnte!« sagten die Damen; sie waren daher nicht überrascht, als der Geruch auftrat. Es war ein neues Bindeglied zwischen der vulgären, wimmelnden Welt und den hochmütigen, stolzen Griersons.

Eine Nachbarin beschwerte sich beim Bürgermeister, Richter Stevens, der damals achtzig Jahre alt war.

»Aber was meinen Sie denn, Madam, was ich in der Sache tun soll?« fragte er.

»Oh, schreiben Sie ihr, es müsse aufhören«, sagte die Frau. »Wir haben doch schließlich Gesetze!«

»So weit brauchen wir sicher nicht gleich zu gehen«, sagte Richter Stevens. »Wahrscheinlich handelt es sich nur um eine Schlange oder Ratte, die ihr Nigger im Hof totgeschlagen hat. Ich kann ja mit ihm darüber reden.«

Am nächsten Tag wurden ihm zwei weitere Beschwerden vorgetragen, die eine von einem Mann, der mit einer schüchternen, aber flehentlichen Bitte kam. »Wir müssen wirklich etwas dagegen tun, Richter Stevens! Ich bin gewiß der letzte, der Miss Emily belästigen will, aber wir müssen etwas dagegen tun!« Am Abend traten die Stadtverordneten zusammen, drei Graubärte und ein jüngerer Mann – einer von der kommenden Generation.

»Ist doch ganz einfach«, sagte er. »Geben Sie ihr Anweisung, ihr Haus säubern zu lassen! Räumen Sie ihr eine bestimmte Frist ein, und wenn sie es nicht tut ...«

»Verdammt noch mal, Sir«, sagte Richter Stevens, »wollen Sie einer Dame ins Gesicht sagen, daß es bei ihr schlecht riecht?«

Also schlichen sich am folgenden Abend bald nach Mitternacht vier Männer über Miss Emilys Rasen und wie Einbrecher ums Haus: sie schnupperten am Backsteinfundament und an den Kellerluken, während einer mit gleichmäßiger Gebärde seiner Hand etwas aus dem an seiner Schulter hängenden Sack holte. Sie brachen die Kellertür auf und streuten dort und in allen Nebengebäuden Kalk aus. Als sie den Rasen wieder überqueren wollten, war ein Fenster, das zuerst dunkel gewesen war, erleuchtet: Miss Emily saß dort, hinter sich das Licht, und so gerade und reglos wie ein Götzenbild. Sie schlichen leise über den Rasen und in den Schatten der Akazien, die längs der Straße wuchsen. Nach ein oder zwei Wochen war der Geruch verschwunden.

Damals war's, als die Leute anfingen, sie richtig zu bedauern. In unserem Städtchen erinnerte man sich daran, wie ihre Großtante, die alte Dame Wyatt, auf ihre alten Tage vollkommen verrückt wurde, und man fand, die Griersons seien mehr als nötig von sich eingenommen. Keiner von den jungen Männern erschien Miss Emily und ihren Angehörigen gut genug. Lange Zeit hatten wir sie uns wie ein Bild vorgestellt, Emily im Hintergrund, eine schlanke Gestalt in Weiß, ihr Vater breitbeinig im Vordergrund sitzend, den Rücken ihr zugekehrt, die Reitpeitsche in der Hand, und beide eingerahmt von der weit geöffneten Haustür. Als sie daher auf die Dreißig zuging und immer noch ledig war, empfanden wir nicht gerade Schadenfreude, aber immerhin Genugtuung: selbst wenn sie Wahnsinn in der Familie hatten, hätte sie kaum jede Heiratsaussicht ausgeschlagen, falls sie tatsächlich feste Form angenommen hätte.

Als ihr Vater starb, sprach es sich herum, das Haus sei alles, was er ihr hinterlassen habe, und irgendwie waren die Leute froh darüber. Endlich konnten sie Miss Emily bemitleiden. Jetzt war sie alleinstehend und verarmt und dadurch menschlicher geworden. Jetzt würde auch sie die alte Erfahrung machen, wie man um einen Penny mehr oder weniger zittert oder verzweifelt.

Am Tage nach ihres Vaters Tod schickten sich alle Damen an, einen Besuch bei ihr abzustatten und ihr Trost und Hilfe anzubieten, wie das bei uns Sitte ist. Miss Emily empfing sie an der Haustür, alltäglich gekleidet und ohne eine Spur von Trauer im Gesicht. Sie sagte ihnen, ihr Vater sei nicht tot. Das machte sie drei Tage lang, während Pfarrer und Ärzte kamen und sie zu überreden versuchten, den Leichnam herauszugeben. Erst als sie auf Gewalt und Gesetz zurückgreifen wollten, brach sie zusammen, und der Vater wurde schleunigst begraben.

Damals sagten wir nicht, sie sei verrückt. Wir glaubten, sie müsse so handeln. Wir erinnerten uns an all die jungen Leute, die ihr Vater verscheucht hatte, und wir wußten, daß sie sich nun, da ihr nichts mehr geblieben war, an den klammerte, der sie beraubt hatte, denn so geht es eben zu.

III

Lange Zeit war sie krank. Als wir sie wiedersahen, war ihr Haar kurzgeschnitten, wodurch sie wie ein Mädchen aussah und entfernt an die Engel auf bunten Kirchenfenstern erinnerte – durch eine gewisse tragische Gelassenheit.

Die Stadt hatte gerade die Kontrakte zur Pflasterung der Bürgersteige abgeschlossen, und im Sommer nach ihres Vaters Tod wurde mit der Arbeit begonnen. Die Baugesellschaft kam mit Niggern und Maultieren und Maschinen und einem Vorarbeiter namens Homer Barron, einem großen, dunklen, gewandten Yankee mit voller Stimme und Augen, die heller als sein Gesicht waren. Die kleinen Jungen liefen ihm in Scharen nach, um ihn über die Nigger fluchen und die Nigger im Takt zum Auf und Ab der Spitzhacke singen zu hören. Rasch kannte er jedermann in der Stadt. Sooft man irgendwo auf dem Square schallendes Gelächter hörte, war Homer Barron der Mittelpunkt der Gruppe. Bald sahen wir dann, wie er und Miss Emily an den Sonntagnachmittagen mit dem gelbrädrigen Buggy und den Braunen, einem Passer-Gespann aus dem Mietstall, zusammen ausfuhren.

Zuerst waren wir froh, daß Miss Emily wieder etwas Interesse zeigte, denn alle Damen sagten: »Natürlich kann eine Grierson nicht im Ernst an einen Nordstaatler denken, und noch dazu an einen Arbeiter!« Aber es waren auch andere da, ältere Leute, die meinten, nicht einmal Kummer dürfe eine wahre Dame dahinbringen, daß sie das *Noblesse oblige* vergäße – natürlich bezeichneten sie es nicht als *Noblesse oblige*. Sie sagten einfach: »Die arme Emily! Ihre Verwandten sollten herkommen!« Sie hatte Verwandte in Alabama, aber ihr Vater hatte sich schon vor Jahren wegen des Vermögens der Dame Wyatt, der verrückten Alten, mit ihnen zerstritten, und zwischen den beiden Familien bestand keine Verbindung mehr; sie waren nicht einmal bei der Beerdigung vertreten.

Und sobald die alten Leute sagten: »Arme Emily!« da begann auch schon das Getuschel: »Glauben Sie, daß es wirklich so ist?« fragte einer den andern. »Natürlich! Was sonst könnte ...« Das raunte man hinter der vorgehaltenen Hand; dann das Rascheln von hälsereckenden Seiden- und Atlaskleidern hinter Rolläden, die gegen die sonntagnachmittägliche Sonne heruntergelassen waren, während das helle, flinke Trapp, trapp, trapp des Gespanns vorübertrabte. »Arme Emily!«

Sie trug ihren Kopf hoch genug – sogar, als wir glaubten, sie sei gefallen. Es war, als verlange sie mehr denn je die Anerkennung ihrer Würde als der letzten Grierson; als habe es noch dieses Kontakts mit dem Irdischen bedurft, um ihre Unantastbarkeit erneut zu bekräftigen. So wie damals, als sie das Rattengift kaufte, das Arsen. Es war über ein Jahr her, seit sie begonnen hatten, »Arme Emily!« zu sagen, und um die Zeit, als die zwei Basen zu Besuch kamen.

»Ich möchte ein Gift haben«, sagte sie zum Apotheker. Sie war damals über dreißig, noch immer eine schmächtige Frau, jedoch magerer als sonst, mit kalten, hochmütigen schwarzen Augen in einem Gesicht, dessen Fleisch sich über die Schläfen und um die Augenhöhlen spannte – etwa so, wie man sich das Gesicht eines Leuchtturmwärters vorstellen mag. »Ich möchte ein Gift haben«, sagte sie.

»Gern, Miss Emily. Was für eine Art Gift? Gegen Ratten und dergleichen? Ich empfeh ...«

»Ich möchte das beste haben. Die Art ist mir gleich.«

Der Apotheker nannte mehrere Gifte. »Damit kann man alles umbringen, sogar Elefanten! Was Sie aber brauchen, ist ...«

»Arsen«, sagte Miss Emily. »Ist das gut?«

»Oh ... Arsen? Ja, Ma'am. Was Sie aber brauchen ...«

»Ich brauche Arsen.«

Der Apotheker blickte auf sie herunter. Sie erwiderte seinen Blick mit erhobenem Kopf und einem Gesicht wie ein straffgespanntes Banner. »Gewiß«, sagte der Apotheker. »Wenn Sie gerade das wollen. Aber es ist gesetzliche Vorschrift, daß man angibt, wofür man es verwenden will.«

Miss Emily hatte den Kopf so weit in den Nacken gelegt, daß sie ihm fest ins Auge blicken konnte, und starrte ihn einfach an, bis er wegsah und fortging, um das Arsen zurechtzumachen und einzuwickeln. Der farbige Austräger übergab ihr das Päckchen; der Apotheker erschien nicht wieder. Als sie das Päckchen zu Hause öffnete, stand auf der Schachtel unter dem Totenkopf und den gekreuzten Knochen: »Gegen Ratten«.

IV

Am folgenden Tag sagten wir alle: »Sie will sich umbringen!« und wir fanden, es wäre das beste für sie. Als sie sich zuerst mit Homer Barron blicken ließ, hatten wir gesagt: »Sie will ihn heiraten.« Dann hatten wir gesagt: »Sie wird ihn schon noch einfangen«, denn Homer hatte selbst erklärt (er ging gern unter Männer, und es war bekannt, daß er im Elch-Klub mit jungen Leuten zechte), er tauge nicht für die Ehe. Später – wenn sie am Sonntagnachmittag im glitzernden Buggy vorbeifuhren, Miss Emily mit hocherhobenem Haupt und Homer Barron mit schief aufgesetztem Hut und einer Zigarre zwischen den Zähnen, und Zügel und Peitsche im gelben Handschuh – sagten wir hinter den Rolläden: »Die arme Emily!«

Dann sagten allmählich ein paar Damen, es sei eine Schande für die Stadt und ein schlechtes Beispiel für die Jugend. Die Männer wollten sich nicht einmischen, aber schließlich zwangen die Damen den Baptistenpfarrer – Miss

Emilys Familie gehörte der Episkopalkirche an – sie aufzusuchen. Er wollte nie enthüllen, was bei dem Besuch geschah, weigerte sich jedoch, ihn zu wiederholen. Am nächsten Sonntag fuhren die beiden wieder durch die Straßen, und am Tage darauf schrieb die Frau des Pfarrers an Miss Emilys Verwandte in Alabama.

Sie hatte also wieder Verwandte unter ihrem Dach, und wir warteten die Entwicklung der Dinge ab. Dann gelangten wir zu der Überzeugung, daß sie heiraten wollten. Wir hörten, daß Miss Emily beim Juwelier gewesen und eine silberne Herren-Toilettengarnitur mit dem Monogramm H. B. auf jedem Stück bestellt hatte. Zwei Tage später erfuhren wir, daß sie eine vollständige Herrengarderobe einschließlich Nachthemd gekauft habe, und wir sagten: »Sie sind verheiratet!« Wir freuten uns gewaltig darüber. Wir freuten uns nämlich deshalb, weil die beiden Basen noch viel mehr Grierson waren, als es Miss Emily je gewesen.

Daher wunderten wir uns also nicht, daß Homer Barron nicht mehr da war (die Straßen waren schon seit einiger Zeit fertig). Wir waren ein bißchen enttäuscht, daß kein öffentlicher Abschied stattfand, aber wir glaubten, er sei weggefahren, um Miss Emilys Einzug vorzubereiten oder ihr Gelegenheit zu geben, die beiden Basen loszuwerden. (Es war mittlerweile zu einem Komplott gekommen, und wir waren samt und sonders auf Miss Emilys Seite und halfen ihr, die Basen hinters Licht zu führen.) Tatsächlich reisten sie nach einer weiteren Woche ab. Und, wie wir es längst erwartet hatten: innerhalb von drei Tagen war Homer Barron wieder in der Stadt. Ein Nachbar hatte gesehen, wie der farbige Diener ihn eines Abends in der Dämmerstunde zur Küchentür einließ.

Und das war das letzte, was wir von Homer Barron zu sehen bekamen. Und eine Zeitlang auch von Miss Emily. Der Neger ging mit dem Marktkorb ein und aus, aber die

Haustür blieb geschlossen. Dann und wann sahen wir sie wohl einen Augenblick am Fenster – so die Männer in der Nacht, als sie den Kalk streuten –, aber fast ein halbes Jahr lang erschien sie nicht auf der Straße. Dann begriffen wir: auch das war zu erwarten gewesen; es war, als ob die Eigenart ihres Vaters, der ihr Leben als Frau vereitelt hatte, zu kräftig und zu wild gewesen sei, um sterben zu können.

Als wir Miss Emily dann wiedersahen, war die dick geworden, und ihr Haar fing an zu ergrauen. Während der nächsten Jahre wurde es immer grauer, bis es ein gleichmäßiges Eisengrau geworden war und aufhörte, sich noch länger zu verändern. Bis zu ihrem Sterbetag in ihrem vierundsiebzigsten Lebensjahr blieb es das gleiche kräftige Eisengrau – wie das Haar eines rüstigen Mannes.

Von jener Zeit an blieb ihre Haustür verschlossen, ausgenommen eine kurze Spanne von sechs oder sieben Jahren, als sie etwa vierzig war und Unterricht in Porzellanmalerei erteilte. In einem Zimmer im Erdgeschoß richtete sie ein Atelier ein, wohin die Töchter und Enkelinnen der Zeitgenossen Oberst Sartoris' mit der gleichen Regelmäßigkeit und aus dem gleichen Geist geschickt wurden, wie man sie sonntags mit einem Fünfundzwanzig-Cent-Stück für die Kollekte in die Kirche schickte. Inzwischen waren ihr die Steuern erlassen worden.

Dann wurde die jüngere Generation Rückgrat und Seele unserer Stadt, und die Malschülerinnen wurden älter und blieben fort und schickten ihr auch nicht mehr ihre Kinder mit Farbkästen und langweiligen Pinseln und den aus Damenzeitschriften ausgeschnittenen Bildchen. Die vordere Haustür schloß sich hinter der letzten Schülerin und blieb endgültig geschlossen. Als die Stadt freie Postzustellung für jedes Haus erhielt, weigerte sich einzig Miss Emily, ein metallenes Nummernschild und einen Briefkasten an der Haustür anbringen zu lassen. Davon wollte sie nichts wissen.

Tag um Tag, Monat um Monat und Jahr um Jahr sahen wir den Neger grauer werden und gebückter mit seinem Marktkorb ein und aus gehen. Ende Dezember schickten wir ihr alljährlich einen Steuerzettel, der eine Woche später mit dem Vermerk »Unzustellbar« durch die Post zurückgeschickt wurde. Hin und wieder sahen wir sie an einem der unteren Fenster – offenbar hatte sie das Obergeschoß abgeschlossen –, sahen sie wie den Torso eines gemeißelten Götzenbildes in einer Nische; ob sie uns anblickte oder nicht, konnten wir nie sagen. So gelangte sie von Generation zu Generation: teuer, unvermeidbar und unantastbar, unangefochten und verschroben.

Und so starb sie. Wurde krank in dem Haus voller Staub und Schatten, in dem nur ein zitteriger Neger zu ihrer Bedienung da war. Wir wußten nicht einmal, daß sie krank war; wir hatten es längst aufgegeben, aus dem Neger eine Auskunft herauszuholen. Er sprach mit niemand, wahrscheinlich auch nicht mit ihr, denn seine Stimme klang harsch und verrostet, als ob sie seit Jahren nicht gebraucht worden wäre.

Sie starb in einem der unteren Zimmer in einem schweren Nußbaumbett mit Vorhängen, den grauen Kopf gegen ein Kissen gelehnt, das vor Alter und Lichtmangel gelb und stockfleckig war.

Der Neger empfing die ersten Damen an der Haustür, ließ sie ein mit ihren gedämpften, zischelnden Stimmen und den raschen, neugierigen Blicken – und verschwand. Er ging schnurstracks durchs Haus und zur Hoftür hinaus und ward nie mehr gesehen.

Die beiden Basen kamen umgehend. Die Trauerfeier fand zwei Tage darauf statt, und das ganze Städtchen erschien, um Miss Emily unter einer Fülle von gekauften Blumen liegen zu sehen, während das kreidige Gesicht ihres Vaters gedankenverloren auf die Bahre blickte und die Damen unheimlich wisperten; und die sehr alten Männer – manche noch in ihrer frisch ausgebürsteten Konföderierten-Uniform – standen auf der Veranda und auf dem Rasen und sprachen von Miss Emily, als ob sie aus ihrer Generation stammte, und waren überzeugt, mit ihr getanzt und vielleicht geflirtet zu haben, und brachten die Zeit mit ihrem mathematischen Vorrücken durcheinander – ganz nach alter Leute Art, denen die Vergangenheit nicht eine schmaler werdende Straße, sondern im Gegenteil eine weite Wiese ist, die kein Winter je ganz berührt und von der sie jetzt nur durch den Engpaß des allerletzten Jahrzehnts getrennt sind.

Wir wußten bereits, daß sich in den oberen Regionen des Hauses ein Zimmer befand, das seit vierzig Jahren kein Mensch betreten hatte und das aufgebrochen werden mußte. Man wartete, bis Miss Emily in Ehren unter der Erde lag, ehe man es öffnete.

Die Gewalt, unter der die Tür niederbrach, schien das Zimmer mit alles durchdringendem Staub zu erfüllen. Ein dünner, ätzender Grabesgeruch lag gleich einem Leichentuch über dem ganzen Zimmer, das wie ein Brautgemach geschmückt und ausgestattet war: über den Bettvorhängen in verblichenem Rosenrot, über den rosig abgeschirmten Lämpchen, auf dem Frisiertisch, auf dem elegant angeordneten Kristall und den männlichen Toilettengegenständen mit ihren dunkel angelaufenen Silberrücken – so dunkel angelaufen, daß das Monogramm unkenntlich war. Dazwischen lagen ein Kragen und eine Krawatte, als ob sie gerade erst abgelegt worden wären, und als man sie aufhob, hinterließen sie im Staub einen bleichen Sichelmond. Auf einem Stuhl hing, sorgsam gefaltet, der Anzug; darunter standen die beiden stummen Schuhe und die abgestreiften Socken.

Der Mann aber lag im Bett.

Lange Zeit standen wir nur da und blickten auf das eingefallene, fleischlose Grinsen. Der Körper hatte offensichtlich einst in liebender Umarmung gelegen, doch jetzt hatte der lange Schlaf, der die Liebe überdauert und sogar das Zerrbild der Liebe besiegt, ihn zum Hahnrei gemacht. Was von ihm noch übrig war, was verwest war unter den Resten des Nachthemds, war vom Bett, auf dem er lag, nicht zu trennen, und auf ihm und auf dem Kissen neben ihm lag der gleichmäßige Überzug geduldigen und beharrlichen Staubes.

Dann bemerkten wir auf dem zweiten Kissen den Abdruck eines Kopfes. Einer von uns nahm etwas vom Kissen auf, und als wir uns vorbeugten und der schwache, kaum sichtbare Staub uns trocken und ätzend in die Nase stieg, sahen wir es: ein langes eisengraues Haar.

Übersetzung von Elisabeth Schnack

EUDORA WELTY

Der Tod eines Handlungsreisenden

R. J. Bowman, der vierzehn Jahre lang als Vertreter einer Schuhfirma durch Mississippi gereist war, fuhr mit seinem Ford einen ausgefahrenen Weg entlang. War das ein langer Tag! Die Zeit schien die Hürde des Mittags nicht nehmen zu wollen, um in den sanften Nachmittag überzugehen. Die Sonne, die hier auch im Winter kräftig herunter brannte, blieb hoch oben am Himmel stehen, und jedesmal, wenn Bowman den Kopf aus dem eingestaubten Auto streckte, um auf die Straße zu schauen, war es ihm, als greife ein langer Arm herab und schlage ihn durch seinen Hut hindurch auf den Kopf – wie's ein alter Hausierer zum Spaß machen würde, der schon lang unterwegs war. Da fühlte er sich noch ärgerlicher und hilfloser. Er fieberte, und er war nicht ganz sicher, ob er richtig fuhr.

Nach einer lang dauernden Grippe war er heute zum ersten Mal wieder unterwegs. Er hatte sehr hohes Fieber gehabt, wilde Träume und war immer noch ganz schwach und sah bleich aus, so sehr, daß er es selbst im Spiegel sehen konnte, und er konnte nicht klar denken ... Den ganzen Nachmittag lang hatte er in seiner schlechten Laune ohne jeden Grund an seine tote Großmutter denken müssen. Sie war so eine gute alte Seele gewesen. Wieder einmal wünschte sich Bowman, daß er in das dicke Federbett fallen könnte, das in ihrem Zimmer gestanden hatte ... Dann vergaß er sie wieder.

Dieses trostlose Hügelland! Und er fuhr anscheinend in die falsche Richtung – es kam ihm vor, als fahre er zurück, weit zurück. Kein einziges Haus war zu sehen ... Es nützte auch gar nichts, wenn er sich zurück ins Bett wünschte. Mit der Bezahlung des Hotelarztes hatte er seine Wiederherstellung bestätigt. Er hatte es noch nicht einmal bedauert, als sich die hübsche Krankenschwester von ihm verabschiedete. Er konnte Krankheiten nicht leiden, er mißtraute ihnen, so wie er dieser Straße ohne Wegweiser mißtraute. Es machte ihn wütend. Er hatte der Krankenschwester ein wirklich teures Armband geschenkt, nur weil sie ihren Koffer gepackt hatte und weggegangen war.

Aber jetzt – was nützte es, wenn er in seinen vierzehn Reisejahren keinmal krank gewesen war und keinen Unfall gehabt hatte? Dieser Rekord war jetzt hin, und er hatte ihn schon selbst in Frage gestellt ... Mit der Zeit war er in den größeren Städten in immer besseren Hotels abgestiegen, aber warum waren alle im Sommer muffig und im Winter zugig? Und Frauen? Er konnte sich nur an kleine Zimmer zwischen anderen kleinen Zimmern erinnern, wie ineinandergeschachtelte chinesische Döschen, und wenn er an eine Frau dachte, sah er die zerschlissene Einsamkeit, aus der die Möbel in diesem Zimmer zu bestehen schienen. Und er selbst – er war ein Mann, der immer ziemlich breitkrempige schwarze Hüte trug und in den welligen Hotelspiegeln ungefähr wie ein Stierkämpfer aussah, wenn er auf dem Weg zum Abendessen einen unvermeidlichen Augenblick lang auf dem Treppenabsatz stehenblieb ... Er lehnte sich wieder aus dem Auto, und wieder traf ihn die Sonne auf den Kopf.

Bowman hatte Beulah bei Einbruch der Dunkelheit erreichen wollen, um früh zu Bett zu gehen und seine Müdigkeit auszuschlafen. Er erinnerte sich daran, daß Beulah fünfzig Meilen von der letzten Stadt entfernt an einer Schotterstraße lag. Dies hier war nur ein Landwirtschaftsweg. Wie war er nur hierher geraten? Mit einer Hand wischte er sich den Schweiß vom Gesicht und fuhr weiter.

Er war schon einmal in Beulah gewesen. Aber diesen Hügel oder diesen sich in der Landschaft verlierenden Weg hatte er noch nie gesehen – und diese Wolke auch noch nicht, dachte er scheu, indem er hochschaute und dann schnell wieder den Blick senkte –, ebensowenig wie er diesen Tag kannte. Warum gab er nicht zu, daß er sich ganz einfach verfahren hatte, schon seit vielen Meilen? ... Er hatte nicht die Angewohnheit, fremde Leute nach dem Weg zu fragen. Diese Leute wußten ja nie, wo die Straßen, an denen sie lebten, genau hinführten; außerdem war niemand nah genug gewesen, daß er ihm etwas hätte zurufen können. Die wenigen Leute, die auf den Feldern oder oben auf einem Heuhaufen standen, waren zu weit entfernt, sie sahen wie schrägstehende Stöcke oder Halme aus, drehten sich nach ihm um, wenn sein Wagen mit einsamem Gebrumm durch ihre Gegend fuhr, und schauten zu, wie die fahle Wintererde hinter ihm in dicken Klumpen, die an Kürbisse erinnerten, auf die Straße zurückfiel. Die stierenden Blicke dieser weit entfernten Menschen hatten ihn verfolgt, undurchdringlich und massiv wie eine Mauer, hinter der sie sich wieder abwandten, nachdem er vorbeigefahren war.

Die Wolke dort glitt auf die Seite, ganz wie das Kopfkissen auf dem Bett seiner Großmutter. Sie schwebte über die Hütte am Rand eines Hügels, wo zwei kahle Seifennußbäume in den Himmel griffen. Er fuhr durch einen Haufen aus totem Eichenlaub, und als die Räder die leichten Blätter aufwirbelten, ertönte ein silbrig-melancholisches Pfeifen, während der Wagen hindurchfuhr. Noch kein Auto war vor ihm in diese Richtung gefahren. Dann sah er, daß er an den Rand eines Grabens kam, der rötlich und zerklüftet abfiel, und daß hier die Straße tatsächlich zu Ende war.

Er trat auf die Bremse. Aber der Wagen kam nicht zum Stehen, obwohl er mit seiner ganzen Kraft bremste. Der Wagen neigte sich schon nach vorn und rollte noch immer etwas weiter. Er würde bestimmt gleich über den Rand kippen.

Er stieg in aller Ruhe aus, als hätte ihm jemand übel mitgespielt und er müßte seine Würde bewahren. Er hob Tasche und Musterkoffer aus dem Wagen, stellte sie ab, trat etwas zurück und schaute zu, wie der Wagen über den Rand rollte. Er hörte etwas – nicht das Krachen, das er erwartete, sondern ein eher langsames, unauffälliges Knacken. Widerstrebend ging er nach vorn und schaute hinunter und sah, daß sein Wagen in ein dichtes Gewirr von riesigen, armdicken Weinstöcken gerutscht war. Die fingen ihn auf und hielten ihn fest, wiegten ihn wie ein monströses Kind in einer dunklen Wiege und ließen ihn, während Bowman zusah, irgendwie besorgt, daß er nicht mehr darin saß, sanft zu Boden gleiten.

Er seufzte.

Wo bin ich nur? dachte er plötzlich tief erschrocken. Warum hab ich nichts unternommen? All seine Wut schien von ihm abgefallen zu sein. Da hinten auf dem Hügel stand ein Haus. Er nahm eine Tasche in jede Hand und ging mit geradezu kindlicher Bereitwilligkeit darauf zu. Aber er atmete schwer und mußte stehenbleiben, um sich auszuruhen.

Es war eine hochgelegene Jagdhütte, die aus zwei Zimmern mit einem offenen Durchgang dazwischen bestand. Das ganze Häuschen stand schräg. Das Gewicht der schweren Weinstöcke lastete darauf, die so hell und grün über das Dach wucherten, als hätte sie der Sommer vergessen. Eine Frau stand in dem Durchgang.

Er blieb stehen. Dann spielte sein Herz ganz plötzlich verrückt. Es ging los wie eine Rakete, sprang mit unregelmäßigen Schlägen bis hoch in seinen Kopf, und er konnte nicht mehr klar denken. Aber beim Hochjagen und Abstürzen machte es kein Geräusch. Es schoß mit großer Kraft fast heiter in die Höhe und fiel dann sanft herab, wie ein Akrobat ins Netz fällt. Es begann stark zu pochen, setzte daraufhin gewissenlos aus und schlug dann mit einer Art von innerem Spott zuerst gegen seine Rippen, dann gegen seine Augen, dann gegen seine Schulterblätter und gegen seinen Gaumen, als er versuchte, »Guten Tag, Madame« zu sagen. Aber er konnte sein Herz nicht hören – es war so still wie herabrieselnde Asche. Das beruhigte ihn; trotzdem war es ein Schock für Bowman, daß er sein Herz überhaupt schlagen spürte.

Stocksteif vor Verwirrung ließ er sein Gepäck einfach fallen, das langsam und anmutig herabzuschweben und sich auf dem grauen, niedergetretenen Gras nah bei der Tür hinzuducken schien.

Er sah sofort, daß die Frau, die dort stand, alt war. Da sie sein Herzjagen unmöglich hören konnte, beachtete er es nicht weiter und schaute sie aufmerksam und in seiner Verwirrtheit zugleich träumerisch mit offenem Mund an.

Sie putzte gerade die Lampe und hielt sie, halb rußig und schon halb sauber, vor sich in der Hand. Er sah sie gegen den dunklen Durchgang. Sie war eine stattliche Frau mit einem vom Wetter gegerbten, aber faltenlosen Gesicht. Sie preßte ihre Lippen fest aufeinander und schaute ihm mit merkwürdig matt glänzenden Augen ins Gesicht. Er schaute auf ihre Schuhe, die wie zusammengeschnürte Bündel aussahen. Im Sommer ging sie wohl barfuß ... Bowman, der das Alter einer Frau automatisch nach ihrem Aussehen schätzte, hielt sie für fünfzig. Sie trug ein sackartiges Kleid aus einem grauen, groben Stoff, das vom Trocknen nach der Wäsche noch ganz steif war und aus dem ihre Arme rötlich und unerwartet rund hervorschauten. Als sie nichts sagte und in ihrer stummen Haltung die Lampe weiter vor sich hielt, war er von ihrer körperlichen Kraft überzeugt.

»Guten Tag, Madame«, sagte er.

Ob sie ihn oder die Luft um ihn herum anstarrte, konnte er nicht sagen, aber im nächsten Augenblick senkte sie den Blick und bedeutete ihm damit, daß sie alles anhören würde, was er zu sagen hatte.

»Vielleicht ist es interessant für Sie –« Er fing noch einmal an. »Ein Unfall – mein Wagen ...«

Ihre Stimme klang tief und wie aus der Ferne, über einen See herübergesprochen. »Sonny is nich da.«

»Sonny?«

»Sonny is grad nich da.«

Das ist ihr Sohn – ein Kerl, der meinen Wagen wieder hochschaffen kann, fiel ihm erleichtert ein. Er deutete hügelabwärts. »Mein Wagen liegt da unten im Graben. Ich brauche Hilfe.«

»Sonny is nich da, aber er kommt wieder.« Jetzt konnte er sie besser verstehen, und ihre Stimme klang kräftiger, und Bowman bemerkte, daß sie sehr einfältig war.

Die immer größere Verzögerung und Umständlichkeit seiner Reise überraschte ihn jetzt kaum mehr. Er holte Luft und hörte, wie seine Stimme über das lautlose Pochen seines Herzens hinweg sagte: »Ich war krank. Ich bin immer noch geschwächt ... darf ich hereinkommen?«

Er bückte sich und legte seinen großen schwarzen Hut über den Griff der Reisetasche. Es war eine demütige Geste, fast eine Verbeugung, und es kam ihm plötzlich ganz absurd vor, so als gebe er damit seine ganze Schwäche preis. Er schaute zu der Frau auf, der Wind fuhr ihm durchs Haar. Er hätte noch lange in dieser ungewöhnlichen Haltung verharren können; er war nie ein geduldiger Mann gewesen, aber während seiner Krankheit hatte er es gelernt, fügsam in seine Kissen zu sinken und auf seine Arznei zu warten. So verharrte er jetzt vor der Frau.

Dann schaute sie ihn mit ihren blauen Augen an, drehte sich um und hielt ihm die Tür auf, und einen Augenblick später stand Bowman aufrecht da, als ob er von seinem Handeln ganz überzeugt wäre, und folgte ihr ins Haus.

Drinnen berührte ihn die Dunkelheit wie die fachkundige Hand eines Arztes. Die Frau stellte die halbgeputzte Lampe auf einem Tisch mitten im Zimmer ab und deutete, ebenfalls sehr fachkundig, wie eine Fremdenführerin, auf einen Stuhl, der mit gelbem Rindsleder bezogen war. Sie selbst hockte sich an den Herd und zog die Knie unter ihrem sackartigen Kleid hoch.

Zuerst fühlte er sich voller Hoffnung und sicher. Sein Herz schlug wieder gleichmäßiger. Das Zimmer war mit düster wirkenden Kiefernbrettern getäfelt. Er konnte auf der anderen Seite des Durchgangs in das zweite Zimmer hineinschauen und bemerkte die Füße einer eisernen Bettstatt. Das Bett war mit einer rotgelben Flickendecke abgedeckt, die wie eine Landkarte oder wie ein Bild aussah, und sie erinnerte ihn in den Farben an das Gemälde, das seine Großmutter als kleines Mädchen vom brennenden Rom gemalt hatte.

Er hatte sich sehr nach Kühle gesehnt, aber in diesem Raum war es kalt. Er starrte zum Herd mit den verglühten Kohlen und den in die Ecken geschobenen Eisentöpfen. Der Herd und der rußgeschwärzte Kamin waren aus dem Stein gemauert, den er die Hügel hatte rippenartig durchziehen sehen, zum größten Teil Schiefer. Warum brennt kein Feuer? fragte er sich.

Und es war so still. Das Schweigen der Felder schien hereinzuschweben und ganz vertraut durch das Haus zu ziehen. Der Wind wehte durch den offenen Durchgang. Er fühlte, daß er sich in einer geheimnisvollen, stillen, kühlen Gefahr befand. Was sollte er tun? ... Reden.

»Ich habe eine schöne Kollektion von preiswerten Damenschuhen ...«, sagte er.

Aber die Frau antwortete: »Sonny kommt bald. Er is stark. Wird Ihr Auto schon rausziehn.«

»Wo ist er denn?«

»Arbeitet für Mr. Redmond.«

Mr. Redmond. Mr. Redmond. Das war einer, den er nie würde treffen müssen, und darüber war er froh. Irgendwie gefiel ihm der Name nicht ... In einem Anfall von angespannter Empfindlichkeit wollte Bowman selbst die Erwähnung von Männern und deren Farmen, die er nicht kannte, vermeiden.

»Leben Sie beide hier allein?« Es überraschte ihn, daß er mit seiner altgewohnten Stimme, schwatzhaft, vertraulich und nur darauf aus, Schuhe zu verkaufen, nach etwas fragte, das er gar nicht wissen wollte.

»Ja. Wir zwei leben allein.«

Ihn überraschte die Art, wie sie antwortete. Es hatte lang gedauert, bis sie das herausgebracht hatte. Sie hatte dabei auch tiefsinnig mit dem Kopf genickt. Er erwog unangenehm berührt, ob sie ihn mit einer Art Vorahnung belasten wollte. Oder wollte sie ihm ganz einfach nicht helfen, indem sie mit ihm redete? Denn er war nicht kräftig genug, um die Anforderungen ungewohnter Situationen auszuhalten, ohne sich durch kleine Gespräche zu erleichtern. Einen Monat lang hatte sich nichts außer in seinem Kopf und in seinem Körper ereignet – ein fast unsichtbares Leben, das aus Herzklopfen und wiederkehrenden Träumen bestand, aus Fieber und völliger Zurückgezogenheit, ein empfindsames Leben, das ihn bis an den Rand von – was? vom Bettelngehen gebracht hatte. Der Pulsschlag an seinem Handgelenk sprang hoch wie eine Forelle in einem Bach.

Er überlegte sich immer wieder, warum die Frau die Lampe nicht weiter säuberte. Was brachte sie dazu, dort drüben zu hocken und ihm schweigend ihre Anwesenheit zu schenken? Er begriff, daß es für sie jetzt nicht die richtige Zeit war, um kleine Hausarbeiten zu erledigen. Ihr Gesicht wirkte ernst; sie fand, daß sie sich ganz richtig verhielt.

Vielleicht war es auch nur reine Höflichkeit. Folgsam hielt er die Augen weit geöffnet. Er starrte auf die Hände der Frau, die sie zusammendrückte, als hielte sie darin den Faden, an dem seine Augen befestigt waren.

Dann sagte sie: »Da kommt Sonny.«

Er selbst hatte nichts gehört, aber ein Mann ging am Fenster vorbei und stapfte dann, von zwei Hunden begleitet, durch die Tür herein. Sonny war ein kräftig gebauter Mann. Sein Gürtel saß ihm tief auf den Hüften. Er war mindestens dreißig Jahre alt. Er hatte ein erhitztes, rotes Gesicht, das dennoch Ruhe ausstrahlte. Er trug schmutzige blaue Hosen und einen fleckigen, geflickten alten Militärmantel. Aus dem Weltkrieg? überlegte Bowman. Großer Gott, das war noch ein Mantel aus der Konföderation. Weit zurückgeschoben auf seinen hellen Haaren saß ein großer, schmieriger, schwarzer Hut, der eine Beleidigung für Bowmans eigenen Hut zu sein schien. Er stieß die Hunde von seiner Brust weg. Er war stark und bewegte sich schwerfällig und würdevoll ... Er sah seiner Mutter ähnlich.

Sie standen nebeneinander ... Er mußte den Grund für sein Hiersein noch einmal erklären.

»Sonny, dieser Mann, dem sein Wagen is über die Böschung gekippt, und er will wissen, ob du ihn wieder hochholen kannst«, sagte die Frau nach ein paar Minuten.

Bowman konnte nicht einmal seine eigene Sache vertreten.

Sonnys Augen ruhten auf ihm.

Er wußte, er sollte Erklärungen abgeben und Geld anbieten – oder wenigstens schuldbewußt oder autoritär auftreten. Aber er brachte nur ein leichtes Achselzucken zustande.

Sonny streifte ihn, als er, von den ungeduldigen Hunden gefolgt, zum Fenster trat und hinausschaute. Sogar die Art, wie er schaute, wirkte angestrengt, so als werfe er seine Blicke aus wie ein Seil. Ohne sich umzudrehen, wußte

Bowman, daß er selbst nichts gesehen hätte: Es war zu weit weg.

»Hab 'n Maultier draußen und 'ne Winde«, sagte Sonny gewichtig. »Ich *könnt* mein Maultier schon einfangen und die Seile holen, und ich *könnt* Ihr Auto schon bald aus dem Graben rausziehn.«

Er schaute sich wie versunken im ganzen Zimmer um, seine abwesenden Augen schweiften umher. Dann preßte er die Lippen fest, aber doch schüchtern aufeinander, senkte den Kopf und schritt, die Hunde diesmal vor sich, zur Tür hinaus. Die harte Erde dröhnte unter seinem kraftvollen Schritt – eine Art schwankendes Stapfen.

Bei diesen Geräuschen fing Bowmans Herz wieder unheilvoll zu jagen an. Es schien in ihm herumzulaufen.

»Sonny wird's schon machen«, sagte die Frau. Sie wiederholte es noch einmal, sagte es fast wie ein Lied her. Sie saß an ihrem Platz beim Herd.

Ohne hinauszuschauen, hörte er ein paar Rufe, hörte die Hunde bellen und das Geklapper von Hufen über dem Hügel. Ein paar Minuten später ging Sonny unter dem Fenster vorbei. Er hatte ein Seil und ein braunes Maultier mit bebenden, purpurrot glänzenden Ohren bei sich. Das Maultier schaute sogar zum Fenster herein. Unter den Wimpern richtete es seine Augen, die aussahen wie Zielscheiben, auf ihn. Bowman drehte den Kopf und sah, wie die Frau das Maultier heiter betrachtete, und ihr Gesicht strahlte nichts als Zufriedenheit aus.

Sie sang fast flüsternd weiter. Es kam ihm so vor, und das fand er ganz wunderbar, daß sie nicht wirklich mit ihm sprach, sondern sich eher von dem leiten ließ, was mit den Worten hochtrieb, die sie ohne viel Nachdenken sagte – auch deshalb sah sie so aus.

Darum sagte er nichts, und als er diesmal nicht antwortete, fühlte er, wie ein seltsames, starkes Gefühl, das nichts mit Angst zu tun hatte, in ihm hochstieg.

Diesmal schien, wenn sein Herz in die Höhe sprang, etwas anderes – seine Seele – mitzuspringen, wie ein junges Fohlen, das zum Stall herausgelassen wird. Er starrte die Frau an, während ihm von der rasenden Lebhaftigkeit dieses Gefühls fast schwindlig wurde. Er konnte sich nicht bewegen; er konnte überhaupt nichts tun, außer vielleicht diese Frau umarmen, die ihm dort alternd und formlos gegenübersaß.

Aber er wollte aufspringen und ihr sagen, ich war krank, und da erkannte ich – erst dann –, wie einsam ich bin. Ist es zu spät? Mein Herz führt in mir einen Kampf, und vielleicht haben Sie gehört, wie es sich gegen die Leere auflehnt ... Es sollte ganz voll sein, wollte er in aller Eile fortfahren und stellte sich dabei sein Herz als einen tiefen See vor, es sollte voller Liebe sein, wie andere Herzen auch. Es sollte vor lauter Liebe überfließen. Es wäre an einem warmen Tag im Frühling ... komm zu mir und wohn in meinem Herzen, wer immer du auch sein magst. Ein ganzer Fluß würde deine Füße umspülen und höhersteigen, und kleine Wirbel würden deine Knie umspielen und dich hinunterziehen, deinen ganzen Körper, auch dein Herz.

Aber er legte seine zitternde Hand über die Augen und schaute zu der gelassen dahockenden Frau hinüber. Sie saß so reglos wie eine Statue. Er fühlte sich beschämt und erschöpft bei dem Gedanken, daß er nur einen Augenblick später mit Hilfe einfacher Worte und einer Umarmung versucht haben könnte, ihr etwas ganz Seltsames mitzuteilen – etwas, das ihm bisher immer ganz knapp mißlungen war ...

Sonnenlicht traf den hintersten Topf auf dem Herd. Es war später Nachmittag. Morgen um diese Zeit wäre er irgendwo auf einer guten Schotterstraße und steuerte seinen Wagen – schneller, als sie sich abspielten – an Geschehnissen vorbei, die den Menschen zustießen. Als er an den nächsten Tag dachte, freute er sich darauf und wußte, daß es jetzt nicht die richtige Zeit war, um eine alte Frau zu umarmen. In seinen pochenden Schläfen spürte er, daß sich sein Blut nach Bewegung sehnte und nichts wie weg wollte.

»Jetzt hat Sonny Ihr Auto schon festgezurrt«, sagte die Frau. »Bald wird er's aus dem Graben raushaben.«

»Prima!« rief er mit berufsmäßiger Begeisterung.

Aber dennoch zog sich die Zeit in die Länge. Es begann dunkel zu werden. Bowman saß angespannt auf seinem Stuhl. Jedermann wußte, daß man beim Warten am besten aufstand und hin- und herging. Diese schweigsame Reglosigkeit wirkte irgendwie schuldbewußt.

Aber statt aufzustehen, lauschte er ... Mit angehaltenem Atem, die Augen kraftlos in die sich vertiefende Dunkelheit gerichtet, horchte er angespannt auf ein unheilvolles Geräusch und vergaß vor lauter Vorsicht, was es sein könnte. Bald hörte er etwas – leise, andauernd, einschläfernd.

»Was ist das für ein Geräusch?« fragte er, und seine Stimme drang ins Dunkel. Dann packte ihn die Angst, daß es sein Herz war, das so laut in diesem stillen Zimmer schlug, und daß sie ihm dies sagen würde.

»Vielleicht hören Sie den Fluß«, sagte sie widerwillig.

Ihre Stimme klang näher. Sie stand am Tisch. Er wunderte sich, warum sie nicht die Lampe anzündete. Sie stand dort im Dunkeln und machte kein Licht.

Bowman würde jetzt nie mit ihr sprechen, die Zeit dafür war vorbei. Ich schlafe im Dunkeln ein, dachte er und bedauerte sich in seiner Verwirrtheit selbst.

Sie ging schwerfällig bis zum Fenster. Sie hob ihren undeutlich weißen Arm ausgestreckt vor ihrem vollen Leib hoch und deutete hinaus in die Dunkelheit.

»Der weiße Fleck da ist Sonny«, sagte sie zu sich selbst.

Er drehte sich unwillig um und schaute über ihre Schulter. Er wußte nicht so recht, ob er aufstehen und sich neben sie stellen sollte. Seine Augen versuchten, das Zwielicht zu durchdringen. Der weiße Fleck glitt wie ein Blatt auf einem Fluß sanft auf ihren Finger zu und wurde im Dunkeln immer weißer. Es war, als ob sie ihm einen geheimen Teil ihres Lebens gezeigt hätte, aber ohne ihm eine Erklärung dafür anzubieten. Er schaute fort. Er war fast zu Tränen gerührt und hatte grundlos das Gefühl, daß sie ihm eine Erklärung gegeben hatte, die seiner eigenen ebenbürtig war. Seine Hand lag abwartend auf seiner Brust.

Dann erschütterten Schritte das Haus, und Sonny stand im Zimmer. Bowman fühlte, wie die Frau ihn allein ließ und zu dem anderen Mann hinging.

»Hab Ihr Auto hochgeschafft, Mister«, erklang Sonnys Stimme im Dunkeln. »Steht und wartet auf der Straße, schon in Richtung von da, wo's her is.«

»Herrlich!« sagte Bowman und versuchte, laut zu sprechen. »Ich bin Ihnen sehr verbunden – ich hätte das alleine nie geschafft – ich war krank ...«

»Für mich war's ganz leicht«, sagte Sonny.

Bowman spürte, wie die beiden im Dunkel warteten, und er hörte die Hunde im Hof hecheln, bereit zu bellen, wenn er ginge. Er fühlte sich merkwürdig hilflos und verärgert. Jetzt, wo er wegfahren könnte, wäre er am liebsten dageblieben. Um was wurde er betrogen? Sein wild schlagendes Herz erschütterte seine ganze Brust. Diese Leute hüteten hier etwas, das er nicht sehen konnte, sie enthielten ihm ein uraltes Versprechen aus Nahrung und Wärme und Licht vor. Sie waren miteinander verschworen. Er dachte an die Art, wie sie sich von ihm entfernt und zu Sonny gegangen war, sie war zu ihm hingeglitten. Er zitterte vor Kälte, er war müde, und das Ganze war ungerecht. Schamhaft und doch ärgerlich steckte er seine Hand in die Tasche.

»Ich will selbstverständlich alles bezahlen –«

»Für so was nehmen wir kein Geld«, sagte Sonny feindselig.

»Ich möchte gern etwas zahlen. Aber Sie können noch etwas tun ... Lassen Sie mich hierbleiben – über Nacht ...« Er ging einen Schritt weiter auf sie zu. Wenn sie ihn nur sehen könnten, dann würden sie verstehen, wie ernst er es meinte, wie nötig er es hatte! Er sprach weiter: »Ich bin noch nicht ganz bei Kräften, ich kann noch nicht weit gehen, vielleicht noch nicht mal bis zu meinem Wagen zurück, ich weiß nicht – ich weiß auch nicht genau, wo ich eigentlich bin –«

Er hielt inne. Er hatte das Gefühl, daß er gleich in Tränen ausbrechen würde. Was würden sie von ihm denken!

Sonny kam zu ihm und berührte ihn. Bowman spürte, wie seine Hände (auch sie waren fachkundig) ihm über die Brust fuhren, über seine Hüften. Er fühlte, wie Sonnys Blick ihn im Dunkeln musterte.

»Sie sind auch bestimmt kein Steuerbeamter, der hier rumschnüffelt, Mister, und haben auch keine Kanone?«

Hier am Ende der Welt! Und doch, *er* war hierhergekommen. Er antwortete mit vollem Ernst: »Nein.«

»Sie können hierbleiben.«

»Sonny!« sagte die Frau. »Du mußt Feuer holen.«

»Ich werd's von den Redmonds holen«, sagte Sonny.

»Was?« Bowman beugte sich weit vor, um sie zu verstehen.

»Unser Feuer, es ist ausgegangen, und Sonny geht welches holen, weil's dunkel und kalt is«, sagte sie.

»Aber Streichhölzer – ich habe Streichhölzer –«

»Wir brauchen keine«, sagte sie ganz stolz. »Sonny holt sich sein eigenes Feuer.«

»Ich geh zu den Redmonds«, sagte Sonny gewichtig und ging hinaus.

Nachdem sie eine Zeitlang gewartet hatten, schaute Bowman durchs Fenster und sah, wie sich ein Licht über den

Hügel bewegte. Es sah aus wie ein kleiner Fächer. Es kam im Zickzack eilig sausend über das Feld heran, ganz und gar nicht wie Sonny ... Bald darauf stolperte Sonny herein und hielt mit einer Kohlenzange einen brennenden Stock fest. Die Flamme züngelte hinter ihm her und erhellte alle Winkel des Raumes.

Die Frau nahm die Fackel und sagte: »Jetzt machen wir Feuer.«

Als sie das getan hatte, zündete sie die Lampe an. Man sah die helle und die verrußte Seite. Das ganze Zimmer leuchtete goldgelb wie eine Blume, und die Wände dufteten danach und schienen im stillen Lodern des Feuers und im Flackern des brennenden Dochtes zu beben.

Die Frau schob die eisernen Töpfe herum. Sie ließ glühende Kohlen mit der Zange auf die eisernen Topfdeckel fallen. Sie riefen, ganz wie eine weit entfernte Glocke, ein leises Beben hervor.

Sie blickte auf und schaute zu Bowman, aber er konnte nichts sagen. Er zitterte ...

»Was zu trinken, Mister?« fragte Sonny. Er hatte einen Stuhl aus dem anderen Zimmer hereingeholt und saß rittlings darauf, die Arme über der Lehne gefaltet. Jetzt können wir uns alle sehen, dachte Bowman und rief: »Ja Sir, und wie gern, danke!«

»Dann kommen Sie hinter mir her und machen Sie genau, was ich mach«, sagte Sonny.

Es war wieder ein Ausflug in die Dunkelheit. Sie gingen durch den offenen Flur, verließen das Haus durch die Hintertür und kamen an einem Schuppen und einem überdachten Brunnen vorbei. Sie kamen zu einem dichten Gestrüpp.

»Auf die Knie runter«, sagte Sonny.

»Waaas?« Auf seiner Stirn brach ihm der Schweiß aus.

Er verstand erst, als Sonny durch eine Art Tunnel kroch, der durch die herabhängenden Büsche am Boden entstanden war. Er folgte ihm und schreckte unwillkürlich zusammen, wenn ein kleiner Zweig oder ein Dorn ihn sanft und lautlos berührte, sich an ihm festhakte und schließlich wieder von ihm abließ.

Sonny hielt an und fing zusammengekauert an, mit beiden Händen in der Erde zu graben. Bowman zündete schüchtern Streichhölzer an und leuchtete damit. Nach ein paar Minuten hob Sonny einen großen Krug herauf. Er goß etwas Whisky in die Flasche um, die er in seiner Manteltasche hatte, und dann vergrub er den Krug wieder. »Man kann ja nie wissen, wer mal an die Tür klopft«, sagte er und lachte. »Und jetzt zurück«, sagte er beinahe förmlich. »Wir müssen ja nich draußen saufen, wie die Ferkel.«

Am Tisch beim Feuer saßen Sonny und Bowman sich in ihren Stühlen gegenüber und tranken aus der Flasche, die sie einander zuschoben. Die beiden Hunde schliefen; einer von ihnen zuckte im Traum.

»Das tut gut«, sagte Bowman. »Das ist genau das, was ich gebraucht hab.« Es kam ihm vor, als schlucke er das Feuer aus dem Herd.

»Er brennt ihn selbst«, sagte die Frau mit ruhigem Stolz.

Sie schob die Kohlen von den Töpfen, und der Geruch nach Maisbrot und Kaffee zog durch das Zimmer. Sie stellte alles vor die Männer auf den Tisch. Ein Messer mit einem Horngriff stak in einer Kartoffel und spaltete ihr goldgelbes Inneres. Dann stand die Frau eine Minute lang groß und füllig da und schaute sie an. Sie beugte sich leicht zu ihnen herab.

»Ihr könnt jetzt essen«, sagte sie und lächelte plötzlich.

Bowman hatte zufällig gerade zu ihr hingeschaut. In ungläubigem Protest setzte er die Tasse ab. Seine Augen schmerzten. Er sah jetzt, daß sie keine alte Frau war. Sie war jung, noch immer jung. Er wußte nicht, wie viele Jahre er ihr gegeben hätte. Sie war so alt wie Sonny, und sie gehörte zu ihm. Sie stand da, mit der tiefen, dunklen Zimmerecke hinter sich, der goldene Lichtschein huschte über ihren Kopf und ihr graues, formloses Kleid, zitterte auf ihrem schweren Leib, als sie sich in plötzlichem Einverständnis über die beiden beugte. Sie war jung. Ihre Zähne schimmerten, und ihre Augen glänzten. Sie drehte sich um, schritt langsam und schwerfällig aus dem Zimmer, und er hörte, wie sie sich auf das kleine Bett setzte und dann hinlegte. Das Muster der Steppdecke bewegte sich.

»Sie kriegt ein Kind«, sagte Sonny und steckte einen Bissen in den Mund.

Bowman konnte nicht sprechen. Ihm verschlug das Wissen, was wirklich in diesem Haus los war, die Sprache. Eine Ehe, eine fruchtbare Ehe. So etwas Einfaches. Jedermann konnte das haben.

Irgendwie fühlte er sich außerstande, empört zu sein oder zu protestieren, obwohl ihm mit Sicherheit eine Art Streich gespielt worden war. Hier gab es nichts Abwegiges oder Geheimnisvolles – nur etwas sehr Privates. Das einzige Geheimnis war die uralte Verständigung zwischen zwei Menschen. Aber die Erinnerung daran, wie die Frau ganz still am kalten Herd gewartet hatte, wie der Mann eigensinnig eine Meile weit gegangen war, um Feuer zu holen, und wie sie schließlich ihr Essen und Trinken aufgetischt hatten und das ganze Zimmer stolz mit allem gefüllt hatten, was sie vorzuzeigen hatten, trat ihm plötzlich so überwältigend klar vor Augen, daß er nicht darauf reagieren konnte ...

»Sie sind ja gar nicht so hungrig, wie Sie aussehen«, sagte Sonny.

Als die Männer fertig gegessen hatten, kam die Frau aus dem Schlafzimmer herüber und aß ihr Abendbrot, während ihr Mann friedlich ins Feuer starrte.

Dann ließen sie die Hunde hinaus und gaben ihnen die Essensreste.

»Ich glaub, ich schlaf hier beim Feuer auf dem Boden«, sagte Bowman.

Er hatte das Gefühl, betrogen worden zu sein, und daß er es sich jetzt leisten konnte, großzügig zu sein. Obwohl er krank war, würde er sie nicht um ihr Bett bitten. Jetzt, wo er verstand, was hier los war, würde er in diesem Haus um keinen Gefallen mehr bitten.

»Gut, Mister.«

Aber ihm war noch nicht klar, wie langsam von Begriff er eigentlich war. Sie hatten gar nicht vorgehabt, ihm ihr Bett anzubieten. Nach einer kleinen Weile standen beide auf, schauten ihn ernst an und gingen in das andere Zimmer.

Er lag beim Feuer ausgestreckt, bis es niederbrannte und ausging. Er schaute zu, wie jede Flamme noch einmal hochzüngelte und dann erlosch. »Die Preise für alle Schuhe werden den ganzen Januar über stark reduziert«, hörte er sich leise sagen, und dann lag er mit fest geschlossenen Lippen da.

Wie viele Geräusche in der Nacht zu hören waren! Er hörte den Bach rauschen und das Feuer verglimmen, und er war jetzt ganz sicher, daß er auch sein Herz unter seinen Rippen schlagen hörte. Er hörte den Mann und seine Frau im Zimmer auf der anderen Seite des Flures tief und gleichmäßig atmen. Und das war alles. Aber allmählich stieg ein Gefühl in ihm auf, und er wünschte sich, das Kind wäre seines.

Er mußte wieder dahin zurück, wo er vorher gewesen war. Er stand schwach vor den rotglühenden Kohlen und zog seinen Mantel an. Er lastete ihm schwer auf den Schultern. Im Hinausgehen sah er, daß die Frau die Lampe noch immer nicht fertig geputzt hatte. Ohne nachzudenken steckte er fast etwas prahlerisch alle Scheine aus seinem Portemonnaie unter den geriffelten Glasboden der Lampe.

Er schämte sich, zuckte dann die Achseln und erschauerte. Dann nahm er sein Gepäck und ging hinaus. Die kalte Luft schien seinen Körper in die Höhe zu heben. Der Mond stand am Himmel.

Am Abhang fing er zu laufen an, er konnte nicht anders. Als er auf die Straße kam, wo der Wagen wie ein Boot im Mondlicht lag, fing sein Herz an, laut wie ein Gewehr zu knallen, peng peng peng.

Voller Angst sank er auf die Straße, sein Gepäck fiel neben ihm zu Boden. Er hatte das Gefühl, als ob er das alles schon einmal erlebt hätte. Er bedeckte sein Herz mit beiden Händen, damit niemand dieses Tosen hören konnte.

Aber niemand hörte es.

Übersetzung von Katrine von Hutten

RICHARD WRIGHT

Der Mann,
der fast ein Mann war

Dave machte sich auf den Weg über die Felder, den Blick heimwärts gerichtet durch den verblassenden Abend. Was hat das schon für 'n Sinn, mit diesen Niggern auf 'm Feld zu reden? Außerdem, seine Mutter stellte um diese Zeit das Abendbrot auf den Tisch. Diese Nigger haben von nix keine Ahnung. Demnächst mal würde er sich einen Revolver besorgen und schießen üben, dann würden sie zu ihm nicht mehr so sprechen können, als ob er ein kleiner Junge wäre. Er ging langsamer und sah auf die Erde. Blödsinn, vor denen hab ich noch lange keine Angst, wenn sie auch größer sind als ich! Ah, ich weiß, was ich mache. Ich werd bei dem Laden vom alten Joe vorbeischaun und mir den Sears-Roebuck-Katalog holen und mal sehn, was die für Revolver haben. Vielleicht läßt mich Mutter einen kaufen, wenn sie meinen Lohn vom alten Hawkins kriegt. Ich werd sie um 'n paar Dollar bitten. Schließlich bin ich alt genug für 'n Revolver. Siebzehn Jahre. Fast ein Mann. Er schritt kräftig aus, fühlte seine langen, schlaksigen Glieder. Weiß der Himmel, ein Mann müßte ja wohl noch 'n kleinen Revolver haben können, nachdem er den ganzen Tag schwer gearbeitet hatte.

Da war der Laden vom alten Joe. Eine gelbe Laterne warf ihren Schein über die Veranda an der Vorderseite des Hauses. Er ging die paar Stufen hinauf und durch die Fliegendrahttur, die er hinter sich zuschlagen hörte. Ein starker Geruch von Petroleum und Makrelen lag in der Luft. Ihm war sehr zuversichtlich zumute – bis er den fetten Joe durch die hintere Tür in den Laden kommen sah: da begann sein Mut zu versickern.

»'n Abend, Dave. Was willst du denn?«

»'n Abend, Mista Joe. Ach, ich will weiter nix kaufen. Ich wollt bloß mal fragen, ob Sie mich wohl ne Weile den Katalog da durchsehn lassen.«

»Na klar. Willst du ihn hier ansehn?«

»Nein. Ich wollt ihn mit nach Haus nehmen. Ich bring ihn morgen wieder, wenn ich vom Feld zurückkomm.«

»Denkst du daran, irgendwas zu kaufen?«

»Jawoll, das tu ich.«

»Läßt deine Mutter dich jetzt dein eigenes Geld haben?«

»Na ja, nun, Mista Joe. Ich werd allmählich ein Mann, wie jeder andere!«

Joe lachte und wischte sich sein fettes weißes Gesicht mit einem roten Taschentuch.

»Was willst du dir denn kaufen?«

Dave sah auf den Boden, kratzte sich am Kopf, kratzte sich am Oberschenkel und griente. Dann sah er schüchtern auf.

»Ich werd's Ihnen sagen, Mista Joe, wenn Sie versprechen, daß Sie nix verraten.«

»Ja, versprech ich.«

»Tja, also, ich will mir 'n Revolver kaufen.«

»Einen Revolver? Was willst du denn mit einem Revolver?«

»Bei mir tragen.«

»Du bist doch noch ein Junge. Du brauchst keinen Revolver.«

»Och, Mista Joe. Lassen Sie mich doch den Katalog haben. Ich bring ihn zurück.«

Joe ging durch die hintere Tür aus dem Laden. Dave war in gehobener Stimmung. Er sah herum, auf Zucker- und

Mehlfässer. Er hörte Joe zurückkommen. Er reckte den Hals, um zu sehen, ob er das Buch mitbrachte. Ja, er hat's. Gottverdammich, er hat's!

»Hier; bring ihn aber auch ganz bestimmt wieder. Der einzige, den ich habe.«

»Klar, Mista Joe.«

»Hör mal, wenn du 'n Schießeisen kaufen willst, warum kaufst du nicht eins von mir? Ich hab 'n Revolver zu verkaufen.«

»Schießt er denn auch?«

»Klar schießt er.«

»Was für einer ist es denn?«

»Ach, schon 'n bißchen älteres Modell ... ein Wheeler. Ziemlich groß.«

»Sind Patronen drin?«

»Er ist geladen.«

»Kann ich ihn mal sehn?«

»Wo ist dein Geld?«

»Was wollen Sie denn dafür?«

»Ich laß ihn dir für zwei Dollar.«

»Bloß zwei Dollar? Ho, den könnt ich mir kaufen, wenn ich meinen Lohn kriege.«

»Ich halt ihn für dich bereit, wenn du ihn willst.«

»Is gut, Sir. Den nehm ich.«

Er ging durch die Tür, hörte sie hinter sich zuschlagen. Ich laß mir von Mutter Geld geben, und dann kauf ich mir 'n Revolver! Nur zwei Dollar! Er nahm den Katalog unter den Arm und beeilte sich.

»Wo bist du gewesen, Junge?« Seine Mutter hielt eine dampfende Schüssel mit Erbsen in den Händen.

»Ach, ich hab nur unten an der Straße 'n Augenblick mit den Jungens geredet, Mutter.«

»Kein Grund, daß du mich hier mit dem Abendbrot warten läßt.«

Er setzte sich hin und legte den Katalog auf die Tischkante.

»Steh sofort auf und geh an den Brunnen und wasch dich! In meinem Haus werden keine Schweine gefüttert!«

Sie packte ihn an der Schulter und gab ihm einen Stoß. Er stolperte aus dem Zimmer, kam dann zurück, um den Katalog mitzunehmen.

»Was hast du denn da?«

»Och, nur so 'n Katalog, Mutter.«

»Von wem hast du den?«

»Von Joe, unten im Laden.«

»So, na, das is gut. Den können wir draußen im Häuschen brauchen.«

»Nein, nicht, Mutter.« Er griff danach. »Gib mir den Katalog, Mutter.«

Sie hielt den Katalog fest und funkelte ihn an.

»Hör auf, mich anzuschreien! Was is los mir dir? Bist du nicht bei Trost?«

»Aber Mutter, bitte! Der gehört doch nich mir! Der gehört Joe! Er hat mir gesagt, ich soll ihn morgen zurückbringen.«

Sie ließ das Buch los. Er stolperte die Hintertreppe hinunter, das dicke Buch unter den Arm geklemmt. Als er sich Gesicht und Hände mit Wasser bespritzt hatte, tastete er sich zur Küche zurück und suchte blind in einer Ecke nach einem Handtuch. Er stieß an einen Stuhl; der Stuhl polterte zu Boden. Der Katalog fiel ihm aufgeblättert vor die Füße. Als er sich die Augen getrocknet hatte, raffte er das Buch an sich und hielt es wieder unter den Arm geklemmt. Seine Mutter stand da und beobachtete ihn.

»Also, wenn du dich mit dem ollen Buch so hast, dann steck ich's in den Ofen.«

»Nein, Mutter, bitte.«

»Dann setz dich hin und sei ruhig.«

Er setzte sich und zog die Petroleumlampe näher. Mit dem Daumen blätterte er eine Seite nach der anderen um, ohne das Essen zu bemerken, das seine Mutter auf den Tisch gesetzt hatte. Sein Vater kam herein. Dann sein kleiner Bruder.

»Was hast du denn da, Dave?« fragte sein Vater.

»Nur 'n Katalog«, antwortete er, ohne aufzusehen.

»Jaa, da sind sie!« Seine Augen sahen glänzend auf blauschwarze Revolver. Mit einem plötzlichen Schuldgefühl blickte er auf. Sein Vater beobachtete ihn. Er schob das Buch sachte unter den Tisch und legte es auf seine Knie. Nachdem das Tischgebet gesprochen war, aß er. Er schaufelte Erbsen und schluckte fettes Fleisch, ohne zu kauen. Buttermilch half ihm, das Ganze hinunterzuspülen. Er wollte vor seinem Vater nicht von Geld reden. Er würde viel weiter kommen, wenn er seine Mutter allein zu fassen kriegte. Mit Unbehagen sah er aus den Augenwinkeln auf seinen Vater.

»Junge, wieso hörst du nich auf, mit dem Buch da herumzutun, und ißt endlich mal dein Abendbrot?«

»Ja-Sir.«

»Du und der alte Hawkins, wie kommt ihr denn aus miteinander?«

»Sir?«

»Bist du taub? Warum hörst du nicht richtig zu? Ich hab dich gefragt, wie du und der alte Hawkins miteinander auskommen?«

»Oh, prima, Vater. Ich pflüge mehr Land als irgendwer sonst dort.«

»Na, halt jedenfalls die Gedanken bei dem, was du tust.«

»Ja, Vater.«

Er schüttete sich den Teller voll Melasse und wischte sie mit einem Stück Maisbrot auf. Als sein Vater und sein Bruder aus der Küche gegangen waren, saß er immer noch da, betrachtete wieder die Revolver in dem Katalog und wünschte sich sehnlich, er könnte den nötigen Mut aufbringen, um der Mutter seinen Fall vorzutragen. Herrgott noch mal, wenn ich bloß den schönen da haben könnte! Fast konnte er die Glätte der Waffe mit den Fingern fühlen. Wenn er so einen Revolver hätte, dann würde er ihn polieren und immer glänzend halten, so daß er nie rostig wurde. Und ich halt ihn immer geladen, so viel ist sicher!

»Mutter?« Seine Stimme zögerte.

»Hn?«

»Hat dir der alte Hawkins mein Geld schon gegeben?«

»Ja, aber du brauchst dir gar nich erst den Kopf darüber zerbrechen, wie du's zum Fenster rauswerfen kannst. Ich heb jeden Cent auf, damit du im Winter Kleider für die Schule hast.«

Er stand auf und ging zu ihr hin, den aufgeschlagenen Katalog auf den Händen. Sie wusch das Geschirr und hielt den Kopf tief über eine Schüssel gebeugt. Schüchtern hob er das Buch. Als er sprach, war seine Stimme heiser, undeutlich.

»Weiß Gott, Mutter, einen von denen hier möcht ich haben.«

»Einen von was?« fragte sie, ohne die Augen zu heben.

»Einen von denen hier«, sagte er wieder und wagte nicht einmal, darauf zu zeigen. Sie blickte auf, sah auf die Katalogseite und dann auf ihn, mit weit geöffneten Augen.

»Nigger, bist du ganz verrückt geworden?«

»Ach, Mutter –«

»Mach, daß du wegkommst! Red mir nicht von Revolvern! Du bist ja wohl närrisch!«

»Mutter, ich kann einen für zwei Dollar kaufen.«

»Nicht, wenn ich davon erfahre, das sag ich dir!«

»Aber du hast mir einen versprochen –«

»Ist mir ganz gleich, was ich versprochen habe! Du bist noch nichts weiter als ein dummer Junge!«

»Mutter, wenn du mich einen kaufen läßt, dann bitt ich dich *niemals* um nix andres mehr!«

»Ich hab dir gesagt, du sollst machen, daß du wegkommst! Du rührst mir nich einen Cent von dem Geld für 'n Revolver an! Deswegen laß ich ja Mister Hawkins deinen Lohn an mich auszahlen, weil ich weiß, daß du keinen Verstand nich hast.«

»Aber, Mutter, wir brauchen 'n Revolver. Vater hat keinen Revolver. Wir müssen 'n Revolver im Haus haben. Man weiß nie, was passiert.«

»Also, jetzt versuch bloß nicht, mich dumm zu machen, Junge. Wenn wir 'n Revolver hätten, dann würdest *du* ihn jedenfalls nicht kriegen!«

Er legte den Katalog hin und ließ seinen Arm um ihre Hüfte gleiten.

»Och, Mutter, ich hab doch den ganzen Sommer hart gearbeitet und hab dich niemals um was gebeten, sag doch mal selbst, oder?«

»Das gehört sich auch so!«

»Aber Mutter, ich will 'n Revolver. Du kannst mir doch zwei Dollar von meinem Geld geben. Bitte, Mutter. Ich kann ihn Vater geben ... Bitte, Mutter! Ich hab dich lieb, Mutter!«

Als sie wieder sprach, kam ihre Stimme weich und leise.

»Was willst du mit 'm Revolver, Dave? Du brauchst doch keinen Revolver. Du bringst dich bloß ins Unglück. Und deinen Vater tät der Schlag treffen bei dem bloßen Gedanken, daß ich dir Geld gäb, um 'n Revolver zu kaufen.«

»Ich versteck ihn, Mutter. Es sind doch nur zwei Dollar.«

»Du lieber Gott, Kind, was is bloß in dich gefahren?«

»Gar nichts, Mutter. Ich bin schon fast ein Mann. Ich will einen Revolver.«

»Wer will dir denn einen verkaufen?«

»Der alte Joe unten im Laden.«

»Und er kostet nich mehr als zwei Dollar?«
»Das ist alles, Mutter. Nur zwei Dollar. Bitte, Mutter.«
Sie stellte die Teller in den Schrank; ihre Handbewegungen waren langsam, nachdenklich. Dave bewahrte ängstliches Schweigen. Schließlich wandte sie sich zu ihm.
»Ich laß dich den Revolver kaufen, wenn du mir eins versprichst.«
»Was denn, Mutter?«
»Du bringst ihn sofort hierher zu mir, hörst du? Er ist für Vater.«
»Ja-Ma'm! Laß mich jetzt gehn, Mutter.«
Sie bückte sich, drehte sich etwas zur Seite, hob ihr Kleid auf, rollte den Strumpf etwas herunter, und als sie sich wieder aufrichtete, hielt sie eine dünne Rolle Banknoten in der Hand.
»Hier«, sagte sie. »Gott weiß, du brauchst keinen Revolver. Aber dein Vater braucht einen. Du bringst ihn auf der Stelle hierher zu mir, hörst du? Ich werd ihn aufheben. Aber das eine sag ich dir, wenn du das nicht tust, dann laß ich dir von deinem Vater eine solche Tracht Prügel geben, daß du's nicht vergißt.«
»Ja-Ma'm.«
Er nahm das Geld, lief die Stufen hinunter und über den Hof.
»Dave! Haaaalt, Daaaaave!«
Er hörte es, aber jetzt kam Stehenbleiben nicht mehr in Frage. ›Nee, bei Gott nicht!‹

Seine erste Bewegung am nächsten Morgen war, unter das Kopfkissen nach dem Revolver zu greifen. Im grauen Dämmerlicht hielt er ihn locker in der Hand; ein Gefühl der Macht ging davon aus. Könnt 'n Menschen umlegen mit so 'm Revolver. Jeden könnt man umlegen, Schwarz oder Weiß. Und wenn er seinen Revolver in der Hand hielt, konnte niemand mehr mit ihm umspringen; sie würden ihn respektieren müssen. Es war ein großer Revolver, mit einem langen Lauf und einem schweren Griff. Er hob ihn und ließ ihn wieder sinken, staunte über sein Gewicht.

Er war nicht direkt damit nach Hause gekommen, wie seine Mutter ihn gebeten hatte; statt dessen war er draußen auf den Feldern geblieben, hatte die Waffe in der Hand gehalten und sie ab und zu auf einen imaginären Feind gerichtet. Aber er hatte sie nicht abgefeuert; er hatte Angst gehabt, sein Vater könnte es hören. Auch war er nicht ganz sicher, ob er wußte, wie sie abgefeuert wurde.

Um den Revolver nicht abgeben zu müssen, war er nicht eher ins Haus gekommen, als bis er wußte, daß alle schliefen. Als seine Mutter noch spät in der Nacht auf Zehenspitzen an sein Bett geschlichen war und den Revolver verlangt hatte, da hatte er sich erst schlafend gestellt; dann hatte er ihr erzählt, daß der Revolver draußen versteckt sei, daß er ihn ihr am Morgen bringen würde. Jetzt lag er da und drehte ihn langsam in seinen Händen. Er klappte den Lauf nach unten, nahm die Patronen heraus, befühlte sie und tat sie dann wieder zurück.

Er ließ sich aus dem Bett gleiten, holte einen langen Streifen alten Flanell aus einem Koffer, wickelte den Revolver darin ein und band ihn sich, geladen, wie er war, an seinen nackten Oberschenkel. Er ging nicht hinein zum Frühstück. Obwohl der Tag noch nicht richtig angebrochen war, machte er sich auf den Weg zu Jim Hawkins' Plantage. Gerade als die Sonne aufging, kam er zu den Scheunen, wo die Maulesel und Pflüge standen.

»He! Bist du das, Dave?«

Er drehte sich um. Jim Hawkins stand da und musterte ihn argwöhnisch. »Was machst du denn hier schon so früh?«

»Ich hab nich gewußt, daß es noch so früh war, als ich

aufstand, Mista Hawkins. Ich wollt gerad die alte Jenny anschirren und mit ihr aufs Feld rausgehn.«

»Gut. Da du schon mal so früh dran bist, wie wär's, wenn du den Streifen unten am Wald umpflügst?«

»Soll mir recht sein, Mista Hawkins.«

»Okay. Mach dich dran!«

Er schirrte Jenny an einen Pflug und zog los, über die Felder. Gottverdammich! Das war genau, was er wollte. Unten am Wald konnte er seinen Revolver abschießen, und niemand würde es hören. Er ging hinter dem Pflug, hörte die Zugriemen knarren und fühlte den Revolver, der fest an sein Bein gebunden war.

Als er zum Wald kam, pflügte er zwei ganze Furchen, ehe er sich entschließen konnte, den Revolver hervorzuholen. Endlich hielt er an, sah sich nach allen Richtungen um, band dann den Revolver los und hielt ihn in der Hand. Er ging auf den Maulesel zu und lächelte.

»Weißt du, was das hier ist, Jenny? Nee, das kennst du nicht! Du bist ja nur 'n alter Maulesel! Jedenfalls, das hier ist 'n Revolver, und der kann schießen, bei Gott!«

Er hielt den Revolver weit von sich gestreckt. Hol's der Deubel, ich werd mit dem Ding schießen! Er sah wieder Jenny an.

»Paß auf, Jenny! Wenn ich den Hahn hier abziehe, dann renn nicht los wie ne Verrückte!«

Jenny stand mit gesenktem Kopf, ihre kurzen Ohren gespitzt. Dave ging etwa sechs Meter weit weg, hielt den Revolver mit ausgestrecktem Arm und wandte den Kopf um. Was zum Deubel, sagte er zu sich, ich hab keine Angst. Der Revolver saß ihm locker in den Fingern; einen Augenblick wackelte er wild damit umher. Dann schloß er die Augen und krümmte den Zeigefinger. Buuumm! Der Knall betäubte ihn fast, und er dachte, seine rechte Hand sei ihm abgerissen worden. Er hörte Jenny aufwiehern und über das

Feld galoppieren, und er lag auf den Knien, die Finger zwischen die Beine gepreßt. Seine Hand war taub; er rammte sie sich in den Mund, versuchte sie zu wärmen, versuchte den Schmerz zu stillen. Der Revolver lag ihm vor den Füßen. Er wußte nicht genau, was geschehen war. Er stand auf und starrte den Revolver an, als sei es ein lebendes Wesen. Er knirschte mit den Zähnen und gab dem Revolver einen Tritt. Du hast mir beinah den Arm gebrochen! Er sah sich nach Jenny um; sie war weit über das Feld gelaufen, warf den Kopf und trat wild um sich.

»Ruhig Blut, Muli!«

Als er sie eingeholt hatte, stand sie zitternd da und sah ihn mit großen, weiß rollenden Augen an. Der Pflug war weit entfernt; die Zugriemen waren gerissen. Und dann blieb Dave jäh stehen, sein Blick wurde starr, er traute seinen Augen nicht. Jenny blutete. Ihre linke Flanke war rot und naß von Blut. Er ging näher. Erbarmen! Hab ich womöglich den ollen Maulesel hier angeschossen? Er packte Jennys Mähne. Sie zuckte zurück, schnaubte, wirbelte herum, warf den Kopf hin und her.

»Heda! Ruhig! Ruhig!«

Dann sah er das Loch in Jennys Flanke, direkt zwischen den Rippen. Es war rund, naß, rot. Ein hochroter Strom zog sich am Vorderbein herunter, floß rasch dahin. Großer Gott! Ich hab doch nicht auf den Maulesel geschossen! Panik überfiel ihn. Er wußte, daß er die Blutung zum Stillstand bringen mußte, oder Jenny würde sich zu Tode bluten. In seinem ganzen Leben hatte er nicht so viel Blut gesehen. Einen Kilometer lang hetzte er hinter dem Maulesel her und versuchte, ihn einzufangen. Endlich blieb das Tier stehen, schwer atmend, den stummeligen Schwanz halb aufgestellt. Er bekam die Mähne zu packen und führte Jenny an die Stelle zurück, wo der Pflug und der Revolver lagen. Dann bückte er sich und nahm mehrere Handvoll feuchter schwarzer Erde auf und versuchte, das Einschußloch zu stopfen. Jenny überlief ein Schauer, sie wieherte und riß sich von ihm los.

»Ruhig, Muli! Ruhig!«

Er versuchte wieder, das Loch zu stopfen, aber das Blut kam trotzdem. Seine Finger waren heiß und klebrig. Er rieb sich Erde auf die Handflächen, versuchte, sie zu trocknen. Dann machte er wieder den Versuch, das Kugelloch zu stopfen, aber Jenny scheute und warf die Hufe hoch in die Luft. Hilflos stand er da. Er mußte irgend etwas tun. Er rannte auf Jenny zu; sie wich ihm aus. Er sah, wie ein roter Blutstrom Jennys Vorderbein entlangfloß und an ihren Hufen eine rote Pfütze bildete.

»Jenny ... Jenny«, rief er mit leiser Stimme.

Seine Lippen zitterten. Sie verblutet! Er sah in die Richtung, in der sein Elternhaus liegen mußte, hatte den Wunsch, zurückzugehen, Hilfe zu holen. Aber er sah den Revolver auf dem feuchten schwarzen Lehmboden liegen. Er hatte das eigenartige Gefühl, wenn er nur irgend etwas täte, dann würde das alles nicht so sein; Jenny würde nicht dort stehen und verbluten.

Als er diesmal zu ihr ging, bewegte sie sich nicht. Sie stand mit schläfrigen, verträumten Augen da; und als er sie anfaßte, stieß sie ein leises Wiehern aus und brach in die Knie; die vorderen Knie patschten in Blut.

»Jenny ... Jenny ...«, flüsterte er.

Eine lange Zeit hielt sie ihren Hals aufrecht; dann sank ihr der Kopf herab, ganz langsam. Ihre Rippen dehnten sich in einem mächtigen Atemzug, und sie legte sich auf die Seite.

Daves Magen fühlte sich leer an, sehr leer. Er hob den Revolver auf und hielt ihn vorsichtig zwischen Daumen und Zeigefinger. Er vergrub ihn am Fuß eines Baumes. Er nahm einen Stock und versuchte, die Blutlache mit Erde zuzudecken – aber was nützte das alles? Da lag Jenny mit offenem Maul und verdrehten, glasigen Augen. Er konnte Jim Hawkins nicht sagen, daß er seinen Maulesel erschossen hatte. Aber irgend etwas mußte er sagen. Ja, ich werd sagen, Jenny ist wild geworden und auf die Pflugspitze gefallen ... Aber das würde einem Maulesel kaum passieren. Er ging langsam über das Feld, den Kopf gesenkt.

Es war Sonnenuntergang. Zwei von Jim Hawkins' Leuten waren nahe am Waldrand und gruben ein Loch, um Jenny zu verscharren. Dave war umgeben von einem Haufen Menschen, die alle auf den toten Maulesel heruntersahen.
»Ich kann einfach nicht verstehn, wie in aller Welt das passieren konnte«, sagte Jim Hawkins zum zehnten Mal.
Die Menschenmenge teilte sich, und Daves Mutter, sein Vater und sein kleiner Bruder drängten sich in die Mitte.
»Wo ist Dave?« rief seine Mutter.
»Da ist er«, sagte Jim Hawkins.
Seine Mutter packte ihn.
»Was ist passiert, Dave? Was hast du getan?«
»Nichts.«
»Komm, Junge, red schon.«
Dave holte tief Luft und erzählte die Geschichte, von der er wußte, daß niemand sie glaubte.
»Ja, nun«, sagte er langgezogen, »ich hab die alte Jenny hierhergebracht, damit ich pflügen konnte. Ich hab ungefähr zwei Furchen gepflügt, wie ihr ja sehen könnt.« Er hielt an und zeigte auf die langen Furchen aufgeworfener Erde. »Und dann muß mit der alten Jenny irgendwas losgewesen sein. Sie war ganz komisch. Sie fing an zu schnauben und die Hufe zu schmeißen. Ich hab versucht, sie zu halten, aber sie zerrte weg von mir, immer vorn hoch und nach hinten. Und dann, als die Pflugspitze hochstand, warf sie sich

herum und fiel drauf ... Sie spießte sich auf und fing an zu bluten. Und bevor ich irgendwas machen konnte, war sie tot.«

»Habt ihr in eurem ganzen Leben je so was gehört?« fragte Jim Hawkins.

Weiß und Schwarz standen beieinander in dem Menschenhaufen. Die Leute murmelten. Daves Mutter trat nahe an ihn heran und starrte ihm ins Gesicht. »Sag die Wahrheit, Dave«, sagte sie.

»Sieht mir wie 'n Einschuß aus«, sagte ein Mann.

»Dave, was hast du mit dem Revolver gemacht?« fragte seine Mutter.

Die Menge drängte sich um ihn zusammen, alle sahen ihn an. Er stieß die Hände in die Hosentaschen, schüttelte langsam den Kopf von links nach rechts und wich zurück. Seine Augen waren groß und gequält.

»Hat er einen Revolver gehabt?« fragte Jim Hawkins.

»Bei Gott, ich hab's doch gleich gesagt, das ist 'ne Schußwunde«, sagte wieder der Mann und schlug sich auf den Schenkel.

Sein Vater packte ihn bei den Schultern und schüttelte ihn, bis ihm die Zähne klapperten.

»Erzähl, was passiert ist, du verflixter Lausebengel! Erzähl, was ...«

Dave sah auf Jennys steife Beine und fing an zu weinen.

»Was hast du mit dem Revolver gemacht?« fragte seine Mutter.

»Wieso hatte er 'n Revolver?« fragte sein Vater.

»Komm und sag die Wahrheit«, sagte Hawkins. »Wird dir niemand was tun ...«

Seine Mutter drängte sich dicht zu ihm.

»Hast du den Maulesel erschossen, Dave?«

Dave weinte, verschwommen sah er weiße und schwarze Gesichter.

»Ich hhab sie nnnicht erschießen wwollen ... ich schschwör's euch, wwirklich nnnich ... ich wollt bbbloß mmal sehn, ob dder alte Revolver nnoch schschießt –«

»Wo hattest du den Revolver her?« fragte sein Vater.

»Von Joe, im Laden.«

»Woher hattst du das Geld?«

»Mutter hat's mir gegeben.«

»Er lag mir dauernd in den Ohren, Bob. Ich mußte einfach. Ich hab ihm gesagt, er soll den Revolver sofort zu mir bringen ... Er war für dich, der Revolver.«

»Aber wieso kam es dann, daß du den Maulesel erschossen hast?« fragte Jim Hawkins.

»Ich hab nicht auf den Maulesel geschossen, Mista Hawkins. Der Revolver schlug zurück, als ich abdrückte ... Und eh ich noch richtig wußte, was los war, sah ich, daß Jenny blutete.«

Einer der Umstehenden lachte. Jim Hawkins ging dicht zu Dave und sah ihm ins Gesicht.

»Tja, sieht so aus, als ob du dir 'n Maulesel gekauft hast, Dave.«

»Ich schwör's Ihnen, ich wollt den Maulesel nicht töten, Mista Hawkins.«

»Aber du hast ihn getötet.«

Die ganze Menge lachte jetzt. Die Leute standen auf Zehenspitzen und steckten einander die Köpfe über die Schultern.

»Tja, Junge, das sieht ja wohl so aus, wie wenn du dir 'n toten Maulesel gekauft hast! Hahaha!«

»So ein Pech auch.«

»Hohohohoho.«

Dave hatte den Kopf gesenkt und scharrte mit den Füßen im Sand.

»Also, mach dir keine Gedanken, Bob«, sagte Jim Hawkins zu Daves Vater. »Laß den Jungen einfach weiterarbeiten und zahl mir zwei Dollar im Monat.«

»Was wollen Sie haben für Ihren Maulesel, Mista Hawkins?«

Jim Hawkins kniff die Augen zusammen.

»Fünfzig Dollar.«

»Was hast du mit dem Revolver gemacht?« fragte Daves Vater streng.

Dave sagte nichts.

»Ich soll wohl 'n Stecken nehmen und dich prügeln, bis zu redest!«

»Nein, Sir!«

»Was hast du damit gemacht?«

»Weggeworfen.«

»Wo?«

»Ich ... ich hab ihn in den Bach geworfen.«

»Also, komm nach Hause jetzt. Und morgen früh gehst du als erstes zu dem Bach hin und suchst den Revolver.«

»Ja, Sir.«

»Was hast du dafür gezahlt?«

»Zwei Dollar.«

»Nimm den Revolver und laß dir das Geld wiedergeben und bring's zu Mista Hawkins, verstanden? Und merk dir das, ich hau dir für die Sache hier noch deinen schwarzen Hintern voll. Jetzt marsch, nach Hause, mein Herr!«

Langsam wandte Dave sich um und ging. Er hörte die Leute hinter sich lachen. Dave starrte böse vor sich hin, die Augen voll Tränen. Heiße Wut brodelte in ihm. Dann schluckte er und stolperte weiter.

In dieser Nacht schlief Dave nicht ein. Er war froh, daß er mit dem erschossenen Maulesel so leicht davongekommen war, aber er war verletzt. Etwas Heißes in seinem Innern schien sich jedesmal herumzudrehen, wenn er daran dachte, wie sie gelacht hatten. Er warf sich auf dem Bett hin und her, fühlte sein hartes Kopfkissen. Und Vater sagt, er wird mich durchprügeln ... Er erinnerte sich an andere Male, da er Prügel bekommen hatte, und sein Rücken zuckte. Nein, nein, ich will nicht mehr so verdroschen werden von ihm. Hol sie alle der Teufel! Niemand hatte je was für ihn übrig. Er mußte nur immer arbeiten. Erst behandeln sie mich wie einen Maulesel, und dann verdreschen sie mich. Er knirschte mit den Zähnen. Und Mutter hat mich auch noch verpetzen müssen.

Also gut, wenn er mußte, dann würde er dem alten Hawkins die zwei Dollar bringen. Aber das hieß den Revolver verkaufen. Und den Revolver wollte er nicht hergeben. Fünfzig Dollar für einen toten Maulesel.

Er drehte sich um, dachte daran, wie er den Revolver abgefeuert hatte. Es juckte ihm in den Fingern, ihn noch einmal abzuschießen. Wenn andere Männer mit 'm Revolver schießen können, bei Gott, dann kann ich das auch! Er lag still und horchte. Vielleicht schlafen sie jetzt schon alle. Das Haus war still. Er hörte das leise Atmen seines Bruders. Ja, jetzt! Er würde runtergehen und den Revolver holen und mal sehen, ob er ihn abschießen konnte! Vorsichtig stieg er aus dem Bett und schlüpfte in seine Overalls.

Der Mond war hell. Er rannte fast den ganzen Weg bis zum Waldrand. Er stolperte über den Boden, suchte nach der Stelle, wo er den Revolver vergraben hatte. Ja, hier wars. Wie ein hungriger Hund einen Knochen, so scharrte er die Waffe aus der Erde. Er blähte seine schwarzen Bakken auf und blies den Dreck vom Lauf und vom Abzug. Er klappte den Lauf nach unten und sah, daß vier Patronen noch nicht abgeschossen waren. Er sah sich um; die Felder waren voller Stille und Mondlicht. Steif und hart umfaßten seine Finger den Revolver. Aber sobald er abdrücken wollte, schloß er die Augen und drehte den Kopf weg. Nein, ich kann nicht mit zugemachten Augen und weggedrehtem Kopf schießen. Mühsam hielt er die Augen offen;

dann drückte er ab. *Buuuumm!* Er stand stockstetif, ohne zu atmen. Der Revolver war immer noch in seiner Hand. Hol's der Schinder, er hatte es geschafft! Er feuerte wieder. *Buumm!* Er lächelte. *Buuuumm! Buuuumm! Klick, klick.* So! Die Trommel war leer. Wenn irgendwer einen Revolver abschießen konnte, dann er. Er steckte den Revolver in die hintere Hosentasche und ging über die Felder zurück.

Als er auf eine Anhöhe kam, stand er stolz aufgerichtet im Mondschein und sah hinüber zu Jim Hawkins' großem weißem Haus. Der Revolver hing ihm schwer in der Tasche. Herrgott noch mal, wenn ich jetzt bloß noch eine einzige Kugel hätte, die würd ich auf das Haus da abschießen. Tät dem alten Hawkins gern 'n bißchen Angst machen... Gerad nur so viel, daß er weiß, daß Dave Saunders ein Mann ist.

Links von ihm machte die Straße eine Biegung; dort ging's zu den Geleisen der Illinois-Central-Bahn. Er fuhr mit dem Kopf herum und horchte. Von weit her kam ein schwaches *wuuuuf-wuuuuf; wuuuuf-wuuuf* ... er stand stockstetif. Zwei Dollar im Monat. Mal sehn, wie kommt das raus ... also das heißt, ich würd ungefähr zwei Jahre brauchen. Mensch! Ich bin doch nicht verrückt!

Er ging los, die Straße hinunter, auf den Schienenstrang zu. Ja, da kommt er schon! Er stand an den Schienen und hielt sich steif aufgerichtet. Da kommt er, um die Kurve ... Komm schon, du Langweiler! Komm schon! Seine Hand lag auf dem Revolver; etwas in seinem Magen zitterte. Dann donnerte der Zug vorüber, die grauen und braunen Güterwagen rumpelten und klirrten. Er packte den Revolver ganz fest; dann riß er die Hand aus der Tasche. Wetten, daß Bill das nicht fertigkriegen würde? Wetten, daß ... Die Waggons rollten vorüber, Stahl mahlte auf Stahl! Mit dir fahr ich heut nacht, so wahr mir Gott helfe! Sein ganzer Körper war heiß. Er zögerte einen kleinen Augenblick; dann packte er zu, zog sich auf einen offenen Wagen hinauf und blieb flach liegen. Er fühlte nach seiner Tasche; der Revolver war noch da. Voraus glänzten die langen Schienen im Mondlicht, dehnten sich weit, weit in die Ferne, irgendwohin, wo er ein Mann sein konnte ...

Übersetzung von Enzio von Cramon

RALPH ELLISON

Der schwarze Adler

Als Todd zu sich kam, sah er zwei Gesichter über sich am Himmel, und die Sonne blendete ihn dermaßen, daß er nicht sagen konnte, ob sie schwarz oder weiß waren. Er wollte sich rühren, doch es brannte, als ob sein ganzer Körper in der Glut der Sonne glühe, die ihm in die Augen stach. Einen Augenblick lang packte ihn die alte Furcht, daß weiße Hände ihn berühren könnten. Doch das schiere Stechen des Schmerzes brachte ihn zur Besinnung. Wie aus der Ferne hörte er Stimmen. Er ist wieder wach. Wer sind die Leute? dachte er. Nein, noch nicht ganz. Ich hätte geschworen, der ist weiß. Und dann hörte er deutlich:

»Tut es sehr weh?«

Die Spannung in seinem Inneren löste sich. Das war eine schwarze Stimme.

»Der ist noch bewußtlos«, hörte er.

»Laß ihm doch mal Zeit ... Tut es sehr weh, Junge?«

War er schwer verletzt? Der Schmerz war entsetzlich. Er lag ganz still; er hörte sie atmen und versuchte zu verstehen, was da zwischen den beiden und seinem Körper vorging, der so voller Schmerzen am Boden lag. Er beobachtete sie mißtrauisch, und in Gedanken verfolgte er den qualvollen Weg zurück. Bruchstücke der Erinnerung kamen in rascher Folge wie die Filmvorschau im Kino, und er sah sich am Steuerknüppel eines trudelnden Flugzeugs, er sah sich landen, sah, wie er aus dem Cockpit stürzte, wie er versuchte aufzustehen. Aus tiefer Stille kam das Knirschen des berstenden Knochens zu ihm, und nun wo er vom Boden des

Feldes, auf dem er gelandet war, in die besorgten Gesichter eines alten Negers und eines kleinen Jungen blickte, war ihm jede Erinnerung eine Qual, und er wollte an nichts mehr denken.

»Wie geht's dir, Junge?«

Todd zögerte, als wäre schon das Antworten ein unverzeihliches Eingeständnis der Schwäche. »Es ist mein Knöchel«, sagte er dann.

»Welcher?«

»Der linke.«

Wie aus weiter Ferne sah er zu, als der Alte sich niederbeugte und ihm den Stiefel auszog, und er spürte, wie der Druck nachließ.

»Ist das besser?«

»Viel besser. Danke.«

Immer noch kam es ihm vor, als spreche er über jemand ganz anderen, als ginge es ihm um etwas weitaus Wichtigeres, das ihm nur, so unglaublich das war, entfallen war.

»Sieht schlimm aus«, sagte der Alte. »Wir müssen dich zum Doktor bringen.«

Wieder schien er zu trudeln. Er sah auf die Uhr; wie lange lag er schon hier? Er wußte, daß es nur eins auf der Welt gab, was zählte, und das war, rechtzeitig mit dem Flugzeug zurück zu sein, bevor die Vorgesetzten unzufrieden mit ihm wurden.

»Helfen Sie mir hoch«, sagte er. »In die Maschine.«

»Aber das Bein ist schwer verletzt ...«

»Stützen Sie mich!«

»Aber, Junge ...«

Er packte den Alten am Arm und zog sich hoch, ohne dabei das linke Bein zu belasten. Der wird das nie verstehen, dachte er, als er auf einer Höhe mit dem ledrigen Gesicht war.

»So, jetzt!«

Er stieß sich ab und hörte im selben Moment den schrillen Schrei eines Vogels. Er schwankte, ihm schwindelte. Schwärze umfing ihn wie die Unendlichkeit.

»Setz dich lieber wieder.«

»Nein, es geht schon.«

»Aber Junge, du machst alles nur noch schlimmer ...«

Alles in ihm schrie danach, sich zu widersetzen, selbst gegen den flammenden Schmerz in seinem Knöchel. Er mußte es noch einmal versuchen.

»Wenn du den Knöchel nicht in Ruhe läßt, schneiden die dir noch den Fuß ab«, hörte er den Alten sagen.

Er hielt die Luft an und versuchte es ein zweites Mal. Es tat so weh, daß er die Zähne zusammenbeißen mußte, um nicht laut zu schreien, und die Verzweiflung packte ihn, als er den beiden gestatten mußte, ihm zurück auf den Erdboden zu helfen.

»Das geht nicht, sieh's ein. Wir holen dir einen Arzt.«

So ein Pech, dachte er, so ein verfluchtes Pech. Jetzt hat es mich doch noch erwischt. Das Aroma des Flugbenzins hing wie eine Wolke über ihnen, als wollte es ihn verspotten.

»Wie wär's, wenn wir ihn auf den alten Ned setzen?« schlug der Junge vor. »Dann können wir ihn in die Stadt bringen.«

Ned? Er blickte sich um und sah, daß der Junge auf ein Ochsengespann wies, das geduldig wartete, wo der Pflug noch in der begonnenen Furche steckte. Er malte sich aus, wie er auf dem Rücken eines Ochsen in die Stadt einziehen würde, durch Straßen voller weißer Gesichter, an den Startbahnen des Flugplatzes vorüber, und er sah es vor sich, wie er sich schämen würde. Er mußte an den letzten Brief seines Mädchens denken, und es war wie ein Stich ins Herz.

»Todd«, hatte sie geschrieben, »ich brauche keine Zeitung, damit ich weiß, daß Du klug genug zum Fliegen bist. Und ich habe immer gewußt, daß Du nicht weniger Mut hast als jeder andere. Die Zeitungen ärgern mich. Laß Dich nicht damit abspeisen, daß Du nur immer wieder beweisen mußt, daß Du tapfer bist und etwas kannst, Todd, nur weil Du schwarz bist. Ich glaube, darauf hacken sie nur herum, weil sie sonst sagen müßten, warum ihr immer noch nicht im Einsatz seid. Das macht mich wütend, Todd. Jeder, der ein bißchen Grips im Kopf hat, kann fliegen lernen, aber was dann? Was kannst Du nun mit Deiner Kunst anfangen, und für wen willst Du fliegen? Ich wünschte, darüber würdest Du schreiben; ich habe oft das Gefühl, daß sie uns alle übers Ohr hauen. Das ist so demütigend. ...« Er wischte sich den kalten Schweiß von der Stirn und dachte: Was weiß die schon von Demütigung? Die ist doch nie im Süden gewesen. Hier fing die Demütigung ja erst an. Wenn man ertragen mußte, daß sie über einen urteilten, und genau wußte, daß sie jeden Fehler niemals einem selbst, sondern immer der ganzen Rasse anlasteten – das war Demütigung. Demütigung war, daß man niemals nur man selbst sein konnte, sondern immer zugleich auch der dumme alte Schwarze war, der da neben ihm stand. Sicher, der ist in Ordnung. Freundlich und hilfsbereit. Aber das bist nicht du. Na, wenigstens die eine Demütigung kann ich mir ersparen.

»Nein«, sagte er. »Ich darf die Maschine nicht verlassen ...«

»Klar«, sagte der Alte. Dann wandte er sich an den Jungen: »Teddy, dann läufst du besser zu Mister Graves und sagst, er soll herkommen ...«

»Nein, warten Sie«, wandte er ein, bevor er noch recht wußte, was er tat. Womöglich war Graves ein Weißer. »Er soll nur auf dem Flugplatz anrufen. Die kümmern sich dann um alles.«

Er sah dem Jungen nach, wie er davonlief.

»Wie weit ist es?«

»Na, 'ne knappe Meile wird's sein.«

Er ließ sich zurücksinken, blickte noch einmal auf das staubige Zifferblatt seiner Uhr. Inzwischen wissen sie, daß etwas passiert ist, dachte er. Er hatte ein bestens funktionierendes Funkgerät an Bord, aber das würde ihm nichts nützen. Der Alte würde nie damit zurechtkommen. Dieser Bussard hat mich um hundert Jahre zurückgeworfen, dachte er. Der Spott tanzte in seinem Inneren wie die Mücken, die den Kopf des Alten umschwirrten. Was habe ich nicht alles gelernt, und nun liege ich hier und bin dem Begriff von Raum und Zeit dieses »einfachen Bauern« ausgeliefert. Sein Bein pochte vor Schmerz. Im Flugzeug hätte er nicht den Rhythmus des Schmerzes und die Beine eines Kindes zum Maßstab nehmen müssen, dort hätten ihm die Instrumente auf einen Blick alles gesagt. Er wandte sich um, auf die Ellbogen gestützt, und warf einen Blick zu dem staubigen Flugzeugrumpf. Er spürte den Kloß im Hals, der immer kam, wenn er ans Fliegen dachte. Da liegt es, dachte er, wie der abgestreifte Panzer einer Heuschrecke. Ich bin nackt ohne das Flugzeug. Das ist keine Maschine, das ist eine Montur, in die man schlüpft. Und plötzlich verlegen und verblüfft, flüsterte er: »Das ist alles, was ich an Würde besitze ...«

Er betrachtete den Alten, wie er das Flugzeug ansah, in seiner zerrissenen Latzhose, die in der Hitze schlaff an ihm herunterhing. Er hätte ihm gern erklärt, wie ihm zumute war. Doch er hätte es nicht verstanden. Wenn ich ihm erklären wollte, warum ich zurückfliegen muß, würde er nur denken, ich hätte Angst vor meinen weißen Vorgesetzten. Aber es ist mehr als das ... ein Gefühl der Beklommenheit klebte an ihm wie der Schweiß, der ihm auf dem Gesicht stand. Er schaute dem Alten zu, wie er das Flugzeug bewunderte, er hörte ihm zu, wie er dabei ein Liedchen vor sich hinsummte. Ein wenig ärgerte er sich über ihn. Solche alten Männer kamen oft zum Flugfeld und sahen den Fliegern mit Kinderaugen zu. Anfangs war er stolz gewesen; alles war neu gewesen, und auch die alten Männer hatten dabei ihren Sinn gehabt. Doch bald begriff er, daß sie nicht verstanden, was er leistete, und ihn nur beschämten und ihm peinlich waren, so als ob ein Schwachsinniger einem Komplimente macht. Damals hatte das Fliegen einen Teil seines Sinnes verloren, und er hatte diesen Sinn nicht wieder zurückerobern können. Wenn ich ein Preisboxer wäre, wäre ich eher ein Mensch, dachte er. Ein Mensch und kein Affe, der Kunststücke vollführt. Die alten Männer waren einfach zufrieden, daß da ein Neger war, der fliegen konnte, und das war nicht genug. Sein Alter, sein Wissen, die Technik, sein Bedürfnis, sich an der Wertschätzung anderer zu messen, bauten eine Barriere zwischen ihm und ihnen auf. Irgendwie fühlte er sich betrogen, wie damals als Kind, als er erfuhr, daß sein Vater tot war. Die einzige Anerkennung, die für ihn noch galt, war die Anerkennung seiner weißen Vorgesetzten; und bei denen konnte er sich nie sicher sein. Zwischen schwarzen Dummköpfen und weißen Verächtern schien seine Flugbahn von der Natur der Dinge bestimmt, fernab von den natürlichen Orientierungspunkten, die er doch brauchte. In geheimer Mission, gefaßt in immer technischere, immer unverständlichere Begriffe, entfernte sich seine Bahn immer weiter von der Beschämung, für die der Alte stand, und dem Nebel, der die Anerkennung der Weißen verbarg. Er flog blind, er wußte nur, wo er landen mußte, und dort wartete sein Pilotenschein auf ihn. Dann würde der Feind seine Künste zu schmecken bekommen, und dann, dachte er traurig, würde er seine höchste Anerkennung nicht von denen bekommen, die ihn mit Herablassung behandelten, noch von denen, die ihn lobten, ohne zu verstehen, was er tat, sondern von dem Feind, der sein Geschick und seine Männlichkeit mit Haß belohnen würde …

Er seufzte und betrachtete die Ochsen, die seltsame prähistorische Schatten auf die trockene braune Erde warfen.

»Mach dir mal keine Gedanken, Junge«, sagte der Alte aufmunternd. »Der Kleine ist im Handumdrehen wieder da. So verrückt wie der nach Flugzeugen ist.«

»Ich habe Zeit«, sagte er.

»Was ist denn das für ein Modell hier?«

»Eine Ausbildungsmaschine für Fortgeschrittene«, antwortete er, und der Alte lächelte. Seine Finger waren wie alte Baumwurzeln, als er damit über das Metall der tief angesetzten Tragflächen fuhr.

»Und wie schnell fliegt sie?«

»Über zweihundert Meilen die Stunde.«

»Lieber Himmel! Bei dem Tempo merkt man wahrscheinlich gar nicht mehr, daß man fliegt!«

Todd richtete sich auf und öffnete seine Montur. Der Schatten war weitergewandert, und er lag am Boden in der glutheißen Sonne.

»Darf ich mal reinsehen? Ich hab schon immer wissen wollen, wie so was von innen ...«

»Sicher. Aber nichts anfassen.«

Er hörte, wie er mit einem Schnaufen hinaufkletterte. Jetzt würden die Fragen kommen. Na, wenigstens brauchte er nicht zu überlegen, was er antwortete ...

Er sah den Alten, wie er ins Cockpit hineinschaute, mit strahlenden Augen wie ein Kind.

»Da mußt du ja eine Menge gelernt haben, daß du mit den ganzen Sachen hier umgehen kannst.«

Todd schwieg, und der Alte kletterte herunter und kniete sich neben ihn.

»Sag mal, Junge, wieso willst du unbedingt fliegen?«

Weil es nichts auf der Welt gibt, was mehr Sinn hat als das, dachte er. Weil ich dann anders bin als du.

Doch er antwortete: »Ach, es macht mir einfach Spaß. Es ist die beste Art zu kämpfen und zu sterben.«

»Wirklich? Na, wahrscheinlich hast du recht«, erwiderte der Alte. »Was meinst du, wie lange dauert es noch, bis sie euch an die Front schicken?«

Er spürte die Anspannung. Das war die Frage, die alle Schwarzen stellten, immer mit derselben zaghaften Hoffnung und Sehnsucht, und jedesmal machte sich dann eine Leere in ihm breit, größer als damals bei seinem ersten Flug das Nichts, das er unter der Maschine gespürt hatte. Ihm schwindelte. Nun erst ging ihm auf, daß dieses Gespräch nicht ungefährlich war; daß er, ohne es zu wollen, in unsichere, unbekannte Regionen flog. Wenn er es doch nur fertigbrächte, unfreundlich zu sein und diesem Alten, der ihm helfen wollte, zu sagen, daß er den Mund halten sollte!

»Auf eins würde ich wetten ...«

»Ja?«

»Du hast ganz schön Bammel gehabt, als du da runtergekommen bist.«

Er sagte nichts. Wie ein Hund auf der Fährte schien dieser Alte seine Ängste zu erschnüffeln, und er spürte die Wut in sich aufwallen.

»Also mir hast du auf alle Fälle einen Mordsschrecken eingejagt. Als ich dich da hab runterkommen sehen, in dem Ding, das stampfte und schlingerte wie ein Gaul, der durchgeht, da hab ich gedacht, um den ist's geschehen. Mich hätt beinahe der Schlag getroffen!«

Der Alte grinste. »War heute morgen schon allerhand los hier, wenn man sich das so überlegt.«

»Was denn noch?« fragte er.

»Also zuerst tauchen hier plötzlich zwei Weiße auf und suchen nach Mister Rudolph, das ist der Vetter von Mister Graves. Da war ich schon ganz schön aufgeregt ...«

»Wieso das?«

»Wieso? Weil der aus der Klapsmühle ausgebrochen ist, deswegen. Der bringt glatt jemanden um«, erklärte er. »Aber inzwischen werden sie ihn wohl wieder eingefangen haben. Und dann du. Zuerst denk ich, es ist einer von den weißen Jungs. Und dann, Teufel nochmal, purzelst du da raus. Himmel, ich hatte zwar schon von euch Jungs gehört, aber gesehen hatte ich noch nie einen. Kann dir gar nicht sagen, was das für ein Gefühl war, daß da plötzlich einer, der aussieht wie ich, aus einem Flugzeug kommt!«

Der Alte redete und redete; seine Worte flossen an Todds Gedanken entlang wie der Luftstrom am Rumpf einer Maschine im Fluge. Du bist ein Dummkopf gewesen, sagte er sich, als er wieder vor sich sah, wie, bevor er ins Trudeln geraten war, die Sonne am Himmel gebrannt hatte, wie die Reklameschilder der Stadt in der Sonne glitzerten, wie ein Junge einen blauen Drachen steigen ließ, der sich sanft unter ihm im Wind wiegte wie eine unbekannte, seltsam geformte Blume. Früher hatte er selbst solche Drachen gehabt, und er versuchte den Jungen am Ende der unsichtbaren Schnur ausfindig zu machen, doch der Junge war zu weit fort und er flog zu schnell. Er war so begeistert gewesen, daß er die Maschine steil nach oben gezogen hatte. Zu steil offenbar. Und daß die Maschine ins Trudeln kommt, wenn der Winkel, in dem man aufsteigt, zu steil ist, ist eine der ersten Lektionen, die man lernt. Und statt daß du in Sturzflug gehst und sie abfängst, läßt du dich von einem Bussard ablenken. Einem blödsinnigen Bussard!

»Wo kommt denn das ganze Blut hier auf dem Fenster her, Junge?«

»Ein Bussard«, sagte er und sah wieder vor sich, wie das Blut und die Federn auf die Kanzel gespritzt waren. Es war, als flöge er in ein schwarzes Unwetter aus Blut.

»Das sieht ja schlimm aus! Aber davon gibt's viele hier. Die haben's auf Aas abgesehen. Was Lebendes fressen die nie.«

»Hätte nicht viel gefehlt, und er hätte ein schönes Stück Aas aus mir gemacht«, brummte Todd grimmig.

»Die bringen Unglück. Teddy hat seinen eigenen Namen für sie«, lachte der Alte. »Er nennt sie Bastarde[1].«

»Verdammt guter Name.«

»Mistvögel sind das. Einmal hab ich 'n Pferd am Weg liegen sehen und hab gedacht, dem fehlt was. ›Hü, du alter Klepper!‹ ruf ich, ›auf die Beine!‹ Und Teufel nochmal, Junge, da fliegen zwei von diesen Bastarden auf, direkt aus dem Gaul raus! Ehrlich! Die Sonne brannte nur so runter, und sie waren verschmiert, als kämen sie gerade vom Barbecue!«

Todd drehte sich der Magen um; er würde sich jeden Moment übergeben müssen.

»Das haben Sie erfunden«, sagte er.

»Von wegen! Die hab ich gesehen, so wie ich dich hier sehe.«

»Na, ich bin nur froh, daß ich's nicht gesehen habe.«

»Man sieht allerhand komische Sachen hier unten, Junge.«

»Ich will sie lieber nicht sehen«, sagte er.

»Übrigens, die Weißen hier, die sehen's nicht gern, daß ihr Jungs im Flugzeug sitzt. Habt ihr schon mal Ärger mit denen gehabt?«

»Nein.«

»Na, die *würden* euch jedenfalls gern Ärger machen.«

»Einer ist doch immer da, der den anderen Ärger machen will«, sagte Todd. »Wo haben Sie davon gehört?«

»Ich hab's einfach gehört.«

»Also bisher«, sagte er abwehrend, »haben sie uns in Ruhe gelassen.«

---

[1] Im Original »jim crows«. Bezeichnet die US-amerikanischen Rassentrennungsgesetze. »Jim Crow« ist außerdem eine abwertende Bezeichnung für einen Afro-Amerikaner. (Anm. d. Hrsg.)

Er sah etwas in der Ferne, und das Blut begann in seinen Ohren zu pochen. Sein ganzer Körper spannte sich, als er den schwarzen Fleck am Himmel sah, doch noch konnte er nicht erkennen, was es war.

»Was ist das da hinten, für was halten Sie das?« fragte er aufgeregt.

»Nur noch so ein Bastard, Junge.«

Dann sah er die Flügel schlagen und war unendlich enttäuscht. Der Vogel glitt sanft herab, die Flügel nun reglos, die Schwanzfedern faßten die Luft im steilen Flug – dann war er hinter der grünen Baumreihe verschwunden. Es war, als hätte es den Vogel nur in seiner Phantasie gegeben, und nur die schlanken Äste der Kiefern blieben, klar vor dem gleißenden Himmel. Er lag da, atmete nur flach und starrte auf den Punkt, an dem der Vogel verschwunden war, und Bewunderung und Verachtung mischten sich in seinen Gefühlen. Warum schuf die Natur etwas so Abscheuliches, und ließ es trotzdem so gut fliegen? Wie damals, als ich im Himmel war, hörte er und fuhr zusammen.

Der Alte gluckste und rieb sich sein stoppliges Kinn.

»Was war das?«

»Sicher, ich war gestorben und war im Himmel ... vielleicht sollte ich davon erzählen; das vertreibt dir die Zeit, und bis dahin sind die anderen hier und kümmern sich um dich.«

»Ich hoffe es«, sagte er matt.

»Erzählt ihr Jungs euch eigentlich manchmal Lügengeschichten?«

»Nicht oft. Bekomme ich jetzt eine zu hören?«

»Tja, ich bin mir nicht sicher, weil ich es ja erlebt habe, als ich tot war.«

Der Alte stutzte. »Aber was ich von den Bussarden erzählt habe, das war nicht gelogen.«

»Schon gut«, sagte er.

»Sicher, daß du vom Himmel hören willst?«

»Gern«, sagte er und stützte den Kopf auf den Arm.

»Also, ich kam in den Himmel, und sofort wuchsen mir die Flügel. Sechs Fuß lang waren die. Genau die gleichen Flügel wie bei den weißen Engeln. Ich hab's kaum glauben können. Ich war so froh, daß ich erst einmal auf ein paar Wolken gehüpft bin und sie ausprobiert habe. Ich wollte mich ja nicht gleich blamieren ...«

Eine alte Geschichte, dachte Todd. Schon vor Jahren gehört. Hatte ich nur vergessen. Aber wenigstens erzählt er dann nichts mehr von Bussarden.

Er schloß die Augen und hörte zu.

»Zuerst hab ich mir eine niedrige Wolke gesucht und bin von da abgesprungen. Und ich kann dir sagen, Junge, die Dinger funktionierten prima! Zuerst hab ich den linken probiert, dann den rechten, und dann beide zusammen. Und dann, liebe Güte, dann bin ich losgeflogen und hab's ihnen gezeigt, wie ich fliegen kann ...«

Der Alte machte mit den Armen die Flügelbewegungen nach, sein Gesicht mimte den Stolz darüber, wie sein Publikum staunte. Es wird in die Zeitung kommen, dachte er, und der Alte sagte gerade: »... und dann hab ich mich nach farbigen Engeln umgesehen. Ich hab ja gar nicht glauben wollen, daß ich ein Engel war, bevor ich den ersten schwarzen gesehen hab! Dann war ich mir sicher – aber sie riefen, ich solle runterkommen, wir Schwarzen dürften nur an der Leine fliegen. Deshalb war von den anderen keiner in der Luft. Und man mußte schon sehr, sehr stark sein, selbst für einen Schwarzen, wenn man mit dem schweren Halsband noch fliegen wollte ...«

Das ist neu, dachte Todd. Worauf will er hinaus?

»Und ich sagte zu mir: Ich laß mir kein Halsband umlegen! Ich nicht! Denn wenn Gott einem Flügel wachsen läßt, dann wird doch keiner so unvernünftig sein und sich was umlegen lassen, was ihn am Fliegen hindert. Teufel nochmal, Junge«, erzählte er mit einem Glucksen, und seine Augen funkelten dabei, »ich hab's denen gezeigt, daß der alte Jefferson genausogut fliegen kann wie jeder andere. Und ich bin geflogen, so leicht wie ein Vogel! Sogar Loopings konnte ich fliegen – ich mußte nur aufpassen, daß mir mein wallendes weißes Gewand dabei nicht hochrutschte ...«

Todd fühlte sich unwohl. Er hätte gern über den Scherz gelacht, aber sein Körper weigerte sich, als hätte er seinen eigenen Willen. Ihm war wie damals als Kind, als ihm seine Mutter eine Zuckerpille gab und er sie kaute, statt zu schlucken, und sie hatte gelacht, als er den bitteren Geschmack nicht mehr von der Zunge bekam.

»... Tja«, hörte er den Alten sagen. »Alles ging gut, bis ich dann auch noch an Tempo zulegte. Hab gemerkt, daß ich ganz schön Wind mit den Flügeln machen konnte, und dann ging's ziemlich flott. Ich konnte auch alle möglichen Kunststücke. Ich bin zu den Sternen hochgeflogen und dann im Sturzflug zurückgekommen, und hab mal eben eine Runde um den Mond gedreht. Mann, ich hab da 'n paar klapprigen weißen Engeln ordentlich Dampf gemacht. Da war was los, oben im Himmel! Natürlich hab ich's überhaupt nicht böse gemeint, Junge. Ich hatte einfach nur gute Laune. Es war so schön, endlich frei zu sein. Ich hab aus Versehen von ein paar Sternen die Spitzen abgebrochen, und angeblich war ich an einem Unwetter schuld und daran, daß hier unten im Macon County ein paar Leute gelyncht wurden – aber ich glaube, die Jungs, die mir das erzählt haben, haben mir einen Bären aufgebunden ...«

Er macht sich über mich lustig, durchzuckte es Todd. Er hält das alles für einen Witz. Grinst mich an, wie ich hier liege ... Seine Kehle war trocken. Er sah noch einmal auf die Uhr, warum zum Teufel dauerte das so lange? Sie mußten doch kommen; wieso kamen sie nicht schneller? Einmal bin ich eine von den Himmelsstraßen lang geflogen. Du bist selbst schuld, daß du da reingeraten bist, sagte Todd sich. Genau wie Jonas mit seinem Wal.

»Ich hab denen die Flügel nur so um die Ohren gehauen. Und da kommt der alte Petrus und ruft mich zu sich. ›Jefferson‹, sagte er zu mir, ›zwei Dinge will ich wissen: Wieso fliegst du ohne Leine, und wieso fliegst du so schnell?‹ Also hab ich ihm geantwortet, daß ich die Leine weglasse, weil sie mich beim Fliegen stört; aber so schnell könnt ich doch gar nicht geflogen sein, weil ich ja nur mit dem einen Flügel geschlagen hätte. ›Du bist mit nur *einem* Flügel geflogen?‹ fragt Petrus. ›Ja, Sir‹, sag ich und krieg's mit der Angst zu tun. ›Also gut‹, sagt Petrus, ›wo du so schöne Flügel hast, kannst du die Leine für's erste weglassen. Aber keine Experimente mit nur einem Flügel mehr, verstanden? Da wirst du uns ja viel zu schnell!‹«

Und du mit deinen schlechten Zähnen redest mir viel zuviel, dachte Todd. Warum schicke ich ihn nicht los, nachsehen, wo der Junge bleibt? Der ganze Körper tat ihm von dem harten Erdboden weh, und bei dem Versuch, sich anders zu legen, stieß er an den Knöchel und haßte sich dafür, daß er laut aufschrie.

»Ist es schlimmer geworden?«

»Ich ... ich bin dagegen gestoßen«, stöhnte er.

»Versuch, gar nicht daran zu denken, Junge. So mache ich das auch immer.«

Er biß sich auf die Lippe, um mit dem einen Schmerz den anderen zu vertreiben, und die Stimme nahm ihren rhythmischen Singsang wieder auf. Jefferson schien ganz von seiner eigenen Geschichte gefangengenommen,

»... Danach bin ich dann nur noch im Zeitlupentempo überall durch den Himmel geschwebt. Aber wie wir Farbigen nun mal sind· Nach 'ner Weile hab ich's vergessen und bin doch wieder mit nur einem Flügel geflogen. Diesmal hab ich den Arm ausgeruht, den ich mir mal gebrochen habe, und hab ein Tempo vorgelegt, da wär der Teufel nicht mitgekommen. Ich flog so schnell, daß sie mich zum zweiten Mal vor den alten Petrus zitiert haben. ›Jeff‹, sagte er, ›hab ich dir nicht gesagt, daß du nicht so schnell fliegen sollst?‹ ›Doch, Sir‹, antwortete ich, ›es war ein Versehen.‹ Er blickte mich mit trauriger Miene an und schüttelte den Kopf, und da wußte ich, daß es um mich geschehen war. ›Jeff‹, sagte er, ›deine Fliegerei ist eine Gefahr für die ganze himmlische Gesellschaft. Wenn ich dich weiterfliegen lasse, dann haben wir hier oben bald nur noch Aufruhr. Jeff, du mußt zurück!‹ Glaub mir, Junge, ich habe gebettelt und gefleht bei diesem alten Weißen, aber es hat alles nichts genützt. Sie haben mich an die Himmelspforte gebracht, und ich bekam einen Fallschirm und eine Landkarte von Alabama ...«

Todd hörte, wie der Alte lachte; er lachte dermaßen, daß er kaum weitersprechen konnte, und sein Lachen war wie ein Schirm zwischen ihnen, auf dem er die Flammen seiner Demütigung auflodern sah.

»Ich glaube, Sie sollten erst einmal aufhören«, sagte er mit einer Stimme, die ihm fremd vorkam.

»Viel mehr gibt's ja auch nicht zu erzählen«, meinte Jefferson und lachte. »Als ich den Fallschirm bekam, hat der alte Petrus mich gefragt, ob ich noch ein paar Worte sprechen will, bevor ich springe. Mir war so elend, ich hab's kaum fertiggebracht, ihn anzusehen, gerade wo so viele weiße Engel drumrum standen. Dann lachte einer, und ich wurde wütend. ›Nun, meine Herren‹, sagte ich. ›Ihr habt mir meine Flügel genommen. Und ihr verstoßt mich. Ihr habt hier oben nun mal das Sagen, da kann ich nichts machen. Aber eines steht fest: Solange ich hier oben war, da hat's in eurem ganzen blöden Himmel keinen gegeben, der so fliegen konnte wie ich!‹«

Er lachte schallend, und das Gefühl der Demütigung, das Todd packte, war so ungeheuer, daß nur Gewalt ihn noch davon befreien konnte. Bei dem Lachen, das den Alten schüttelte wie ein Krampf, packte ihn die Beschämung dermaßen, daß nicht einmal die perfekte Technik eines Flugzeugs ausgereicht hätte, das aufzufangen, und er hörte sich schreien: »Warum müssen Sie mich denn so auslachen?«

Er hatte die Beherrschung verloren, und er hätte sich dafür ohrfeigen können. Er sah, wie Jefferson der Mund offenstand. »Was – ?«

»Antworten Sie!«

Das Blut pochte ihm in den Schläfen, als würden sie jeden Moment zerplatzen; er wollte näher an den Alten heran, kippte um und brüllte: »Was kann ich denn dafür, daß sie uns nicht fliegen lassen? Vielleicht sind wir ja wirklich nur ein Haufen Bussarde, die sich am Aas toter Pferde vollfressen, aber wir können doch trotzdem davon träumen, daß wir Adler sind, oder etwa nicht? *Oder etwa nicht?*«

Erschöpft ließ er sich zurückfallen; sein Knöchel pochte vor Schmerz, und sein Mund war trocken wie Stroh. Er hätte den Alten erwürgt, hätte er die Kraft dazu gehabt. Dieser grinsende grauhaarige Clown, bei dem ihm zumute war wie bei den weißen Offizieren, die ihm auf dem Flugplatz zusahen. Dabei hatte dieser Alte keine Macht, kein Ansehen, keinen Rang, keine Ahnung. Er hatte nichts, was ihn von diesem entsetzlichen Gefühl erlöst hätte. Er sah ihn an; er sah in seinem Gesicht, wie er sich mühte, den Ansturm der Gefühle in Worte zu fassen.

»Was soll das heißen, Junge? Was redest du da?«

»Lassen Sie mich in Ruhe. Gehen Sie und erzählen Sie ihre Geschichten den Weißen.«

»Aber so habe ich das doch gar nicht gemeint ... ich ... ich habe dir doch nicht wehtun wollen ...«

»Bitte. Lassen Sie mich in Frieden!«

»Wirklich, Junge. An so was hab ich nicht im Traum gedacht.«

Ein Schaudern überlief Todd, als sei ihm plötzlich kalt; er blickte dem Alten ins Gesicht und suchte nach Zeichen des Spottes, den er dort gesehen hatte. Doch nun war das Gesicht ernst und müde und alt. Er war verwirrt. Nun war er sich nicht mehr sicher, ob er wirklich Lachen dort gesehen hatte; ob Jefferson in seinem ganzen Leben je gelacht hatte. Er sah, wie Jefferson die Hand ausstreckte, um ihn zu berühren, und schreckte zurück; er fragte sich, ob überhaupt außer dem Schmerz, von dem ihm vor Augen flimmerte, etwas Wirklichkeit war. Vielleicht hatte er sich alles nur eingebildet.

»Nimm's dir doch nicht so zu Herzen, Junge«, sagte die Stimme unglücklich.

Er hörte, wie Jefferson melancholisch seufzte, als wisse er mehr, als er mit Worten sagen könne. Sein Ärger verflog, und nur der Schmerz blieb.

»Es tut mir leid«, murmelte er.

»Der Schmerz macht dir zu schaffen, das ist alles ...«

Er sah nur noch verschwommen, wie er lächelte. Und für eine Sekunde spürte er zwischen sich und ihm ein stilles, verlegenes Einverständnis.

»Was hast du eigentlich hier in der Gegend gewollt, Junge? Hattest du keine Angst, daß die dich für eine Krähe halten und abschießen?«

Todd spürte, wie die Anspannung zurückkehrte. Machte er sich schon wieder über ihn lustig? Doch bevor er das entscheiden konnte, schüttelte ihn von neuem der Schmerz, und ein Teil von ihm lag still hinter dem Wandschirm aus Schmerzen, der sich zwischen sie gesenkt hatte, und ihm kam in den Sinn, wie er zum ersten Mal ein Flugzeug gesehen hatte. Es war, als ob auf dem Flugfeld seiner Erinnerung eine unendliche Folge von Hangars durcheinandergeraten sei, und aus jedem, wie eine junge Wespe aus ihrer Zelle, schlüpfte die Erinnerung an ein Flugzeug.

Das erste Mal, daß ich ein echtes Flugzeug sah, war ich noch ganz klein, und Flugzeuge gab es überhaupt erst seit kurzem. Ich war viereinhalb, und das einzige Mal, daß ich bis dahin überhaupt ein Flugzeug gesehen hatte, war auf der Landwirtschaftsausstellung gewesen, wo auf dem Stand einer Automobilfirma ein Flugzeugmodell von der Decke hing. Damals habe ich gar nicht begriffen, daß es nur ein Modell war. Ich hatte ja keine Vorstellung, wie groß ein richtiges Flugzeug ist oder wie viel es kostet. Für mich war es ein faszinierendes Spielzeug, so wie es da war, und meine Mutter erklärte mir, so etwas sei nur für reiche weiße Jungs. Ich stand starr vor Bewunderung und sah dem kleinen grauen Flugzeug zu, wie es über den Autodächern seine Kreise zog. Und ich schwor mir, daß ich, ob nun reich oder arm, eines Tages auch so ein Spielzeug haben würde. Meine Mutter mußte mich aus dem Ausstellungsraum zerren, und nicht einmal das Kettenkarussell, das Riesenrad und die Rennpferde konnten mich für den Rest des Tages auf andere Gedanken bringen. Ich war viel zu beschäftigt, mit meinen Lippen das leise Brummen des Flugzeugs nachzumachen und mit meinen Händen die betörenden Kreise, die es geflogen war.

Danach machte ich aus den Holzresten, die ich hinter dem Haus fand, keine Pferdewagen oder Autos mehr … jetzt baute ich daraus Flugzeuge. Ich baute Doppeldecker mit Tragflächen aus Pappe, einer kleinen Schachtel als Rumpf und einem Stück Holz als Leitwerk. Der Ausflug zur Landwirtschaftsausstellung hatte etwas ganz Neues in meine kleine Welt gebracht. Immer wieder fragte ich meine Mutter, wann die Ausstellung denn wiederkommen würde.

Ich lag im Gras und sah hinauf in den Himmel, und aus jedem Vogel, der vorüberflog, wurde in meiner Phantasie ein Flugzeug in den Lüften. Ich wäre ein ganzes Jahr lang brav gewesen, wenn ich dafür nur noch einmal ein Flugzeug hätte sehen dürfen. Mit meinen Fragen nach Flugzeugen fiel ich allen auf die Nerven. Aber auch für die Alten waren sie ja etwas ganz Neues, und keiner konnte mir Genaueres darüber sagen. Nur mein Onkel wußte wenigstens ein paar Antworten. Und besser noch, er konnte aus Holzstücken Propeller schnitzen, die sich eifrig im Winde drehten, mit großem Lärm, wenn sie ungleichmäßig auf ihren Achsen aus geölten Nägeln hüpften.

Nach einem Flugzeug sehnte ich mich mehr als nach allem anderen; mehr als nach dem roten Pferdewagen mit den Gummirädern, mehr als nach einer Modelleisenbahn. Immer wieder fragte ich meine Mutter:

»Mama?«

»Was ist, Junge?« fragte sie.

»Mama, bist du böse, wenn ich dich was frage?«

»Was ist es denn jetzt schon wieder? Ich habe keine Zeit, dir auf deine ganzen dummen Fragen zu antworten. Was willst du wissen?«

»Mama, wann kaufst du mir ein ...« fragte ich.

»Was soll ich dir kaufen?«

»Du weißt schon, Mama, ich hab schon mal gefragt ...«

»Junge«, sagte sie dann immer, »du kriegst eins hinter die Löffel, wenn du mir jetzt nicht sagst, was du willst, und mich weiter von der Arbeit abhältst.«

»Ach, Mama, weißt du ...«

»Was habe ich dir gerade gesagt?«

»Ich meine ja nur, wann kaufst du mir ein Flugzeug?«

»Ein FLUGZEUG. Junge, bist du übergeschnappt? Wie oft soll ich dir denn noch sagen, hör mit diesen Verrücktheiten auf. Ich hab dir schon mal gesagt, daß die Dinger viel zuviel kosten. Wenn du so weitermachst, dann werde ich dir noch den Hintern versohlen wegen diesen blöden Dingern!«

Aber das konnte mich nicht aufhalten, und ein paar Tage später versuchte ich es wieder neu.

Und eines Tages geschah etwas ganz Merkwürdiges. Es war Frühjahr, und mir war schon den ganzen Vormittag heiß und unwohl gewesen. Ich spielte barfuß draußen im Garten und spürte, was für ein wunderschöner Frühlingstag es war. Blüten hingen von den dornigen schwarzen Robinien wie duftende weiße Trauben. Schmetterlinge schillerten im Sonnenlicht über dem frisch gemähten taufeuchten Gras. Ich war ins Haus gegangen, um mir ein Butterbrot zu holen, und als ich herauskam, hörte ich ein seltsames, gleichmäßiges Dröhnen. Ein Dröhnen, wie ich es nie zuvor gehört hatte. Ich überlegte, was es sein konnte, aber mir fiel nichts ein. Ähnlich war mir zumute, wenn ich nach der Uhr meines Vaters suchte, die ich im Zimmer ticken hörte und die doch nicht zu sehen war. Mir war zumute, als hätte meine Mutter mir etwas aufgetragen und ich wüßte nicht mehr, was es war ... dann sah ich es über mir. Oben am Himmel, ganz niedrig und vielleicht hundert Meter weg, war ein Flugzeug! Es kam so langsam, daß es sich kaum zu bewegen schien. Ich stand da mit offenem Mund; das Butterbrot fiel zu Boden. Am liebsten wäre ich in die Luft gesprungen und hätte gejubelt. Und als mir aufging, was das war, da zitterte ich vor Aufregung: Das war ein Flugzeug, das einem weißen Jungen weggeflogen war, und ich brauchte nur die Hand auszustrecken und es zu fangen, und dann gehörte es mir! Es war ein kleines Flugzeug, wie das auf der Ausstellung, und es flog nicht höher als unsere Dachtraufe. Gleichmäßig kam es auf mich zu, und die ganze Welt schien eine einzige Verheißung. Ich kletterte auf die Fliegentür und wartete. Wenn das Flugzeug kam, würde ich es mir schnappen und dann so schnell damit ins Haus laufen, daß es überhaupt niemand bemerken würde. Dann würde auch keiner kommen und es wiederhaben wollen. Es kam immer näher. Und dann, als es wie ein silbernes Kreuz am blauen Himmel direkt über mir hing, streckte ich die Hand aus und griff zu. Es war, als hätte ich nach einer Seifenblase gegriffen. Das Flugzeug flog weiter, als hätte ich nur eben nach ihm gepustet. Ich faßte ein zweites Mal, gierig, versuchte es noch am Leitwerk zu erwischen. Wieder griff ich in die Luft, und die Enttäuschung schnürte mir die Kehle zu. Ich lehnte mich ganz vor und machte einen letzten verzweifelten Versuch. Ich konnte mich nicht mehr an der Tür halten. Ich stürzte ab. Der Erdboden traf mich mit einem schweren Schlag. Ich trommelte mit den Füßen auf den Boden, als ich wieder Luft bekam, und dann lag ich da und heulte.

Meine Mutter kam herausgestürmt.

»Was ist los, Kind? Was ist passiert?«

»Es ist weg! Es ist weg!«

»Was ist weg?«

»Das Flugzeug ...«

»Flugzeug?«

»Ja, Mam, genau wie das auf der Ausstellung ... ich ... ich wollte es fangen, und es ist einfach weitergeflogen ...«

»Wann, Junge?«

»Gerade eben«, rief ich unter Tränen.

»Wo ist es denn hin, Junge, welche Richtung?«

»Da drüben ...«

Sie suchte den Himmel ab, die Arme in die Seiten gestemmt, und ihre karierte Schürze flatterte im Wind. Ich wies auf das in der Ferne verschwindende Flugzeug. Sie blickte zu mir herunter und schüttelte nur langsam den Kopf.

»Es ist weg!« rief ich. »Es ist weg!«

»Junge, bist du denn blöd?« sagte sie. »Siehst du denn nicht, daß das ein echtes Flugzeug ist und kein Spielzeug?«

»Ein echtes ...?« Ich dachte gar nicht mehr ans Weinen.
»Ein echtes?«

»Ja sicher. Weißt du denn nicht, daß das Ding, was du da fangen wolltest, größer ist als ein Auto? Du willst es fangen, und dabei fliegt das womöglich zweihundert Meilen über unserem Dach!« Sie sah mich angewidert an. »Komm ins Haus, bevor noch einer sieht, was du für ein Dummkopf bist. Du mußt ja deine kleinen Ärmchen für ziemlich lang halten ...«

Sie trug mich ins Haus, zog mich aus und steckte mich ins Bett. Sie holte den Arzt. Ich weinte bitterlich, nicht nur vor Enttäuschung, daß das Flugzeug so unerreichbar gewesen war, sondern auch vor Schmerz.

Der Doktor kam, und ich hörte, wie meine Mutter ihm von dem Flugzeug erzählte und ihn fragte, ob ich vielleicht nicht ganz richtig im Kopf war. Ich hätte wohl schon vorher Fieber gehabt, erklärte er ihr. Ich mußte eine ganze Woche im Bett bleiben, und immer sah ich im Traum das Flugzeug, immer gerade jenseits meiner Fingerspitzen, so langsam, daß es sich kaum zu bewegen schien. Jedesmal, wenn ich danach faßte, griff ich daneben, und jedesmal hörte ich, wie meine Großmutter mich ermahnte:

> *Junger Mann, junger Mann,*
> *Mit Ärmchen wie deinen*
> *Kommst an Gott du nicht ran ...*[2]

»He, Junge!«

Zunächst wußte er nicht, wo er war, und sah nur verschwommen den Alten, der mit dem Finger auf etwas zeigte.

»Ist das nicht eins von euren Flugzeugen? Die suchen dich schon.«

---

2 Zitat aus James Weldon Johnsons »The Prodigal Son« aus dem berühmten Gedichtband *God's Trombones: Seven Negro Sermons in Verse* von 1927. (Anm. d. Hrsg.)

Das Bild wurde klarer, und er sah einen kleinen schwarzen Flecken in der Ferne über den Feldern, hoch oben in der flirrenden Hitze. Doch er konnte nicht sehen, was es wirklich war, und der Schmerz war inzwischen so groß, daß sein ewiger Tagtraum, daß er von einem wirbelnden Propeller in zwei Stücke geschnitten würde, Wirklichkeit geworden schien.

»Meinst du, der sieht uns?« hörte er den Alten sagen.

»Ich kann's nur hoffen.«

»Als ob der Teufel hinter ihm her wäre.«

Er richtete sich halb auf, hörte das ferne Dröhnen eines Motors, hoffte, daß er es nun bald überstanden hätte.

»Wie geht es dir?«

»Der reinste Alptraum«, antwortete er.

»He, jetzt hat er gewendet und fliegt zurück!«

»Vielleicht hat er uns gesehen«, sagte er. »Vielleicht fliegt er zurück und schickt den Krankenwagen und die Bergungsmannschaft her.« Und vielleicht hat er auch überhaupt nichts bemerkt, dachte er bei sich, voller Verzweiflung.

»Wo haben Sie den Jungen eigentlich hingeschickt?«

»Zu Mister Graves«, erklärte Jefferson. »Dem Mann, dem das Land gehört.«

»Meinen Sie, der hat den Flugplatz verständigt?«

Jefferson sah in mißtrauisch an.

»Aber sicher. Dabney Graves hat ja einen schlechten Ruf, weil er schon so viele umgebracht hat, aber der sagt schon Bescheid ...«

»Umgebracht?«

»Die fünf Männer ... hast du denn nicht davon gehört?« fragte er überrascht.

»Nein.«

»Aber jeder hat von Dabney Graves gehört, gerade die Farbigen. Schließlich hat er genug von uns umgebracht.«

Todd war zumute wie jemandem, der sich nach Einbruch der Dunkelheit in ein weißes Viertel verirrt.

»Weswegen?« fragte er.

»Haben sich für Menschen gehalten«, antwortete Jefferson. »Manchen hat er auch Geld geschuldet, so wie mir ...«

»Warum bleiben Sie denn dann hier?«

»Du bist doch auch schwarz, Junge.«

»Ja schon, aber ...«

»Du mußt doch auch mit den Weißen zurechtkommen.«

Er wandte sich ab, um Jeffersons Blick zu entgehen, fühlte sich beschuldigt und getröstet zugleich. Und die kommen jetzt gleich hierher, dachte er voller Verzweiflung. Er schloß die Augen und lauschte Jeffersons Stimme, und die Sonne leuchtete blutrot durch seine geschlossenen Lider.

»Ich kann nirgendwo hin«, sagte Jefferson, »und sie würden mich verfolgen, wenn ich wegginge. Aber Dabney Graves ist ein merkwürdiger Bursche. Macht immer seine Witze. Der kann gemein sein wie der Teufel, und im nächsten Moment verteidigt er die Schwarzen gegen die anderen Weißen. Hab ich alles schon erlebt. Aber wenn du mich fragst, für mich ist das das Schlimmste an ihm. Denn wenn er plötzlich keine Lust mehr hat, jemandem zu helfen, dann ist ihm egal, was aus dem wird. Dann läßt er ihn einfach fallen. Und die anderen Weißen sind doppelt gemein zu jedem, dem er mal geholfen hat. Für ihn ist das nur ein Witz. Dem sind wir scheißegal – jeder ist ihm scheißegal außer ihm selbst ...«

Todd fiel die Art auf, wie der Alte sich von allem distanzierte. Es war, als hielte er seine Worte auf Armeslänge, damit er von ihrer zerstörerischen Kraft verschont blieb.

»Der tut einem einen Gefallen, und im nächsten Moment überlegt er sich's anders und läßt einen aufhängen. Ich gehe ihm aus dem Wege; das muß man hier unten.«

Wenn doch nur der Schmerz im Knöchel einen Moment lang nachließe, dachte er. Je näher ich dem Erdboden komme, desto schwärzer werde ich, ging ihm durch den Kopf. Schweiß rann ihm in die Augen, und er wußte, daß er nie das rettende Flugzeug sehen würde, wenn er den Wirbel in seinem Kopf nicht bezwang. Er mühte sich, Jefferson klarer zu sehen, er wollte sehen, was Jefferson da in der Hand hatte. Es war ein kleiner schwarzer Mann, ein zweiter Jefferson! Ein kleiner schwarzer Jefferson, der sich vor Lachen den Bauch hielt, und der andere Jefferson hielt sich zurück und sah ihm zu. Dann blickte Jefferson von dem Ding in seiner Hand auf, wandte sich um und wollte etwas sagen, doch Todd war weit fort, in einem heißen, trockenen Land suchte er den Himmel nach einem Flugzeug ab, an einem Tag, in einem Zeitalter, die er beide längst vergessen hatte. Er ging an der Hand seiner Mutter durch geheimnisvolle leere Straßen, wo zwischen den geschlossenen Vorhängen schwarze Gesichter herauslugten und jemand an eine Fensterscheibe klopfte, und als er sich umblickte, blickt er in ein angstverzerrtes Gesicht und sah eine Hand, die aus einer spaltbreit geöffneten Tür hastig Zeichen gab, sie sollten hinüberkommen, und seine Mutter blickte die leere Straßenflucht hinunter und schüttelte den Kopf und zerrte ihn weiter, und anfangs sah er nur einen Blitz und hörte einen Motor dröhnen, doch dann sah er es silbern glitzern, als käme es hinter der Sonne hervor, und dann sah er, wie es eine Schleife flog und wie eine weiße Wolke zur Erde schwebte, und er hörte, wie seine Mutter rief, »Komm, Junge, ich habe keine Zeit für deine dummen Flugzeuge, ich habe keine Zeit«, und er sah es zum zweiten Mal, das Flugzeug hoch oben in den Lüften, und wieder stieß es eine weiße Wolke aus, die herabsegelte, in Kaskaden fiel und in der Sonne glitzerte wie Feuerwerk, und so sehr seine Mutter ihn auch voranzerrte, blickte er doch hinauf und sah die weißen

Pappkärtchen tanzen, wie sie vom Wind gepackt und über die Dächer verteilt wurden und im Rinnstein landeten, und eine Frau kam hervor und fing eine Karte auf und las, was daraufstand, und schrie laut auf, und er lief hinein in den Regen aus Karten, faßte danach, wie er im Winter nach Schneeflocken faßte, und sprang weiter, als seine Mutter »Komm her, Junge!« und »Willst du wohl hören!« rief. Und er sah sie an, als sie ihm die Karte aus der Hand nahm, sah ihr Gesicht, als sie zuerst verblüfft, dann wütend mit zitternder Stimme vorlas: »Nigger, laßt euch ja nicht bei den Wahlen blicken«, hörte die Angst, mit der sie aufstöhnte, sah die leeren Augenhöhlen in der weißen Kapuze, die ihn von der Karte anstarrten, und über sich das Flugzeug, das elegant seine Kreise zog und in der Sonne funkelte wie ein flammendes Schwert. Er sah es dort oben und war gefangen, er saß fest zwischen dem entsetzlichen Schrecken und der schrecklichen Faszination.

Die Sonne stand nun schon tiefer, Jefferson rief etwas, und er konnte drei Gestalten ausmachen, die hinter der Krümmung des Feldes erschienen.

»Sehen aus wie Sanitäter«, sagte Jefferson, »alle in Weiß.«

Endlich kommen sie, dachte Todd. Das Nachlassen der Anspannung war so groß, daß ihm beinahe die Sinne schwanden. Doch er hatte kaum die Augen geschlossen, da spürte er, wie Hände ihn packten, und er rang mit drei weißen Männern, die seine Arme in eine Art Sack zwängten. Es war zuviel für ihn; die Arme wurden an der Seite festgesteckt, der Schmerz stach ihm in den Augen, und er begriff, daß er in einer Zwangsjacke steckte. Was war das für ein übler Scherz?

»Da kommt er nicht wieder raus, Mister Graves«, hörte er.

All seine Energie schien sich in den Augen zu bündeln, als er versuchte, ihre Gesicher zu erkennen. Der eine war

Graves, die beiden anderen trugen Arztkittel. Er war wie gefangen zwischen Furcht und Haß, und dann hörte er Graves sagen:

»Sieht doch hübsch aus in seiner Jacke, Jungs. Ich bin froh, daß ihr kommen konntet.«

»Der Junge hier ist nicht verrückt, Mister Graves«, sagte einer der beiden anderen. »Der braucht einen Arzt und nicht uns. Ich weiß gar nicht, wie Sie auf die Idee kommen, uns hier herauszuschleppen. Für Sie mag das ein Scherz sein, aber Ihr Vetter Rudolph, der bringt inzwischen womöglich jemanden um. Ob Weißer oder Nigger, das ist dem egal ...«

Todd sah, daß der Mann rot vor Wut war. Graves blickte hinunter zu ihm und lachte.

»Der Nigger hier, der hat die Zwangsjacke genauso nötig, Jungs. Das hab ich sofort gewußt, als der Kleine von Jeff kam und mir was von einem Nigger im Flugzeug erzählt hat. Das weiß doch jeder, daß die durchdrehen, wenn man sie so hoch nach oben läßt. So ein Niggerhirn, das verträgt die Höhe nicht ...«

Todd blickte in das rote Südstaatengesicht, hörte den schleppenden Tonfall, und er sah all den namenlosen Schrecken, alle Gemeinheiten, die er sich jemals vorgestellt hatte, in Menschengestalt vor sich.

»Laß uns sehen, daß wir loskommen«, sagte einer der beiden Wärter.

Todd sah, daß der Mann die Hand nach ihm ausstreckte, und erst jetzt bemerkte er, daß er auf einer Trage lag.

»Fassen Sie mich nicht an!« brüllte er.

Die beiden traten überrascht zurück.

»Was soll das heißen, Nigger?« fragte Graves.

Er antwortete nicht und rechnete schon damit, daß Graves' Tritt für seinen Kopf bestimmt war. Er traf ihn in die Brust, daß er kaum noch Luft bekam. Er hustete hilflos und sah, wie sich Graves' Lippen über den gelben Zähnen spannten. Er versuchte den Kopf abzuwenden. Es fühlte sich an, als ob eine halbtote Fliege ihm ganz langsam über das Gesicht kröche, und ihm war, als platze eine Bombe in seinem Inneren. In heftigen Stößen kam das laute, hysterische Lachen aus seiner Brust, die Augen quollen ihm hervor, und er war sicher, daß jeden Moment die Adern in seinem Hals bersten mußten. Und dann stand er plötzlich neben sich, sah Graves' verdutztes rotes Gesicht, hörte sein eigenes hysterisches Lachen. Er konnte sich nicht vorstellen, daß er je wieder aufhören würde; er würde sich tatsächlich zu Tode lachen. Es dröhnte ihm in den Ohren wie Jeffersons Lachen zuvor, und er blickte sich um, wo Jefferson geblieben war, klammerte sich verzweifelt an dies eine Gesicht, als sei es die eine Rettung, die ihm in dieser wahnsinnigen Welt der Wut und der Demütigung noch bliebe. Das war eine Erleichterung, immerhin. Er spürte zwar, daß sein Körper sich noch wand, doch das Echo dröhnte ihm nicht mehr in den Ohren. Er war dankbar, als er Jeffersons Stimme hörte.

»Mister Graves, die Army hat ihm verboten, sein Flugzeug zu verlassen.«

»Army hin oder her, der Nigger verschwindet von meinem Land! Das Flugzeug kann bleiben, das ist von unseren Steuergeldern bezahlt. Aber du, Nigger, du verschwindest hier. Und ob tot oder lebendig, das ist mir egal.«

Todd versank nun ganz in einer Welt des Schmerzes.

»Jeff«, sagte Graves. »Du und Teddy, ihr tragt ihn. Ihr tragt unseren schwarzen Adler rüber zum Niggerflugplatz, und da laßt ihr ihn.«

Jefferson und der Junge traten wortlos heran. Er sah sie nicht an, doch er begriff und bezweifelte es im selben Augenblick, daß nur die beiden ihn aus diesem erdrückenden Gefühl der Einsamkeit befreien konnten.

Sie bückten sich, um die Trage zu fassen. Einer der Wärter ging hinüber zu Teddy.

»Meinst du, du schaffst das, Junge?«

»Ich glaub schon, Sir«, antwortete Teddy.

»Dann gehst du besser nach hinten, und dein Pa faßt vorne an, damit das Bein hochliegt.«

Die Weißen gingen voraus, und Jefferson und sein Junge trugen ihn schweigend. Sie hielten inne, er spürte, wie eine Hand ihm den Schweiß von der Stirn wischte, und dann ging es weiter. Und es war, als hätten sie ihn aus seiner Einsamkeit gehoben, zurück in die Welt der Menschen. Ein neues Einvernehmen bestand zwischen ihm und dem Jungen und dem alten Mann. Sie trugen ihn sanft. Weit in der Ferne hörte er den munteren Ruf einer Spottdrossel. Er hob den Blick und sah einen Bussard, der reglos am Himmel stand. Einen Moment lang schien der ganze Nachmittag in der Schwebe, und er wartete, daß das Entsetzen ihn von neuem packte. Dann, als sei es ein Lied in seinem eigenen Kopf, hörte er, wie der Junge leise vor sich hinsummte, und sah den dunklen Vogel in die Sonne fliegen, wo er strahlte wie ein Vogel aus flammendem Gold.

Übersetzung von Manfred Allié und Gabriele Kempf-Allié

JOHN CHEEVER

Das grauenvolle Radio

Jim und Irene Westcott schienen jenen zufriedenstellenden Durchschnitt von Einkommen, Strebsamkeit und Ansehen erreicht zu haben, der in den Mitteilungsblättern ehemaliger Collegestudenten statistisch errechnet wird. Sie hatten zwei Kinder, waren neun Jahre verheiratet, wohnten im zwölften Stock eines Mietshauses in der Nähe von Sutton Place, gingen durchschnittlich 10,3mal im Jahr ins Theater und hofften, eines Tages in Westchester leben zu können. Irene Westcott war eine nette, unauffällige junge Frau mit weichem braunem Haar und einer wohlgeformten hohen Stirn, auf der noch nichts seine Spuren hinterlassen hatte; bei kaltem Wetter trug sie einen auf Nerz gefärbten Iltismantel. Jim Westcott war siebenunddreißig, und wenn man auch nicht behaupten konnte, daß er jünger aussah, so schien er sich doch erheblich jünger zu fühlen. Sein Haar, das schon einen grauen Schimmer zeigte, war sehr kurz geschnitten, und er kleidete sich, wie er es als Collegestudent in Andover getan hatte. Er war ein ernster Mensch, temperamentvoll und absichtlich naiv. Die Westcotts unterschieden sich von ihren Freunden, von den Leuten ihrer Gesellschaftsschicht und den Nachbarn nur durch ihr gemeinsames Interesse für klassische Musik. Sie besuchten sehr viele Konzerte – obgleich sie es anderen gegenüber selten erwähnten –, und sie saßen oft vor dem Radio, um Musik zu hören.

Ihr Rundfunkgerät war ein alter Kasten, unberechenbar und nicht mehr zu reparieren. Keiner der beiden verstand etwas von Radiotechnik und kannte sich mit den anderen elektrischen Geräten in ihrem Haushalt aus, und wenn der Empfang schlechter zu werden begann, schlug Jim einfach mit der flachen Hand gegen die Seitenwand des Gehäuses. Manchmal half das. An einem Sonntag nachmittag, mitten in einem Quartett von Schubert, verstummte der Apparat ganz und gar. Jim bearbeitete ihn mit Schlägen, aber nichts rührte sich – das Schubert-Quartett war für sie endgültig verloren. Er versprach Irene, ein neues Radio anzuschaffen, und als er am Montag von der Arbeit kam, berichtete er, daß der Kauf bereits perfekt sei. Da es eine Überraschung für Irene werden sollte, weigerte er sich, den Apparat zu beschreiben.

Das Radio wurde am nächsten Tag an der Küchentür abgeliefert, und mit Hilfe des Stubenmädchens und des Hausmeisters packte Irene es aus und trug es ins Wohnzimmer. Die häßliche Form des riesigen Gehäuses aus Eukalyptusholz stieß sie sofort ab. Irene war stolz auf ihr Wohnzimmer; sie hatte die Möbel und die Farben mit der gleichen Sorgfalt ausgewählt, die sie auf ihre Kleidung verwandte, und in dieser harmonischen Umgebung kam ihr das neue Radio wie ein feindlicher Eindringling vor. Verwirrt betrachtete sie die vielen Skalen und Knöpfe, und erst nach geraumer Zeit wagte sie, den Stecker in die Dose zu stecken und das Gerät einzuschalten. Die Skalen erstrahlten in einem bösartigen grünen Licht, und in der Ferne war ein Klavierquintett zu hören. Die Musik blieb nicht lange so leise; schon im nächsten Augenblick brach sie mit mehr als Lichtgeschwindigkeit über Irene herein und füllte die Wohnung mit derart verstärkten Tonschwingungen, daß eine Porzellanfigur vom Tisch gehauen wurde. Irene stürzte zu dem Gerät und stellte es leiser. Die gewaltigen Kräfte, die in dem häßlichen Eukalyptusgehäuse eingeschlossen waren, beunruhigten sie. Bald darauf kamen ihre Kinder aus der Schule, und sie ging mit ihnen in den Park. Erst am späten Nachmittag fand sie wieder Zeit, sich mit dem Radio zu befassen.

Das Mädchen hatte den Kindern zu essen gegeben und beaufsichtigte sie beim Baden, als Irene das Radio andrehte, die Lautstärke regelte und sich hinsetzte, um ein Quintett von Mozart zu hören, das sie kannte und sehr schätzte. Die Musik drang klar aus dem Lautsprecher. Das neue Gerät hatte einen viel reineren Klang als das alte, und da für Irene vor allem der Klang wichtig war, beschloß sie, den häßlichen Apparat hinter dem Sofa zu verbergen. Kaum aber hatte sie sich mit dem Radio ausgesöhnt, als auch schon die Störungen begannen. Ein knisterndes Geräusch wie von einer brennenden Zündschnur begleitete das Singen der Streichinstrumente. Im Hintergrund war ein leises Brausen zu hören, das Irene unangenehm an das Meer erinnerte, und bald gesellten sich noch viele andere Geräusche hinzu. Sie drehte an allen Knöpfen, aber es gelang ihr nicht, die Störungen zu beseitigen. Ratlos und enttäuscht setzte sie sich wieder hin und versuchte, der Melodie zu folgen. Die eine Wand des Wohnzimmers grenzte an den Fahrstuhlschacht, und das Rasseln des Aufzugs brachte Irene schließlich auf die Spur der Störgeräusche. Das Surren der Kabel, das Öffnen und Schließen der Fahrstuhltüren wurden vom Lautsprecher des Apparates wiedergegeben, und nachdem sie erkannt hatte, daß ihr Gerät auf jede Art von elektrischen Schwingungen reagierte, hörte sie zwischen den Mozart-Melodien das Klingeln von Telefonen, die Drehgeräusche von Nummernscheiben und das Brummen eines Staubsaugers heraus. Sie lauschte wie gewohnt, und nun konnte sie auch Türglocken, Fahrstuhlsummer, elektrische Rasierapparate und Küchenmaschinen unterscheiden – Geräusche, die aus den umliegenden Wohnungen stammten und von dem Lautsprecher übertragen wurden. Da sich Irene nicht fähig fühlte, dieses mächtige, häßliche Gerät mit seiner fehlgeleiteten Empfindlichkeit für Mißklänge zu meistern, stellte sie es ab und ging zu ihren Kindern.

Als Jim Westcott an diesem Abend nach Hause kam, begab er sich sogleich ins Wohnzimmer und drehte zuversichtlich an den Knöpfen des Radios. Er machte die gleiche Erfahrung wie Irene. Auf der Station, die er gewählt hatte, sprach ein Mann, und seine zunächst leise Stimme wurde urplötzlich so laut, daß alles in der Wohnung zu zittern und zu klirren begann. Mit einem raschen Griff stellte Jim den Apparat leiser. Wenig später setzten die Störgeräusche ein. Telefone und Türglocken klingelten, Fahrstuhltüren klappten, elektrische Küchenmaschinen surrten. Der Grundton der Störung war anders geworden, seit Irene das Gerät am Nachmittag ausprobiert hatte: Man hörte keine elektrischen Rasierapparate mehr, die Staubsauger waren alle in den Abstellkammern verschwunden, und die Geräusche spiegelten jenen Tempowechsel wider, der sich nach Sonnenuntergang in der Großstadt vollzieht. Jim fummelte an den Knöpfen herum, aber der Ton wurde davon nicht reiner. Schließlich stellte er das Radio ab und sagte zu Irene, er werde am nächsten Morgen die Lieferfirma anrufen und den Leuten die Hölle heiß machen.

Tags darauf war Irene mit Bekannten zum Lunch verabredet, und als sie nach Hause kam, sagte das Mädchen, inzwischen sei ein Mann dagewesen und habe das Radio repariert. Ohne Hut und Mantel abzulegen, ging Irene ins Wohnzimmer und stellte das Gerät an, um es auszuprobieren. Der *Missouri Waltz* ertönte, offenbar eine Schallplattenaufnahme, denn Irene mußte an die dünne, kratzende Musik aus einem alten Grammophon denken, die manchmal in der Sommerfrische über den See zu ihr herübergeklungen war. Nach dem Walzer wartete sie auf eine Erklärung für diese schlechte Aufnahme, aber der Ansager meldete sich nicht. Eine Zeitlang blieb es still, und dann wurde die kläglich kratzende Platte noch einmal gespielt. Irene drehte weiter, bis ihr in recht guter Wiedergabe ein feuriger kaukasischer Tanz entgegenschallte – das Stampfen nackter Füße auf staubigem Boden und das Rasseln von Münzschmuck. Im Hintergrund hörte sie allerdings Glocken schrillen und ein Gewirr von Stimmen. Da die Kinder in diesem Augenblick aus der Schule kamen, stellte Irene das Radio ab und ging zu ihnen ins Kinderzimmer.

Am Abend war Jim sehr müde von der Arbeit. Er badete, zog sich um und setzte sich dann zu Irene ins Wohnzimmer. Gerade hatte er das Radio angedreht, als das Mädchen zu Tisch bat; er ließ den Apparat weiterspielen und ging mit Irene hinüber ins Eßzimmer.

Jim war so müde, daß er nicht einmal versuchte, seine Frau zu unterhalten, und da Irene dem Essen nichts abgewinnen konnte, wanderte ihre Aufmerksamkeit von den Speisen zu den Resten des Silberputzmittels an den Leuchtern und dann weiter zu der Musik im Nebenzimmer. Sie lauschte einem Prélude von Chopin und war sehr überrascht, als eine Männerstimme dazwischenrief: »Um Himmels willen, Kathy, mußt du eigentlich immer Klavier spielen, wenn ich nach Hause komme?« Die Musik brach jäh ab. »Das ist meine einzige Gelegenheit«, sagte eine Frau. »Ich bin ja den ganzen Tag im Büro.« – »Ich auch«, entgegnete der Mann. Er machte noch eine unanständige Bemerkung über das Klavierspielen, und dann knallte eine Tür zu. Die von leidenschaftlicher Melancholie erfüllte Musik setzte von neuem ein.

»Hast du das gehört?« fragte Irene.

»Was?« Jim aß seinen Nachtisch.

»Im Radio. Ein Mann sagte mitten in das Prélude hinein etwas Unanständiges.«

»Vielleicht ist es ein Hörspiel.«

»Ich glaube nicht, daß es ein Hörspiel ist«, meinte Irene.

Sie standen vom Eßtisch auf und gingen mit ihrem Kaffee ins Wohnzimmer. Irene schlug vor, einen anderen Sender einzustellen. Jim drehte den Knopf. »Hast du meine Sockenhalter gesehen?« fragte ein Mann. »Knöpf mir das Kleid zu«, sagte eine Frau. »Hast du meine Sockenhalter gesehen?« fragte der Mann noch einmal. »Erst knöpf mir das Kleid zu, dann werde ich mich um deine Sockenhalter kümmern«, antwortete die Frau. Jim versuchte es mit einer anderen Station. »Wenn du bloß nicht immer Apfelkitschen in die Aschenbecher werfen würdest«, knurrte ein Mann. »Ich kann diesen Geruch nicht ausstehen.«

»Merkwürdig«, murmelte Jim.

»Nicht wahr?« sagte Irene.

Jim drehte an dem Knopf.

On the coast of Coromandel
where the early pumpkins blow,

rezitierte eine Frauenstimme mit ausgeprägt englischem Akzent,

in the middle of the woods
lived the Yonghy-Bonghy-Bò.
Two old chairs, and half a candle,
one old jug without a handle ...

»Mein Gott!« rief Irene, »das ist Sweeneys Kindermädchen!«

These were all his worldly goods,

sprach die englische Stimme weiter.

»Stell das Ding ab«, verlangte Irene. »Womöglich können sie auch uns hören.« Jim schaltete das Radio aus. »Das war Miss Armstrong, das Kindermädchen von Sweeneys«, sagte Irene, »sie liest wohl der kleinen Tochter vor. Die Sweeneys wohnen in Nummer 17B. Ich habe mich im Park mit Miss Armstrong unterhalten und kenne ihre Stimme ganz genau. Anscheinend sind wir durch unseren Apparat mit den Wohnungen anderer Leute verbunden.«

»Das ist unmöglich«, behauptete Jim.

»Jedenfalls war das eben das Kindermädchen von Sweeneys«, sagte Irene heftig. »Ich kenne ihre Stimme. Sehr gut sogar. Ich möchte nur wissen, ob sie auch uns hören können.«

Jim stellte das Radio wieder an. Zuerst von weit her, dann näher und näher, wie vom Wind herangetragen, ertönte die klare Stimme des englischen Kinderfräuleins:

> *Lady Jingly! Lady Jingly!*
> *Sitting where the pumpkins blow,*
> *will you come and be my wife,*
> *said the Younghy-Bonghy-Bò ...*

Jim beugte sich zum Lautsprecher und rief laut »Hallo« hinein.

> *I am tired of living singly*
> *on this coast so wild and shingly.*
> *I'm a-weary of my life;*
> *if you'll come and be my wife,*
> *quite serene would be my life ...*

fuhr das Kindermädchen unbeirrt fort.

»Mir scheint, sie kann uns nicht hören«, meinte Irene. »Probier's mal woanders.«

Jim ließ den Zeiger über die Skala gleiten, und plötzlich füllte sich der Raum mit dem Trubel einer Cocktailparty, die schon sehr weit fortgeschritten war. Jemand spielte Klavier und sang ein ausgelassenes Lied; die Stimmen ringsum waren laut und hörten sich beschwipst an. »Eßt noch ein paar Sandwiches!« kreischte eine Frau. Schrilles Gelächter ertönte, und irgendein Geschirrstück zerschellte am Boden.

»Das müssen die Fullers in Nummer 11E sein«, sagte Irene. »Ich weiß, daß sie heute nachmittag eine Party geben wollten. Mrs. Fuller hat's mir erzählt, als ich sie im Spirituosenladen traf. Ist das nicht köstlich? Dreh mal weiter, vielleicht können wir die Leute in Nummer 18C empfangen.«

Die Westcotts belauschten an diesem Abend ein Selbstgespräch über den Lachsfang in Kanada, eine Bridgepartie, Erläuterungen zur Heimvorführung eines Films, der anscheinend während eines vierzehntägigen Urlaubs auf Sea Island gedreht worden war, und zu guter Letzt einen erbitterten Familienstreit, bei dem es um ein überzogenes Bankkonto ging. Gegen Mitternacht stellten sie das Radio ab und legten sich schlafen, erschöpft vom vielen Lachen. Irgendwann in der Nacht rief ihr Sohn, weil er Durst hatte, und Irene brachte ihm etwas zu trinken. Es war noch sehr früh. Alle Lichter in der Nachbarschaft waren erloschen, und vom Fenster des Kinderzimmers aus sah sie die Straße still und leer daliegen. Sie ging ins Wohnzimmer und stellte versuchsweise das Radio an. Ein leises Husten kam aus dem Lautsprecher, ein Stöhnen, und dann sprach ein Mann. »Ist dir nicht gut, Liebling?« fragte er. »Doch«, antwortete die Frau mit matter Stimme, »doch, es geht schon.« Und dann fügte sie in lebhafterem Ton hinzu: »Aber du weißt ja, Charlie, daß ich mich gar nicht mehr so richtig wohl fühle. Es gibt Wochen, da bin ich nur eine Viertelstunde oder zwanzig Minuten lang so munter wie früher. Ich mag nicht noch zu einem anderen Arzt gehen, die Rechnungen sind ohnehin schon so entsetzlich hoch, aber wohl fühle ich mich nicht, Charlie. Ich bin in letzter Zeit gar nicht auf der Höhe.« Sie waren nicht mehr jung, dachte Irene. Nach ihren Stimmen zu urteilen, mußten sie beide in mittleren Jahren sein. Die melancholische Resignation, die aus diesem Gespräch klang, und der Luftzug vom Schlafzimmerfenster ließen Irene frösteln, und sie ging wieder ins Bett.

Am nächsten Morgen bereitete Irene für ihre Familie das Frühstück – das Mädchen kam erst um zehn Uhr –, flocht ihrem Töchterchen die Haare und blieb an der Wohnungstür stehen, bis ihr Mann und die Kinder in den Fahrstuhl gestiegen waren. Dann eilte sie ins Wohnzimmer und stellte das Radio an. »Ich will nicht in die Schule!« schrie ein Kind. »Ich hasse die Schule. Ich gehe nicht in die Schule. Ich hasse die Schule!« Eine wütende Frauenstimme antwortete: »Natürlich wirst du in die Schule gehen. Wir haben achthundert Dollar Aufnahmegebühr bezahlt, und du wirst hingehen, auch wenn es dich umbringt.« Die nächste Station auf der Skala präsentierte die abgespielte Platte mit dem *Missouri Waltz*. Irene drehte den Sendersuchknopf weiter und drang in die Privatsphäre mehrerer Familien am Frühstückstisch ein. Sie belauschte Bekundungen von Magenbeschwerden, sinnlicher Liebe, abgrundtiefer Eitelkeit, Vertrauen und Verzweiflung. Irenes Leben war fast so behütet und unkompliziert, wie es nach außen hin den Anschein hatte, und die derbe, manchmal sogar brutale Sprache, die an diesem Morgen aus dem Lautsprecher quoll, erstaunte und verwirrte sie. Trotzdem hörte sie gespannt zu. Erst als das Mädchen kam, stellte sie hastig das Radio ab, denn sie wußte wohl, daß es sich nicht schickte, die intimen Gespräche anderer Leute zu belauschen.

Irene war mit einer Freundin zum Lunch verabredet und verließ daher kurz nach zwölf Uhr die Wohnung. Als der Fahrstuhl in ihrem Stockwerk hielt, befanden sich schon einige Frauen darin. Sie musterte ihre hübschen unbeteiligten Gesichter, ihre Pelzmäntel und die Stoffblumen an ihren Hüten. Welche von ihnen war auf Sea Island gewesen? Welche hatte ihr Bankkonto überzogen? Der Fahrstuhl hielt im zehnten Stock, und eine Frau mit einem Paar Skyeterriern stieg zu. Ihr Haar war kunstvoll aufgetürmt, und sie trug ein Nerzcape. Sie summte den *Missouri Waltz*.

Beim Lunch trank Irene zwei Martinis. Sie betrachtete forschend ihre Freundin und fragte sich, was für Geheimnisse *sie* wohl haben mochte. Die beiden hatten eigentlich noch Einkäufe machen wollen, aber Irene entschuldigte sich gleich nach dem Essen und ging nach Hause. Sie sagte dem Mädchen, sie wünsche nicht gestört zu werden, zog sich ins Wohnzimmer zurück, schloß die Türen und schaltete das Radio ein. Im Laufe des Nachmittags hörte sie die schleppende Unterhaltung einer Frau mit ihrer Tante, die zum Tee gekommen war, den hysterischen Abschluß einer Lunchparty und die Anweisungen, die eine Frau ihrem Hausmädchen für die Bewirtung von Cocktailgästen gab. »Von dem besten Scotch dürfen Sie nur Leuten einschenken, die schon graues Haar haben«, erklärte die Gastgeberin. »Sehen Sie zu, daß Sie die Leberpastete loswerden, bevor Sie diese heißen Dinger anbieten. Übrigens, können Sie mir fünf Dollar leihen? Ich möchte dem Fahrstuhlmann ein Trinkgeld geben.«

Je mehr es auf den Abend zuging, desto lebhafter wurden die Gespräche. Von ihrem Sessel aus konnte Irene den Himmel über dem Central Park sehen. Hunderte von Wölkchen zogen darüber hin, als hätte der Südwind den Winter in kleine Stücke zerrissen und blase ihn nordwärts, und im Radio hörte sie die Ankunft von Cocktailgästen und die Heimkehr von Kindern und Ehemännern aus Schulen und Büros. »Ich habe heute morgen einen ziemlich großen Brillanten im Badezimmer gefunden«, berichtete eine Frau. »Wahrscheinlich ist er aus dem Armband gefallen, das Mrs. Dunston gestern abend getragen hat.« – »Wir werden ihn verkaufen«, erwiderte ein Mann. »Bring ihn zum Juwelier in der Madison Avenue. Mrs. Dunston wird davon nicht ärmer, und wir können ein paar hundert Dollar gut gebrauchen ...« – »*Oranges and lemons, say the bells of St. Clement's*«, sang das Kindermädchen von Sweeneys. »*Half-*

pence and farthings, say the bells of St. Martin's. When will you pay me, say the bells at Old Bailey...« – »Das ist kein Hut«, verkündete eine Frau, und hinter ihr dröhnte das Gelächter einer Cocktailparty. »Das ist kein Hut, sondern eine Liebeserklärung. Jedenfalls nach Ansicht von Walter Florell. Das ist kein Hut, hat er gesagt, das ist eine Liebeserklärung.« Und mit leiser Stimme fügte dieselbe Frau hinzu: »Sprich mit jemandem, Liebling, ich bitte dich, sprich mit jemandem. Wenn sie sieht, daß du hier nur so herumstehst, wird sie uns von ihrer Einladungsliste streichen, und ich finde doch Parties so himmlisch.«

Die Westcotts waren an diesem Abend bei Freunden eingeladen, und als Jim nach Hause kam, kleidete sich Irene gerade um. Sie wirkte traurig und irgendwie mißgestimmt, und er brachte ihr einen Drink. Da ihre Freunde in der Nachbarschaft wohnten, gingen Jim und Irene zu Fuß. Der Himmel wölbte sich hoch und hell über ihnen. Es war einer jener herrlichen Frühlingsabende, an denen Erinnerungen und Sehnsüchte erwachen, und die Luft strich weich über die Hände und Gesichter der beiden. An der Ecke spielte eine Kapelle der Heilsarmee: *Sweet Jesus...* Irene zog ihren Mann am Arm, und sie blieben ein Weilchen stehen, um der Musik zu lauschen. »Das sind wirklich nette Leute, nicht wahr?« sagte Irene. »Sie haben so nette Gesichter. Ich finde sie sogar viel netter als die meisten Leute, die wir kennen.« Sie ging auf die Gruppe zu, nahm einen Geldschein aus ihrem Portemonnaie und ließ ihn in das Tamburin fallen. Als sie zu ihrem Mann zurückkehrte, sah Jim mit Befremden, daß ihr Gesicht einen verklärt-melancholischen Ausdruck zeigte. Auch ihr Benehmen beim Abendessen kam ihm seltsam vor. Sie schnitt ihrer Gastgeberin mehrmals das Wort ab und starrte die Leute, die ihr gegenübersaßen, ungeniert an – eine Taktlosigkeit, für die sie ihre Kinder bestraft hätte.

Die Luft war noch mild, als sie den Heimweg antraten. Irene blickte hoch zu den Sternen der Frühlingsnacht. »›So weit der Strahl von dieser kleinen Kerze reicht‹«, zitierte sie, »›reicht auch der Schein der guten Tat in dieser garst'gen Welt.‹« Zu Hause wartete sie, bis Jim eingeschlafen war; dann stand sie auf, ging ins Wohnzimmer und stellte das Radio an.

Jim kam am nächsten Abend gegen sechs Uhr aus dem Büro. Emma, das Mädchen, öffnete ihm die Tür. Er nahm den Hut ab und wollte gerade den Mantel ausziehen, als Irene mit tränenüberströmtem Gesicht und wirrem Haar auf ihn zustürzte: »Schnell, Jim, lauf hinauf zu 16C!« rief sie angstvoll. »Zieh den Mantel nicht aus! Oben in 16C schlägt Mr. Osborn seine Frau. Seit vier Uhr streiten sie sich schon, und jetzt verprügelt er sie! Schnell, lauf hinauf und halt ihn zurück!« Aus dem Radio im Wohnzimmer drangen gellende Schreie, Flüche und klatschende Geräusche. »Du weißt, daß du dir so etwas nicht anhören solltest«, sagte Jim. »Das ist unschicklich.« Er ging ins Wohnzimmer und schaltete das Gerät aus. »Das ist genauso schlimm wie anderen Leuten in die Fenster sehen. Du weißt, daß du dir so etwas nicht anhören solltest. Das Ding läßt sich doch abstellen.«

»Ach, es ist so entsetzlich, es ist so furchtbar«, schluchzte Irene. »Ich habe den ganzen Tag zugehört, und alles ist so deprimierend.«

»Warum hörst du dann zu, wenn es dich deprimiert? Ich habe dieses verdammte Radio gekauft, um dir eine Freude zu machen. Es hat eine Menge Geld gekostet, und ich hoffte, es würde dich froh machen. Froh und glücklich.«

»Bitte, bitte, fang keinen Streit mit mir an«, sagte sie kläglich und lehnte den Kopf an seine Schulter. »Die anderen zanken sich schon den ganzen Tag. Alle sind ärgerlich und gereizt. Alle haben Geldsorgen. Mrs. Hutchinsons

Mutter stirbt in Florida an Krebs, weil sie nicht genug Geld haben, sie in die Mayo-Klinik zu schicken. Jedenfalls behauptet Mr. Hutchinson, sie hätten nicht genug Geld. Und irgendeine Frau in diesem Haus hat ein Verhältnis mit dem Hausmeister, diesem abscheulichen Kerl! Es ist ekelhaft. Mrs. Melville hat ein Herzleiden; Mr. Hendricks verliert im April seine Stellung, und Mrs. Hendricks macht ihm deswegen das Leben zur Hölle; das Mädchen, das dauernd den *Missouri Waltz* spielt, ist eine Hure, eine ganz gewöhnliche Hure; der Fahrstuhlmann hat Tuberkulose, und Mr. Osborn verprügelt seine Frau.« Sie zitterte am ganzen Körper, weinte leise vor sich hin und versuchte, den Tränenstrom mit den Handballen einzudämmen.

»Aber warum mußt du denn zuhören?« fragte Jim noch einmal. »Warum mußt du dir dieses Zeug anhören, wenn es dich so deprimiert?«

»Bitte, bitte, bitte schimpf nicht mit mir«, flehte Irene. »Das Leben ist zu furchtbar, zu schmutzig und gemein. Aber wir sind nie so gewesen, nicht wahr, Liebling? Nicht wahr? Ich meine, wir sind immer gut und anständig zueinander gewesen und haben uns immer geliebt, nicht wahr? Und wir haben zwei Kinder, zwei reizende Kinder. Unser Leben ist nicht schmutzig, nicht wahr, Liebling? Nicht wahr?« Sie schlang die Arme um ihn und zog sein Gesicht zu dem ihren herab. »Wir sind glücklich, nicht wahr, Liebling? Wir sind glücklich, nicht wahr?«

»Natürlich sind wir glücklich«, sagte er matt. Er fühlte seinen Groll allmählich schwinden. »Natürlich sind wir glücklich. Morgen wird das verdammte Radio entweder in Ordnung gebracht, oder ich lasse es an die Firma zurückgehen.« Er streichelte ihr weiches Haar. »Mein armes Mädchen«, murmelte er.

»Du liebst mich doch, nicht wahr?« fragte sie. »Und wir regen uns nicht über jede Kleinigkeit auf oder machen uns

Sorgen wegen des Geldes oder sind unaufrichtig zueinander, nicht wahr?«

»Nein, mein Liebling«, antwortete er.

Am nächsten Vormittag kam ein Mann und reparierte das Radio. Als er fort war, stellte Irene das Gerät vorsichtig an und hörte beglückt eine Reklamesendung für kalifornischen Wein und eine Aufnahme von Beethovens Neunter Sinfonie mit Schillers *Ode an die Freude*. Sie ließ das Gerät den ganzen Tag laufen, und der Lautsprecher gab nichts Unpassendes von sich.

Als Jim nach Hause kam, wurde gerade eine spanische Suite gespielt. »Ist alles in Ordnung?« fragte er. Irene wunderte sich insgeheim, daß sein Gesicht so blaß war. Sie tranken ein paar Cocktails und setzten sich unter den Klängen des Zigeunerchors aus dem *Troubadour* zu Tisch. Als nächstes folgte *La mer* von Debussy.

»Ich habe heute die Rechnung für das Radio bezahlt«, sagte Jim. »Es hat vierhundert Dollar gekostet. Ich hoffe, du wirst viel Freude damit haben.«

»O ja, bestimmt«, erwiderte Irene.

»Eigentlich kann ich's mir gar nicht leisten, vierhundert Dollar auszugeben«, fuhr er fort. »Aber ich wollte dir so gern etwas schenken, woran du Freude hast. Es ist die letzte Extravaganz, die wir uns dieses Jahr erlauben können. Übrigens hast du deine Kleiderrechnung noch nicht bezahlt. Ich sah sie auf dem Toilettentisch liegen.« Er blickte sie streng an. »Warum hast du mir erzählt, du hättest sie bezahlt? Warum hast du mich angelogen?«

»Weil ich nicht wollte, daß du dir Sorgen machst«, antwortete Irene. Sie trank einen Schluck Wasser. »Ich werde die Rechnungen von meinem Haushaltsgeld für diesen Monat bezahlen. Vorigen Monat ist alles für Bettbezüge und diese Party draufgegangen.«

»Du solltest wirklich lernen, mit dem Geld, das ich dir gebe, etwas vernünftiger umzugehen, Irene«, sagte er. »Mach dir bitte klar, daß wir in diesem Jahr nicht soviel Geld haben werden wie im letzten. Ich hatte heute eine sehr ernste Unterredung mit Mitchell. Die Leute kaufen nichts mehr. Wir bemühen uns krampfhaft, neue Absatzmöglichkeiten zu finden, aber du weißt ja, wie lange das dauert. Und ich werde nicht jünger dabei. Ich bin siebenunddreißig. Nächstes Jahr wird mein Haar ganz grau sein. Ich bin nicht so erfolgreich gewesen, wie ich gehofft hatte. An eine Wende zum Besseren glaube ich nicht mehr.«

»Ja, Lieber«, sagte sie.

»Wir müssen uns einschränken«, fuhr Jim fort. »Schon um der Kinder willen. Offen gestanden, mache ich mir große Sorgen wegen unserer finanziellen Lage. Ich weiß nicht, wie die Zukunft aussehen wird. Niemand weiß das. Wenn mir etwas zustoßen sollte, hast du die Versicherung, aber damit würdest du heutzutage nicht allzuweit kommen. Ich habe sehr, sehr hart gearbeitet, um dir und den Kindern ein bequemes Leben zu ermöglichen«, sagte er bitter, »und mir mißfällt der Gedanke, daß ich meine ganze Energie und meine ganze Jugend für Pelzmäntel und Radios und Bettbezüge geopfert ...«

»Bitte, Jim«, unterbrach sie ihn. »Bitte. Man könnte uns hören.«

»*Wer* könnte uns hören? Emma auf keinen Fall.«

»Denk an das Radio.«

»Jetzt reicht's mir aber!« brüllte er. »Diese übertriebene Ängstlichkeit ist ja unerträglich! Das Radio kann uns nicht hören. Niemand kann uns hören. Und wenn schon – wen kümmert das?«

Irene stand auf und ging ins Wohnzimmer hinüber. Jim folgte ihr bis zur Tür und schrie von dort auf sie ein. »Wieso bist du auf einmal so tugendhaft? Was hat dich über

Nacht in eine Klosterschülerin verwandelt? Du hast den Schmuck deiner Mutter gestohlen, bevor ihr Testament gerichtlich bestätigt wurde. Du hast deiner Schwester nicht einen Cent von dem Geld gegeben, das für sie bestimmt war – auch dann nicht, als sie es dringend brauchte! Du hast Grace Howland das Leben zur Qual gemacht – und wo war all deine tugendhafte Frömmigkeit, als du zu dieser Engelmacherin gingst? Ich werde nie vergessen, wie kalt du damals warst. Du hast deine Sachen zusammengepackt und bist zur Ermordung deines Kindes losgezogen wie zu einer Ferienreise. Wenn du wenigstens einen Grund gehabt hättest, einen triftigen Grund ...«

Irene stand vor dem abscheulichen Radio, entehrt und von Ekel erfüllt. Sie griff nach dem Knopf, zögerte aber noch einen Augenblick, das Gerät abzuschalten – wer weiß, vielleicht würde es freundlich zu ihr sprechen, etwa mit der Stimme von Sweeneys Kindermädchen. Von der Tür her schrie Jim noch immer auf sie ein. Die Stimme im Radio klang angenehm und unverbindlich. »Bei einem Eisenbahnunglück in Tokio kamen heute am frühen Morgen neunundzwanzig Menschen ums Leben«, sagte der Sprecher. »Ein Feuer in einem katholischen Heim für blinde Kinder wurde heute früh von Nonnen gelöscht. Die Temperatur beträgt acht Grad, die relative Luftfeuchtigkeit neunundachtzig Prozent.«

Übersetzung von Peter Naujack

SAUL BELLOW

Ein künftiger Vater

Die seltsamsten Vorstellungen hatten eine Art, sich Rogins Denken aufzuzwingen. Gerade erst einunddreißig und von annehmbarem Aussehen, mit kurzem schwarzem Haar, kleinen Augen, aber einer hohen freien Stirn, war er theoretischer Chemiker, und sein Denken war in der Regel ernst und zuverlässig. Aber an einem schneeigen Sonntagabend, als dieser untersetzte Mann, bis zum Kinn in seinen Mantel eingeknöpft, mit seinem lächerlichen Gang – auswärtsgekehrte Füße – zur Untergrundbahn strebte, verfiel er in einen absonderlichen Zustand.

Er wollte bei seiner Verlobten Abendbrot essen. Sie hatte ihn kurz vorher angerufen und gesagt: »Kaufe lieber unterwegs noch ein paar Sachen.«

»Was brauchen wir?«

»Auf alle Fälle etwas Roastbeef. Ich habe auf dem Heimweg von meiner Tante schon ein Viertelpfund gekauft.«

»Warum ein Viertelpfund, Joan?« sagte Rogin sehr ärgerlich. »Das reicht gerade etwa für ein gut belegtes Brot.«

»Darum mußt du zum Feinkostladen. Ich hatte nicht mehr Geld.«

Er wollte schon fragen: »Was ist aus den dreißig Dollar geworden, die ich dir am Mittwoch gegeben habe?« Aber er wußte, daß sich das nicht schickte.

»Ich mußte Phyllis Geld für die Putzfrau geben«, sagte Joan.

Phyllis, Joans Kusine, war eine junge geschiedene Frau

Ein künftiger Vater 207

und unglaublich reich. Die beiden Frauen teilten sich eine Wohnung.

»Roastbeef«, sagte er, »und was sonst noch?«

»Etwas Shampoo, Liebling. Wir haben das ganze Shampoo aufgebraucht. Und beeile dich, Liebster, ich habe dich den ganzen Tag vermißt.«

»Und ich habe dich vermißt«, sagte Rogin, aber in Wahrheit hatte er sich fast die ganze Zeit Sorgen gemacht. Er hatte einen jüngeren Bruder, dem er das Studium bezahlte. Und seine Mutter, deren Rente in diesen Tagen der Inflation und der hohen Steuern nicht ganz ausreichte, brauchte ebenfalls Geld. Joan hatte Schulden, die er ihr abzahlen half, weil sie nicht arbeitete. Sie suchte nach einer passenden Tätigkeit. Da sie schön, gebildet und in ihrem Auftreten vornehm war, konnte sie ja nicht Verkäuferin in einem billigen Kramladen werden, sie konnte auch nicht Mannequin sein (Rogin fand, dieser Beruf machte die jungen Damen eitel und steif, deshalb wollte er's nicht), und sie konnte nicht als Kellnerin oder Kassiererin arbeiten. Was konnte sie denn sein? Nun, es würde sich schon etwas finden, und bis dahin wollte sich Rogin lieber nicht beklagen. Er bezahlte ihre Rechnungen – den Zahnarzt, das Warenhaus, den Osteopathen, den Arzt, den Psychiater. Zu Weihnachten hätte ihn beinahe der Schlag gerührt. Joan kaufte ihm eine samtene Hausjacke mit aufgenähten Schnüren, eine bildschöne Pfeife und einen Tabaksbeutel. Sie kaufte Phyllis eine Granatbrosche, einen italienischen Seidenschirm und eine goldene Zigarettenspitze. Für andere Freundinnen kaufte sie holländisches Zinn und schwedisches Glas. Bevor alles gekauft war, hatte sie fünfhundert Dollar von Rogins Geld ausgegeben. Er liebte sie zu sehr, um zu zeigen, wie er litt. Er glaubte, sie hätte ein viel besseres Wesen als er. Sie sorgte sich nicht ums Geld. Sie hatte einen wunderbaren Charakter, war immer fröhlich und brauchte eigentlich gar keinen Psychiater. Sie ging nur hin, weil Phyllis hinging und sie neugierig machte. Sie war allzu sehr bemüht, mit ihrer Kusine Schritt zu halten, deren Vater im Teppichgeschäft Millionen verdient hatte.

Während die Frau in der Drogerie die Shampooflasche einwickelte, formte sich plötzlich in Rogins Gedanken eine klare Erkenntnis: Das Geld umgibt uns im Leben wie die Erde im Tod. Überlagerung ist die universale Norm. Wer ist frei? Niemand ist frei. Wer hat keine Bürden? Jeder Mensch steht unter Druck. Selbst die Steine, die Gewässer der Erde, Tiere, Männer, Kinder – jedes hat eine Last zu tragen. Diese Idee war ihm anfangs außerordentlich klar. Allmählich wurde sie ein wenig unscharf, behielt aber immer noch eine große Wirkung, als hätte ihm jemand ein kostbares Geschenk gemacht. (Nicht wie die samtene Hausjacke, die er nicht anziehen mochte, oder die Pfeife, die ihn würgte, wenn er sie anzündete.) Die Vorstellung, daß alle unter Druck und Kümmernis lebten, machte ihn nicht traurig, sondern bewirkte das Gegenteil. Sie versetzte ihn in eine wunderbare Stimmung. Es war erstaunlich, wie froh er wurde, und zudem noch hellsichtig. Seine Augen öffneten sich auf einmal für alles, was ihn umgab. Er sah mit Entzükken, wie der Drogist und die Frau, die die Flasche einwickelte, lächelten und flirteten, wie sich die Sorgenfalten in ihrem Gesicht in Freudenfalten verwandelten und wie das schwindende Zahnfleisch des Drogisten seinen Neckereien und seiner Freundlichkeit keinen Abbruch tat. Und es war verwunderlich, was Rogin auch alles im Feinkostladen wahrnahm und wie glücklich es ihn machte, einfach dort zu sein.

An Sonntagabenden, wenn alle anderen Läden geschlossen sind, verlangen die Feinkostläden unverschämte Preise, und Rogin wäre normalerweise auf der Hut gewesen, aber an diesem Abend war er's nicht, oder doch kaum. Der Geruch von Pickles, Wurst, Senf und geräuchertem Fisch bereitete ihm ein unbändiges Vergnügen. Er bemitleidete die Leute, die den Geflügelsalat oder hackten Hering kaufen würden: das konnte nur geschehen, wenn ihre Sehkraft nicht ausreichte, um zu merken, was sie kriegten – die dicken Paprikaschnitzel auf dem Huhn, der durchweichte Hering, der vorwiegend aus essiggetränktem altem Brot bestand. Wer würde das kaufen? Spätaufsteher, Menschen, die allein lebten, in der Dunkelheit des Nachmittags erwachten und ihren Kühlschrank leer fanden, oder Leute, deren Blick nach innen gerichtet war. Das Roastbeef sah nicht schlecht aus, und Rogin verlangte ein Pfund.

Während der Ladeninhaber das Fleisch in Scheiben schnitt, schrie er einem portorikanischen Jungen zu, der nach einem Beutel mit Schokoladenkeksen angelte: »He, willst du, daß die ganze Auslage über dir zusammenbricht? Du, *chico*, warte 'ne halbe Minute.« Dieser Ladeninhaber sah zwar aus wie einer von Pancho Villas Banditen, die ihre Feinde mit Sirup überzogen und dann auf einem Ameisenhaufen an einen Pfahl banden, ein Mann mit Froschaugen und fleischigen Händen, dazu geschaffen, Pistolen zu greifen, die an seinem Gürtel hingen – aber er war kein übler Bursche. Er war ein New Yorker, dachte Rogin – der selbst aus Albany stammte –, ein New Yorker, von jeder Mißhandlung durch die Stadt gehärtet und gewöhnt, vor jedem auf der Hut zu sein. Aber in seinem eigenen Reich, auf dem Brett hinter dem Ladentisch, herrschte Gerechtigkeit. Ja, sogar Barmherzigkeit.

Der Junge aus Portoriko trug ein vollständiges Cowboykostüm – einen grünen Hut mit weißer Kordel, Pistolen, Messer, Sporen, Stiefel und Stulpenhandschuhe –, aber er sprach kein Englisch. Rogin hakte den Zellophanbeutel mit harten runden Schokoladenkeksen vom Gestell und gab ihn ihm. Der Junge riß das Zellophan mit den Zähnen auf und begann, eine dieser trockenen Scheiben anzuknabbern. Rogin kannte diesen Zustand – den tatkräftigen Traum der Jugend. Einst hatte auch er diese trockenen Plätzchen köstlich gefunden. Jetzt wäre es ihm fad gewesen, eins zu essen.

Was hätte Joan sonst noch gern gehabt? fragte sich Rogin liebevoll. Erdbeeren? »Geben Sie mir gefrorene Erdbeeren. Nein, Himbeeren, die hat sie lieber. Und Sahne. Und ein paar Brötchen, Rahmkäse und einige von diesen Gurken, die wie Gummi aussehen.«

»Was für Gummi?«

»Diese da, die dunkelgrünen, mit Augen. Und etwas Eis wäre wohl auch angebracht.«

Er versuchte, sich auf ein Kompliment zu besinnen, einen hübschen Vergleich, eine Zärtlichkeit für Joan, wenn sie die Tür öffnete. Vielleicht über ihre Haut? Es gab tatsächlich nichts, womit man ihr süßes, kleines, keckes, feingeschnittenes, furchtsames, trotziges, liebevolles Gesicht vergleichen konnte. Wie schwierig sie war, und wie schön!

Als Rogin in die steinerne, geruchgeschwängerte, metallische, abgestandene Luft der Untergrundbahn hinabstieg, wurde er von einer ungewöhnlichen Beichte abgelenkt, die ein Mann seinem Freund machte. Die beiden waren sehr groß, ungeschlacht in ihrer Winterkleidung, als seien unter ihren Mänteln Kettenpanzer versteckt.

»Nun, wie lange kennst du mich schon?« sagte der eine.

»Zwölf Jahre.«

»Ja, und ich muß dir was bekennen«, sagte er. »Ich habe mich dazu entschlossen. Jahrelang war ich ein schwerer Säufer. Du hast es nicht gewußt. Praktisch ein Alkoholiker.«

Aber sein Freund war nicht überrascht und antwortete sofort: »Doch, ich habe es gewußt.«

»Hast es gewußt? Unmöglich! Wie konntest du?«

Na, dachte Rogin, als ob das ein Geheimnis bleiben könnte! Sieh dir doch nur dieses lange, trübsinnige, alkoholzverwaschene Gesicht an, die vom Trinken ruinierte Nase, die Haut um die Ohren wie Truthahnkehllappen und diese melancholischen Whiskyaugen.

»Doch, ich hab's trotzdem gewußt.«

»Das kann nicht sein. Ich kann's nicht glauben.« Er war erregt, und sein Freund schien ihn nicht beruhigen zu wollen. »Aber das ist jetzt vorbei«, sagte er. »Ich bin zum Arzt gegangen und nehme Pillen, eine neue umwälzende dänische Entdeckung. Es ist ein Wunder. Ich fange an zu glauben, daß die alles und jedes kurieren können. Wissenschaftlich sind die Dänen nicht zu schlagen. Die können alles. Sie haben einen Mann in eine Frau verwandelt.«

»Aber damit heilen sie dich nicht vom Trinken, oder?«

»Nein, hoffentlich nicht. Das ist bloß wie Aspirin. Es ist ein Superaspirin. Sie nennen es das Aspirin der Zukunft. Aber wenn man's einnimmt, muß man mit dem Trinken aufhören.«

Rogins überwacher Geist fragte sich, während die menschlichen Gezeiten der Untergrundbahn hin und her schwappten und Wagen, aneinander gekoppelt und durchsichtig wie Fischblasen, unter den Straßen dahinrasten: Wie konnte er sich einbilden, daß niemand wußte, was jedem in die Augen sprang? Und als Chemiker fragte er sich, wie diese neue dänische Droge zusammengesetzt sein mochte, er mußte an verschiedene seiner eigenen Erfindungen denken, synthetisches Albumin, eine sich selbst anzündende Zigarette und einen billigeren Treibstoff. Aber, um Himmelswillen, er brauchte Geld! Wie nie zuvor. Was war zu tun? Seine Mutter wurde immer schwieriger. Am Freitagabend hatte sie versäumt, ihm das Fleisch zu schneiden, und er fühlte sich gekränkt. Sie saß regungslos am Tisch mit ihrem leidgeprüften Gesicht, streng, und ließ ihn selbst sein Fleisch schneiden, was sie sonst fast niemals tat. Sie hatte ihn stets verwöhnt, und seinen Bruder auf ihn eifersüchtig gemacht. Aber was sie jetzt erwartete! Mein Gott, wie er zahlen mußte, und es war ihm bisher nie in den Sinn gekommen, daß diese Dinge ihren Preis hatten.

Während er als einer der Fahrgäste im Zug saß, fand Rogin seinen ruhigen, heiteren, ja sogar hellsichtigen Gemütszustand wieder. Dachte man ans Geld, dann dachte man, wie die Welt es wollte; dann war man nicht sein eigener Herr. Wenn die Leute sagten, sie würden etwas weder für Liebe noch Geld tun, dann meinten sie, Liebe und Geld seien einander entgegengesetzte Leidenschaften, und die eine der anderen Feind. Er überlegte weiter, wie wenig die Menschen darüber Bescheid wußten, wie sie das Leben verschliefen und wie klein das Licht des Bewußtseins war. Rogins reinliches, stupsnasiges Gesicht glänzte, während sein Herz vor Freude über diese tieferen Erkenntnisse von unserer Unwissenheit fast zerrissen wurde. Man konnte jenen Trinker als Beispiel nehmen, der lange Jahre glaubte, sein bester Freund hätte keine Ahnung von seinem Trinken. Rogin blickte den Gang auf und ab, um jenes bemerkenswerte ritterliche Symbol zu entdecken, aber er war verschwunden.

Trotzdem fehlte es nicht an sehenswerten Dingen. Da war ein kleines Mädchen mit einem neuen weißen Muff; in diesen Muff war ein Puppenkopf eingenäht, und das Kind war selig damit und voll zärtlicher Eitelkeit, während ihr Vater, dick und grimmig, mit einer riesigen dräuenden Nase, es immer wieder aufhob und auf dem Platz zurechtsetzte, als wolle er es in etwas anderes verwandeln. Dann stieg ein anderes Mädchen, von seiner Mutter geleitet, in den Wagen ein, und dies andere Mädchen trug genau den gleichen Muff mit dem Puppengesicht, was die beiden Eltern gewaltig ärgerte. Die Frau, die schwierig und streitsüchtig aussah, führte ihre Tochter fort. Rogin hatte den Eindruck, daß beide Kinder in ihren eigenen Muff verliebt waren und den anderen nicht einmal bemerkt hatten, aber es war eine seiner Schwächen, daß er glaubte, die Herzen kleiner Kinder zu verstehen.

Als nächstes beschäftigte eine ausländische Familie seine Aufmerksamkeit. Er hielt sie für Mittelamerikaner. Auf der einen Seite die Mutter, ziemlich alt, dunkles Gesicht, weißes Haar und abgekämpft; auf der anderen Seite ein Sohn mit den weißhäutigen porösen Händen eines Tellerwäschers. Aber was war der Zwerg, der zwischen ihnen saß – ein Sohn oder eine Tochter? Das Haar war lang und wellig und die Wangen glatt, aber Hemd und Schlips waren männlich. Der Mantel war weiblich, aber die Schuhe – die Schuhe waren ein Rätsel. Ein Paar brauner Halbschuhe mit äußerem Steppsaum wie beim Mann, aber mit hohen Absätzen wie bei einer Frau – einer glatten Kappe wie bei einem Mann, aber mit einem Riemen über dem Spann wie bei einer Frau. Keine Strümpfe. Das half nicht viel. Die Finger des Zwerges waren beringt, aber ohne Ehering. In seinen Wangen waren kleine bösartige Höhlen. Die Augen waren verquollen und verborgen, aber Rogin zweifelte nicht, daß sie seltsame Dinge verraten könnten, wenn sie wollten, und daß dies ein Wesen von bemerkenswerter Einsicht sei. Er besaß seit vielen Jahren de la Mares *Erinnerungen einer Liliputanerin*. Jetzt faßte er einen Entschluß: er wollte es lesen. Sobald er dies beschlossen hatte, war er von der verzehrenden Neugier über die Geschlechtszugehörigkeit des Zwerges befreit und konnte den Menschen ins Auge fassen, der neben ihm saß.

Gedanken treiben in der Untergrundbahn durch die Bewegung, die zahlreichen Menschen, den kritischen Zustand als Fahrgast, der unter Straßen und Flüssen, unter den Fundamenten großer Gebäude entlangrattert, sehr häufig Blüten, und Rogins Geist war ohnehin schon seltsam aufgeputscht. Er umklammerte die Lebensmitteltüte, aus der der Geruch von Brot und Picklegewürz aufstieg, er verfolgte eine Gedankenkette, zunächst über die Chemie der Geschlechtsbestimmung, die X- und Y-Chromosomen, erbliche Koppelungen, die Gebärmutter und später über seinen Bruder und wie er ihn von der Steuer absetzen konnte. Er erinnerte sich an zwei Träume der vergangenen Nacht. Im einen hatte sich ein Leichenbestatter angeboten, ihm das Haar zu schneiden, und er hatte abgelehnt. Im anderen hatte er eine Frau auf dem Kopf getragen. Traurige Träume, alle beide! Sehr traurig! Wer war die Frau – Joan oder Mutter? Und der Leichenbestatter – sein Anwalt? Er stieß einen tiefen Seufzer aus und begann rein gewohnheitsmäßig sein synthetisches Albumin zusammenzubauen, das die ganze Eierindustrie revolutionieren sollte.

Indessen hatte er die Musterung der Fahrgäste noch nicht beendet und sich in den neben ihm sitzenden Mann vertieft. Das war ein Mann, den er noch nie in seinem Leben gesehen hatte, mit dem er sich aber auf einmal durch alles Bestehende hindurch verbunden fühlte. Er war mittleren Alters, stämmig, mit heller Haut und blauen Augen. Seine Hände waren sauber, wohlgeformt, aber Rogin war mit ihnen nicht einverstanden. Der Mantel, den er trug, war aus ziemlich teurem blaukariertem Stoff, den sich Rogin niemals ausgesucht hätte. Er hätte auch keine blauen Wildlederschuhe getragen oder einen so tadellosen Hut, ein schwerfälliges Filztier von Hut, umspannt von einem hohen fetten Band. Es gibt alle möglichen Arten von Stutzern, nicht alle wollen blenden mit ihrer Pracht, manche sind Stutzer der Wohlanständigkeit, und zu denen gehörte Rogins Fahrtgenosse. Sein Profil mit der geraden Nase war hübsch, aber er hatte diese Gabe schlecht genutzt, denn er sah stumpf aus. Aber in dieser stumpfen Art schien er die Menschen zu warnen, daß er keine Verwicklungen mit ihnen wollte; er wollte nichts mit ihnen zu tun haben. Mit solchen blauen Wildlederschuhen konnte er es sich nicht leisten, daß man ihm auf die Füße trat, und er schien einen Kreis des Privilegs um sich zu ziehen und allen anderen mitzuteilen, sie sollten sich um ihren eigenen Kram kümmern und ihn die Zeitung lesen lassen. Er hielt eine *Tribune*, aber es wäre vielleicht zuviel gesagt, daß er sie las. Er hielt sie.

Seine helle Haut und die blauen Augen, die gerade und echt römische Nase – selbst die Art, wie er saß – erinnerten Rogin stark an eine Person: Joan. Er versuchte, dem Vergleich zu entrinnen, aber er ließ sich nicht abweisen. Dieser Mann sah nicht nur aus wie Joans Vater, den Rogin nicht ausstehen konnte, er sah aus wie Joan selbst. In vierzig Jahren könnte ein Sohn vor ihr, vorausgesetzt sie hatte einen, ebenso aussehen. Ein Sohn von ihr? Von einem solchen Sohn wäre er, Rogin, der Vater. Da er, verglichen mit Joan, keine dominanten Züge aufwies, würde seine Erbmasse nicht in Erscheinung treten. Wahrscheinlich würden die Kinder ihr ähneln. Ja, vierzig Jahre voraus gedacht, und ein Mann wie dieser, der Knie an Knie mit ihm in dem rüttelnden Wagen saß, unter Mitmenschen, unbewußten Teilnehmern an einem großen Durchgangsrummel, – ein solcher Mann würde das, was Rogin gewesen war, in die Zukunft tragen.

Deshalb fühlte er sich ihm durch alles Bestehende hindurch verbunden. Was waren vierzig Jahre im Angesicht der Ewigkeit! Vierzig Jahre waren verronnen, und er blickte auf seinen eigenen Sohn. Hier war er. Rogin war erschreckt und bewegt. »Mein Sohn! Mein Sohn!« sagte er zu sich, und der Jammer darüber ließ ihn fast in Tränen ausbrechen. Das heilige und furchtbare Tun der Meister über Leben und Tod brachte dies zuwege. Wir waren ihre Werkzeuge. Wir arbeiteten Zielen entgegen, die wir für die unseren hielten. Aber nein! Das Ganze war so ungerecht. Leiden, schaffen, schuften, sich den Weg durch die Stacheln des Lebens bahnen, durch seine dunkelsten Tunnel kriechen, sich durch das

Schlimmste hindurchwinden, unter dem Druck der Wirtschaft kämpfen, Geld verdienen – nur um der Vater eines viertrangigen Weltmännchens zu werden wie dieses da, so stumpf geraten mit seinem alltäglichen sauberen, rosigen, uninteressanten, selbstzufriedenen, von Grund auf bürgerlichen Gesicht. Welch ein Fluch, einen langweiligen Sohn zu haben! Einen Sohn wie diesen, der seinen Vater nie verstehen könnte. Sie hatten nichts, aber auch gar nichts gemeinsam, er und dieser adrette rundliche blauäugige Mann. Er war so zufrieden mit allem, was er hatte, und allem, was er tat, und allem, was er war, daß er kaum die Lippen öffnen konnte, dachte Rogin. Sieh dir diese Lippe an, die mit der Spitze vorsprang wie ein kleiner Dorn oder ein Eizahn. Er würde niemandem die Tageszeit bieten. Ob das in vierzig Jahren vielleicht allgemein üblich wäre? Wurden die Menschen kühler, wie auch die Welt alterte und sich abkühlte? Die Unmenschlichkeit der nächsten Generation brachte Rogin in Harnisch. Vater und Sohn hatten sich kein Zeichen zu geben. Schrecklich! Unmenschlich! Welch eine Vision des Daseins. Die persönlichen Ziele des Menschen waren nichts, Illusion. Die Gewalt des Lebens nahm uns, einen nach dem anderen, im Marsch zur eigenen Erfüllung in Beschlag, trampelte auf unserer individuellen Menschlichkeit herum, gebrauchte uns für ihre eigenen Zwecke wie bloße Dinosaurier oder Bienen, beutete herzlos die Liebe aus, ließ zu, daß wir uns in den sozialen Ablauf, in Arbeit, Kampf ums Geld verstrickten und uns dem Gesetz des Druckes, dem allumfassenden Gesetz der Schichtung, der Überlagerung unterwarfen.

Auf was, zum Teufel, lasse ich mich ein? dachte Rogin. Daß ich der Vater eines Rückgriffs auf *ihren* Vater werde? Das Bild dieses weißhaarigen, ungehobelten, griesgrämigen alten Mannes mit seinen häßlichen, selbstsüchtigen blauen Augen ließ Rogin schaudern. So würde sein Enkel aussehen.

Joan, gegen die Rogin eine wachsende Verstimmung fühlte, konnte dagegen nichts ausrichten. Für sie war es unvermeidlich. Aber mußte es auch für ihn unvermeidlich sein? Auf denn, Rogin, du Narr, sei kein verfluchtes Werkzeug. Mach dich davon!

Aber dafür war es zu spät, denn er hatte schon die Empfindung ausgekostet, neben seinem eigenen Sohn, seinem und Joans Sohn zu sitzen. Er starrte ihn fortwährend an, wartete, daß er etwas sagte, aber der mutmaßliche Sohn bewahrte ein kaltes Schweigen, obwohl er Rogins prüfende Blicke bemerkt haben mußte. Sie stiegen sogar an derselben Station aus – Sheridan Square. Als sie auf den Bahnsteig traten, ging der Mann, ohne Rogin auch nur eines Blickes zu würdigen, mit seinem abscheulichen blaukarierten Mantel, seinem rosigen, widerlichen Gesicht in eine andere Richtung davon.

Das Ganze hatte Rogin übel zugesetzt. Als er sich Joans Tür näherte und, bevor er noch klopfen konnte, Phyllis' Hündchen Henri kläffen hörte, waren seine Züge sehr gespannt. Ich lasse mich nicht ausnutzen, versicherte er sich. Ich habe mein eigenes Recht zum Leben. Joan sollte sich nur vorsehen. Sie hatte eine leichte Art, schwierige Fragen abzutun, denen er ernste Gedanken gewidmet hatte. Sie glaubte immer, daß nichts wirklich Störendes eintreten würde. Er konnte sich den Luxus einer solchen sorglosen und leichtfertigen Einstellung nicht leisten, denn er mußte schwer arbeiten und Geld verdienen, damit Störendes *nicht* eintrat. Zwar im Augenblick konnte man die Lage nicht ändern, und ihm ging es nicht wirklich ums Geld, wenn er glauben konnte, daß sie nicht unbedingt die Mutter eines solchen Sprößlings wie seines Untergrundbahnsohnes oder ganz die Tochter ihres grauenhaften, anstößigen Vaters sein mußte. Schließlich war Rogin keinem seiner beiden Eltern sehr ähnlich und recht verschieden von seinem Bruder.

Joan kam zur Tür, bekleidet mit einem von Phyllis' teuren Morgenröcken. Er stand ihr sehr gut. Beim ersten Anblick ihres glücklichen Gesichtes fühlte sich Rogin vom Schatten der Ähnlichkeit angeweht; die Berührung war äußerst leicht, fast schemenhaft, aber sie brachte ihn zum Zittern.

Sie begann ihn zu küssen und sagte: »O mein Baby. Du bist ja mit Schnee bedeckt. Warum hast du nicht deinen Hut aufgesetzt? Sein ganzes Köpfchen ist voll davon« – ihre beliebte Koseform in der dritten Person.

»Laß mich erst mal diese Tüte mit den Sachen abstellen. Laß mich den Mantel ausziehen«, grollte Rogin und entzog sich ihrer Umarmung. Warum konnte sie nicht warten, ihn zu umgarnen? »Es ist hier drinnen so heiß. Mein Gesicht brennt. Warum muß in der Wohnung eine solche Temperatur herrschen? Und der verflixte Hund kläfft dauernd. Wenn ihr ihn nicht immerzu einsperren würdet, wäre er nicht so verzogen und laut. Warum geht nie jemand mit ihm aus?«

»Oh, es ist nicht wirklich so heiß hier drinnen. Du kommst gerade aus der Kälte. Findest du nicht, daß mir dieser Morgenrock besser steht als Phyllis? Besonders um die Hüften? Sie findet es auch. Vielleicht verkauft sie ihn mir.«

»Hoffentlich nicht«, hätte Rogin beinahe ausgerufen.

Sie brachte ein Handtuch, um den schmelzenden Schnee von seinem kurzen schwarzen Haar abzutrocknen. Die Bewegung des Rubbelns brachte Henri völlig außer sich, so daß ihn Joan im Schlafzimmer einsperrte, wo er mit einem rhythmischen Geräusch der Krallen am Holz beharrlich gegen die Tür sprang.

Joan fragte: »Hast du das Shampoo mitgebracht?«

»Hier ist es.«

»Dann wasche ich dir vor dem Essen das Haar. Komm.«

»Ich will's mir nicht waschen lassen.«

»Ach komm schon«, sagte sie lachend.

Ihr Mangel an Schuldbewußtsein erstaunte ihn. Er konnte es nicht begreifen. Auch das teppichbelegte, möblierte, lampenbeleuchtete, mit Vorhängen versehene Zimmer schien seiner Vision entgegenzustehen. Er fühlte sich zwar immer noch vorwurfsvoll und zornig, gekränkt und bitter gestimmt, aber es schien nicht schicklich, den Grund dafür zu nennen. Er begann sich sogar schon Sorgen zu machen, daß ihm der Grund für dies alles entgleiten könnte.

Sie zogen seine Anzugjacke und das Hemd im Badezimmer aus, und sie ließ das Waschbecken vollaufen. Rogin war von seinen turbulenten Gefühlen erfüllt; jetzt, da seine Brust entblößt war, spürte er sie noch mehr und sagte sich: Ich werde ziemlich bald ein Wörtchen mit ihr zu reden haben. Ich lasse es ihnen nicht durchgehen. »Glaubst du eigentlich«, wollte er ihr sagen, »daß ich dazu geschaffen war, allein die Last der ganzen Welt auf mich zu laden? Glaubst du, ich war geboren, um ausgenützt und aufgeopfert zu werden? Glaubst du, ich bin ein natürliches Vorratslager wie eine Kohlengrube, eine Ölquelle, ein Fischereigewässer oder dergleichen? Merk dir, daß ich ein Mann bin, ist keine Entschuldigung dafür, daß man mir Lasten auferlegt. Die Seele in mir ist nicht größer oder stärker als die deine.

Wenn man von den Äußerlichkeiten absieht, wie von den Muskeln, der tieferen Stimme und so weiter, was bleibt dann? Zwei Seelen, die sich praktisch gleich sind. Warum sollte dann eigentlich nicht Gleichheit herrschen? Ich kann nicht immer der Starke sein.«

»Setz dich hierher«, sagte Joan, die einen Küchenschemel zum Waschbecken brachte. »Dein Haar ist ganz verfilzt.«

Er saß mit der Brust gegen die kühle Glasur, das Kinn auf dem Rand des Beckens, das grüne, heiße glitzernde Wasser spiegelte die Gläser und die Kacheln, und der süße, kühle, duftende Saft des Shampoos lief ihm auf den Kopf. Sie begann, ihn zu waschen.

»Du hast eine durch und durch gesunde Kopfhaut«, sagte sie. »Sie ist ganz rosig.«

Er antwortete: »Sie sollte aber weiß sein. Irgendwas muß bei mir nicht stimmen.«

»Aber bei dir stimmt immer alles«, sagte sie und drückte sich von hinten an ihn, zingelte ihn ein, goß behutsam Wasser über ihn, daß es ihm vorkam, als quelle das Wasser aus ihm heraus; es war die warme Flüssigkeit seines eigenen geheimen liebenden Geistes, die in das Becken überfloß, grün und schäumend; und die Worte, die er geprobt hatte, vergaß er, und sein Zorn über seinen künftigen Sohn verflog vollkommen, und er seufzte und sagte zu ihr aus der wassergefüllten Höhlung des Beckens: »Du hast immer so wundervolle Einfälle, Joan. Weißt du das? Du hast eine Art Instinkt, ein regelrechtes Talent.«

Übersetzung von Walter Hasenclever

BERNARD MALAMUD

Das Zauberfaß

Vor kurzer Zeit lebte in einem Außenbezirk von New York in einem kleinen Zimmer, das ärmlich wirkte, obwohl es mit Büchern vollgestopft war, Leo Finkle, ein Student der Theologie an der Yeshivah Universität. Finkle sollte nach sechsjährigem Studium im Juni zum Rabbi ernannt werden, und ein Freund hatte ihm gesagt, daß es leichter sein würde, eine Synagogengemeinde zu finden, wenn er verheiratet wäre. Da er im Augenblick keine geeignete Kandidatin kannte, hatte er die Sache zwei qualvolle Tage lang im Kopf hin und her gewälzt und schließlich Pinye Salzman angerufen, einen Heiratsvermittler, dessen zweizeilige Anzeige er im *Forward* gelesen hatte.

Der Heiratsvermittler tauchte eines Abends aus dem dunklen Flur des vierten Stocks in der grauen Mietskaserne auf, in der Finkle wohnte. Unter dem Arm hielt er eine schwarze, mit Riemen verschlossene Mappe. Salzman, der diesen Beruf schon seit langem ausübte, war klein und schmal, aber er sah trotz des alten Hutes und des zu kurzen und engen Mantels würdig aus. Er roch ganz unverhohlen nach Fisch, den er gern aß, und obwohl ihm ein paar Zähne fehlten, hatte er nichts Abstoßendes, denn sein liebenswürdiges Benehmen bildete einen seltsamen Gegensatz zu seinen traurigen Augen. Seine Stimme, seine Lippen, der schüttere Bart, die mageren Hände, alles war voller Leben, aber ein einziger Augenblick der Stille enthüllte die tiefe Traurigkeit seiner sanften blauen Augen. Diese Tatsache beruhigte Finkle ein wenig, obwohl er die Situation als peinlich empfand.

Er erklärte Salzman sofort, warum er ihn zu sich gebeten habe, daß er aus Cleveland stamme und außer seinen Eltern, die verhältnismäßig spät geheiratet hatten, keine Angehörigen besitze. Er hatte sich sechs Jahre lang ausschließlich seinem Studium gewidmet, und man mußte verstehen, daß er dabei keine Zeit für gesellschaftliches Leben und den Umgang mit jungen Frauen gefunden hatte, und statt sich den Irrtümern und Peinlichkeiten auszusetzen, die mit der Suche nach einer Frau verbunden sein konnten, hielt er es für besser, den Rat eines in diesen Dingen erfahrenen Mannes einzuholen. Er erwähnte nebenbei, daß der Beruf eines Heiratsvermittlers alt und ehrwürdig und von der jüdischen Gemeinschaft hochgeschätzt sei, denn er tat das Notwendige, ohne die Freude zu hindern. Auch seine Eltern waren durch einen Heiratsvermittler zusammengebracht worden. Wenn es auch vom finanziellen Standpunkt keine vorteilhafte Heirat gewesen war – keiner von beiden hatte irgendwelche irdischen Güter besessen –, so war die Ehe doch erfolgreich gewesen, denn ihre Zuneigung zueinander hatte nie aufgehört. Salzman hörte überrascht und verlegen zu; er spürte, daß dies eine Art Rechtfertigung sein sollte. Aber dann empfand er auch Stolz auf seinen Beruf, ein Gefühl, das er schon seit Jahren vergessen hatte, und er schloß Finkle ins Herz.

Die beiden gingen nun an ihr Geschäft. Leo hatte Salzman an die einzige freie Stelle im Zimmer geführt, einen Tisch am Fenster, von dem aus man auf die hell erleuchtete City blickte. Er setzte sich neben den Heiratsvermittler, wandte sich ihm zu und bemühte sich, den peinlichen Reiz in der Kehle zu unterdrücken. Salzman öffnete eifrig die Riemen seiner Mappe und streifte ein ausgeleiertes Gummiband von einem dünnen Bündel abgegriffener Karten ab. Während er sie durchblätterte, mit einer Gebärde und einem Geräusch, die dem Studenten eine physische Qual verursachten, versuchte Finkle, nicht hinzusehen, und starrte standhaft aus dem Fenster. Es war erst Februar, aber der Winter lag schon in den letzten Zügen; zum erstenmal seit Jahren nahm er bewußt diese Anzeichen wahr. Er sah den runden weißen Mond, der sich hoch am Himmel durch eine Wolkenmenagerie bewegte, und er beobachtete mit halboffenem Mund, wie er wie eine Riesenhenne eindrang und aus ihr herausfiel, wie ein Ei, das sich selbst legt. Salzman hatte seine Brille aufgesetzt und gab vor, die Eintragungen auf den Karten zu prüfen, aber er warf gelegentlich schnell einen Blick auf das feine Gesicht des jungen Mannes; er sah mit Wohlgefallen die lange, strenge Gelehrtennase, die braunen Augen, die schwer waren von Wissen, die empfindsamen, aber asketischen Lippen und die dunklen Wangen, die man fast hohl hätte nennen können. Er blickte sich um und sah all diese Regale voller Bücher und stieß einen leisen, zufriedenen Seufzer aus.

Als Leos Augen auf die Karten fielen, sah er, daß Salzman sechs davon wie einen Fächer in der Hand hielt.

»So wenige?« fragte er enttäuscht.

»Sie würden mir gar nicht glauben, wenn ich Ihnen sagte, wie viele ich in meinem Büro habe«, erwiderte Salzman. »Die Schubladen sind schon bis obenhin voll, deshalb bewahre ich sie in einem Faß auf. Aber ist jedes Mädchen gut genug für einen Rabbi?«

Leo errötete, er bedauerte, daß er in dem Lebenslauf, den er Salzman geschickt hatte, zuviel enthüllt hatte. Er hatte gedacht, es würde am besten sein, ihn mit seinen hohen Ansprüchen bekannt zu machen, aber jetzt hatte er das Gefühl, dem Heiratsvermittler mehr von sich verraten zu haben, als unbedingt nötig gewesen wäre.

Er fragte zögernd: »Haben Sie die Fotografien Ihrer Klientinnen?«

»Zuerst kommt die Familie, die Höhe der Mitgift, auch Erbschaften, die zu erwarten sind«, sagte Salzman, knöpfte

den engen Überzieher auf und setzte sich bequem zurecht.
»Dann erst kommt das Bild, Rabbi.«

»Nennen Sie mich Mr. Finkle, ich bin noch nicht Rabbi.«

Salzman versprach es, aber statt dessen nannte er ihn Doktor, und wenn Leo nicht genau achtgab, ging er wieder zu Rabbi über.

Salzman rückte seine Hornbrille zurecht, räusperte sich leise und las mit eifriger Stimme den Inhalt der obersten Karte:

»Sophie P., vierundzwanzig Jahre, seit einem Jahr Witwe, keine Kinder, Erziehung: höhere Schule und zwei Jahre College, Vater verspricht achttausend Dollar, hat wundervollen Engroshandel, auch Grundbesitz; von der mütterlichen Seite: Lehrer, ein Schauspieler, wohlbekannt auf der Second Avenue.«

Leo sah erstaunt auf. »Sagten Sie, eine Witwe?«

»Eine Witwe heißt nicht, daß das Mädchen verdorben ist, Rabbi. Sie hat vielleicht vier Monate mit ihrem Gatten gelebt. Er war immer kränklich; sie hätte ihn nicht heiraten sollen.«

»Eigentlich hatte ich nie daran gedacht, eine Witwe zu heiraten.«

»Das kommt nur daher, daß Sie unerfahren sind. Eine Witwe zu heiraten, besonders wenn sie jung und gesund ist wie dieses Mädchen, hat große Vorteile. Sie wird Ihnen Ihr Leben lang dankbar sein. Glauben Sie mir, wenn ich selber eine Frau suchte, würde ich nur eine Witwe heiraten.«

Leo dachte nach, dann schüttelte er den Kopf.

Salzman hob die Schultern: eine fast unmerkliche Geste der Enttäuschung. Er legte die Karte auf die hölzerne Tischplatte und begann die nächste zu lesen:

»Lily H., Lehrerin an einer höheren Schule, regulär, nicht Aushilfe, hat Ersparnisse und ein neues Auto (Dodge), ein Jahr in Paris, Vater war fünfunddreißig Jahre lang erfolgreicher Zahnarzt, interessiert an Akademiker, vollständig amerikanisierte Familie, seltene Gelegenheit. – Ich kenne sie persönlich«, sagte Salzman. »Ich wünschte, Sie könnten das Mädchen sehen. Ein Püppchen. Und sehr intelligent. Sie könnten den ganzen Tag mit ihr über Bücher reden und Theater und der Himmel weiß was. Sie weiß auch gut Bescheid über Zeitgeschichte.«

»Ich glaube, Sie haben ihr Alter nicht erwähnt.«

»Ihr Alter?« sagte Salzman und hob die Augenbrauen. »Sie ist zweiunddreißig Jahre alt.«

Nach einer Weile sagte Leo: »Es tut mir leid, aber ich glaube, sie ist etwas zu alt.«

Salzman lachte. »Und wie alt sind Sie denn, Rabbi?«

»Siebenundzwanzig.«

»Was ist schon für ein Unterschied zwischen siebenundzwanzig und zweiunddreißig? Meine Frau ist sieben Jahre älter als ich. Habe ich es bereut? Nein. Wenn Rothschild eine Tochter hätte, die Sie heiraten wollte, würden Sie dann wegen ihres Alters nein sagen?«

»Ja«, sagte Leo trocken.

Salzman schüttelte das Nein in dem Ja ab. »Fünf Jahre bedeuten überhaupt nichts. Ich gebe Ihnen mein Wort, wenn Sie eine Woche mit ihr gelebt haben, haben Sie ihr Alter vergessen. Was bedeuten schon fünf Jahre? Daß sie mehr gelebt hat und mehr weiß als jemand, der jünger ist. Und dieses Mädchen, Gott segne sie, hat nicht umsonst gelebt. Jedes Jahr macht sie zu einer besseren Partie.«

»Welche Fächer lehrt sie an der höheren Schule?«

»Sprachen. Wenn Sie sie französisch sprechen hören, glauben Sie, Sie hören Musik. Ich bin jetzt fünfundzwanzig Jahre im Geschäft, und ich empfehle sie von ganzem Herzen. Glauben Sie mir, Rabbi, ich weiß, was ich sage.«

»Was ist auf der nächsten Karte?« fragte Leo plötzlich.

Salzman schlug widerstrebend die nächste Karte um. »Ruth K., neunzehn Jahre, Studentin mit Auszeichnungen, Vater bietet dem richtigen Bräutigam dreizehntausend bar. Er ist Arzt, Magenspezialist mit ausgezeichneter Praxis, Schwager besitzt eigenes Textilgeschäft. Anspruchsvolle Leute.«

Salzman blickte auf, als habe er einen Trumpf ausgespielt.

»Sagten Sie neunzehn?« fragte Leo interessiert.

»Genau.«

»Ist sie anziehend?« Er errötete. »Hübsch?«

Salzman küßte seine Fingerspitzen. »Ein Püppchen. Darauf gebe ich Ihnen mein Wort. Lassen Sie mich noch heute abend ihren Vater anrufen, und Sie werden sehen, was hübsch heißt.«

Aber Leo war unruhig. »Sind Sie sicher, daß sie so jung ist?«

»Ich bin ganz sicher. Der Vater wird Ihnen die Geburtsurkunde zeigen.«

»Sind Sie sicher, daß die Sache keinen Haken hat?«

»Was sollte sie für einen Haken haben?«

»Ich verstehe nicht, warum ein amerikanisches Mädchen in ihrem Alter zu einem Heiratsvermittler gehen sollte.«

Ein Lächeln breitete sich über Salzmans Gesicht.

»Aus dem gleichen Grunde, aus dem Sie zu mir kommen.«

Leo wurde rot. »Ich habe keine Zeit.«

Salzman merkte, daß er taktlos gewesen war, und gab schnell eine Erklärung ab. »Ihr Vater kam zu mir, nicht sie selbst. Er will nur den besten Gatten für sie, darum sieht er sich selber nach einem um. Wenn wir den richtigen gefunden haben, wird er ihn seiner Tochter vorstellen und die Sache fördern. Das gibt eine bessere Ehe, als wenn ein unerfahrenes Mädchen sich selbst umsieht. Ich brauche Ihnen das nicht zu sagen.«

»Aber meinen Sie nicht, daß dieses junge Mädchen nicht an die Liebe glaubt?« sagte Leo beklommen.

Salzman hätte fast laut gelacht, aber er faßte sich und sagte nüchtern: »Die Liebe kommt mit der richtigen Person. Nicht vorher.«

Leo öffnete die trockenen Lippen, konnte aber nicht sprechen. Da er sah, daß Salzman schon einen Blick auf die nächste Karte warf, sagte er: »Wie ist es mit ihrer Gesundheit?«

»Ausgezeichnet«, sagte Salzman und atmete schwer. »Nur ist sie auf dem rechten Fuß ein wenig lahm, sie hatte einen Autounfall, als sie zwölf Jahre alt war, aber man bemerkt es gar nicht, weil sie so klug und hübsch ist.«

Leo erhob sich schwerfällig und trat zum Fenster. Er empfand eine seltsame Bitterkeit und machte sich Vorwürfe, weil er den Heiratsvermittler gerufen hatte. Schließlich schüttelte er den Kopf.

»Warum nicht?« sagte Salzman hartnäckig, seine Stimme wurde schrill.

»Weil ich Magenspezialisten hasse.«

»Aber was geht Sie das Geschäft des Vaters an? Wenn Sie sie geheiratet haben, brauchen Sie ihn nicht mehr. Wer sagt denn, daß er Sie jeden Freitagabend besuchen muß?«

Leo schämte sich über die Wendung, die das Gespräch genommen hatte, und verabschiedete Salzman. Dieser ging mit schwerem, melancholischem Blick nach Hause.

Obwohl er erleichtert gewesen war, als der Heiratsvermittler ging, war Leo am nächsten Tag sehr niedergeschlagen. Er sagte sich, daß diese Niedergeschlagenheit daher kam, weil Salzman ihm keine passende Braut hatte anbieten können. Die Art seiner Klientinnen gefiel ihm nicht. Er dachte zögernd daran, einen anderen Heiratsvermittler zu suchen, einen kultivierteren als Pinye, aber dann stieg der Verdacht in ihm auf, daß er vielleicht – trotz seiner Theorien und trotz der Ehrfurcht, die er seinen Eltern entgegenbrachte – im Grunde genommen die Institution des Heiratsvermittlers widerwärtig fand. Er wies den Gedanken schnell von sich, konnte aber keine Ruhe finden. Den ganzen Tag lief er im Park umher – er versäumte eine wichtige Verabredung, vergaß die Wäsche in die Wäscherei zu geben, ging aus einem Café am Broadway, ohne zu zahlen, und mußte mit der Rechnung in der Hand zurücklaufen; er hatte nicht einmal seine Wirtin erkannt, als diese mit einer Freundin auf der Straße an ihm vorüberging und höflich rief: »Einen guten Abend wünsch ich, Doktor Finkle.« Als es Abend wurde, hatte er endlich seine Fassung so weit wiedergefunden, daß er seine Nase in ein Buch stecken und seine Gedanken zur Ruhe bringen konnte.

Fast im gleichen Augenblick klopfte es an die Tür. Noch bevor Leo »Herein!« sagen konnte, stand Salzman, der berufsmäßige Cupido, in der Tür. Sein Gesicht war grau und mager, sein Ausdruck hungrig, er sah aus, als werde er gleich sein Leben zu Leos Füßen aushauchen. Und doch gelang es dem Heiratsvermittler mittels eines Muskeltricks, ein breites Lächeln zu zeigen.

»Guten Abend. Darf ich eintreten?«

Leo nickte. Er war bestürzt, ihn wiederzusehen, wollte ihn aber nicht hinausweisen.

Immer noch strahlend, legte Salzman seine Mappe auf den Tisch. »Rabbi, ich habe heute eine gute Nachricht für Sie.«

»Ich habe Sie schon einmal gebeten, mich nicht Rabbi zu nennen. Ich bin noch Student.«

»Ihre Sorgen haben ein Ende. Ich habe eine erstklassige Braut für Sie.«

»Lassen Sie mich damit in Frieden.« Leo tat so, als interessiere es ihn gar nicht.

»Alle Welt wird auf Ihrer Hochzeit tanzen.«

»Bitte, Mr. Salzman, nicht weiter.«

»Aber zuerst muß ich wieder zu Kräften kommen«, sagte Salzman mit schwacher Stimme. Er hantierte an den Riemen der Mappe und nahm eine fettige Papiertüte heraus, aus der er ein hartes Kümmelbrötchen und einen kleinen geräucherten Fisch zog. Mit einer schnellen Handbewegung enthäutete er den Fisch und begann mit Heißhunger zu essen. »Den ganzen Tag nichts als Hetze«, murmelte er.

Leo sah ihm zu.

»Sie hätten nicht vielleicht ein paar Scheiben Tomate?« fragte Salzman zögernd.

»Nein.«

Der Heiratsvermittler schloß die Augen und aß. Als er fertig war, wischte er sorgfältig die Krümel auf, rollte die Reste von dem Fisch zusammen und tat alles in die Tüte. Seine bebrillten Augen schweiften durch den Raum, bis er zwischen ein paar Bücherstapeln einen einflammigen Gasbrenner entdeckte. Demütig hob er den Hut und fragte: »Hätten Sie vielleicht ein Glas Tee, Rabbi?«

Mit schlechtem Gewissen erhob sich Leo und goß Tee auf. Er servierte ihn mit einer Scheibe Zitrone und zwei Würfeln Zucker. Salzman war entzückt.

Nachdem er seinen Tee getrunken hatte, waren Salzmans Kraft und seine gute Laune wiederhergestellt.

»Nun sagen Sie mir, Rabbi«, sagte er liebenswürdig, »haben Sie über die drei Klientinnen nachgedacht, von denen ich Ihnen gestern gesprochen habe?«

»Ich brauche nicht mehr darüber nachzudenken.«

»Und warum nicht?«

»Keine von den dreien paßt mir.«

»Und was würde Ihnen passen?«

Leo schwieg, denn er hätte nur eine unklare Antwort geben können.

Ohne eine Antwort abzuwarten, fragte Salzman: »Sie erinnern sich doch an das Mädchen, von dem ich sprach – die Lehrerin an der höheren Schule?«

»Alter zweiunddreißig.«

Aber überraschenderweise erhellte sich Salzmans Gesicht zu einem Lächeln: »Alter neunundzwanzig.«

Leo warf ihm einen Blick zu. »Herabgesetzt von zweiunddreißig?«

»Es war ein Mißverständnis«, gestand Salzman. »Ich habe heute mit dem Zahnarzt gesprochen. Er führte mich zu seinem Safe und zeigte mir den Geburtsschein. Sie ist im August neunundzwanzig geworden. Sie gaben ihr in den Bergen, wo sie die Ferien verbrachte, eine Party. Als ich zum erstenmal mit dem Vater sprach, vergaß ich, nach dem Alter zu fragen, und ich sagte Ihnen zweiunddreißig, aber jetzt erinnere ich mich, daß das eine andere Klientin war, eine Witwe.«

»Dieselbe, von der Sie mir sprachen. Ich dachte, die sei vierundzwanzig?«

»Eine andere. Bin ich verantwortlich dafür, daß die Welt voll von Witwen ist?«

»Nein, aber ich bin nicht an ihnen interessiert. Auch nicht an Lehrerinnen.«

Salzman drückte die gefalteten Hände vor die Brust. »Ihr Kinder Israels, was soll ich zu einem sagen, der nicht an höheren Lehrerinnen interessiert ist? An was sind Sie denn eigentlich interessiert?«

Leo wurde es heiß, aber er beherrschte sich.

»Woran sonst sind Sie interessiert«, fuhr Salzman fort, »wenn Sie nicht an diesem feinen Mädchen interessiert sind, das vier Sprachen spricht und zehntausend Dollar auf der Bank hat? Und ihr Vater garantiert weitere zwölftausend. Und sie hat ein neues Auto, wundervolle Kleider, kann sich über alle Themen unterhalten, sie wird Ihnen ein erstklassiges Heim bereiten und erstklassige Kinder schenken. Wie nahe kommen wir je im Leben einem solchen Paradies?«

»Wenn sie so wundervoll ist, warum hat sie dann nicht schon vor zehn Jahren geheiratet?«

»Warum?« sagte Salzman mit einem dröhnenden Lachen. »Warum? Weil sie *eigen* ist. Weil sie nur mit dem *Besten* zufrieden ist.«

Leo schwieg, es amüsierte ihn jetzt, wie weit er sich in die Sache verwickelt hatte. Aber Salzman hatte sein Interesse an Lily H. geweckt, und er begann ernsthaft daran zu denken, sie anzurufen. Als der Heiratsvermittler merkte, wie intensiv Leos Gedanken sich mit den Tatsachen beschäftigten, die er geliefert hatte, war er sicher, daß sie bald zu einer Abmachung kommen würden.

Am späten Samstagnachmittag spazierte Leo Finkle, der immer an Salzman denken mußte, mit Lily Hirschhorn den Riverside Drive entlang. Er ging schnell und aufrecht, er sah würdig aus in dem schwarzen Fedora, den er zögernd aus der staubigen Hutschachtel im Schrank geholt hatte, und dem schweren schwarzen Sabbatrock, der sorgfältig gebürstet war. Leo besaß auch einen Spazierstock, das Geschenk eines entfernten Verwandten, aber er hatte der Versuchung widerstanden und ihn zu Hause gelassen. Lily, zierlich und nicht unhübsch, trug etwas, was an den kommenden Frühling erinnerte. Sie war auf dem laufenden, lebhaft, sprach über alles Mögliche, er erwog ihre Worte, und er fand sie überraschend vernünftig – noch ein Punkt für Salzman, den er irgendwo in der Nähe vermutete. Vielleicht hinter einem der Bäume verborgen, die die Straße säumten; und daß er der Dame Signale mit einem Taschenspiegel gäbe; oder vielleicht war er ein pferdehufiger Pan, der seine Hochzeitsmusik blies, während er unsichtbar vor ihnen her tanzte, wilde Knospen auf den Weg streute und purpurne Trauben, die

Symbole einer Vereinigung, die natürlich noch nicht stattgefunden hatte.

Leo schreckte auf, als Lily sagte: »Ich dachte gerade an Mr. Salzman, eine seltsame Erscheinung, finden Sie nicht auch?«

Er wußte nicht, was er antworten sollte, und nickte.

Sie wurde rot, fuhr aber tapfer fort: »Ich jedenfalls bin dankbar, daß er uns miteinander bekannt gemacht hat. Sie nicht auch?«

Er antwortete höflich: »Doch.«

»Ich wollte sagen«, fuhr sie mit einem kleinen Lachen fort – alles, was sie sagte, war taktvoll, wenigstens machte es den Eindruck, nicht taktlos zu sein –, »ist es Ihnen unangenehm, daß wir uns auf diese Weise kennenlernen?«

Ihre Aufrichtigkeit mißfiel ihm nicht, er erkannte, daß sie ihre Beziehung zueinander klarstellen wollte, und er mußte zugeben, daß die Art, wie sie dies tat, Mut und eine gewisse Lebenserfahrung voraussetzte. Man mußte eine Vergangenheit haben, um so zu beginnen.

Er sagte, es sei ihm nicht unangenehm. Salzmans Funktion sei traditionell und ehrbar – wertvoll, wenn sie ein Resultat erzielte, wenn es auch, so betonte er, nur selten zu einem Resultat käme.

Lily stimmte mit einem Seufzer zu. Sie gingen weiter, und nach einem langen Schweigen sagte sie, wieder mit einem nervösen Lachen: »Darf ich Sie etwas Persönliches fragen? Offen gestanden, es würde mich außerordentlich interessieren.« Obwohl Leo die Schultern zuckte, fuhr sie etwas verlegen fort: »Wie sind Sie zu Ihrem Beruf gekommen? War es eine plötzliche, leidenschaftliche Begeisterung?«

Leo sagte nach einer Weile langsam: »Ich habe mich schon immer für das Gesetz interessiert.«

»Sie sahen darin die Offenbarung des Höchsten?«

Er nickte und wechselte das Thema. »Ich habe gehört, daß Sie einige Zeit in Paris zugebracht haben, Miß Hirschhorn.«

»Oh, hat Mr. Salzman Ihnen das gesagt, Rabbi Finkle?« Leo zuckte zusammen, aber sie fuhr fort: »Es ist schon so lange her, ich hatte es fast vergessen. Ich weiß noch, ich mußte zurückkommen, weil meine Schwester heiratete.«

Lily ließ sich nicht ablenken. »Wann«, fragte sie mit zitternder Stimme, »wußten Sie, daß Sie Gott liebten?«

Er starrte sie an. Dann verstand er, daß sie nicht von Leo Finkle sprach, sondern von einem völlig Fremden, einer mystischen Person, vielleicht gar von einem feurigen Propheten, den Salzman für sie erfunden hatte – einem, der nichts mit einem lebenden oder toten Menschen zu tun hatte. Leo zitterte vor Wut und vor Schwäche. Dieser Gaukler hatte ihr offenbar einen Gutschein verkauft, genau wie ihm; er hatte erwartet, eine junge Dame von neunundzwanzig kennenzulernen, und beim ersten Blick auf ihr angestrengtes und ängstliches Gesicht mußte er feststellen, daß sie eine Frau von über fünfunddreißig war, die rapid alterte. Nur seine Selbstbeherrschung hatte ihn so lange an ihrer Seite gehalten.

»Ich bin«, sagte er streng, »kein Mensch mit einer besonderen religiösen Begabung«, und während er nach Worten suchte, überkam ihn Scham und Furcht. »Ich glaube«, sagte er mit Anstrengung, »ich kam zu Gott, nicht weil ich ihn liebte, sondern weil ich ihn nicht liebte.«

Dieses Bekenntnis kam ihm selbst unerwartet; er war erschüttert, und sein Ton war barsch.

Lily sank in sich zusammen. Leo sah einen Schwarm von Brotlaiben wie Enten hoch über seinen Kopf hinwegfliegen, ähnlich den beschwingten Laiben, die er in der vergangenen Nacht gezählt hatte, um einzuschlafen. Barmherzigerweise fing es an zu schneien, vielleicht hatte Salzman auch das zuwege gebracht.

Er war wütend auf den Heiratsvermittler und schwor sich, daß er ihn hinauswerfen werde, sobald er noch einmal sein Zimmer zu betreten wagte. Aber an diesem Abend erschien Salzman nicht, und als Leos Wut sich gelegt hatte, trat eine unerklärliche Verzweiflung an ihre Stelle. Zuerst dachte er, sie komme daher, daß Lily ihn so enttäuscht hatte, aber dann sah er ein, daß er sich mit Salzman eingelassen hatte, ohne eigentlich zu wissen, was er wollte. Allmählich wurde ihm klar – es war, als fasse Leere mit sechs Händen nach ihm –, daß er den Heiratsvermittler gerufen hatte, weil er selber nicht imstande war, sich eine Braut zu suchen. Diese erschreckende Einsicht war das Ergebnis seiner Bekanntschaft und seiner Unterhaltung mit Lily Hirschhorn. Ihre prüfenden Fragen hatten ihn dazu gebracht, die wahre Natur seiner Beziehung zu Gott – mehr sich selbst als ihr – zu enthüllen, und dabei war ihm mit erschütternder Plötzlichkeit klargeworden, daß er außer seinen Eltern nie ein Wesen geliebt hatte. Vielleicht war es aber auch anders herum: Vielleicht liebte er Gott nicht genug, weil er die Menschen nicht geliebt hatte. Leo sah sein ganzes Leben nackt und bloß vor sich, er sah sich zum erstenmal so, wie er wirklich war – ungeliebt und lieblos. Diese bittere, aber irgendwie nicht ganz unerwartete Enthüllung erfüllte ihn mit einem Entsetzen, das er nur mit äußerster Anstrengung unterdrücken konnte. Er bedeckte sein Gesicht mit den Händen und weinte.

Die Woche, die nun folgte, war die schlimmste seines Lebens. Er aß nicht und wurde noch magerer. Sein Bart wurde dunkel und zerzaust. Er ging nicht mehr zu den Seminaren und faßte kaum noch ein Buch an. Er dachte ernstlich daran, die Yeshivah zu verlassen, obwohl ihn der Gedanke an all die verlorenen Studienjahre tief betrübte – er sah sie wie Seiten, die aus einem Buch gerissen und über die Stadt verstreut worden waren –, er dachte an die vernichtende Wirkung, die dieser Entschluß auf seine Eltern haben würde. Er hatte gelebt, ohne sich selbst zu kennen, und niemals war ihm in den Fünf Büchern und all ihren Kommentaren – mea culpa – die Wahrheit enthüllt worden. Er wußte nicht, wohin er sich wenden sollte, in dieser ganzen trostlosen Verlassenheit gab es keinen Menschen. Trotzdem dachte er oft an Lily, aber er konnte sich nicht dazu bringen, hinunterzugehen und sie anzurufen. Er wurde empfindlich und reizbar, besonders seiner Wirtin gegenüber, die ihm alle möglichen persönlichen Fragen stellte; aber dann wieder wurde ihm seine eigene Unliebenswürdigkeit bewußt, er wartete auf der Treppe auf sie, entschuldigte sich übertrieben, bis sie verwirrt und verlegen vor ihm die Flucht ergriff. Und doch zog er aus alledem einen Trost: Er war ein Jude, und ein Jude litt. Aber allmählich, als diese lange, schreckliche Woche zu Ende ging, fand er seine Fassung wieder, das Leben schien wieder einen Sinn zu haben: Er würde weitermachen, wie er geplant hatte. Sein Plan war gut, mochte er selbst auch unvollkommen sein. Zwar wurde ihm das Herz schwer bei dem Gedanken, weiter nach einer Braut zu suchen, aber vielleicht würde er mit der neuen Selbsterkenntnis mehr Erfolg haben als in der Vergangenheit. Vielleicht würde er jetzt die Liebe kennenlernen und auch eine Braut für diese Liebe. Und wenn er so mit reinem Herzen suchte, was brauchte er dann noch einen Salzman?

Aber am selben Abend noch tauchte der Heiratsvermittler auf, ein Gespenst mit gequälten Augen. Ein Bild enttäuschter Erwartung – so, als habe er die ganze Woche standhaft an Miß Hirschhorns Seite auf einen Anruf gewartet, der nicht gekommen war.

Salzman hustete ein wenig und kam dann, als ob nichts gewesen wäre, gleich zur Sache: »Wie hat sie Ihnen denn gefallen?«

Leo wurde böse und konnte es sich nicht versagen, den Heiratsvermittler anzugreifen: »Warum haben Sie mich belogen, Salzman?«

Salzmans Gesicht wurde totenbleich, als sei der Schnee der ganzen Welt auf ihn gefallen.

»Sagten Sie nicht, sie sei neunundzwanzig?« fuhr Leo hartnäckig fort.

»Ich gebe Ihnen mein Wort.«

»Sie ist fünfunddreißig. *Mindestens* fünfunddreißig.«

»Seien Sie da nicht so sicher. Ihr Vater hat mir gesagt ...«

»Lassen Sie das – das schlimmste war, daß Sie auch sie angelogen haben.«

»Wieso habe ich sie angelogen? Sagen Sie mir das.«

»Sie haben ihr Dinge über mich erzählt, die nicht stimmen. Sie machten mehr aus mir, als ich bin, und damit machten Sie weniger aus mir. Sie hielt mich für eine völlig andere Person, eine Art von halb mystischem Wunderrabbi.«

»Ich habe nur gesagt, daß Sie ein religiöser Mensch sind.«

»Ich kann mir vorstellen, was Sie gesagt haben.«

Salzman seufzte: »Das ist meine Schwäche«, bekannte er. »Meine Frau sagt immer, ich hätte eigentlich Verkäufer werden sollen, aber wenn ich zwei feine Menschen finde, die gut zueinander passen würden, dann bin ich so froh, daß ich zuviel rede.« Er lächelte unsicher. »Das ist der Grund, warum Salzman ein armer Mann ist.«

Leos Ärger war verflogen. »Nun Salzman, es tut mir leid, aber das wäre alles.«

Der Heiratsvermittler sah ihn mit hungrigen Augen an.

»Sie suchen keine Frau mehr?«

»Doch«, sagte Leo, »aber ich habe mich entschlossen, sie nicht auf diese Weise zu suchen. Ich bin nicht mehr an einer arrangierten Heirat interessiert. Um ehrlich zu sein, es ist mir jetzt klargeworden, daß die Liebe vor der Ehe kommen muß. Das heißt, ich will die, die ich heirate, lieben.«

»Liebe?« sagte Salzman erstaunt. Einen Augenblick später sagte er: »Für uns sind Liebe und Leben eins, für die Frauen ist es anders. Im Ghetto –«

»Ich weiß, ich weiß«, sagte Leo. »Ich habe oft daran gedacht. Ich habe mir gesagt: Liebe sollte ein Nebenprodukt des Lebens und des Gottesdienstes sein und kein Selbstzweck. Doch in meinem eigenen Fall finde ich es notwendig, nach meinen eigenen Bedürfnissen zu handeln.«

Salzman zuckte die Schultern, dann sagte er: »Hören Sie, Rabbi, wenn Sie Liebe wollen, so kann ich auch das für Sie finden. Ich habe so schöne Klientinnen, daß Sie sie lieben werden, wenn Sie sie nur sehen.«

Leo lächelte gequält. »Ich fürchte, Sie verstehen mich nicht.«

Aber Salzman öffnete hastig die Riemen seiner Tasche und zog ein Bastetui heraus.

»Bilder«, sagte er und legte das Etui auf den Tisch.

Leo rief ihm nach, er solle die Bilder mitnehmen, aber Salzman war verschwunden, wie vom Winde weggeblasen.

Der März kam. Leo war zu seiner regelmäßigen Lebensweise zurückgekehrt. Obwohl er noch nicht ganz der alte war – es fehlte ihm noch an Energie –, machte er Pläne, wie er sich mehr am gesellschaftlichen Leben beteiligen könnte. Natürlich würde es Geld kosten, aber er war erfahren in der Kunst, mit wenigem auszukommen.

Die ganze Zeit hatten Salzmans Bilder auf dem Tisch gelegen, Staub hatte sich auf ihnen gesammelt. Gelegentlich, wenn Leo dasaß und las oder seine Tasse Tee trank, fielen seine Augen auf das Bastetui, aber er öffnete es nie.

Die Tage vergingen, und es hatte sich immer noch kein nennenswerter Umgang mit dem anderen Geschlecht ergeben; er hatte es schwer damit in seiner Lage. Eines Morgens stieg er müde die Treppen zu seinem Zimmer hinauf und starrte aus dem Fenster auf die City. Obwohl der Tag sonnig war, schien ihm der Anblick düster. Eine Zeitlang beobachtete er die Menschen, die unten durch die Straße eilten, dann ging er schweren Herzens in sein kleines Zimmer zurück. Auf dem Tisch lag das Etui. Mit einer plötzlichen, entschlossenen Geste riß er es auf. Eine halbe Stunde lang stand er am Tisch und prüfte erregt die Bilder, die Salzman eingepackt hatte. Schließlich legte er sie mit einem tiefen Seufzer wieder hin. Es waren sechs Bilder, die Mädchen darauf in verschiedenem Maße anziehend, aber wenn man sie lange genug ansah, wurden sie alle zu Lily Hirschhorns: Alle waren über die erste Jugend hinweg, alle, hinter dem strahlenden Lächeln, sahen hungrig aus, keine wirkliche Persönlichkeit darunter. Das Leben war – trotz ihrer verzweifelten Juhu-Schreie – an ihnen vorübergegangen, sie waren nur Bilder in einer Brieftasche, die nach Fisch roch. Aber als Leo versuchte, die Bilder wieder in das Etui zu schieben, fand er noch eins darin, ein kleines Foto, so wie man sie für fünfundzwanzig Cent aus einem Automaten zieht. Er starrte einen Augenblick auf das Bildchen und stieß einen Schrei aus.

Ihr Gesicht rührte ihn tief. Er hätte zuerst nicht sagen können, warum. Es sah jung aus und doch alt – verbraucht bis auf die Knochen, verwüstet; dieser Eindruck lag an den Augen, die ihm auf eine gespenstische Weise vertraut waren und doch absolut fremd. Er hatte den lebhaften Eindruck sie schon früher gesehen zu haben, aber sosehr er sich auch mühte, er wußte nicht wo, er hatte das Gefühl, sich beinahe ihres Namens zu erinnern, so, als habe er ihn in ihrer eigenen Handschrift gelesen. Nein, es konnte nicht wahr sein, er würde sich an sie erinnern. Sie war nicht, sagte er sich immer wieder, außerordentlich schön – nein, obwohl ihr Gesicht recht anziehend war; es war dieses *etwas*, das ihn so rührte. Wenn er die einzelnen Züge betrachtete, waren selbst einige der Damen auf den anderen Fotos schöner; aber sie traf ihn ins Herz – sie hatte *gelebt* oder doch leben wollen –, sie hatte es nicht nur gewollt, vielleicht bedauerte sie, wie sie gelebt hatte –, sie mußte sehr gelitten haben, man konnte es in der Tiefe dieser verschlossenen Augen sehen; man konnte es an der Art sehen, wie das Licht sie umschloß und von ihr ausstrahlte, wie es in ihr strahlte: es öffnete ein Königreich an Möglichkeiten – dies war das Besondere an ihr. Sie begehrte er. Sein Kopf schmerzte, die Augen verengten sich vor Anstrengung, sie genau zu sehen, dann schien ein geheimnisvoller Nebel in seinem Geist aufzusteigen, er fürchtete sich vor ihr und empfand, daß etwas fast Böses von ihr ausging. Ihn schauderte, dann sagte er sanft: So ist es mit uns allen. Er goß etwas Tee in einer kleinen Kanne auf und saß da und schlürfte ihn ohne Zucker, um sich zu beruhigen. Aber bevor er seine Tasse geleert hatte, prüfte er das Gesicht noch einmal und fand es gut: gut für Leo Finkle. Nur eine solche Frau konnte ihn verstehen, ihm helfen, das zu suchen, was er suchte. Vielleicht konnte sie ihn lieben. Wie sie unter die Abfälle in Salzmans Faß gekommen war, konnte er sich nicht erklären, aber er wußte, daß er sie finden mußte.

Leo stürzte hinunter, ergriff das Telefonbuch von Bronx und suchte nach Salzmans Privatadresse. Sie stand nicht darin, auch nicht die von seinem Büro. Auch im Telefonbuch von Manhattan war er nicht zu finden. Aber Leo erinnerte sich, daß er die Adresse auf einen Zettel geschrieben hatte, als er Salzmans Annonce im *Forward* las. Er stürzte in sein Zimmer hinauf und durchwühlte seine Papiere, ohne Erfolg. Es war zum Verzweifeln. Nun, da er den Heiratsvermittler wirklich brauchte, war er nicht zu finden. Glücklicherweise fiel ihm seine Brieftasche ein. Auf einem Kärtchen fand er Salzmans Namen und eine Adresse in der Bronx. Es stand keine Telefonnummer da – Leo erinnerte sich jetzt, daß er damals an Salzman geschrieben hatte. Er zog den Rock an, setzte den Hut über die Scheitelkappe und eilte zur Untergrundbahnstation. Den ganzen weiten

Weg saß er auf der Kante seines Sitzes. Mehr als einmal war er versucht, das Bild aus der Tasche zu ziehen und nachzusehen, ob das Gesicht des Mädchens wirklich so war, wie er es im Gedächtnis hatte, aber er beherrschte sich, ließ das Bild in der inneren Rocktasche, zufrieden, es so nahe zu haben. Als der Zug in die Station fuhr, stand er schon an der Tür und sprang hinaus. Schnell hatte er die Straße gefunden, die in Salzmans Anzeige genannt war.

Das Haus, das er suchte, lag weniger als einen Block von der Station, aber es war kein Bürogebäude, nicht einmal in den oberen Stockwerken, auch kein Geschäftshaus, in dem man Büros mieten konnte. Es war eine ganz alte Mietskaserne. Leo fand Salzmans Namen mit Bleistift neben einer Klingel auf ein schmutziges Pappschildchen geschrieben und stieg drei dunkle Treppen hoch zu seiner Wohnung. Als er klopfte, öffnete eine magere, asthmatische, grauhaarige Frau in Filzpantoffeln.

»Ja?« sagte sie. Sie schien nichts zu erwarten. Sie hörte zu, ohne zuzuhören. Er hätte schwören können, daß er auch sie schon gesehen hatte, aber er wußte, daß es nur Einbildung war.

»Salzman – wohnt er hier«, sagte er, »Pinye Salzman, der Heiratsvermittler?«

Sie starrte ihn einen Augenblick lang an. »Natürlich.«

Er war verlegen. »Ist er zu Hause?«

»Nein.« Ihr Mund blieb offen, schien aber nichts weiter zu bieten.

»Es ist dringend. Können Sie mir sagen, wo sein Büro ist?«

»In den Wolken.« Sie zeigte nach oben.

»Sie wollen sagen, daß er kein Büro hat?« fragte Leo.

»Er trägt es mit sich herum.«

Er warf einen Blick in die Wohnung. Sie war ärmlich und ohne Sonne, ein großer Raum, der durch einen halboffenen

Vorhang geteilt wurde; hinter dem Vorhang konnte er ein durchgelegenes Eisenbett sehen. Die vordere Hälfte des Raumes war vollgestopft mit wackligen Stühlen, alten Kommoden, einem dreibeinigen Tisch, Gestellen mit Kochgerät und Küchenmöbeln. Aber von Salzman oder seinem Zauberfaß war nichts zu sehen, wahrscheinlich war auch das Faß nur eine Ausgeburt seiner Phantasie. Der Geruch von bratendem Fisch machte Leo übel.

»Wo ist Ihr Mann?« sagte er hartnäckig. »Ich muß ihn sehen.«

Schließlich gab sie Antwort: »Wer weiß schon, wo er ist? Jedesmal, wenn ihm ein neuer Gedanke kommt, läuft er anderswohin. Gehen Sie nach Hause. Er wird zu Ihnen kommen.«

»Sagen Sie ihm, Leo Finkle.«

Sie gab nicht zu erkennen, ob sie ihn verstanden hatte.

Niedergeschlagen ging er hinunter.

Aber Salzman stand schon atemlos an Leos Wohnungstür.

Leo war überrascht und hocherfreut: »Wie kommt es, daß Sie schon vor mir hier sind?«

»Ich habe mich beeilt.«

»Kommen Sie herein.«

Sie traten ein. Leo bereitete Tee und ein Sardinenbrot für Salzman. Während sie tranken, griff er hinter sich nach dem Etui mit den Bildern und reichte es dem Heiratsvermittler.

Salzman stellte sein Glas hin und fragte voller Erwartung: »Sie haben also jemanden gefunden, der Ihnen gefällt?«

»Nicht unter diesen.«

Der Heiratsvermittler wandte sich ab.

»Hier ist die, die ich haben will.« Leo hielt ihm das kleine Foto hin.

Salzman setzte die Brille auf und nahm das Bild in die zitternde Hand. Er wurde blaß und stöhnte auf.

»Was ist Ihnen?« rief Leo.

»Entschuldigen Sie. Das war ein unglücklicher Zufall mit diesem Bild. Die können Sie nicht haben.«

Salzman stopfte hastig das Basttäschchen in seine Mappe, er steckte das Bildchen in die Tasche und floh die Treppe hinunter.

Leo, der einen Augenblick lang wie gelähmt gewesen war, stürzte hinterher und stellte den Heiratsvermittler im Hausflur.

Die Hausbesitzerin schrie hysterisch, aber keiner der beiden beachtete sie.

»Geben Sie mir das Bild zurück, Salzman.«

»Nein.« In seinen Augen war ein furchtbarer Schmerz.

»Sagen Sie mir, wer sie ist.«

»Ich kann es Ihnen nicht sagen, verzeihen Sie mir.«

Er wollte gehen, aber Leo war außer sich, er ergriff den Heiratsvermittler an seinem engen Mantel und schüttelte ihn verzweifelt.

»Bitte«, seufzte Salzman, »*bitte.*«

Leo ließ ihn beschämt los. »Sagen Sie mir, wer sie ist«, bettelte er, »ich muß es wissen.«

»Sie ist nichts für Sie. Sie ist wild – wild und schamlos. Das ist keine Braut für einen Rabbi.«

»Was soll das heißen, wild?«

»Sie ist wie ein Tier. Eine Hündin. Sie hielt es für eine Sünde, arm zu sein. Und darum ist sie für mich tot.«

»Um Gottes willen, was wollen Sie damit sagen?«

»Ich kann Sie nicht mit ihr bekannt machen«, schrie Salzman.

»Warum regen Sie sich denn so auf?«

»Warum, er fragt warum?« Salzman brach in Tränen aus. »Es ist mein Kind, meine Stella, und sie sollte in der Hölle brennen.«

Leo ging eilig zu Bett und verbarg sich unter den Decken. Unter den Decken überdachte er sein Leben. Er schlief bald ein, aber als er wach wurde, war sie immer noch in seinen Gedanken. Er schlug sich an die Brust. Er betete darum, von ihr befreit zu werden, aber sein Gebet wurde nicht erhört. Durch lange Tage voller Qual mühte er sich, sie nicht zu lieben, er hatte Angst, es werde ihm gelingen, aber es gelang nicht. Dann beschloß er, sie zur Tugend zu bekehren, sich selbst zu Gott. Der Gedanke begeisterte ihn manchmal, manchmal ekelte er ihn an.

Erst als er eines Tages Salzman in einem Café am Broadway traf, wußte er, daß die Entscheidung endgültig gefallen war. Salzman saß allein an einem Tisch im Hintergrund und lutschte an den Gräten eines Fisches. Er schien noch hagerer und so durchscheinend, daß man fürchten mußte, er werde sich ganz auflösen.

Als Salzman aufblickte, erkannte er Leo zuerst nicht. Leo hatte sich einen Spitzbart wachsen lassen, und seine Augen waren schwer von Weisheit.

»Salzman«, sagte er, »endlich habe ich die Liebe kennengelernt.«

»Wer kann ein Bild lieben?« sagte der Heiratsvermittler spöttisch.

»Es ist nicht unmöglich.«

»Wenn Sie die lieben können, dann können Sie auch jede andere lieben. Ich will Ihnen ein paar neue Klientinnen zeigen, die mir gerade ihre Bilder geschickt haben. Die eine ist ein Püppchen.«

»Ich will nur sie«, murmelte Leo.

»Seien Sie kein Narr, Doktor. Lassen Sie sich nicht mit ihr ein.«

»Stellen Sie die Verbindung mit ihr her, Salzman«, bat Leo demütig. »Vielleicht kann ich ihr helfen.«

Salzman hatte aufgehört zu essen, und Leo begriff bewegt, daß die Sache abgemacht war.

Und doch, als er das Café verließ, kam ihm der quälende Verdacht, daß Salzman es genau so geplant hatte.

Leo bekam einen Brief, daß sie ihn an einer bestimmten Straßenecke treffen würde, und an einem Frühlingsabend stand sie dort unter einer Laterne und wartete. Er kam mit einem kleinen Strauß Veilchen und Rosenknospen in der Hand. Stella stand an den Laternenpfahl gelehnt und rauchte. Sie trug weiß-rote Schuhe, genauso hatte er es erwartet, nur hatte er in manchen unruhigen Augenblicken gedacht, das Kleid werde rot sein und die Schuhe weiß. Sie stand da, scheu und verlegen. Von weitem sah er, daß ihre Augen – unverkennbar die Augen ihres Vaters – von einer verzweifelten Unschuld waren. In ihr würde er seine eigene Erlösung finden. Geigen und brennende Kerzen drehten sich am Himmel. Leo lief vorwärts, die Hand mit den Blumen ausgestreckt.

Hinter der Ecke lehnte Salzman an der Wand und stimmte die Gebete für die Toten an.

Übersetzung von Annemarie Böll

PHILIP ROTH

Die Bekehrung der Juden

»Du bist mir der Rechte«, sagte Itzie. »Immer mußt du den Mund so weit aufreißen. Wenn ich bloß wüßte, warum du nie deine Klappe halten kannst.«

»Ich hab doch gar nicht davon angefangen, Itz, ich nicht«, verteidigte sich Ozzie.

»Was geht dich überhaupt Jesus Christus an?«

»Wer hat denn zuerst von Jesus Christus gesprochen, ich oder er? Ich hab ja nicht mal gewußt, wovon er redet. Jesus ist eine historische Persönlichkeit, hat er immer wieder gesagt. Eine historische Persönlichkeit.« Ozzie ahmte die volltönende Stimme des Rabbiners Binder nach.

»Jesus war genauso ein Mensch wie du und ich«, fuhr er fort. »Das hat Reb Binder gesagt ...«

»So? Na und? Ist doch ganz egal, ob er ein Mensch war oder nicht. Mußt du deswegen den Mund aufreißen?« Itzie Lieberman war mehr für weise Zurückhaltung, besonders wenn es sich um Ozzies Fragen handelte. Schon zweimal war Mrs. Freedman wegen Ozzies Fragen zu Reb Binder bestellt worden, und am Mittwoch um halb fünf sollte sie zum dritten Mal kommen. Itzie legte Wert darauf, daß *seine* Mutter in der Küche blieb; er begnügte sich grundsätzlich damit, hinter dem Rücken des Rabbiners freche Gebärden zu machen, Grimassen zu schneiden, zu knurren oder andere, noch unfeinere Naturlaute von sich zu geben.

»Er war ein richtiger Mensch, der Jesus, er war nicht wie Gott, und wir glauben nicht, daß er Gott ist.« Langsam und bedächtig erklärte Ozzie seinem Freund den Standpunkt

Reb Binders, denn Itzie hatte tags zuvor im Hebräischunterricht gefehlt.

»Die Katholiken«, sagte Itzie, um ihm weiterzuhelfen, »die glauben an Jesus Christus. Für die ist er Gott.« Itzie Lieberman gebrauchte das Wort »Katholiken« im weitesten Sinne – er schloß die Protestanten mit ein.

Ozzie nahm diese Bemerkung mit einem leichten Kopfnicken hin, als wäre sie eine Fußnote, und sprach weiter. »Seine Mutter hieß Maria, und sein Vater war wohl der Zimmermann Joseph«, sagte er. »Aber im Neuen Testament steht, sein richtiger Vater war Gott.«

»Sein *richtiger* Vater?«

»Ja«, erwiderte Ozzie, »das ist es doch gerade: Sein Vater soll Gott gewesen sein.«

»Quatsch.«

»Reb Binder sagt ja auch, das geht nicht.«

»Klar geht's nicht. Ausgemachter Blödsinn ist das. Wer ein Kind haben will, muß mit 'nem Mann schlafen«, theologisierte Itzie. »Also hat Maria auch mit einem schlafen müssen.«

»Genau das hat Binder gesagt. ›Nur wenn eine Frau mit einem Mann Geschlechtsverkehr hat, kann sie ein Kind kriegen.‹«

»*Das* hat er gesagt, Ozz?« Die theologische Seite der Angelegenheit war für Itzie im Augenblick völlig uninteressant. »Hat er wirklich Geschlechtsverkehr gesagt?« Wie ein rosa Schnurrbart ringelte sich ein Lächeln um Itzies Lippen. »Und was habt ihr da gemacht, Ozz? Gelacht oder was?«

»Ich hab mich gemeldet.«

»Ja? Und dann?«

»Dann hab ich eben gefragt.«

Itzies Gesicht leuchtete auf. »Nach dem Geschlechtsverkehr?«

»Nein, ich hab gefragt, wieso Gott, wenn er in sechs Tagen Himmel und Erde schaffen konnte und dazu die Tiere, die Fische und das Licht, alles in sechs Tagen – besonders das Licht, ich möchte zu gern wissen, wie er das fertiggekriegt hat. Fische und Tiere machen, das ist ja schon eine Leistung ...«

»Eine tolle Leistung sogar.« Itzies Anerkennung war ehrlich, doch er sprach so nüchtern, als hätte Gott einen tadellosen Baseballwurf vollbracht.

»Aber die Sache mit dem Licht ... also wenn man darüber mal nachdenkt – das ist wirklich was«, fuhr Ozzie fort. »Na, jedenfalls hab ich Binder gefragt, wenn Gott das alles in sechs Tagen machen und die sechs Tage, die er brauchte, einfach so aus dem Nichts nehmen konnte, warum, hab ich gefragt, soll's dann nicht möglich sein, daß er eine Frau ohne Geschlechtsverkehr ein Kind kriegen läßt.«

»Geschlechtsverkehr hast du zu Binder gesagt, Ozz?«

»Ja.«

»Im Unterricht?«

»Ja.«

Itzie schlug sich an den Kopf.

»Ganz im Ernst«, sagte Ozzie, »das wär doch 'ne Kleinigkeit für ihn. Nach all dem anderen wär das wirklich 'ne Kleinigkeit.«

Itzie dachte einen Augenblick nach. »Und was hat Binder gesagt?«

»Der fing noch mal von vorn an. Erklärte, daß Jesus eine historische Persönlichkeit ist, daß er ein Mensch war wie du und ich, aber kein Gott. Da hab ich gesagt, *das* hätte ich schon kapiert. Was ich wissen wollte, wär ganz was anderes.«

Was Ozzie wissen wollte, war immer »ganz was anderes«. Das erste Mal hatte er wissen wollen, wieso Reb Binder die Juden »das auserwählte Volk« nannte, obgleich die amerikanische Unabhängigkeitserklärung verkündete, daß alle Menschen von Geburt gleich seien. Reb Binder bemühte sich, ihm den Unterschied zwischen politischer Gleichheit und geistigem Erwähltsein zu verdeutlichen, aber Ozzie blieb hartnäckig dabei, daß er ganz was anderes wissen wolle. Damals war der erste Besuch seiner Mutter bei dem Rabbiner fällig.

Dann kam die Flugzeugkatastrophe. Achtundfünfzig Menschen waren getötet worden, als eine Maschine über dem Flughafen La Guardia abstürzte. Die Zeitungen brachten eine Liste der Verunglückten, und Ozzies Mutter entdeckte acht jüdische Namen (seine Großmutter hatte neun gefunden, aber nur, weil sie Miller zu den jüdischen Namen rechnete), und wegen dieser acht Todesopfer bezeichnete Mrs. Freedman den Absturz als »eine Tragödie«. In der Diskussionsstunde am Mittwoch hatte Ozzie die Aufmerksamkeit des Rabbiners auf das Schicksal »einiger seiner Verwandten« gelenkt und alle jüdischen Namen herausgepickt. Kaum hatte Reb Binder angefangen, sich über »kulturelle Einheit« und anderes mehr zu verbreiten, als Ozzie aufstand und sagte, er wolle nicht das wissen, sondern ganz was anderes. Reb Binder verlangte, daß er sich setzte, und da schrie Ozzie, er wünschte, die achtundfünfzig wären Juden gewesen. Deswegen wurde seine Mutter zum zweiten Mal zu dem Rabbiner bestellt.

»Aber er hat bloß immer wieder erklärt, daß Jesus historisch ist, und da hab ich eben weitergefragt. Kannst mir's glauben, Itz, er wollte mich als Dummkopf hinstellen.«

»Und dann?«

»Zuletzt hat er gebrüllt, das wäre bei mir alles nur Mache und Besserwisserei, und meine Mutter sollte kommen, und jetzt hätte er endgültig genug. Und ich würde nie *Bar-Mizwah*[1] werden, wenn er was zu sagen hätte. Und dann, Itz, dann fängt er an zu reden mit einer Stimme wie 'n Denk-

---

1 Jüdisches Initiationsritual für Jungen im Alter von 13 Jahren. (Anm. d. Hrsg.)

mal, ganz langsam und tief, und sagt, ich soll mal nachdenken über das, was ich über Gott gesagt habe. Ich mußte in sein Büro gehen und darüber nachdenken.«

Ozzie beugte sich zu seinem Freund. »Itz, eine geschlagene Stunde habe ich nachgedacht, und jetzt bin ich sicher, daß Gott es tun könnte.«

Eigentlich hatte Ozzie vorgehabt, sein neuestes Vergehen zu beichten, sobald seine Mutter von der Arbeit kam. Aber es war ein Freitagabend im November und schon dunkel, und als Mrs. Freedman in die Küche trat, warf sie ihren Mantel ab, küßte Ozzie rasch auf die Stirn und ging zum Tisch, um die drei gelben Kerzen anzuzünden – zwei für den Sabbat und eine für Ozzies Vater.

Immer wenn sie das tat, hob sie die Arme und zog sie durch die Luft langsam an sich heran, als wollte sie Menschen überzeugen, die sich erst halb entschlossen hatten. Ihre Augen wurden glasig von Tränen. Ozzie erinnerte sich, daß ihre Augen genauso glasig geworden waren, als sein Vater noch lebte; es hatte also nichts mit seinem Tod zu tun. Es hatte etwas mit dem Anzünden der Kerzen zu tun.

Gerade als sie das brennende Streichholz an den Docht der Sabbatkerze hielt, klingelte das Telefon, und Ozzie, der dicht daneben stand, nahm den Hörer ab und preßte ihn an seine Brust. Er fand, kein Geräusch dürfe die Stille stören, wenn die Mutter die Kerzen anzündete; eigentlich sollte man sogar leiser atmen. Ozzie drückte den Hörer fest an die Brust; er beobachtete, wie die Mutter etwas Unsichtbares an sich heranzog, und er fühlte, daß auch seine Augen glasig wurden. Die Mutter glich einem rundlichen, müden, grauhaarigen Pinguin; ihre welke Haut hatte bereits das Gesetz der Schwerkraft und das Gewicht der Lebensbürde zu spüren bekommen. Selbst wenn sie ihr bestes Kleid trug, deutete nichts darauf hin, daß sie eine Auserwählte war. Aber wenn sie die Kerzen anzündete, veränderte sie sich; sie sah dann wie eine Frau aus, die weiß, daß für Gott nichts unmöglich ist.

Nach ein paar geheimnisvollen Minuten war sie fertig. Ozzie legte den Hörer auf und folgte ihr zum Küchentisch, wo sie alles für die vier Gänge des Sabbatmahles zurechtstellte. Er sagte ihr, sie solle am Mittwoch um halb fünf zu Reb Binder kommen, und er sagte ihr auch, warum. Zum ersten Mal im Leben schlug sie ihn ins Gesicht.

Ozzie weinte in einem fort, während sie Leberhäckli und Hühnersuppe aßen; er hatte keinen Appetit mehr auf das übrige.

Der Rabbiner Marvin Binder war ein hochgewachsener, gut aussehender, breitschultriger Mann von dreißig Jahren mit dichtem, kräftigem schwarzem Haar. Am Mittwoch zog er in dem größten der drei Klassenzimmer im Souterrain der Synagoge seine Uhr aus der Tasche und sah, daß es kurz vor vier war. Im Hintergrund des Raumes putzte Yakov Blotnik, der einundsiebzigjährige *Schammes*[2], langsam das große Fenster und brummelte dabei vor sich hin, ohne zu wissen, ob es vier oder sechs Uhr, Montag oder Mittwoch war. Für die meisten Schüler war Yakov Blotnik mit seinem Gebrummel, dem lockigen braunen Bart, der Hakennase und den beiden schwarzen Katzen, die ihm auf Schritt und Tritt nachliefen, eine Sehenswürdigkeit, ein Museumsstück, ein Überbleibsel aus der Vergangenheit, und sie behandelten ihn teils mit Respekt, teils mit Verachtung. Das Murmeln kam Ozzie immer wie ein seltsames, monotones Gebet vor: Das Seltsame daran war, daß Yakov Blotnik seit so vielen Jahren so unentwegt vor sich hin murmelte. Ozzie vermutete, der Alte habe zwar die Gebete behalten, Gott selbst aber völlig vergessen.

---

2 Synagogendiener und Assistent des Gemeindevorstehers. (Anm. d. Hrsg.)

»Wir beginnen jetzt mit der Diskussionsstunde«, sagte Reb Binder. »Ihr könnt ganz frei über alle jüdischen Angelegenheiten sprechen – Religion, Familie, Politik, Sport ...«

Schweigen. Der Gedanke, daß es je so etwas wie Baseball gegeben hatte oder geben könnte, war an diesem böigen, wolkigen Novembernachmittag derart unwahrscheinlich, daß niemand den Helden der Vergangenheit, Hank Greenberg,[3] erwähnte – was die freie Diskussion beträchtlich einengte.

Auch das moralische Trommelfeuer, das Reb Binder vor kurzem auf Ozzie Freedman losgelassen hatte, erwies sich als Hemmnis. Ozzie war aufgefordert worden, aus dem hebräischen Buch vorzulesen, und nach einer Weile hatte der Rabbiner ihn ärgerlich gefragt, warum er so langsam lese und ob er denn gar keine Fortschritte gemacht habe. Ozzie sagte, er könne auch schneller, aber dann würde er den Text nicht verstehen. Trotzdem versuchte er es auf wiederholte Ermahnungen hin, und zwar mit gutem Erfolg, aber mitten in einem langen Satz hielt er inne, sagte, er verstünde kein Wort, und fing im Trauermarschtempo noch einmal von vorn an. Dann kam das moralische Trommelfeuer.

Was Wunder, wenn keiner der Schüler geneigt war, die Redefreiheit in der Diskussionsstunde zu nutzen. Nur das Brummeln des alten Blotnik beantwortete die Aufforderung des Rabbiners.

»Gibt es denn wirklich gar nichts, worüber ihr diskutieren möchtet?« Reb Binder sah auf die Uhr. »Hat niemand Fragen oder Bemerkungen?«

Aus der dritten Reihe kam ein leises Murmeln. Der Rabbiner ersuchte Ozzie aufzustehen, damit alle von seinen Gedanken profitieren könnten.

Ozzie stand auf. »Jetzt hab ich's vergessen«, sagte er und setzte sich.

---

[3] Jüdischer Baseballspieler der Detroit Tigers, 1934–45. (Anm. d. Hrsg.)

Reb Binder ging bis zur zweiten Reihe und stützte sich auf die Tischkante. Itzie, dessen Tisch es war, nahm sofort stramme Haltung an, denn die Gestalt des Rabbiners war nicht mehr als eine Dolchlänge von seinem Gesicht entfernt.

»Steh auf, Oscar«, sagte Reb Binder ruhig, »und versuche, deine Gedanken zu sammeln.«

Ozzie gehorchte. Alle seine Mitschüler beobachteten gespannt, wie er sich unentschlossen die Stirn kratzte.

»Ich kann sie nicht sammeln«, verkündete er und ließ sich auf die Bank plumpsen.

»Steh auf!« Reb Binder näherte sich Ozzies Tisch, und hinter seinem Rücken machte ihm Itzie eine lange Nase, was ein leises Kichern im Klassenzimmer auslöste. Der Rabbiner, der nur daran dachte, Ozzie die Mucken ein für allemal auszutreiben, achtete nicht auf das Gekicher. »Steh auf, Oscar. Wonach wolltest du fragen?«

Ozzie griff ein Wort aus der Luft. Es war das nächstliegende. »Religion.«

»Aha, jetzt erinnerst du dich also?«

»Ja.«

»Nun?«

Ozzie, in die Enge getrieben, platzte mit dem ersten Gedanken heraus, der ihm in den Sinn kam. »Warum kann Gott nicht alles machen, was er machen will?«

Während sich Reb Binder eine Antwort – eine endgültige Antwort – zurechtlegte, hob Itzie drei Schritte hinter ihm den linken Zeigefinger, deutete vielsagend auf den Rücken des Rabbiners und riß seine Mitschüler zu stürmischem Beifall hin.

Binder fuhr hastig herum, und inmitten des Tumultes schrie Ozzie dem Rücken des Rabbiners zu, was er ihm nicht ins Gesicht hätte schreien können. Laut, aber tonlos, wie eine Anklage, die man seit mindestens sechs Tagen in sich trägt, brach es aus ihm heraus: »Sie wissen nichts! Sie wissen überhaupt nichts von Gott!«

Blitzschnell machte Binder kehrt. »Was?«

»Sie wissen nichts! Sie wissen überhaupt nichts ...«

»Entschuldige dich, Oskar! Entschuldige dich!« Das war eine Drohung.

»Sie wissen nichts ...«

Reb Binders Hand schnellte vor. Vielleicht hatte er dem Jungen nur den Mund zuhalten wollen, aber Ozzie duckte sich, und die Handfläche landete genau auf seiner Nase.

Das Blut spritzte in einem kurzen roten Strahl auf Ozzies Hemd.

Und nun ging alles durcheinander. Ozzie brüllte: »Sie Schuft, Sie Schuft!« und rannte zur Tür. Reb Binder taumelte rückwärts, als hätte sein Blut begonnen, heftig in die entgegengesetzte Richtung zu fließen, dann taumelte er vorwärts und stürzte hinter Ozzie her. Die Klasse folgte seinem breiten Rücken in dem blauen Anzug, und ehe sich der alte Blotnik am Fenster umgedreht hatte, war der Raum leer, und alle liefen in größter Eile die Treppen hinauf, die zum Dach führten.

Wenn man das Tageslicht mit dem Leben des Menschen vergleicht – den Sonnenaufgang mit der Geburt, den Sonnenuntergang, das Versinken am Horizont, mit dem Tod –, dann hatte jener Mittwoch sein fünfzigstes Jahr in dem Augenblick erreicht, als sich Ozzie Freedman durch die Falltür des Synagogendaches zwängte und dabei wie ein wildes Pferd mit den Füßen nach Reb Binders ausgestreckten Armen stieß. Im allgemeinen entsprechen fünfzig oder fünfundfünfzig Jahre genau dem Alter später Novembernachmittage. In diesem Monat, in diesen Stunden scheint die Wahrnehmung des Lichtes nicht länger Sache des Sehens, sondern des Hörens zu sein: Das Licht fängt an, hinwegzuklicken. Und wirklich – als Ozzie dem Rabbiner die Falltür vor der Nase zuschlug und sie verriegelte, hätte man das Einschnappen des Riegels für den Laut halten können, mit dem das dunkle Grau den Himmel durchpulste.

Ozzie kniete mit seinem ganzen Gewicht auf der verriegelten Falltür; jeden Augenblick fürchtete er, Reb Binders Schulter werde sie aufstemmen, das Holz explosionsartig zersplittern und seinen Körper in den Himmel schleudern. Aber die Tür bewegte sich nicht, und unter ihr hörte er nur das Trampeln von Füßen, zuerst laut, dann gedämpft wie verhallenden Donner.

Ein Gedanke durchzuckte ihn: Kann *ich* das sein? Für einen Dreizehnjährigen, der soeben seinen Religionslehrer einen Schuft genannt hatte – und das gleich zweimal –, war dies eine durchaus berechtigte Frage. Lauter und lauter klang es in ihm: Bin ich das? Bin ich das? – bis ihm zum Bewußtsein kam, daß er nicht mehr kniete, sondern wie ein Verrückter auf den Rand des Daches zulief, mit weinenden Augen, schreiender Kehle und mit ziellos fuchtelnden Armen, die nicht ihm zu gehören schienen.

Bin ich das? Bin ich das – Ich – Ich – Ich – Ich –! Ich *muß* es sein – aber bin ich's?

Es ist die Frage, die sich ein Dieb stellt, wenn er in dunkler Nacht sein erstes Fenster aufbricht, und man sagt, daß auch so mancher Bräutigam vor dem Altar von dieser Frage gequält wird.

In den wenigen wilden Sekunden, die Ozzies Körper brauchte, um den Dachrand zu erreichen, begann sein nach innen gerichteter Blick sich zu trüben. Er starrte auf die Straße hinunter und wußte gar nicht mehr, worum es sich eigentlich handelte. Lautete die Frage: *Bin ich es, der Binder einen Schuft genannt hat?* oder: *Bin ich es, der hier auf dem Dach herumläuft?* Das aber, was sich unten abspielte, entschied alles, denn bei jeder Handlung kommt der Augenblick, da die Frage: Bin ich es oder ein anderer? rein akademisch wird. Der Dieb stopft das Geld in die Taschen und verduftet. Der frischgebackene Ehemann trägt sich und seine Frau in das Hotelregister ein. Und der Junge auf dem Dach blickt auf eine Straße voller Menschen mit zurückgebogenen Hälsen und nach oben gewandten Gesichtern, die ihn anglotzen, als wäre er die Decke des Hayden Planetariums. Plötzlich weiß man: Ich bin es.

»Oscar! Oscar Freedman!« Eine Stimme erhob sich inmitten der Menge, eine Stimme, die, wäre sie sichtbar gewesen, wie die Schrift auf der Thorarolle ausgesehen hätte. »Oscar Freedman, komm da herunter. Sofort!« Reb Binder streckte den Arm nach ihm aus, und am Ende dieses Armes ragte drohend ein Finger auf. Es war die Haltung eines Diktators, aber eines Diktators – die Augen verrieten es –, dem sein Kammerdiener ins Gesicht gespuckt hat.

Ozzie antwortete nicht. Nur für eines Lidschlags Länge schaute er Reb Binder an. Statt dessen begannen seine Augen, die Welt unter ihm zusammenzusetzen, Menschen von Orten zu unterscheiden, Freunde von Feinden, Beteiligte von neugierigen Zuschauern. In sternförmigen Grüppchen umstanden seine Freunde den Rabbiner, der noch immer nach oben deutete. Die Spitze eines der Sterne, den nicht Engel, sondern fünf halbwüchsige Jungen bildeten, war Itzie. Was für eine Welt war das – mit diesen Sternen da unten, mit Reb Binder da unten ... Ozzie, der eben noch unfähig gewesen war, seinen Körper zu beherrschen, erfaßte plötzlich die Bedeutung des Wortes »beherrschen«: Er fühlte Frieden, und er fühlte Macht.

»Oscar Freedman, komm herunter. Ich zähle bis drei ...«

Selten lassen Diktatoren ihren Untertanen so viel Zeit, einen Befehl auszuführen, aber wie immer war Reb Binder nur äußerlich ein Diktator.

»Fertig, Oscar?«

Ozzie nickte mit dem Kopf, obwohl er genau wußte, daß nichts in der Welt – in der Welt zu Füßen jener himmlischen, die er gerade betreten hatte – ihn bewegen würde herunterzukommen, auch wenn Binder bis zu einer Million zählte.

»Also gut«, sagte Reb Binder. Er fuhr mit der Hand durch sein schwarzes Samsonhaar, als sei das die Geste, die vorgeschrieben ist, ehe die erste Zahl ausgesprochen wird. Und dann, während seine andere Hand einen Kreis aus dem Stückchen Himmel über ihm heraussschnitt, rief er: »Eins!«

Es folgte kein Donnerschlag. Im Gegenteil – als hätte sie nur auf das Stichwort »eins« gewartet, erschien in diesem Augenblick die am wenigsten donnergleiche Gestalt der Welt auf der Synagogentreppe. Sie trat nicht eigentlich aus der Tür, sie beugte sich hinaus in die dunkelnde Luft, umklammerte mit einer Hand den Türknauf und schaute zum Dach hinauf.

»Oi!«

Yakov Blotniks alter Verstand humpelte langsam, wie auf Krücken, aber obgleich er nicht recht begriff, was der Junge dort oben tat, wußte er, daß es nicht gut war – das heißt für die Juden nicht gut war. Für Yakov Blotnik gab es im Leben immer nur zwei Möglichkeiten: Was geschah, war entweder gut für die Juden oder nicht gut für die Juden.

Mit der freien Hand schlug er sich leicht auf die eingefallene Wange. »Oi, Gott!« Und dann wandte er, so schnell er konnte, den Kopf und schaute auf die Straße hinunter. Da stand Reb Binder (wie ein Mann bei einer Auktion, der nur drei Dollar sein eigen nennt, hatte er soeben ein unsicheres »Zwei!« gerufen); da standen die Schüler, und das war alles. Mit anderen Worten: Es war noch nicht so schlimm für die Juden. Aber der Junge mußte sofort herunterkommen, bevor irgend jemand ihn sah. Das Problem: Wie sollte man ihn vom Dach holen?

Wer schon einmal erlebt hat, daß seine Katze auf dem Dach festsaß, der weiß, was man in einem solchen Fall tut. Man ruft die Feuerwehr an. Vielmehr ruft man zuerst das Amt an und bittet um eine Verbindung mit der Feuerwehr. Als nächstes hört man das laute Quietschen von Bremsen, Sirenengeheul und energisch gebrüllte Befehle. Und dann ist die Katze nicht mehr auf dem Dach. Genauso geht man vor, um einen Jungen herunterzuholen.

Das heißt, man geht so vor, wenn man Yakov Blotnik ist und einmal eine Katze auf dem Dach gehabt hat.

Als die Löschzüge – vier an der Zahl – eintrafen, hatte Reb Binder schon viermal für Ozzie bis drei gezählt. Der große Wagen mit Leiter und Haken kam um die Ecke gesaust, einer der Feuerwehrmänner sprang ab und stürzte sich auf den gelben Hydranten vor der Synagoge. Mit einem gewaltigen Ruck lockerte er die Kappe, um sie abzuschrauben. Reb Binder rannte auf ihn zu und packte ihn an der Schulter.

»Es brennt nicht ...«

Der Feuerwehrmann brummte irgend etwas und schraubte eifrig weiter.

»Aber es brennt nicht, es brennt nicht«, schrie Binder. Als der Feuerwehrmann wieder nur ein Brummen hören ließ, griff der Rabbiner mit beiden Händen zu und zwang ihn, das Gesicht dem Dach zuzuwenden.

Für Ozzie sah es aus, als versuche Reb Binder, den Kopf des Feuerwehrmannes aus dem Rumpf herauszuziehen wie einen Korken aus einer Flasche. Er mußte kichern über das Bild, das sich ihm darbot: Es war ein Familienporträt – der Rabbiner mit seinem schwarzen Käppchen, der Feuerwehrmann mit dem roten Helm und der barhäuptige gelbe Hydrant, der daneben hockte wie ein kleiner Bruder. Vom Rande des Daches winkte Ozzie dem Porträt zu – ein flatterndes, höhnisches Winken; dabei rutschte ihm der rechte Fuß weg. Reb Binder schlug die Hände vor die Augen.

Feuerwehrleute arbeiten schnell. Bevor Ozzie sein Gleichgewicht wiedergewonnen hatte, war schon ein großes, rundes, gelbes Netz über dem Rasen der Synagoge ausgespannt. Die Männer, die es hielten, blickten mit harter, gefühlloser Miene zu Ozzie hinauf.

Einer der Feuerwehrleute drehte sich zu dem Rabbiner um. »Sagen Sie mal, ist der Bengel verrückt oder was?«

Reb Binder löste die Hände von den Augen, langsam, schmerzvoll, als wären sie Klebestreifen. Dann prüfte er: nichts auf dem Bürgersteig, nichts im Netz.

»Wird er springen oder was?« rief der Feuerwehrmann.

Mit einer Stimme, die gar nicht wie die eines Denkmals war, antwortete Binder endlich: »Ja. Ja, ich glaube schon ... Er hat damit gedroht ...«

Damit gedroht ...? Aber Ozzie erinnerte sich doch genau, daß er aufs Dach gelaufen war, um zu fliehen; an Springen hatte er überhaupt nicht gedacht. Er hatte sich nur aus dem Staub machen wollen, und in Wahrheit war er vor allem deshalb nach oben gerannt, weil man ihn hinaufgejagt hatte.

»Wie heißt er denn, der Junge?«

»Freedman«, antwortete Reb Binder. »Oscar Freedman.«

Der Feuerwehrmann hob den Kopf. »He, Oscar, was ist? Springst du oder springst du nicht?«

Ozzie schwieg. Ehrlich gesagt – über diese Frage hatte er noch nicht nachgedacht.

»Paß auf, Oscar, wenn du springen willst, spring – und wenn nicht, laß es bleiben. Aber vertrödele nicht unsere Zeit, ja?«

Ozzie blickte auf den Feuerwehrmann und dann auf Reb Binder. Er wollte noch einmal sehen, wie sich Binder die Augen zuhielt.

»Ich springe.«

Er lief am Dachrand entlang zu der Ecke, unter der kein Netz war, schwenkte die Arme, ließ sie durch die Luft sausen und schlug sich bei jeder Abwärtsbewegung klatschend auf die Hosen. Dann fing er an zu kreischen wie eine Maschine: »Wiiiiii ... Wiiiiii ...«, und beugte sich mit dem Oberkörper weit vor. Die Feuerwehrleute flitzten zur Ecke, um dort das Netz aufzuspannen. Reb Binder murmelte ein paar Worte, ein Stoßgebet, und hielt sich die Augen zu. Alles spielte sich rasch ab, ruckweise, wie in einem der ersten Filme. Die Zuschauer, die mit den Löschzügen zugleich gekommen waren, schrien ooooh und aaaah, als sähen sie das Feuerwerk am vierten Juli. In der Aufregung hatte niemand auf die Menge geachtet – ausgenommen natürlich Yakov Blotnik, der sich am Türknauf hin- und herdrehte und die Köpfe zählte. »*Vierondtswanzik ... finfondtswanzik ...* Oi, Gott!« So war es bei der Katze nicht gewesen.

Reb Binder blinzelte zwischen den Fingern hindurch, prüfte den Bürgersteig und das Netz. Leer. Aber da rannte Ozzie zur anderen Ecke. Die Feuerwehrleute rannten mit ihm, kamen jedoch nicht so schnell voran wie er. Wenn der Junge Lust hatte, konnte er springen und auf das Pflaster knallen, bevor die Männer die Stelle erreichten, und dann würde ihnen nichts zu tun übrigbleiben, als die Bescherung mit ihrem Netz zuzudecken.

»Wiiiiii ... wiiiiii ...«

»He, Oscar«, rief der Feuerwehrmann keuchend, »was soll das heißen, zum Teufel? Ist das ein Spiel oder was?«

»Wiiiiii ... wiiiiii ...«

»He, Oscar ...«

Aber schon raste er, wild mit den Flügeln schlagend, zur anderen Ecke. Reb Binder vermochte das alles nicht mehr zu ertragen – die Löschzüge, die aus dem Nichts aufgetaucht waren, den kreischenden, selbstmörderischen Jungen, das Netz. Erschöpft fiel er auf die Knie, faltete die Hände wie eine kleine Kuppel vor der Brust und flehte: »Oscar, hör auf, Oscar. Spring nicht, Oscar. Bitte, komm herunter ... bitte, spring nicht.«

Und aus der Menge hinter ihm rief eine Stimme, eine junge Stimme, ein einziges Wort zu Ozzie hinauf.

»Spring!«

Es war Itzie. Für einen Moment vergaß Ozzie, mit den Armen zu schlagen.

»Los, Ozz, spring!« Itzie löste sich aus der Spitze des Sterns und stand nun allein – mutig, nicht mit der Begeisterung eines Großtuers, sondern mit der eines Jüngers. »Spring, Ozz, spring!«

Noch immer kniend, mit gefalteten Händen, drehte sich Reb Binder um. Er blickte auf Itzie, dann von Angst gepeinigt, wieder auf Ozzie. »*Spring nicht, Oscar! Bitte, spring nicht! Bitte, bitte ...*«

»Spring!« Diesmal war es nicht Itzie, es war eine andere Zacke des Sterns. Um halb fünf, als Mrs. Freedman zu ihrer Unterredung mit dem Rabbiner kam, brüllte und bat bereits der ganze kleine Sternenhimmel auf Erden, daß Ozzie springen möge, und Reb Binder, statt den Jungen zu beschwören, es nicht zu tun, weinte in die Kuppel seiner Hände.

Begreiflicherweise konnte sich Mrs. Freedman nicht erklären, was ihr Sohn auf dem Dach tat. Sie fragte also.

»Ozzie, mein Ozzie, was machst du da oben? Was ist denn los, mein Ozzie?«

Ozzies Kreischen verstummte, und er ließ seine Arme langsamer flattern – sie bewegten sich sacht wie Vogelflügel in einer leichten Brise –, aber er antwortete nicht. Er stand vor dem Hintergrund des niedrigen, wolkenverhangenen, dunkelnden Himmels – das Licht klickte jetzt rascher hinweg, als hätte jemand die Geschwindigkeit reguliert –, seine

Arme hoben und senkten sich mechanisch, und er starrte hinab auf das kleine Bündel Frau, das seine Mutter war.

»Was ist denn, Ozzie?« Sie wandte sich nach dem knienden Rabbiner um und trat so dicht an ihn heran, daß nur noch eine hauchdünne Schicht Dämmerung zwischen ihrem Leib und seinen Schultern lag.

»Was macht mein Kleiner da oben?«

Reb Binder blickte zu ihr auf, aber auch er blieb stumm. Nur die Kuppel seiner Hände bewegte sich; sie zitterte wie ein schwacher Puls.

»Reb, holen Sie ihn herunter! Er wird sich umbringen. Holen Sie ihn herunter, meinen einzigen Sohn …«

»Ich kann nicht«, sagte Reb Binder. »Ich kann nicht …«, und sein schönes Haupt wies auf die Schülerschar hinter ihm. »Die dort sind schuld. Hören Sie doch.«

Erst jetzt bemerkte Mrs. Freedman die Jungen und hörte, was sie brüllten.

»Für die tut er's. Er gehorcht mir nicht. Die dort sind schuld.« Reb Binder sprach wie im Traum.

»Für die tut er's?«

»Ja.«

»Warum für die?«

»Sie wollen, daß er …«

Mrs. Freedman hob die Arme in die Höhe, als dirigiere sie den Himmel. »Für die tut er's!« Und dann sanken ihre Arme herab und schlugen an den Körper, eine Geste, die älter ist als die Pyramiden, älter als die Propheten, älter als die Sintflut. »Einen Märtyrer hab ich. Sehen Sie doch!« Sie deutete mit dem Kopf auf das Dach. Ozzie schwenkte noch immer sanft die Arme. »Mein Märtyrer.«

»Oscar, komm herunter, *bitte*«, stöhnte Reb Binder.

Mit erstaunlich ruhiger Stimme rief Mrs. Freedman zu ihrem Sohn hinauf: »Komm, Ozzie, komm. Sei kein Märtyrer, mein Kleiner.«

Als wäre es eine Litanei, sprach Reb Binder ihre Worte nach: »Sei kein Märtyrer, mein Kleiner, sei kein Märtyrer.«

»Los, spring, Ozz – sei ein Mortimer!« Das war Itzie. »Sei ein Mortimer, sei ein Mortimer«, und alle Stimmen vereinigten sich zu einem Gesang für das Mortimertum – was immer das sein mochte. »Sei ein Mortimer, sei ein Mortimer ...«

Wenn man auf einem Dach ist, kann man aus irgendwelchen Gründen um so weniger hören, je dunkler es wird. Ozzie begriff nur so viel, daß zwei Gruppen zwei neue Forderungen stellten: Seine Freunde riefen ihm temperamentvoll und melodisch zu, was er tun sollte; seine Mutter und der Rabbiner riefen ihm ruhig und psalmodierend zu, was er nicht tun sollte. Die Stimme des Rabbiners war nun frei von Tränen und die seiner Mutter auch.

Das große Netz starrte Ozzie an wie ein blindes Auge. Der riesige, bewölkte Himmel hing tief herab. Von unten sah er wie graues Wellblech aus. Während Ozzie zu diesem gnadenlosen Himmel aufblickte, wurde ihm plötzlich klar, wie seltsam das war, was diese Menschen, seine Freunde, verlangten: Sie wollten, er solle hinunterspringen, freiwillig in den Tod gehen – das sangen sie gerade jetzt, und es schien sie zu freuen. Noch seltsamer aber war etwas anderes: Reb Binder lag zitternd auf den Knien. Wenn jetzt eine Frage gestellt werden mußte, dann lautete sie nicht: »Bin ich das?« sondern: »Sind wir das? ... Sind wir das?«

Wie Ozzie herausfand, war es eine ernste Angelegenheit, auf dem Dach zu sein. Angenommen, er sprang – würde das Singen zum Tanzen werden? Oder würde der Sprung sie zum Schweigen bringen? Sehnsüchtig wünschte sich Ozzie, daß er den Himmel aufreißen, seine Hand hindurchstecken und die Sonne herausziehen könnte – und wie auf einer Münze würde auf der Sonne stehen: *Spring* oder *Spring nicht*.

Ozzies Knie schwankten ein wenig, knickten leicht ein, als wollten sie einen Kopfsprung vorbereiten. Seine Arme spannten sich, wurden steif, erstarrten von den Schultern bis zu den Fingerspitzen. Er hatte das Gefühl, jeder Teil seines Körpers werde darüber abstimmen, ob er sich umbringen sollte oder nicht – und jeder Teil so, als führe er ein Eigenleben.

Unerwartet klickte eine größere Menge Licht hinweg, und wie ein Knebel brachte diese neue Dunkelheit alle zum Schweigen: die Freunde, die für den Sprung in die Tiefe sangen, und die Mutter und den Rabbiner, die dagegen psalmodierten.

Ozzie wartete die Entscheidung seiner Gliedmaßen nicht ab; er begann zu sprechen, mit einer seltsam hohen Stimme, wie jemand, der sich wider Willen zum Reden entschließt.

»Mama?«

»Ja, Oscar.«

»Mama, knie nieder wie Reb Binder.«

»Oscar ...«

»Knie nieder«, sagte er, »oder ich springe.«

Ozzie hörte ein Wimmern, dann ein Rascheln, und als er hinunterblickte, dorthin, wo seine Mutter gestanden hatte, sah er ihren gesenkten Kopf über einem Ring aus Kleidern. Sie lag neben Reb Binder auf den Knien.

Er sprach von neuem. »Kniet alle nieder.« Scharrende Geräusche verrieten, daß alle gehorchten.

Ozzie sah sich um. Er hob die Hand und deutete auf den Eingang zur Synagoge. »*Er* soll auch knien.«

Wieder ein Geräusch – aber nicht das eines Kniefalls, sondern das eines Körpers, der sich abwehrend versteift. Ozzie hörte, wie Reb Binder schroff flüsterte: »... sonst bringt er sich um«, und als er hinunterschaute, hatte Yakov Blotnik den Türknauf losgelassen und lag zum ersten Mal im Leben auf den Knien wie die Christen beim Gebet.

Die Feuerwehrleute – nun, es ist nicht so schwer, wie man vielleicht denkt, im Knien ein Netz strammzuhalten.

Ozzie sah sich noch einmal um; dann rief er: »Reb?«

»Ja, Oscar.«

»Reb Binder, glauben Sie an Gott?«

»Ja.«

»Glauben Sie, daß Gott *alles* tun kann?« Ozzie beugte seinen Kopf weit nach vorn, ins Dunkel. »Alles?«

»Oscar, ich ...«

»Glauben Sie, daß Gott alles tun kann? Sagen Sie's mir!«

Eine Sekunde des Zögerns. Dann: »Gott kann alles.«

»Glauben Sie, daß Gott ein Kind ohne Geschlechtsverkehr machen kann?«

»Er kann es.«

»Sagen Sie's mir!«

»Gott«, gab Reb Binder zu, »kann ein Kind ohne Geschlechtsverkehr machen.«

»Mama, sag du's mir!«

»Gott kann ein Kind ohne Geschlechtsverkehr machen«, wiederholte seine Mutter.

»*Er* soll es auch sagen.« Kein Zweifel, wer mit *er* gemeint war.

Ein paar Augenblicke später ertönte eine krächzende alte Stimme, die in die Dämmerung hinein etwas über Gott sagte.

Dann verlangte Ozzie, daß alle es sagten. Und dann mußten sie sagen, daß sie an Jesus Christus glaubten – erst einer nach dem anderen, dann alle im Chor.

Als das Katechisieren vorbei war, nahte bereits der Abend. Auf der Straße hörte es sich an, als hätte der Junge auf dem Dach geseufzt.

»Ozzie?« Eine Frauenstimme wagte zu sprechen. »Wirst du jetzt herunterkommen?«

Schweigen – aber die Frau wartete, und schließlich erklang eine Stimme, dünn und weinerlich und erschöpft wie die eines alten Mannes, der gerade mit dem Glockenläuten fertig geworden ist. »Mama, versteh doch ... du sollst mich nicht schlagen. Und er auch nicht. Du sollst mich nicht wegen Gott schlagen, Mama. Du sollst nie jemand wegen Gott schlagen ...«

»Ozzie, bitte, komm jetzt herunter.«

»Versprich mir, versprich mir, daß du nie jemand wegen Gott schlagen wirst.«

Er hatte nur seine Mutter darum gebeten, aber aus irgendeinem Grunde gelobten alle, die auf der Straße knieten, daß sie nie jemand wegen Gott schlagen würden.

Wieder herrschte Schweigen.

»Jetzt kann ich runterkommen, Mama«, sagte dann der Junge auf dem Dach. Er wandte den Kopf nach rechts und links, als blicke er auf die Verkehrsampeln. »Jetzt kann ich runterkommen ...«

Und das tat er, mitten hinein in das gelbe Netz, das im Dunkel des beginnenden Abends wie ein übergroßer Heiligenschein leuchtete.

Übersetzung von Herta Haas

FLANNERY O'CONNOR

Ein guter Mensch ist schwer zu finden

Die Großmutter wollte nicht nach Florida fahren. Sie wollte ein paar Verwandte in Ost-Tennessee besuchen und benutzte jede Gelegenheit, um Bailey noch umzustimmen. Bailey war der Sohn, bei dem sie wohnte, ihr einziger Junge. Er saß am Tisch, auf der äußersten Stuhlkante, und beugte sich über die rotgelbe Sportseite im *Journal*. »Oh, sieh mal her, Bailey«, rief sie, »sieh bloß mal her und lies das hier!« Und sie stand da, die eine Hand auf ihre knochige Hüfte gestützt, und mit der andern raschelte sie ihm mit der Zeitung um die Glatze. »Der Mensch, der sich selber ›der Gesetzlose‹ nennt, ist aus dem Zuchthaus ausgebrochen und ist nach Florida unterwegs, und hier kannst du's lesen, was er den Leuten angetan hat. Lies es nur mal! Ich würde nicht mit meinen Kindern in eine Gegend fahren, wo so'n Verbrecher frei herumschwirrt! Könnt ich nicht vor meinem Gewissen verantworten!«

Bailey blickte nicht von seiner Sportseite auf, deshalb schwenkte sie schließlich um und wandte sich an die Mutter der Kinder, eine junge Frau in langen Hosen, deren Gesicht so breit und ahnungslos wie ein Kohlkopf war und von einem grünen Kopftuch zusammengehalten wurde, das oben in zwei Zipfeln abstand, genau wie Kaninchenohren. Sie saß auf dem Sofa und gab dem Baby Aprikosen aus einer Konservenbüchse. »Die Kinder sind schon mal in Florida gewesen«, sagte die alte Dame. »Ihr solltet sie der Abwechslung halber mal woanders hinführen, damit sie verschiedene Gegenden der Welt kennenlernen und einen weiten Blick bekommen. Sie sind noch nie in Ost-Tennessee gewesen.«

Die Mutter der Kinder schien sie gar nicht zu hören, aber der achtjährige Junge, John Wesley, ein stämmiges Kind mit Brille, sagte zu ihr: »Wenn du nicht nach Florida willst, warum bleibst 'n dann nicht zu Hause?« Er und das kleine Mädchen, June Star, saßen auf dem Fußboden und lasen die Witzspalten.

»Die bleibt nicht zu Haus, und wenn sie dafür einen ganzen Tag lang Königin sein dürfte«, sagte June Star, ohne den blonden Kopf zu heben.

»Schön, und was wollt ihr machen, wenn euch der Kerl, der Gesetzlose, nun erwischt?« fragte die Großmutter.

»Dem hau ich eine runter«, sagte John Wesley.

»Die bleibt nicht zu Haus, auch nicht für 'ne Million Dollar«, sagte June Star. »Sie ist bange, daß sie was versäumen könnte. Sie muß überall dabeisein, wo wir hingehn!«

»Schön, Fräuleinchen«, sagte die Großmutter. »Da denk nur dran, wenn ich dir mal wieder die Locken wickeln soll.«

June Star erklärte, sie habe natürliche Locken.

Am nächsten Morgen war die Großmutter die erste im Wagen und zur Abfahrt bereit. In die eine Ecke hatte sie ihren großen schwarzen Koffer gestellt, der wie der Kopf von einem Nilpferd aussah, und darunter hatte sie den Korb mit ihrem Kater Pitty Sing versteckt. Sie mochte nicht, daß der Kater drei Tage allein zu Hause bleiben sollte, denn er würde sie zu sehr vermissen, und außerdem hatte sie Angst, er könnte zufällig an einen Gasbrenner kommen und an Gasvergiftung sterben. Ihr Sohn Bailey sah es nicht gern, wenn man in einem Motel mit einer Katze erschien.

Sie saß auf dem Rücksitz, und rechts und links von ihr saßen John Wesley und June Star. Bailey und die Mutter der Kinder und das Baby saßen vorn; sie verließen Atlanta um acht Uhr fünfundvierzig, und der Meilenzähler auf dem Armaturenbrett zeigte 55 890 an, was sich die Großmutter aufschrieb, denn sie fand, bei der Rückkehr sei es interessant zu wissen, wie viele Meilen sie zurückgelegt hätten. Sie brauchten zwanzig Minuten, bis sie aus der Stadt heraus waren.

Die alte Dame setzte sich behaglich zurecht: sie zog die weißen Baumwollhandschuhe aus und legte sie zusammen mit ihrer Handtasche hinter sich vors Rückfenster. Die Mutter der Kinder trug immer noch ihre langen Hosen, und das Haar hatte sie auch wieder in das grüne Kopftuch eingebunden, die Großmutter aber trug einen marineblauen Strohhut mit einem Strauß weißer Veilchen auf der Krempe und ein marineblaues Kleid mit kleinen weißen Punkten. Kragen und Manschetten waren aus weißem, mit Spitzen geschmücktem Organdy, und am Halsausschnitt hatte sie einen Strauß aus violetten Stoffveilchen befestigt, in denen ein Duftkissen steckte. Falls sie etwa verunglückten, würde jeder, der sie tot auf der Landstraße liegen sah, sofort wissen, daß er eine Dame vor sich hatte.

Sie sagte, sie sei überzeugt, daß sie schönes Ausflugswetter haben würden, weder zu heiß noch zu kalt, und sie erinnerte Bailey daran, daß die Höchstgeschwindigkeit fünfundfünfzig Meilen die Stunde betrug und daß die Straßenpolizei sich hinter Plakattafeln und kleinen Baumgruppen versteckte und dann hinter den Leuten hersauste, ehe sie Gelegenheit hatten, die Geschwindigkeit zu verringern. Sie machte auf interessante Punkte aufmerksam: auf Stone Mountain, auf den blauen Granit, der an manchen Stellen rechts und links bis an die Landstraße herantrat, auf die leuchtendroten Lehmböschungen, die leicht violett gestreift waren, und auf die Felder mit mancherlei Getreidearten, die sich wie grünes Spitzenwerk reihenweise über das Land zogen. In den Bäumen hing silbrigweißes Sonnenlicht, so daß selbst der unscheinbarste Baumwipfel glitzerte. Die Kinder lasen Comics, und ihre Mutter war wieder eingeschlafen.

»Woll'n recht rasch durch Georgia fahren, damit wir's nicht zu lange sehen müssen«, sagte John Wesley.

»Wenn ich ein kleiner Junge wäre«, sagte die Großmutter, »würde ich nicht so über meinen Heimatstaat sprechen. Tennessee hat Berge, und Georgia hat Hügel.«

»Tennessee ist der reinste Hinterwäldler-Abfallhaufen«, sagte John Wesley, »und Georgia ist auch 'n lausiger Staat.«

»Stimmt«, sagte June Star.

»Zu meiner Zeit«, sagte die Großmutter und faltete ihre mageren, mit Adern überzogenen Hände, »hatten die Kinder mehr Respekt vor ihrem Heimatstaat und vor ihren Eltern und vor allem übrigen. Damals waren die Leute noch rechtschaffen. Oh, seht mal, was für ein niedliches kleines Niggerchen«, sagte sie und zeigte auf ein Negerkind, das in der Tür einer Hütte stand. »Wär das nich 'n Bild?« fragte sie, und alle drehten sich um und schauten durchs Rückfenster auf den kleinen Neger. Er winkte ihnen nach.

»Er hat überhaupt keine Hosen an«, sagte June Star.

»Wahrscheinlich hat er keine«, erklärte die Großmutter. »Kleine Negerkinder auf dem Land haben nicht soviel Sachen wie wir. Wenn ich malen könnte, würde ich so ein Bild malen«, sagte sie.

Die Kinder tauschten ihre Comic-Hefte aus.

Die Großmutter erhob sich, um das Baby zu übernehmen, und die Mutter der Kinder reichte es ihr über die Lehne zu. Sie setzte es auf ihre Knie und ließ es reiten und erzählte ihm allerlei über das, was sie im Vorbeifahren sah. Sie rollte die Augen und verzog den Mund und stupste mit ihrem mageren Ledergesicht gegen sein glattes, sanftes Gesichtchen. Hin und wieder lächelte es ihr zu – wie aus weiter Ferne. Sie kamen an einem großen Baumwollfeld vorbei, und mitten darin lagen eingezäunt fünf oder sechs Gräber, wie eine kleine Insel. »Seht den Friedhof!« sagte die Großmutter und zeigte nach draußen. »Das war die ehemalige Familiengrabstätte. Sie gehörte zur Plantage.«

»Wo ist die Plantage?« fragte John Wesley.

»Vom Winde verweht«, sagte die Großmutter. »Ha, ha, ha!«

Als die Kinder mit den Comics fertig waren, die sie mitgebracht hatten, machten sie die Lunch-Schachtel auf und aßen. Die Großmutter aß ein Brot mit Erdnußbutter und eine Olive, und sie duldete es nicht, daß die Kinder die leere Schachtel und die Papierservietten aus dem Fenster warfen. Als sie nichts mehr zu tun fanden, begannen sie ein Spiel, indem sie sich eine Wolke aussuchten und die andern beiden erraten ließen, an welche Figur sie dabei gedacht hatten. John Wesley wählte sich eine, die wie eine Kuh aussah, und June Star erriet es, aber John Wesley sagte nein, er habe an ein Auto gedacht, und June Star rief, er habe gemogelt, und sie fingen an, sich über die Großmutter hinweg zu verhauen.

Die Großmutter sagte, sie würde ihnen eine Geschichte erzählen, falls sie sich ruhig verhielten. Wenn sie eine Geschichte erzählte, rollte sie mit den Augen und wackelte mit dem Kopf und wurde sehr dramatisch. Sie erzählte, als sie noch ein junges Mädchen gewesen sei, habe ihr ein Mr. Edgar Atkins Teagarden aus Jasper in Georgia den Hof gemacht. Sie sagte, er habe sehr gut ausgesehen und sei ein richtiger Gentleman gewesen und habe ihr jeden Samstagnachmittag eine Wassermelone gebracht, in die er seine Initialen eingeritzt hatte, also E. A. T. Und eines Samstags, erzählte sie, brachte Mr. Teagarden die Wassermelone, aber es war keiner zu Hause, und er ließ sie auf der Vorderveranda liegen und kehrte in seinem Einspänner nach Jasper zurück, sie bekam jedoch die Wassermelone nicht, sagte sie, weil ein Niggerjunge sie aß, als er las, was darauf geschrieben stand!¹

---

1 Die Initialen E. A. T. ergeben das englische Wort *eat* »essen«! (Anm. d. Übers.)

Über diese Geschichte mußte John Wesley unbändig lachen, und er kicherte und kicherte, aber June Star fand, sie sei überhaupt gar nicht komisch. Sie sagte, sie würde niemals einen Mann heiraten, der ihr nichts weiter schenkte als samstags eine Wassermelone. Die Großmutter erwiderte, sie hätte gut daran getan, wenn sie Mr. Teagarden geheiratet hätte, weil er ein Gentleman gewesen sei und Coca-Cola-Aktien gekauft habe, sowie sie ausgegeben wurden, und daß er erst vor wenigen Jahren als sehr wohlhabender Mann gestorben sei.

Am ›Tower‹ machten sie Halt, wegen der gegrillten Sandwiches. Der ›Tower‹ war sowohl Tankstelle wie Tanzsaal, teils aus Stuck und teils aus Holz, und lag in einer Lichtung außerhalb von Timothy. Er gehörte einem dicken Mann namens Red Sammy Butts, und überall auf dem Gebäude und in beiden Richtungen der Straße klebten noch meilenweit Plakate, die einem zuriefen: *Versucht Red Sammys berühmtes Barbecue! Nichts geht über Red Sammys Barbecue! Red Sam! Der dicke Kerl mit dem zufriedenen Lachen! Ein Kriegsveteran! Auf zu Red Sammy!*

Red Sammy lag vor dem ›Tower‹ auf der bloßen Erde und hatte den Kopf unter einen Lastwagen gesteckt, während neben ihm ein grauer, etwa einen Fuß großer Affe herumkreischte, der an einem kleinen Sapindusbaum angebunden war. Sobald der Affe sah, daß die Kinder aus dem Wagen sprangen und auf ihn zuliefen, flüchtete er in den Baum, bis zum obersten Ast hinauf.

Drin im ›Tower‹ befand sich ein langer, düsterer Raum mit einer Theke an dem einen Ende und Tischen am andern, und dazwischen lag die Tanzfläche. Alle setzten sich an einen Brettertisch neben dem Orchestrion, und Red Sams Frau, eine große, braungebrannte Frau, deren Augen und Haare heller als ihre Haut waren, kam näher und nahm die Bestellung entgegen. Die Mutter der Kinder steckte ein

Zehncentstück in den Apparat und spielte den Tennessee-Walzer, und die Großmutter sagte, bei der Melodie jucke immer ihr Tanzbein. Sie fragte Bailey, ob er gern tanzen wolle, aber er starrte sie nur düster an. Er hatte keine so fröhliche Veranlagung wie sie, und Ausflüge machten ihn stets nervös. Die braunen Augen der Großmutter strahlten. Sie schwenkte den Kopf hin und her und tat so, als ob sie sich auf ihrem Stuhl im Tanz wiege. June Star rief: »Spielt doch was, wozu ich steppen kann«, deshalb steckte die Mutter der Kinder nochmal zehn Cent ein und spielte ein schnelles Stück, und June Star sprang auf die Tanzfläche vor und übte ihren Step-Tanz.

»Wie drollig!« sagte Red Sams Frau und lehnte sich über die Theke. »Möchtest du nicht hierbleiben und mein kleines Mädchen sein?«

»Nein, bewahre!« rief June Star. »Ich möchte nicht für 'ne Million Dollar in 'ner solchen Bruchbude wohnen!« Und damit rannte sie wieder zurück an den Tisch.

»Wie drollig!« wiederholte die Frau und machte eine höfliche Miene.

»Schämst du dich denn gar nicht?« zischte die Großmutter.

Red Sam kam herein und sagte seiner Frau, sie solle nicht länger an der Theke herumfaulenzen, sondern lieber die Bestellung ausführen. Seine Khaki-Hose reichte nur bis zu seinen Hüftknochen hinauf, und der Bauch, der unter dem Hemd hin und her schwabbelte, hing ihm wie ein Mehlsack darüber. Er kam herzu und setzte sich an einen Tisch in ihrer Nähe, wobei er einen Laut ausstieß, der halb Seufzer und halb Jodler war. »Man kommt auf keinen grünen Zweig«, sagte er. »Man kommt zu nichts«, und er wischte sich das verschwitzte rote Gesicht mit einem grauen Taschentuch ab. »Heutzutage weiß man nicht mehr, wem man trauen kann«, sagte er. »Stimmt's etwa nicht?«

»Die Menschen sind sicher nicht mehr so nett wie früher«, sagte die Großmutter.

»Zwei Burschen kamen letzte Woche her«, erzählte Red Sammy, »und sie fuhren in einem Chrysler. Es war ein alter, zerbeulter Wagen, aber es war ein guter Wagen, und die Burschen schienen mir auch o. k. zu sein. Sie sagten, daß sie in der Mühle arbeiteten, und stellen Sie sich mal vor: ich hab eingewilligt, das Benzin anzuschreiben! Warum hab ich bloß so was gemacht?«

»Weil Sie ein guter Mensch sind!« rief die Großmutter.

»Ja, Ma'am, da könnten Sie recht haben«, sagte Red Sam, als befriedige ihn die Antwort sehr.

Seine Frau brachte das bestellte Essen: sie trug alle fünf Teller ohne Tablett herbei, zwei Teller in jeder Hand, und einen balancierte sie auf dem Arm. »'s gibt keine Seele auf Gottes weitem Erdenrund, der man noch trauen kann«, sagte sie. »Und da kann ich keinen ausnehmen, keinen einzigen«, wiederholte sie und blickte Red Sam an.

»Haben Sie von dem Verbrecher gelesen, vom dem Gesetzlosen, der ausgebrochen ist?« fragte die Großmutter.

»'s würd mich kein bißchen verwundern, wenn er uns hier überfallen tät«, sagte die Frau. »Wenn er von unserm Geschäft hier hört, wär ich gar nicht überrascht, wenn ich ihn hier sehen tät. Wenn er hört, daß auch bloß zwei Cents in der Kasse sind, würd ich mich kein bißchen wundern, wenn er ...«

»Also Schluß jetzt!« sagte Red Sam. »Geh und hol den Gästen ihre Colas!« Und die Frau trollte sich, um den Rest der Bestellung auszuführen.

»Ein guter Mensch ist schwer zu finden«, sagte Red Sam. »'s wird immer schlimmer in der Welt. Ich kann mich noch gut an die Zeiten erinnern, als man fortgehen konnte und nicht mal die Fliegentür zuhaken mußte. Aber heute ist's nicht mehr so.«

Er und die Großmutter unterhielten sich über die gute alte Zeit. Die alte Dame sagte, ihrer Ansicht nach trüge einzig und allein Europa die Schuld daran, daß es jetzt so zuging. Sie sagte, Europa dächte ja wohl, daß wir aus Geld gemacht seien, und Red Sam sagte, es hätte keinen Zweck, noch drüber zu reden, sie habe vollkommen recht. Die Kinder liefen in den weißen Sonnenschein hinaus und betrachteten den Affen, der im krausen Sapindusbaum hockte. Er fing sich emsig die Flöhe weg und zerbiß jeden sorgfältig zwischen den Zähnen, als wäre es ein Leckerbissen.

Dann fuhren sie weiter, in den heißen Nachmittag hinein. Die Großmutter machte kleine Nickerchen und erwachte alle paar Minuten von ihrem eigenen Geschnarche. Außerhalb von Toomsboro wachte sie auf und erinnerte sich an eine alte Plantage, die sie mal hier in der Nähe besucht hatte, als sie noch ein junges Mädchen gewesen war. Sie sagte, das Haus habe an der Vorderseite sechs weiße Säulen gehabt, und eine Eichenallee habe bis zum Haus geführt, und rechts und links davon hätten zwei kleine Gartenlauben gestanden, in denen man mit seinem Verehrer Platz nehmen konnte, nachdem man durch den Garten geschlendert war. Sie erinnerte sich noch genau, an welcher Stelle man von der Straße abbiegen mußte, um hinzugelangen. Sie wußte jedoch, daß Bailey keine Zeit opfern wollte, um sich ein altes Haus zu besehen, aber je mehr sie darüber erzählte, um so mehr hoffte sie, es noch einmal wiederzusehen und festzustellen, ob die kleinen Gartenlauben noch da wären. »Im Haus befand sich ein Geheimschrank«, sagte sie listig und wich dabei von der Wahrheit ab, wünschte jedoch, es wäre die Wahrheit, »und man erzählte sich, dort sei das ganze Familiensilber versteckt worden, als Sherman hier durchzog, doch es wurde nie gefunden ...«

»Oh!« rief John Wesley, »woll'n hinfahren! Wir finden's bestimmt. Wir klopfen die ganze Täfelung ab und finden's!

Wer wohnt jetzt da? Wo muß man abbiegen? Oh, Pop, können wir nicht an der Stelle abbiegen?«

»Ein Haus mit 'nem Geheimschrank haben wir noch nie gesehen!« rief June Star. »Woll'n zum Haus mit dem Geheimschrank fahren! Oh, Pop, laß uns doch zum Haus mit dem Geheimschrank fahren!«

»Es ist nicht weit von hier, das weiß ich«, sagte die Großmutter. »Wir brauchten nicht mehr als zwanzig Minuten.«

Bailey blickte starr geradeaus. Sein Unterkiefer schien so unbeugsam wie ein Hufeisen. »Nein«, sagte er.

Die Kinder fingen an zu kreischen und zu heulen, sie wollten gern das Haus mit dem Geheimschrank sehen. John Wesley stieß dauernd mit dem Fuß gegen die Lehne vom Vordersitz, und June Star hing ihrer Mutter am Hals und wimmerte ihr verzweifelt ins Ohr, daß sie niemals einen Spaß hätten, nicht mal, wenn sie Ferien hätten, und nie dürften sie das tun, was *sie* gern tun wollten. Das Baby fing an zu brüllen, und John Wesley stieß so derb mit dem Fuß gegen die Lehne, daß sein Vater es in der Niere spürte.

»Meinetwegen!« schrie er und fuhr den Wagen an den Straßenrand und hielt. »Wollt ihr mal alle ruhig sein? Wollt ihr mal alle eine Sekunde lang ruhig sein? Wenn ihr nicht still seid, fahren wir überhaupt nicht weiter.«

»Es wäre sehr bildend für die Kinder«, murmelte die Großmutter.

»Meinetwegen«, sagte Bailey, »aber merkt euch eins: das ist das einzige Mal, daß wir wegen sowas einen Halt einschieben. Das ist bestimmt das einzige Mal!«

»Die Landstraße, die man entlangfahren muß, liegt etwa eine Meile hinter uns«, wies ihn die Großmutter an. »Ich bemerkte sie, als wir daran vorbeikamen.«

»Eine nicht asphaltierte Landstraße!« ächzte Bailey.

Sie wendeten, und während sie auf die Abzweigung der Landstraße zuhielten, kamen der Großmutter noch andere

Dinge über das Haus in den Sinn, das schöne Oberlicht über der vorderen Haustür und der Kronleuchter im Flur. John Wesley sagte, das Geheimfach sei höchstwahrscheinlich im Kamin.

»Ihr könnt nicht in das Haus hinein«, sagte Bailey. »Ihr wißt doch gar nicht, wer jetzt dort wohnt.«

»Während ihr mit den Leuten vorne redet, lauf ich schnell ums Haus herum und steige in ein Fenster«, schlug John Wesley vor.

»Wir bleiben alle im Wagen«, sagte seine Mutter.

Sie bogen in die Landstraße ein, und der Wagen sauste holpernd in einem roten Staubwirbel weiter. Die Großmutter erinnerte sich an die Zeit, als es noch keine gepflasterten Straßen gab und als dreißig Meilen eine Tagereise darstellten. Die Landstraße lief über Erhebungen und überraschte sie mit plötzlich auftauchenden ausgewaschenen Stellen und scharfen Kurven an steilen Böschungen. Ganz unversehens gelangten sie auf einen Hügel und blickten auf blaue Baumwipfel, die sich meilenweit erstreckten, und in der nächsten Minute steckten sie schon wieder in einer tiefen Mulde roter Erde, und verstaubte Bäume blickten auf sie nieder.

»Hoffentlich kommt das Haus jetzt bald, sonst geb ich's auf und dreh um«, sagte Bailey.

Der Weg sah aus, als ob ihn seit Monaten kein Mensch mehr befahren hätte.

»Es ist nicht mehr sehr weit«, sagte die Großmutter, und noch während sie es sagte, kam ihr ein entsetzlicher Gedanke. Der Gedanke war so peinlich, daß sie ganz rot wurde und die Augen weit aufriß; sie zuckte mit den Füßen hoch und stieß dabei ihren Koffer um. Im gleichen Moment, in dem sich der Koffer bewegte, fuhr das Zeitungspapier in die Höhe, das sie über den darunter versteckten Korb gebreitet hatte, und fauchend sprang der Kater Pitty Sing auf Baileys Schulter.

Die Kinder purzelten zu Boden, und ihre Mutter, die das Baby festhielt, wurde aus der Tür und auf die Erde geschleudert; die alte Dame flog auf den Vordersitz, der Wagen überschlug sich einmal und landete mit der rechten Seite nach oben in einem tiefen Graben neben der Straße. Bailey blieb auf dem Fahrersitz, und der Kater – graugestreift mit breitem weißem Gesicht und orangefarbener Nase – klammerte sich wie eine Raupe an seinen Hals.

Sobald die Kinder merkten, daß sie ihre Arme und Beine bewegen konnten, krabbelten sie aus dem Wagen und schrien: »Wir haben einen Unfall gehabt!« Die Großmutter lag zusammengekrümmt unter dem Armaturenbrett und hoffte eine Verletzung davongetragen zu haben, damit Bailey seinen Zorn nicht sofort über sie ausschütten konnte. Der entsetzliche Gedanke, der ihr vor dem Unfall gekommen war, bestand nämlich in der Entdeckung, daß sich das Haus, an das sie sich so deutlich erinnerte, gar nicht in Georgia, sondern in Tennessee befand.

Bailey riß sich die Katze mit beiden Händen vom Halse und warf sie aus dem Fenster, gegen den Stamm einer Kiefer. Dann stieg er aus dem Wagen und schaute zuerst einmal nach der Mutter der Kinder. Sie saß an den rötlichen Rand des Grabens gelehnt und hielt das kreischende Baby; sie hatte nur eine Schnittwunde im Gesicht und eine gebrochene Schulter. »Wir haben einen Unfall gehabt!« tobten die Kinder in rasender Begeisterung.

»Aber tot ist keiner«, sagte June Star, als die Großmutter aus dem Wagen humpelte: der Hut war noch mit Nadeln an ihrem Haar befestigt, und die abgerissene vordere Krempe stach flott in die Höhe; nur der Veilchenstrauß baumelte seitlich herunter. Mir Ausnahme der Kinder setzten sie sich alle in den Graben, um sich von dem Schreck zu erholen. Alle zitterten.

»Vielleicht kommt ein Auto vorbei«, sagte die Mutter der Kinder mit heiserer Stimme.

»Ich glaube, ich habe eine innere Verletzung«, sagte die Großmutter und hielt sich die Seite, aber keiner antwortete ihr. Baileys Zähne schlugen hörbar aufeinander. Er trug ein gelbes Sporthemd mit einem Muster aus leuchtendblauen Papageien, und sein Gesicht war so gelb wie das Hemd. Die Großmutter beschloß im stillen, lieber nicht zu verraten, daß das Haus in Tennessee lag.

Die Landstraße lag etwa drei Meter über ihnen, und von den Bäumen auf der anderen Straßenseite konnten sie nur die Wipfel sehen. Hinter dem Graben, in dem sie saßen, erstreckten sich wieder Waldungen, die hoch und düster und tief waren. Nach ein paar Minuten sahen sie in einiger Entfernung auf einem Hügelkamm einen Wagen, der sich langsam näherte, als ob die Insassen sie beobachteten. Die Großmutter stand auf und gestikulierte heftig mit beiden Armen, um ihre Aufmerksamkeit auf sich zu lenken. Der Wagen näherte sich auch weiterhin sehr langsam, verschwand hinter einer Biegung und erschien, nun noch langsamer fahrend, auf dem Hügel, den sie gerade hinter sich gelassen hatten. Es war ein großes, verbeultes schwarzes Auto, der reinste Leichenwagen. Drei Männer saßen drin.

Genau über ihnen kam es zum Stehen, und ein paar Minuten lang blickte der Fahrer unentwegt und ausdruckslos zu ihnen hinunter und sagte kein Wort. Dann wandte er den Kopf und brummelte den andern beiden etwas zu, und sie stiegen aus. Der eine war ein dicker Kerl in schwarzen Hosen und einem roten Sweater, der vorne mit einem silbernen Hengst geschmückt war. Er ging auf die rechte Seite hinüber und blieb glotzend stehen, wobei ihm der Mund in einer Art von zweideutigem Grinsen offenstand. Der andre trug Khakihosen, eine blaugestreifte Jacke und einen grauen Hut, den er sich sehr tief in die Stirn gezogen hatte, so daß er den größten Teil seines Gesichts verdeckte. Er kam langsam auf die linke Seite hinüber. Keiner sprach.

Der Fahrer stieg aus dem Wagen, stellte sich daneben und blickte auch auf sie herunter. Er war älter als die andern beiden. Sein Haar fing schon an grau zu werden, und er trug eine Brille mit silberner Fassung, was ihm ein gelehrtenhaftes Aussehen verlieh. Er hatte ein langes, zerfurchtes Gesicht und trug weder Hemd noch Unterhemd. Er hatte Blue Jeans an, die ihm zu eng waren, und hielt in der Hand einen schwarzen Hut und eine Pistole. Die beiden anderen Burschen hatten auch Pistolen.

»Wir haben einen *Unfall* gehabt!« kreischten die Kinder.

Die Großmutter hatte ein eigenartiges Gefühl, als sei der bebrillte Mann jemand, die sie kenne. Sein Gesicht war ihr so vertraut, als ob sie ihn ihr Leben lang gekannt hätte, aber sie konnte sich nicht erinnern, wer er war. Er entfernte sich vom Wagen und begann, die Böschung hinabzusteigen, wobei er seine Füße vorsichtig aufsetzte, um nicht auszugleiten. Er trug braunweiße Schuhe und keine Socken, und seine Knöchel waren rot und dünn. »Guten Tag«, sagte er. »Wie ich sehe, seid ihr alle ein bißchen umgekippt!«

»Wir haben uns zweimal überschlagen«, rief die Großmutter.

»Einmal!« berichtigte er. »Wir haben gesehen, wie's passierte. Geh mal an den Wagen und probier, ob er läuft, Hiram!« sagte er gelassen zu dem Burschen mit dem grauen Hut.

»Warum haben Sie 'n eine Pistole?« fragte John Wesley. »Was woll'n Sie mit der Pistole machen?«

»Lady«, sagte der Mann zu der Mutter der Kinder, »würden Sie so gut sein und den Kindern sagen, sie soll'n sich neben Sie setzen? Kinder machen mich nervös. Ich möchte, daß Sie sich allesamt dort hinsetzen, wo Sie jetzt sind.«

»Wieso woll'n *Sie* uns sagen, was wir tun sollen?« fragte June Star.

Der Wald hinter ihnen stand offen wie ein riesiger dunkler Schlund. »Kommt her!« rief die Mutter.

»Hören Sie mal bitte«, begann Bailey plötzlich. »Wir sind hier in einer Notlage. Wir sind in ...«

Die Großmutter kreischte auf. Sie rappelte sich hoch und stand da und starrte den Mann an. »Sie sind der Gesetzlose«, sagte sie. »Ich hab Sie sofort erkannt.«

»Ja, Ma'am«, sagte der Mann und lächelte flüchtig, als schmeichle es ihm wider seinen Willen, bekannt zu sein, »aber es wär für Sie alle besser gewesen, Lady, wenn Sie mich nicht erkannt hätten.«

Baileys Kopf fuhr ruckartig herum, und er sagte etwas zu seiner Mutter, was sogar die Kinder schockierte. Die alte Dame begann zu weinen, und der Gesetzlose wurde rot.

»Lady«, sagte er, »regen Sie sich nicht auf. Manchmal sagt der Mensch Sachen, die er gar nicht so meint. Ich glaub, er wollte gar nicht so mit Ihnen reden.«

»Sie würden eine Dame nicht erschießen, nicht wahr?« sagte die Großmutter, zog ein sauberes Taschentuch unter ihrer Spitzenmanschette hervor und betupfte sich damit die Augen.

Der Gesetzlose bohrte seine Schuhspitze in den Boden und machte eine kleine Grube und deckte sie dann wieder zu. »Es wär mir schrecklich, wenn ich's tun müßte«, sagte er.

»Oh«, rief die Großmutter so laut, daß sich ihre Stimme fast überschlug, »ich weiß, daß Sie ein guter Mensch sind. Sie sehn mir ganz und gar nicht danach aus, als ob Sie aus einer gewöhnlichen Familie stammen. Sie haben bestimmt sehr nette Eltern.«

»Ja, Ma'am«, sagte er, »die nettesten Leute von der Welt.« Wenn er lächelte, sah man eine Reihe starker, weißer Zähne. »Eine bessere Frau als meine Mutter ist dem lieben Gott noch nie gelungen, und mein Papi hatte ein goldenes

Herz!« sagte er. Der Bursche mit dem roten Sweater war herübergewechselt und stand nun hinter ihnen, die Pistole an der Hüfte. Der Gesetzlose hockte sich auf die Erde. »Gib auf die Kinder acht, Bobby Lee«, sagte er, »du weißt, daß sie mich nervös machen.« Er blickte auf die sechs, die sich zusammengedrängt vor ihm duckten, und er schien verlegen, als fiele ihm nichts ein, was er noch sagen könnte. »'s ist keine einzige Wolke am Himmel«, bemerkte er und sah empor. »Ich seh die Sonne nicht, aber Wolken sind auch nicht zu sehen.«

»Ja, es ist ein herrlicher Tag«, sagte die Großmutter. »Wissen Sie«, fuhr sie fort, »Sie sollten sich wirklich nicht Gesetzloser nennen, denn ich weiß, daß Sie im Grunde Ihres Herzens ein guter Mensch sind. Ich brauch Sie nur anzuschauen und weiß es.«

»Still!« schrie Bailey. »Still! Haltet alle den Schnabel und laßt mich jetzt die Sache in die Hand nehmen.« Er hockte wie ein Läufer da, der im Begriff war, zu starten, aber er rührte sich nicht vom Fleck.

»Besten Dank für die gute Meinung, Lady«, sagte der Gesetzlose und zog mit dem Kolben seiner Pistole einen kleinen Kreis in den roten Staub.

»Wird 'ne halbe Stunde dauern, bis der Wagen wieder in Ordnung ist«, rief Hiram und schaute über die aufgeklappte Kühlerhaube.

»Dann könnt ihr beide, du und Bobby Lee, zuerst mal ihn und den kleinen Jungen nehmen und mit ihnen nach hinten gehn«, sagte der Gesetzlose und zeigte auf Bailey und John Wesley. »Die Jungens wollen Sie was fragen«, sagte er zu Bailey. »Würden Sie bitte mit ihnen in den Wald gehn?«

»Aber hören Sie doch«, fing Bailey an, »wir sind hier in einer ganz schlimmen Lage. Keiner begreift, was los ist!« und die Stimme brach ab. Seine Augen waren so blau und grell wie die Papageien auf seinem Hemd, und er blieb vollkommen reglos.

Die Großmutter griff nach der zerrissenen Hutkrempe, um sie in Ordnung zu bringen, als ob sie mit in den Wald gehen wollte, doch plötzlich hatte sie sie in der Hand. Sie stand da und starrte sie an, und dann ließ sie sie fallen. Hiram zog Bailey am Arm in die Höhe, als müsse er einem alten Mann auf die Beine helfen. John Wesley faßte nach seines Vaters Hand, und Bob Lee folgte hinterdrein. Sie gingen weg, auf den Wald zu, und als sie den dunklen Waldrand erreicht hatten, drehte Bailey sich um, stützte sich gegen einen kahlen grauen Kiefernstamm und schrie: »In einer Minute bin ich wieder da, Mama, warte auf mich!«

»Komm jetzt gleich!« rief seine Mutter mit schriller Stimme, aber sie verschwanden alle im Wald.

»Bailey-Junge!« rief die Großmutter unglücklich und merkte, daß sie den Gesetzlosen anblickte, der vor ihr auf der Erde hockte. »Ich weiß genau, daß Sie ein guter Mensch sind«, sagte sie verzweifelt. »Sie sind bestimmt nicht gewöhnlich.«

»Nein, Ma'am, ich bin kein guter Mensch«, sagte der Gesetzlose nach einer Pause, als hätte er ihre Behauptung gründlich durchdacht, »aber ich bin auch nicht der schlimmste von der Welt. Mein Papi hat immer gesagt, ich stammte aus 'nem andern Stall als meine Brüder und Schwestern. 's gibt nämlich manche, hat mein Papi gesagt, die können ihr ganzes Leben einfach so weiterleben, ohne viel danach zu fragen, und 's gibt andre, die wollen wissen, warum es so ist, und so ist auch der Junge hier. Der will sich in alles einlassen!« Er setzte seinen schwarzen Hut auf, und plötzlich blickte er hoch, und dann weit weg, tief in den Wald hinein, als ob er wieder verlegen sei. »Tut mir leid, daß ich vor den Damen so ohne Hemd erscheine«, sagte er und zuckte mit den Schultern. »Wir haben unsre Kleider vergraben, die wir anhatten, als wir ausrissen, und jetzt müssen wir uns behelfen, bis wir was Besseres bekommen. Das hier haben wir von Leuten geliehen, die wir getroffen haben«, erklärte er.

»Das ist doch ganz in Ordnung«, sagte die Großmutter. »Und vielleicht hat Bailey noch ein Hemd zum Wechseln in seinem Koffer.«

»Ich will gleich mal nachschaun«, sagte der Gesetzlose.

»Wo bringen sie ihn hin?« jammerte die Mutter der Kinder.

»Mein Papi war selber 'ne Nummer«, sagte der Gesetzlose, »den konnte man nicht reinlegen! Aber er hat nie Kummer mit den Behörden gehabt. Verstand's eben und wurde mit ihnen fertig.«

»Sie könnten auch ehrlich werden, wenn Sie's versuchen würden«, sagte die Großmutter. »Stellen Sie sich vor, wie herrlich es wäre, zur Ruhe zu kommen und behaglich zu leben und nicht immer an jemand denken zu müssen, der Ihnen dauernd nachstellt!«

Der Gesetzlose scharrte immer noch mit seinem Pistolenkolben im Staub herum, als ob er darüber nachdächte. »Ja, Ma'am, immer ist jemand hinter einem her«, murmelte er.

Die Großmutter bemerkte, wie spitz seine Schulterblätter dicht unterhalb seines Hutes waren, denn sie stand ja und blickte auf ihn herunter. »Beten Sie jemals?« fragte sie.

Er schüttelte den Kopf. Sie sah nichts weiter als den schwarzen Hut, der zwischen den Schulterblättern hin und her wackelte. »Nein, Ma'am«, sagte er.

Aus dem Wald kam ein Pistolenschuß, dem gleich darauf ein anderer folgte. Dann Stille. Der Kopf der alten Dame fuhr herum. Sie hörte den Wind durch die Baumwipfel streichen, wie langes, befriedigtes Einatmen klang es. »Bailey-Junge!« rief sie.

»Ich war mal 'ne Zeitlang Chorsänger«, sagte der Gesetzlose. »Ich bin schon fast alles gewesen. Hab Heeresdienst gemacht, war auf'm Land, auf'm Wasser, zu Haus und im Ausland, war zweimal verheiratet, war Leichenbestatter, war bei der Bahn, hab die gute alte Erde umgepflügt, war im Tornado, hab mal gesehn, wie ein Mensch lebendig verbrannt ist«, und er blickte zur Mutter der Kinder und zu dem kleinen Mädchen auf, die dicht beieinander saßen, mit weißen Gesichtern und glasigen Augen; »ich hab sogar mal gesehn, wie sie 'ne Frau ausgepeitscht haben«, sagte er.

»Beten müssen Sie«, fing die Großmutter wieder an, »beten, beten!«

»Ich kann mich nicht erinnern, daß ich jemals ein schlechter Junge gewesen wär«, sagte der Gesetzlose mit fast träumerischer Stimme, »und doch hab ich irgendwann mal was Unrechtes gemacht und bin ins Zuchthaus gekommen. Ich war lebendig begraben«, und er blickte auf und erzwang ihre Aufmerksamkeit, indem er sie fest ansah.

»Damals hätten Sie mit Beten anfangen sollen«, sagte sie. »Was hatten Sie damals getan, daß Sie ins Zuchthaus gesteckt wurden?«

»Drehst dich nach rechts, ist da 'ne Mauer«, sagte der Gesetzlose und blickte wieder zum wolkenlosen Himmel auf, »drehst dich nach links, ist da auch 'ne Mauer. Siehst du nach oben, ist da die Decke, siehst du nach unten, ist da der Fußboden. Hab vergessen, was ich getan hab, Lady. Hab dagesessen und mich immerzu besonnen, was ich eigentlich getan hab, und es ist mir nicht eingefallen, bis auf diesen Tag nicht. Hin und wieder mal hab ich gedacht, gleich müßt's mir einfallen, aber's ist mir nie eingefallen, nie.«

»Vielleicht sind Sie aus Versehen eingesperrt worden«, sagte die alte Dame unsicher.

»Nein, Ma'am«, sagte er, »'s war nicht aus Versehen. Sie hatten ja Papiere über mich.«

»Sie müssen was gestohlen haben«, sagte sie.

Der Gesetzlose grinste ein bißchen. »Keiner hatte Sachen, die ich hätt haben wollen«, sagte er. »Der Kopf-Doktor im Zuchthaus hat gesagt, was ich getan hab, nämlich meinen Papi totgeschlagen, aber das war 'ne Lüge, das wußt ich genau. Mein Papi ist neunzehnneunzehn an der Grippeepidemie gestorben, und da hatt ich gar nichts mit zu tun. Er liegt im Mount-Hopewell-Baptistenfriedhof begraben, und Sie können hingehn und sich selbst überzeugen.«

»Wenn Sie beten würden«, sagte die alte Dame, »würde Jesus Ihnen helfen.«

»Stimmt«, sagte der Gesetzlose.

»Nun also, und warum beten Sie nicht?« fragte sie und zitterte plötzlich vor Freude.

»Ich brauch keine Hilfe«, sagte er. »Ich kann sehr gut allein fertig werden.«

Bobby Lee und Hiram kamen gemächlich aus dem Wald zurück. Bobby Lee schleifte ein gelbes Hemd mit leuchtendblauen Papageien hinter sich her.

»Wirf das Hemd her, Bobby Lee!« sagte der Gesetzlose. Das Hemd kam auf ihn zugeflogen und landete auf seiner Schulter, und er zog es an. Die Großmutter konnte nicht sagen, woran das Hemd sie erinnerte. »Nein, Lady«, sagte der Gesetzlose, während er das Hemd zuknöpfte, »ich hab entdeckt, daß es nicht auf das Verbrechen ankommt. Man kann dies tun oder man kann das tun, einen Mann totschlagen oder einen Reifen von seinem Wagen stehlen, einerlei, denn früher oder später vergißt man, was man getan hat, und wird einfach dafür bestraft.«

Die Mutter der Kinder hatte angefangen, ächzende Geräusche von sich zu geben, als bekäme sie keine Luft. »Lady«, bat er, »würden Sie und das kleine Mädchen mit Bobby Lee und Hiram nach drüben gehn, wo Ihr Mann ist?«

»Ja, danke«, sagte die Mutter matt. Ihr linker Arm baumelte hilflos nieder, und auf dem andern trug sie das Baby, das eingeschlafen war. »Hilf der Lady mal, Hiram«, sagte der Gesetzlose, als sie sich abmühte, aus dem Graben herauszugelangen, »und Bobby Lee, du nimmst das kleine Mädchen an die Hand!«

»Ich will seine Hand nicht anfassen«, sagte June Star. »Er sieht aus wie ein Schwein!«

Der dicke Bursche wurde rot und lachte und erwischte sie beim Arm und zog sie in den Wald hinein, Hiram und der Mutter nach.

Nun war die Großmutter allein mit dem Gesetzlosen, und sie merkte, daß sie nicht mehr sprechen konnte. Es war keine Wolke am Himmel und auch keine Sonne. Es war nichts um sie her als Wald. Sie wollte ihm sagen, er müsse beten. Sie machte ihren Mund ein paarmal auf und zu, ehe sie etwas herausbrachte. Schließlich merkte sie, daß sie »Jesus, Jesus« sagte, und das sollte bedeuten, Jesus wird Ihnen helfen, aber nach dem, wie sie es sagte, konnte es auch ein Fluch sein.

»Jawohl, Ma'am«, sagte der Gesetzlose. »Jesus hat alles durcheinandergebracht. Bei Ihm war's der gleiche Fall wie bei mir, nur daß Er kein Verbrechen begangen hatte, und sie konnten beweisen, daß ich eins begangen hatte, denn sie hatten Papiere über mich. Natürlich haben sie mir niemals die Papiere gezeigt«, sagte er. »Deshalb setz ich jetzt immer meine Unterschrift hin. Ich hab mir schon vor vielen Jahren gesagt, such dir 'ne Unterschrift aus und unterschreibe alles und heb dir den Durchschlag davon auf. Dann weißt du, was du getan hast, und kannst das Verbrechen mit der Strafe vergleichen und sehen, ob sie zusammen taugen, und schließlich hast du Beweise, daß du nicht richtig behandelt worden bist. Ich nenne mich ›der Gesetzlose‹, denn was ich an Unrecht begangen hab, das taugt noch lange nicht für all das, was ich schon an Strafen hab erdulden müssen.«

Aus dem Wald kam ein durchdringender Schrei, auf den sofort ein Pistolenschuß folgte. »Finden Sie es richtig, Lady, daß ein Mensch furchtbar viel Strafen erdulden muß, und ein andrer wird überhaupt nicht bestraft?«

»Jesus!« schrie die alte Dame. »Sie sind von guter Herkunft! Ich weiß, daß Sie nicht auf eine Dame schießen würden! Sie stammen bestimmt aus einer netten Familie! Sie müssen beten! Jesus, Sie sollten nicht auf eine Dame schießen! Ich gebe Ihnen auch alles Geld, das ich habe!«

»Lady«, sagte der Gesetzlose und sah weit über sie hinweg in den Wald hinein, »noch nie hat jemand dem Leichenbestatter 'n Trinkgeld gegeben!«

Noch zweimal knallten Schüsse, und die Großmutter reckte ihren Kopf wie eine eingeschrumpelte alte Truthenne, die nach Wasser schreit, und jammerte »Bailey-Junge! Bailey-Junge!«, als ob ihr das Herz brechen wollte.

»Jesus war der einzige, der die Toten wieder zum Leben erweckt hat«, fuhr der Gesetzlose fort, »und Er hätt's nicht tun sollen. Er hat alles durcheinandergebracht. Wenn Er getan hat, was Er gelehrt hat, dann bleibt einem weiter nichts übrig, als alles wegzuwerfen und Ihm zu folgen, und wenn Er nicht getan hat, was Er gelehrt hat, dann bleibt einem weiter nichts übrig, als die paar Minuten, die man hat, so zu genießen, wie man nur kann: indem man jemand totschlägt oder sein Haus runterbrennt oder ihm sonst was Gemeines antut, 's gibt kein anderes Vergnügen, als 'ne Gemeinheit begehen!« sagte er, und seine Stimme war fast zu einem Fauchen geworden.

»Vielleicht hat Er gar nicht die Toten auferweckt«, brummelte die alte Dame, die nicht mehr wußte, was sie sagte, und sich so schwindlig fühlte, daß sie, die Beine unter sich verrenkt, in den Graben sank.

»Ich war nicht dabei, darum kann ich nicht behaupten, daß Er's nicht getan hat«, sagte der Gesetzlose. »Ich wünscht, ich wär dabeigewesen«, sagte er und hämmerte mit der Faust auf den Boden. »Es ist nicht recht, daß ich nicht dabeigewesen bin, denn wenn ich dabeigewesen wär, würde ich's wissen. Verstehn Sie, Lady«, sagte er mit hoher Stimme, »wenn ich dabeigewesen wär, würde ich's wissen, und dann wär ich nicht, wie ich jetzt bin.« Seine Stimme überschlug sich fast, und der Großmutter wurde es einen Augenblick klarer im Kopf. Sie sah dicht vor ihrem eigenen Gesicht das Gesicht des Mannes, das so verzerrt war, als wollte er zu weinen anfangen, und sie murmelte: »Aber, nicht doch, du bist ja mein Baby, bist ja eins von meinen Kindern!« Sie streckte die Hand aus und berührte ihn an der Schulter. Der Gesetzlose sprang zurück, als hätte ihn eine Schlange gebissen, und jagte ihr drei Schüsse in die Brust. Dann legte er seine Pistole auf den Boden und nahm seine Brille ab und begann sie zu putzen.

Hiram und Bobby Lee waren aus dem Wald zurückgekommen und standen oberhalb des Grabens; sie blickten auf die Großmutter herunter, die halb saß und halb lag, von einer Blutlache umgeben, und ihre Beine waren wie die eines Kindes unter ihr verschränkt, und ihr Gesicht lächelte zum wolkenlosen Himmel hinauf.

Ohne Brille waren die Augen des Gesetzlosen rotgerändert und fahl und wie hilflos. »Nehmt sie weg und werft sie dorthin, wo ihr die andern hingeworfen habt«, sagte er und hob die Katze auf, die sich an seinem Bein rieb.

»Die konnte reden, was?« sagte Bobby Lee, der mit einem Jodler die Böschung hinunterrutschte.

»Sie wär eine gute Frau gewesen«, sagte der Gesetzlose, »wenn jemand dagewesen wär, der sie jede Minute ihres Lebens totgeschossen hätte.«

»Guter Witz!« sagte Bobby Lee.

»Halt's Maul, Bobby Lee!« sagte der Gesetzlose. »Es gibt kein richtiges Vergnügen im Leben!«

Übersetzung von Elisabeth Schnack

JOHN UPDIKE

Dein Liebhaber
hat eben angerufen

Das Telefon klingelte, und Richard Maple, der einer Erkältung wegen an diesem Freitag zu Hause geblieben war, nahm den Hörer ab: »Hallo?« Am anderen Ende der Leitung wurde aufgelegt. Richard ging ins Schlafzimmer, wo Joan gerade das Bett machte, und sagte: »Dein Liebhaber hat eben angerufen.«

»Was hat er gesagt?«

»Nichts. Er hat aufgelegt. Er war erstaunt, daß ich zu Hause bin.«

»Vielleicht war es *deine* Geliebte.«

Trotz des Phlegmas, das seinen Kopf umwölkte, wußte er, daß da irgend etwas nicht stimmte, und er fand es heraus. »Wenn es *meine* Geliebte gewesen wäre«, sagte er, »warum sollte sie dann auflegen, wenn ich doch am Apparat war?«

Joan schlug das Laken aus, so daß es ein knallendes Geräusch machte. »Vielleicht liebt sie dich ja nicht mehr.«

»Was für ein lächerliches Gespräch.«

»Du hast angefangen.«

»Und was würdest du denn denken, wenn du an einem Wochentag ans Telefon gehst, und der Anrufer legt auf? Er erwartete eindeutig, daß du allein zu Hause bist.«

»Also gut, wenn du jetzt Zigaretten holen gehst, rufe ich ihn an und erkläre ihm, was los ist.«

»Du denkst, daß ich jetzt denke, du willst mich auf den Arm nehmen, aber ich weiß, daß genau das passieren *würde*.«

»Oha, komm, Dick. Wer sollte es schon sein? Freddie Vetter?«

»Oder Harry Saxon. Oder jemand, den ich gar nicht kenne. Ein alter Freund vom College, der nach Neuengland gezogen ist. Oder vielleicht der Milchmann. Ich höre dich manchmal mit ihm reden, während ich mich rasiere.«

»Wir sind von hungrigen Kindern umgeben. Er ist fünfzig Jahre alt, und Haare sprießen ihm aus den Ohren.«

»Wie bei deinem Vater. Du hast eine Schwäche für ältere Männer. Da war doch dieser Chaucer-Spezialist, als wir uns kennenlernten. Jedenfalls hast du in der letzten Zeit immer furchtbar glücklich getan. Du lächelst vor dich hin, wenn du deine Hausarbeit machst. Siehst du, da ist es wieder, das Lächeln!«

»Ich lächle«, sagte Joan, »weil du so verrückt bist. Ich habe keinen Liebhaber. Ich wüßte nicht, wo ich ihn unterbringen sollte. Meine Tage sind ausgefüllt damit, daß ich mich hingebungsvoll den Bedürfnissen meines Ehemannes und seiner zahlreichen Kinder widme.«

»Oh, dann bin ich es also, der dir all die Kinder gemacht hat? Während du dich nach einer Karriere als Modeschöpferin oder in der aufregenden Welt der Wirtschaft sehntest. In der Aeronautik vielleicht. Du hättest die erste Frau sein können, die eine Raketenspitze aus Titan entwickelte! Oder die den bisherigen Zyklus beim Weizenanbau sprengte! Joan Maple, Diplom-Landwirtin. Joan Maple, Geopolitikerin. Aber wegen des unzüchtigen Monsters, das sie irrtümlich heiratete, ist diese klarsichtige Bürgerin unserer stets so bedürftigen Republik ...«

»Dick, hast du Fieber gemessen? Ich habe dich seit Jahren nicht so faseln hören.«

»Ich bin seit Jahren nicht so hintergangen worden. Ich fand dieses *Klick* abscheulich. Dieses widerliche kleine Ich-kenne-deine-Frau-besser-als-du-*Klick*.«

»Es war vermutlich ein Kind. Wenn Mack heute abend zum Essen kommen soll, solltest du besser allmählich wieder gesund werden.«

»Es ist Mack, nicht? Dieser Hurensohn. Die Scheidung ist noch nicht ausgesprochen, und schon ruft er meine Frau an. Und dann schlägt er auch noch vor, sich an meinem Tisch vollzufressen, während ich leide.«

»Ich werde selber leiden. Du machst mich richtig krank.«

»Klar. Zuerst hänge ich dir Kinder an in meinem verrückten Verlangen nach Nachkommen, und dann mache ich dir Monatsbeschwerden.«

»Leg dich ins Bett. Ich bringe dir auch Orangensaft und in Streifen geschnittenen Toast, wie deine Mutter es immer gemacht hat.«

»Du bist süß.«

Während er es sich unter der Decke gemütlich machte, klingelte das Telefon wieder, und Joan nahm oben im Flur den Hörer ab. »Ja ... nein ... nein ... gut«, sagte sie und legte auf.

»Wer war es?« rief er.

»Jemand, der uns die *World Book Encyclopedia* verkaufen wollte«, rief sie zurück.

»Hört sich sehr glaubhaft an«, sagte er mit selbstgefälliger Ironie, und legte sich auf die Kissen zurück – überzeugt, daß er ungerecht war und daß es keinen Liebhaber gab.

Mack Dennis war ein schlichter, angenehmer, schüchterner Mann in ihrem Alter, dessen Ehefrau Eleanor in Wyoming auf Scheidung klagte. Er sprach von ihr mit einer beklemmenden Zärtlichkeit, wie von einer Lieblingstochter, die zum erstenmal in einem Ferienlager ist, oder wie von einem entschwundenen Engel, der gleichwohl engen elektronischen Kontakt mit der verschmähten Erde hält. »Sie sagt, sie hätten ein paar herrliche Gewitter gehabt. Die Kinder reiten jeden Morgen, abends spielen sie Karten, und um zehn sind sie im Bett. Gesundheitlich geht es allen besser denn je. Ellies Asthma ist verschwunden, und jetzt glaubt sie, die müsse allergisch gegen *mich* gewesen sein.«

»Du hättest dir alle Haare abschneiden lassen sollen und dich in Zellophan verpacken müssen«, sagte Richard zu ihm.

Joan fragte ihn: »Und wie steht es mit deiner Gesundheit? Ißt du genug? Du siehst dünn aus, Mack.«

»An den Abenden, an denen ich nicht in Boston bleibe«, sagte Mack, während er sich alle Taschen nach einem Päckchen Zigaretten abklopfte, »esse ich jetzt immer in dem Motel an der Route 33. Es ist das beste Essen in der Stadt jetzt, und du kannst den Kindern im Swimmingpool zusehen.« Er betrachtete seine leeren, nach oben gewandten Hände, als hätten sie eben noch eine Überraschung gehalten. Er vermißte seine Kinder – vielleicht war das die Überraschung.

»Ich habe auch keine Zigaretten mehr«, sagte Joan.

»Ich gehe und hole welche«, sagte Richard.

»Und irgend etwas mit Bitter Lemon aus dem Spirituosengeschäft.«

»Ich mixe inzwischen ein paar Martinis«, sagte Mack. »Ist es nicht wunderbar, daß wir wieder Martini-Wetter haben?«

Es war die Jahreszeit, in der es am Tage spätsommerlich und abends frühherbstlich ist. Der Abend senkte sich über die Stadt herab und ließ die Neonreklamen erstrahlen, als Richard sich auf den Weg machte. Sein heiserer Hals fühlte sich an, als wäre er in ihm zusammengefaltet wie ein Geheimnis; es machte ihn irgendwie unbekümmert und fröhlich, auf zu sein und draußen, nachdem er den Nachmittag im Bett verbracht hatte. Wieder zu Hause, parkte er am hinteren Zaun und ging über den Rasen, der von gefallenen Blättern raschelte, obwohl die Bäume über ihm noch dicht belaubt waren. Die erleuchteten Fenster seines Hauses wirkten golden und idyllisch; die Zimmer der Kinder befanden sich oben (das Gesicht Judiths, seiner älteren Tochter, schwebte gedankenverloren vor einem Stück Tapete vorbei, und ihre eckige rosa Hand griff nach oben, um eine Puppe in dem Regal zurechtzusetzen) und die Küche unten. In den Küchenfenstern, deren Licht fluoreszierte, wurde eine Scharade aufgeführt. Mack hielt einen Cocktailshaker in der Hand und goß den Inhalt in ein zum Teil vom Fensterrahmen verdecktes Gefäß, das Joan ihm mit langem weißem Arm hinhielt. Sie neigte anmutig den Kopf und sprach mit dem leicht vorgeschobenen Mund, der in Richards Augen typisch für sie war, wenn sie in den Spiegel sah oder sich mit ihren älteren Verwandten unterhielt oder sonst vorteilhaft zu erscheinen versuchte. Was sie gerade sagte, brachte Mack zum Lachen, so daß seine Hand beim Eingießen zitterte (der silberne Deckel des Shakers glitzerte, ein Tropfen der grünlichen Flüssigkeit wurde verschüttet). Er stellte den Shaker hin und streckte die Hände – dieselben Hände, denen vor einer Weile eine Überraschung entwichen zu sein schien – vor, in Schulterhöhe. Joan ging auf ihn zu, immer noch mit ihrem Glas in der Hand, und ihr Hinterkopf straff zu einem ovalen Knoten frisiert, mit feinen blonden Härchen im Nacken, verdeckte alles von Macks Gesicht mit Ausnahme der Augen, die sich schlossen. Sie küßten sich. Joans Kopf neigte sich zur einen Seite, Macks zur anderen, damit ihre Münder sich fester aufeinanderpressen konnten. Die anmutige Linie von Joans Schultern wurde weitergeführt durch die Linie ihres Armes, der das Glas sicher in der Luft hielt. Der andere Arm schlang sich um seinen Hals. Die offene Tür eines Schränkchens hinter ihnen ließ eine erstarrte Reihe aufrechter Pappschachteln sichtbar werden, deren Beschriftung Richard nicht lesen konnte, deren Farben jedoch ihren Inhalt verrieten – Cheerios, Wheat Honeys, Röstzwiebeln. Joan trat einen Schritt zurück und fuhr mit dem Zeigefinger Macks ganzen Schlips (ein sommerliches Schottenmuster) hinunter und beendete die Reise in der Nähe des Nabels mit einem leichten Stoß, der Zurückweisung oder auch Bedauern ausdrücken konnte. Sein Gesicht, blaß und schwammig im grellen vertikalen Licht, sah leicht amüsiert, aber auch entschlossen aus und bewegte sich zwei, drei Zentimeter auf das ihre zu. Die Szene hatte das faszinierende Zeitlupentempo von Unterwasserbewegungen, und zugleich etwas von der irren stummen Plötzlichkeit einer von der Straße aus wahrgenommenen Fernsehbildfolge. Judith kam ans Fenster oben, ohne ihren Vater zu bemerken, der im tiefen Schatten des Baumes stand. Sie trug ein Nachthemd aus zitronengelbem Tüll und kratzte sich unschuldig die Achselhöhle, während sie einen Nachtfalter beobachtete, der mit den Flügeln gegen ihr Fliegenfenster schlug; und auch das gab Richard das gewichtige, sein Herz bedrängende Gefühl, daß der stumme Akt des Zeugeseins ihn – wie ein Kind, das allein im Kino sitzt – dem verborgenen Wirken der Dinge gefährlich nahe gebracht hatte. In einem anderen Küchenfenster begann ein unbeachteter Teekessel zu dampfen und die Scheiben zu beschlagen. Joan sprach jetzt wieder; ihre vorgeschobenen Lippen schienen rasche kleine Brücken über eine schmaler werdende Kluft zu schlagen. Mack zögerte, zuckte mit den Schultern; sein Gesicht legte sich in Falten, als ob er französisch spräche. Joans Kopf schnellte zurück vor Lachen, und triumphierend warf sie den freien Arm nach vorn und war wieder in seiner Umarmung. Seine Hand, wie ein Stern auf ihrem schmalen Rücken ausgebreitet, schob sich nach unten, verschwand hinter der Kante der Arbeitsfläche aus Kunststoff und lag nun vermutlich auf ihrem Hintern.

Richard schlurfte so laut wie möglich die Betonstufen hinunter und stieß mit dem Fuß die Küchentür auf, um ihnen Zeit zu geben, auseinanderzugehen, bevor er eintrat. Vom anderen Ende der Küche her, kleiner als Kinder, sahen sie ihn mit verschwommenen, leeren Gesichtern an. Joan stellte den dampfenden Kessel ab, und Mack trottete auf ihn zu, um die Zigaretten zu bezahlen. Nach der dritten Martini-Runde löste sich die Befangenheit, und Richard sagte, die anklagende Heiserkeit seiner Stimme genießend: »Stellt euch mein Unbehagen vor. Krank, wie ich bin, gehe ich in die unfreundliche Nacht hinaus, um für meine Frau und meinen Gast Zigaretten zu besorgen, damit sie die Luft verschmutzen und den ohnehin schon ernsten Zustand meiner Bronchien noch verschlimmern können, und als ich durch den Garten zurückkomme, was seh ich da? Die beiden inszenieren das Kamasutra in meiner eigenen Küche. Es war, als sähe man einen Pornofilm, dessen Darsteller man kennt.«

»Wo siehst du heutzutage Pornofilme?« fragte Joan.

»Pah, Dick«, sagte Mack einfältig und rieb sich die Hüften in einer schnellen, bügelnden Bewegung. »Bloß ein brüderlicher Kuß. Eine brüderliche Umarmung. Ein uneigennütziger Tribut an den Charme deiner Frau.«

»Wirklich, Dick«, sagte Joan, »ich finde es schockierend und gemein von dir, draußen herumzulungern und in deine eigenen Fenster zu spähen.«

»Herumzulungern! Ich war starr vor Entsetzen. Es war ein regelrechtes Trauma. Meine erste Ur-Szene.« Ein tiefes Glücksgefühl dehnte ihn von innen her; die Reichweite seiner Worte und seines Witzes kam ihm unermeßlich vor, und die beiden anderen waren wie Puppen, wie Homunculi, die er fest in seiner Hand hatte.

»Wir haben so gut wie nichts gemacht«, sagte Joan und reckte den Kopf, als sei sie über all das erhaben; die Anspannung ließ die schöne Linie ihres Unterkiefers deutlich hervortreten, ihre Lippen schmollten.

»Oh, ich bin überzeugt, daß ihr nach euren Maßstäben kaum angefangen hattet. Ihr habt den möglichen Reichtum an Koitusstellungen kaum erst ausprobiert. Habt ihr gedacht, ich würde nie zurückkommen? Habt ihr meinen Drink vergiftet, und ich bin zu zäh zum Sterben, wie Rasputin?«

»Dick«, sagte Mack. »Joan liebt dich. Und wenn ich einen Mann liebe, dann dich. Joan und ich haben die Sache schon vor Jahren ausgefochten und beschlossen, nur gute Freunde zu sein.«

»Komm mir nicht irisch, Mack Dennis. ›Wenn ich einen Mann liebe, dann dich!‹ Verschwende keinen Gedanken an mich, Junge. Denk lieber an die arme Eleanor da draußen, wie sie auf die Scheidung von dir wartet und Tag für Tag auf diesen Gäulen rumhopst und Karten spielt, bis sie schwarz wird ...«

»Laßt uns essen«, sagte Joan. »Du hast mich so nervös gemacht, daß ich das Roastbeef wahrscheinlich zu lange gebraten habe. Wirklich, Dick, ich finde, du kannst dich nicht damit entschuldigen, daß du jetzt versuchst, es ins Lächerliche zu ziehen.«

Am nächsten Tag wachten die Maples verbittert und verkatert auf. Mack war bis zwei geblieben, um sich zu vergewissern, daß keinerlei Groll mehr bestand. Joan spielte am Sonnabendmorgen gewöhnlich mit anderen Damen Tennis, während Richard sich um die Kinder kümmerte; heute schon in weißen Shorts und Tennisschuhen, zögerte sie ihren Aufbruch hinaus, um zu streiten. »Es ist wirklich schrecklich von dir«, sagte sie zu Richard, »daß du versuchst, Mack und mir etwas anzudichten. Was willst du damit vertuschen?«

»Meine liebe Mrs. Maple, ich *sah* es«, sagte er, »ich *sah* durch meine eigenen Fenster, wie du eine sehr überzeugende Darstellung einer weiblichen Spinne, die sich den Unterleib kitzeln läßt, gabst. Wo hast du gelernt, so mit deinem Kopf zu flirten? Es war besser als Handpuppen.«

»Mack küßt mich immer in der Küche. Es ist eine Angewohnheit, es hat nichts zu bedeuten. Du weißt selbst, wie sehr er Eleanor liebt.«

»So sehr, daß er sich von ihr scheiden läßt. Seine Ergebenheit grenzt an Donquichotterie.«

»Die Scheidung ist ihre Idee, das weißt du. Er ist ein armer Kerl. Er tut mir leid.«

»Ja, das habe ich gesehen. Du warst wie das Rote Kreuz bei Verdun.«

»Ich wüßte ja nur gern, warum du dich so freust.«

»Ich mich freuen? Ich bin vernichtet.«

»Du bist entzückt. Betrachte dir dein Lächeln im Spiegel.«

»Du bist so unglaublich verstockt, daß ich schon annehme, es kann nur Ironie sein.«

Das Telefon klingelte. Joan nahm den Hörer ab und sagte »Hallo«, und Richard hörte das Klicken durch den ganzen Raum. Joan legte den Hörer wieder auf und sagte zu ihm: »Aha. Sie dachte, ich wäre schon fort, zum Tennisspielen.«

»Wer ist sie?«

»Das mußt du mir sagen. Deine Geliebte. Deine Liebhaberin.«

»Es war bestimmt dein Liebhaber, und irgend etwas in deiner Stimme hat ihn gewarnt.«

»Geh doch zu ihr!« schrie Joan plötzlich, in einem Ausbruch der gleichen trotzigen Energie, mit der sie an anderen verkaterten Vormittagen Berge von Hausarbeit bewältigte. »Geh zu ihr wie ein Mann und hör endlich auf, mich in etwas hineinzumanövrieren, was ich nicht verstehe! Ich habe keinen Liebhaber! Ich habe mich von Mack küssen lassen, weil er einsam und betrunken war! Hör endlich auf, mich interessanter zu machen, als ich bin! Ich bin nur eine völlig erledigte Hausfrau, die mit ein paar anderen abgespannten Frauen Tennis spielen möchte!«

Schweigend holte Richard aus dem Sportsachenschrank ihren Tennisschläger, der vor kurzem neu mit Naturdarm bespannt worden war. Er trug ihn mit dem Mund, wie ein Hund, der einen Stock apportiert, und legte ihn vor ihrem Tennisschuh ab. Richard, ihr älterer Sohn, ein sehniger Neunjähriger, der zur Zeit wie ein Besessener Batman-Karten sammelte, kam ins Wohnzimmer, wurde Zeuge dieser Pantomime und lachte, um seine Angst zu verbergen. »Dad, kann ich meine fünf Cent fürs Leeren der Papierkörbe haben?«

»Mommy geht Tennisspielen, Dickie«, sagte Richard und leckte den salzigen Geschmack des Tennisschlägers von seinen Lippen. »Wollen wir alle zusammen zum Fünf-Cent-Shop gehen und ein Batmobil kaufen?«

»Yippee«, sagte der kleine Junge mit matter Stimme und sah mit großen Augen zwischen seinen Eltern hin und her, als ob der Abstand zwischen ihnen plötzlich verräterisch geworden wäre.

Richard ging mit den Kindern in den Fünf-Cent-Shop, auf den Spielplatz und mittags zu einem Kiosk, wo es Hamburger gab. Diese unschuldigen Unternehmungen verwandelten die Rückstände von Alkohol und Trägheit in wollige Mattigkeit, so rein wie der Schlaf kleiner Kinder. Höflich nickte er, als sein Sohn ihm eine unendliche Geschichte erzählte: »... und dann, weißt du was, Dad, dann hatte der Pinguin einen Schirm, aus dem Rauch herauskam, das war toll, und dann waren da diese beiden anderen Kerle mit den komischen Masken in der Bank und ließen sie mit Wasser vollaufen, ich weiß nicht warum, damit sie auseinanderplatzte oder so, und Robin kletterte über diese rutschigen Stapel von halben Dollars, oder was das war, um von dem Wasser wegzukommen, und dann, weißt du was, Dad ...«

Wieder zu Hause, zerstreuten sich die Kinder in der Nachbarschaft, wobei sie der gleichen geheimnisvollen Strömung folgten, die an anderen Tagen den Garten hinter dem Haus mit unbekannten Bengeln füllte. Joan kam schweißglänzend und mit staubbedeckten Fußknöcheln vom Tennis zurück. Ihr Körper schwamm im rosigen Nachglühen der Anstrengung. Er schlug vor, sie sollten ein Mittagsschläfchen machen.

»Nur ein Schläfchen«, sagte sie warnend.

»Natürlich«, sagte er. »Ich habe meine Geliebte auf dem Spielplatz getroffen, und wir haben einander auf dem Abenteuerspielplatz befriedigt.«

»Marlene und ich haben Alice und Liz geschlagen. Von den dreien kann es keine gewesen sein, sie haben eine halbe Stunde auf mich gewartet.«

Im Bett – die Jalousien seltsamerweise gegen den hellen Nachmittag heruntergezogen, in einem Glas abgestandenen Wassers stiegen verstohlen Lichtblasen auf – fragte er sie: »Du glaubst, ich möchte dich interessanter machen, als du bist?«

»Natürlich. Du langweilst dich. Du hast mich und Mack absichtlich allein gelassen. Es war ganz und gar untypisch für dich, mit einer Erkältung rauszugehen.«

»Es ist traurig, dich in Gedanken ohne einen Liebhaber zu sehen.«

»Tut mir leid.«

»Du bist trotzdem ganz schön interessant. Hier, und hier, und hier.«

»Ich sagte doch: nur ein Schläfchen.«

Im oberen Flur, jenseits der geschlossenen Schlafzimmertür, klingelte das Telefon. Nach viermaligem Klingeln – eisige Speere, von fern her geschleudert – hörte es auf;

niemand war an den Apparat gegangen. Es entstand eine ratlose Pause. Dann ein zögerndes, fragendes *Ping*, als ob jemand im Vorübergehen an den Tisch gestoßen wäre, dem eine entschlossene Serie folgte, schrille Töne, gebieterisch und klagend, die erst nach dem zwölftenmal aufhörten; dann legte der Liebhaber auf.

Übersetzung von Karin Polz

JAMES BALDWIN

Sonnys Blues

Ich las in der Zeitung davon, in der Subway, auf dem Weg zur Schule. Ich las es, ich konnte es nicht glauben, und ich las es ein zweites Mal. Dann starrte ich wohl nur noch auf das Papier, auf die Buchstaben, die sich zu seinem Namen fügten, zu dieser Meldung fügten. Ich starrte auf die Zeitung, und in den schwankenden Lichtern des Subway-Wagens sah ich es vor mir, sah es in den Gesichtern und Leibern der Menschen, sah es in meinem eigenen Gesicht, gefangen in der Dunkelheit, die draußen vorbeidröhnte.

Man darf nicht alles glauben, sagte ich mir immer wieder auf dem Weg von der Subway-Station zur Schule. Und doch konnte ich nicht daran zweifeln. Ich hatte Angst – Angst um Sonny. Er war plötzlich wieder wirklich für mich geworden. Ein dicker Eisklumpen hatte sich in meinem Leib festgesetzt und schmolz dort ganz langsam, während ich meine Schüler in Algebra unterrichtete. Es war ein ganz besonderes Eis. Es schmolz und schmolz, schickte unaufhörlich Rinnsale von Eiswasser durch meine Adern und wurde doch nicht weniger. Manchmal verhärtete es sich und schien zu wachsen, bis ich das Gefühl hatte, die Eingeweide müßten mir aus dem Leib quellen oder ich müßte ersticken oder schreien. Das geschah immer dann, wenn ich an etwas dachte, was Sonny einmal gesagt oder getan hatte.

Als er im Alter meiner Schüler war, hatte er ein klares, offenes Gesicht gehabt mit viel Kupfer darin; er hatte wunderbar freimütige braune Augen gehabt und war sehr sanft, sehr still gewesen. Ich fragte mich, wie er jetzt aussehen mochte. Er war am Abend zuvor in einer Wohnung *downtown* verhaftet worden, weil man bei ihm Rauschgift entdeckt hatte.

Ich konnte es nicht glauben, und damit meine ich, daß ich in mir keinen Raum dafür fand. Ich hatte es lange Zeit von mir ferngehalten. Ich hatte nichts wissen wollen. Ich hegte einen Verdacht, aber ich gestand ihn mir nicht ein, schob ihn immer wieder beiseite. Ich sagte mir, Sonny sei zwar wild, aber gewiß nicht wahnsinnig. Und er war doch immer ein braver Junge gewesen, niemals grob oder bösartig oder respektlos, wie Kinder es so leicht, so schnell werden können – vor allem in Harlem. Ich weigerte mich, zu glauben, daß er, mein Bruder, jemals so tief fallen könnte, ins Nichts, daß alles Leuchten auf seinem Gesicht erlöschen und er sich in einem Zustand befinden würde, wie ich ihn schon bei so vielen anderen erlebt hatte. Und doch war es geschehen, und ich – ich stand als Algebralehrer vor Jungen, von denen sich möglicherweise jeder einzelne eine Spritze verpaßte, wenn er mal austreten ging. Was wußte denn ich? Vielleicht hatten sie davon mehr als von Algebra.

Höchstwahrscheinlich war auch Sonny noch im Schuljungenalter gewesen, als er zum erstenmal Rauschgift nahm. Meine Schüler lebten jetzt, wie wir damals gelebt hatten, sie wuchsen so schnell, daß ihre Köpfe unversehens an die niedrige Decke ihrer tatsächlichen Möglichkeiten stießen. Sie steckten voller Zorn. Alles, was sie wirklich kannten, waren zwei Arten von Dunkelheit: die Dunkelheit ihres Lebens, die sich jetzt um sie zu schließen begann, und die Dunkelheit der Filmleinwand, die sie blind gemacht hatte für jene andere Dunkelheit, und in der sie nun rachsüchtig träumten, in stärkerer Gemeinsamkeit als jemals sonst und gleichzeitig viel einsamer.

Als es zum Ende der letzten Stunde läutete, stieß ich erleichtert den Atem aus. Mir schien, ich hätte ihn die ganze

Zeit angehalten. Der Anzug klebte mir am Leibe – ich muß ausgesehen haben, als hätte ich, vollständig angekleidet, den Nachmittag in der Sauna verbracht. Lange saß ich allein im Klassenzimmer. Ich hörte, wie die Jungen draußen, unten, schrien und fluchten und lachten. Wohl zum erstenmal fiel mir ihr Lachen auf. Es war nicht das fröhliche Lachen, das man – Gott weiß, warum – mit Kindern verbindet. Es war höhnisch und herabsetzend, als Kränkung gedacht. Es war illusionslos, und das war es auch, was ihre Flüche so furchtbar machte. Vielleicht lauschte ich ihnen, weil ich über meinen Bruder nachdachte und in ihnen meinen Bruder hörte. Und mich selbst.

Einer der Jungen pfiff eine sehr komplizierte und zugleich sehr schlichte Melodie; sie schien seiner Kehle so mühelos zu entströmen, als sei er ein Vogel, und sie tönte sehr kühl und rührend durch die rauhe, klare Luft, gerade noch vernehmbar inmitten der anderen Geräusche.

Ich stand auf, trat ans Fenster und schaute hinab in den Hof. Es war Frühling, und die Jungen steckten voller Übermut. Hin und wieder ging ein Lehrer zwischen ihnen hindurch, eilig, als könne er es nicht erwarten, aus dem Schulhof herauszukommen, diesen Jungen den Rücken zu kehren, sie aus seinen Gedanken zu verbannen. Ich packte meine Sachen zusammen. Ich mußte nach Hause und mit Isabel sprechen.

Als ich hinunterkam, war der Hof fast leer. Im Schatten eines Torwegs sah ich einen Jungen stehen, der mich so stark an Sonny erinnerte, daß ich fast seinen Namen gerufen hätte. Aber es war nicht Sonny, sondern ein Bekannter von früher, ein Junge aus unserem Wohnblock. Er war mit Sonny befreundet gewesen. Mit mir nicht, weil er zu jung für mich war, und außerdem hatte ich ihn nie gemocht. Inzwischen war er natürlich längst erwachsen, aber er lungerte nach wie vor in unserer alten Gegend herum, stand stundenlang an Straßenecken, zerlumpt und immer voll Heroin. Von Zeit zu Zeit lief er mir über den Weg, und meistens gelang es ihm dann, mich um 25 oder 50 Cent zu erleichtern. Er war nie verlegen um eine gute Ausrede, und immer gab ich ihm das Geld – warum, das weiß ich nicht.

Jetzt aber haßte ich ihn auf einmal. Ich konnte es nicht ertragen, wie er mich ansah – sein Blick hatte etwas von einem Hund und etwas von einem verschlagenen Kind. Am liebsten hätte ich ihn gefragt, was, zum Teufel, er hier auf dem Schulhof zu suchen habe.

Er kam schlurfend auf mich zu und sagte: »Ach, du hast ja die Zeitung. Dann weißt du es also schon.«

»Was? Das mit Sonny? Ja, das weiß ich. Wieso haben sie dich nicht geschnappt?«

Er grinste, und das ließ ihn abstoßend wirken, erinnerte mich aber auch daran, wie er als Kind ausgesehen hatte. »Ich war nicht dabei. Mit dem Volk will ich nichts zu tun haben.«

»Dein Glück.« Ich gab ihm eine Zigarette und Feuer und sah ihn durch den Rauch hindurch scharf an. »Bist du den ganzen weiten Weg gekommen, nur um mir von Sonny zu erzählen?«

»Erraten.« Sein Kopf schwankte ein wenig, und mir schien, daß seine Augen einen leicht schielenden Blick hatten. Die helle Sonne machte seine feuchte, dunkle Haut stumpf und seine Augen gelb und zeigte den Schmutz in seinem krausen Haar. Er roch widerlich. Ich rückte ein wenig von ihm ab und sagte: »Na, dann vielen Dank. Aber ich wußte es ja schon, und jetzt muß ich nach Hause.«

»Ich bringe dich ein Stück«, sagte er und ging neben mir her. Im Hof trieben sich noch ein paar Schüler herum; einer von ihnen grüßte mich und musterte befremdet den Jungen an meiner Seite.

»Was wirst du tun?« fragte er mich. »Ich meine, wegen Sonny.«

»Hör mal, ich habe Sonny seit mindestens einem Jahr nicht mehr gesehen und weiß gar nicht, ob ich überhaupt etwas unternehme. Außerdem – was *kann* ich schon tun?«

»Stimmt«, bestätigte er hastig. »Nichts kannst du tun, überhaupt nichts. Dem Sonny ist nicht mehr zu helfen.«

Das war es, was ich mir insgeheim auch sagte, aber mir schien, er habe kein Recht, es in Worte zu fassen.

»Ich wundere mich«, fuhr er fort – er hatte eine sonderbare Art zu sprechen, blickte starr geradeaus, als rede er mit sich selber –, »ich habe Sonny für schlauer gehalten, ich dachte, er wäre zu schlau, um süchtig zu werden.«

»Das hat er wahrscheinlich auch gedacht«, erwiderte ich scharf, »und gerade deswegen ist er süchtig geworden. Und was ist mit dir? Du hältst dich für besonders schlau, was?«

Er sah mich offen an, nur einen Augenblick lang. »Ich bin nicht schlau«, sagte er. »Wenn ich schlau wäre, hätte ich schon längst 'ne Pistole genommen.«

»Hör mal, verschone *mich* mit deiner Leidensgeschichte. Wenn es nach mir ginge, würde ich dir sofort eine Pistole geben.« Doch dann schlug mir das Gewissen, und ich fühlte mich schuldig – vermutlich deshalb, weil mir nie in den Sinn gekommen war, daß dieser arme Kerl tatsächlich eine Geschichte *hatte*, noch dazu eine traurige, und ich fragte rasch: »Was werden sie jetzt mit ihm machen?«

Er antwortete nicht. Er war mit seinen Gedanken weit fort. »Komisch«, sagte er schließlich in einem Ton, als unterhielten wir uns über den kürzesten Weg nach Brooklyn, »als ich heute morgen die Zeitung las, da hab ich sofort überlegt, ob das irgendwie mit mir zusammenhängt. Ich hatte das Gefühl, ich wäre dran schuld.«

Jetzt hörte ich aufmerksamer zu. An der Ecke, ein paar Schritte entfernt, war die Subway-Station, und ich blieb stehen. Er machte ebenfalls halt. Wir standen vor einer Bar; er beugte sich ein wenig nach vorn und spähte ins Innere, aber derjenige, den er suchte, schien nicht da zu sein. Die Musikbox dröhnte etwas Schwarzes, Rhythmisches, und ich sah, wie die Kellnerin von der Musikbox zu ihrem Platz hinter der Theke tänzelte. Ich beobachtete ihr Gesicht, als sie lachend auf die Bemerkung eines Gastes antwortete und sich dabei noch immer im Takt der Musik bewegte. Wenn sie lächelte, entdeckte man das kleine Mädchen unter dem verlebten Gesicht dieses Wesens, das kaum mehr war als eine Hure, erahnte man die Verdammte, die sich noch immer gegen ihr Schicksal auflehnte.

»*Gegeben* habe ich Sonny nie was«, sagte der Junge, »aber einmal – ist schon lange her –, da bin ich voll Heroin in die Schule gekommen, und Sonny wollte wissen, was für ein Gefühl das ist.« Er hielt inne. Ich konnte es nicht ertragen, ihn anzusehen, ich beobachtete die Kellnerin, und ich lauschte auf die Musik, unter der das Pflaster zu beben schien. »Ein großartiges Gefühl, hab ich zu ihm gesagt.« Die Musik brach ab, die Kellnerin blieb stehen und sah hinüber zur Box, bis die Musik wieder einsetzte. »Ist es auch.«

Damit wurde ich in eine Richtung geschoben, die ich nicht einschlagen wollte. Ich hatte nicht den leisesten Wunsch, etwas über dieses Gefühl zu erfahren. Es bedrohte alles, die Menschen, die Häuser, die Musik, die dunkle, quecksilbrige Kellnerin, und diese Bedrohung war ihrer aller Wirklichkeit.

»Was werden sie jetzt mit ihm machen?« fragte ich nochmals.

»Sie bringen ihn irgendwohin zu einer Entziehungskur.« Er schüttelte den Kopf. »Zum Schluß glaubt er vielleicht sogar selber, daß er die Sucht losgeworden ist. Dann lassen sie ihn raus ...« Er warf seine Zigarette in den Rinnstein. »Das ist alles.«

»Was meinst du damit – ›das ist alles‹?«

Aber ich wußte, was er meinte.

»Na, eben *alles*.« Er wandte den Kopf und sah mich mit herabgezogenen Mundwinkeln an. »Weißt du wirklich nicht, was ich meine?« fragte er leise.

»Zum Teufel, woher soll ich wissen, was du meinst?« Ich sprach fast im Flüsterton und hatte keine Ahnung, warum.

»Stimmt«, sagte er in die Luft, »woher soll *er* wissen, was ich meine.« Er wandte sich mir zu, geduldig, gelassen, und ich hätte ihn schütteln mögen, schütteln, bis er auseinanderbrach. Wieder spürte ich den Eisklumpen in meinem Leib, das Entsetzen, das ich den ganzen Nachmittag gespürt hatte, und wieder beobachtete ich die Kellnerin, die hierhin und dorthin ging, Gläser wusch und dazu sang. »Paß auf. Die lassen ihn raus, und dann fängt alles von vorn an. Das hab ich gemeint.«

»Du meinst ... sie lassen ihn raus. Und dann macht er so lange, bis er wieder drin ist. Du meinst, er wird die Sucht nie loswerden. Wolltest du das damit sagen?«

»Genau«, erwiderte er fröhlich. »Du weißt also doch Bescheid.«

»Hör mal«, sagte ich, »warum will er eigentlich sterben? Er muß doch sterben wollen, er bringt sich ja um damit; aber warum nur?«

Er sah mich erstaunt an. Er leckte sich die Lippen. »Sterben? Ach was, kein Gedanke. Er will leben. Niemand will sterben – niemand.«

Fragen über Fragen brannten mir auf der Zunge – viel zu viele. Er hätte nicht antworten können, und wenn, dann hätte ich die Antworten nicht ertragen. Ich ging weiter. »Na ja, das ist wohl nicht meine Sache.«

»Wird ziemlich hart werden für Old Sonny«, sagte er. Wir kamen zur Subway-Station. »Mußt du hier einsteigen?« fragte er. Ich nickte, ging ein, zwei Stufen hinunter. »Verdammt!« rief er plötzlich. Ich sah zu ihm auf. Er grinste. »Mann, jetzt hab ich doch mein Geld zu Hause gelassen! Du hast wohl nicht zufällig einen Dollar bei dir? Nur für ein paar Tage.«

Auf einmal löste sich etwas in mir und drohte aus mir herauszuströmen. Ich haßte ihn nicht mehr. Mir war, als müßte ich in Tränen ausbrechen wie ein Kind.

»Natürlich«, antwortete ich, »das läßt sich machen.« Ich klappte meine Brieftasche auf, aber ich hatte keinen Dollar-Schein, nur einen Fünfer. »Da«, sagte ich. »Reicht das?«

Er sah den Schein nicht an – er wollte ihn nicht ansehen. Sein Gesicht bekam einen so verbissenen, so abweisenden Ausdruck, als wünsche er, die Zahl auf der Banknote vor sich und vor mir geheimzuhalten. »Danke«, murmelte er, und jetzt konnte er es kaum erwarten, daß ich endlich verschwand. »Und mach dir keine Sorgen wegen Sonny. Vielleicht schreib ich ihm mal oder so.«

»Ja«, sagte ich, »das tu nur. Bis bald.«

»Wiedersehen«, rief er mir nach, als ich die Treppe hinabstieg.

Ich schrieb sehr lange nicht an Sonny, und ich schickte ihm auch nichts. Als ich es schließlich doch tat, kurz nach dem Tod meiner kleinen Tochter, antwortete er mir mit einem Brief, der mir das Gefühl gab, ein Schuft zu sein.

Und dies schrieb er mir:

Lieber Bruder,

Du kannst Dir nicht vorstellen, wie sehr ich auf eine Nachricht von Dir gewartet habe. Ich wollte Dir schon so oft schreiben, und doch konnte ich mich nie dazu entschließen, weil mir klar war, wie weh ich Dir getan haben muß. Aber jetzt geht es mir wie einem, der aus einem ganz, ganz tiefen, dumpfen Loch rauszuklettern versucht und über sich für einen Augenblick die Sonne sieht. Ich muß raus aus dem Loch.

Wie ich hergekommen bin, darüber kann ich Dir nicht viel sagen. Ich meine, ich weiß nicht, wie ich es Dir sagen soll. Mir scheint, ich habe mich vor irgend etwas gefürchtet oder wollte vor irgend etwas davonlaufen, und bekanntlich ist der Kopf nie mein stärkster Körperteil gewesen (Lächeln). Ich bin nur froh, daß Mama und Daddy tot sind und nicht mit anzusehen brauchen, wie tief ihr Sohn gesunken ist, und ich schwöre, wenn ich gewußt hätte, was ich tat, dann hätte ich Dir niemals so weh getan, Dir und vielen anderen anständigen Leuten, die gut zu mir waren und an mich glaubten.

Denk bitte nicht, es hätte was damit zu tun, daß ich Musiker bin. Nein, es ist mehr als das. Vielleicht auch weniger. Ich kann hier gar nicht richtig denken, und ich versuche, nicht darüber nachzudenken, was aus mir werden soll, wenn ich wieder draußen bin. Manchmal denke ich, daß ich's *nie* schaffe, hier rauszukommen, und manchmal denke ich, es hat alles keinen Sinn, weil ich ja doch gleich hierher zurückkomme. Eines kann ich Dir sagen: Ehe ich das alles noch mal durchmache, schieße ich mir lieber eine Kugel in den Kopf. Aber das sagen angeblich alle. Wenn ich Dir schreibe, wann ich in New York ankomme, holst Du mich dann ab? Ich würde mich sehr darüber freuen. Grüß Isabel und die Kinder, und es hat mir so leid getan, das mit Eurer kleinen Gracie. Ich wollte, ich könnte so sein wie Mama und sagen, des Herrn Wille geschehe, aber ich weiß nicht, mir scheint, Kummer und Leid sind etwas, was nie aufhört, und ich kann mir nicht vorstellen, daß es einem hilft, wenn man alle Schuld auf Gott schiebt. Aber vielleicht hilft es denen, die daran glauben.

Dein Bruder
Sonny

Von da an blieb ich in Verbindung mit ihm und schickte ihm, was ich konnte. Ich holte ihn ab, als er in New York eintraf. Bei seinem Anblick stiegen Erinnerungen in mir auf, Erinnerungen an Dinge, die ich längst vergessen zu haben glaubte. Der Grund dafür war, daß ich endlich begonnen hatte, über Sonny nachzudenken, über das Leben, das er *innerlich* lebte. Dieses Leben, wie es auch aussehen mochte, hatte ihn älter und magerer gemacht, und es hatte die stille Zurückhaltung verstärkt, die ihm von jeher eigen gewesen war. Er sah gar nicht mehr aus wie mein kleiner Bruder. Nur als er lachte, während wir uns die Hände schüttelten, spähte der kleine Bruder, den ich nie richtig gekannt hatte, aus den Tiefen seines Wesens hervor wie ein Tier, das darauf wartet, ans Licht gelockt zu werden.

»Wie geht's dir?« fragte er mich.

»Gut, danke. Und dir?«

»Ach, prima.« Sein Gesicht war ein einziges Lächeln. »Schön, dich wiederzusehen.«

»Ich bin froh, daß du da bist.«

Die sieben Jahre Altersunterschied lagen zwischen uns wie ein Abgrund: Ich fragte mich, ob diese Jahre jemals eine Brücke bilden konnten. Mir fiel ein – und die Erinnerung schnürte mir die Kehle zu –, daß ich dabeigewesen war, als er geboren wurde, und daß ich seine ersten Worte gehört hatte. Als er laufen lernte, tapste er von unserer Mutter zu mir. Ich erwischte ihn gerade noch, als er das Gleichgewicht verlor, fing ihn auf nach den ersten Schritten seines Lebens.

»Wie geht's Isabel?«

»Gut. Sie freut sich auf dich.«

»Und die Jungen?«

»Die sind gesund und munter. Sie können's kaum erwarten, ihren Onkel wiederzusehen.«

»Na, hör mal! Die erinnern sich doch bestimmt nicht mehr an mich.«

»Sei nicht albern! Natürlich erinnern sie sich.«

Wieder grinste er. Wir nahmen ein Taxi. Wir hatten uns viel zu sagen, so viel, daß wir nicht wußten, wo wir anfangen sollten.

Als das Taxi anfuhr, sagte ich: »Möchtest du immer noch nach Indien?«

Er lachte. »Das weißt du noch? Nein, lieber nicht. Dieses Land hier ist mir abenteuerlich genug.«

Als Junge – er war damals etwa vierzehn – hatte er unbedingt nach Indien gehen wollen. Er hatte Bücher gelesen über Leute, die bei jedem Wetter, meistens natürlich bei schlechtem, splitternackt auf einem Felsen saßen und die barfuß über glühende Kohlen gingen, um zur Weisheit zu gelangen. Ich neckte ihn immer und behauptete, dieses Verhalten lasse eher darauf schließen, daß sich die Inder im Eilschritt von der Weisheit entfernten. Ich glaube, er verachtete mich dafür.

»Hast du was dagegen«, fragte er mich jetzt, »wenn wir uns am Park entlangfahren lassen? Auf der West Side – ich habe so lange nichts von der Stadt gesehen.«

»Ja, das ist ein guter Gedanke«, stimmte ich zu. Ich fürchtete, es könne aussehen, als wollte ich ihm in allem seinen Willen lassen, aber ich hoffte, daß er es nicht so auffassen würde.

So fuhren wir also zwischen dem grünen Park und der steinernen, leblosen Vornehmheit der Hotels und Apartmenthäuser dahin, und dann durch die lebensvollen, todbringenden Straßen unserer Kindheit. Diese Straßen hatten sich nicht verändert, obgleich jetzt überall Hochhäuser aufragten, die wie Felsen inmitten einer kochenden See wirkten. Von den Häusern, in denen wir und unsere Schulkameraden gewohnt hatten, waren die meisten verschwunden, ebenso wie die Läden, aus denen wir gestohlen, die Keller, in denen wir zum erstenmal Sex probiert, die Dächer, von denen wir Blechdosen und Ziegelsteine geworfen hatten. Aber noch immer beherrschten Häuser wie die unserer Kindheit das Straßenbild, kamen Jungen, die – wie wir damals – in diesen Häusern zu ersticken glaubten, auf die Straße heraus, suchten Licht und Luft und liefen dem Unheil in die Hände. Einige entrannen dieser Falle, die meisten nicht. Wer sich retten konnte, der ließ immer ein Stück von sich zurück, so wie manche Tiere, um mit dem Leben davonzukommen, ein Bein in der Falle zurücklassen. Man hätte sagen können, daß ich zu den glücklich Entronnenen gehörte, denn ich war ja Lehrer; oder daß Sonny entkommen war, denn er wohnte seit Jahren nicht mehr in Harlem. Und doch, als nun das Taxi nach Norden fuhr, durch Straßen, die sich schlagartig mit dunklen Gesichtern zu verdunkeln schienen, und als ich Sonny verstohlen beobachtete, da wurde mir klar, daß wir beide – jeder durch sein Taxifenster – jenen Teil unseres Selbst suchten, den wir zurückgelassen hatten. Es ist stets die Stunde des Leides und der Prüfung, in der das abgetrennte Glied zu schmerzen beginnt.

Wir kamen zur 110th Street und fuhren die Lenox Avenue hinauf. Ich kannte diese Avenue seit meiner frühesten Kindheit, aber jetzt erschien sie mir wieder so wie damals, an dem Tag, als ich zum erstenmal von Sonnys Not hörte: bedrohlich, voll versteckter Gefahr, die ihr ureigener Lebensodem war.

»Gleich sind wir da«, sagte Sonny.

»Ja, gleich.« Mehr sprachen wir nicht miteinander, wir waren beide zu nervös.

Wir leben in einer Wohnsiedlung, die noch nicht sehr lange steht. Einige Tage nach der Vollendung sah sie geradezu unbewohnbar neu aus, jetzt aber ist sie schon ziemlich heruntergekommen. Sie wirkt wie eine Parodie auf das anständige, saubere, gesichtslose Leben – und Gott weiß, daß ihre Bewohner sich redlich bemühen, eine Parodie daraus zu machen. Das müde aussehende Gras, das niedergedrückt daliegt, kann ihr Leben nicht zum Grünen bringen, die Hecken werden die Straße nie aussperren können, und alle wissen das. Die großen Fenster vermögen niemanden zu täuschen, sie sind nicht groß genug, die Enge in Weite zu verwandeln. Hier legt niemand Wert auf Fenster, hier starrt man statt dessen in den Fernseher. Der Spielplatz ist besonders beliebt bei jenen Kindern, die nicht mehr mit Murmeln spielen oder seilspringen oder schaukeln, und man trifft sie dort nach Einbruch der Dunkelheit. Wir zogen hier ein, weil meine Schule nicht allzu weit entfernt ist und vor allem wegen der Kinder; im Grunde aber ist diese Siedlung nicht anders als die Häuser, in denen Sonny und ich groß wurden. Es geschieht hier genau das gleiche wie dort, und meine Söhne werden später die gleichen Erinnerungen haben wie ihr Vater. Als Sonny und ich das Haus betraten, war mir, als brächte ich ihn nur zurück in die Gefahr, der er zu entfliehen versucht hatte, ein Versuch, bei dem er beinahe ums Leben gekommen wäre.

Sonny ist nie gesprächig gewesen. Daher kann ich nicht sagen, weshalb ich am ersten Abend nach dem Essen glaubte, er brenne darauf, mit mir zu reden. Alles war gut gegangen, unser Großer hatte ihn sofort wiedererkannt, der Kleine mochte ihn, und Sonny hatte auch nicht vergessen, den beiden etwas mitzubringen; Isabel, die im Grunde viel netter ist als ich, aufgeschlossener und großzügiger, hatte sich mit dem Essen große Mühe gegeben und freute sich aufrichtig, daß Sonny gekommen war. Sie hat es von jeher besser verstanden als ich, Sonny zum Lachen zu bringen. Es war schön, zu sehen, wie ihr Gesicht sich belebte, zu hören, wie sie lachte, und zu beobachten, wie sie Sonny neckte, ihn aufheiterte. Sie war nicht im geringsten nervös oder verlegen – jedenfalls schien es mir so. Sie plauderte, als gebe es kein Thema, das man meiden mußte, und sie half Sonny über die erste leichte Gezwungenheit hinweg. Ich dankte Gott dafür, denn ich war wieder ganz erfüllt von diesem eiskalten Entsetzen. Alles, was ich tat, erschien mir ungeschickt, alles, was ich sagte, klang, als sei es schwer von verborgener Bedeutung. Ich rief mir ins Gedächtnis zurück, was ich über Rauschgiftsucht gehört hatte, und ich konnte nicht anders – ich mußte bei Sonny nach Anzeichen forschen. Nicht etwa, daß ich meinem Bruder mißtraut hätte. Ich wollte nur herausfinden, wie es um ihn stand. Ich wollte endlich von ihm hören, daß er in Sicherheit war.

»Sicherheit!« pflegte mein Vater zu knurren, wenn Mama vorschlug, in ein Viertel zu ziehen, das für Kinder sicherer war. »Schöne Sicherheit! Kinder sind nirgends sicher, und andere Leute auch nicht.«

Er schimpfte gern vor sich hin, aber er war gar nicht so schlimm, wie er tat, nicht einmal am Wochenende, wenn er betrunken nach Hause kam. Und er war auch stets auf der Suche nach ›etwas Besserem‹, aber er starb, bevor er es fand. Er starb plötzlich, auf einer Wochenend-Sauftour, mitten im Krieg, als Sonny fünfzehn war. Er und Sonny hatten sich nie sehr gut vertragen. Und das lag zum Teil daran, daß Sonny unseres Vaters Augapfel war. Nur weil er Sonny so liebte und so große Angst um ihn hatte, hackte er dauernd auf ihm herum. Es hat keinen Zweck, mit Sonny zu streiten. Sonny zieht sich einfach zurück, in sich selbst, wo man ihn nicht erreichen kann. Der Hauptgrund für ihre dauernden Meinungsverschiedenheiten war jedoch, daß sie soviel Ähnlichkeit miteinander hatten. Daddy war groß und grob und laut, genau das Gegenteil von Sonny, aber sie waren beide so ... distanziert.

Kurz nach Daddys Tod versuchte Mama, mir etwas darüber zu erzählen. Ich war zu Hause, auf Urlaub vom Militär.

Damals sah ich meine Mutter zum letztenmal. Gleichwohl vermischt sich in meinen Gedanken dieses Bild mit Bildern von ihr aus jüngeren Jahren. Ich habe sie immer so vor Augen, wie sie am Sonntagnachmittag aussah, wenn sich die Älteren nach dem großen Sonntagsessen im Wohnzimmer unterhielten. In meiner Erinnerung trägt sie immer ein hellblaues Kleid. Sie sitzt auf dem Sofa. Und mein Vater sitzt nicht weit von ihr in dem großen Sessel. Das Zimmer ist voll von Verwandten und Leuten, die in der Kirche waren. Da sitzen sie auf den Wohnzimmerstühlen, und draußen kriecht die Nacht herauf, aber noch merkt das niemand. Man sieht die Dunkelheit vor den Fensterscheiben wachsen, und gelegentlich hört man Verkehrsgeräusche oder auch von einer der nahen Kirchen das rhythmische Rasseln eines Tamburins, aber im Zimmer ist es sehr still. Eine Zeitlang spricht niemand. Alle Gesichter werden dunkler, genau wie der Himmel. Meine Mutter wiegt sich aus der Hüfte ein wenig vor und zurück, und mein Vater hat die Augen geschlossen. Alle sehen etwas, was Kinder nicht sehen können. Für eine Weile sind die Kinder vergessen. Eines von ihnen liegt vielleicht auf dem Teppich, halb im Schlaf. Ein anderes sitzt vielleicht auf dem Schoß eines Erwachsenen, der ihm gedankenverloren den Kopf streichelt. Ein drittes Kind hat sich vielleicht in dem tiefen Sessel, der in der Ecke steht, zusammengerollt und blickt stumm, mit großen Augen umher. Die Stille, die hereinbrechende Nacht und die Dunkelheit in den Gesichtern flößen dem Kind dumpfe Angst ein. Es hofft, daß die Hand, die seine Stirn streichelt, nie mehr innehält – niemals stirbt. Es hofft, daß niemals die Zeit kommt, da die Alten nicht mehr im Wohnzimmer sitzen und erzählen, woher sie stammen, was sie gesehen haben, was ihnen und ihren Familien geschehen ist.

Tief im Herzen jedoch weiß das Kind, daß dies einmal enden muß, daß sich das Ende schon nähert. Gleich wird jemand aufstehen und Licht machen. Dann besinnen die Alten sich auf die Kinder, und an diesem Tag unterhalten sie sich nicht mehr. Und sobald das Zimmer von Licht erfüllt ist, wird es in dem Kind dunkel. Es weiß, daß es jedesmal, wenn dies geschieht, der Dunkelheit draußen ein Stückchen näher rückt. Die Dunkelheit draußen, das ist es, wovon die Alten gesprochen haben. Das ist es, woher sie stammen. Das ist es, was sie erleiden. Das Kind weiß, daß sie nicht weitersprechen werden, denn wenn es zuviel von dem erfährt, was *ihnen* geschehen ist, erfährt es vorzeitig zuviel über das, was *ihm* geschehen wird.

Ich weiß noch, daß ich ruhelos war, als ich zum letztenmal mit meiner Mutter sprach. Ich wollte fort, wollte zu Isabel. Damals waren wir noch nicht verheiratet und hatten eine Menge miteinander zu bereden.

Mama saß am Fenster, ganz in Schwarz. Sie summte ein altes Kirchenlied: *Lord, you brought me from a long ways off.* Sonny war nicht zu Hause. Mama spähte von Zeit zu Zeit hinaus auf die Straße.

»Ich weiß nicht«, sagte sie, »vielleicht sehe ich dich nie wieder, wenn du jetzt weggehst. Aber ich hoffe, daß du niemals vergißt, was ich versucht habe, dich zu lehren.«

»So darfst du nicht reden, Mama«, widersprach ich lächelnd. »Du wirst noch lange bei uns bleiben.«

Sie lächelte ebenfalls, und wir blieben eine Weile stumm. Schließlich sagte ich: »Mama, du brauchst dir keine Sorgen zu machen. Ich werde dir sehr oft schreiben, und dann bekommst du ja auch die Schecks ...«

»Ich möchte mit dir über deinen Bruder reden«, unterbrach sie mich plötzlich. »Wenn mir was zustößt, ist keiner mehr da, der auf ihn aufpaßt.«

»Mama«, sagte ich, »dir wird nichts zustoßen, und Sonny auch nicht. Sonny ist in Ordnung. Er ist ein guter Junge und hat Verstand.«

»Es geht nicht darum, ob er ein guter Junge ist«, erwiderte Mama, »und auch nicht darum, ob er Verstand hat. Es sind nicht immer die Schlechten und Dummen, die untergehen.« Sie hielt inne und sah mich an. »Dein Daddy hat einen Bruder gehabt«, sagte sie, und ihr Lächeln verriet mir, daß sie litt. »Das wußtest du nicht, wie?«

»Nein«, antwortete ich, »das wußte ich nicht«, und ich betrachtete ihr Gesicht.

»O ja, dein Daddy hat einen Bruder gehabt.« Wieder spähte sie aus dem Fenster. »Ich weiß, du hast deinen Daddy nie weinen sehen. Du nicht, aber ich – sehr oft in all den Jahren.«

Ich fragte: »Was ist denn aus seinem Bruder geworden? Warum habt ihr nie von ihm gesprochen?«

Zum erstenmal fiel mir auf, daß meine Mutter alt aussah.

»Er ist getötet worden«, sagte sie. »Er war damals ein bißchen jünger, als du jetzt bist. Ich habe ihn noch gekannt. Ein prächtiger Bursche. Vielleicht ein bißchen zu übermütig, aber er hat keinem Menschen etwas zuleide getan.«

Sie schwieg eine Weile, und es war still im Zimmer, genau wie manchmal an jenen Sonntagnachmittagen. Mama blickte hinaus auf die Straße.

»Er war in der Mühle angestellt«, sprach sie weiter, »und wie alle jungen Leute wollte er sich am Samstagabend austoben. Samstags abends zogen die beiden, er und dein Vater, immer los, zum Tanzen und so, oder sie saßen mit Bekannten zusammen, und dein Onkel sang – er hatte eine schöne Stimme – und spielte dazu auf seiner Gitarre. Ja, und an diesem einen Samstagabend waren er und dein Vater schon auf dem Heimweg, beide ein bißchen betrunken, und der Mond schien, es war hell wie am Tag. Dein Onkel war sehr vergnügt, er pfiff vor sich hin, und die Gitarre hatte er über die Schulter gehängt. Sie kamen an einen Abhang, und unten war die Straße, die vom Highway abzweigte. Ja, und dein

Onkel, ausgelassen, wie er war, wollte unbedingt den Abhang runterrennen, und das tat er auch. Die Gitarre hüpfte ihm dröhnend auf dem Rücken, und er lief über die Straße und stellte sich hinter einen Baum, um Wasser zu lassen. Dein Vater lachte über ihn und folgte ihm den Abhang hinab, aber langsamer. Er hörte ein Auto, und gleichzeitig trat sein Bruder im Mondlicht hinter dem Baum hervor auf die Straße. Er wollte sie überqueren, und dein Vater fing an zu laufen, den Hang hinunter, ohne daß er gewußt hätte, warum. In dem Auto saßen lauter Weiße. Sie waren betrunken, und als sie deinen Onkel sahen, fingen sie an zu grölen und zu brüllen und lenkten den Wagen direkt auf ihn zu. Sie wollten sich wohl nur einen Spaß machen und ihn erschrecken, wie sie es manchmal tun. Aber sie waren betrunken. Und der Junge, der ja auch nicht ganz nüchtern war und außerdem schreckliche Angst hatte, muß den Kopf verloren haben. Als er zurückspringen wollte, war es zu spät. Dein Vater hat gehört, wie sein Bruder schrie, als der Wagen über ihn wegrollte, und er hat gehört, wie das Holz der Gitarre splitterte, und er hat gehört, wie die Saiten rissen, und er hat gehört, wie die Weißen johlten, aber der Wagen raste weiter und hat bis heute nicht angehalten. Als dein Vater unten ankam, war sein Bruder nur noch eine blutige Masse.«

Tränen glitzerten auf dem Gesicht meiner Mutter. Ich brachte kein Wort heraus.

»Er hat nie davon gesprochen«, fuhr sie fort, »weil ich nicht wollte, daß ihr Kinder es hört. Damals, in jener Nacht, und auch später noch in vielen Nächten, war euer Daddy wie von Sinnen. Er sagte, daß er nie im Leben etwas so Dunkles gesehen hätte wie diese Straße, nachdem die Lichter des Autos verschwunden waren. Nichts und niemand war auf der Straße, nur euer Daddy und sein Bruder und die zerbrochene Gitarre. Ach, ja ... Euer Daddy hat sich nie mehr davon erholt. Bis zu dem Tag, an dem er starb, hatte er jeden Weißen im Verdacht, daß er der Mörder seines Bruders war.«

Sie zog ihr Taschentuch heraus und trocknete sich die Augen und sah mich an.

»Ich erzähle dir das nicht«, sagte sie, »damit du Angst kriegst oder bitter wirst oder Haßgefühle bekommst. Ich erzähle es dir, weil du einen Bruder hast. Und weil die Welt sich nicht verändert hat.«

Ich wollte das nicht glauben, und sie sah es mir wohl an. Sie wandte sich von mir ab, wieder dem Fenster zu.

»Aber ich preise meinen Erlöser«, sagte sie schließlich, »daß Er euren Daddy vor mir heimgeholt hat. Nicht daß ich mich loben will, aber eines steht fest: Ich habe eurem Vater geholfen, heil durch diese Welt zu kommen, und das zu wissen ist mir ein großer Trost. Euer Vater hat immer getan, als wäre er der härteste, stärkste Mann auf Erden. Und alle haben es ihm geglaubt. Aber wenn er *mich* nicht gehabt hätte – um seine Tränen zu sehen …«

Sie weinte wieder. Ich konnte mich noch immer nicht rühren. »Mein Gott, Mama«, stieß ich hervor, »ich hatte ja keine Ahnung …«

»Ach, mein Junge«, sagte sie, »es gibt eine Menge, wovon du nichts weißt. Aber du wirst es noch lernen.« Sie erhob sich von ihrem Platz am Fenster und kam auf mich zu. »Du mußt deinem Bruder helfen. Laß ihn nicht fallen, ganz gleich, was mit ihm geschieht, und ganz gleich, wie böse du auf ihn bist. Du wirst sehr oft böse auf ihn sein. Aber du darfst niemals vergessen, was ich dir gesagt habe, hörst du?«

»Ich vergesse es nicht«, antwortete ich. »Keine Angst, ich vergesse es nicht. Ich passe auf, daß Sonny nichts zustößt.«

Meine Mutter lächelte, als sei sie belustigt über etwas, was sie in meinem Gesicht sah. Dann sagte sie: »Verhindern kannst du wahrscheinlich nichts, gar nichts. Aber er muß wissen, daß du immer für ihn da bist.«

Zwei Tage später heirateten wir, und dann mußte ich fort. Und da so vieles auf mich einstürmte, vergaß ich das Versprechen, das ich Mama gegeben hatte, bis ich auf Sonderurlaub zu ihrer Beerdigung nach Hause kam.

Nach der Beerdigung, als ich mit Sonny allein in der leeren Küche saß, versuchte ich, etwas mehr über ihn zu erfahren.

»Wie sieht's denn mit einem Beruf für dich aus?« fragte ich ihn.

»Ich werde Musiker«, verkündete er.

Denn er hatte sich in der Zeit meiner Abwesenheit entwickelt: Früher hatte er nur zu den Klängen der Musikbox getanzt, jetzt wußte er genau, wer welches Instrument spielte und wie er es handhabte, und er hatte sich einen Satz Trommeln gekauft.

»Du willst also Schlagzeuger werden?« Irgendwie hatte ich das Gefühl, für andere Leute möge dieser Beruf schön und gut sein, nicht aber für meinen Bruder Sonny.

Er sah mich an. »Ich glaube nicht, daß ich jemals ein guter Schlagzeuger werde. Aber ich glaube, ich kann Klavier spielen.«

Ich runzelte die Stirn. Bisher hatte ich die Rolle des großen Bruders nicht sehr ernst genommen, und im Grunde hatte ich Sonny kaum je etwas *gefragt*. Jetzt spürte ich, daß ich vor einer Aufgabe stand, mit der ich nicht fertig wurde, weil ich sie nicht begriff. Also blickte ich noch finsterer drein und fragte: »Und was für ein Musiker willst du werden?«

Er grinste. »Wie viele Sorten gibt's denn?«

»Sei doch mal *ernst*«, verlangte ich.

Er lachte mit zurückgeworfenem Kopf; dann blickte er mich an. »Ich *bin* ernst.«

»Na, dann laß gefälligst die Albernheiten und beantworte mir eine ernsthafte Frage. Was ich wissen möchte, ist dies: Willst du Konzertpianist werden, willst du klassische Musik spielen oder ... oder was sonst?« Ich hatte noch nicht ausgesprochen, da grinste er schon wieder. »Zum Donnerwetter, Sonny!«

Er riß sich zusammen, aber es fiel ihm schwer. »Entschuldige. Es ist nur, weil deine Stimme so ... so *besorgt* klingt!« Und er krümmte sich vor Lachen.

»Na schön, Kleiner, jetzt mag es dir komisch vorkommen, aber es ist bestimmt nicht mehr komisch, wenn du dir deinen Lebensunterhalt verdienen mußt, das laß dir gesagt sein.« Ich war wütend, weil ich wußte, daß er mich auslachte, und weil ich nicht wußte, weshalb.

»Nein –« er hatte sich inzwischen beruhigt, und vielleicht spielte auch die Angst mit, er könne mich gekränkt haben – »nein, klassische Musik kommt für mich nicht in Frage. So was interessiert mich nicht. Ich meine ...« Er hielt inne und sah mich eindringlich an, als könnten seine Augen mir helfen, ihn zu verstehen; dann schwenkte er vage die Hand, als hoffe er, mir mit dieser Geste das Verständnis zu erleichtern. »Ich meine, ich muß noch tüchtig lernen, und ich muß *alles* lernen, verstehst du, aber ich möchte mit ... mit Jazzmusikern spielen.« Und nach einer Pause: »Ich möchte Jazz spielen.«

Dieses Wort hatte noch nie so gewichtig, so real geklungen wie an jenem Nachmittag in Sonnys Mund. Ich sah ihn schweigend an, und jetzt machte ich wohl ein wahrhaft finsteres Gesicht. Ich konnte einfach nicht begreifen, warum er sein Leben damit verbringen wollte, in Nightclubs allerlei Faxen auf dem Musikpodium zu treiben, während sich die Leute auf der Tanzfläche hin und her schoben. Ich fand es irgendwie ... erniedrigend. Ich hatte noch nie darüber nachgedacht, war niemals dazu gezwungen gewesen, aber ich glaube, ich hatte Jazzmusiker immer als das betrachtet, was Daddy »lockeres Volk« nannte.

»Ist das dein Ernst?«

»Ja, ja, ja! Natürlich ist es mein Ernst.«

Er sah unendlich hilflos aus und wütend und tief gekränkt.

Ich wollte ihm helfen. »Du meinst – wie Louis Armstrong?«

Seine Miene wurde verbissen, als hätte ich ihn geschlagen. »Nein. Diesen *old time-* und *down home*-Mist, den meine ich nicht.«

»Entschuldige, Sonny, sollte keine Beleidigung sein. Ich kenne mich da nicht so genau aus. Sag doch mal einen Namen – weißt du, einen Jazzmusiker, den du bewunderst.«

»Bird.«

»Wer?«

»Bird! Charlie Parker! Lernt ihr denn gar nichts in eurer dämlichen Army?«

Ich zündete mir eine Zigarette an. Erstaunt und auch ein wenig belustigt stellte ich fest, daß ich zitterte. »Ich bin nicht mehr auf dem laufenden«, sagte ich. »Du mußt Geduld mit mir haben. Also: Wer ist dieser Parker?«

»Einer der größten lebenden Jazzmusiker«, antwortete Sonny mürrisch. Er stand mit dem Rücken zu mir und hatte die Hände in den Taschen. »Vielleicht *der* größte überhaupt«, fügte er bitter hinzu, »und darum hast *du* auch noch nie von ihm gehört.«

»Also gut«, lenkte ich ein, »ich bin ungebildet. Tut mir leid. Ich werde sofort hingehen und mir alle Platten von dem Kerl kaufen – okay?«

»Das«, entgegnete Sonny würdevoll, »ist mir vollkommen egal. Mir ist es gleich, was du dir anhörst. Mir zuliebe brauchst du's bestimmt nicht zu tun.«

Langsam wurde mir klar, daß ich ihn noch nie so erregt gesehen hatte. Und in Gedanken sagte ich mir, daß dies vermutlich eine der Phasen sei, die alle jungen Menschen durchmachen, und daß ich der Sache keine übermäßige Bedeutung verleihen dürfe, indem ich zu großes Interesse bekundete. Trotzdem hielt ich es für richtig, ihn zu fragen: »Brauchst du dafür nicht sehr viel Zeit? Und kann man denn von so was leben?«

Er wandte sich mir zu. Jetzt hockte er, halb stehend, halb sitzend, auf dem Küchentisch. »Zeit braucht man zu allem«, erklärte er, »und ... na ja, selbstverständlich kann man von so was leben. Im übrigen hast du anscheinend trotz all meiner Bemühungen noch immer nicht kapiert, daß ich gar nichts anderes tun will.«

»Nun, Sonny«, sagte ich liebevoll, »du weißt, man kann nicht immer das tun, was man will ...«

»Nein, das weiß ich nicht«, versetzte Sonny zu meinem Erstaunen. »Ich finde, daß man sogar tun *muß*, was man will, wozu ist man denn sonst auf der Welt?«

»Sonny, du bist schon fast erwachsen«, sagte ich verzweifelt. »Es wird Zeit, daß du an deine Zukunft denkst.«

»Ich denke an meine Zukunft«, versicherte Sonny. »Die ganze Zeit denke ich dran.«

Ich gab es auf. Wenn er sich nicht anders besinnt, dachte ich, müssen wir eben später noch mal darüber sprechen. »Das wichtigste ist jetzt, daß du die Schule hinter dich bringst«, entschied ich. Wir hatten beschlossen, daß er zu Isabel und ihrer Familie ziehen sollte. Das war natürlich keine Ideallösung, denn Isabels Eltern neigten zur Unduldsamkeit und waren auch nicht gerade begeistert, daß Isabel mich geheiratet hatte. Aber ich wußte keinen anderen Ausweg. »Übrigens müssen wir noch deine Sachen zu Isabel schaffen.«

Eine lange Pause folgte. Er ging vom Küchentisch zum

Fenster. »Widerlich – ich mag gar nicht dran denken. Und du weißt das sehr gut.«

»Fällt dir was Besseres ein?«

Eine Weile wanderte er schweigend in der Küche auf und ab. Er war ebenso groß wie ich. Er rasierte sich bereits. Ich hatte auf einmal das Gefühl, ihn überhaupt nicht zu kennen.

Er blieb am Küchentisch stehen und griff nach meinen Zigaretten. Spöttisch, belustigt, aber auch ein wenig herausfordernd sah er mich an und nahm eine aus der Packung. »Darf ich?«

»Du rauchst schon?«

Er zündete die Zigarette an und nickte, während er mich durch den Rauch hindurch beobachtete. »Ich wollte nur mal sehen, ob ich den Mut habe, vor deinen Augen zu rauchen.« Grinsend blies er eine dicke Rauchwolke zur Decke. »War gar nicht schwer.« Er sah mir ins Gesicht. »Mal ganz ehrlich: Du hast doch auch schon geraucht, als du in meinem Alter warst. Stimmt's?«

Ich schwieg, aber die Wahrheit stand mir im Gesicht geschrieben, und er lachte. Jetzt klang sein Lachen allerdings sehr gezwungen. »Na, siehst du! Und ich wette, das war noch nicht alles.«

Mir wurde ein wenig angst. »Red keinen Quatsch«, sagte ich. »Wir haben doch schon vor Tagen beschlossen, daß du zu Isabel ziehst. Was ist jetzt auf einmal in dich gefahren?«

»*Du* hast das beschlossen«, widersprach er. »*Mich* hat keiner gefragt.« Er blieb vor mir stehen, an den Herd gelehnt, die Arme locker verschränkt. »Hör zu, Bruder, ich habe die Nase voll von Harlem – wirklich und wahrhaftig.« Er war sehr ernst. Er sah mich an, dann wandte er sich zum Küchenfenster. In seinen Augen lag ein Ausdruck, wie ich ihn noch nie gesehen hatte – irgendeine quälende Sorge, ein Kummer, mit dem er allein fertig werden mußte. Er rieb sich die Muskeln des einen Armes. »Wird Zeit, daß ich hier rauskomme.«

»Aber wo willst du hin, Sonny?«

»Zur Army. Oder zur Navy, ist mir egal. Wenn ich denen erzähle, daß ich alt genug bin, werden sie's mir schon glauben.«

Jetzt wurde ich wütend. Weil ich so große Angst hatte. »Du bist wohl verrückt? Zum Teufel, was hast du verdammter Idiot ausgerechnet beim Militär zu suchen?«

»Hab ich dir doch gesagt. Ich will aus Harlem raus.«

»Sonny, du bist noch nicht mal mit der Schule fertig. Und wenn du wirklich Musiker werden möchtest, wie willst du studieren, wenn du in der Army bist?«

Er sah mich an, voller Qual, wie ein Tier in der Falle. »Ach, da gibt's doch Mittel und Wege. Wird sich schon irgendwie einrichten lassen. Und jedenfalls kann ich auf Staatskosten studieren, wenn ich zurückkomme.«

»*Falls* du zurückkommst.« Wir starrten einander an. »Sonny, bitte! Sei vernünftig. Ich begreife, daß du nicht gern zu Isabels Eltern ziehst. Aber es ist immer noch die beste Lösung.«

»In der Schule lerne ich sowieso nichts«, erwiderte er. »Auch dann nicht, wenn ich wirklich hingehe.« Er öffnete das Fenster und warf seine Zigarette auf die schmale Seitengasse hinaus. Ich betrachtete seinen Rücken. »Wenigstens nichts von dem, was ich deiner Ansicht nach lernen müßte.« Er schlug das Fenster so heftig zu, daß ich glaubte, die Scheibe werde herausfliegen, und drehte sich zu mir um. »Außerdem kotzt mich dieser Mülleimergestank an!«

»Sonny, ich kann mir denken, wie dir zumute ist«, sagte ich. »Aber wenn du vorzeitig von der Schule abgehst, wirst du das später bereuen.« Ich packte ihn an den Schultern. »Du hast nur noch ein Jahr! Das kann doch nicht so schlimm sein. Und ich komme bald zurück, und ich schwöre, dann helfe ich dir, daß du das tun kannst, was du tun möchtest. Du mußt nur ein bißchen Geduld haben und warten, bis ich wieder da bin. Versprichst du mir das? Bitte, Sonny – mir zuliebe!«

Er antwortete nicht, und er sah mich nicht an.

»Sonny! Hörst du mich?«

Er machte sich los. »Ich höre dich. Aber du hörst niemals, wenn ich etwas sage.«

Darauf wußte ich keine Antwort. Er blickte aus dem Fenster und dann auf mich. »Okay«, sagte er mit einem Seufzer, »ich will's versuchen.«

Ich wollte ihn ein bißchen aufmuntern. »Isabels Leute haben ein Klavier. Auf dem kannst du üben.«

Vorübergehend munterte ihn das tatsächlich auf. »Ja, richtig«, sagte er vor sich hin, »das hatte ich ganz vergessen.« Seine Züge entspannten sich ein wenig. Aber der Kummer, die quälende Sorge spielten noch immer darüber hin wie Schatten auf einem Gesicht, das ins Feuer starrt.

Dieses Klavier! Mir schien, ich würde nie wieder von etwas anderem hören. Anfangs schrieb Isabel sehr begeistert darüber; sie fand es herrlich, daß Sonny seine Musik so ernst nahm. Sobald er aus der Schule kam – oder von dorther, wo er sich aufhielt, während er in der Schule sein sollte –, setzte er sich ans Klavier und spielte bis zum Abendessen. Und nach Tisch kehrte er zum Klavier zurück und spielte, bis alle zu Bett gingen. Er saß den ganzen Sonnabend und den ganzen Sonntag am Klavier. Dann kaufte er sich einen Plattenspieler und natürlich auch Platten. Er ließ die eine oder andere Platte wieder und wieder laufen, manchmal von morgens bis abends, und improvisierte dazu auf dem Klavier. Oder er spielte ein Stück der Platte, einen Akkord, eine Überleitung, eine Passage, und spielte dasselbe auf dem Klavier. Dann wieder die Platte. Immer abwechselnd.

Ich weiß wirklich nicht, wie sie das aushielten. Schließlich gab Isabel zu, daß sie alle das Gefühl hätten, nicht mit einem Menschen, sondern mit Musik zusammenzuleben. Und zwar mit einer Musik, die für Isabel keinen Sinn ergab, für keinen von ihnen einen Sinn ergab – natürlich nicht. Sie begannen zu leiden unter dem Dämon, der in ihrem Heim lebte. Es war, als sei Sonny ein Gott oder ein Ungeheuer. Er wohnte in einer Welt, die ganz und gar nicht die ihre war. Sie fütterten ihn, und er aß, er wusch sich, er kam und ging durch ihre Tür; er war keineswegs unhöflich oder mürrisch oder grob – so ist er nie –, aber ihn schien eine Wolke zu umschließen, eine Flamme, eine Vision, die nur für ihn sichtbar war, und es gab keine Möglichkeit, zu ihm durchzudringen.

Andererseits war er ja noch kein Mann, er war ein Kind, und sie mußten ihn in jeder Beziehung behüten. Also konnten sie ihn unmöglich auf die Straße setzen: Und sie wagten auch nicht, ihm wegen des Klaviers eine Szene zu machen, denn sogar sie ahnten undeutlich, was ich über so viele tausend Meilen hinweg spürte: daß Sonny an diesem Klavier um sein Leben spielte.

Er schwänzte die Schule. Eines Tages erhielt Isabels Mutter einen Brief von der Schulbehörde – anscheinend waren schon mehr Briefe gekommen, aber Sonny hatte sie alle abgefangen und zerrissen. Als er an jenem Tag nach Hause kam, zeigte ihm Isabels Mutter den Brief und wollte wissen, wo er die ganze Zeit gesteckt habe. Sie fragte und fragte, und schließlich brachte sie aus ihm heraus, daß er mit Musikern und irgendwelchen anderen Leuten in Greenwich Village gewesen war, in der Wohnung eines weißen Mädchens. Darüber war sie sehr erschrocken, und sie schrie ihn an, und es endete damit – obwohl sie es bis zum heutigen Tag abstreitet –, daß sie ihm vorhielt, was für Opfer sie alle seinetwegen brächten und wie undankbar er doch sei.

An jenem Tag setzte sich Sonny nicht ans Klavier. Abends hatte sich Isabels Mutter zwar beruhigt, aber dafür gab es eine Auseinandersetzung mit dem Alten und auch mit Isabel. Isabel sagt, sie habe sich alle Mühe gegeben, ruhig zu bleiben, aber schließlich sei sie doch in Tränen ausgebrochen. Schuld daran war wohl Sonnys Gesicht. Sie beobachtete ihn und erkannte, was ihn so quälte. Und was ihn so quälte, das war, daß die anderen seine Wolke zerrissen hatten und nun zu ihm durchdringen konnten. Wären auch ihre Hände tausendmal behutsamer gewesen, als menschliche Hände nun einmal sind – er konnte sich des Gefühls nicht erwehren, daß sie ihn nackt ausgezogen hatten und auf seine Nacktheit spien. Überdies mußte er einsehen, daß seine Musik, von der für ihn Leben und Tod abhing, für sie eine Tortur gewesen war und daß sie sie nicht etwa seinetwegen erduldet hatten, sondern einzig und allein meinetwegen. Und das konnte Sonny nicht ertragen. Heute kann er es ein wenig besser ertragen als damals, aber so richtig gelingt es ihm immer noch nicht, und offen gestanden, ich kenne keinen, dem so etwas gelingt.

Die Stille der nächsten Tage muß lauter gewesen sein als alle Musik, die jemals seit Erschaffung der Welt gemacht wurde. Eines Morgens wollte Isabel, bevor sie zur Arbeit ging, irgend etwas aus seinem Zimmer holen, und plötzlich entdeckte sie, daß seine Platten verschwunden waren. Da wußte sie, daß er fort war. Und in der Tat, er war fort, so weit fort, wie ihn die Navy nur schicken konnte. Einmal schrieb er mir eine Postkarte aus einer Stadt in Griechenland, und das war für lange Zeit das einzige Lebenszeichen von ihm. Ich sah ihn erst wieder, als der Krieg längst vorbei war.

Inzwischen war er natürlich erwachsen, aber ich wollte das einfach nicht wahrhaben. Er besuchte uns von Zeit zu Zeit, und fast jedesmal gab es Streit. Mir gefiel seine Art nicht, dieses Nachlässige, Verträumte, und seine Freunde gefielen mir nicht, und in seiner Musik sah ich nur eine Ausrede für das Leben, das er führte. Sie klang genauso exzentrisch und unordentlich.

Dann hatten wir einen Streit, einen furchtbaren Streit, und ich sah ihn monatelang nicht, bis ich ihn eines Tages in seinem möblierten Zimmer im Village besuchte. Ich wollte Frieden mit ihm schließen, aber es waren so viele Leute da, und Sonny lag auf dem Bett und weigerte sich, mit mir nach unten zu kommen, und er behandelte diese fremden Menschen wie seine nächsten Angehörigen und mich wie einen flüchtigen Bekannten. Ich wurde wütend, und dann wurde er wütend, und dann sagte ich zu ihm, bei dem Leben, das er führe, könnte er ebensogut tot sein. Da stand er auf und sagte, ich brauchte mich nicht mehr um ihn zu kümmern, nie mehr, er sei jetzt tot, jedenfalls für mich. Er stieß mich zur Tür hinaus, und die anderen saßen dabei, als sei das etwas ganz Alltägliches, und er knallte die Tür hinter mir zu. Ich stand im Flur und starrte die Tür an. Im Zimmer hörte ich jemand lachen, und mir stiegen Tränen in die Augen. Ich ging die Treppe hinunter und pfiff, um nicht weinen zu müssen, ich pfiff vor mich hin: *You going to need me, baby, one of these cold, rainy days.*

Im Frühling las ich in der Zeitung, was mit Sonny passiert war. Im Herbst starb unsere kleine Grace. Sie war so ein hübsches Mädchen gewesen, aber sie lebte nur wenig über zwei Jahre. Sie starb an Kinderlähmung und mußte sehr leiden. Zwei Tage lang fieberte sie ein bißchen, aber es schien nichts Schlimmes zu sein. Wir ließen sie im Bett, und wir hätten auch den Arzt geholt, aber das Fieber sank, und sie war wieder ganz munter, so daß wir annahmen, es sei nichts weiter als eine Erkältung gewesen. Sie durfte aufstehen, und eines Tages spielte sie im Wohnzimmer, während

Isabel in der Küche für die beiden Jungen, die gerade aus der Schule gekommen waren, das Essen zubereitete. Auf einmal hörte Isabel, wie Gracie hinfiel. Eine Mutter, die mehrere Kinder hat, kommt nicht gleich angerannt, wenn eines fällt, es sei denn, sie wird durch Geschrei oder Schluchzen alarmiert. Und diesmal blieb die Kleine ganz still. Trotzdem, als Isabel den Plumps hörte und dann die Stille, wurde sie unversehens von Angst gepackt. Sie lief ins Wohnzimmer, und da lag Gracie auf dem Boden, ganz merkwürdig verkrümmt, und geschrien hatte sie deswegen nicht, weil sie keine Luft bekam. Und als sie dann schrie, sagt Isabel, war es der grauenhafteste Laut, den sie je in ihrem Leben gehört hat, und noch heute hört sie ihn manchmal im Traum. Wenn ich nachts aufwache, weil Isabel ein leises, ersticktes Stöhnen ausstößt, muß ich sie schnell wecken und fest in die Arme nehmen, und die Tränen, die sie an meiner Brust weint, brennen mich wie eine tödliche Wunde.

Ich glaube, ich schrieb Sonny genau an dem Tag, als wir Gracie beerdigten. Ich saß im dunklen Wohnzimmer, allein, und plötzlich dachte ich an Sonny. Meine Trauer ließ mich begreifen, was er durchmachen mußte.

Eines Samstag nachmittags, als Sonny seit nahezu zwei Wochen bei uns war oder jedenfalls in unserer Wohnung lebte, wanderte ich ziellos im Wohnzimmer umher, eine Dose Bier in der Hand, und versuchte genügend Mut aufzubringen, um Sonnys Zimmer zu durchsuchen. Er war nicht da, ich traf ihn fast nie zu Hause an, und Isabel war mit den Kindern zu den Großeltern gefahren. Plötzlich blieb ich am Fenster stehen und blickte hinaus auf die Seventh Avenue. Der Gedanke an das, was ich vorhatte, bedrückte mich. Ich wagte mir kaum einzugestehen, wonach ich in Sonnys Zimmer suchen wollte. Ich wußte nicht, was ich tun sollte, wenn ich es fand. Oder wenn ich es nicht fand.

Auf dem Gehsteig gegenüber, nahe dem Eingang zu einer *barbecue*-Küche, hielten ein paar Leute eine altmodische Erweckungsversammlung ab. Der *barbecue*-Koch – er trug eine schmutzigweiße Schürze, und sein krauses Haar schimmerte rötlich, fast metallisch in der blassen Sonne – lehnte am Türpfosten, eine Zigarette zwischen den Lippen, und sah ihnen zu. Kinder und alte Leute vergaßen ihre Besorgungen und blieben stehen, ebenso einige ältere Männer und ein paar Frauen mit verkniffenen Gesichtern, die sich nichts entgehen ließen, was auf der Avenue geschah, so daß ich mich manchmal fragte, wer hier wem gehöre: die Straße ihnen oder sie der Straße. Nun, jedenfalls beobachteten sie auch diese Szene. Die Erweckung wurde veranstaltet von drei Schwestern in Schwarz und einem Bruder. Sie hatten nichts als ihre Stimmen und ihre Bibeln und ein Tamburin. Der Bruder legte gerade Zeugnis ab, und während er sprach, standen zwei der Schwestern neben ihm und sagten wohl Amen; die dritte Schwester ging derweil mit ausgestrecktem Tamburin herum, und ein paar Leute warfen Münzen hinein. Als der Bruder mit seinem Bekenntnis fertig war, schüttete die Schwester, die gesammelt hatte, die Münzen in ihre Hand und versenkte sie in die Tasche ihres langen schwarzen Gewandes. Dann hob sie die Arme, schlug das Tamburin erst in die Luft, dann gegen ihre Hand und begann zu singen. Die beiden anderen Schwestern und der Bruder stimmten ein.

Der Anblick erschien mir plötzlich neu und fremd, obwohl ich mein Leben lang solche Straßenversammlungen gesehen hatte. Natürlich war das alles auch den Leuten dort unten vertraut. Und doch sahen sie zu und lauschten, und ich stand noch immer am Fenster. »*Tis the old ship of Zion*«, sangen sie, und die Schwester mit dem Tamburin schlug rasselnd den Takt dazu, »*it has rescued many a thousand!*« Kein einziger Mensch, so weit ihre Stimmen reichten, hörte dieses Lied zum erstenmal, keiner der Umstehenden war jetzt oder früher errettet worden. Überhaupt hatten die Zuschauer noch nicht viele Errettungen gesehen. Und sie glaubten auch nicht im Ernst, daß die drei Schwestern und der Bruder durch ihren Glauben geheiligt waren, denn sie wußten zuviel von ihnen, wußten, wo sie wohnten und wie sie lebten. Die Frau mit dem Tamburin, deren Stimme dominierte, deren Gesicht vor Freude glänzte, unterschied sich kaum von der Frau, die danebenstand und sie beobachtete, eine Zigarette zwischen den breiten, rissigen Lippen, das Haar zum Nest aufgesteckt, das Gesicht narbig und verschwollen von vielen Schlägen, die schwarzen Augen glitzernd wie Kohlen. Vielleicht war ihnen beiden das klar, vielleicht redeten sie einander deshalb mit Schwester an, wenn sie, was selten geschah, ein paar Worte wechselten. Während der Gesang die Luft erfüllte, ging mit den schauenden, lauschenden Gesichtern eine Veränderung vor: Der Blick richtete sich nach innen; die Musik schien das Gift aus ihnen herauszuschwemmen; fast war es, als falle von den mürrischen, streitsüchtigen, verbrauchten Gesichtern die Zeit ab, als flüchteten sie zurück zu ihrem Anfang, während sie von ihrem Ziel träumten. Der *barbecue*-Koch schüttelte ein wenig den Kopf und lächelte; dann warf er die Zigarette weg und ging in seine Küche zurück. Ein Mann suchte in seinen Taschen nach Kleingeld und stand mit den Münzen in der Hand ungeduldig da, als sei ihm gerade eingefallen, daß er weiter oben in der Avenue eine wichtige Verabredung habe. Er machte ein ärgerliches Gesicht. Auf einmal entdeckte ich Sonny, der sich etwas abseits von den anderen hielt. Er trug ein großes, flaches Notenheft mit grünem Deckel unter dem Arm und wirkte von meinem Platz aus fast wie ein Schuljunge. Die kupferne Sonne hob das Kupfer seiner Haut hervor, er lächelte ganz leicht, stand sehr still. Dann verstummte der Gesang, das Tamburin wurde wieder zum Sammelteller. Der ärgerliche Mann warf seine Münzen hinein und verschwand, ebenso zwei Frauen. Sonny legte etwas Kleingeld auf den Teller und sah die Frau mit einem kaum merklichen Lächeln an. Dann kam er über die Avenue auf unser Haus zu. Er ging mit langsamen, geschmeidigen Schritten, ähnlich wie die Harlem-Hipsters, nur hatte er dem Rhythmus seine eigenen Synkopen aufgesetzt. Das war mir vorher nie aufgefallen.

Ich blieb am Fenster stehen, zugleich erleichtert und befangen. Als Sonny aus meinem Blickfeld verschwand, begannen sie drüben wieder zu singen. Und sie sangen noch, als er die Wohnungstür aufschloß.

»Hey«, sagte er.

»Hey. Möchtest du ein Bier?«

»Nein. Na ja, vielleicht doch.« Aber er kam zu mir ans Fenster, stellte sich neben mich und sah hinaus. »Was für eine warme Stimme«, meinte er.

Sie sangen: »*If I could only hear my mother pray again*«.

»Ja«, sagte ich, »und mit dem Tamburin kann sie auch umgehen.«

»Aber dieses scheußliche Lied!« Er lachte, warf sein Heft auf das Sofa und ging in die Küche. »Wo sind Isabel und die Kinder?«

»Bei den Großeltern, glaube ich. Hast du Hunger?«

»Nein.« Er kam mit einer Bierdose zurück. »Hättest du Lust, heute abend mit mir auszugehen?«

Ich weiß nicht warum, aber ich spürte, daß ich nicht nein sagen durfte. »Ja, natürlich. Wohin?«

Er setzte sich auf das Sofa, nahm sein Notenheft und blätterte darin. »Ich hab eine Session mit ein paar Kollegen. Unten im Village.«

»Du meinst, du wirst heute spielen?«

»Genau.« Er trank einen Schluck Bier, dann kam er wieder ans Fenster und blickte mich von der Seite an. »Falls du's ertragen kannst.«

»Ich werd's versuchen«, sagte ich.

Er lächelte vor sich hin, und wir beobachteten, wie drüben die Versammlung ihrem Ende zuging. Die drei Schwestern und der Bruder sangen mit gesenktem Kopf: »*God be with you till we meet again ...*« Auf den Gesichtern der Zuhörer lag ein Ausdruck der Ruhe. Dann war das Lied verklungen. Die kleine Gruppe zerstreute sich. Wir sahen die drei Frauen und den Mann langsam die Avenue hinaufgehen.

»Vorhin, als sie sang«, sagte Sonny unvermittelt, »erinnerte mich ihre Stimme einen Augenblick an das Gefühl, das man manchmal bei Heroin hat – wenn's in den Adern ist. Man fühlt sich gleichzeitig warm und kalt. Und ganz weit fort. Und ... und so sicher.« Er trank sein Bier und vermied es, mich anzusehen. Ich betrachtete sein Gesicht. »Man kommt sich so ... so überlegen vor. Das braucht man manchmal, dieses Gefühl.«

»Wirklich?« Ich setzte mich in den großen Sessel.

»Ja, manche Leute brauchen das.« Er ging zum Sofa und nahm seine Noten. »So von Zeit zu Zeit.«

»Um spielen zu können?« Meine Stimme klang sehr häßlich, war voller Verachtung und Wut.

»Na ja –«, er sah mich mit großen, traurigen Augen an, als hoffe er, seine Augen würden mir all die Dinge mitteilen, die er nicht auszusprechen vermochte – »sie glauben es wenigstens. Und wenn sie es glauben ...«

»Und du? Was glaubst du?« fragte ich.

Er setzte sich und stellte die Bierdose auf den Boden. »Ich weiß nicht«, murmelte er, und es war schwer zu sagen, ob er auf meine Frage antwortete oder einfach laut dachte. An seinem Gesicht war das nicht zu erkennen. »Eigentlich nicht so sehr, um *spielen* zu können. Eher, um *durchhalten* zu konnen, um es überhaupt zu schaffen. Egal was.« Er runzelte die Stirn und lächelte. »Um nicht kaputtzugehen.«

»Aber deine Freunde scheinen sich doch verdammt schnell kaputtzumachen«, wandte ich ein.

»Hm ... ja.« Er spielte mit seinem Notenheft. Und irgend etwas befahl mir, meine Zunge im Zaum zu halten, sagte mir, daß Sonny sich alle Mühe gebe, mir etwas zu erklären, und daß ich unbedingt zuhören müsse. »Du kennst natürlich nur die, die kaputtgegangen sind. Einige gehen nicht kaputt – zumindest sind sie bis jetzt noch nicht kaputtgegangen, und mehr kann man eigentlich von *keinem* Menschen sagen.« Er schwieg eine Weile. »Und dann gibt es welche, für die ist das Leben wirklich die Hölle, und sie wissen es auch, und sie sehen, was los ist, und machen trotzdem weiter.« Er seufzte, warf die Noten hin und verschränkte die Arme. »Manche – man hört's daran, wie sie spielen – sind dauernd im Rausch. Und man sieht, daß ... na ja, daß dadurch für sie irgend etwas *Wirklichkeit* wird. Aber –« er nahm sein Bier vom Fußboden, trank und stellte die Dose wieder hin – »die *wollen* es ja so haben, das darf man nicht vergessen. Sogar einige von denen, die sagen, sie wollen's nicht ... *einige*, nicht alle.«

»Und du?« fragte ich – ich konnte nicht anders. »Was ist mit dir? Willst *du* es?«

Sonny stand auf und ging zum Fenster. Er blieb lange Zeit stumm. »Ich?« sagte er schließlich und seufzte. Dann: »Vorhin, auf der Straße, als ich zuhörte, wie die Frau sang, da ist mir plötzlich klargeworden, wieviel Leid sie erlebt haben muß – um so singen zu können. Es ist ein *ekelhafter* Gedanke, daß Menschen soviel leiden müssen.«

Ich sagte: »Aber es gibt keine Möglichkeit, dem Leid auszuweichen, nicht wahr, Sonny?«

»Wahrscheinlich nicht«, erwiderte er lächelnd. »Allerdings hat das noch niemand davon abgehalten, es zu versuchen.« Er sah mich an. »Oder?« Sein spöttischer Blick verriet mir, daß etwas zwischen uns stand, für immer, nicht auszulöschen durch Zeit und Vergebung: die Tatsache, daß ich geschwiegen hatte – so lange! –, als er des menschlichen Zuspruchs bedurfte. Er wandte sich wieder dem Fenster zu. »Nein, es ist unmöglich, dem Leid auszuweichen. Aber man bemüht sich verzweifelt, nicht darin zu ertrinken, man will mit dem Kopf über Wasser bleiben, damit es so aussieht ... na ja, als hätte man was getan, schön, und jetzt müßte man eben dafür leiden. Verstehst du?« Ich schwieg. »Sag mir«, fragte er ungeduldig, »*warum* müssen die Menschen eigentlich leiden? Vielleicht ist es besser, man tut irgendwas, damit es einen Grund dafür gibt, *irgendeinen*!«

»Wir haben doch eben festgestellt«, wandte ich ein, »daß es unmöglich ist, dem Leid auszuweichen. Sollte man es dann nicht lieber ... hinnehmen?«

»Aber kein Mensch nimmt es einfach hin!« rief Sonny. »Das sage ich dir doch die ganze Zeit. *Alle* versuchen, nicht zu leiden. Du stößt dich nur daran, *wie* manche es versuchen – weil es nicht *deine* Methode ist!«

Die Haare in meinem Gesicht begannen zu jucken, meine Haut wurde feucht. »Das ist nicht wahr«, sagte ich. »Das ist nicht wahr. Ich kümmere mich den Teufel darum, was andere tun, es ist mir völlig egal, wie sie leiden. Aber wie *du* leidest, das ist mir ganz und gar nicht egal.« Er sah mich an. »Bitte, glaube mir«, fuhr ich fort, »ich will nicht, daß du ... dich kaputtmachst ... bei dem Versuch, nicht zu leiden.«

»Ich werde mich nicht kaputtmachen bei dem Versuch, nicht zu leiden«, erwiderte er gleichmütig. »Jedenfalls nicht schneller, als andere es tun.«

»Aber es ist doch sinnlos –« ich lachte gezwungen – »sich kaputtzumachen, nicht wahr?«

Ich wollte noch mehr sagen, aber ich war nicht fähig dazu. Ich wollte über Willenskraft sprechen, und wie ... nun ja, wie schön das Leben sein kann. Ich wollte sagen, daß alles in einem selber liege; aber stimmte denn das? War nicht vielmehr gerade das die Schwierigkeit? Und ich wollte versprechen, daß ich ihn nie mehr im Stich lassen würde. Aber es hätte alles geklungen wie ... wie leere Worte und Lügen.

So gab ich nur mir selbst das Versprechen und betete, daß ich es halten könnte.

»Manchmal ist es furchtbar – da drinnen«, sagte er. »Das ist das schlimmste. Da geht man durch die Straßen, schwarz und elend und kalt, und kein Hund ist da, mit dem man reden kann, und nichts tut sich, und es gibt keine Möglichkeit, es loszuwerden – diesen Sturm da drinnen. Man kann nicht darüber reden, und lieben kann man auch nicht damit, und wenn man schließlich versucht, es zu bewältigen und es zu spielen, dann wird einem klar, daß *niemand* zuhört. Also muß man selber zuhören. Muß eine Möglichkeit finden, daß man zuhören kann.«

Er ging zum Sofa zurück und setzte sich, als müsse er erst wieder zu Atem kommen. »Manchmal, da würde man einfach *alles* tun, um spielen zu können, man würde sogar der eigenen Mutter die Kehle durchschneiden.« Er sah mich an und lachte. »Oder dem eigenen Bruder.« Er wurde ernst. »Oder sich selber.« Dann: »Keine Angst. Ich bin wieder normal, und ich werde es wohl auch bleiben. Aber ich kann nicht vergessen ... wo ich gewesen bin. Ich meine nicht, wo ich mich körperlich aufgehalten habe; ich meine, wo ich *gewesen* bin. Und *was* ich gewesen bin.«

»Was bist du gewesen, Sonny?« fragte ich.

Er lächelte, sah mich aber nicht an – er saß seitlich auf dem Sofa, den Ellbogen auf die Rückenlehne gestützt; seine Finger spielten an Mund und Kinn. »Ich bin etwas gewesen, was mir unbekannt war, von dem ich nicht wußte, daß ich es sein konnte. Nicht wußte, daß irgend jemand es sein konnte.« Er hielt nachdenklich inne. Hilflos jung sah er aus und dabei uralt. »Ich rede jetzt nicht davon, weil ich mich *schuldig* fühle oder so – ich weiß nicht, vielleicht wäre es besser, wenn ich mich schuldig fühlte. Und richtig davon reden kann ich überhaupt nicht. Weder zu dir noch zu sonst jemand.« Nun wandte er sich mir zu. »Manchmal, weißt du, und zwar immer, wenn ich am weitesten ›draußen‹ war, weg von der Wirklichkeit, dann hatte ich das Gefühl, daß ich ›drin‹ war, daß ich es gepackt hatte, und dann konnte ich spielen, oder nein, ich brauchte gar nicht zu *spielen*, es kam einfach aus mir heraus, es war da. Und wenn ich jetzt zurückdenke, dann weiß ich nicht, wie ich gespielt habe, aber ich weiß, daß ich manchmal den Menschen schreckliche Dinge angetan habe. Nein, es war nicht so, daß ich ihnen etwas *tat* – es war einfach so, daß sie nicht *wirklich* waren.« Er griff nach seiner Bierdose; sie war leer; er rollte sie zwischen den Händen. »Und dann wieder ... dann brauchte ich eine Spritze, ich brauchte einen Platz zum Anlehnen, ich brauchte freien Raum zum *Zuhören* ... und konnte keinen finden, und da bin ich ... wahnsinnig geworden, da hab ich *mir* schreckliche Dinge angetan, da war ich grausam zu *mir*.« Seine Hände krampften sich um die Bierdose, ich sah, wie das Metall nachgab. Es glitzerte wie ein Messer, als er damit spielte, und ich hatte Angst, er werde sich schneiden, aber ich schwieg. »Ach, das läßt sich einfach nicht beschreiben. Ich war mutterseelenallein auf dem tiefsten Grund von irgendwas, stinkend und schwitzend und schreiend und zitternd, und ich hab's gerochen, weißt du, *meinen* Gestank, und ich dachte, ich müßte sterben, wenn ich mich nicht von diesem Furchtbaren befreien könnte, und trotzdem wußte ich, daß alles, was ich tat, mich nur noch enger daran fesselte. Und ich weiß nicht –« er machte eine Pause, drückte noch immer die Bierdose zusammen – »ich weiß nicht, irgend etwas sagte mir wieder und wieder, es sei vielleicht gut, den eigenen Gestank zu riechen, aber ich glaube nicht, daß es *das* war, was ich gewollt hatte ... und ... wer kann das schon ertragen?« Auf einmal ließ er die zerdrückte Bierdose fallen. Er sah mich mit einem kleinen, stillen Lächeln an, erhob sich und ging auf das Fenster zu, als wäre es der Magnetberg. Ich beobachtete sein Gesicht, er sah auf die Avenue hinaus. »Ich konnte es dir nicht sagen, damals, als Mama starb – aber ich wollte nur deshalb aus Harlem raus, um von dem Rauschgift loszukommen. Und davor bin ich dann auch weggelaufen, aus keinem anderen Grund ... wirklich! Als ich zurückkam, hatte sich nichts verändert. Auch *ich* hatte mich nicht verändert, ich war nur ... älter geworden.« Er hielt inne, trommelte mit den Fingern an die Fensterscheibe. Die Sonne war untergegangen, bald würde es dunkel werden. Ich beobachtete sein Gesicht. »Es kann wiederkommen«, sagte er wie zu sich selbst. Dann wandte er sich zu mir um. »Es kann wiederkommen«, wiederholte er. »Ich möchte, daß du das weißt.«

»Aha«, sagte ich nach einer Weile. »Es kann also wiederkommen.«

Er lächelte, aber sein Lächeln war traurig. »Ich mußte mit dir über das alles sprechen.«

»Ja«, murmelte ich. »Das kann ich verstehen.«

»Schließlich bist du mein Bruder.« Er sah mich an, aber er lächelte nicht.

»Ja«, wiederholte ich, »ja. Ich verstehe.«

Er drehte sich um und blickte aus dem Fenster. »All der Haß da draußen«, sagte er, »all der Haß und das Elend und die Liebe. Ein Wunder, daß es nicht die Straße auseinanderreißt.«

In der kurzen, dunklen Seitenstraße, irgendwo *downtown*, gab es nur einen einzigen Nightclub. Wir drängten uns durch das Gewühl in der engen, lärmerfüllten Bar und erreichten die Tür zu einem großen Raum mit einem Musikpodium. Dort blieben wir einen Augenblick stehen, denn der Saal war nur schwach beleuchtet, und wir konnten nichts erkennen. Dann sagte eine Stimme: »Hallo, Junge«, und ein riesiger Schwarzer, viel älter als Sonny oder ich, tauchte aus dieser stimmungsgeladenen Dämmerung auf und legte Sonny den Arm um die Schultern. »Ich hab hier gesessen und auf dich gewartet«, sagte er.

Auch seine Stimme war gigantisch, und in der Dunkelheit wandten sich viele Köpfe nach uns um.

Sonny grinste, wich ein wenig zurück und deutete auf mich. »Creole, das ist mein Bruder. Ich hab dir von ihm erzählt.«

Creole schüttelte mir die Hand. »Freut mich, dich kennenzulernen, mein Sohn«, sagte er, und es war klar, daß er sich freute, mich *hier* kennenzulernen, um Sonnys willen. Und er fügte lächelnd hinzu: »Ihr habt da einen richtigen Musiker in eurer Familie.« Er nahm den Arm von Sonnys Schultern und gab ihm mit dem Handrücken einen leichten, freundschaftlichen Klaps auf die Wange.

»Na, nun weiß ich alles!« sagte jemand hinter uns. Auch dieser Mann war ein Musiker, einer von Sonnys Freunden, kohlschwarz, heiter dreinblickend, nicht weit über den Erdboden hinausgewachsen. Er fing sofort an, mir mit Stentorstimme die fürchterlichsten Dinge über Sonny zu erzählen; seine Zähne blitzten wie ein Leuchtfeuer, und sein Lachen erinnerte an ein beginnendes Erdbeben. Und dann stellte sich heraus, daß von den Gästen, die an der Theke hockten, jeder – oder fast jeder – meinen Bruder kannte; einige waren Musiker, die hier oder in der Nähe oder gar nicht arbeiteten, andere saßen nur so herum, und einige waren eigens gekommen, um Sonny spielen zu hören. Ich wurde allen vorgestellt, und alle waren sehr höflich zu mir. Trotzdem merkte ich deutlich, daß ich für sie nur Sonnys Bruder war. Hier war ich in Sonnys Welt. Oder vielmehr: in seinem Königreich. Hier gab es überhaupt keinen Zweifel, daß königliches Blut in seinen Adern floß.

Sie wollten bald spielen, und mit Creoles Hilfe fand ich einen Tisch für mich allein in einer dunklen Ecke. Von dort aus beobachtete ich Creole und den kleinen Schwarzen und Sonny und die anderen, die vor dem Podium herumalberten. Der Lichtschein vom Podium erreichte sie nicht, und während ich zusah, wie sie lachten und zappelten und gestikulierten, hatte ich das Gefühl, daß sie sich hüten mußten, allzu hastig in diesen Lichtkreis zu treten: daß sie sich dem Licht nicht plötzlich, unbedacht aussetzen durften, wenn sie nicht in Flammen aufgehen wollten. Während ich sie noch beobachtete, ging einer von ihnen, der kleine Schwarze, die Stufen hinauf, überquerte das Podium und machte sich an seinem Schlagzeug zu schaffen. Dann nahm Creole mit einer komischen und zugleich sehr förmlichen Geste meinen Bruder am Arm und führte ihn zum Klavier. Eine Frauenstimme rief Sonnys Namen; hier und dort wurde geklatscht. Und Sonny, ebenfalls komisch und sehr formell und so gerührt, glaube ich, daß er fast geweint hätte, Sonny, der dies weder verbarg noch zeigte, sondern es durchstand wie ein Mann, legte grinsend beide Hände aufs Herz und verbeugte sich tief.

Creole begab sich zu seinem Baß, und ein schlanker Schwarzer mit sehr hellbrauner Haut sprang aufs Podium und ergriff die Trompete. Da waren sie nun, und die Atmosphäre auf dem Podium und im Saal verdichtete sich, wurde spannungsgeladen. Jemand trat ans Mikrophon und sagte die Band an. Das Gemurmel im Saal verstummte nur langsam. Einige Gäste an der Theke brachten andere zum Schweigen. Die Kellnerin lief umher und nahm hastig die letzten Bestellungen auf, die Pärchen rückten enger zusammen, und die Lichter, die auf dem Podium das Quartett anstrahlten, färbten sich indigoblau. Jetzt sahen die Musiker ganz verändert aus. Creole blickte ein letztes Mal in die Runde, als wolle er sich vergewissern, daß alle Schäfchen im

Stall waren; dann gab er sich einen Ruck und griff in die Saiten. Und schon waren sie da.

Von Musik weiß ich eigentlich nur so viel, daß die wenigsten Menschen ihr je richtig zuhören. Und selbst bei den seltenen Gelegenheiten, da sich tief innen etwas öffnet und die Musik einläßt, sind es vorwiegend persönliche, private, verblassende Erinnerungen, die wir hören oder bestätigt hören. Der Mann aber, der die Musik erzeugt, hört etwas anderes, er arbeitet mit dem Klang, der aus dem Leeren heraufsteigt, und zwingt ihn in eine Ordnung. Was in ihm wachgerufen wird, liegt also nicht auf unserer Ebene, ist beängstigender, weil es keine Worte hat, ist aber gerade deswegen ein Triumph. Und wenn der Musiker triumphiert, ist sein Triumph auch der unsere. Ich beobachtete Sonnys Gesicht. Seine Miene war finster, er arbeitete schwer, doch er war noch nicht ›drin‹. Und ich hatte das Gefühl, daß in gewisser Weise jeder der anderen Musiker auf ihn wartete – auf ihn wartete und ihn zugleich antrieb. Dann aber betrachtete ich Creole, und da merkte ich, daß er es war, der sie alle bremste. Er hielt sie am kurzen Zügel. Mit dem ganzen Körper den Rhythmus aufnehmend, ließ er die Saiten klagen und lauschte dabei auf alles, aber eigentlich lauschte er auf Sonny. Er hielt Zwiesprache mit Sonny. Er forderte, Sonny solle das Ufer verlassen und sich ins tiefe Wasser wagen. Er selbst bot sich als Zeuge an, daß tiefes Wasser und Ertrinken nicht dasselbe waren – er hatte es erlebt, er wußte es. Und nun sollte Sonny es auch erfahren. Creole wartete. Wann würde Sonny auf den Tasten jene Dinge tun, die verrieten, daß er im Wasser war?

Und während Creole lauschte, wand sich Sonny tief innen wie ein Mensch in Folterqualen. Nie zuvor hatte ich darüber nachgedacht, wie grausam die Verbindung zwischen einem Musiker und seinem Instrument sein kann. Er muß dieses Instrument mit Lebensatem füllen, mit *seinem*

Lebensatem. Er muß ihm seinen Willen aufzwingen. Und ein Klavier ist doch nur ein Klavier. Es besteht aus Holz und Drähten, aus kleinen und großen Hämmern, aus Elfenbein. Man kann nur soundsoviel damit machen, und die einzige Möglichkeit, das festzustellen, ist diese: Man muß versuchen, ihm *alles* zu entreißen.

Sonny hatte seit über einem Jahr kein Klavier mehr gesehen. Und mit dem Leben kam er auch nicht zurecht – ich meine, mit dem Leben, das nun vor ihm lag. Er und das Klavier stotterten, schlugen zögernd einen Weg ein, wurden ängstlich, hielten inne, wählten eine andere Richtung, erschraken, traten auf der Stelle, gingen von neuem los, schienen endlich auf dem rechten Weg zu sein, gerieten wieder in Panik, blieben stecken. Und Sonnys Gesicht – nie zuvor hatte ich es so gesehen. Es war vollständig ausgebrannt, und gleichzeitig hatten das Feuer und die Wut des in ihm tobenden Kampfes etwas hineingebrannt, was sonst verborgen war.

Während sie sich dem Ende des ersten Sets näherten, betrachtete ich Creoles Gesicht, und plötzlich hatte ich das Gefühl, es sei etwas geschehen, etwas, was ich überhört hatte. Als sie fertig waren, gab es vereinzelten Applaus, und dann ging Creole unerwartet zu etwas anderem über, es war – man hätte es für Zynismus halten können – *Am I blue*. Und wie auf Befehl begann Sonny zu spielen. Nun geschah wirklich etwas. Creole ließ die Zügel lang. Der kleine Schwarze sagte etwas Furchtbares mit seinem Schlagzeug, Creole antwortete, und die Trommeln fuhren dazwischen. Dann ließ sich die Trompete vernehmen, süß und hell, ein wenig unbeteiligt vielleicht, und Creole lauschte, schaltete sich nur hin und wieder ein, trocken, antreibend, schön und ruhig und weise. Danach fanden sich alle von neuem zusammen, und Sonny gehörte wieder zur Familie. Ich sah es an seinem Gesicht. Er schien plötzlich ein nagelneues Klavier unter seinen Fingern gefunden zu haben – für ihn ein unfaßbares Wunder. Eine Zeitlang waren sie nun alle mit Sonny glücklich und offenbar mit ihm einig, daß dieses nagelneue Klavier tatsächlich ein Wunder war.

Dann trat Creole vor und erinnerte sie daran, daß sie ja einen Blues spielten. Er berührte etwas in ihnen allen, er berührte auch etwas in mir, und die Musik wurde straffer und tiefer, Erwartung begann in der Luft zu vibrieren. Creole erzählte uns, um was es in diesem Blues überhaupt ging. Es war gar nichts Neues. Er und seine Jungen da oben machten den Blues nur immer wieder neu, riskierten Ruin, Zerstörung, Wahnsinn und Tod, damit sie neue Wege fänden, uns zum Zuhören zu zwingen. Denn die Geschichte unserer Leiden, unserer Freuden und unseres möglichen Triumphs ist zwar nicht neu, muß aber immer wieder neu gehört werden. Es gibt keine andere Geschichte, sie ist das einzige Licht, das uns in der Finsternis leuchtet.

Und sie hat – so verkündeten dieses Gesicht, dieser Körper, diese starken Hände auf den Saiten – in jedem Land ein anderes Aussehen, in jeder Generation eine neue Tiefe. Hört, schien Creole zu rufen, hört! Das ist Sonnys Blues. Creole bewirkte, daß der kleine Schwarze am Schlagzeug es merkte und ebenso der hellbraune Mann mit der Trompete. Jetzt versuchte Creole nicht mehr, Sonny ins Wasser zu locken. Er wünschte ihm viel Glück, dann trat er zurück, sehr langsam, und erfüllte die Luft mit der dröhnenden Ankündigung, daß Sonny nun für sich selber spreche.

Jetzt sammelten sich alle um Sonny, und Sonny spielte. Hin und wieder schien einer von ihnen Amen zu sagen. Sonnys Finger erfüllten die Luft mit Leben – mit seinem Leben. Aber dieses Leben umschloß viele andere. Und Sonny ging den ganzen Weg zurück, er begann noch einmal mit der knappen, nüchternen Aussage der Eröffnungsphrase. Dann machte er sich das Stück zu eigen. Es war sehr schön, weil es sich jetzt Zeit lassen durfte und weil es keine Klage mehr war. Ich glaubte zu hören, mit welcher inneren Glut er es sich zu eigen gemacht hatte, mit welcher inneren Glut wir es uns noch aneignen mußten, damit wir aufhören konnten zu klagen. Die Freiheit war nahe, und ich begriff endlich, daß er uns helfen konnte, frei zu sein, wenn wir nur zuhörten; daß er erst frei sein würde, wenn wir ihm zuhörten. Und doch spielte sich jetzt kein Kampf auf seinem Gesicht ab. Ich hörte, was er durchgemacht hatte, was er noch durchmachen mußte, bevor er Ruhe in der Erde fand. Er eignete sie sich an: die lange Reihe, von der wir nur Mama und Daddy kannten. Und er gab sie zurück, wie alles zurückgegeben werden muß, damit es nach Überwindung des Todes auf ewig weiterleben kann. Ich sah wieder das Gesicht meiner Mutter und empfand zum erstenmal, wie viele Schmerzen die Steine des Weges, den sie gegangen war, ihren Füßen bereitet haben mußten. Ich sah die mondhelle Straße, auf der mein Onkel, der Bruder meines Vaters, gestorben war. Und noch etwas brachte die Musik mir zurück und hob mich darüber hinaus: Ich sah meine kleine Tochter wieder, spürte wieder Isabels Tränen und fühlte auch meine Tränen aufsteigen. Und doch wußte ich, daß dies nur ein flüchtiger Augenblick war, daß draußen die Welt wartete, hungrig wie ein Tiger, und daß sich das Leid endlos wie der Himmel über uns erstreckte.

Dann war es vorbei. Creole und Sonny stießen den Atem aus, beide klatschnaß und grinsend. Es gab viel Beifall, und zum Teil war er ehrlich. Im Dunkeln kam die Kellnerin vorbei, und ich bat sie, Drinks auf das Podium zu bringen. In der langen Pause, die nun folgte, unterhielten sie sich da oben im indigoblauen Licht, und nach einer Weile sah ich, daß die Kellnerin einen Scotch und Milch vor Sonny hinstellte. Er schien es nicht zu bemerken, aber bevor sie wieder zu spielen begannen, trank er einen Schluck, sah in meine Richtung und nickte. Dann stellte er das Glas aufs Klavier zurück. Gleich darauf spielten sie, und mir war, als glühe und bebe über dem Kopf meines Bruders der Kelch des Leidens.

Übersetzung von Gisela Stege

THOMAS PYNCHON

Entropie[1]

> Boris hat mir soeben eine Zusammenfassung seiner Ansichten gegeben. Er ist ein Wetterprophet. Das Wetter wird schlecht bleiben, sagt er. Es wird mehr Elend, mehr Tod, mehr Verzweiflung geben. Nirgends das geringste Anzeichen einer Änderung ... Wir müssen Schritt fassen, in geschlossener Reihe dem Gefängnis des Todes entgegen. Es gibt kein Entrinnen. Das Wetter ändert sich nicht.
> *Wendekreis des Krebses*

Unten ging Meatball Mulligans Kündigungsparty in ihre vierzigste Stunde. Auf dem Küchenboden, umgeben von leeren Champagnerflaschen, spielten Sandor Rojas und drei Freunde Spuck-ins-Meer und hielten sich dabei mit Heidsieck und Amphetaminpillen wach. Im Wohnzimmer kauerten Duke, Vincent, Krinkles und Paco über einem 15-Zoll-Lautsprecher, der in die Öffnung eines Papierkorbs geklemmt war, und lauschten dem *Großen Tor von Kiew* zu 27 Watt. Sie trugen horngefaßte Sonnenbrillen und einen verzückten Gesichtsausdruck zur Schau und rauchten komisch aussehende Zigaretten, die nicht, wie man erwarten könnte, Tabak enthielten, sondern einen Verschnitt von *Cannabis sativa*. Diese Gruppe war das Duke-di-Angelis-

---

[1] Neben der im Text angesprochenen Bedeutung im Hinblick auf das zweite thermodynamische Gesetz (in einem geschlossenen System führt die schrittweise Umwandlung aller Energie in Wärme schließlich zum »Wärmetod«) bezeichnet dieser Begriff in der Kommunikationstheorie den Wahrscheinlichkeitsgrad der Übermittlung einer Nachricht. (Anm. d. Hrsg.)

Quartett. Sie nahmen für ein lokales Label namens Tambú auf und hatten es bereits zu einer 25er LP mit dem Titel *Songs of Outer Space* gebracht. Von Zeit zu Zeit schnippte einer von ihnen seine Zigarettenasche in den Lautsprecherkonus, um die Flocken herumtanzen zu sehen. Meatball selbst schlief drüben beim Fenster, eine leere Magnum an die Brust gedrückt wie einen Teddybären. Mehrere Regierungsmädchen, die für Leute wie das State Department oder die NSA arbeiteten, hatten auf Sofas und Stühlen schlappgemacht und in einem Fall im Waschbecken des Badezimmers.

Das war Anfang Februar '57, und damals gab's 'ne Menge Exilamerikaner in Washington, D. C., die einem bei jeder Begegnung erzählten, daß sie eines Tages wirklich rüber nach Europa gehen würden, aber im Augenblick arbeiteten sie anscheinend für die Regierung. Alle sahen darin eine feine Ironie. Sie pflegten beispielsweise polyglotte Parties zu inszenieren, auf denen ein Neuling ziemlich ignoriert wurde, wenn er nicht simultan in drei oder vier Sprachen Konversation treiben konnte. Sie suchten armenische Delikatessenläden heim, wochenlang nichts anderes, und luden dich zu Bulgur und Lamm in winzige Küchen ein, deren Wände von Stierkampfplakaten bedeckt waren. Sie unterhielten Affären mit heißblütigen Mädchen aus Andalusien oder dem Midi, die an der Georgetown Wirtschaftswissenschaften studierten. Ihr Dôme war eine Studentenkneipe draußen an der Wisconsin Avenue, die sich »Rathskeller« und »Old Heidelberg« nannte, und wenn der Frühling kam, mußten sie sich mit Kirschblüten statt Limonenbäumen zufriedengeben; aber in all seiner Lethargie gab ihnen ihr Leben doch, wie sie das nannten, »Kicks«.

Im Augenblick schien Meatballs Party ihren zweiten Anlauf zu nehmen. Draußen fiel Regen. Regen prasselte gegen die Teerpappe auf dem Dach, wurde von den Nasen, Augenbrauen und Lippen hölzerner Wasserspeier unter der

Traufe in feinen Gischt zersprüht und lief wie Speichel die Fensterscheiben hinab. Am Vortag hatte es geschneit, vor zwei Tagen gestürmt, und davor hatte die Sonne die Stadt hell wie den April glänzen lassen, obwohl der Kalender erst Anfang Februar anzeigte. Es ist eine merkwürdige Jahreszeit in Washington, dieser falsche Frühling. Irgendwo in ihm sind Lincolns Geburtstag, das chinesische Neujahrsfest und in den Straßen eine Verlorenheit, weil die Kirschblüten noch Wochen entfernt sind und weil, wie Sarah Vaughan singt, der Frühling diesmal etwas später kommt. Ganz allgemein sind Cliquen wie diese, die sich an Werktagnachmittagen im »Old Heidelberg« zusammenfand, um Würzburger zu trinken und *Lili-Marlen* zu singen (ganz zu schweigen vom *Sweet-heart of Sigma Chi*), unweigerlich und unheilbar romantisch. Und wie jeder gute Romantiker weiß, ist die Seele (*spiritus, ruach, pneuma*) substantiell nichts weiter als Luft; es ist nur natürlich, daß Verwindungen der Atmosphäre sich in jenen wiederholen, die sie atmen. So daß es, neben den öffentlichen Komponenten – Feiertagen und Touristenattraktionen –, auch ein privates Mäandrieren gibt, verkettet mit dem Klima, als wäre diese Witterung eine Stretto-Passage in der Fuge des Jahres: Zufallswetter, ziellose Liebschaften, unvorhergesehene Verpflichtungen: Monate, die man ebensogut im Zustand der Fugue[2] verbringen könnte, denn keiner, so seltsam es auch klingt, kann sich in dieser Stadt später noch an die Winde, Regenschauer, Leidenschaften des Februar und März erinnern, es ist, als wären sie nie gewesen.

Die letzten Bässe des *Großen Tors* dröhnten durch den Fußboden herauf und weckten Callisto aus einem unruhigen Schlaf. Das erste, was er wahrnahm, war der kleine Vogel, den er behutsam mit den Händen gegen seinen Körper gehalten hatte. Er drehte das Gesicht auf dem Kissen zur

---

[2] Zeitweiser Gedächtnisausfall. (Anm. d. Hrsg.)

Seite, um auf den Vogel hinabzulächeln, auf den blauen, geduckten Kopf und die kranken, schwerlidrigen Augen, und er fragte sich, wie viele Nächte er ihm noch Wärme geben müßte, bis er wieder gesund war. Er hatte ihn seit drei Tagen so gehalten: es war der einzige Weg, den er wußte, um seine Gesundheit wiederherzustellen. Neben ihm regte sich mit einem Seufzer das Mädchen, den Arm über ihr Gesicht geworfen. Vermischt mit den Geräuschen des Regens erklangen die ersten zaghaften, mürrischen Morgenstimmen der anderen Vögel, die in Philodendren und kleinen Fächerpalmen verborgen waren: Flecken von Scharlach, Gelb und Blau durchflochten diese rousseauhafte Phantasie, diesen Treibhausdschungel, den zu einem Ganzen zu verweben ihn sieben Jahre gekostet hatte. Hermetisch abgeschlossen, war er eine winzige Enklave der Regelmäßigkeit im Chaos der Stadt, fremd der Launenhaftigkeit des Wetters, der Innenpolitik, jeder öffentlichen Unruhe. Durch Versuch und Irrtum hatte Callisto das ökologische Gleichgewicht perfektioniert, mit Hilfe des Mädchens die künstlerische Harmonie, so daß die Gezeiten des Pflanzenlebens und die Bewegungen der Vögel und der menschlichen Bewohner so vollkommen aufeinander abgestimmt waren wie die Rhythmen eines perfekt ausbalancierten Mobiles. Natürlich waren er und das Mädchen aus dieser Freistatt nicht mehr wegzudenken; sie waren für ihre Einheit unentbehrlich geworden. Was sie von draußen brauchten, wurde angeliefert. Sie selbst gingen nicht hinaus.

»Geht es ihm gut?« flüsterte sie. Sie lag wie ein lohfarbenes Fragezeichen ihm zugewandt, die Augen plötzlich groß und dunkel, mit langsam schlagenden Lidern. Callisto fuhr mit einem Finger unter die Federn am Halsansatz des Vogels, streichelte ihn sanft. »Ich glaube, er wird gesund. Schau, er hört seine Freunde erwachen.« Das Mädchen hatte den Regen und die Vögel schon gehört, noch ehe sie ganz wach war.

Sie hieß Aubade. Sie war teils französischer, teils annamitischer Abstammung, und sie lebte auf ihrem eigenen, sonderbaren und einsamen Planeten, auf dem die Wolken und die Düfte der Flamboyantbäume, die Bitterkeit des Weins und achtlose Finger auf ihrem Rücken oder federgleich an ihren Brüsten sie unweigerlich zu Klängen reduziert erreichten: als eine Musik, die sich, mit Unterbrechungen, aus einer heulenden Düsternis von Dissonanzen erhob. »Aubade«, sagte er, »sieh nach.« Gehorsam stand sie auf, ging leise zum Fenster, zog die Vorhänge zur Seite und sagte, nach einem Augenblick: »Siebenunddreißig. Noch immer 37.« Callisto runzelte die Stirn. »Seit Dienstag also«, sagte er. »Keine Veränderung.« Drei Generationen vor ihm hatte Henry Adams[3] entsetzt vor der Energie und ihrer Macht gestanden. In einer ähnlichen Lage empfand sich nun Callisto angesichts der Thermodynamik, dem inneren Gesetz dieser Macht, und wie seinem Vorgänger wurde ihm bewußt, daß die Jungfrau und der Dynamo so sehr für Liebe wie für Energie stehen; daß die beiden in der Tat identisch sind; und daß die Liebe daher nicht nur die Welt am Drehen hält, sondern auch die Bocciakugel in Rotation versetzt und die Präzession der Sternennebel lenkt. Es war dies letztere oder siderische Element, das ihn beunruhigte. Die Kosmologen hatten dem Universum einen Wärmetod vorausgesagt (etwas wie die Vorhölle: Form und Bewegung erloschen, die Wärmeenergie an allen Punkten gleich); die Meteorologen schoben ihn von Tag zu Tag hinaus, widersprachen mit der beruhigenden Reihe ihrer ständig wechselnden Temperaturen.

3 Amerikanischer Historiker und Kulturkritiker, der in seiner Autobiographie der Jungfrau Maria (Virgin) als Ausdruck der christlichen Welt des europäischen Mittelalters den Dynamo als Symbol einer industrialisierten, entwurzelten, technologiegläubigen Welt, vor allem der USA, gegenüberstellte und auf der Grundlage der neuen naturwissenschaftlichen Erkenntnisse (Thermodynamik) eine kulturpessimistische »dynamische Theorie der Geschichte« propagierte. (Anm. d. Hrsg.)

Doch seit nunmehr drei Tagen war die Quecksilbersäule, trotz des unbeständigen Wetters, bei 37 Grad Fahrenheit stehengeblieben. Stets Vorzeichen der Apokalypse witternd, wälzte sich Callisto unter der Bettdecke hin und her. Seine Finger schlossen sich fester um den Vogel, als suchte er in dessen Pulsschlag oder Schmerz die Gewißheit einer baldigen Änderung der Temperatur.

Es war der letzte Beckenschlag, der's schaffte. Aufschrekkend wurde Meatball ins Bewußtsein zurückkatapultiert, während das synchronisierte Köpfewackeln über dem Papierkorb stoppte. Eine kurze Rauschfahne erfüllte den Raum, verschmolz dann mit dem Flüstern des Regens draußen. »Aarrgghh«, verkündete Meatball in die Stille und starrte auf seine leere Magnum. Krinkles, in Zeitlupe, drehte sich nach ihm um, lächelte und hielt ihm eine Zigarette hin. »Tea-time, Mann«, sagt er. »Nein, nein«, sagte Meatball. »Wie oft muß ich euch das noch sagen. Nicht in meiner Bude. Ihr sollt wissen, daß in Washington die Bullenpest grassiert.« Krinkles blickte versonnen. »Herrje, Meatball«, sagte er, »mit dir ist wirklich nichts mehr los.« – »Nur den Kater ersäufen«, sagte Meatball. »Einzige Hoffnung. Ist noch was Trinkbares da?« Er begann, in Richtung Küche zu krauchen. »Kein Champagner mehr, glaub ich«, sagte Duke. »'n Kasten Tequila hinterm Eisschrank.« Sie legten eine Scheibe von Earl Bostic[4] auf. Meatball pausierte bei der Küchentür, stierte zu Sandor Rojas hinüber. »Zitronen«, sagte er nach einiger Überlegung. Er kroch zum Kühlschrank, nestelte drei Zitronen und die Eiswürfel heraus, entdeckte den Tequila und machte sich daran, sein Nervenkostüm wieder in Ordnung zu bringen. Beim Schneiden der Zitronen zapfte er Blut, und er brauchte beide Hände, um sie auszuquetschen, und einen Fuß, um die Eiswürfel-

---

4 Bekannter Altsaxophonist des Swing und Rhythm and Blues. (Anm. d. Hrsg.)

schale zu knacken; aber nach etwa zehn Minuten fand er sich, wie durch ein Wunder, auf einen überdimensionalen Tequila sauer hinunterstrahlen. »Sieht lecker aus«, sagte Sandor Rojas. »Wie wär's mit noch einem für mich?« Meatball blinzelte. *»Kicsi lófasz a seggedbe«*, erwiderte er automatisch und wanderte weiter ins Badezimmer. »Sagt mal«, rief er im nächsten Augenblick niemand Bestimmtem zu. »Sagt mal, da scheint ein Mädchen oder irgendwas im Waschbecken zu schlafen.« Er nahm sie bei den Schultern und schüttelte sie. »Wha«, sagte sie. »Allzu bequem hast du dir's nicht gemacht«, sagte Meatball. »Tcha«, stimmte sie zu. Sie stolperte zur Badewanne, drehte die Dusche auf und setzte sich im Schneidersitz in den kalten Strahl. »Viel besser«, lächelte sie.

»Meatball«, gellte Sandor Rojas aus der Küche. »Da will jemand zum Fenster rein. Ein Einbrecher wahrscheinlich. Ein Hochparterrespezialist.« – »Was regst du dich auf«, sagte Meatball. »Wir sind im dritten Stock.« Er trottete zurück in die Küche. Eine zerzauste, jammervolle Gestalt stand draußen auf der Feuertreppe und kratzte mit den Fingernägeln an der Scheibe. Meatball öffnete das Fenster. »Saul«, sagte er.

»Ziemlich feucht draußen«, sagte Saul. Er kletterte herein, tropfnaß. »Du hast es sicher schon gehört.«

»Miriam hat dich verlassen«, sagte Meatball, »oder so was. Das ist alles, was ich gehört habe.«

Von der Wohnungstür erscholl ein jähes Klopfgewitter. »Hereinspaziert«, rief Sandor Rojas. Die Tür ging auf – da standen drei Studentinnen von der George-Washington-Universität, die allesamt Philosophie im Hauptfach machten. Jede schleppte eine Vier-Liter-Flasche Chianti. Sandor sprang hoch und spurtete ins Wohnzimmer. »Hier soll 'ne Party sein«, sagte eine Blondine. »Junges Blut«, grölte Sandor. Er war ein ex-ungarischer Freiheitskämpfer, der am konkurrenzlos schlimmsten chronischen Fall dessen litt, was gewisse Kritiker aus bürgerlichen Kreisen als Don Juanismus im Distrikt von Columbia gegeißelt haben. *Purche porti la gonnella, voi sapete quel che fa.* Wie Pawlows Hund: eine tiefe Altstimme oder ein Hauch von Arpège, und Sandor begann zu speicheln. Meatball musterte das Trio mit trüben Blicken, als sie in die Küche geschnürt kamen; er zuckte mit den Schultern. »Stellt den Wein in den Kühlschrank«, sagte er, »und schönen guten Morgen.«

Aubades Hals bildete einen goldenen Bogen im grünen Zwielicht des Raumes, als sie sich über das Kanzleipapier beugte und emsig zu schreiben begann. »Als junger Mann in Princeton«, diktierte Callisto, den Vogel in das Nest aus grauen Haaren auf seiner Brust geschmiegt, »hatte sich Callisto eine Gedächtnisstütze für die Gesetze der Thermodynamik zurechtgelegt: Du hast keine Chance, alles wird schlimmer, eh's besser wird, wer sagt überhaupt, daß etwas besser wird. Im Alter von 54 Jahren, konfrontiert mit Gibb's Vorstellung vom Universum, erkannte er plötzlich, wie sehr die Redensart des Studenten ein Orakel gewesen war. Das spindelige Labyrinth der Gleichungen wurde ihm zur Vision eines endgültigen, kosmischen Wärmetods. Natürlich hatte er schon immer gewußt, daß nur theoretische Maschinen und Systeme jemals einen Wirkungsgrad von 100 Prozent erreichten, und auch der Satz von Clausius, nach dem die Entropie in einem geschlossenen System stetig und unumkehrbar zunimmt, war ihm vertraut gewesen. Dennoch begann ihm erst, als Gibbs und Boltzmann die Methoden der statistischen Mechanik auf dieses Prinzip anwandten, dessen fürchterliche Konsequenz zu dämmern: Nun erst wurde ihm klar, daß das geschlossene System – Galaxis, Wärmekraftmaschine, Mensch, Kultur, was immer – sich spontan zum Zustand der Größeren Wahrscheinlichkeit hin entwickeln mußte. So sah er sich, im traurig-trüben

Herbst seines Mittelalters, zu einer radikalen Neubewertung all dessen gezwungen, was er bis dahin gelernt hatte; all die Städte und Jahreszeiten und gelegentlichen Leidenschaften seiner Tage mußten nun in einem neuen, schwer faßbaren Licht gesehen werden. Er wußte nicht, ob er der Aufgabe gewachsen sein würde. Er war sich der Gefahren der Vereinfachung bewußt und, wie er hoffte, stark genug, nicht in die gefällige Dekadenz eines schwächlichen Fatalismus zu verfallen. Ihm war von jeher eine kraftvolle, italienische Art von Pessimismus eigen gewesen: Wie Machiavelli erlaubte er den Kräften von *virtù* und *fortuna* ein ungefähres Gleichgewicht von 50/50; doch nun brachten die Gleichungen einen Zufallsfaktor ins Spiel, der die Chancen auf ein unaussprechliches und unbestimmbares Verhältnis drückte, das zu berechnen er sich scheute.« Rund um ihn ragten die ungewissen Silhouetten der Treibhauswelt. Das erbarmungswürdig kleine Herz flatterte gegen das seine. Kontrapunktisch zu seinen Worten hörte das Mädchen das über den regnerischen Morgen gebreitete Gezänk der Vögel und launisch Gehupe der Autos und durch den Fußboden herauf die gelegentlichen wilden Ausbrüche von Earl Bostics Altsaxophon. Ständig wurde die architektonische Reinheit ihrer Welt durch solche Anzeichen von Anarchie bedroht: Risse und Auswölbungen und verzogene Linien und ein Verschieben und Sich-Neigen der Ebenen, dem sie sich unaufhörlich neu anpassen mußte, sollte nicht ihr ganzes Bauwerk in ein Chaos von unverbundenen und sinnlosen Signalen zerfallen. Callisto hatte den Vorgang einmal als eine Art von »Rückkopplung« beschrieben: jeden Abend kroch sie mit einem Gefühl der Erschöpfung in ihre Träume, und mit verzweifelter Entschlossenheit, niemals in ihrer Wachsamkeit nachzulassen. Selbst in den kurzen Zeitspannen, wenn Callisto mit ihr schlief, gehörte die einzige klingende Saite ihrer Hingabe den wahllosen Doppelgriffen, mit denen sie sich über die Bogenführung angespannter Nerven erhob.

»Dessenungeachtet«, fuhr Callisto fort, »fand er in der Entropie oder dem Maß der Unordnung innerhalb eines geschlossenen Systems eine geeignete Metapher, um sie auf gewisse Phänomene seiner eigenen Welt anzuwenden. Er sah zum Beispiel, daß die jüngere Generation auf Madison Avenue mit dem gleichen Unmut reagierte, den die seine einst der Wall Street vorbehalten hatte, und entdeckte im amerikanischen ›Konsumismus‹ eine ähnliche Tendenz von der geringsten zur größten Wahrscheinlichkeit, von Differenziertheit zu Einförmigkeit, von wohlgeordneter Individualität zu einer Form von Chaos. Er sah sich, kurz gesagt, die Gibbssche Prophezeiung auf dem sozialen Sektor nachvollziehen und sah einen Wärmetod seiner Kultur voraus, bei dem die Weitergabe von Ideen, analog zur Wärmeenergie, zum Stillstand kommen mußte, da endlich jeder Punkt die gleiche Energiemenge aufweisen würde: und jede geistige Bewegung würde dementsprechend enden.« Unvermittelt blickte er auf. »Sieh jetzt nach«, sagte er. Wieder erhob sie sich und spähte hinaus auf das Thermometer. »37«, sagte sie. »Der Regen hat aufgehört.« Er beugte schnell den Kopf und drückte seine Lippen gegen einen zitternden Flügel. »Dann wird es sich rasch ändern«, sagte er mit bemüht fester Stimme.

Wie er so auf dem Herd saß, ähnelte Saul einer großen Flickenpuppe, an der ein Kind seine unergründliche Wut ausgelassen hatte. »Was ist passiert?« sagte Meatball. »Wenn du drüber reden willst, natürlich.«

»Klar will ich drüber reden«, sagte Saul. »Das eine war, daß ich sie geschlagen habe.«

»Disziplin muß sein.«

»Ha, ha. Ich wollte, du wärst dabeigewesen. Oh, Meatball, es war ein prächtiger Kampf. Am Schluß schmiß sie ein

Handbuch für Chemie und Physik nach mir, nur daß es vorbeiging und durchs Fenster segelte, und als das Glas zerbrach, muß auch in ihr etwas zerbrochen sein. Sie rannte heulend aus dem Haus, raus in den Regen. Ohne Regenmantel oder irgendwas.«

»Sie kommt zurück.«

»Nein.«

»Tja«, sagte Meatball. Und nach einer Pause: »Sicher ging's um etwas Welterschütterndes. Zum Beispiel: wer ist besser, Sal Mineo oder Ricky Nelson.«

»Worum es ging«, sagte Saul, »war Kommunikationstheorie. Was es natürlich ungemein komisch macht.«

»Ich habe keine Ahnung von Kommunikationstheorie.«

»Meine Frau auch nicht. Ganz ehrlich, wer hat die schon? Das ist ja der Witz.«

Als Meatball das ungesunde Lächeln in Sauls Gesicht sah, sagte er: »Vielleicht möchtest du einen Tequila oder so was.«

»Nein. Ich meine, es tut mir leid. Es ist einfach ein Gebiet, wo du völlig den Boden unter den Füßen verlieren kannst. Du kommst an einen Punkt, wo du überall nach Sicherheitsbeamten Ausschau hältst, hinter Büschen, um die Ecken. MUFTI ist streng geheim.«

»Wha.«

»Multifaktorieller Tabulationsintegraph.«

»Und deswegen habt ihr euch gestritten.«

»Miriam hat wieder Science-fiction gelesen. Das und den *Scientific American*. Sie scheint total auf diese Idee eingepegelt zu sein, wie wir so sagen, daß sich Computer verhalten können wie Menschen. Ich hab den Fehler gemacht und gesagt, daß man das ebensogut umdrehen und von menschlichem Verhalten reden kann wie von einem Programm, das in eine IBM-Maschine gefüttert worden ist.«

»Warum nicht«, sagte Meatball.

»Allerdings, warum nicht. Das ist sogar ein ziemlich zentraler Punkt für die Kommunikation, ganz zu schweigen von der Informationstheorie. Aber als ich es sagte, ging sie in die Luft. Die Bombe war geplatzt. Und ich komme nicht dahinter, *warum*. Wenn überhaupt jemand dahinterkommen sollte, dann ich. Ich weigere mich zu glauben, daß die Regierung Steuergelder an mich verschwendet, wo sie so viele größere und bessere Dinge hat, für die sie Geld verschwenden kann.«

Meatball zog eine Grimasse. »Vielleicht dachte Miriam, daß du dich wie so 'n typischer, kalter, entmenschlichter, amoralischer Wissenschaftler aufführst.«

»Mein Gott«, Saul warf einen Arm hoch. »Entmenschlicht. Wieviel menschlicher soll ich denn noch werden? Ich mach mir Sorgen, Meatball, wirklich. In Nordafrika wandern heutzutage Europäer herum, denen man die Zungen aus dem Kopf gerissen hat, weil diese Zungen die falschen Wörter ausgesprochen haben. Nur daß die Europäer dachten, es wären die richtigen Wörter.«

»Sprachbarriere«, schlug Meatball vor.

Saul sprang vom Herd herunter. »Das«, sagte er wütend, »ist ein guter Kandidat für den faulsten Witz des Jahres. Nein, du As, es ist *keine* Barriere. Wenn irgendwas, dann ist es eine Art von Streuverlust. Sag einem Mädchen: *I love you*. Keine Probleme mit zwei Dritteln davon, ein geschlossener Regelkreis. Nur du und sie. Aber dieses widerwärtige Vier-Buchstaben-Wort in der Mitte, *das* ist der Punkt, auf den du achten mußt. Mehrdeutigkeit. Redundanz. Völlige Bedeutungslosigkeit womöglich. Streuverluste. All das ist Rauschen. Das Rauschen macht dir dein Signal kaputt, sorgt für Unordnung im Regelkreis.«

Meatball schlurfte herum. »Je nun, Saul«, murmelte er, »irgendwie, ich weiß nicht, erwartest du 'ne ganze Menge von den Leuten. Ich mein, weißt du: Es ist eben so, daß das meiste, was wir sagen, wahrscheinlich meistens Rauschen ist.«

»Ha! Die Hälfte von dem, was du gerade gesagt hast, zum Beispiel.«

»Ja, aber dir passiert's auch.«

»Ich weiß.« Saul lächelte grimmig. »Es ist einfach heidenmäßig schwer.«

»Ich wette, genau das bringt den Scheidungsanwälten ihr Geld. Hoppla.«

»Ach, ich bin nicht empfindlich. Und im übrigen«, stirnrunzelnd, »hast du recht. Bei den meisten ›erfolgreichen‹ Ehen – Miriams und meiner bis gestern abend – wirst du finden, daß sie mehr oder weniger auf Kompromissen basieren. Die Sache läuft nie mit vollem Wirkungsgrad; meistens hast du nur einen Minimalkonsens für das Machbare. ›Mündige Partnerschaft‹ ist wohl die Phrase, die man dafür nimmt.«

»Aarrgghh.«

»Genau. Du hörst ein leises Rauschen, stimmt's? Aber der Rauschanteil ist unterschiedlich für uns beide, weil du ein Junggeselle bist und ich nicht. Oder nicht war. Zum Teufel damit.«

»Sicher«, sagte Meatball, der hilfreich sein wollte, »ihr habt verschiedene Wörter benutzt. Mit ›menschliches Wesen‹ hast du etwas gemeint, was du betrachten kannst wie einen Computer. Was dir das Denken bei der Arbeit leichter macht, oder so. Miriam dagegen hat etwas völlig –«

»Zum Teufel damit.«

Meatball verstummte. »Ich nehm den Drink«, sagte Saul nach einer Weile.

Das Kartenspiel war aufgegeben worden, und Sandors Freunde verausgabten sich langsam aber sicher am Tequila. Auf der Wohnzimmercouch waren eine der Studentinnen und Krinkles in amouröse Konversation vertieft. »Nein«, sagte Krinkles gerade, »auf Dave laß ich *nichts* kommen. Von Dave halt ich 'ne Menge, wirklich. Vor allem mit seinem Unfall und so.« Das Lächeln des Mädchens verblaßte. »Wie schrecklich«, sagte sie. »Welcher Unfall?« – »Hast du nie davon gehört?« sagte Krinkles. »Als Dave bei der Army war, nur als einfacher Soldat, da hat man ihn zu einem Sondereinsatz runter nach Oak Ridge kommandiert. Hatte was mit dem Manhattan-Projekt zu tun. Eines Tages hantierte er mit heißem Zeug und kriegte eine Überdosis Strahlung ab. Deshalb muß er jetzt ständig Bleihandschuhe tragen.« Sie schüttelte mitfühlend den Kopf. »Ein schrecklicher Schlag für einen Klavierspieler.«

Meatball hatte Saul einer Flasche Tequila überlassen und wollte sich gerade in einem Wandschrank schlafen legen, als die Eingangstür aufflog und fünf U. S.-Navy-Dienstgrade in den verschiedensten Stadien alkoholischer Verheerung in die Wohnung drängten. »Hier muss es sein«, brüllte ein fetter, pickeliger Leichtmatrose, der sein weißes Käppi verloren hatte. »Hier ist das Hurnhaus, von dem der Chief erzählt hat.« Ein flechsiger Bootsmannsmaat dritter Klasse schob ihn zur Seite und warf einen prüfenden Blick ins Wohnzimmer. »Hast recht, Slab«, sagte er. »Aber es macht nicht viel her, nicht mal für hier. Drüben in Neapel hab ich beßre Fotzen gesehen.« – »Was soll's denn kosten?« dröhnte ein hünenhafter Matrose mit Polypen, der ein Einmachglas voller hochprozentigem Fusel im Arm hielt. »O mein Gott«, sagte Meatball.

Draußen blieb die Temperatur unverändert bei 37 Grad Fahrenheit. Im Treibhaus streichelte Aubade geistesabwesend die Zweige einer jungen Mimose und hörte ein Motiv aufsteigender Säfte, das vordeutende, noch nicht aufgelöste Thema jener zarten rosa Blüten, von denen es heißt, daß sie Fruchtbarkeit bescheren. Die Musik erhob sich in einem verschlungenen Filigran: Arabesken der Ordnung in fugiertem Wettstreit mit den improvisierten Mißklängen der Party unten, die immer wieder in Spitzen und Wellenbergen von Geräusch nach oben drangen. Das kostbare Verhältnis zwischen Signal und Rauschanteil, das im Gleichgewicht zu halten jede Kalorie ihrer Kraft erforderte, pulste in dem schmalen, zartknochigen Schädel, während sie Callisto beobachtete, der den Vogel hielt. Den fiederigen Ballen in seinen Händen liebkosend, versuchte Callisto, jede denkbare Vorstellung des Wärmetods vor sich Revue passieren zu lassen. Er suchte nach Entsprechungen. Sade, natürlich. Und Temple Drake, ausgezehrt und hoffnungslos in ihrem kleinen Park in Paris, am Ende von *Sanctuary*. Das endgültige Gleichgewicht. *Nightwood*[5]. Und der Tango. Jeder Tango, aber mehr als jeder andere wohl jener melancholisch-müde Tanz in Strawinskys *L'histoire du soldat*. Er dachte zurück: Was war ihnen die Tangomusik nach dem Krieg gewesen, welche Bedeutungen waren ihm entgangen an all den würdig zu Paaren getriebenen Automaten in den *cafés dansants* oder den Metronomen, die hinter den Augen seiner eigenen Partnerinnen getickt hatten? Nicht einmal die reine Luft der Schweiz konnte die *grippe espagnole* kurieren: Strawinsky hatte sie gehabt, sie hatten sie alle gehabt. Und wie viele Musiker waren denn noch übrig nach Passchendaele, nach der Marne? Es reduzierte sich, in diesem Fall, auf sieben: Violine, Kontrabaß. Klarinette, Fagott. Kornett, Posaune. Pauken. Fast so, als hätte sich irgendeine winzige Truppe von Hochstaplern vorgenommen, die gleiche Klanginformation zu übermitteln wie ein großes Opernorchester. In ganz Europa gab es kaum noch eine komplette Besetzung. Doch Strawinsky hatten Violine und Pauken genügt, um in diesem Tango dieselbe Erschöpfung, dieselbe Atemnot auszudrücken, die man an den pomadigen, Vernon Castle imi-

---

5 *Sanctuary* und *Nightwood* sind Romane von W. Faulkner und D. Barnes. (Anm. d. Hrsg.)

tierenden Jünglingen beobachten konnte und auch an ihren Mätressen, denen ohnehin alles gleichgültig war. *Ma maîtresse.* Celeste. Als er nach dem zweiten Krieg nach Nizza zurückgekehrt war, hatte er an Stelle jenes Cafés eine Parfümerie für amerikanische Touristen vorgefunden. Und keine verborgene Spur von ihr in den Pflastersteinen oder der alten Pension nebenan; kein Parfüm, das ihrem Atem gleichkam, wenn er schwer war von dem süßen, spanischen Wein, den sie so gerne trank. Und so hatte er sich statt dessen einen Roman von Henry Miller gekauft und den Zug nach Paris genommen und das Buch noch unterwegs gelesen, so daß er zumindest ein wenig vorgewarnt war, als er ankam. Und sah, daß Celeste und die anderen und sogar Temple Drake nicht alles gewesen waren, was sich geändert hatte. »Aubade«, sagte er, »ich habe Kopfschmerzen.« Der Klang seiner Stimme rief in dem Mädchen einen antwortenden Melodiefetzen hervor. Ihre Bewegung zur Küche, zum Handtuch, zum kalten Wasser und seine Blicke, die ihr folgten, formten einen geisterhaften, komplizierten Kanon; als sie die Kompresse auf seine Stirn legte, schien sein dankbarer Seufzer ein neues Thema, eine neue Reihe von Modulationen anzukündigen.

»Nein«, beteuerte Meatball noch immer, »nein, bedaure. Das ist kein Puff hier. Es tut mir leid, wirklich.« Slab blieb unnachgiebig. »Aber der Chief hat gesagt«, wiederholte er immer wieder. Der Matrose bot seinen Schwarzgebrannten zum Tausch für einen talentierten Arsch an. Meatball blickte panisch um sich, als suche er Hilfe. In der Mitte des Zimmers war das Duke-di-Angelis-Quartett in einen historischen Augenblick vertieft. Vincent saß, die anderen standen: sie vollführten die Bewegungen einer Gruppe in Session, nur ohne Instrumente. »Also sagt mal«, sagte Meatball. Duke wiegte ein paarmal den Kopf, lächelte vage, zündete sich eine Zigarette an, bis sein Blick schließlich an Meatball hängenblieb. »Ruhig, Mann«, flüsterte er. Vincent begann seine Arme herumzuwirbeln, die Fäuste geballt; hielt dann plötzlich inne; und wiederholte die Darbietung. So ging es ein paar Minuten, während Meatball melancholisch an seinem Drink nippte. Die Navy hatte sich in die Küche zurückgezogen. Auf ein unsichtbares Signal hin stellte die Gruppe ihr rhythmisches Füßetappen ein, und Duke grinste und sagte: »Wenigstens sind wir zusammen fertig geworden.«

Meatball stierte ihn an. »Also sagt mal«, sagte er. »Ich habe dieses neue Konzept, Mann«, sagte Duke. »Erinnerst du dich an deinen Namensvetter. Erinnerst du dich an Gerry.«

»Nein«, sagte Meatball. »*I'll Remember April*, wenn dir das hilft.«

»Genaugenommen«, sagte Duke, »war es *Love for Sale*. Was nur beweist, wie wenig Ahnung du hast. Es geht darum, daß es Mulligan war, mit Chet Baker[6] und der Crew von damals, dort drüben. Klingelt's jetzt?«

»Bariton-Sax«, sagte Meatball. »Irgendwas mit einem Bariton-Saxophon.«

»Aber kein Klavier, Mann. Keine Gitarre. Oder Akkordeon. Du weißt, was das bedeutet.«

»Nicht so ganz«, sagte Meatball.

»Gut, laß mich erst mal sagen, daß ich kein Mingus bin, kein John Lewis.[7] Die Theorie war nie meine starke Seite. Ich meine, Notenlesen und so 'ne Art Sachen war immer schwierig für mich –«

»Ich weiß«, sagte Meatball trocken. »Beim Kiwanis hat man dich rausgeschmissen, weil du mal bei einem Klub-

---

[6] Chet Baker und Gerry Mulligan waren berühmte weiße Cool-Jazz-Musiker. (Anm. d. Hrsg.)
[7] Charlie Mingus, bedeutender schwarzer Bepop-Bassist; John Lewis, Pianist und Leiter des Modern Jazz Quartet. (Anm. d. Hrsg.)

Picknick mitten in ›Happy Birthday‹ die Tonart gewechselt hast.«

»Bei den Rotariern. Aber mir ist aufgegangen, in einem von diesen lichten Momenten, daß es nur eins bedeuten konnte, wenn Mulligans erstes Quartett kein Klavier hatte.«

»Keine Akkorde«, sagte Paco, der milchgesichtige Bassist.

»Was er sagen will«, sagte Duke, »ist: keine Stützakkorde. Nichts, worauf du hören kannst, während du deine Melodielinie bläst. Was man in so einem Fall macht, ist, man *denkt* sich die Akkorde.«

Meatball dämmerte eine schreckliche Erkenntnis. »Und der nächste logische Schritt«, sagte er.

»Ist, sich alles zu denken«, verkündete Duke mit schlichter Würde. »Akkorde, Melodielinie, alles.«

Meatball sah Duke an, ganz Ehrfurcht. »Aber«, sagte er.

»Nun ja«, sagte Duke bescheiden, »die Sache hat noch ein paar Mucken.«

»Aber«, sagte Meatball.

»Hör einfach zu«, sagte Duke. »Du wirst es schon kapieren.« Und sie hoben wieder ab in ihre Umlaufbahn, wahrscheinlich irgendwo auf Höhe des Asteroidengürtels. Nach einer Weile spitzte Krinkles die Lippen und begann, seine Finger zu bewegen, und Duke schlug sich mit der Hand an die Stirn. »Trottel!« brüllte er. »Das neue Arrangement spielen wir doch, erinnerst du dich, was ich gestern abend notiert habe.« – »Klar«, sagte Krinkles, »das neue Arrangement. Ich komm zum Mittelteil rein. Bei deinen Arrangements komm ich immer zum Mittelteil rein.« – »Eben«, sagte Duke. »Warum also –« – »Wha«, sagte Krinkles, »16 Takte hab ich gewartet, dann bin ich rein –« – »16?« sagte Duke. »Nein, Krinkles, nein. Acht hast du gewartet. Soll ich dir's vorsingen? Ein roter Lippenabdruck auf der Zigarette, ein Freiflugticket in die fernsten Städte.« Krinkles kratzte sich am Kopf. »*These Foolish Things*, meinst du.« – »Ja«, sagte Duke, »ja, Krinkles. Bravo.« – »Nicht *I'll Remember April*«, sagte Krinkles. »*Minghe morte*«, sagte Duke. »Ich hatte *gleich* das Gefühl, daß wir's ein bißchen langsam spielen«, sagte Krinkles. Meatball gluckste. »Zurück ans alte Reißbrett«, sagte er. »Nein, Mann«, sagte Duke, »zurück in die luftlose Leere.« Und sie starteten von neuem, nur schien Paco in Gis zu spielen und die anderen in Es, so daß sie noch mal von vorn anfangen mußten.

In der Küche sangen zwei der Mädchen von der George Washington und die Seeleute *Let's All Go Down* und *Piss on the Forrestal*. Drüben beim Eisschrank fand ein beidhändiges, zweisprachiges *Morra*-Spiel statt. Saul hatte mehrere Papiertüten mit Wasser gefüllt und saß nun auf der Feuertreppe, von der er sie auf zufällige Passanten hinunterwarf. Ein fettes Regierungsmädchen in einem Bennington-Sweatshirt, das sich vor kurzem mit einem Leutnant von der *Forrestal* verlobt hatte, kam mit gesenktem Kopf in die Küche gestürmt und rammte Slab in den Magen. Dankbar für den ersehnten Anlaß zu einer Prügelei drängten Slabs Kumpel in den Raum. Die *Morra*-Spieler, Nase gegen Nase, brüllten aus Leibeskräften *trois, sette*. Unter der Dusche verkündete das Mädchen, das Meatball aus dem Waschbecken gezogen hatte, daß es am Ertrinken war. Offenbar hatte sie sich auf den Abfluß gesetzt, und nun stand ihr das Wasser bis zum Hals. Der Geräuschpegel in Meatballs Wohnung hatte ein anhaltendes, gottloses Crescendo erreicht.

Meatball stand und schaute und kratzte sich behäbig am Bauch. So wie er die Sache sah, schienen ihm nur zwei Möglichkeiten zu bleiben: (a) sich im Wandschrank einzuschließen, und vielleicht würden irgendwann alle gehen; oder (b) zu versuchen, die ganze Bagage zu beruhigen, einen nach dem anderen. (a) war entschieden die verlockendere Alternative. Aber dann begann er, über diesen Wandschrank nachzudenken. Dort war's dunkel und muffig, und er wäre ganz allein. Er mochte es nicht besonders, allein zu sein. Und dann käme diese Crew vom guten Schiff Lollipop, oder wie immer es hieß, womöglich noch auf die Idee, zum Jux die Schranktür einzutreten. Und wenn das passierte, wäre es ihm, zum allermindesten, sehr peinlich. Der andere Weg war mehr die Ochsentour, aber auf lange Sicht wahrscheinlich der bessere.

So entschloß er sich, es zu versuchen und seine Kündigungsparty vor dem Abrutschen ins totale Chaos zu bewahren: er gab den Seeleuten Wein und brachte die *Morra*-Spieler auseinander; er machte das fette Regierungsmädchen mit Sandor Rojas bekannt, der sich schon um sie kümmern würde; er half dem Mädchen aus der Wanne, sich abzutrocknen und ins Bett zu kommen; er sprach noch einmal mit Saul; und er rief den Kundendienst für den Kühlschrank, der, wie irgendwer gemerkt hatte, nicht mehr richtig funktionierte. Mit alldem war er bis zum Einbruch der Dunkelheit beschäftigt, als die meisten Zecher schon schlappgemacht hatten, und die Party zitternd auf der Schwelle ihres dritten Tages stand.

Oben spürte Callisto, hilflos in der Vergangenheit, nicht, wie der schwache Rhythmus im Inneren des Vogels erlahmte und auszusetzen begann. Aubade stand am Fenster, verloren in die Aschenwüste ihrer lieblichen Welt; die Temperatur war unverändert, der Himmel hatte ein gleichförmiges, sich verdunkelndes Grau angenommen. Dann riß etwas von unten – der Schrei eines Mädchens, ein umgestürzter Stuhl, ein zu Boden gefallenes Glas, er würde es nie genau erfahren – diese abgeschiedene Zeitschleife auf; und er nahm das Stocken, die Muskelkrämpfe, das winzige Sich-Recken des Vogelkopfes wahr; und sein eigener Puls begann wütender zu schlagen, als wolle er einen Ausgleich schaffen. »Aubade«, rief er mit schwacher Stimme, »er stirbt.« Das

Mädchen, fließend und entrückt, kam durch das Treibhaus auf Callisto zu und starrte auf seine Hände nieder. So verharrten die beiden, in Schwebe, für eine Minute, für zwei, während der Herzschlag in einem anmutigen Diminuendo hinuntertickte ins endliche Schweigen. Callisto hob langsam den Kopf. »Ich habe ihn gehalten«, protestierte er, kraftlos in seinem Staunen, »um ihm die Wärme meines Körpers zu geben. Fast so, als wollte ich ihm Leben übertragen, oder ein Gefühl von Leben. Was ist geschehen? Hat der Wärmeaustausch aufgehört zu funktionieren? Gibt es keine ...« Er sprach nicht zu Ende.

»Ich war eben am Fenster«, sagte sie. Er ließ sich zurücksinken, angsterfüllt. Sie blieb noch einen Augenblick unschlüssig stehen; schon vor langer Zeit hatte sie seine Obsession gespürt und wußte nun, daß diese konstanten 37 den Ausschlag gaben. Dann plötzlich, als sähe sie die einzige und unausweichliche Schlußfolgerung aus alldem, ging sie rasch zum Fenster, ehe Callisto ein Wort sagen konnte; riß die Vorhänge weg und durchstieß das Glas mit zwei zierlichen Händen, die sich, funkelnd von Splittern, blutig färbten; und wandte sich um, um dem Mann auf dem Bett ins Gesicht zu sehen und mit ihm zu warten, bis der Moment des Ausgleichs erreicht war, da 37 Grad Fahrenheit draußen wie drinnen herrschen würden für immer und die verhaltene, sonderbare Dominante ihrer isolierten Leben sich auflöste in einen Grundton von Finsternis und endgültiger Abwesenheit jeder Bewegung.

Übersetzung von Thomas Piltz

ROBERT COOVER

Der Aufzug

I

Jeden Morgen, ohne Ausnahme und ohne auch nur einmal bewußt darüber nachzudenken, fährt Kurt mit dem Aufzug in den vierzehnten Stock, wo er arbeitet. Auch heute wird er dies tun. Doch als er ankommt, findet er die Eingangshalle leer, das alte Gebäude noch erfüllt von all den ihm eigenen verblassenden Schatten und Verschwiegenheiten, trostlos, wenn auch stumm erwartungsvoll, und Kurt fragt sich, ob es heute nicht doch anders kommen mag.

Es ist halb acht: Kurt ist früh dran und hat den Aufzug ganz für sich. Er steigt ein: Was für eine enge Zelle! denkt er, wobei ihm der Schreck bis ins Mark fährt, und tritt mutig vor das Brett mit den numerierten Knöpfen. Eins bis vierzehn, plus »K« für den Keller. Spontan drückt er auf »K« – sieben Jahre und immer noch nicht im Keller gewesen! Er schnaubt verächtlich auf, daß er solch ein Angsthase ist.

Nach einem Augenblick der Stille gehen die Türen mit geräuschvollem Rumpeln zu. Die ganze Nacht Habtacht gestanden und auf diesen Moment gewartet! Der Aufzug sinkt langsam in die Erde. Weil die miefigen, unheilschwangeren Gerüche des alten Gebäudes ein unerklärliches Gefühl von Grauen und Verlust in ihm erregt haben, stellt sich Kurt mit einem Mal vor, daß er sich auf dem Abstieg in die Hölle befindet. *Tra la perduta gente*, jawohl! Ein leichtes Schaudern schüttelt ihn. Und wenn, so beschließt Kurt tapfer, wenn es nur so wäre. Das alte Gefährt bleibt mit einem durchdringenden Zittern stehen. Die automatische Tür geht gähnend auf. Nichts, nur ein Keller. Er ist leer und beinahe finster. Er ist totenstill und bedeutungslos.

Kurt lächelt innerlich über sich, drückt auf die Nummer 14. »Los jetzt, alter Charon«, verkündet er vernehmlich, »zur Hölle geht's in der entgegengesetzten Richtung!«

2

Kurt wartete kläglich darauf, daß ihm der Gestank von Darmwinden in die Nase stieg. Immer dasselbe. Er tippte auf Carruther, doch er konnte es nie beweisen. Nicht einmal das leiseste Tönchen, das etwas verraten hätte. Aber es war Carruther, der stets den Reigen eröffnete, und obwohl die anderen Gesichter wechselten, war Carruther immer mit dabei.

Sie waren zu siebt im Aufzug: sechs Männer und das junge Mädchen, das den Aufzug bediente. Das Mädchen beteiligte sich nicht daran. Sie war gewiß gekränkt, aber zeigte nie auch nur eine Andeutung davon. Sie legte einen solchen Gleichmut an den Tag, daß nicht einmal die derben Anzüglichkeiten Carruthers ihn durchbrechen konnten. Noch viel weniger mischte sie sich in die ordinären Wortwechsel der Männer ein. Und doch waren diese, vermutete Kurt, bestimmt eine Qual für sie.

Und, ja, er hatte recht – da war es, erst schwach, beinahe süßlich, dann allmählich immer dichter, ekelhafter, bedrückender –

»Heh! Wer ließ den Furz da furt?« kreischte Carruther und gab das Startsignal.

»Kurt ließ ihn furt, den Furz!« kam die unerbittliche Antwort. Und dann donnernd lautes Gelächter.

»*Was!* Läßt unser Kurt schon wieder einen furt?« grölte ein anderer, während das allgemeine Geheul mit gefletschten Zähnen und hochgezogenen Lippen allmählich eine immer engere Schlinge um Kurt zog.

»*Mönsch bitte*, Kurte! Mach Schluß mit dem Gefurte!« brüllte wieder ein anderer. So würde es weitergehen, bis sie aus dem Aufzug ausstiegen. Der Aufzug war klein: ihr Lachen füllte ihn aus, hallte von den Wänden wider. »Nicht so hurti, Kurti! Laß keinen Furz mehr *furti*!«

Ich bin's nicht, *ich bin's wirklich nicht*, beteuerte Kurt. Aber nur stumm. Es war zwecklos. Es war Schicksal. Das Schicksal und Carruther. (Mehr Gelächter, mehr brutales Gestichel.) Einige Male hatte er protestiert. »Mönsch, Kurt, du bist doch bloß bescheiden!« hatte Carruther gedonnert. Stentorstimme, Riesenkerl. Kurt haßte ihn.

Einer nach dem anderen stiegen die anderen Männer auf verschiedenen Stockwerken aus, hielten sich dabei die Nase zu. »Kurt, unser kurzer Furzer!« schrien sie dann allen Leuten zu, die ihnen beim Aussteigen entgegenkamen, und erreichten damit stets einen Lacher im ganzen Gang. Die Luft wurde mit jedem Öffnen der Tür ein kleines bißchen erträglicher.

Zuletzt war Kurt immer mit dem Mädchen allein, das den Aufzug bediente. Sein Stockwerk, das vierzehnte, war das oberste. Als das Ganze losging, vor langer Zeit, hatte er versucht, dem Mädchen beim Aussteigen einen entschuldigenden Blick zuzuwerfen, doch sie hatte ihm stets die Schulter gezeigt. Vielleicht dachte sie, er wollte sie auf die doofe Tour anmachen. Schließlich sah er sich gezwungen, immer nur so schnell wie möglich aus dem Aufzug zu verduften. Sie würde auf jeden Fall annehmen, daß er der Schuldige war.

Natürlich gab es eine passende Abfuhr für Carruther. Ja, Kurt kannte sie, hatte sie unzählige Male geprobt. Den Mann konnte man nur mit seinen eigenen Waffen schlagen. Und er würde es tun, bestimmt. Wenn es an der Zeit war.

3

Kurt ist allein im Aufzug mit der Fahrstuhlführerin, einem jungen Mädchen. Sie ist weder schlank noch dick, sondern füllt ihre orchideenfarbene Uniform aufs charmanteste aus. Kurt grüßt sie auf seine übliche freundliche Art, und sie erwidert seinen Gruß mit einem Lächeln. Ihre Augen treffen sich für einen kurzen Moment. Die des Mädchens sind braun.

Als Kurt den Aufzug betritt, drängeln sich freilich bereits mehrere andere Leute darin, doch als der Aufzug durch das alte, nach Moschus riechende Gebäude nach oben klettert, steigen die anderen, einzeln oder grüppchenweise, aus. Schließlich ist Kurt allein mit dem Mädchen, das den Aufzug bedient. Sie umfaßt den Steuerhebel, lehnt sich dagegen, und der Käfig müht sich ächzend nach oben. Kurt spricht sie an, erzählt einen gutgelaunten Witz über Aufzüge. Sie lacht und

Allein im Aufzug mit dem Mädchen, denkt Kurt bei sich: Falls dieser Aufzug abstürzen sollte, würde ich mein Leben opfern, um sie zu retten. Ihr Rücken ist gerade und grazil. Ihr orchideenfarbener Uniformrock sitzt eng, spannt sich unter ihren ausladenden Hüften, malt dort eine Art Höhle ab. Vielleicht ist es Abend. Ihre Waden sind muskulös und kräftig. Sie umfaßt den Steuerhebel.

Das Mädchen und Kurt sind allein im Aufzug, der nach oben steigt. Kurt konzentriert sich auf ihre runden Hüften, bis sie gezwungen ist, sich umzudrehen und ihn anzusehen. Sein Blick wandert gelassen über ihren Bauch, ihre eng geschnürte und mit einem Gürtel versehene Taille, über ihre strammen Brüste, trifft auf ihren erregten Blick. Mit geöffneten Lippen holt sie tief Luft. Sie umarmen sich. Ihre Brüste pressen sich sanft gegen ihn. Ihr Mund schmeckt süß. Kurt hat vergessen, ob der Aufzug nach oben fährt oder nicht.

4

Vielleicht wird Kurt den Tod im Aufzug finden. Ja, wenn er eines Mittags zum Essen gehen will. Oder zum Drugstore, um Zigaretten zu holen. Er wird im vierzehnten Stock auf den Knopf im Flur drücken, die Tür wird aufgehen, ein dunkles Lächeln wird ihn locken. Der Aufzugschacht ist tief. Er ist dunkel und stumm. Kurt wird den Tod an seinem Schweigen erkennen. Er wird nicht protestieren.
Er wird *sehr wohl* protestieren! O Gott! egal was
das Gefühl der Leere unter dem Atem ein Ruck
Der Schacht ist lang und eng. Der Schacht ist dunkel.
Er wird nicht protestieren.

5

Kurt fährt wie immer und ohne auch nur einmal darüber nachzudenken mit dem Aufzug in den vierzehnten Stock, wo er arbeitet. Er ist früh dran, aber nur ein paar Minütchen vor der Zeit. Fünf andere Leute steigen mit ihm ein, man begrüßt sich. Obwohl er versucht ist, kann er das »K« nicht riskieren, drückt statt dessen auf die 14. Sieben Jahre!
Als die automatische Tür zugeht und der Aufzug seinen langsamen, klagenden Aufstieg beginnt, denkt Kurt zerstreut über die Kategorien nach. Dieser kleine Raum, so banal und so beengt, vermerkt er mit einer gewissen melancholischen Befriedigung, dieser Aufzug enthält sie alle: Ort, Zeit, Ursache, Bewegung, Größe, Stoff. Bliebe alles uns selbst überlassen, würden wir sie wahrscheinlich entdecken. Die Mitfahrer plappern mit selbstgerechtem Lächeln (schließlich sind sie pünktlich) über das Wetter, die Wahlen, die Arbeit, die heute auf sie wartet. Sie stehen allem Anschein nach unbewegt und bewegen sich doch. Bewegung: Vielleicht ist das auch schon alles. Bewegung und ihr Me-

dium. Energie und Massepartikel. Kraft und Materie. Das Bild nimmt ihn völlig gefangen. Der Aufstieg und die passive Umgruppierung der Atome.

Im siebten Stock hält der Aufzug an, und eine Frau steigt aus. Nur ein Hauch ihres Parfüms bleibt. Kurt ist der einzige, der – bei sich, versteht sich – ihre Abwesenheit registriert, als der Aufstieg von neuem beginnt. Eine Person weniger. Doch die Totalität des Universums ist gesättigt: Jeder Mensch enthält es komplett, Verlust ist unvorstellbar. Dennoch, wenn das so ist – und ein kalter Schauder läuft durch Kurts Körper –, dann ist die Totalität gleichsam ein Nichts. Kurt betrachtet sich die vier verbliebenen Mitfahrer, und eine Welle des Mitleids wogt hinter dem Schauder heran. Man muß stets der Möglichkeit des Handelns gewahr sein, führt er sich vor Augen. Aber anscheinend braucht ihn niemand. Wenn er doch heute die Arbeit für sie erledigen, ihnen die Gnade eines Tages der inneren Einkehr bescheren könnte ...

Der Aufzug bleibt, an Stahlseilen schwebend und vibrierend, im zehnten Stock stehen. Zwei Männer steigen aus. Noch zweimal Halt, und Kurt ist allein. Er hat sie sicher hochgeleitet. Obwohl er wie stets in seiner unerbittlichen Melancholie befangen ist, lächelt Kurt, als er im vierzehnten Stock aus dem Aufzug steigt. »Ich freue mich, daß ich an all dem hier teilhaben kann«, verkündet er mit lauter Stimme. Doch als die Aufzugtür hinter ihm zugeht und er den ins Nichts führenden Abstieg hört, fragt er sich: Worin besteht jetzt die Totalität des Aufzugs?

6

Das Stahlseil reißt im dreizehnten Stock. Einen Augenblick herrscht tödliche Bewegungslosigkeit – dann ein jäher, atemberaubender Fall! Das Mädchen, schreckensbleich, dreht sich zu Kurt um. Sie sind allein. Obwohl innerlich sein Herz vor Entsetzen seine Kammern zu sprengen droht, bleibt er äußerlich gefaßt. »Ich denke, es ist sicherer, wenn man auf dem Rücken liegt«, sagt er. Er hockt sich auf den Boden, aber das Mädchen bleibt vor Schreck wie angenagelt stehen. Ihre Schenkel unter dem orchideenfarbenen Rock sind rund und glatt, und im Schatten – »Kommen Sie«, sagt er. »Sie können sich auf mich legen. Mein Körper wird einen Teil des Aufpralls abfedern.« Ihre Haare kosen ihm die Wange, ihre Pobacken schmiegen sich wie ein Schwamm in seine Lenden. Sie weint vor Liebe, ist gerührt, daß er sich aufopfert. Um sie zu beruhigen, umklammert er ihren bebenden Bauch und streichelt das Mädchen sanft. Der Aufzug pfeift beim Fallen.

7

Kurt hatte im Büro Überstunden gemacht, die Sachen erledigt, die vor dem nächsten Tag abgehakt sein mußten, Routineangelegenheiten und doch Teil der ununterbrochenen Notwendigkeit, die sein Alltagsleben bestimmte. Kein großes Büro, Kurts Büro, obwohl er kein größeres brauchte, eigentlich sehr ordentlich, abgesehen von dem bescheidenen Durcheinander auf seinem Schreibtisch. Das Zimmer war nur mit diesem Schreibtisch und einigen Stühlen ausgestattet, Bücherregale bedeckten die eine Wand, auf einer anderen war ein Kalender angepinnt. Die Deckenlampe war aus, das einzige Licht im Büro kam von der Neonlampe auf Kurts Schreibtisch.

Kurt unterschrieb ein letztes Formular, seufzte, lächelte. Er fischte eine halb verbrannte, aber noch glimmende Zigarette aus dem Aschenbecher, zog tief an ihr und zerdrückte anschließend, mit einem zweiten langen Atemzug den Rauch ausstoßend, den Stummel energisch in der schwarzen

Schale des Aschenbechers. Noch drückend und den Stummel im Häufchen der zerquetschten Filter im Aschenbecher hin und her drehend, schaute er träge auf seine Uhr. Er war überrascht, als er entdeckte, daß die Uhr schon halb eins zeigte – und stehengeblieben war! Schon nach Mitternacht!

Er sprang auf, rollte die Ärmel herunter, knöpfte die Manschetten zu, schnappte sich sein Sakko von der Stuhllehne, stieß die Arme in die Ärmel. Halb eins war schlimm genug – aber mein Gott! Wieviel *später* war es denn? Das Sakko erst zu drei Vierteln den Rücken hochgezogen und den Schlips ganz schief, stapelte er hastig die losen Blätter auf dem Schreibtisch und knipste die Lampe aus. Er stolperte durch das dunkle Zimmer auf den Flur, der von einer einzigen trüben gelben Glühbirne beleuchtet wurde, und zog die Bürotür hinter sich zu. Das dicke, solide Schloß dröhnte hohl im leeren Korridor.

Er knöpfte den Hemdkragen zu, zupfte seinen Schlips zurecht und den Kragen des Sakkos, der an seiner rechten Schulter eingeschlagen war, während er den Gang entlang an den anderen geschlossenen Bürotüren des vierzehnten Stocks vorbei zum Aufzug rannte, daß seine Absätze auf dem Marmorboden die Stille in Stücke zerhämmerten. Aus unerfindlichem Grund zitterte er. Die völlige Stille des alten Gebäudes verstörte ihn. Immer mit der Ruhe, sagte er zu sich; wir werden bald genug wissen, wie spät es ist. Er drückte auf den Knopf für den Aufzug, doch nichts passierte. Sag bloß, daß ich auch noch runterlaufen muß! brummte er bitter. Er drückte erneut auf den Knopf, fester, und diesmal hörte er unten ein feierliches Rumpeln, ein gedämpftes Pochen und undeutlich mahlendes Klagen, das nach und nach näher ächzte. Es hörte auf, und die Aufzugtür glitt auseinander, um ihn zu empfangen. Beim Eintreten verspürte Kurt ein plötzliches Verlangen, über die Schulter zurückzusehen, aber er unterdrückte es.

Sobald er eingestiegen war, drückte er auf dem Brett den Knopf mit der Nummer 1. Die Tür ging zu, doch der Aufzug fuhr weiter nach oben statt nach unten. Zur Hölle mit diesem alten Wrack! fluchte Kurt verärgert und fummelte wieder und wieder an dem Knopf mit der 1 herum. Ausgerechnet heute abend! Der Aufzug blieb stehen, die Tür ging auf, und Kurt stieg aus. Später fragte er sich, warum er das getan hatte. Die Tür glitt hinter ihm zu, er hörte den Aufzug nach unten fahren, bis das lustige Rumpeln in der Entfernung verklang. Obwohl es stockfinster hier war, schienen sich Gestalten zu formen. Obwohl er nichts deutlich erkennen konnte, war er sich absolut bewußt, daß er nicht allein war. Seine Hand tastete an der Wand nach dem Aufzugknopf. Kalter Wind packte ihn an den Knöcheln, im Nacken. Narr! verdammter Narr! schluchzte er, es *gibt* überhaupt keinen fünfzehnten Stock! Er drückte sich an die Wand, konnte den Knopf nicht finden, konnte nicht einmal die Aufzugtür finden, und selbst die Wand als solche war nur

8

Carruthers polternde Stimme dröhnte in dem engen Fahrkorb.

»Kurt ließ ihn furt, den Furz!« ertönte die unvermeidliche Antwort. Die fünf Männer lachten. Kurt wurde rot. Das Mädchen täuschte Gleichgültigkeit vor. Der Gestank von Fürzen machte sich in dem stickigen Aufzug breit.

»Geh in dich, Kurte, verdammt noch eins, genug Gefurze!«

Kurt blickte sie unverwandt und gelassen an. »Carruthers fickt seine Mutter«, sagte er mit Nachdruck. Carruther schlug ihn voll ins Gesicht, Kurts Brille zersplitterte und fiel zu Boden, Kurt selbst taumelte gegen die Wand. Er wartete auf den zweiten Schlag, doch es kam keiner. Irgendwer stieß ihm den Ellbogen in die Rippen, und Kurt rutschte zu Boden. Er kniete dort unten, weinte leise und tastete mit den Händen nach seiner Brille. Kurt konnte das Blut aus seiner Nase schmecken, das ihm in den Mund lief. Er konnte die Brille nicht finden, konnte überhaupt nichts sehen.

»Paß auf, Baby!« donnerte Carruther. »Furzer Kurte will man bloß schnell 'nen Gratisblick auf deine hübschen Unterhöschen werfen!« Donnerndes Gelächter. Kurt spürte, wie das Mädchen vor ihm zurückwich.

9

Ihr weicher Bauch schmiegt sich wie ein Schwamm in seine Lenden. Nein, es ist sicherer auf dem Rücken, Liebes, denkt er, aber schiebt den Gedanken beiseite. Sie weint vor Todesangst, preßt ihren heißen feuchten Mund auf den seinen. Um sie zu beruhigen, umklammert er ihre weichen Pobacken, streichelt sie sanft. So jäh ist der Fall, daß sie in der Luft zu schweben scheinen. Sie hat ihren Rock ausgezogen. Wie wird es sich anfühlen? fragt er sich.

10

Kurt fährt, ohne auch nur einmal darüber nachzudenken, automatisch mit dem Aufzug in den vierzehnten Stock, wo er arbeitet. Das Systematisieren, das ist der Fehler, beschließt er, das läßt sie hysterisch werden. Er ist spät dran, aber nur um ein paar Minütchen. Sieben andere Leute steigen mit ihm ein, besorgt, schwitzend. Sie blinzeln nervös auf ihre Uhren. Keiner von ihnen drückt auf den Knopf »K«. Hastig werden Höflichkeiten ausgetauscht.

Ihre dümmliche Unruhe durchdringt die Atmosphäre wie ein böser Geist, befällt auch Kurt. Er ertappt sich dabei, daß er oft auf die Uhr schaut, wird ungeduldig mit dem Aufzug. Jetzt aber mal halblang, warnt er sich. Ihre ausdruckslosen Gesichter bedrücken ihn. Freudlos. Gehetzt. Tyrannisiert von ihrer eigenen willkürlichen Reglementierung der Zeit. Selbstverhängte Folter, dennoch höchstwahrscheinlich unentrinnbar. Der Aufzug bleibt mit einem Ruck im dritten Stock stehen, daß allen das fahle Fleisch im Gesicht zittert. Sie runzeln die Stirn. Niemand hat auf die drei gedrückt. Eine Frau steigt ein. Sie alle nicken, räuspern sich, machen kleine flatternde Handbewegungen, damit die Tür schneller zugeht. Sie alle sind sich der Frau mehr oder minder bewußt (sie hat sie aufgehalten, verdammt noch mal!), doch einzig und allein Kurt registriert – bei sich – ihre ganze Gegenwart, während sich der Aufzug weiter nach oben kämpft. Die Schürzung der Tragödie. Diese geht immer weiter, erzeugt sich stets von selbst aufs neue. Rauf und runter, rauf und runter. Wo soll das enden? fragt er sich. Das Parfüm der Frau hängt schwer in der miefigen Luft. Diese verunstalteten, eingeschüchterten Verstandes-Tiere. Schlimmes ertragend und nicht zu ertragen. Rauf und runter. Er schließt die Augen. Einer nach dem anderen verlassen sie ihn.

Er kommt allein im vierzehnten Stock an. Er steigt aus dem alten Aufzug, starrt zurück in seine verbrauchte Leere. Da, nur da herrscht Friede, beschließt er müde. Die Aufzugtür geht zu.

11

Hier in diesem Aufzug, meinem Aufzug, von mir erschaffen, von mir in Bewegung gesetzt, von mir verdammt, verkünde ich, Kurt, meine Omnipotenz! Am Ende packt die Verdammnis einen jeden! MEINE Verdammnis! Ich verhänge sie! ERZITTERT!

12

Der Aufzug kreischt irrwitzig, während er nach unten saust. Ihre nackten Bäuche klatschen aufeinander, Hände fassen einander, ihr vaginaler Mund umfängt sein steifes Organ wie ein Schwamm. Ihre Lippen versiegeln sich, ihre Zungen verknoten sich. Die Körper: Wie wird man sie finden? Innerlich lacht er. Er stößt nach oben, weg von dem herabstürzenden Boden. Ihre Augen sind braun und lieben ihn unter Tränen.

13

Doch – ach! – die Verdammten, alter Mann, die VER-DAMMTEN! Was bedeuten sie uns, was MIR? ALLES! Wir lieben, ich liebe! Laß ihr Fleisch schlaff werden und ihre Halsfalten zittern, laß ihren Gestank zum Himmel steigen, laß ihre Grausamkeit Wunden reißen, ihre Dummheit Fesseln legen – doch laß sie lachen, Vater! AUF EWIG! Laß sie weinen!

14

aber holla! da kommt diesa kerl daher vastehste er steigt in den gottverdammten aufzug und is berühmt dafür daß ern dingensbumens hat fast einen meta fuffzig lang ich red echt kein quatsch ein meta fuffzig und er steigt in den – jawoll! kannste dir das vorstelln ein scheiße wie der und steigt in nen beknackten erotischn ich mein automatischn aufzug? harhar! nein ich hab keinen blassn schimma wie er heißt Karl glaub ich oder Kunz aber das problem is daß er imma bloß diesen verflixtn feigenzinker im kopf hat größer als olle Rahab vastehste – wassa damit macht? keine ahnung ich denk er wickelt sichs ums bein oder packt sichs auf die

schulta oder sonstwas herjee*ßus*! was fürn problem! und
wettn der hat mehr arme fleißige lieschen *totgemacht* als wo
ich im leben mein armes würmchen reingesteckt hab! einmal war der sogar – hör mal! Carruther schwört daß es die
reine beknackte wahrheit ist ich mein er *respektiert* den
scheißa – der war sogar einer von den handorgelgöttern ich
vageß wie sie heißen da drüben bei den itakern nach dem
zwotn weltkrieg vastehste die dödels als die eines tags sahen
wie der seinen meta fuffzig schlauch auspackt – er hat man
bloß vasucht die beknackten knoten rauszutüddeln sagt
Carruther – na da hamse gedacht der muß ein beknackta
handorgelgott sein oda was und wolltn ihn gleich anstelln
oder was man so mit nem gott macht und na ja Kunz denkt
sich das is kein so schlechta job nich vastehste jedenfalls
besser als mit dem teil ölbohrn in arabien oder in holland
löcha in den deichen zu stopfn wie ers vorher gemacht hat
also bleibt der scheißa ne weile da und die kleinen sonjas da
in dem itakertreibhaus die schmiern ihn mit schweine-
schmalz ein oder mit olivenöl und dann packn sie alle gemeinsam wie ehrenjungfrauen an und zerrn ihn raus in die
felder und sprühn die feldfrüchte ein und na ja Kunz er sagt
er sagt so nah issa nie wieder am ringelpiez mit klumpatsch
drangewesn herrjeeßus! die kichern sich die rübe runta! und
sie schleppn ihm alle altn tanten und omis ran und er knackt
sie mittenmang wie bei ne art supatolle euthanasie für die
alten damen und er segnet all ihre beknacktn nachkömm-
linge mit nem schwenker von seim dingensbumens und betreibt nebenbei nochn bißchen brunnengräberei aber er
kriegt scherareien mit den katholikers weil er nicht be-
schnitten is und die wolln das teil glatt runtasäbeln aber
Kunz sagt nee und sie können nicht richtig an ihn ran wegen dem sattcn rammbock den er da hat also zaubern sie
ihm n paar wunda aufn buckel und schrumpeln ihm den alten ladestock mit weihwasser klein und heizn ihm den

wonnekleister glühheiß daß er die felda versengt und eines tags sogar nen beknackten vulkan zum zündeln bringt und *jeeßus*! er verliert keine zeit und schmeißt sich das teil über die schulter und macht ne mücke bloß *weg da* ich sags dir! aber jetzt wie ich schon sagte is schluß mit den schäferspielen und er fährt im aufzug rauf und runter wie wir alle und da steigt er also in den vadammtn korb und n trupp von uns kackern kaspert mit dem miezeken rum das die mausefalle bedient rumpelt ihr üba den klasse podex so wie von ungefähr und du liebes bißchen sie wird ganz zappelig und heiß und schubst uns halb weg und holt uns halb ran und spielt an dem hebelchen rum *schwupp!* fetzt den Wolkenkratzer hoch und genau in dem moment packt ihr olle Carruther herrjeeßus der bringt echt schotn manchmal der durchgeknallte scheißa der packt ihr den lüttn lila rock hoch und hastenich gesehn! da hat die kleine sonja übahaupt keine scheibengardinen an! es ist echt *klasse* mann ich mein n süßes gespaltnes pfläumchen wie frisch aus nem obstgartn im sonnign süden und olle Kunz der arme der kichert halb und halb tuts weh und n minütchen lang kapiert der rest von uns übahaupt nich was die ganze aufregung soll doch dann ploppt plötzlich das ganze unglaubliche teil da unter sein kinn hoch und wackelt wie das beknackte auge gottes fixsakrament und dann hört man dieses laute irre reißen und mann! das teil da rauscht hoch und zischt raus wien beknackta tannenbaum der umfällt *dumeinegüte!* und knallt olle Carruther *karums!* voll auf den fußboden! sein besta kumpel und die arme kleine möse die wirft nen kurzn blick auf die unglaubliche nille da wie die rumfuhrwerkt und an die wände rumst und sie wird glatt ohnmächtig und *jeeßuss!* sie purzelt volle kanne auf den hebel von dem aufzug und mann! ne minute lang hab ich gedacht gleich sind wir *alle* mausetot

15 ...

Sie stürzen ins Leere, ihre feuchten Körper sind ineinander verschmolzen, prallen heftigst hoch und nieder, vor Todesangst, vor Glück, der Aufprall ist

Ich, Kurt, rufe gegen alle Verdammnis den unzerstörbaren Samen zum Herrscher aus

Kurt fährt nicht mit dem Aufzug in den vierzehnten Stock, wie er es gewöhnlich tut, sondern beschließt, nachdem er einmal und aus einer merkwürdigen Vorahnung heraus darüber nachgedacht hat, die vierzehn Stockwerke zu Fuß zu gehen. Auf halbem Weg nach oben hört er den Aufzug vorbeisausen und dann das splitternde Krachen von unten. Kurt zögert, bleibt unsicher auf einer Stufe stehen. Unergründlich ist das Wort, mit dem er sich schließlich zufriedengibt. Er spricht es laut aus, lächelt ein wenig, traurig, ziemlich müde, setzt dann seinen mühsamen Aufstieg fort, macht ab und zu kurz halt, um hinter sich die Treppe hinunterzustarren.

Übersetzung von Gerd Burger

DONALD BARTHELME

Paraguay

Der höher gelegene Teil der Ebene, den wir tags zuvor überquert hatten, war jetzt weiß von Schnee, und es war offensichtlich, daß hinter uns ein Sturm tobte und daß wir den Burji La gerade noch rechtzeitig überwunden hatten, um dem Sturm zu entkommen. Wir zelteten in einer leichten Mulde bei Sekbachan, zehn Kilometer vom Malik Mar, die Nacht still wie die vorhergehende, und die Temperatur gleich; die Deosai Ebenen schienen nicht so fürchterlich zu werden, wie sie beschrieben worden waren; aber am dritten Tag kam gegen Mittag ein Sturm auf, Hagel, Graupel und Schnee abwechselnd, gerade als wir anfingen, den Sari Sangar Paß, 4820 m hoch, zu besteigen. Wir stiegen mit nur ein paar Minuten Pause bis vier Uhr weiter. Die Paßhöhe ist ein ziemlich flaches Tal, in dem zwei Seen liegen; ihre Ufer werden von Findlingen gebildet, über die sich hinwegzusetzen schwierig zu sein schien. Die Männer rutschten und stolperten so stark, daß ich keinen mein Pony führen lassen wollte, aus Angst, sie könnten es zu Fall bringen; es war alt und langsam, aber hier einfach großartig, wie es sich ohne ein Schwanken seinen Weg zwischen den Felsen bahnte. Auf dem Gipfel befindet sich ein Steinmal. Jeder von uns legte einen Stein darauf, und es ist hier Brauch, den Kulis eine Entlohnung zu geben. Ich zahlte ihnen den vereinbarten Lohn und, allein, begann ich den Abstieg. Vor mir lag Paraguay.

Wo Paraguay liegt

Also befand ich mich in einem fremdartigen Land. Dieses Paraguay hier hat nichts mit dem Paraguay zu tun, das auf unseren Landkarten vorkommt. Man findet es nicht auf dem Kontinent Südamerika; es ist keine politische Unterabteilung dieses Kontinents mit einer Bevölkerung von 2 161 000 und der Hauptstadt Asunción. Dieses Paraguay befindet sich anderswo. Jetzt, als wir auf die erste der »Silberstädte« zukamen, war ich müde, aber zugleich freudig erregt und munter. Schwärme von weißem Fleisch zogen droben durch den Himmel, Kurs auf die verschwommenen Häuseransammlungen.

Jean Müller

Als ich in die Stadt kam, näherte sich mir, gleich am ersten Tag, ein dunkles Mädchen, das in einen roten Schal gewickelt war. Die Ränder des Schals waren gefranst, und eine Silberbommel baumelte am Ende jeden Fransenbüschels. Das Mädchen legte sogleich seine Hände auf meine Hüften, stand da, sah mir ins Gesicht. Sie lächelte und zog mich leicht an sich heran. So nahm sie mich als Gast in Beschlag. Sie hieß Jean Müller. »*Teniamos grandes deseos de conocerlo*«, sagte sie. Ich fragte, wieso sie wisse, daß ich angekommen sei und sie sagte: »Das weiß doch jeder.« Wir gingen dann zu ihrem Haus, einem großen modernen Bau, etwas vom Stadtzentrum entfernt. Ich wurde in ein Zimmer geführt; darin waren Bett, Schreibtisch, Stuhl, Bücherregale, ein Kamin und ein schönes Klavier aus Kirschbaumholz. Wenn ich mich ausgeruht habe, könne ich zu ihr hinunterkommen und dann auch ihren Mann kennenlernen; bevor sie das Zimmer verließ, setzte sie sich ans Klavier und, beinah schelmisch, spielte sie eine winzige Sonate von Bibblemann.

Temperatur

Temperatur reguliert die Aktivität zu einem bemerkenswerten Grad. Im großen und ganzen steigern Erwachsene hier ihre Gehgeschwindigkeit, machen spontanere Bewegungen, wenn die Temperatur steigt. Doch das temperatur-gebundene Aktivitätsschema ist komplex. Zum Beispiel, die Männer bewegen sich bei 15 Grad doppelt so schnell wie bei 2 Grad, wogegen die Geschwindigkeit bei über 15 Grad abnimmt. Die weiblichen Wesen sind komplizierter in ihrem Verhalten. Sie steigern ihre spontane Aktivität, wenn die Temperatur von 5 auf 8 Grad steigt, werden weniger aktiv zwischen 9 und 18 Grad; über 18 Grad aber nimmt wiederum das Tempo ihrer spontanen Bewegungen zu, bis hin zur tödlichen Temperatur von 25 Grad. Auch spielt die Temperatur (hier wie anderswo) eine entscheidende Rolle beim Vorgang der Fortpflanzung. In den sogenannten »Silberstädten« hat man eine besondere Tabelle – 18, 19, 20, 21 Grad –, die Verkehr zuläßt (und zwar ausschließlich innerhalb dieser Tabelle). Für die »Gold«-Zonen gilt diese Tabelle, anscheinend, nicht.

Herko Müller

Herko Müller stapft durch Gold- und Silberblätter, die denjenigen zuerkannt wurden, die in den Sommermonaten den besten Gefühlsabklatsch geliefert haben. Er lächelt, weil ihm keiner der Preise verliehen wurde, vor denen die Paraguayaner sich zu drücken versuchen. Er ist groß, braun, trägt einen lustigen kurzen Bart und liebt Reißverschluß-Anzüge in leuchtenden Farben: gelb, grün, violett. Von Beruf ist er Lustspielrichter. »So was wie ein Theaterkritiker?« »Eher was man als Schiedsrichter bezeichnen würde. Man gibt dem Publikum einen Satz Regeln, und die Regeln machen das Stück aus. Unsere Lustspiele wollen die Vorstellungskraft ansprechen. Wenn man etwas anschaut, kann man es sich nicht vorstellen.« Abends kann ich mich auf nassem Sand ergehen, langen Stränden mit Meer, das die Ufer leckt. Als ich mich nach dem Schwimmen wieder anziehen will, entdecke ich etwas Merkwürdiges: einen Sanddollar unter meinem Hemd. Merkwürdig, weil man diesen Sand zweimal täglich siebt, um Unreines auszuscheiden und Weiße zu erhalten. Und das Meer selbst, das Neue Meer, ist nicht für Stachelhäuter programmiert.

Irrtum

Ein Regierungsirrtum, der den Tod eines statistisch unbedeutenden Teils der Bevölkerung (weniger als ein Vierzigstel von einem Prozent) zur Folge hatte, hat die Paraguayaner in Unruhe versetzt. Ein Stahlstrang mit Fragen und Antworten wird bei hoher Temperatur (1400 Grad) geschmolzen und sodann durch eine Reihe langwieriger Liebkosungen geschickt. Es erfolgt Besserung der Zustände. Paraguay ist nicht alt. Es ist neu, ein neues Land. Rohentwürfe lassen auf sein »Aussehen« schließen. Schwere gelbe Tropfen in Form von Pfannkuchenteig fallen aus seinem Himmel. In beiden Händen halte ich einen Strauß Regenschirme. Eine Herko Müllersche Wendung: *Y un 60% son mestizos: gloria, orgullo, presente y futuro del Paraguay* (»... Ruhm und Stolz, Gegenwart und Zukunft Paraguays«). Das Land hat »prophetischen« Charakter, sagt er, und ich selbst habe eine Art Pionieratmosphäre feststellen können. Probleme gibt es. Das Häutungsproblem. Dünne abgestreifte Hüllen liegen wie durchsichtige Wegwerf-Handschuhe auf den Straßen.

Rationalisierung

Die Probleme der Kunst. Neue Künstler konnten beschafft werden. Selbige haben nichts gegen den Rationalisierungsprozeß einzuwenden, sondern setzen sich begeistert für ihn ein. Die Produktion steigt. Qualitätskontrollgeräte wurden da eingerichtet, wo sich die Interessen von Künstlern und Publikum überschneiden. Transport und Vertrieb wurden bis zur Unkenntlichkeit verbessert. (Gerade auf diesem Gebiet, sagen sie in Paraguay, wären traditionelle Praktiken äußerst tadelnswert.) Die rationalisierte Kunst wird vom zentralen Kunstdepot in die regionalen Kunstdepots spediert und von da in die Kraftströme der Städte. Jedem Bürger wird so viel Kunst zugeteilt wie seine Anlage verträgt. Absatzerwägungen dürfen keinesfalls die Produktmischung diktieren, vielmehr wird jeder Künstler ermutigt, bei der Einfall-Programmierung auf höchst persönlichen, ja idiosynkratischen Standard zu achten (das sogenannte »Künstler-Hand«-Konzept). Rationalisierung erwirkt einfachere Schaltung und somit eine Einsparung an Maschinenmaterial. Jedes Kunstprodukt wird in eine Aussage der Logistik übertragen. Darauf wird die Aussage mittels verschiedenster geschickter Methoden »minimalisiert«. Die einfachere Aussage wird rückübertragen auf das einfachere Schaltsystem. Durch eine Reihe interessanter Techniken zu Schaum geworden, läuft die Kunst über schwere Stahlwalzen. Kippschalter überwachen ihre weitere Entwicklung. Flachkunst wird im allgemeinen rauchgetrocknet und ist von dunkelbrauner Farbe. Klotzkunst wird luftgetrocknet und wechselt ihre Farbe in besonderen historischen Epochen.

Haut

Ohne den Brief des Übersetzers zur Kenntnis zu nehmen, saß Jean auf einem Gummikissen, machte Übungen, die dazu bestimmt waren, Haut abzuschaben. Unmengen rautenförmiger Sonnen schälten ihre Arme und Beine. Das Licht übertrug falsche Informationsmuster auf die Stellen, die für Häutung am anfälligsten waren. Gepfeife begleitete die Lichter. Der Vorgang der Beinhautentfernung ist privat. Straffheit lockert man durch Auftragen einer Creme, schwere gelbe Tropfen wie Pfannkuchenteig. Ich hielt mehrere Schirme über ihre Beine. Wobei ein Mann auf der anderen Straßenseite tat, als beachte er uns nicht. Worauf die Haut in die grünen offiziellen Behälter gelegt wurde.

Die Wand

Unser Entwurf des Liftturms ergab eine riesige leere Wand aus *in situ* Beton. Dadurch gerieten wir in Gefahr, in diesem ungeheuer wichtigen Teil des Gebäudes eine öde große Leere zu bekommen. Es mußte eine Lösung gefunden werden. Die große Wandfläche böte Gelegenheit zu einer Dankesgeste gegenüber dem Volk von Paraguay; ein Stein könnte davor aufgestellt werden, und anstatt im Schatten zu stehen, könnte auch die Stele der Menschlichen Masse hierhergebracht werden. Die Wand würde durch leicht aufgerauhte Streifen in Türen aufgeteilt, die von sehr groß bis zu sehr klein variieren könnten. Sie wären in Farbe und Dicke verschieden. Einige offen andere nicht, und das würde von Woche zu Woche wechseln, oder von Stunde zu Stunde, oder im Einklang mit den Lauten der davorstehenden Leute. Lange Bahnen oder Geleise würden von den Türen auf die lärmenden öffentlichen Plätze führen.

Stille

In den größeren Läden wird Stille (Dämpfungsmaterial) wie Zement in Papiersäcken verkauft. Desgleichen ist die Spracherweichung, gewöhnlich als eine Verschlechterung früherer Praktiken beklagt, tatsächlich eine eindeutige Reaktion auf die Proliferation von Oberflächen und Stimulantien. Ungenaue Sätze vermindern die Überbelastung begrenzter Toleranzen. Stille ist auch in Form von Weißem Lärm erhältlich. Die Übertragung Weißen Lärms durch Mietkabel vom zentralen Kraftwerk aus hat sich als brauchbar erwiesen, sagt Herko. Die entsprechende Einrichtung von »weißem Raum« in einer Anlage, die dem gegenwärtigen Parksystem gleichkommt, hat sich auch als vorteilhaft erwiesen. Echolose Kammern, die – nach dem Muster der Telephonkabinen – über die Stadt verteilt sind, sollen tatsächlich Leben gerettet haben. Holz wird rar. Man zahlt gegenwärtig für gelbe Föhre was man früher für Rosenholz zahlte. Verwandte Methoden beherrschen die Städteplanung. Kurioserweise ließ man in den erfolgreichsten Unternehmungen den Entwurf über kleinen Sortiments seltener Tiere pendeln, die – auf gut Glück – auf einem nichtvorhandenen Raster angeordnet waren. Sorgfältig kalkulierte Mischungen: Mambas, schwarze Whippets und die Giselle. Elektrolytischer Gelee mit einem Biß, der das Übliche weit übersteigt, half die Tiere an Ort und Stelle halten.

Schrecken

Wir rannten herunter auf die Enden der Wellen zu, Blenden durch die man bedrohliche Konturen sehen konnte. Schiedsrichter hakten fortlaufende Nummern des (Bedrohungskomplexes) auf einem großen braunen Brett ab. Jean, unberührt davon, suchte inzwischen am Strand nach Treib-

holz, braunen gewaschenen Holzstücken mit Hunderten
von winzigen haarfeinen Rissen. Die Oberflächenglätte ist
so groß in Paraguay, daß alles Nichtglatte kostbar ist. Verlangt
man (oder bekommt man) Erklärungen, so sagt sie, ist
man rasch wieder am Ende. Man ist wirklich nicht weiter
als vorher. »Deshalb versuchen wir alles offen zu halten,
machen Fortschritte, indem wir letzte Erklärungen meiden.
Falls wir versehentlich welche bekommen, so hat man uns
angehalten, 1. so zu tun, als sei das wieder einmal ein Irrtum,
2. sie mißzuverstehen. Entscheidend ist schöpferisches
Mißverstehen. Schaffung neuer Kategorien von Angst, die
verbunden oder mit »Pflastern« versehen werden muß. Die
Redewendung: kleb ein Pflaster drauf. Es gibt »heiße« und
»kalte« Pflaster und sogar Spezialisten für beide Sparten.
Am liebsten gibt man sich krank vor Lachen.

Der Tempel

Als ich scharf links einbog, stieß ich, in einem Hain, auf eine
Art Tempel: verlassen, übersät mit leeren Schachteln, der
Fußboden mit einer dünnen Kalkschicht getüncht. Ich betete.
Dann zog ich meine Flasche raus und erfrischte mich
mit Apfelsaft. In Paraguay haben alle die gleichen Fingerabdrücke.
Verbrechen kommen vor, aber beliebig aufgegriffene
Leute werden dafür bestraft. Alle sind haftbar für alles. Eine
Weiterentwicklung des Prinzips »Wir sind alle Mörder«. Das
Geschlechtsleben ist sehr frei. Es gibt Regeln, aber die sind
wie die Regeln beim Schach dazu da, das Spiel zu komplizieren
und zu bereichern. Ich schlief mit Jean Müller, wobei ihr
Mann zusah. Gewisse technische Verfeinerungen sind hinzugekommen.
Die Verfahrensweisen, die wir kennen (hier
heißen sie »Pfählung«), kennt man in Paraguay, aber auch
neue Techniken, denen ich vorher nie begegnet bin, »Halbierung«
und »Vierteilung«. Ich fand die sehr erfrischend.

Mikrominiaturisation

Mikrominiaturisation schafft riesenhafte Räume, die es aufzufüllen gilt. Die Austauschbarkeit physischer Umwelt hat psychologische Folgen. Man könnte als Beispiel die Angst des Kindes beim Umzug der Familie anführen. Alles Physische wird in Paraguay immer kleiner. Wände, dünn wie ein Gedanke, Lokomotiversatz nicht größer als ein Kugelschreiber. Paraguay hat folglich große leere Räume, in denen Menschen umherwandern und versuchen, irgend etwas zu berühren. Die besessene Beschäftigung mit Haut (an und ab, ihr Runzligwerden, die neue Haut, rosa, frisch, straff) ist möglicherweise eine Reaktion darauf. Stories über Haut, Histories außergewöhnlicher Haut. Aber Spaß beiseite. An die 700 000 Photographien von Nuklearvorgängen gingen verloren, als die große Bibliothek von Paraguay niederbrannte. Die Identifikation der einzelnen Partikel wurde auf viele Jahre hinausgeschoben. Statt die alte Physik zu erneuern, baute man eine neue auf der Basis des goldenen Schnitts (Proliferation goldener Schnitte) auf. Als ein Erklärungssystem, das nahezu mit Sicherheit fehlerhaft ist, genießt es hier ungeheures Ansehen.

Hinter der Wand

Hinter der Wand liegt ein Feld mit rotem Schnee. Ich hatte erwartet, daß das Betreten verboten sei, aber Jean sagte, nein, geh ruhig da herum, soviel du willst. Ich hatte erwartet, daß man keine Fußstapfen hinterläßt, wenn man da herumgeht, oder daß es da irgendeine andere Anomalie gibt, aber keine Spur von Anomalie, ich hinterließ Fußstapfen und spürte die Kälte von rotem Schnee unter den Füßen. Ich sagte zu Jean Müller: »Was hat es mit diesem roten Schnee auf sich?« »Die Bewandtnis des roten Schnees, der

Grund, warum er geschützt hinter der Wand liegt, Betreten aber nicht verboten ist, ist sein sanftes Glühen. Als sei er von unten erleuchtet. Du mußt das bemerkt haben. Du stehst hier schon zwanzig Minuten.« »Und sonst?« »Wie jeder andre Schnee auch, lädt er zur Meditation ein und zum Herumstapfen.« Der Schnee ordnete sich wieder zu einer glatten roten Oberfläche ohne Fußstapfen. Er glühte rot, als ob er von unten erleuchtet würde. Er schien sich selbst zum Mysterium zu erklären, aber als eines, das zu enträtseln sinnlos ist, ein andauerndes drittklassiges Mysterium.

Abreise

Dann zeigte man mir den Plan, der in einer Kiste aufbewahrt wird. Herko Müller öffnete die Kiste mit einem Schlüssel (jeder hat einen Schlüssel dazu). »Hier ist der Plan«, sagte er. »Er bestimmt mehr oder weniger alles. Was dem Hang zur Interaktion sehr weiten Spielraum läßt.« Der Plan bestand aus verschiedenen Analysen der Brownschen Bewegung, die an beiden Enden mit Kontaktsteckern versehen waren. Dann läutete es, und der Platz wurde überfüllt. Hunderte von Männern und Frauen standen da und warteten darauf, daß die Ordnungskolonne für eine gewisse Ordnung sorgte. »Ich«, sagte Herko, »wurde gewählt, die Kolonne anzuführen (nach dem Prinzip des allerunwahrscheinlichsten Anführers).« Wir legten die Talare an; ich faltete meine Hände um den Zeremonienstab. Wir begannen den Abstieg – hinein nach? hinaus aus? – Paraguay.

Übersetzung von Marianne Oellers

LEROI JONES

Die Schreier[1]

Lynn Hope rückt sich seinen Turban unter den wischenden rot-grün-gelben Schattenlichtern zurecht. Punkte. Wildlederhimmel regnet. Fenster gähnen kühle Sommerluft, und seine Musiker beobachten ihn grinsend, ruhig oder aufgedreht mit Weinflecken auf Vier-Dollar-Hemden. Ein gelbes Mädchen will nicht mit mir tanzen, ebensowenig wie Teddys Leute, die links an der Bühne stehen und sich für ihre *Nummern* vorbereiten. Haroldeen, die Allerschönste, in ihrem erbärmlichen abgetragenen Pullover. Mach ihn gelb, wünsch ihn wieder ganz. Lichter. Teddy, Sonny, Boy, Kenny und Calvin, Scram, ein paar von Nats Jungs stopfen lange gewaschene Taschentücher in Brusttaschen, schieben Hemden in selbstgemachte Bauchbinden, tänzeln leicht für irgendwelche Zuschauer.

»Der Übergang«, Deen lacht uns alle an. Und sie vollführen in ernster Eintracht einen Gemeinschaftsliebeshymnus. (Ohne Begleitung, bis Lynn das »Anmachen« jeder vollmundigen Esther beendet und sich über die Bühne schraubt.) Weiße und grüne Plaidjacken tragen seine Männer und jenes vertrackte Abzeichen, schwarzer Turban auf roten Strippen und entkraustem Haar. (UNTERDRÜCKER!) Eine fettige Hipness, Bodennähe, die ihnen in unserem Lager niemand abnimmt (die wir Sozialarbeiterinnen zu Müttern und Briefträger zu Vätern haben: oder eingepfercht in hellhäutigen Wohnblocks leben, zusammen mit Ehebre-

---

[1] Alle Namen beziehen sich auf tatsächliche Musiker. (Anm. d. Hrsg.)

chern und stolzen schmalen Frauen mit sanften Stimmen). Die Theorie, das Spektrum, dieser in ihren Köpfen ausgebackene Sound, und reiben sich immer noch schwitzend an jenen unbedeutenden Dingern. Diesen Niggern. Waschsalonarbeiterinnen, Friseusen, schwangere kurzhaarige Knastvögel, von »uns« auf alle Zeit und Art getrennt, doch in diesem Bottich schwitzten wir gerne füreinander. Und rieben uns. Und Lynn konnte ein Volksheld sein, ganz gleich, wie wir ihn auch sahen. Wir wußten um diese Energie und ihren Widerhall. Diese ausgezehrte Stille, die wir mit unseren Händen herstellen mußten, wobei wir wirkliche Liebe Nat oder Al oder Scram überließen.

Er stampfte mit dem Fuß und winkte mit einer Hand. Die andere hing locker an seinem Instrument. Und ihre Turbane verwoben sich mit jenen Schatten. Der von Lynn etwas straffer, akkurater, das üppig helle Gelb mit einem grünen Stein bestückt. Auch diese grünen glitzernden Würfel, die seine kleinen Finger umspielten. A-boomp bahba bahba, A-boomp bahba bahba, A-boomp bahba bahba, A-boomp bahba bahba, die Turbane schaukeln hinter ihm. Und er grinst Deen oder die betrunkene Becky an, bevor er sein Horn hebt, und wir suchen im dunklen Saal nach Mädchen.

Wen würde ich bekommen? (Sicher keine, die dies verstehen würde.) Irgendein hellhäutiges Mädchen, runtergekommen, schief angesehen, weil sie mit Bubbles rumzog. Und der hat ihr später ein Kind angehängt, jetzt sieht man sie ihm auf der Orange Street die Schokolade vom Gesicht wischen. Ein entehrtes weißes Mädchen, das in der Berufsschule Calypso tanzen gelernt hat. Daher, hinter stockender Sprache, ein Wesen so fadenscheinig wie ihr Baumwollkleid. (Und die großen Hüte standen hinter ihr an, streichelten ihre Erektionen und hofften auf Fotos, die sie dann in den Süden mitnehmen konnten.) Lynn würde ihnen entgegenkommen. Er würde die pervertiertesten Wünsche sinnlich und möglich machen. Diese dunkle Menge ansingen. Oder irgendein Mädchen, Tochter eines Trinkers, würde mit sorgfältig eingefetteten O-Beinen ihre unsaubere Angorawolle malerisch an eine korinthische Säule aus Pappe drapieren, während ihre Augen jenseits der Gier, die sich ein Weißer vorstellen kann, meinen weichen Tirolerhut, gebügelten Kordsamtanzug und »B«-beschrifteten Pullover verschlangen. Was immer sie am Ende ihr bedeuteten, hochwertige Schatten, kaum sichtbar.

Ein hochnäsiger Bursche mit »gutem« Haar. Und das unverhüllte Zur-Schau-Stellen von Amerika, denn für sie bedeutete ich eben jene Unterdrückung. Ein zu kleiner Kopf aus eingeölten Glasfedern, orangene Lippen, braunbeschmierter Kragenrand an der verfärbten Bluse. Das versteckte Parfüm von Armut und unwissendem Verlangen. Auch arrogant, was meine Unordnung angeht, die ihr Lächeln rätselhaft nennt. Dreht sich, um von der Menge geschluckt zu werden. Dieses Mischlaub aus Schweiß und Schatten: *Night Train* heißt das Stück, zu dem sie sich wiegten. Und sich gegenseitig rochen beim Grind, beim Rub, beim Slow Drag.[2] Von einer Seite zur anderen, langsam oder im ruckartigen Stakkato, wie ihre Vermählung es diktierte. Große Hüte bogen enge Röcke, und das Haar eines hellhäutigen Mädchens kehrte über das Wachs des Bodens. Anständige Damen stemmten steife Arme gegen deine Taille, um etwas Licht dazwischen zu haben, und schauten nervös zu einer häßlichen Freundin hinüber, die ewig am Rande der Musik hing.

Ich wollte Mädchen haben wie Erselle, deren Vater im Fernsehen sang, aber mein Haar war nicht glatt genug, und mein Vater hatte das Trinken nie gelernt. Unser Haus saß einsam und groß an einer halb italienischen Straße und war

---

2 The Grind, The Rub, The Slow Drag waren schwarze Tänze der Zeit. (Anm. d. Hrsg.)

voller bedeutender Neger. (Obwohl gemunkelt wird, daß sie einen Sohn hatten, dünn, mit großen Augen, den sie umbrachten, weil er verrückt war.) Umgeben von den hochmütigen Töchtern wirtschaftlich benachteiligter Gruppen. Sie intrigierten in den Mietsilos für die Mittelmäßigkeit, und die Nachbarschaft roch nach ihrer Verzweiflung. Und nur die Wilden oder die ganz Armen konnten in Graham's gedeihen oder von Lynns Geschichten und Rhythmen aufgestachelt werden. Den Rest hatte Amerika erstickt, so daß er stundenlang unter populären Musiknummern stillhielt oder sich von leicht bohemienhaften Sozialarbeitern für die Staatsbürgerschaft präparieren ließ. Reine Gefühle konkurrierten mit aufziehbaren Plattenspielern, die Jo Stafford in Katalog-Räume pumpten. Und diese sorgsam geschrubbten Kinder der Freunde meiner Eltern werden von ihren Rhythmen gemästet, bis sie der Urban League oder der Household Finance beitreten und die Armen wegen ihrer Ehrlichkeit verfolgen konnten.

Ich war zu still, um ein Mörder zu werden, und an Extravagantes zu gewöhnt, um ihre ausgemergelten Texte zu goutieren. Sie kamen weder auf Kokain noch Bach zu sprechen, die meine Lektüre darstellten und den Riß in dieser Gesellschaft. Ich setzte mich in die Slums ab, verliebte mich in die Gewalt und erfand für mich eine rätselhafte Ökonomie der Bedürfnisse. Daher schlurfte ich anonym durch Lloyd's, The Nitecap, The Hi-Spot und Graham's und begehrte alles, was ich fühlte. In einem neuen englischen Mantel und mit grünem Hut durchstreifte ich die Stadt nach meinesgleichen. Und es waren alte Nutten mit verkniffenen Gesichtern, voller Schnupftabak und schwachen Drogen, schwule Berühmtheiten mit Radio-Programmen, stumme Bassisten, die mich liebten und den Mythos von meiner Intelligenz aufbauten. Ihr versteht, ich habe Amerika auf dem ersten schnellen Boot verlassen.

Jetzt war es Sonntagabend, und die Baptisten beteten immer noch in ihren »märchenhaften« Kirchen. Obwohl mein Vater Radio hörte oder Cowboy-Groschenromane las, die ich zum Teil als das wahrhaftigste Erbe meines Geistes ansehe. Gott hatte nie eine Chance. Und so würde man mich langsam zu Graham's laufen sehen, bevor ich noch wußte, wie man raucht. Bereit für jede Erfahrung, jedes Bild, jede weitere Trennung von dem, was mir meine guten Noten bestimmt eintragen würden. Voller Angst vor Postämtern, Rechtsanwaltsbüros, Arztwagen, vor dem Tod sauberer Politiker. Oder vor dem imaginären Fettwanst, der seinen »guten farbigen Freunden« Friedhöfe anbietet. Lynns Schreie radierten sie alle aus, und ich sah mich als unerschütterlichen weißen Kommandotrupp vom Westen. Eingetaucht in Lärm und Fleisch und ihre Form zur Ethik geronnen.

Jetzt machte Lynn eine volle Drehung und duckte sich zu einem neuen Stück. Schnelle Tänzer fächerten sich. Paare, die während der Woche geübt hatten, einigten sich über ihre Schritte. Deen und ihre Tanzclubs bereiteten *Avantgarde*-Figuren vor. Jetzt war es *Harlem Nocturne*, das ich an einem Samstag im Waschsalon laut vor mich hin pfiff, woraufhin das Mädchen, das meine Khakihosen und steife Unterwäsche in die Maschine stopfte, fragte, ob ich Musiker wäre. Ich lief ihr am selben Abend bei Graham's über den Weg, und wir winkten uns zu, ich nehme an, sie wußte, daß ich sie liebte.

Nocturne war langsam und schwer, und die ernsthaften Tänzer lockerten ihre Krawatten. Die langsam schwenkenden Lichter verwandelten Menschenschatten zu Flecken, die Dunkelheit schien den Saal zu überschwemmen. Jedes Fleisch in deinen Armen gehörte dir, für diese wenigen Momente ohne Unterbrechung. Die Länge der Musik war die einzige Bewegung. Wichtig war nur, sich fest aneinanderzudrücken, sich zu reiben, die Hüften ganz heranzuschieben und jede Spur von Leidenschaft zu bekeuchen. Profis trugen Suspensorien, um Peinlichkeiten zu vermeiden. Amateure wie ich steckten, sobald die Musik aufhörte, schnell die Hände in ihre Taschen und zogen sich in dunkle Zonen zurück. Es hatte genausoviel Sinn wie das, was wir sonst so kannten.

Bei diesem Publikum kam alles Extreme gut an. Die Sänger brüllten, die Musiker stampften und heulten. Die Tänzer verkeilten sich über die bloße Leidenschaft hinaus oder bewegten sich so schnell, daß es den Verstand zum Schwindeln brachte. Wir haßten die Schnulzen, und jeder schwarz angehauchte D. J. konnte dir auf Anfrage erklären, daß Weiße holprig tanzen und viel langsamer als unsere Champions. Ein Stil, der sich entwickelte, als die Italiener in Karottenhosen aufkreuzten, als unser eigener Schönheitssinn sich auf Schlaghosen richtete, um unsre Chiffren noch komplizierter zu machen – das war der Honk. Die wiederholte rhythmische Figur, ein herausgeschriener Riff, drängte in ihrer Penetranz über die Musik hinaus. Hier waren Haß und Frustration, Maskierung und Verzweiflung. Es brach aus der Diphthong-Kultur heraus und verstärkte die schwarzen Rituale der Gefühle. Es gab keinen Kompromiß, keine schleppende Verfeinerung, sondern nur die Eleganz von etwas, das zu häßlich ist, um es zu beschreiben, und was nur auf Kosten der Musiker verwässert werden kann. Alle Saxophonisten dieser Welt waren Honker, Illinois, Gator, Big Jay, Jug, die großen Stimmen unserer Zeit.[3] Ethnische Chronisten, Schauspieler, Priester des Unbewußten. Jene Pose verbreitete sich wie ein Lauffeuer in den Kabaretts und Lokalen der schwarzen Städte, so daß der Sound

---

[3] Lynn Hope, Illinois Jacquet, Cecil »Big Jay« McNeely, Willis »Gatertail« Jackson usw. waren Rhythm & Blues »Honkers«, die sich auf ihren Saxophonen expressive Wettkämpfe lieferten, wer am lautesten und längsten kreischende und stöhnende Töne hervorbringen konnte. (Anm. d. Hrsg.)

selber zu einer Grundlage für das Denken wurde und die innovativen Geister auf die Suche nach noch häßlicheren Formen trieb. Illinois sprang herum und verdrehte seinen Kopf, schrie, wenn er nicht spielte. Gator stolzierte die Bühne rauf und runter, tanzte emphatisch, wobei er sich sein langes gespraytes Haar ins Gesicht schüttelte und kühl wieder zurückschaufelte. Jug, das schöne Horn, schwankte vor und zurück, so abgehoben, daß wir ihn um seine Connection beneideten, oder er stapfte sanft an den Rand der Bühne und flüsterte uns heisere Drohungen zu. Jay leitete als erster die Wende ein, machte den Weg frei für den vollständig nihilistischen Akt. McNeeley, der erste Dada-Affe des Jahrhunderts, sprang und stapfte wild herum und jaulte und erspürte schließlich den einzigen anderen Raum, den die Form erlaubte. Zuerst sank er auf die Knie, ohne sein Horn loszulassen, und durchquerte so die Bühne. Wir kauerten uns zusammen und ertränkten jeden Sound, verließen uns dabei auf Jays verzerrtes Gesicht als Beweis dafür, daß die Musik noch da war, obwohl sie keiner von uns jetzt noch brauchte. Und dann fiel er nach hinten, flach auf den Rücken, mit beiden Füßen hoch in der Luft, und er trat und trampelte, und sein Horn spie wutgeladene Soziologien aus.

Das war die Nacht, in der Hip Charlie, der Romeo von Baxter Terrace, direkt vor dem Lokal kaltgemacht wurde. Snake und vier Freunde schlugen ihn zu Brei und ließen ihn den weißen Mackern zur Identifizierung zurück. War auch die Nacht, wo ich die grauen Schlaghosen anhatte und den ganzen Abend im chinesischen Restaurant herumsaß, um mit ihnen zu protzen. Jay hatte eine gesellschaftliche Form für die Armen festgelegt, so, wie Bird und Dizzy[4] eine für den Mittelstand erfanden. Schreiend auf seinem Rücken lag er als Mona Lisa mit Schnurrbart, krud und schlicht. Jo

---

4 Charlie Parker und Dizzy Gillespie, führende Bebop-Musiker. (Anm. d. Hrsg.)

Stafford[5] konnte das nicht bringen. Bird nahm sich die Sprache, und wir erwachten eines Samstags und flüsterten *Ornithology*. Blankvers.

Und Newark hatte schon immer einen schlechten Ruf, ich meine, da konnte jeder mit den Fingern schnippen. Hip sein. Spazierengehn. Alles über The Apple wissen. Also denke ich, daß Lynn, als er erfuhr, was Big Jay geschafft hatte, sofort wußte, wie alle Eingeweihten darauf warteten, ihn in dieser Stadt zu sehen. Er wußte, daß er in Hochform sein mußte. Und er donnerte den ganzen Abend, kroch und sprang, stand dann an der Seite der Bühne und beobachtete uns, während er seinen Hut in Ordnung brachte, sein Gesicht abwischte. Beobachtete uns, um zu sehen, wie weit er gegangen war, doch er war erschöpft, und wir waren's nicht, was man so nicht auf sich beruhen lassen konnte. Die Mädchen wiegten sich langsam gegen das Schweigen der Hörner, die großen Hüte rempelten sich an oder schmiedeten mörderische Pläne. Wir waren noch nicht ganz gekommen. Noch völlig gefangen von der Erinnerung an Jay, »auf dem Rücken, mit den Füßen in der Luft herumtretend. Gottverdammich!« Also bewegte er sich vorsichtig zum Rand der Bühne, und die abgebrühten Muslims seiner Band drängten sich dicht um ihn. Er tischte einen soulgeladenen Honking-Blues auf und machte keinen Versuch, seine Absicht zu verbergen. Er ließ es hart kommen. »Okay, Baby«, dachten wir alle, »fahr auf eigne Rechnung.« Ich stand ganz hinten im Saal mit einem Arm im Rücken, damit der Mantel mit der richtigen modischen Geste von Lässigkeit herunterhängen konnte. Lynn setzte sich in Bewegung, und die Camelwalk-Tänzer kamen aus den Ecken heraus. Während die schnellen Tänzer und Virtuosen den ganzen Saal verunsicherten. »Runter von meinen Tretern, Motherfucker.« Lynn ver-

---

[5] Erfolgreiche weiße Popsängerin der fünfziger Jahre. (Anm. d. Hrsg.)

suchte uns in Schwung zu bringen, und sogar ich machte den einzigen Tanzschritt, den ich beherrschte, am sichern Rand des Saals. Die Hippies stürzten sich auf die Mädchen. Häßliche Mädchen tanzten miteinander.

Skippy, der die Lichter bediente, ließ sie schneller an der Decke kreisen, und Dunkelheit raste durch den Saal. Dann fand Lynn seinen Riff, diese rhythmische Figur, die er – es war allen klar – wiederholen würde, diesen gehonkten Ton, der sein persönliches Urteil über die Welt ausdrücken sollte. Und er schrie ihn heraus, bis die Adern in seinem Gesicht wie Neonröhren hervortraten. »Uhh, yeh, uhh, yeh, uhh, yeh«, schrien wir alle, um ihn anzutreiben. Da öffnete er für einen Moment seine Augen und legte wirklich los. Über seine Schulter schaute er nach den anderen Turbanen, marschierte dann auf den Zehenspitzen im Takt seines Riffs über die ganze Bühne. Sie folgten ihm; er marschierte auf die andere Seite zurück, wiederholte sich, und stieg schließlich in die Menge hinunter, schrie immer noch, und als die Musiker ihm folgten, öffneten wir ihnen den Weg rund um den Saal. Sie stolzierten mit hochgeworfenen Beinen, hielten ihre Hörner ganz hoch und spielten nur diesen einen schreckenerregenden Ton. Sie bewegten sich durch den hinteren Teil des Saals, singend und swingend, und kamen direkt an mir vorbei. Ich hielt einen Becher mit Wein, den ein Mörderfreund mir aufgedrängt hatte, also trank ich ihn aus und warf den Becher in die Luft; dann schloß ich mich der Reihe hinter dem letzten wilden Horn-Mann an und schmiß die Beine wie der Rest. Bubbles und Rogie folgten mir, genauso wie die vieräugige Moselle Boyd. Und wir paradierten auf und ab und ruderten mit den Armen und schrien mit Lynn Hope »Yeh, uhh, yeh, uhh«. Dann schlossen sich alle hinter uns an und nahmen den Schrei auf. Es gab ein Durcheinander und Gestolpere, aber kein richtiges Handgemenge. Was alle wollten, lag vor uns und war leicht zu haben. Niemand konnte einen davon abhalten, sich einzureihen. »Es ist zu voll. Zu viele Leute in der Schlange!« schrien einige. Also dachte Lynn ein Stück voraus und bereitete sich darauf vor, das Getto zu zerstören. Wir marschierten in die Lobby hinaus und in perfektem Rhythmus die Marmortreppe hinunter. Einige Musiker lachten, aber Lynn und ein paar andere hielten den Ton weiter, bis die übrigen wieder einfielen. Fünf- bis sechshundert aufgeputschte Stutzer schwemmten auf die Belmont Avenue. Lynn marschierte genau in der Straßenmitte. Der Samstagabendverkehr stockte und begann zu honken. Big Red schrie einem Busfahrer zu: »Hey, Baby, honk dein Horn im Takt, oder laß es sein!« Der Busfahrer beruhigte sich. Wir schrien und schrien immer weiter, da wir uns endlich so sahen, wie wir immer sein sollten. Ekstatisch, ganz, eingeschlossen im geheimen Ausdruck der Gemeinschaft. Vor uns sahen wir die Konturen der süßesten Revolution, beim Jitterbug-Einzug in die eroberte Hauptstadt, aus der wir die Unterdrücker im Lindyhop springen ließen. Wir marschierten den ganzen Weg bis zur Spruce Avenue, schlängelten uns durch die steckengebliebenen Autos hindurch, lachten den verdutzten Weißen hinter den Lenkrädern ins Gesicht. Dann machte Lynn kehrt, und wir paradierten zum Tanzsaal zurück. Die Spätvorstellung im National war gerade aus, und alle großen Hüte liefen vom Kino direkt in unsere Reihen über.

Dann kamen die Bullen und mit ihnen die Feuerwehrwagen. Was war los, ein Streikaufruhr? Die Anarchisten? Ein Nigger-Aufstand? Die grünen Minnas und Streifenwagen kamen aus beiden Richtungen, und Knüppel und Schlagstöcke schwirrten durch die Luft, während schwere Wasserstrahlen die Marschierer die Straße rauf- und runterspülten. Amerikas verantwortungsbewußte Immigranten erledigten mal wieder die leichte Schmutzarbeit. Messer wurden rausgeholt und Rasierklingen; alle Biggers, die sich nicht beugen wollten, gingen zum Gegenangriff über oder überraschten die Ordnungshüter von hinten und schlugen ihnen Colaflaschen und Autoantennen über die Rübe. Die Belmont Avenue wand sich unter der toten Wirtschaftslage, und Marihuanakippen trieben durch die Gossen, verschwanden unter Autos. Aber eine Zeitlang, noch bevor der Krieg seinen Höhepunkt erreicht hatte, marschierten Lynn und seine Musiker, ein paar andere Esel und ich, immer noch schreiend weiter durch die wild gewordene Meute. Auf den Gehsteig hinauf, in die Lobby hinein, die halbe Treppe hoch, und dann verstreuten wir uns alle in verschiedenen Richtungen, um zu retten, was jeder von uns zu lieben glaubte.

Übersetzung von Klaus Ensslen

ALICE WALKER

Für jeden Tag

Deiner Grandma gewidmet

Ich werde im Hof auf sie warten. Den haben Maggie und ich gestern nachmittag sauber gekehrt und gerecht. So ein Hof ist gemütlicher als die meisten Leute ahnen. Das ist nicht bloß ein Hof. Das ist wie ein erweitertes Wohnzimmer. Wenn der harte Lehm so sauber gefegt ist wie ein Fußboden und der feine Sand an den Rändern mit winzigen, unregelmäßigen Furchen durchzogen, dann kann da jeder Besuch sitzen und in die Ulme hinaufschauen und auf die frische Brise warten, die nie nach drinnen ins Haus kommt.

Maggie wird sich erst beruhigen, wenn ihre Schwester wieder weg ist. Sie wird sich in ihrer unscheinbaren Art in den Ecken herumdrücken und sich schämen mit ihren Brandnarben an Armen und Beinen und ihre Schwester mit einer Mischung von Neid und Ehrfurcht anstarren. Sie glaubt, daß die Schwester das Leben immer mit links gemeistert hat, daß die Welt ihr nie ein »Nein« entgegenzusetzen hatte.

Du kennst doch sicher diese Fernseh-Shows, in denen das Kind, das es »zu etwas gebracht hat«, plötzlich die eigenen Eltern mit zitternden Knien ins Studio wanken sieht – das soll dann eine Überraschung sein. (Eine angenehme natürlich: was würden sie wohl tun, wenn Eltern und Kind ihren Auftritt nur dazu benutzen, sich gegenseitig zu beschimpfen und zu beleidigen?) Im Fernsehen umarmen sich Mutter und Kind und sehen sich lächelnd an. Manchmal heulen

Mutter und Vater, und das Kind nimmt sie in die Arme und beugt sich über den Tisch, um allen zu erzählen, daß sie es nie geschafft hätte, wenn die Eltern ihr nicht geholfen hätten. Ich kenne diese Sendungen.

Manchmal seh ich im Traum, wie Dee und ich uns plötzlich in so einer Fernseh-Show gegenüberstehen. Aus einer dunklen Limousine mit weichen Polstersitzen werde ich in einen hellerleuchteten Raum voller Menschen geleitet. Dort kommt ein lächelnder, grauhaariger, sportlicher Mann wie Johnny Carson auf mich zu, der schüttelt mir die Hand und erzählt mir, was meine Tochter für ein Prachtkerl ist. Dann sind wir auf der Bühne, und Dee hat Tränen in den Augen und umarmt mich. Sie steckt mir eine große Orchidee ans Kleid, und das, obwohl sie mir mal erzählt hat, daß sie Orchideen affig findet.

Im richtigen Leben bin ich groß und grobknochig und habe rauhe Hände, die an Männerarbeit gewöhnt sind. Im Winter hab ich im Bett Flanell-Nachthemden an und tagsüber Overalls. Ich kann ein Schwein genauso mitleidlos schlachten und ausnehmen wie jeder Mann. Mein Fett hält mich warm, auch bei Temperaturen um Null. Ich kann den ganzen Tag draußen arbeiten und Löcher ins Eis hacken, damit ich Wasser zum Waschen hab; ich kann Schweineleber essen, die auf offenem Feuer gebraten und erst ein paar Minuten zuvor dampfend aus dem Schwein geholt worden ist. Einmal hab ich im Winter einem Stierkalb mit dem Vorschlaghammer auf den Schädel gehauen, genau zwischen die Augen, und noch vor Einbruch der Dunkelheit hing das Fleisch zum Kühlen draußen. Aber das alles sieht man im Fernsehen natürlich nicht. Da bin ich so, wie meine Tochter mich gern hätte: fünfzig Kilo leichter und mit einer Haut wie ein roher Gerstenpfannkuchen. Die heißen, hellen Lampen lassen mein Haar glänzen. Johnny Carson muß zusehen, daß er mit meinem flotten Mundwerk mithalten kann.

Daß da was nicht stimmt, weiß ich schon vor dem Aufwachen. Hat man je von einem aus der Familie Johnson mit flottem Mundwerk gehört? Kann man sich überhaupt vorstellen, daß ich einem fremden weißen Mann in die Augen sehe? Soviel ich weiß, hab ich nie anders mit denen gesprochen, als mit einem Bein auf der Flucht, und den Kopf so gedreht, daß er möglichst weit weg ist von ihnen. Anders Dee. Sie hat immer allen in die Augen geguckt. Zurückhaltung war nie ihre Sache.

»Wie seh ich aus, Mama?« fragt Maggie und läßt gerade soviel von ihrer dünnen Gestalt in rosa Rock und roter Bluse sehen, daß ich weiß, sie ist da, wenn auch fast ganz hinter der Tür versteckt.

»Komm raus in den Hof«, sage ich.

Weißt du, wie sich ein lahmes Tier – sagen wir mal ein Hund, den einer im Tran angefahren hat, einer der reich genug ist, daß er sich ein Auto leisten kann – wie also so ein Hund sich an jemand ranmacht, der dumm genug ist, ihn nett zu behandeln? Genauso bewegt sich meine Maggie vorwärts. Das Kinn auf die Brust gedrückt, die Augen niedergeschlagen, die Füße nachschleppend – so läuft sie rum seit dem Feuer, bei dem das andere Haus abgebrannt ist.

Dee ist hellhäutiger als Maggie, hat schöneres Haar und eine vollere Figur. Sie ist mittlerweile eine Frau, aber manchmal vergesse ich das. Wie lange ist das jetzt her, daß das andere Haus brannte? Zehn, zwölf Jahre? Manchmal hör ich noch die Flammen und spüre, wie Maggies Arme sich an mich klammern, und ihr Haar raucht und das Kleid fällt ihr vom Körper in kleinen schwarzen Flocken wie Papier. Ihre Augen scheinen auseinandergezogen, aufgerissen von den Flammen, die sich darin spiegeln. Und dann Dee. Ich seh sie abseits stehen unter dem Amberbaum, aus dem sie immer das Harz gezapft hat; konzentriert sah sie zu, wie das letzte schmutzig-graue Brett des Hauses gegen den rotglühenden Ziegel-Kamin fiel. Warum machst du nicht einen Tanz um die Asche herum? wollte ich sie fragen. Sie hatte das Haus so gehaßt.

Ich dachte immer, daß sie Maggie auch haßt. Aber das war, bevor wir das Geld aufbrachten, die Kirche und ich, um sie nach Augusta in die Schule zu schicken. Sie pflegte uns erbarmungslos vorzulesen; Wörter, Lügen, die Gewohnheiten anderer Leute, ganze Lebensgeschichten zwang sie uns beiden auf, und wir saßen dumm und ihrer Stimme ausgeliefert da. Sie wusch uns in einem Fluß von Hirngespinsten, brannte uns mit einem Haufen Wissen, das für uns ziemlich nutzlos war. Durch den Ernst, mit dem sie las, zog sie uns an sich, um uns wie Halbidioten genau dann wegzustoßen, wenn wir anfingen, etwas zu begreifen.

Dee wollte schöne Sachen. Ein gelbes Organdy-Kleid für die Abschlußfeier an der High-School; schwarze Pumps zu einem grünen Kostüm, das sie sich aus einem alten Kostüm nähte, das jemand mir geschenkt hatte. Sie war entschlossen, alles, was sich ihren Anstrengungen in den Weg stellte, mit Blicken zu töten. Sie konnte einen minutenlang anstarren ohne zu zwinkern. Dann hätte ich sie gern geschüttelt. Mit sechzehn hatte sie ihren eigenen Stil: und sie wußte, was Stil war.

Ich selber hab nie eine richtige Bildung gehabt. Nach der zweiten Klasse wurde die Schule geschlossen. Frag mich nicht warum: 1927 haben Farbige weniger Fragen gestellt als heute. Manchmal liest mir Maggie etwas vor. Gutmütig holpert sie sich durch, obwohl sie schlecht sieht. Sie weiß, daß sie nicht so gescheit ist. Wie Schönheit und Geld ist ihr eine schnelle Auffassungsgabe auch versagt geblieben. Bald heiratet sie John Thomas (der ein ernstes Gesicht hat mit Mooszähnen drin), und dann bin ich frei und kann hier herumsitzen und, so sehe ich das, mir selber Kirchenlieder vorsingen. Dabei konnte ich noch nie gut singen. Hab nie die Melodie halten können. Männerarbeit hat mir immer mehr gelegen. Ich hab gerne gemolken, bis ich '49 den Tritt in die Seite gekriegt hab. Kühe beruhigen, sie sind langsam und machen dir keinen Ärger, außer du versuchst, sie anders zu melken, als sie es gewohnt sind.

Ich sitze absichtlich mit dem Rücken zum Haus. Es hat drei Zimmer, genau wie das, was abgebrannt ist, nur daß das Dach aus Blech ist; Schindeldächer werden heute nicht mehr gemacht. Es gibt keine richtigen Fenster, nur ein paar Löcher an den Seiten, wie die Bullaugen bei einem Schiff, aber nicht rund und auch nicht quadratisch, und die Fensterläden sind draußen mit Lederbändchen festgemacht. Dies Haus steht auch auf einer Weide, genau wie das andere. Kein Zweifel, Dee wird es abreißen wollen, wenn sie es sieht. Sie hat mir mal geschrieben, daß sie uns auf jeden Fall besuchen kommt, egal, wo wir unseren »Wohnort wählen«. Aber ihre Freunde würde sie nie mitbringen. Maggie und ich haben darüber nachgedacht, und da hat Maggie mich gefragt: »Aber Mama, wann hat Dee denn mal Freunde gehabt?«

Ein paar hatte sie schon. Verschlagene Jungs in rosa Hemden, die am Waschtag nach der Schule hier herumhingen. Nervöse Mädchen, die nie lachten. Die ließen sich von ihr beeindrucken und himmelten ihre geschraubten Sätze an, ihre tolle Figur, ihren beißenden Humor, der aus ihr rausbrach wie Blasen in der Seifenlauge. Denen hat sie auch vorgelesen.

Als sie mit Jimmy T. ging, hatte sie für uns nicht viel Zeit übrig, sondern tobte ihre Kritiksucht ganz an ihm aus. Er hat dann *fluchtartig* ein billiges Mädchen aus der Stadt geheiratet, aus einer dummen und protzigen Familie. Sie hat's kaum geschafft, sich zu beruhigen.

Wenn sie kommt, werd ich – aber da sind sie ja!

Maggie versucht, ins Haus zu springen, schlurfend wie immer, aber ich halte sie mit der Hand zurück. »Komm wieder her«, sag ich. Und sie bleibt stehen und gräbt mit dem Zeh einen Brunnen in den Sand.

Bei der starken Sonne ist es schwer, sie gleich zu erkennen. Aber als das erste Stückchen Bein aus dem Auto guckt, weiß ich, es ist Dee. Schon immer haben ihre Füße so elegant ausgesehen, wie wenn Gott sie persönlich geformt und ihnen Stil gegeben hätte. Auf der anderen Seite kommt ein stämmiger, untersetzter Mann aus dem Auto. Sein ganzer Kopf ist voller Haare, fast einen halben Meter lang, und von seinem Kinn hängt es auch wie ein krauser Eselsschwanz. Ich höre, wie Maggie nach Luft schnappt. Es hört sich an wie »Uhnnnh«. Wie wenn du auf der Straße direkt vor deinem Fuß den zuckenden Schwanz von einer Schlange siehst. »Uhnnnh«.

Und dann Dee. Ein Kleid bis auf den Boden bei dieser Hitze. So grell, daß es meinen Augen wehtut. Genug Gelb und Orange, um das Sonnenlicht auszustechen. Ich spüre, wie mein ganzes Gesicht sich aufheizt von den Hitzewellen, die es ausstrahlt. Die Ohrringe, auch golden, hängen ihr bis auf die Schultern. Mit Armreifen behängt, die klingeln, als sie den Arm hebt, um die Falten vom Kleid unter den Armen loszuschütteln. Das Kleid ist locker und schwingt, und als sie näherkommt, gefällt es mir. Wieder höre ich Maggie »Uhnnnh« machen. Es ist das Haar von ihrer Schwester. Es steht nach oben, wie die Wolle bei einem Schaf. Es ist schwarz wie die Nacht, und an den Seiten sind zwei lange Zöpfe, die sich kringeln wie kleine Eidechsen und dann hinter den Ohren verschwinden.

»Wa-su-zo-Tean-o!« sagt sie, und schwebt in ihrem Kleid näher. Der stämmige untersetzte Kerl mit dem Haar bis zum Bauchnabel grinst übers ganze Gesicht und folgt ihr mit »Asalamalakim, Mutter und Schwester!« Er versucht, Maggie zu umarmen, aber sie fällt nach hinten, direkt an meine Stuhllehne. Da spüre ich ihr Zittern, und als ich hochschaue, sehe ich Schweiß von ihrem Kinn tropfen.

»Brauchst nicht aufstehen«, sagt Dee. Bei meinem Körperbau brauch ich dazu schon ziemlich Kraft. So ein, zwei Sekunden schieb ich mich hin und her, bis es klappt. Sie dreht sich um, wobei man ihre weißen Fersen in den Sandalen sieht, und geht zum Auto zurück. Dann guckt sie mit einer Polaroid-Kamera wieder raus. Sie bückt sich schnell und macht ein Bild nach dem anderen, wie ich da vor dem Haus sitze und Maggie sich hinter mir verkriecht. Sie macht kein Bild, ohne sicher zu sein, daß das Haus mit drauf ist. Als eine Kuh kommt und am Rand vom Hof Gras zupft, knipst sie die Kuh und mich und Maggie *mitsamt* dem Haus. Dann legt sie die Kamera auf den Rücksitz vom Auto und kommt und küßt mich auf die Stirn.

Unterdessen macht Asalamalakim ein Spielchen mit Maggies Hand. Maggies Hand ist schwammig wie ein Fisch und womöglich auch so kalt, obwohl sie schwitzt, und sie versucht sie immer wieder zurückzuziehen. Es sieht aus, wie wenn Asalamalakim ihr die Hand geben will, aber ganz besonders schick. Oder er weiß einfach nicht, wie man das macht. Jedenfalls gibt er es bald auf mit Maggie.

»Tja«, sag ich. »Dee.«

»Nein Mama«, sagt sie. »Nicht ›Dee‹ – Wangero Leewanika Kemanjo!«

»Was ist mit ›Dee‹?« wollte ich wissen.

»Die ist tot«, sagte Wangero. »Ich konnte es nicht mehr ertragen, so zu heißen wie die Leute, die mich unterdrücken.«

»Du weißt so gut wie ich, daß du nach deiner Tante Dicie heißt«, sagte ich. Dicie ist meine Schwester. Zu der haben wir immer Dee gesagt. Als Dee geboren war, nannten wir sie »Big Dee«.

»Aber nach wem heißt sie?« fragte Wangero.

»Nach Grandma Dee, denk ich«, sagte ich.

»Und nach wem hieß die?« fragte Wangero.

»Nach ihrer Mutter«, sagte ich und merkte, daß Wangero langsam die Lust verlor. »Viel weiter kann ich's nicht zurückverfolgen«, sagte ich. Obwohl, in Wirklichkeit hätte ich womöglich weitermachen können bis vor dem Bürgerkrieg, durch alle Zweige der Familie.

»Tja«, sagte Asalamalakim, »da hast du's.«

»Uhnnnh«, hörte ich Maggie sagen.

»Gar nichts hab ich«, sagte ich, »und bis ›Dicie‹ in unserer Familie aufgetaucht ist, hab ich auch nichts gehabt, warum sollte ich's dann so weit zurückverfolgen?«

Er stand da und grinste und schaute auf mich runter wie einer, der ein vorsintflutliches Auto inspiziert. Ab und zu tauschte er mit Wangero über meinen Kopf weg bedeutsame Blicke.

»Wie spricht man den Namen aus?« fragte ich.

»Du brauchst mich nicht so zu nennen, wenn du nicht willst«, sagte Wangero.

»Wieso nicht?« fragte ich. »Wenn du willst, daß wir dich so nennen, dann nennen wir dich so.«

»Ich weiß, am Anfang klingt es vielleicht kompliziert.«

»Ich werd mich dran gewöhnen«, sagte ich. »Kannst du ihn nochmal runterrasseln?«

Naja, das mit dem Namen hatten wir bald. Der von Asalamalakim war doppelt so lang und dreimal so knifflig. Nachdem ich mir zwei-, dreimal die Zunge dran abgebrochen hatte, meinte er, ich soll ihn einfach Hakim-Bar-bier nennen. Ich wollte ihn fragen, ob er wirklich Barbier ist, aber eigentlich glaubte ich es nicht, und so hab ich lieber nicht gefragt.

»Du gehörst sicher zu den Leuten unten an der Straße mit den Rindern«, sagte ich. Die sagen auch »Asalamalakim«, wenn sie dich sehen, aber die Hand geben sie dir nicht. Die haben immer zu viel zu tun: Vieh füttern, Zäune reparieren, Salzlecken versorgen, Heu aufschütten. Als die Weißen einen Teil der Herde vergiftet haben, sind die Männer die ganze Nacht aufgeblieben, mit dem Gewehr in der Hand. Anderthalb Meilen bin ich gelaufen, bloß um das zu sehen.

Hakim-Bar-bier sagte: »Ich akzeptiere ihre Lehren zum Teil, aber Landwirtschaft und Viehzucht ist nicht mein Stil.« (Sie haben mir nicht gesagt, und ich hab auch nicht gefragt, ob Wangero [Dee] ihn wirklich und wahrhaftig geheiratet hat.)

Wir setzten uns zum Essen, und er sagte gleich, Kohl ißt er nicht und Schweinefleisch ist unrein. Wangero dagegen verputzte Kutteln und Maisbrot und Gemüse und alles andere. Bei den Süßkartoffeln quasselte sie wie ein Wasserfall. Von allem war sie begeistert. Sogar davon, daß wir immer noch die Bänke benutzen, die ihr Daddy für den Tisch gemacht hat, als wir uns keine Stühle kaufen konnten.

»Oh, Mama!« rief sie. Und dann zu Hakim-Bar-bier: »Ich wußte gar nicht, wie wunderbar diese Bänke sind. Man kann die Sitzabdrücke fühlen.« Dabei tastete sie mit den Händen über ihren Platz und die Bank entlang. Dann atmete sie tief, und ihre Hand schloß sich um Grandma Dees Butterdose. »Jawohl!« sagte sie. »Ich wußte doch, daß da was war, um das ich euch bitten wollte.« Sie sprang vom Tisch auf und ging rüber zu der Ecke, wo das Butterfaß stand mit der Buttermilch drin. Und schaute und schaute das Butterfaß an.

»Dieser Deckel, den brauch ich«, sagte sie. »Hat den nicht Onkel Buddy aus einem Baum geschnitzt, den ihr mal hattet?«

»Ja«, sagte ich.

»Juhu«, sagte sie strahlend. »Und den Stößel möcht ich auch.«

»Auch von Onkel Buddy geschnitzt?« fragte der Barbier.
Dee (Wangero) sah mich an.

»Den Stößel hat Tante Dees erster Mann geschnitzt«, sagte Maggie so leise, daß man sie kaum hören konnte. »Er hieß Henry, aber alle nannten ihn Stash.«

»Maggie hat ein Gedächtnis wie ein Elefant«, sagte Wangero lachend.

»Den Deckel kann ich als Tafelaufsatz für den Tisch in der Nische nehmen«, sagte sie und schob einen Teller auf das Butterfaß, »und für den Stößel laß ich mir auch was Künstlerisches einfallen.«

Als sie den Stößel eingepackt hatte, guckte der Griff noch raus. Ich nahm ihn einen Moment in die Hände. Man brauchte nicht mal nah ranzugehen, um zu sehen, wo eine Art Delle im Holz entstanden war, von den Händen, die den Stößel zum Buttern auf und ab bewegt hatten. Eigentlich waren da viele kleine Dellen; man konnte erkennen, wo sich Daumen und Finger in das Holz eingedrückt hatten. Es war schönes hellgelbes Holz von einem Baum auf dem Hof, wo Big Dee und Stash gewohnt hatten.

Nach dem Essen ging Dee (Wangero) zu der Truhe am Fußende von meinem Bett und fing an, drin rumzuwühlen. Maggie verdrückte sich in die Küche mit dem Abwasch. Da tauchte Wangero mit zwei Quilts[1] wieder auf. Die waren noch von Grandma Dee zusammengesetzt worden, und dann hatten ich und Big Dee sie auf der vorderen Veranda auf die Quilt-Rahmen gespannt und gesteppt. Einer war im »Lone Star«-Muster, der andere »Walk Around the Mountain«. Beide hatten Flicken von Kleidern, die Grandma Dee vor mindestens fünfzig Jahren getragen hatte. Kleine Stückchen von Grandpa Jarrells Hemden mit Paisley-Muster. Und ein winziges Stückchen verschossenes Blau, so groß

---

[1] Quilt ist eine Flickendecke mit traditionellem Muster. (Anm. d. Hrsg.)

wie eine Streichholzschachtel, das stammte von Urgroßvater Ezras Uniform aus dem Bürgerkrieg.

»Mama«, flötete Wangero zuckersüß. »Kann ich diese alten Quilts haben?«

Ich hörte in der Küche etwas runterfallen, und eine Minute später schlug die Küchentür zu.

»Warum nimmst du nicht ein oder zwei von den anderen?« fragte ich. »Diese alten Dinger haben ich und Big Dee aus den halbfertigen Quilts gemacht, die deine Grandma noch zusammengesetzt hat, bevor sie starb.«

»Nein«, sagte Wangero. »Die anderen will ich nicht. Die sind an den Kanten mit der Maschine genäht.«

»Dadurch halten sie besser«, sagte ich.

»Darum geht es nicht«, sagte Wangero. »Die hier sind ganz aus Flicken von Grandmas Kleidern. Das alles hat sie mit der Hand genäht. Stell dir das mal vor!« Sie hielt die Quilts fest umklammert und streichelte sie.

»Ein paar Flicken, wie die lavendelfarbenen da, stammen von alten Sachen, die sie von ihrer Mutter geerbt hat«, sagte ich und ging auf sie zu, um die Quilts anzufassen. Dee (Wangero) wich genau so weit zurück, daß ich nicht an die Quilts kam. Sie gehörten bereits ihr.

»Stell dir das mal vor!« hauchte sie noch einmal, und preßte sie fest an ihren Busen.

»Die Wahrheit ist«, sagte ich, »die Quilts da hab ich Maggie versprochen, wenn sie John Thomas heiratet.«

Sie schnappte nach Luft, wie wenn eine Biene sie gestochen hätte.

»Maggie kann diese Quilts gar nicht würdigen!« sagte sie. »Die ist so rückständig und nimmt sie womöglich für jeden Tag.«

»Das will ich meinen«, sagte ich. »Gott weiß, ich hab sie schon viel zu lang geschont, und keiner konnte sie benutzen. Ich hoffe, daß sie es tut!« Ich wollte nicht davon anfangen, daß ich Dee (Wangero) einen Quilt angeboten hatte, als sie wegging aufs College. Damals hatte sie mir gesagt, die sind altmodisch, die hat man nicht mehr.

»Aber sie sind *unbezahlbar!*« Das sagte sie jetzt, wütend; sie ist nämlich jähzornig. »Maggie würde sie glatt aufs Bett legen, und in fünf Jahren sind das nur noch Fetzen. Wenn nicht schon früher!«

»Sie kann sich immer noch neue machen«, sagte ich. »Maggie weiß, wie man Quilts macht.«

Dee (Wangero) sah mich haßerfüllt an. »Du willst das einfach nicht verstehen. Es geht um diese Quilts, *diese* Quilts!«

»Na«, sagte ich, perplex. »Was würdest *du* denn mit ihnen machen?«

»Aufhängen«, sagte sie. Wie wenn das das Einzige wäre, was man *überhaupt* mit Quilts machen kann.

Maggie war inzwischen an der Tür. Ich konnte beinahe das Geräusch ihrer Füße hören, die sie aneinander rieb. »Sie kann sie haben, Mama«, sagte sie, wie eine, die schon lange nicht mehr erwartet, jemals was zu gewinnen oder für sich allein zu haben. »Ich kann auch ohne die Quilts an Grandma Dee denken.«

Ich sah sie scharf an. Sie hatte sich eine Prise Checkerberry-Snuff hinter die Unterlippe gestopft, und das gab ihr eine benebelte Armesündermiene. Sie hatte von Grandma Dee und Big Dee gelernt, wie man Quilts macht. Jetzt stand sie da und versteckte die Hände mit den Brandmalen in ihren Rockfalten. Sie sah ihre Schwester an mit sowas wie Furcht, aber sie war ihr nicht böse. Das war Maggies Los. Es war das Walten Gottes, wie sie es kannte.

Als ich sie so sah, schlug etwas bei mir oben im Kopf ein und lief bis zu den Fußsohlen runter. Genauso, wie wenn ich in der Kirche sitze und der Geist Gottes rührt mich an und ich fühl mich glücklich und schrei es laut raus. Ich tat etwas, was ich noch nie getan hatte: ich drückte Maggie an mich, dann zog ich sie ins Zimmer rein, riß Miß Wangero die Quilts aus den Händen und warf sie Maggie in den Schoß. Maggie saß da auf meinem Bett mit offenem Mund.

»Nimm ein oder zwei von den anderen«, sagte ich zu Dee.

Aber sie drehte sich um ohne ein Wort und ging raus zu Hakim-Bar-bier.

»Du hast einfach keine Ahnung«, sagte sie, als Maggie und ich zum Auto kamen.

»Wovon hab ich keine Ahnung?« wollte ich wissen.

»Vom Erbe deines Volkes«, sagte sie. Und dann drehte sie sich um zu Maggie, küßte sie und sagte: »Du solltest auch versuchen, etwas aus dir zu machen, Maggie. Ein neuer Tag ist angebrochen für uns, wirklich. Aber so wie ihr lebt, du und Mama, kapiert ihr das nie.«

Sie setzte eine Sonnenbrille auf, die alles verdeckte außer ihrer Nasenspitze und dem Kinn.

Maggie lächelte; vielleicht über die Sonnenbrille. Aber ein richtiges Lächeln, nicht ängstlich. Wir sahen zu, wie sich der Staub von dem Auto legte, und dann bat ich Maggie, mir eine Prise Snuff zu bringen. Und dann saßen wir beide da und machten es uns gemütlich, bis es Zeit war, ins Haus zu gehen und sich schlafen zu legen.

Übersetzung von Gertraude Krueger

RAYMOND CARVER

So viel Wasser,
direkt vor der Tür

Mein Mann ißt mit viel Appetit. Aber ich glaube nicht, daß er tatsächlich Hunger hat. Er kaut, die Arme auf dem Tisch, und starrt dabei auf etwas am anderen Ende des Zimmers. Er sieht mich an und sieht wieder weg. Er wischt sich mit der Serviette den Mund ab. Er zuckt die Achseln und ißt weiter.

»Was starrst du mich dauernd an?« sagt er. »Was ist denn los?« sagt er und legt seine Gabel hin.

»Hab ich gestarrt?« sage ich und schüttle den Kopf.

Das Telefon läutet.

»Geh nicht dran«, sagt er.

»Vielleicht ist's deine Mutter«, sage ich.

»Laß es läuten«, sagt er.

Ich nehme den Hörer ab und horche. Mein Mann hört auf zu essen.

»Hab ich's dir nicht gesagt?« sagt er, als ich den Hörer auflege. Er fängt wieder an zu essen. Dann wirft er die Serviette auf den Teller. Er sagt: »Verdammt noch mal, wieso können sich die Leute nicht um ihren eigenen Kram kümmern? Sag mir, was ich falsch gemacht hab, und ich hör dir zu! Ich war nicht der einzige Mann da. Wir haben drüber geredet, und dann haben wir uns gemeinsam entschieden. Wir konnten nicht einfach umkehren. Immerhin waren es fünf Meilen bis zum Wagen. Du willst dich hier wohl als Richter aufspielen – aber nicht mit mir. Hast du verstanden?«

»Du mußt es ja wissen«, sage ich.

Er sagt: »Was muß ich wissen, Claire. Sag mir, was ich weiß. Ich weiß überhaupt nichts, bis auf eins ...«

Dabei wirft er mir einen Blick zu, den er wahrscheinlich für bedeutungsvoll hält. »Sie war tot«, sagt er. »Mir tut's genauso leid wie allen anderen auch. Aber sie *war* tot.«

»Genau darum geht's ja«, sage ich.

Er hebt die Hände. Er rückt seinen Stuhl vom Tisch weg. Dann holt er seine Zigaretten heraus und verschwindet mit einer Dose Bier durch die Tür in den Garten. Ich sehe, wie er im Gartenstuhl sitzt und wieder nach der Zeitung greift.

Sein Name steht drin. Auf der ersten Seite. Neben den Namen seiner Freunde.

Ich mache die Augen zu und halte mich an der Spüle fest. Dann fahre ich mit dem Arm über das Abtropfbrett, so daß das Geschirr auf den Boden fällt.

Er reagiert nicht. Ich weiß, daß er's gehört hat. Er hebt den Kopf, als würde er noch immer diesem Geräusch nachlauschen, aber ansonsten macht er keinen Mucks. Er dreht sich nicht um.

Er, Gordon Johnson, Mel Dorn und Vern Williams – die vier pokern miteinander, gehen miteinander kegeln und fischen. Jedes Jahr im Frühling oder Frühsommer, bevor ihnen noch ein Verwandtenbesuch dazwischenkommen kann, gehen sie fischen. Es sind anständige Männer, Familienväter, Männer, die aufpassen, daß sie ihren Job nicht verlieren. Sie haben Söhne und Töchter, die mit unserem Sohn Dean zur Schule gehen.

Vergangenen Freitag sind diese Familienväter zum Naches River aufgebrochen. Sie stellten den Wagen in den Bergen ab und gingen zu Fuß zum Angelplatz. Sie trugen ihr Bettzeug, säuberlich zusammengerollt, ihre Verpflegung, die Spielkarten und ihren Whiskey.

Das Mädchen entdeckten sie, bevor sie die Zelte aufgeschlagen hatten. Es war Mel Dorn, der sie fand. Sie hatte nichts an und war zwischen ein paar Ästen festgekeilt, die aus dem Wasser ragten.

Er rief die anderen, und sie kamen und schauten. Sie beratschlagten, was sie tun sollten. Einer von ihnen – mein Stuart hat mir nicht verraten, wer –, einer von ihnen also meinte, sie sollten auf der Stelle kehrtmachen. Die anderen wühlten bloß mit ihren Schuhen den Sand auf und erklärten, sie hätten keine Lust dazu. Sie entschuldigten sich damit, daß sie müde seien, daß es schon spät sei und daß ihnen das Mädchen ohnehin nicht davonlaufen könne.

Schließlich gingen sie weiter und bauten die Zelte auf. Sie machten Feuer und tranken Whiskey. Als der Mond aufging, redeten sie über das Mädchen. Irgendwer meinte, man müsse zusehen, daß die Leiche nicht abgetrieben würde. Sie holten ihre Taschenlampen und gingen zurück zum Fluß. Einer der Männer – es könnte Stuart gewesen sein – watete hinein, um sie herauszuziehen. Er packte sie an den Fingern und zog sie ans Ufer. Er holte eine Nylonschnur, band sie ihr ums Handgelenk und wickelte den Rest um einen Baum.

Am nächsten Morgen machten sie Frühstück, tranken Kaffee und Whiskey und gingen dann, jeder für sich, zum Fischen. Am Abend kochten sie den Fisch und Kartoffeln, tranken Kaffee und Whiskey und brachten dann die Töpfe, Teller, Messer und Gabeln zum Fluß hinunter und spülten sie neben dem toten Mädchen.

Später spielten sie Karten – vielleicht spielten sie, bis sie sie nicht mehr voneinander unterscheiden konnten. Vern Williams legte sich schlafen. Aber die anderen erzählten sich Geschichten. Gordon Johnson meinte, die Forelle, die sie gefangen hatten, sei nur deshalb so hart gewesen, weil das Wasser so verdammt kalt war.

Am nächsten Tag standen sie spät auf, tranken Whiskey, fischten ein bißchen, brachen ihre Zelte ab, rollten die Schlafsäcke zusammen, packten ihre sieben Sachen und machten sich auf den Weg. Sie fuhren, bis sie zu einem öffentlichen Fernsprecher kamen. Es war Stuart, der den Anruf erledigte, während die anderen in der prallen Sonne herumstanden und zuhörten. Er gab dem Sheriff die Namen durch. Sie hatten nichts zu verbergen. Sie schämten sich nicht. Sie sagten, sie würden warten, bis jemand käme, um ihnen weitere Anweisungen zu geben und die Aussagen zu Protokoll zu nehmen.

Als er nach Hause kam, schlief ich schon. Aber ich wachte auf, als ich ihn in der Küche hörte. Er lehnte mit einer Dose Bier am Eisschrank. Er legte seine starken Arme um mich und rubbelte mir mit seinen großen Händen den Rücken. Im Bett faßte er mich wieder mit diesen Händen an, und dann lag er bloß da und tat nichts, so als dächte er an etwas ganz anderes. Ich drehte mich auf den Rücken und spreizte die Beine. Nachher, glaube ich, lag er noch eine Weile wach.

Am Morgen darauf war er schon vor mir auf. Wahrscheinlich, weil er nachsehen wollte, ob was in der Zeitung stand.

Gleich nach acht fing das Telefon an zu läuten.

»Hol's der Teufel!« hörte ich ihn brüllen.

Sofort läutete das Telefon wieder.

»Ich habe meiner Aussage vor dem Sheriff nichts hinzuzufügen!«

Er donnerte den Hörer auf die Gabel.

»Was ist denn los?« sagte ich.

Und dann erzählte er mir, was ich Ihnen eben erzählt habe.

Ich kehre das zerbrochene Geschirr zusammen und gehe nach draußen. Er liegt jetzt, Zeitung und Bierdose in Reichweite, auf dem Rücken im Gras.

»Stuart, könnten wir nicht den Wagen nehmen und ein bißchen spazierenfahren?« sage ich.

Er rollt sich auf den Bauch und sieht mich an. »Da können wir auch gleich Bier holen«, sagt er. Er steht auf und berührt mich im Vorbeigehen an der Hüfte. »Bin sofort wieder da«, sagt er.

Wir fahren durch die Stadt, ohne zu reden. Er bleibt vor einem Supermarkt an der Straße stehen, um das Bier zu holen. Mein Blick fällt auf einen Stapel Zeitungen, der sich direkt am Eingang türmt. Auf der obersten Stufe hält eine dicke Frau in bedrucktem Kleid einem kleinen Mädchen eine Lakritzstange hin. Später fahren wir über den Everson Creek zum Picknickgelände. Der Fluß fließt unter einer Brücke durch und mündet ein paar hundert Meter weiter in einen großen Teich. Ich kann die Männer dort draußen sehen. Ich kann sehen, wie sie dort draußen fischen.

So viel Wasser, direkt vor der Tür.

Ich sage: »Wozu mußtet ihr meilenweit fahren?«

»Nerv mich nicht«, sagt er.

Wir sitzen auf einer Bank in der Sonne. Er öffnet die Bierdosen – eine für mich, eine für sich. »Schalt doch mal ab, Claire.«

»Sie haben behauptet, sie sind unschuldig. Sie haben behauptet, sie sind verrückt.«

Er sagt: »Wer?« Er sagt: »Wovon redest du denn?«

»Die Maddox-Brüder. In dem Ort, wo ich aufgewachsen bin, haben sie ein Mädchen umgebracht. Sie hieß Arlene Hubly. Sie haben ihr den Kopf abgeschnitten und sie in den Cle Elum River geworfen. Ich war damals selber noch ein kleines Mädchen.«

»Du gehst mir ganz schön auf den Nerv«, sagt er.

Ich starre in den Fluß. Ich *bin* im Fluß. Mittendrin. Augen offen; Gesicht nach unten. Ich starre auf das Moos unter mir. Ich bin tot.

»Ich möcht wissen, was mit dir los ist«, sagt er auf dem Rückweg nach Hause. »Du gehst mir mit jeder Minute mehr auf die Nerven.«

Ich kann dazu nichts sagen.

Er versucht, sich auf die Straße zu konzentrieren, sieht aber immer wieder in den Rückspiegel.

Er weiß.

Stuart bildet sich ein, daß er mich heute morgen schlafen läßt, dabei war ich schon wach, bevor der Wecker klingelte. Ich lag am Rand des Bettes, möglichst weit weg von seinen behaarten Beinen, und dachte nach.

Er macht Dean für die Schule fertig, dann rasiert er sich, zieht sich an und fährt zur Arbeit. Zweimal wirft er einen Blick zu mir hinein und räuspert sich. Aber ich halte meine Augen geschlossen.

In der Küche finde ich dann eine Nachricht von ihm, unterschrieben mit: »In Liebe.«

Ich sitze in der Frühstücksnische, trinke Kaffee und hinterlasse auf dem Zettel einen Rand. Ich werfe einen Blick auf die Zeitung und blättere auf dem Tisch darin herum. Dann zieh ich sie zu mir rüber und lese, was drinsteht. Man hat die Leiche identifiziert, heißt es. Man hat ziemlich viel Zeit damit verbracht, sie zu untersuchen, Zeug in sie reinzustopfen, an ihr herumzuschnipseln, sie zu wiegen, zu messen und wieder anderes Zeug in sie zurückzustopfen und es einzunähen.

Lange sitze ich mit der Zeitung in der Hand da und denke nach. Dann rufe ich beim Friseur an, um mir einen Termin geben zu lassen.

Ich sitze unter der Trockenhaube, im Schoß eine Zeitschrift, und lasse mir von Marnie die Nägel maniküren.

»Ich muß morgen zu einem Begräbnis«, sage ich.

»Das tut mir leid«, sagt Marnie.

»War 'n Mordfall«, sage ich.

»Das ist am allerschlimmsten«, sagt Marnie.

»Hat uns nicht wirklich nahegestanden«, sage ich. »Aber Sie wissen ja.«

»Wir werden Sie schon herrichten dafür«, sagt Marnie.

In dieser Nacht schlage ich mein Lager auf dem Sofa auf, und am Morgen bin ich als erste auf den Beinen. Ich stelle den Kaffee auf und richte alles fürs Frühstück her, während er sich rasiert.

Er taucht in der Küchentür auf, über der nackten Schulter ein Handtuch, und taxiert die Lage.

»Da ist der Kaffee«, sage ich. »Die Eier sind in einer Minute fertig.«

Ich wecke Dean, und dann frühstücken wir zu dritt. Immer wenn Stuart mich ansieht, frage ich Dean, ob er noch etwas möchte, Milch, Toast oder sonstwas.

»Ich ruf dich heute irgendwann an«, sagt Stuart beim Hinausgehen.

Ich sage: »Ich glaub nicht, daß ich da bin.«

»In Ordnung«, sagt er. »Klar.«

Ich kleide mich sorgfältig, probiere einen Hut und prüfe mein Aussehen im Spiegel. Dann hinterlasse ich eine Nachricht für Dean.

Schätzchen, Mama hat am Nachmittag ein paar Dinge zu erledigen und kommt erst später nach Hause. Bleib einfach im Haus oder hinten im Garten, bis einer von uns beiden wiederkommt.

In Liebe, Mama

Ich werfe einen Blick auf das Wort ›Liebe‹ und unterstreiche es. Dann springt mir das Wort ›*wiederkommt*‹ ins Auge – schreibt man es zusammen oder getrennt?

Ich fahre durch Farmland, zwischen Hafer- und Zuckerrübenfeldern hindurch, vorbei an Gärten mit Apfelbäumen, an Rindern, die auf Weiden grasen. Plötzlich verändert sich das Bild: An die Stelle der Bauernhäuser treten Bruchbuden, und statt der Obstbäume sieht man Stöße von Bauholz lagern. Danach Berge, und weit unten, zu meiner Rechten, sehe ich manchmal den Naches River.

Von hinten nähert sich ein kleiner grüner Lastwagen und fährt ein paar Meilen hinter mir her. Ich werde immer im falschen Augenblick langsamer und hoffe, daß er mich überholt; dann wieder gebe ich Gas, aber auch das wieder im falschen Moment. Ich umklammere das Lenkrad, bis mir die Finger weh tun.

Auf einem langen, übersichtlichen Straßenstück überholt er mich. Aber dann fährt er eine Zeitlang Seite an Seite neben mir: ein Mann mit Bürstenhaarschnitt und einem blauen Arbeitshemd. Wir werfen uns prüfende Blicke zu, dann winkt er, drückt auf die Hupe und gibt Gas.

Ich fahre langsamer und entdecke eine geeignete Stelle. Ich fahre den Wagen an die Seite und stelle den Motor ab. Tief unter den Bäumen kann ich den Fluß hören. Dann höre ich den Lastwagen zurückkommen.

Ich drücke die Türknöpfe hinunter und kurble die Fensterscheiben hoch.

»Alles in Ordnung bei Ihnen?« sagt der Mann. Er klopft an die Scheibe. »Sind Sie okay?« Er lehnt seinen Arm an die Tür und drückt sein Gesicht ans Fenster.

Ich starre ihn an. Etwas Besseres fällt mir nicht ein.

»Ist bei Ihnen da drinnen alles in Ordnung? Warum haben Sie denn alles verrammelt?«

Ich schüttle den Kopf.

»Machen Sie doch die Scheibe runter.« Jetzt schüttelt er den Kopf; er wirft einen Blick zur Autobahn rüber, dann sieht er wieder mich an. »Machen Sie schon.«

»Bitte«, sage ich. »Ich muß weiter.«

»Machen Sie die Tür auf«, sagt er, so als hätte er mich nicht gehört. »Sie werden da drin noch ersticken.«

Er starrt auf meine Brüste, dann auf meine Beine. Ich merke es ganz genau.

»Hallo, Süße«, sagt er. »Ich will dir doch bloß helfen.«

Der Sarg ist zu und mit Blütenzweigen bedeckt. Ich setze mich, und im selben Moment setzt die Orgel ein. Leute kommen herein und suchen nach freien Stühlen. Ein Junge trägt ausgestellte Hosen und ein gelbes, kurzärmeliges Hemd. Eine Tür geht auf, die Familie kommt geschlossen herein und begibt sich zu einer Art Seitenloge mit Vorhängen. Alle lassen sich auf ihren Plätzen nieder; die Stühle knarren. Sofort erhebt sich ein freundlicher, blonder Herr in elegantem, dunklem Anzug und fordert uns auf, die Köpfe zu senken. Erst spricht er ein Gebet für uns, die Lebenden, und als er damit fertig ist, spricht er ein Gebet für die Seele der Verstorbenen.

Zusammen mit den anderen gehe ich am Sarg vorbei. Dann trete ich hinaus auf die Treppe vor dem Eingang, ins Licht der Nachmittagssonne. Vor mir humpelt eine Frau die Stufen hinunter. Unten auf dem Gehsteig sieht sie sich um. »Also«, sagt sie, »erwischt haben sie ihn – wenn das ein Trost ist. Heut morgen haben sie ihn verhaftet. Hab ich im Radio gehört, bevor ich herkam. Ein Junge von hier, aus der Stadt.«

Wir gehen ein paar Schritte auf dem heißen Gehsteig nebeneinander her. Die Leute lassen ihre Wagen an. Ich strecke die Hand aus und halte mich an einer Parksäule fest.

Blitzende Motorhauben und blitzende Kotflügel. Mir wird schwindlig. Ich sage: »Diese Killer haben Freunde. Da weiß man nie.«

»Ich kannte die Kleine schon, als sie noch ein Kind war«, sagt die Frau. »Sie kam immer zu mir rüber, und ich hab Plätzchen für sie gebacken. Die durfte sie dann vor dem Fernseher essen.«

Zu Hause sitzt Stuart mit einem Glas Whiskey vor sich auf dem Tisch. Für einen Moment bin ich wie von Sinnen und glaube, Dean sei etwas zugestoßen.
»Wo ist er?« sage ich. »Wo ist Dean?«
»Draußen«, sagt mein Mann.
Er leert sein Glas und steht auf. Er sagt: »Ich glaub, ich weiß, was du brauchst.«
Er legt seinen Arm um meine Hüfte und fängt an, mir mit der anderen Hand die Jacke aufzuknöpfen. Dann macht er mit den Blusenknöpfen weiter.
»Immer schön der Reihe nach«, sagt er.
Und dann sagt er noch was. Aber ich brauche erst gar nicht hinzuhören. Ich würde doch nichts verstehen – bei so viel Wasser.
»Stimmt«, sage ich und öffne die restlichen Knöpfe selbst. »Bevor Dean kommt. – Mach schnell.«

Übersetzung von Klaus Hoffer

JOYCE CAROL OATES

Wie ich die Welt von der Detroiter Jugendstrafanstalt betrachtete und mein Leben von vorne anfing

Anmerkungen zu einem Essay für eine Englischklasse in der Baldwin Country Tagesschule; Stöbern im Schutt; Ekel und Neugier; Offenbarung vom Sinn des Lebens; ein happy end ...

I. EREIGNISSE

1. Das Mädchen (ich selbst) geht durch Brandens, das exzellente Kaufhaus. Vorort einer berühmten Großstadt, die ein Symbol für berühmte amerikanische Großstädte ist. Das Ereignis schleicht sich an das Mädchen heran, das meint, es mit einem kleinen, starren Lächeln zu beherrschen, ein Mädchen von fünfzehn, unschuldig in seinen Erfahrungen. Sie schlendert in einem gewissen Stil an einem Ladentisch mit Modeschmuck vorüber. Ringe, Ohrringe, Halsketten. Preise von 5 bis 50 Dollar, alles in Reichweite. Alles häßlich. Sie schlendert hinüber zu dem Ladentisch mit Handschuhen, wo auch alles häßlich ist. In ihrem engaliegenden Mantel mit dem schwarzen Pelzkragen betrachtet sie den Luxus von Brandens, den sie seit vielen Jahren kennt: seine vielen milden, blassen Lampen, angenehm fürs Auge und für die Seele, seine kunstvollen, tingeligen Dekorationen, seine Käuferinnen mit ihren exzellenten Schuhen und Mänteln und Frisuren, alle graziös schlendernd, ohne jede Eile.

Wer war hier je in Eile?

2. Das Mädchen zuhause sitzend. Eine kleine Bibliothek, mit Eiche getäfelte Wände. Jemand spricht zu mir. Eine ernste, heisere, weibliche Stimme drängt sich in meine Ohren, nervös, ängstlich tastet sie um mein Herz herum und sagt: »Wenn du Handschuhe wolltest, warum hast du nichts gesagt? Warum hast du nicht darum gebeten?« Dieses Kaufhaus, Brandens, gehört Raymond Forrest, der in Du Maurier Drive wohnt. Wir wohnen in Sioux Drive. Raymond Forrest. Ein gutaussehender Mann? Ein häßlicher Mann? Ein Mann von fünfzig oder sechzig, mit grauem Haar, oder ein Mann von vierzig mit ernsten, höflichen Augen, ein guter Golfspieler; wer ist Raymond Forrest, dieser Mann, der meine Rettung ist? Vater hat mit ihm gesprochen. Vater ist nicht sein Arzt; Dr. Berg ist sein Arzt. Vater und Dr. Berg überweisen sich gegenseitig Patienten. Es besteht da eine Verbindung. Mutter spielt Bridge mit ... Montags und mittwochs arbeitet unser Mädchen Billie bei ... Die Fäden ziehen sich zusammen und bilden ein Netz, um dich zu retten, wenn du fällst ...

3. *Harriet Arnolds.* Ein kleines Geschäft, besser als Brandens. Mutter in ihrem schwarzen Mantel, ich in meinem enganliegenden, blauen Mantel. Einkaufen. Jetzt sieh dir das mal an, ist das nicht süß, möchtest du das haben, warum möchtest du das nicht haben, probier das mal an, nimm das mit in die Umkleidekabine, nimm das auch, was ist los mit dir, was kann ich für dich tun, warum bist du so komisch ...? »Ich wollte klauen und nicht kaufen«, sage ich ihr nicht. Das Mädchen hängt in Mantel und Handschuhen und Lederstiefeln herum, ihre Augen suchen den Horizont ab, der pastell-rosa ist und dekoriert wie bei Brandens, geschmackvolle Wände und moderne Decken mit graziös schimmernden Lampen.

4. Wochen später, das Mädchen an der Bushaltestelle. Zwei Uhr nachmittags, ein Dienstag; offensichtlich ist sie aus der Schule weggelaufen.

5. Das Mädchen aus dem Bus aussteigend. Nachmittags, Wetter veränderlich, eher kälter. Detroit. Bürgersteig und geschlossene Geschäfte; Gitterwerk an den Fenstern eines Pfandhauses. Was ist ein Pfandhaus genau?

II. CHARAKTERE

1. Das Mädchen ist einszweiundsechzig groß. Eine normale Größe. Die Baldwin Country Tagesschule zieht sie zu dieser Größe heran. Sie träumt die Flure entlang und drückt ihr Gesicht gegen die Thermopenscheiben. Kein Frost oder Dampf kann sich je auf diesem Glas bilden. Ein Fettfleck von ihrer Stirne ... könnte sie zu Fett zusammengekocht werden? Sie trägt ihr Haar lose und lang und glatt im 68er-Teenager-Stil der Vorstädte. Augen verschmiert mit Lidstrich, dunkelbraun. Braunes Haar. Unbestimmt grüne Augen. Ein hübsches Mädchen? Ein häßliches Mädchen? Sie singt leise vor sich hin, auf dem Flur trödelnd denkt sie an ihre vielen Geheimnisse (die dreißig Dollar, die sie einmal aus der Handtasche der Mutter eines Freundes genommen hat, nur zum Spaß, das Kellerfenster, das sie in ihrem eigenen Haus nur zum Spaß eingeworfen hat) und denkt an ihren Bruder, der auf die Susquehanna Jungenschule geht, ein ausgezeichnetes Privatinternat in Maine, erinnert sich undeutlich an ihn ... er hat lange, wüste Haare und eine piepsige Stimme, und er sieht aus wie einer von den beliebten Teenager-Sängern von 1968, einer von denen in einer Gruppe, *The Certain Forces, The Way Out, The Manics Responsible*. Das Mädchen sieht ihrerseits wie eines von den Horden von Mädchen aus, die den Jungen beim Singen zuhören, ruhelos träumen und dösen, in hohes, verdrossenes Lachen ausbrechen, unschuldig in ihren Erfahrungen.

2. Die Mutter. Eine Midwestern Frau aus Detroit und seinen Vororten. Gehört zum Detroiter Sportclub. Auch zum Detroiter Golfclub. Auch zum Bloomfield Hills Country Club. Zum Village Frauenclub, bei dem jeden Winter Vorträge über Genet und Sartre und James Baldwin gehalten werden, vom Direktor des Erwachsenenbildungsprogramms der Wayne State University ... Zum Bloomfield Kunstverein. Auch zur Gründungsgesellschaft des Detroiter Kunstinstituts. Auch ... Oh, sie ist ständig unterwegs, diese Dame, Haare wie aufgeblasenes Gold und feiner als Gold, Haar und Finger und Körper von unschätzbarer Grazie. Schwer lastet das Gold auf dem Rücken ihrer Haarbürste und ihres Haarspiegels. Schwer, schwer die Kerzenleuchter im Eßzimmer. Sehr schwer ist das große Auto, ein Lincoln, lang und schwarz, das eines kühlen Herbsttages ein Eichhörnchen in zwei ungleiche Teile geteilt hat.

3. Der Vater. Dr. ... Er gehört zu denselben Clubs wie Nr. 2. Ein Squash- und Golf-Spieler; er hat einen gestreiften Golfschirm, rot-weiß wie Bonbons. In seinem Mund wird allerdings nichts zu Zucker; hier wirkt Spucke keine Wunder. Er behandelt die Leichtkranken. Die Kranken werden anderswohin geschickt (zu Dr. Berg?), die Todkranken werden zu weiteren Untersuchungen zurückgeschickt, und ihre Rechnungen werden ihnen nach Hause geschickt, die Nicht-Kranken werden zu Dr. Coronet (Isabel, eine Dame) geschickt, eine exzellente Psychiaterin für nicht-kranke Leute, die finster daran glauben, sie seien krank, und etwas dafür tun wollen. Wenn sie einen männlichen Psychiater wollen, werden die Nicht-Kranken von Dr. ... (meinem Vater) zu Dr. Lowenstein geschickt, einem Psychiater, exzellent und teuer, mit beschränkter Praxis.

4. Clarita. Sie ist zwanzig, fünfundzwanzig, sie ist dreißig oder älter? Hübsch, häßlich, was? Sie ist eine Frau, die sich

am Straßenrand räkelt, in Jeans und Pullover, per Anhalter fährt, oder sie lümmelt sich an eine Theke in irgendeinem Straßenlokal. Eine harte Kinnlinie. Neugierige Augen. Belustigte Augen. Hinter ihren Augen bewegen sich Prozessionen, Beerdigungsumzüge, Cartoons. Sie sagt, »Ich kann mir nicht vorstellen, warum Mädchen wie du hier rumgammeln. Wonach suchst du überhaupt?« Ein Geruch von Tabak um sie. Ungewaschene Unterwäsche, oder keine Unterwäsche, ungewaschene Haut, sandige Zehen, Haare lang und in Strähnen fallend, länger nicht gewaschen.

5. Simon. In dieser Stadt ändert sich das Wetter plötzlich, also ändert sich Simons Wetter plötzlich. Er schläft den ganzen Nachmittag. Er schläft den ganzen Morgen. Wenn er aufsteht, tastet er herum nach etwas, das ihm aufhilft, nach einer Zigarette oder einer Pille, die ihn auf die Straße treibt, wo die Temperatur um 2 Grad schwebt. Warum fällt sie nicht? Warum, warum kommt nicht die kalte, frische Luft von Kanada herunter; muß er dafür bis nach Kanada raufgehen? Muß er sein Geburtsland verlassen und sich in Kanadas Frostfeldern niederlassen ... ? Wird der FBI (von dem er dauernd träumt) ihn zu Fuß über die kanadische Grenze jagen in einem Wirbelsturm von zerbrochenem Glas und Geweihen ... ?

»Ich war einmal Huckleberry Finn«, sagt Simon, »aber jetzt bin ich Roderick Usher.« Von Ekstasen und Ängsten besessen, dieser Mann läßt's mir kalt den Rücken runterlaufen, er nimmt grüne Pillen, gelbe Pillen, weiße Pillen und dunkelblaue und grüne Kapseln ... er nimmt andere Sachen, die ich nicht erwähnen darf, denn was ist, wenn Simon mich ausfindig macht und in mein Mädchenschlafzimmer hier in Bloomfield Hills einsteigt und mich erwürgt, was dann ... ? (Während ich dies schreibe, beginne ich zu zittern. Warum zittere ich? Ich bin jetzt sechzehn, und sechzehn ist kein Alter zum Zittern.) Es kommt von Simon, der immer kalt ist.

III. WELTEREIGNISSE

Nichts.

IV. LEUTE & UMSTÄNDE, DIE ZU DIESER STRAFTAT BEITRAGEN

Nichts.

V. SIOUX DRIVE

George, Clyde G. 240 Sioux. Vertreter; Kinder, ein Hund, eine Frau. Georgia-Stil mit den üblichen Säulen. Man denkt ans Weiße Haus, dann an Thomas Jefferson, dann wird es leer im Kopf angesichts der weißen Säulen, und man denkt an nichts. Norris, Ralph W. 246 Sioux. Öffentlichkeitsarbeit. Kolonialstil. Erkerfenster, Backstein, Zement, Holz, grüne Läden, Gehweg, Außenlampe, Rasen, Bäume, Asphaltzufahrt, zwei Kinder, eins von ihnen meine Klassenkameradin Esther (Esther Norris). Frau, Autos. Ramsey, Michael D. 250 Sioux. Kolonialstil. Großes Wohnzimmer, 10 mal 12 Meter, Kamine im Wohnzimmer, Bibliothek, Hobbyraum, getäfelte Wände Bar fünf Badezimmer fünf Schlafzimmer zwei Toiletten Air conditioner automatische Rasensprenger automatische Garagentür drei Kinder eine Frau zwei Autos ein Frühstückszimmer eine Veranda ein großes umzäuntes Grundstück vierzehn Bäume eine Haustür mit Messingklopfer, nie geklopft. Nebenan ist unser Haus. Klassisch zeitgenössisch. Traditionell modern. Angebaute Garage, angebauter Wintergarten, angebaute Veranda, daneben Pool und Badehaus, ausgebautes Dach. Ein Briefkasten in der Haustür, durch den das *Time Magazine*, *Fortune*, *Life*, *Business Week*, das *Wall Street Journal*, die *New York Times*, der *New Yorker*, das *Saturday Review*, M. D., *Mod-*

ern Medicine, Disease of the Month rutschen ... und außerdem ... Und zu alledem noch ein geheimer, versiegelter Brief von der Schule, in dem es heißt: *Ihre Tochter leistet nicht das, was sie entsprechend ihren Testergebnissen im Stanford-Binet leisten müßte* ... Und Ihr Sohn läßt zu wünschen übrig, läßt sehr zu wünschen übrig, sehr bedauerlich. Wo ist überhaupt Ihr Sohn? Einmal hat er einem sechsjährigen Kind Zaubertütenbonbons geklaut, er selbst war ganze zehn. Die Anfänge. Jetzt klaut Ihre Tochter. In der Drogerie hat sie sich davongemacht, jawohl, das hat sie, leugnen Sie nicht, hat sie sich ohne Grund mit einem Heft vom *Pageant Magazine* davongemacht, sie hat eine Rolle Drops in einer grünen Verpackung geklaut und brauchte diese Süßigkeiten keineswegs lebensnotwendig; als sie gerade acht Jahre alt war, hat sie, werden Sie nicht rot, hat sie ein Päckchen Magentabletten geklaut, bloß weil sie auf dem Ladentisch auslagen, und die nette Dame hinter der Theke (jetzt nicht mehr am Leben) hat nichts gesagt ... Sioux Drive. Ahorn, Eichen, Ulmen. Kranke Ulmen gefällt. Sioux Drive mündet in den Roosevelt Drive. Langsame, gewundene Wege, keine Straßen, alles Alleen und Wege und Pfade. Privatpolizei. Ruhige Privatpolizei in unauffälligen Wagen. Samstags abends auf der Streife mit väterlichem Lächeln für die Anwohner, die in die Häuser strömen und aus diesen wieder hinaus, zu Parties kommen und gehen, tausend Parties, leicht schwindelerregend, die Frauen in ihren Pelzen aus den Wagen steigend, Ford und General Motors und Chrysler, sehr schwere Wagen. Keine ausländischen Wagen. Detroit. Auf 275 Sioux an der Ecke, in der prächtigen französischen Villa, wohnt selber, der das Konto hat, man stelle sich mal vor! Sieh bloß mal, wie er wohnt, und was für riesige Bäume und Schornsteine, stell dir mal seine vielen Kamine vor, seine Frau und Kinder, stell dir das Haar seiner Frau vor, ihre Fingernägel, ihre Badewanne in weichem, sauberen, glänzenden Rosa, stell dir ihre Umarmungen vor, seine Hosentaschen voll mit einem Sammelsurium von Münzen und Schlüsseln und Staub und Erdnüssen, stell dir ihre Erregungen in Sioux Drive vor, stell dir ihre Einkommensteuerrückzahlung vor, stell dir den Stolz ihres kleinen Jungen in seinem Spielauto vor, ein kleiner C, wie er auf den Bürgersteigen durch die Nachbarschaft tobt und die Hunde und die Negermädchen erschreckt, o stell dir all das vor, tob im Geiste durch Sioux Drive und Du Maurier Drive und Roosevelt Drive und Ticonderoga Pass und den Burning Bush Way, und Lincolnshire Pass und Lois Lane.

Wenn der Frühling kommt, wehen seine Winde nichts nach Sioux Drive, keinen Duft von Rosenstöcken oder Forsythien, nichts, was Sioux Drive nicht schon hat, alles ist gepflanzt und gedeiht. Die Wetterfahnen, wenn es welche gäbe, müßten sich nicht im Wind drehen, müßten nicht mit dem Wetter kämpfen. Es gibt dort kein Wetter.

VI. DETROIT

In Detroit ist immer irgendein Wetter. Die Temperatur in Detroit ist immer o Grad. Schnell fallende Temperaturen. Langsam ansteigende Temperaturen. Wind aus Nord-Nord-Ost mit vier bis vierzig Meilen pro Stunde, Kleinbootwarnung, heute teils wolkig und Mittwoch Wechsel zu teils sonnig bis Donnerstag ... leichte Frostwarnung, Rußwarnung, Verkehrswarnung, gefährliche Seebedingungen für Kleinboote und Schwimmer, unruhige Negerbanden, unruhige Wolkenbildungen, unruhige Temperaturen, die unten durch das Thermometer zu fallen drohen oder oben rauszuschießen und alles in rotem Quecksilber überkochen lassen.

Detroits Temperatur ist o Grad. Schnell fallende Temperaturen. Langsam ansteigende Temperaturen. Wind aus Nord-Nord-Ost mit vier bis vierzig Meilen pro Stunde ...

VII. EREIGNISSE

1. Das Herz des Mädchens pocht. In ihrer Tasche sind ein Paar Handschuhe! In einer Plastiktüte! Luftdichte, atemdichte Plastiktüte, Handschuhe, die am Ladentisch bei Brandens fünfundzwanzig Dollar kosten! In ihrer Tasche! Geklaut! ... In ihrer Handtasche ist ein blauer Kamm, nicht sehr sauber. In ihrer Handtasche ist eine Lederbrieftasche (ein Geburtstagsgeschenk von ihrer Großmutter in Philadelphia) mit Schnappschüssen von der Familie in sauberen Plastikfenstern, in der Brieftasche sind Geldscheine, sie weiß nicht wie viele Geldscheine ... In ihrer Handtasche ist ein ominöser Brief von ihrer Freundin Tykie *Was ist los mit Joe H. und den Kindern, die Samstagabend bei Louise herumhingen? Hast du was gehört?* ..., den sie im Französischunterricht zugesteckt bekam. In ihrer Handtasche sind lauter schmutzige Kleenex, ihrer Mutter würde das Herz brechen, wenn sie so viele schmutzige Kleenex sehen würde, und ganz unten in ihrer Handtasche sind braune Haarklammern und Sicherheitsnadeln und ein kaputter Bleistift und ein Kugelschreiber (blau), irgendwo liegengeblieben und dann geklaut, und ein kleines Make-up-Etui, Ivory Rose ... Ihr Lippenstift ist Broken Heart, ein korruptes Rosa; ihre Finger zittern wie verrückt; ihre Zähne fangen zu klappern an; in ihrem Innern rumort es; ihre Augen glühen im Kopf; sie sagt in das erstaunte Gesicht ihrer Mutter *ich will klauen und nicht kaufen.*

2. Bei Clarita. Tags oder Nachts? Welches Zimmer ist dies? Ein Bett, ein normales Bett, und eine Matratze auf dem Boden daneben. Tapete in Streifen heruntergehängt. Clarita sagt, sie hat das so mit den Zähnen runtergerissen. Sie hat in dieser Nacht gegen einen barbarischen Stamm gekämpft, high von irgendwelchen Pillen; sie hat um ihr Leben gekämpft mit Männern, die schwere Eisenhelme tru-

gen, mit Visieren grad wie christliche Kreuze zum Durchatmen, jeder einzelne von diesen Bastarden sah aus wie ihr Liebhaber Simon, der große Schwierigkeiten zu haben scheint, durch die Schlitze von Mund und Nasenlöchern in seinem Gesicht zu atmen. Clarita hat noch nie von Sioux Drive gehört. Raymond Forrest bricht bei ihr kein Eis, das Konto und seine Millionen auch nicht; die Harvard Business School könnte an der Ecke von Vernor und der Zwölften Straße sein, soweit sie das interessiert, und Vietnam könnte inzwischen unter seinen Tonnen von Schutt ins Tote Meer gesunken sein, es würde sie nicht verwundern. ... ihr Gesicht ist überarbeitet, im Alter von zwanzig (dreißig?) ist es schon erschöpft, aber lebhaft und jederzeit zum Lachen bereit. Clarita sagt bekümmert zu mir *Schätzchen. Irgendwer schmeißt dich noch raus, ich warne dich*. In einem Film spät abends im Fernsehen ist Clarita nicht so chaotisch, sondern eine Krankenschwester mit kurzem, hübschen Haar und hingebungsvollem Blick, verliebt in ihren Arzt und die Patienten ihres Arztes und in deren Krankheiten, bewaffnet mit Nadeln und Schwämmchen von Alkohol ... Oder nein: Sie ist Privatsekretärin. Robert Cummings ist ihr Chef. Sie hilft ihm, fantastische Dinge zu planen, das Publikum lacht auf Band, nein, das Publikum lacht nicht, weil es überhaupt nicht lustig ist, statt dessen ist ihr Chef Robert Taylor, und sie sind nicht Chef und Sekretärin sondern Mann und Frau, sie wird bedroht von einem jungen Star, sie ist verbissen, gutaussehend, fraulich, eine gute Partnerin für einen guten Mann ... Sie ist Claudette Colbert. Ihre Schwester ist auch Claudette Colbert. Sie sind Zwillinge, eineiige Zwillinge. Ihr Mann Charles Boyer ist ein sehr reicher, gutaussehender Mann und ihre Schwester, Claudette Colbert, plant ihren Tod, um ihren Platz als die reiche Frau des Mannes einzunehmen, keiner wird etwas davon wissen, weil sie *eineiige Zwillinge* sind ... All diese wunderbaren Leben hätte Clarita leben können, aber sie ist mit dreizehn aus dem Leben herausgefallen. In dem Alter, in dem ich mein Übernachtungszeug für eine Nachthemdparty bei Toni Deshield packte, hat sie dreckige Laken von einem Bett abgezogen und einen Ausschlag auf den Armen aufgekratzt.... Dreizehn ist ungewöhnlich jung für ein weißes Mädchen in Detroit, sagte Miss Brock von der Detroiter Jugendstrafanstalt in einem betrüblichen Zeitungsinterview für die *Detroit News*; fünfzehn und sechzehn ist üblicher. Elf, zwölf, dreizehn überrascht bei Farbigen nicht ... die sind früherreifer. Was kann man machen? Die Steuern steigen und die Besteuerungsgrundlage verliert an Wert. Die Temperatur steigt langsam, aber fällt schnell. Alles fällt unten raus, Woodward Avenue ist dreckig, Livernois Avenue ist dreckig! Papierschnitzel fliegen durch die Luft wie Tauben, Dreck fliegt rum und einem grad in die Augen, oh, Detroit zerfällt in gefährliche Stückchen von Zeitungspapier und Dreck, paß auf ...

Claritas Wohnung ist über einem Restaurant. Simon, ihr Liebhaber, taucht aus dem Morgengrauen auf. Mrs. Olesko, eine Nachbarin von Clarita, ein alter, weißer Besen von einer Frau, beschwert sich nicht, sondern schnüffelt voll Zufriedenheit an Claritas lautem Leben und sagt den Bullen nichts, sie haßt die Bullen, wenn die Bullen kommen. Ich sollte mehr falsche Namen geben, mehr Namen offenlassen, statt all diese Geheimnisse zu erzählen. Ich bin selbst ein Geheimnis; ich bin minderjährig.

3. Mein Vater hält einen Vortrag bei einem Medizinerkongreß in Los Angeles. Da steht er, am Rand des nordamerikanischen Kontinents, als der Geheimdetektiv im Gang bei Brandens ganz leicht seine Hand auf meinen Arm legt und sagt: »Miss, würden Sie für eine Minute hier herüberkommen?«

Und wo war er, als Clarita ihre Hand auf meinen Arm legte, an diesem dunklen, schwefligen, schmerzhaften Wintertag in Detroit, zwischen geschlossenen Friseurläden, geschlossenen Kinos, Häusern, Fenstern, Kellern, Gesichtern ... sie legte ihre Hand auf meinen Arm und sagte: »Schätzchen, suchst du hier jemanden?« Und war er zu Hause in Sorge um mich, als ich ganze zwei Wochen weg war, als sie mich wegschleppten ...? Sie mußten mich zu dritt in den Polizeistreifenwagen bringen, sagten sie, und sie haben mehr als nur ihre Hände auf meinen Arm gelegt.

4. Ich arbeite für diese Stunde. Mein Englischlehrer ist Mr. Forest, er ist aus dem Staat Michigan. Mr. Forest sieht nicht gut aus, und sein Name ist einfach, anders als der von Raymond Forrest, aber er ist süß, wie ein Nagetier, er hat sich mit dem Direktor und meinen Eltern zusammengesetzt, und alles ist abgemacht ... behandeln Sie sie, als wäre nichts passiert, ein neuer Anfang, beginn von vorne, nur sechzehn Jahre alt, welche Schande, wie ist das passiert? – nichts ist passiert, nichts hätte passieren können, eine leichte, physiologische Veränderung, über die nur ein Frauenarzt Bescheid weiß oder Dr. Coronet. Ich arbeite für meine Stunde. Ich sitze in meinem rosa Zimmer. Ich schaue mich mit traurigen, rosa Augen im Zimmer um. Ich seufze, ich trödle, ich halte inne, ich verschlinge die Zeit, ich bin schlapp und glücklich, zu Hause zu sein, ich bin plötzlich sechzehn Jahre alt, mein Kopf hängt schwer wie ein Kürbis auf meinen Schultern, und mein Haar ist gerade von Mr. Faye im Crystal Salon geschnitten und angeblich sehr kleidsam.
(Auch Simon legte seine Hand auf meinen Arm und sagte: »Schätzchen, du mußt mit mir kommen«, und in seinem winzigen Zimmer haben wir uns kennengelernt. Würde ich zu Simon zurückgehen? Würde ich mich mit ihm hinlegen bei so viel Dreck und Verrücktheit? Immer und immer wieder.

eine Clarita wird verführt, als sie vor einem Cunningham Drugstore sich nervös einen Farbigen ausguckt, der Geld haben könnte oder auch nicht, oder einen nervösen weißen Jungen um die zwanzig mit Koteletten und vierschrötigem Aussehen, der in seiner Jackettasche ein Messer haben könnte oder auch nicht, oder einen stämmigen Mann mit rotem Gesicht und freundlichem Gesichtsausdruck, der Mitglied der Sittenpolizei sein könnte oder auch nicht, draußen auf einem frühen Dämmerspaziergang.)

Ich arbeite an meiner Stunde für Mr. Forest. Ich hab elf Seiten vollgeschrieben. Die Worte fließen aus mir heraus und hören gar nicht auf. Ich will alles erzählen ... Was für ein Lied hat Simon immer gesummt, und wer war Simons Freund in einem sehr neuen Trenchcoat mit einem alten Examensring am Finger ... ? Simons Freund mit dem Bart? Als ich zu weit runtergekommen war für ihn, hat Simon mich vor die Tür gesetzt und mich ihm für drei Tage überlassen, ich glaube auf der Vierzehnten Straße in Detroit, ein luftiges Zimmer mit kalter grausamer Zugluft und Zeitungspapier auf dem Boden ... Kann ich mich wirklich daran erinnern, oder stückle ich das zusammen aus dem, was man mir erzählt hat? Haben sie die Wahrheit gesagt? Haben sie viel von der Wahrheit gewußt?

VIII. CHARAKTERE

1. Mittwochs nach der Schule um vier; Samstags morgens um zehn. Mutter fährt mich zu Dr. Coronet. Farne im Büro, Plastik oder echt, sie sehen gleich aus. Dr. Coronet ist königlich, eine elegante, nikotin-fleckige Dame, die bei Freud studiert hätte, wenn die Umstände sie nicht daran gehindert hätten, etwas Katholisches ist an ihr, jederzeit bereit, dir ein Geheimnis aufzutischen. Sehr von Vater empfohlen! Vierzig Dollar die Stunde! Fortschritte! Aufschaun!

Besser aussehn! Dieser neue Haarschnitt ist so kleidsam, sagt selbst Dr. Coronet, womit sie zeigt, wie normal sie ist für eine Frau mit einem IQ von 180 und vielen hohen, akademischen Abschlüssen.

2. Mutter. Eine Dame in einem braunen Wildledermantel. Stiefel aus glänzendem, schwarzen Material, schwarze Handschuhe, ein schwarzer Pelzhut. Sie würde sich gedemütigt fühlen, wenn sie wüßte, daß auf der ganzen Welt gerade mein Exliebhaber Simon genauso wie sie geht ... so selbstbewußt und wirklichkeitsfremd, sanfter Musik lauscht, etwas O-beinig und stämmig ...

3. Vater. Bindet einen Schlips. In Eile. An meinem ersten Abend zu Hause legt er seine Hand auf meinen Arm und sagt: »Schätzchen, wir werden das alles vergessen.«

4. Simon. Draußen fliegt ein Flugzeug quer über den Himmel, hier drinnen sind wir in Eile. Morgens. Es muß morgens sein. Das Mädchen verliert fast den Verstand, wimmernd und unsicher; Simon, ihr guter Freund, ist an diesem Morgen deprimiert ... er ist deprimiert über den Morgen an sich ... er zwingt sie, ihm eine Spritze mit der Nadel zu geben, von der sie weiß, daß sie verschmutzt ist, sie fürchtet sich vor Nadeln und chirurgischem Gerät und dem Geruch von Sachen, die ins Blut geschickt werden sollen, denkt dabei irgendwie an ihren Vater. ... Dies ist ein schlechter Morgen, Simon sagt, daß sein Kopf aus der Form gebracht ist, und so überläßt er sich der Nadel, die er normalerweise verachtet, und beißt sich mit seinen gelblichen Zähnen in die Lippe, sein Gesicht wird ganz blaß. *Ah baby!* sagt er mit seiner weichen, neckenden Stimme, in die er bei allen Frauen das Necken der Liebe legt, *mach es so – langsam –* Und das Mädchen, verstört, läßt beinah die wertvolle Nadel fallen, aber es gelingt ihr, sie ins Licht zu halten, das vom Fenster kommt ... ist es also eine Verlängerung ihrer

selbst? Sie kann ihm also dieses Geschenk machen? *Ich wünschte, du würdest mir das nicht antun*, sagt sie, klug in ihrer Angst, weil es ihr scheint, daß Simons Gefährdung – in wenigen Minuten könnte er tot sein – eine Art ist, sie gegen sich zu drücken, die mächtiger ist als jede andere Umarmung. Sie muß seinen Arm massieren, die verknoteten, zerstochenen Venen seines Arms, ihre Stirn naß von Schweiß, während sie die Nadel einsticht und wieder losläßt und auf dieses flüssige Gemisch starrt, das jetzt von Simons hellem Blut gefleckt ist ... Als die Droge ihn trifft, spürt sie es selbst, sie spürt diesen Zauber, der mehr ist, als jede Frau ihm geben kann, bis in seinen Hinterkopf reichend verzerrt sie sein Gesicht wie von den Strahlen einer schrecklichen Sonne ... Sie versucht, ihn zu umarmen, aber er schiebt sie zur Seite und stolpert über seine Füße. *Mein Gott*, sagt er ...

5. Princess, ein achtzehnjähriges Negermädchen. Wofür ist sie angeklagt? Sie hält den Mund darüber, gerissen und schweigsam, man sieht, daß niemand sie auf irgendeinem Bürgersteig hat überwältigen müssen, um sie hier reinzubringen; sie ist mit Würde gekommen. Im Hobbyraum sitzt sie da und liest *Nancy Drew and the Jewel Box Mystery*, was winzige Fältchen von Wachheit und Interesse in ihr Gesicht zeichnet: was für ein Gesicht! Hellbraune Haut, schwer beschattete Augen, schwere Augenlider, ernste, finstere, dunkle Brauen, graziöse Finger, graziöse Handgelenke, graziöse Beine, Lippen, Zunge, eine zuckersüße Stimme, langbeiniger Schritt, männlicher als der von Simon und meiner Mutter, herausgeputzt mit einer fleckigen, weißen Bluse und fleckigen weißen Hosen; irgendwie matrosenhaft ist der Stil von Princess ... Beim Frühstück hat sie die Aufgabe, den Tisch abzudecken, und beugt sich über mich und sagt, *Schätzchen, hast du wirklich genug gegessen?*

6. Das Mädchen kann nicht schlafen, in Gedanken. Warum hier, warum nicht dort? Warum Bloomfield Hills und nicht das Gefängnis? Warum das Gefängnis und nicht ihr rosa Zimmer? Warum Detroit im Zentrum und nicht Sioux Drive? Was ist da der Unterschied? Liegt es an Simon? Im Kopf des Mädchens marschieren die Fragen vorbei. Sie ist fast sechzehn, ihr Atem ist ein einziges Staunen, noch nicht lange her, da hat sie mit Buntstiften gemalt, und jetzt verschmiert sie die Landschaft mit Farben, die nicht mehr weggehn, auch nicht von ihren Fingern. Sie sagt zu der Aufseherin *Ich rede über nichts*, nicht, weil alle sie gewarnt haben, nicht zu reden, sondern, sondern, sie will nicht reden; sie will nichts über Simon sagen, der ihr Geheimnis ist. Und sie sagt zu der Aufseherin: *Ich will nicht nach Hause gehn*, bis zu der Nacht im Waschraum, in der sich alles geändert hat ... »Nein, ich will nicht nach Hause gehn, ich will hierbleiben«, sagt sie und hört dabei ihre eigenen Worte mit Staunen, denkt, daß Unkraut über das ganze wunderbare 180 000-Dollar-Haus wachsen könnte und Dinosaurier könnten wieder auftauchen und den beigefarbenen Teppichboden verdrecken, aber nie nie wird vier Uhr morgens in Detroit mit dem acht-Uhr-Frühstück in Bloomfield Hills zusammengehen können ... oh, sie sehnt sich immer noch nach Simons Händen und nach seinem zärtlichen Atem, obwohl er ihr nicht viel Genuß verschafft hat, er hat ihr alles genommen (Fünf-Dollar-Scheine, Zehn-Dollar-Scheine, die von Männern in ihre tauben Hände geraten waren, und von Simon aus ihren Händen genommen wurden), bis sie selbst in die Hände von anderen Männern, Polizei, geriet, als Simon sie und ihre Hysterien offensichtlich satt hatte ... *Nein, ich will nicht nach Hause gehn. Ich will nicht entlassen werden.* Das Mädchen denkt wie ein *störrisches, verwahrlostes Kind* (eine von verschiedenen Anklagen, die gegen sie erhoben werden), und die Aufseherin versteht ihre verrückten, weißgeränderten Augen, die sich nach

neuer Gewalt umsehen, die sie im Gefängnis halten würde, falls jemand damit drohen sollte, sie freizulassen. Solche Kinder versuchen, die Aufseherinnen, das Personal, oder sich gegenseitig zu erwürgen ... Sie wollen die Schlösser für immer verschlossen, die Türen zugenagelt ... und dieses Mädchen ist genauso bis zu dieser Nacht, in der man sie verändert hat ...

IX. DIESE NACHT

Princess und Dolly, ein kleines, weißes Mädchen von vielleicht fünfzehn, verwegen wie ein Polizist und in der Jugendstrafanstalt wegen bewaffneten Raubs, stellen sie im Waschraum an einem der hintersten Becken, und die anderen Mädchen schauen weg und marschieren ab ins Bett, verlassen sie. Gott, wie sie zusammengeschlagen wird! Warum wird sie zusammengeschlagen? Warum schlagen sie sie, warum dieser Haß? Princess tobt den Haß von tausend stillen Wintern in Detroit an ihrem Körper aus, an diesem Mädchen, deren Körper mir gehört, wild reitet sie auf dem zarten, blaugeschlagenen Körper dieses Mädchens über die Ebenen des Mittleren Westens ... Rache für die unterdrückten Minderheiten von Amerika! Rache für die hingeschlachteten Indianer! Rache für das weibliche Geschlecht, für das männliche Geschlecht, Rache für Bloomfield Hills, Rache Rache ...

X. DETROIT

In Detroit lastet das Wetter schwer auf allen. Der Himmel türmt sich riesig auf. Der Horizont schimmert in Qualm. Im Zentrum sind die Gebäude undeutlich im Dunst. Ständiger Dunst. Ständige Bewegung im Dunst. Auf der anderen Seite des unruhigen Flusses ist die Stadt Windsor, in Kanada. Ein Teil des Kontinents zieht sich hier zusammen und tritt bauchig hervor an der Spitze von Detroit; ein kalter, heftiger Regen fällt ewig auf die Schnellstraßen ... Die Einkaufenden kaufen verbissen ein, ihre Autos sind nicht sicher geparkt, ihre Windschutzscheiben werden vielleicht eingeschlagen und graziöse Ebenholzhände ziehen sie durch ihre bruchsicheren, zerschlagenen Scheiben raus mit dem Schrei *Rache für die Indianer!* Ach, sie haben alle Angst, Hudsons zu verlassen und an den Stadtrand gezerrt und vom Parkdach von Cobo Hall, diesem teuren Grab, in den Fluß geworfen zu werden ...

XI. CHARAKTERE, MIT DENEN WIR FÜR EWIG VERFLOCHTEN SIND

1. Simon hat mich in seine empfindlichen, verfaulenden Arme gezogen und mir Schwerkraft eingehaucht. Dann bin ich zu Boden gegangen, niedergedrückt. Er hat gesagt *Du bist so ein kleines Mädchen*, und er hat mich mit seinem Vergnügen niedergedrückt. In seinen Handflächen hatte sein früheres Leben Spuren von Zähnen hinterlassen. Er war fünfunddreißig, sagte sie. Man stelle sich Simon in diesem Zimmer vor, in meinem rosa Zimmer: Er ist etwa einsachtzig groß und geht leicht gebeugt, wie eine Katze, immer in Gedanken, immer auf der Hut, mit seinen abgetragenen, leichten Wildlederschuhen und seinen Kleidern, die jedermanns Kleider sind, leicht zerdrückte, gewöhnliche Kleider, die gewöhnliche Männer bei leidlichen Jobs tragen könnten. Simon hat blondes, langes Haar, lockiges Haar, müde, matte Locken wie ... genau wie die Locken von Sägespänen, wenn man sie anfaßt, ich versuche genau zu sein ... und er riecht nach ungeheizten Morgenstunden und Kaffee und zu vielen Pillen, die seine Zunge mit einem blassen, grün-weißen Schaum überziehen ... Lieber Simon, der in diesem Zimmer

und in diesem Haus Angst hätte (grade eben saugt Billie nebenan im Zimmer meiner Eltern; das Geräusch eines Staubsaugers zeigt, daß die Welt noch in Ordnung ist), Simon, von dem man sagt, daß er vor Jahren aus einem ganz ähnlichen Elternhaus kam wie diesem, ist auf der Flucht vor all den Teppichböden und polierten Treppengeländern ... Simons Gesicht ist vom Tod gezeichnet, nur Verzweifelte verlieben sich in ihn. Sein Gesicht ist knochig und vorsichtig, seine Backenknochen stehen hervor wie von der Härte, mit der er endlos nachdenkt, plant, denn er muß mit Mädchen Geld verdienen, die sich aus Geld nichts machen, sie sind so heruntergekommen, daß sie es kaum zählen können, und in gewisser Hinsicht kann auch er mit Geld nichts anfangen, außer als Mittel, um weiterzuleben. *Each Day's Proud Struggle*, der Titel eines Romans, den wir im Gefängnis lesen könnten ... Jeden Tag braucht er eine bestimmte Geldmenge. Er verschlingt Geld. Es war nicht Liebe, was er mit seinen ausgehöhlten Augen und seinem höflichen Lächeln, dieser Erinnerung an eine wohlhabende Vergangenheit, in mir ausgelöst hat; es war vielmehr eine dunkle Angst, die sich platt gegen ihn drücken mußte, oder gegen einen anderen Mann ... aber er war der erste, er ist zu mir rübergekommen und hat mich am Arm gefaßt, erhob Anspruch. Wir haben auf den Treppen gekämpft, und ich habe gesagt: *Laß mich los, du tust mir am Hals weh und im Gesicht*, es war so überraschend, daß meine Haut wehtat, wo er sie rieb, und nachher haben wir Gesicht an Gesicht gelegen, und er hat alles in mich hineingeatmet. Am Ende, glaube ich, hat er mich angezeigt.

2. Raymond Forrest. Ich habe gerade heute morgen gelesen, daß Raymond Forrests Vater, der Vorstandsvorsitzende bei ..., auf dem Flug nach London an einem Herzanfall gestorben ist. Ich würde Raymond Forrest gerne einen Beileidsbrief schreiben. Ich würde ihm gerne dafür danken, daß

er vor hundert Jahren keine Anzeige gegen mich erstattet hat, mich gerettet hat, so großzügig war ... ja, Menschen wie Raymond Forrest sind großzügig, nicht wie Simon. Ich würde ihm gerne einen Brief schreiben, in dem ich von meiner Liebe spreche, oder von irgendeinem anderen Gefühl, das positiv und gesund ist. Nicht wie Simon mit seinen Gedichten, die er hinkritzelte, wenn er high war, und an denen er nie ein Wort änderte ... aber wenn ich überlege, was ich sagen soll, fällt mir wieder Simons Sprache ein, in meinem Kopf hängengeblieben wie ein billiger Song, immer ist es Simons Sprache:

> *Wirklichkeit gibt es nicht, nur Träume*
> *Es kann dir an den Kragen gehn, wenn du aufwachst*
> *meine Liebe kommt zu einem grausamen Ende*
> *Sie will immer fort*
> *Meine Liebe strebt abwärts*
> *Und ich strebe aufwärts*
> *Sie wird auf dem Gehweg zusammenbrechen*
> *Und ich werde mich in Wolken auflösen*

XII. EREIGNISSE

1. Aus dem Krankenhaus entlassen, zerschlagen und traurig und bekehrt, noch das Stöhnen von Princess im Haar verfangen ... und Vater in seinem Mantel, selbst wie ein Prinz aussehend, kommt, um mich mitzunehmen. Auf die Schnellstraße und nördlich raus nach Hause. Herr Gott, aber die Luft ist hier dünner und sauberer. Riesige Häuser. Herzzerreißende Wege, so sauber.

2. Weinen im Wohnzimmer. Die Decke ist zwei Etagen hoch, und zwei Kronleuchter hängen da runter. Weinen, weinen, obgleich das Mädchen Billie *wahrscheinlich zuhört*. Ich gehe nie wieder von zu Hause weg. Nie. Nie wieder

von zu Hause weg. Nie wieder gehe ich hier von zu Hause weg, nie.

3. Gebäck zum Frühstück. Der Toaster glänzt sehr, und mein Gesicht ist darin verzerrt. Ist das mein Gesicht?

4. Das Auto wendet in der Einfahrt. Vater bringt mich nach Hause. Mutter umarmt mich. Sonnenlicht fällt in Flekken wie im Kino auf das Dach unseres traditionell modernen Hauses, das für den bekannten Autodesigner entworfen wurde. Sie würden ihn alle kennen, wenn ich Ihnen den Namen des bekannten Autos nennen würde, das er entworfen hat, also kann ich ihn nicht verraten, weil meine Zähne bei dem Gedanken an ein Gerichtsverfahren klappern ... oder weil jemand mit einem Seil in mein Schlafzimmerfenster einsteigen könnte, um mich zu erwürgen ... Das Auto biegt in den Asphaltweg ein. Das Haus öffnet sich für mich wie ein Puppenhaus, so hübsch in der Sonne, das große Wohnzimmer verbeugt sich mit seinen Wänden, die im Freudentaumel über meine Rückkehr auseinanderfallen, das Mädchen Billie hört *zweifellos* aus der Küche zu, wie ich in Tränen ausbreche und hysterisch werde, was Simon so satt hatte. Verkrampft in Vaters Armen sage ich, ich werde nie wieder weggehen, nie, warum bin ich weggelaufen, wohin, was ist passiert, ich habe den Kopf verloren, mein Körper ist ein einziger blauer Fleck, mein Rückgrat ist völlig ausgesaugt, es waren nicht die Männer, die mich verletzt haben, und Simon hat mir nie was angetan, nur diese Mädchen da ... mein Gott, wie sie mir wehgetan haben ... Ich gehe nie wieder von zu Hause weg ... Das Auto taucht dauernd auf dem Weg auf, und ich breche dauernd im Wohnzimmer zusammen, und wir nehmen dauernd die rechte Ausfahrt von der Schnellstraße (Lahser Road), und die Wand des Waschraums hämmert dauernd gegen meinen Kopf und dauernd bewegen sich Simons Hände über meinen Körper

und zählen alles zusammen und auch Vaters Hände sind auf meinem zitternden geschlagenen Rücken, weit weg von der Oberfläche meiner Haut, auf der Oberfläche meines guten, blauen Kaschmirmantels (gereinigt für meine Entlassung) ... Ich weine über all das Geld hier, über Gott, der mit goldnen und beigefarbenen Teppichböden ausgelegt ist, über die Schönheit von Kronleuchtern und das Wunder eines sauber polierten, glänzenden Toasters und der Wasserhähne, aus denen heißes und kaltes Wasser fließt, und ich sage ihnen, *ich werde nie wieder von zu Hause weggehn, dies ist mein Zuhause, ich habe alles hier so gern, ich bin hier in alles verliebt* ... Ich bin zu Hause.

Übersetzung von Barbara von Bechtolsheim

GRACE PALEY

Unterredung mit meinem Vater

Mein Vater ist sechsundachtzig Jahre alt und im Bett. Sein Herz, dieser mörderische Motor, ist gleichaltrig und mag gewisse Arbeiten nicht mehr erledigen. Noch überflutet es sein Hirn mit hellem Licht. Aber seine Beine will es nicht mehr das Gewicht seines Körpers ums Haus tragen lassen. Meinen Metaphern zum Trotz sei dieses Muskelversagen, sagt er, keineswegs seinem alten Herzen zuzuschreiben, sondern Kaliummangel. So sitzt er auf einem Kissen, abgestützt auf drei weitere, gibt Rat in letzter Sekunde und trägt eine Bitte vor.

Ich hätt gern, du schriebest einmal noch eine einfache Geschichte, sagt er, so wie Maupassant geschrieben hat oder Tschechow, die Art, wie du früher geschrieben hast. Einfach Personen, die man wiedererkennt, und dann schreib, was mit ihnen weiter passiert ist.

Ich sage: Ja, warum nicht? Ist möglich.

Ich möchte ihm eine Freude machen, auch wenn ich mich nicht entsinne, derart geschrieben zu haben. Ich *würde* gern versuchen, so eine Geschichte zu erzählen, falls er die Sorte meint, die anfängt: »Es gab eine Frau ...« Es folgt die Handlung, die schnurgerade Verbindung zwischen zwei Punkten, was mir immer ein Graus war. Nicht aus literarischen Gründen, sondern weil sie alle Hoffnung abzieht. Jede Person, wirklich oder erfunden, hat Anrecht auf ein Schicksal, das offen bleibt.

Schließlich dachte ich an eine Geschichte, die vor ein paar Jahren genau gegenüber passiert war. Ich schrieb sie auf, dann las ich sie laut. Papa, sagte ich, wie wär's mit der? Meinst du so was?

Zu meiner Zeit gab es einmal eine Frau, und sie hatte einen Sohn. Sie lebten ganz gut in einer kleinen Wohnung in Manhattan. Mit etwa fünfzehn wurde der Junge ein Junkie, was in unserem Quartier nichts Ungewöhnliches ist. Weil sie die enge Freundschaft zu ihm bewahren wollte, wurde sie auch ein Junkie. Sie sagte, das gehöre zur Jugendkultur, in der sie sich heimisch fühle. Nach einer gewissen Zeit gab der Junge aus einer Reihe von Gründen das Ganze auf und verließ angewidert die Stadt und seine Mutter. Ohne Hoffnung und allein grämte sie sich. Wir besuchen sie alle.

Also, Papa, das wär's, sagte ich, eine schmucklose und erbärmliche Erzählung.

Aber so was hab ich doch nicht gemeint, sagte mein Vater. Du hast mich absichtlich mißverstanden. Du weißt, da ist doch viel mehr drin. Du weißt das. Du hast alles ausgelassen. Turgenjew würde das nicht tun. Tschechow würde das nicht tun. Und es gibt russische Schriftsteller, von denen du nie gehört, nicht die geringste Ahnung hast, die nicht schlechter sind als andre, sie wissen, wie man einfache, normale Geschichten schreibt, und sie würden nichts auslassen von dem, was du ausgelassen hast. Ich habe nichts gegen Tatsachen, aber gegen Leute, die auf Bäumen sitzen, unsinnig daherreden, Stimmen von wer weiß woher ...

Vergiß die, Papa, aber was hab ich ausgelassen in der hier?

Ihr Aussehen, zum Beispiel.

Oh. Sehr hübsch, glaub ich. Ja.

Ihr Haar?

Dunkel, mit schweren Zöpfen, als wär sie ein Mädchen oder Ausländerin.

Was waren ihre Eltern für Leute? Ihre Herkunft? Daß sie so ein Mensch werden konnte. Das ist interessant, weißt du.

Nicht aus der Stadt, freischaffende Künstler. Die ersten in ihrem Bezirk, die sich scheiden ließen. Wie findest du das? Reicht das? fragte ich.

Bei dir ist immer alles ein Witz, sagte er. Was ist mit dem Vater des Jungen los? Warum hast du den nicht erwähnt? Wer war er? Oder war der Junge ein uneheliches Kind?

Ja, sagte ich. Er war ein uneheliches Kind.

Jesses Gott! Kann denn kein Mensch in deinen Geschichten heiraten? Hat denn keiner von denen Zeit, zum Rathaus zu laufen, bevor sie ins Bett springen?

Nein, sagte ich. Im wirklichen Leben, ja. Aber in meinen Geschichten, nein.

Wie kannst du mir so antworten?

Oh, Papa, das ist eine einfache Geschichte von einer gescheiten Frau, die voller Interesse, Liebe, Vertrauen, Begeisterung, ganz auf der Höhe nach N. Y. C. kam, und über ihren Sohn und was sie in dieser Welt für ein hartes Leben hatte. Verheiratet oder nicht, das hat weiter keine Bedeutung.

Es ist von größter Bedeutung, sagte er.

Schon gut, sagte ich.

Schon gut, schon gut selber, sagte er. Nur, hör mal. Ich glaube dir, daß sie gut ausgesehen hat, aber ich finde nicht, daß sie besonders gescheit war.

Stimmt, sagte ich, das ist der Ärger mit Geschichten. Die Leute sind am Anfang phantastisch. Du denkst, sie sind außerordentlich, aber während des Weiterschreibens stellt sich heraus, daß sie nur durchschnittlich sind, gut erzogen. Manchmal ist's auch umgekehrt, die Person ist ein bißchen dümmlich, unschuldig, aber dann überlistet sie dich, und du findest nicht mal einen Schluß, der gut genug wäre.

Was machst du dann? fragte er. Er war einige Jahrzehnte Arzt und dann einige Jahrzehnte Künstler, und er interessiert sich immer noch für Details, Handwerk, Techniken.

Du mußt die Geschichte halt herumliegen lassen, bis irgendeine Übereinkunft zwischen dir und dem starrsinnigen Helden zustande kommt.

Ist das nicht töricht, was du jetzt sagst? fragte er. Fang noch mal an, sagte er. Da ich nun mal nicht ausgehe heute abend. Erzähl die Geschichte noch mal. Sieh zu, was du diesmal zustande bringst.

Okay, sagte ich. Aber eine Fünf-Minuten-Sache ist das nicht. Zweiter Versuch:

Da wohnte einmal gegenüber von uns auf der anderen Straßenseite eine zarte, hübsche Frau, unsere Nachbarin. Sie hatte einen Sohn, den sie liebte, weil sie ihn seit seiner Geburt kannte (im hilflosen molligen Säuglingsalter und in den Rauf- und Hätscheljahren, von sieben bis zehn, sowie früher und später). Als dieser Junge in die Klauen der Pubertät fiel, wurde er ein Junkie. Er gehörte nicht zu den Hoffnungslosen. Er war tatsächlich voller Hoffnung, ein Ideologe und erfolgreicher Bekehrer. Er war tüchtig und brillant und schrieb für seine Schulzeitung Artikel, die überzeugten. Auf der Suche nach einer breiteren Leserschaft nutzte er wichtige Beziehungen und paukte im Vertrieb der Lower-Manhattan-Kioske eine Zeitschrift durch, die *Oh! Golden Horse!* hieß.

Damit er sich ja nicht schuldig fühlte (denn Schuld ist heutzutage das steinerne Herz von neun Zehnteln sämtlicher klinisch diagnostizierter Krebsfälle in Amerika, sagte sie) und weil sie immer geglaubt hatte, schlechten Angewohnheiten sollte zu Hause, wo man ein Auge auf sie werfen konnte, Platz eingeräumt werden, wurde sie auch ein Junkie. Ihre Küche war eine Zeitlang berühmt – Mittelpunkt für intellektuelle Abhängige, die wußten, was sie taten. Ein paar kamen sich künstlerisch vor wie Coleridge, und andere waren wissenschaftsorientiert und revolutionär wie Leary. Auch wenn sie selbst oft high war, hielt sie gewisse gute mütterliche Reflexe wach und sorgte dafür, daß reichlich Orangensaft, Honig und Vitamintabletten da waren. Allerdings kochte sie nichts als Chili, und das nur einmal die Woche. Als wir ernsthaft aus nachbarschaftlicher Anteilnahme mit ihr sprachen, erklärte sie, daß das alles ihr Beitrag zur Jugendkultur sei und daß sie lieber mit den jungen Leuten zusammen sei, eine Ehre, als mit ihrer eigenen Generation.

Eines Wochentags, als der Junge einen Antonioni durchnickte, wurde er von dem Ellbogen einer unbeugsamen Bekehrerin, sie saß neben ihm, heftigst angestoßen. Sie gab ihm sofort Aprikosen und Nüsse für seinen Zuckerspiegel, redete scharf auf ihn ein und nahm ihn mit nach Hause.

Sie hatte von ihm gehört, von seiner Arbeit, und sie selbst publizierte, redigierte und schrieb eine Konkurrenz-Zeitschrift, die *Der Mensch lebt vom Brot allein* hieß. In der organischen Wärme ihrer unausgesetzten Gegenwart blieb ihm keine Wahl, als sich aufs neue für seine Muskeln, seine Arterien und die Nervenverbindungen zu interessieren. Er fing wirklich an, sie zu lieben, sie zu hegen und zu rühmen mit lustigen kleinen Songs in *Der Mensch lebt ...*

>   die finger meines fleisches transzendieren
>   der starken seele transzendenz
>   die starrheit meiner schultern zu verlieren
>   der zähne biß ist meine konsequenz

Der Mund in seinem Kopf (jene Verherrlichung von Willen und Entschiedenheit) bekam harte Äpfel, Nüsse, Weizenkeime und Sojaöl. Er sagte seinen alten Freunden: Von nun an, glaube ich, werde ich mich zusammenreißen. Ich mach die Fliege. Er sagte, er würde mal mit einer spirituellen Tiefenatmungsreise anfangen. Und wie wär's mit dir, Mama? fragte er freundlich.
Seine geistige Wandlung war derart strahlend, glänzend, daß die gleichaltrigen Nachbarjungen schon sagten, er sei überhaupt nie richtig abhängig gewesen, bloß so ein Journalist, auf eine Story aus. Die Mutter versuchte verschiedene Male aufzugeben, was ohne den Sohn und dessen Freunde zur einsamen Gewohnheit geworden war. Diese Anläufe führten nicht weit. Der Junge und sein Mädchen packten ihren elektronischen Vervielfältigungsapparat ein und zogen an den buschigen Rand eines anderen Bezirks. Sie waren sehr rigoros. Sie sagten, sie würden sie erst wieder besuchen, wenn sie sechzig Tage keine Droge genommen hätte.
Abends, allein zu Hause, las die Mutter unter Tränen die sieben Nummern von *Oh! Golden Horse!* Sie waren für sie so wahr wie eh. Wir liefen oft rüber, um sie zu trösten. Aber wenn wir eines unserer Kinder erwähnten, die im College oder im Krankenhaus waren oder als Aussteiger zu Hause, schrie sie: Mein Liebling! Mein Liebling! und brach in schreckliche, gesichtsentstellende, zeitverschwenderische Tränen aus. Ende.

Zunächst schwieg mein Vater, dann sagte er: Punkt eins, dein Humor ist bedenklich. Punkt zwei, wie ich sehe, bist du nicht imstande, einfache Geschichten zu erzählen. Also, verschwende keine Zeit darauf. Dann sagte er traurig: Punkt drei, ich nehme an, das heißt, sie war allein, einfach so sich selbst überlassen, seine Mutter. Allein. Wahrscheinlich krank?

Ich sagte: Ja.

Arme Frau. Armes Mädchen, in einer Zeit von Irren geboren worden zu sein, unter Irren zu leben. Ende. Ende. Es war richtig von dir, das hinzuschreiben. Ende.

Ich wollte nicht widersprechen, aber sagen mußte ich doch: Also, das ist nicht notwendigerweise das Ende, Papa.

Ja, sagte er, eine Tragödie. Das Ende eines Menschen.

Nein, Papa. Ich flehte ihn an: Es muß nicht sein. Sie ist erst um die Vierzig. Sie könnte im Lauf der Zeit hundert verschiedene Sachen sein auf dieser Welt, Lehrerin oder Sozialarbeiterin. Ex-Junkie. Manchmal ist das besser, als seinen Magister in Pädagogik zu haben.

Witze, sagte er. Für dich als Schriftstellerin ist dies das Hauptproblem. Du willst es nicht zugeben. Eine Tragödie. Schlicht eine Tragödie, eine historische Tragödie. Ohne Hoffnung. Ende.

Aber Papa, sagte ich. Sie könnte sich ändern.

In deinem eigenen Leben mußt auch du dem ins Auge sehen. Er nahm ein paar Nitroglyzerin. Stell auf fünf, sagte er und zeigte auf den Schalter am Sauerstoffapparat. Er steckte die Schläuche in die Nasenlöcher und atmete tief. Er schloß die Augen und sagte: Nein.

Ich hatte der Familie versprochen, ihm bei Streitereien das letzte Wort zu lassen, immer, aber in diesem Fall fühlte ich noch eine andere Verantwortung. Die Frau wohnt gegenüber. Ich kenne sie und habe sie erfunden. Sie tut mir leid. Ich werde sie nicht heulend in dem Haus sitzenlassen. (Nicht einmal das *Leben* täte so etwas, das im Gegensatz zu mir kein Erbarmen kennt.)

Deshalb: Sie hat sich geändert. Natürlich ist ihr Sohn nie wieder nach Hause gekommen. Aber augenblicklich arbeitet sie im Empfangsbüro einer East-Village-Klinik. Die meisten Patienten sind junge Leute, ein paar alte Freunde.

Der Oberarzt hat zu ihr gesagt: Hätten wir in der Klinik bloß drei Leute mit Ihrer Erfahrung ...

Der Arzt hat das gesagt? Mein Vater nahm die Sauerstoffschläuche aus den Nasenlöchern und sagte: Witze. Nichts als Witze.

Nein, Papa, so kann's wirklich laufen, komische Welt heutzutage.

Nein, sagte er, Wahrheit geht vor. Sie wird wieder abrutschen. Ein Mensch muß Charakter haben. Sie hat keinen.

Nein, Papa, sagte ich. Sie hat einen Job. Laß doch, sie arbeitet in dieser East-Village-Klinik.

Wie lang wird das gehen? Eine Tragödie. Du auch. Wann wirst du ihr ins Auge sehen?

Übersetzung von Marianne Frisch

MELVIN DIXON

Der Mann mit dem Bier

Es war Freitag abend und voll. Er stand allein vor dem Club und versuchte durchs Fenster zu sehen, wo sein Atem an der getönten Scheibe hängenblieb und man die Menschen nur als Auf und Ab verschwommener bunter Schemen wahrnahm. Er ging weg und kehrte zurück. Sein innerer Zweifel war genauso wirklich wie die Kälte draußen. Noch einmal näherte er sich dem Fenster, dann der Tür, schob dabei einen Uni-Schreibblock in die Manteltasche und hielt ihn dort fest. Vielleicht nächstes Wochenende, dachte er. Er spürte die Nachtluft im Nacken und dachte daran, daß es drinnen warm wäre. Zum drittenmal sagte er sich: ›Ich muß‹, doch die innere Stimme hatte Bedenken.

Was ist, wenn Mama dahinterkommt?
Die erfährt schon nichts davon.
Oder Larry?
Larry? Der ist doch weg.
Und sie erfährt bestimmt nichts davon?
Ich sag einfach keinem, wer ich bin.
Die kennen dich doch.
Ich geh trotzdem rein.
Nein, das tust du nicht.
Ich muß aber.
Hast du vergessen, was in der Bibel steht?
Ich geh trotzdem rein.

Ein lachendes Grüppchen irgendwo hinter ihm holte ihn wieder in die Wirklichkeit auf der Straße zurück. Plötzlich spürte er etwas Nasses am Hals. Der Luftzug auf seinem

Schweiß brachte ihm eine kühle Leere zu Bewußtsein, die in seinem Inneren anwuchs. Aus dem Gelächter hinter ihm drangen reale Stimmen.

»Nee, nee, Herzchen, heut abend bin ich zu müde. Ihr spinnt ja sowieso ganz schön, also wirklich! Mich bei der Kälte aus dem Haus zu zerren. Hach! Allein die Rumsteherei mit euch Spinnern macht einen ja fertig. Nee, nee, also wirklich.«

»Tja, Schätzchen«, sagte die nächste Stimme, »dann gehen wir eben ohne dich. Ich bin die ganze Woche zu Haus gesessen und hab gewartet, daß der Typ anruft, das sag ich euch. Genau, die *ganze Woche*, und bis jetzt hat dieser Penner sich nicht gemeldet. Ich verschmachte für keinen mehr im stillen Kämmerlein, da könnt ihr Gift drauf nehmen. Nie wieder. Wegen so einem Kerl werd ich doch nicht vermodern.«

Eine dritte Stimme gesellte sich dazu. »Letzte Woche hast du noch gesagt, der ist es wert, daß man zehn Jahre auf ihn wartet.«

»Das war letzte Woche, mein Engel. Heut abend hab ich was Bessres vor. Auch andre Mütter haben schöne Söhne.«

»Huuuu! Denn man los!«

»Labert nicht soviel rum«, sagte die erste Stimme, »daß wir wenigstens noch zu einem vernünftigen Schluck kommen, bevor der Abend vorbei ist.«

Die Stimmen kamen auf ihn zu. Er trat schnell beiseite, erleichtert, daß die drei ihn nicht bemerkt hatten. Er sah zu, wie sich die rote Tür für die Neuankömmlinge öffnete, horchte, wie Klangfetzen schwarzen Nachtlebens auf die Straße drangen, und dann folgte er wortlos dem Dreiergespann nach drinnen.

> *It ain't easy, girls, it ain't easy*
> *It ain't easy, girls, it ain't easy ...*

Er erkannte das Lied aus der Jukebox. Bei dem Rhythmus fühlte er sich gleich wohler in dem Kokon aus Rauch, Alkoholdunst, Musik und einsamen Menschen. Mehrere Köpfe drehten sich in seine Richtung, und er spürte einen dumpfen Schmerz in der Brust. Nacheinander drehten sich die Köpfe wieder zu ihren Drinks, als sei er nicht derjenige, den sie erwartet hatten.

Während er ins Innere der Bar vordrang, überlegte er wieder, was sie wohl sagen würde, wenn sie ihn hier sehen könnte. Aber sie ist weit weg, dachte er. Weit weg. Ihre Stimme kehrte allerdings zu ihm zurück, und sofort wurden seine Beine steif.

Du bist doch Mamas kleiner Mann.
Ja, Mama.
Und so hübsch siehst du aus.
Ich weiß nicht ...
Doch doch.
Mama?
Heute gefällt es dir in der Kirche bestimmt. Singt der Jugendchor?
Ja.
Soll ich mich vorn hinsetzen, damit ich dein Solo höre?
Ich habe kein Solo.
Nicht?
Mama?
Ja. Ach, sitzt mein Hut gerade? Komm, mach mir schnell den Reißverschluß zu. Nicht, daß wir zu spät kommen.
Mama?
Was ist denn?
Mir ist nicht gut.
Das wird schon wieder. Reverend Jones predigt so schön, da wird dir richtig gut.
Mama?

Na, mach schon. Sonst kommen wir noch zu spät. Vorsicht, nicht stolpern.
Mama?

Auf dem ganzen Weg durch die Bar tanzten um ihn herum Farben in rosa Strick, maßgeschneidertem orangefarbenem Glitzerlycra und burgunderrotem Samt. Der Burgundersamt blies ihm eine billige Fahne über die spiegelnde Tanzfläche entgegen; eine tannengrüne Jacke und ein Paar hellgrüne Schuhe traten im Vordergrund in Aktion. Statt mitzumachen, ging er an den Tänzern, den leeren Bierflaschen, dem Zigarettenrauch vorbei und ließ sich in einer Nische neben der Tür zur hinteren Küche nieder.

›Bestell ein Bier. Das ist nicht so teuer‹, sagte er sich. ›Bei dem bißchen Kleingeld, das ich dabei habe.‹ Trink es langsam. Schluck für Schluck. Damit es lange hält.

Aber er fürchtete sich.

»Ein Ballantine, bitte.«

Keine Antwort.

Dann lauter, tiefer: »Ein Ballantine, bitte!«

»Kommt schon.« Die Antwort klang gereizt.

Er ging mit einem Glas und linkischen Schrittes an seinen Platz zurück, den braunen Flaschenhals an sich gedrückt. In dieser Bar hielt er es nicht den ganzen Abend aus, schoß es ihm durch den Kopf. Angst stieg in ihm hoch, und immer wieder kamen Stimmen – mit der Ermahnung, zu gehen. ›Nein, noch nicht‹, sagte er sich. Er versuchte, sich auf die Bar, das Ballantine und seinen Durst zu konzentrieren, doch da erwischte ihn die Stimme seines Vaters.

Willis! Was zum Teufel soll das? Wieso stehst du in der Küche und bäckst Kuchen? Und noch dazu mit der Schürze von deiner Mutter! Raus da mit dir, hilf mir lieber den Hof kehren.
Er hilft doch mir schon.

Unsinn, Sarah. Der Junge muß raus und Männerarbeit machen, wie die anderen Jungs in seinem Alter, und nicht in einer verdammten Küche versauern!
Wenn er einen Kuchen backen will, dann laß ihn doch.

Der erste Schluck Bier war so eiskalt, daß er ihm Kehle und Magen taub machte. Willis sah sich um und betrachtete die Reihen von lachenden Gesichtern, die Paare, die wenigen einzeln Stehenden, die dem Geschehen zusahen. Er überlegte, wie er sie ansprechen sollte. Was er tun sollte. Larry wüßte das vielleicht. Einmal hatte er ihn gefragt:

Larry, willst du mein Freund sein?

Und dann hatte er noch mal gefragt, aber da war Larry schon weg.

Willis?

Da rief jemand anderer.

Wwwwwiiiiilllliiissssss. Komm nach Hause!

Wenn sie nach ihm rief, klang das nicht so wie bei seinem Vater, dessen Ton erst nach seinem geliebten Grünkohl und drei Tellern heißer Suppe freundlich wurde. Sein Vater vergaß oft Geburtstage, einmal sogar Weihnachten. Zwölf seiner eigenen Geburtstage waren übergangen worden, das wußte Willis noch genau. Das letzte Geschenk von seinem Vater hatte er mit sechs bekommen, ein Rennauto mit Batterie, das nach drei Tagen auseinanderfiel.

Sein Vater hatte seine Freunde immer vertrieben; Larry zum Beispiel, wenn sie zusammen Platten hörten, Comics lasen oder manchmal draußen Fangen spielten. Sie machten zuviel Lärm, meinte sein Vater, deshalb durfte Larry nie lang bleiben. Doch, Larry und er waren Freunde gewesen. Gute Freunde. Bis zu dem Tag.

Larry?
Mhm.
Wir sind immer noch Freunde, oder?
Klar. Gute Freunde. Logisch.

Larry. Das grüne Haus auf der anderen Straßenseite. Larry. Ein Jahr älter. Sie gingen in dieselbe Schule und putzten jahrelang im Zentrum zusammen für einen Quarter Schuhe, bis Willis vierzehn wurde und Larry einmal bei ihm übernachtete. Willis war verlegen. Larrys Hände waren kalt und rauh. Willis hatte warme Finger, und in dieser Nacht berührten sie sich, fummelten nervös und zitterten. Er mußte daran denken, was man immer über seine Hände gesagt hatte.

Sarah, was für kräftige, breite Hände dein Sohn doch hat.
Er hat früher Klavier gespielt.
Ach, wie schön.
Jeden Tag hat er geübt.
Ach, wie schön.

Und an Larry, der sein Freund war.

Na hör mal, Willis.
Du verstehst das doch, oder?
Nö, das glaub ich nicht.
Larry?
Mann, Willis, ich glaub nicht, daß wir noch befreundet sein können. Nicht auf die Art, verstehst du? Verstehst du?
Glaub schon.
Komm, schau nicht so, als würdest du gleich zu heulen anfangen.

Larry. Das Gesicht und die Stimme kamen zu plötzlich. Grell. Willis bemühte sich, die Erinnerung wegzuwischen.

Er schluckte fest und konzentrierte sich auf die Wassertropfen, die sich auf der Bierflasche bildeten. Dann trank er noch einen Schluck und spülte sich damit das Zahnfleisch, bevor er ihn hinunterstürzte. Er blickte die Männer und die wenigen Frauen um sich herum an.

Sandy kam ihm in den Sinn, mit der zimtfarbenen Haut und den kurzen borstigen Haaren, Sandy, die so flink war, daß sie in der Mädchen-Leichtathletikmannschaft an der Eastern High mitlief. Damals bewegten sich eigentlich alle Mädchen wie Sportlerinnen, dachte er. Willis war mit ihr auf den Schulball der Unterstufe gegangen, wo sie gemeinsam aus der Flasche Calvert tranken, die L. B. unter seinem Jackett hereingeschmuggelt hatte. Damals schien alles bestens; er war mit Sandy zusammen. Er erinnerte sich, wie sich beim Tanzen ihr Körper warm an den seinen schmiegte. Am Morgen tranken sie den letzten Rest Whiskey.

Willis?
Ja.
Wieso trinkst du so viel?
Keine Ahnung.
Ich mag das nicht, wenn du soviel trinkst. Das ist nicht gut.
Auch recht.
Weißt du was? Ich finde, ich hab ganz schön Glück.
Wieso denn?
Bei mir in der Klasse sind alle Mädchen eifersüchtig, weil wir miteinander gehen.
Ach? Aber ich bin doch bloß mit dir auf den Schulball. Außerdem mag ich dich, weil du nicht so bist wie die anderen Jungs. Du bist anders, irgendwie was Besonderes.

Ihre Stimme verschwand schnell aus seinem Kopf, als eine Gestalt auf seine Nische zukam. Er packte die Bierflasche fester und rutschte auf seiner Bank hin und her. Ein schwarzes Satinkleid, ein Schwung falscher Perlen um einen dicken braunen Hals, eine blonde aufgetürmte Perücke auf dem Kopf. Als Willis sah, daß es ein Mann war, zuckte er zusammen, starrte aber unverwandt hin. Der Mann schwebte vorüber wie ein Geist und nebelte ihn mit einer Parfümwolke ein. Aus dem Nebel starrte ihm ein wutverzerrtes Gesicht entgegen; ein imaginäres zwar, doch die Stimme klang bedrohlich.

Was hast du so lang da drin gemacht?
Mir die Zähne geputzt.
Du weißt doch, daß ich mich noch rasieren muß.
Entschuldigung.
Und duschen.
Entschuldige, Daddy.
He, komm mal her, Willis.
Ja?
Was ist das für eine schwarze Schmiere um deine Augen herum?
Und das rote Zeugs auf den Backen?
Nichts.
Ach, nichts? Geh mir bloß aus den Augen, in so einem Aufzug.

Der Sommer nach der High-School war einsam gewesen, erinnerte sich Willis. Er setzte sich in den Park, beobachtete die Leute, fragte sich, warum sie auf seine Blicke nicht reagierten, warum sie den Zweifel in seinem Inneren nicht spürten. Er wollte jemanden fragen, irgend jemanden, ob es denn immer allein bleiben müsse. Oder konnte er den ständigen gequälten Blick seines Vaters doch ertragen? Sollte er von zu Hause weggehen? Aber wohin? Die leeren Gesichter der Vorübergehenden hatten sein Elend noch verstärkt, und er fragte sich, warum er überhaupt existierte. Wenn ihm die Bibelverse eingefallen wären, dann wäre die Leere vielleicht vergangen:

Der Herr ist mein Hirte, mir wird nichts mangeln.
Und Sandy?
Mir wird nichts mangeln. Er weidet mich auf einer grünen Aue und führet mich.
Sandy, ich liebe dich.
Er führet mich zum frischen Wasser. Mir wird nichts mangeln. Er erquicket meine Seele.
Sandy, wir können nicht mehr.
Er führet mich auf rechter Straße um seines Namens willen.

Wie empfände er wohl die Beerdigung seines Körpers? Und die Berührung, diese ständige Berührung? Wie ein Gefallener auf einem verlassenen Schlachtfeld ohne Blumen zu liegen, allein, wo über dem eigenen Körper das Gras gelb wächst und der Himmel droben leer ist? Leer.

Willis dachte an den letzten Sommer, als in der Nachbarschaft über nichts anderes geredet wurde als über die beiden Jungs, die man in einem Gebüsch in der Nähe des Teichs im Park beim Schmusen erwischt hatte.

Und ob ich schon wanderte ...

Die Bar war inzwischen überfüllt, und der Abend nahm seinen Lauf. Willis war in Gedanken bei der Beerdigung, für die er noch nicht bereit war.

... im finstern Tal, fürchte ich kein Unglück. Kein Unglück. Denn du bist bei mir; mir wird nichts mangeln ... er führet mich ... mir wird nichts mangeln.

Er spürte die harte, kirchenbankähnliche Lehne im Rükken, bloß der Altar fehlte noch. Beten konnte er nicht, aber zurückdenken. Und er dachte an das Schulkinderprogramm in seiner Kirche, an die Diakone, die ihm die Hand schüttelten, an die wackeren Kirchgängerinnen, die ihn abküßten, wenn er die Verse mit seiner glockenklaren Stimme vorgetragen hatte.

Plötzlich streifte eine Hand an seinem Oberschenkel entlang. Er wandte abrupt den Kopf und sah sich suchend in der Menge um. Hatte er sich die Berührung nur eingebildet? War es seine eigene Hand gewesen, die ihm so oft zwischen die Beine kroch und molk und molk, bis er sich erleichtert hatte, so daß er einschlafen konnte? Er sank wieder in die Kirchenbank-Nische, und der Psalm in seinem Innern wurde lauter und lauter.

Du bereitest vor mir einen Tisch im Angesicht meiner Feinde du salbest mein Haupt mit Öl und schenkest mir voll ein Gutes und Barmherzigkeit werden mir folgen mein Leben lang und ich werde bleiben im Hause des Herrn immerdar.

Die Reise in sein Inneres dauerte zu lang. »Faß mich nicht an!« Der Satz schnürte ihm die Kehle zu.

Reverend Jones predigt so schön. Hör auf deine Mutter. Tritt in die Kirche ein, mein Kind. Deine Mutter weiß Bescheid. Die Taufe wird dir Beistand leisten.

Die Kälte des Wassers hatte ihm die Brust eng werden lassen. Er tastete sich am Beckengrund entlang, bis er mit den Zehen keinen Halt mehr fand, verschränkte die Arme, als sei er tot, und tauchte unter. Als ihn der Pfarrer heraushob, prustete er das Wasser aus seinen geblähten Backen. Seine Mutter sah ihn und glaubte. Trotzdem wußte er keine Antwort, als sie ihn fragte:

Willis, warum siehst du die anderen Jungs so an?
Tu ich doch gar nicht, Mama.
Doch. Das tust du wohl.
Nein, Mama.
Sie haben dasselbe weiße Gewand an wie du, und sie haben dasselbe Ding wie du.
Ich weiß, Mama.

Sie sind genauso naß wie du.
Aber ich schau doch gar nicht. Ich schau ihnen nicht auf die Beine oder die Schenkel.
Hier, nimm das Handtuch und trockne dich gut ab.
Ich schau nicht hin.
Jetzt mach schnell, sonst erkältest du dich noch.

Was hatte der Pfarrer gesagt? Willis versuchte sich zu erinnern, als ein Mädchen in einem kurzen blauen Kleid an seine Nische getorkelt kam und sich neben ihm übergab. Willis wäre am liebsten aufgestanden, aber er kam nicht aus der Nische, und er fürchtete sich, sitzen zu bleiben. Die Tür zur Küche schwang auf, ein Mann kam heraus und zog das Mädchen weg. Der Pfarrer hatte gesagt, er wäre sicher.

Das Wasser der Gnade wird euch befreien. Übt Reue, Brüder, übt Reue!

Sein Bierglas fiel auf den Boden. Kaltes Naß sickerte an seinem Bein hinunter und tropfte ihm in den Schuh. Die Kälte kroch ihm in die Knochen. Es war ihm zu peinlich, um eine Serviette zu bitten, lieber ließ er die Nässe, wo sie war.

Schwarze Gestalten und Farben, die im Tanz zu verschwommenen Silhouetten verschmolzen, reizten ihn zum Lachen, also lachte er. Er faßte sich an das nasse Bein und mußte wieder lachen. Die Leute um ihn herum lachten, sangen bei der Musik mit und vertrauten sich gegenseitig Geheimnisse an. Willis' Geheimnis kannte keiner, aber man lachte trotzdem.

Dann eine Hand auf seiner Schulter. Eine Männerstimme. Willis hörte auf zu lachen, hörte auf zu atmen, hörte auf zu denken, hörte auf zu leben. Konnte nicht sterben. War das die Stimme seines Vaters?

Willis?
Ja, Daddy.
Sei stark, hörst du? Hörst du mich?

Nein, rühr dich nicht, dachte Willis. Halt die Hand fest. Aber er tat nichts, sagte nichts; er horchte.

»Tag.«

Es klang nicht wie sein Vater.

»Hallo, hab ich gesagt.«

Das war nicht die Stimme seines Vaters. Trotzdem hatte Willis Scheu, zu antworten. Nach einer kleinen Weile sagte er:

»Ach so, ich hab dich nicht richtig verstanden.«

»Darf ich mich zu dir setzen?«

»Nein, nein, da ist frei.«

»Du klingst so nervös.«

»Ich hatte gehofft, daß man das nicht merkt. Jedenfalls nicht so deutlich.«

»Möchtest du noch ein Bier?«

»Nein, danke.«

»Nein?«

»Ich hab noch was drin.«

»Bist du zum erstenmal hier?«

»Ja.«

»Ja?«

»Ich war eigentlich gerade auf dem Heimweg von ...«

»Ja?«

»Ähm, von der Uni. Wir hatten so eine Abendvorlesung ...«

»Noch auf der Schule, was? Das ist gut.«

Schule. Da war wieder die Stimme seiner Mutter.

Er war immer so ein guter Schüler. Sie kennen doch meinen Sohn, oder? Willis? Manchmal nennen sie ihn Willie, aber eigentlich heißt er Willis.

Der Mann gegenüber sah direkt in ihn hinein. »Gehst du gern in die Schule?« Und Willis graute noch bei der Erinnerung daran.

Ich geb dir einen Tritt in deinen Klapperarsch, daß du nicht mehr geradeaus gehen kannst, du Affe. Hörst du?
Was hast du denn, Jake?
Ich kann genauso eine Eins kriegen, du Blödmann.
Kannst du dir in Arsch stecken, deine Eins. Du hast bei der Arbeit eh abgeschrieben.
Hab ich nicht. Und ich hab dir überhaupt nichts getan.
Komm nachher auf den Schulhof, dann zeig ich dir schon, wer der Schlauere von uns beiden ist.
Ich denk gar nicht dran.
Oh, doch.

Willis betrachtete den Mann und hörte wieder zu. Er sah die glatte Haut, den sauber gestutzten Schnauzer, der sich beim Sprechen ruhig auf und ab bewegte, so ruhig wie die Augen, die wie Kohle aus dem braunen Gesicht leuchteten, aus dem Gesicht, das jetzt auf ihn zukam.

»Du machst bestimmt Naturwissenschaften im Hauptfach. Wirst wahrscheinlich Arzt, oder? Wir können schwarze Ärzte gebrauchen.«
»Nein.«
»Dann Anwalt? Du siehst aus wie ein Anwalt.«
»Ich interessiere mich für Musik.«
»Musik?«
»Und ich werde vielleicht Musiklehrer.« Während Willis das mit einem Lächeln sagte, vereinten sich die Stimmen in seinem Inneren zu einem Glockenklang, machten ihn steif, höhlten ihn aus und erlösten ihn von seinem Kummerlied.

Er ist mein Sohn. Ich war so stolz auf ihn beim Elternabend.
Larry, willst du mein Freund sein?
Im finstern Tal, tröste mich. Mir mangelt, mir mangelt.

Dann Stille. Stille in seinem Inneren und außen. Die Jukebox war verstummt. Schritte entfernten sich von der Tanzfläche. Der Zigarettenrauch stieg wieder auf und nebelte die Leute ein. Willis versenkte seinen Blick in das Gesicht vor ihm und suchte nach der Musik, in der sie sich begegnen könnten. Jetzt war er sicher, wenn auch nur für ein paar Stunden, bis die Stimmen wieder auf ihn einstürmten.

»Dein Glas ist leer«, sagte der Mann. »Komm, ich hol dir noch ein Bier.«

»Danke.«

»Was trinkst du – Schlitz?«

»Nein, Ballantine.«

»Ich heiße übrigens Jerome.«

»Und ich Willis.«

Übersetzung von Christiane Buchner

TONI MORRISON

Recitatif[1]

Meine Mutter tanzte die ganze Nacht lang, und die von Roberta war krank. Deshalb hat man uns ins St. Bonny gebracht. Die Leute wollen dich in den Arm nehmen, wenn du ihnen erzählst, daß du in einem Waisenhaus warst, aber in Wirklichkeit war es gar nicht schlimm. Kein großer langer Raum mit hundert Betten wie im Bellevue. Vier Betten standen in jedem Zimmer, und als Roberta und ich ankamen, gab es dort zu wenig Kinder, die die Fürsorge geschickt hatte, und deshalb waren wir die einzigen, denen das Zimmer 406 zugewiesen wurde, und wir konnten von einem Bett zum anderen wechseln, wenn wir das wollten. Und natürlich wollten wir. Wir wechselten die Betten jede Nacht, und in den ganzen vier Monaten, die wir dort waren, entschieden wir uns nie für eins als unser ständiges Bett.

Es hat nicht gleich so angefangen. In dem Moment, als ich hereinkam und Big Bozo[2] uns einander vorstellte, wurde mir richtig schlecht. Es war eine Sache, früh am Morgen aus dem eigenen Bett geholt zu werden – und eine andere, an einem fremden Ort ein Mädchen einer vollkommen anderen Rasse am Hals zu haben. Und Mary, was meine Mutter ist, hatte recht. Ab und zu hörte sie auf zu tanzen, gerade

---

[1] Eigtl.: Rezitativ, bedeutet »Sprechgesang«; in der Musik ein solistisches Vokalstück, dessen Tonbewegungen vorwiegend sprachmelodisch sind. (Anm. d. Hrsg.)
[2] Spitzname der Heimleiterin; umgangssprachlich für »großer dummer Mann«. (Anm. d. Hrsg.)

lange genug, um mir etwas Wichtiges zu sagen, und eine der Sachen, die sie mir erzählte, war, daß die nie ihr Haar wuschen und daß sie komisch rochen. Bei Roberta war das so. Sie roch komisch, meine ich. Als also Big Bozo (niemand nannte sie jemals Mrs. Itkin, genausowenig, wie niemand jemals St. Bonaventure sagte) – als sie sagte: »Twyla, das ist Roberta. Roberta, das ist Twyla. Macht euch miteinander bekannt«, sagte ich: »Meiner Mutter wird es nicht gefallen, daß sie mich hier reinstecken.«

»Gut«, sagte Bozo. »Vielleicht kommt sie dann ja und nimmt dich mit nach Hause.«

Was sollte denn das bedeuten? Hätte Roberta gelacht, hätte ich sie umgebracht, aber sie lachte nicht. Sie lief nur hinüber zum Fenster und stand da, mit ihrem Rücken zu uns.

»Dreh dich um«, sagte Bozo. »Sei nicht ungezogen. Also, Twyla. Roberta. Wenn ihr einen lauten Summer hört, dann ist das das Signal fürs Abendessen. Kommt runter ins Erdgeschoß. Wenn ihr euch streitet, gibt's keinen Film.« Und dann, um sicherzustellen, daß wir wußten, was wir verpassen würden, fügte sie hinzu, »Den Zauberer von Oz.«

Roberta muß gedacht haben, daß meine Mutter darüber aufgebracht sein würde, daß man mich ins Waisenhaus gesteckt hatte. Nicht darüber, daß ich mit ihr ein Zimmer teilte, denn sobald Bozo gegangen war, kam sie rüber zu mir und fragte: »Ist deine Mutter auch krank?«

»Nein«, sagte ich. »Sie tanzt nur gern die ganze Nacht lang.«

»Oh«, sie nickte, und ich mochte die Art, wie sie die Dinge so schnell verstand. Deshalb machte es für den Augenblick nichts aus, daß wir wie Pfeffer und Salz aussahen, wie wir da standen. Und so riefen uns auch die anderen Kinder manchmal. Wir waren acht Jahre alt und bekamen nur Fünfen. Ich, weil ich mir nicht merken konnte, was ich las oder was der Lehrer sagte. Und Roberta, weil sie überhaupt nicht lesen konnte und dem Lehrer nicht mal zuhörte. Sie konnte nichts richtig gut, außer Jacks[3] spielen, und da schlug sie jeden: bumm, bäng, bumm, bäng, bumm, bäng.

Am Anfang mochten wir uns gar nicht so sehr, aber niemand sonst wollte mit uns spielen, weil wir keine richtigen Waisen waren mit schönen toten Eltern im Himmel. Uns hatte man abgeschoben. Sogar die Puertoricaner aus New York City und die Indianer aus dem Norden ignorierten uns. Alle möglichen Kinder waren dort, schwarze, weiße, sogar zwei Koreaner. Aber das Essen war gut. Zumindest dachte ich das. Roberta haßte es und ließ halbe Mahlzeiten auf ihrem Teller liegen: Frühstücksfleisch, Salisbury Steaks[4] – sogar Wackelpeter mit Früchten drin, und es machte ihr nichts aus, wenn ich das aß, was sie nicht wollte. Marys Vorstellung von einem Abendbrot war Popcorn und eine Dose Yoo-Hoo[5]. Heißer Kartoffelbrei und zwei Wiener Würstchen waren wie Thanksgiving[6] für mich.

Es war wirklich nicht schlecht, dort im St. Bonny. Die großen Mädchen vom ersten Stock schubsten uns manchmal rum. Aber das war alles. Die trugen Lippenstift und malten ihre Augenbrauen nach und wackelten mit ihren Knien, wenn sie fernsahen. Fünfzehn, sogar sechzehn waren manche von ihnen. Sie waren verstoßene Mädchen, die meisten von ihnen waren verängstigte Ausreißerinnen. Arme kleine Mädchen, die ihre Onkel abwehrten, aber in unseren Augen hart aussahen, und böse. Mein Gott, sahen die böse aus. Das Personal versuchte, sie von den jüngeren Kindern fern-

---

3 Ein Kinderspiel mit Metall- oder Plastikstücken. (Anm. d. Hrsg.)
4 Hacksteak. (Anm. d. Hrsg.)
5 Markenname einer Limonade. (Anm. d. Hrsg.)
6 Amerikanisches Erntedankfest am letzten Donnerstag im November, mit ausgiebigem Essen. (Anm. d. Hrsg.)

zuhalten, aber manchmal erwischten sie uns dabei, wie wir sie im Obstgarten beobachteten, wo sie das Radio laufen ließen und miteinander tanzten. Dann rannten sie hinter uns her und zogen uns an den Haaren und verdrehten unsere Arme. Roberta und ich, wir hatten Angst vor ihnen, aber keine von uns wollte, daß die andere es wußte. Deshalb hatten wir eine gute Latte von Schimpfwörtern, die wir ihnen zurufen konnten, wenn wir vor ihnen durch den Obstgarten wegrannten. Ich habe früher oft geträumt, und fast immer tauchte der Obstgarten auf. Zweihundertfünfzig Quadratmeter, vielleicht fünfhundert, bepflanzt mit diesen kleinen Apfelbäumen. Hunderte davon. Leer und krumm wie Bettlerinnen, als ich im St. Bonny ankam, aber voll mit Blüten, als ich wegging. Ich weiß nicht, warum ich so oft von diesem Obstgarten geträumt habe. Dort ist eigentlich nichts passiert. Nichts so Wichtiges, meine ich. Nur die großen Mädchen, die tanzten und das Radio laufen ließen. Und Roberta und ich, die zuschauten. Maggie ist dort einmal hingefallen. Die Küchenfrau mit Beinen so rund wie die Klammern in einem Satz. Und die großen Mädchen lachten sie aus. Wir hätten ihr aufhelfen sollen, ich weiß, aber wir hatten Angst vor diesen Mädchen mit Lippenstift und nachgezogenen Augenbrauen. Maggie konnte nicht sprechen. Die Kinder sagten, daß man ihr die Zunge rausgeschnitten hätte, aber ich glaube, sie wurde einfach so geboren: stumm. Sie war alt und sandfarben, und sie arbeitete in der Küche. Ich weiß nicht, ob sie nett war oder nicht. Ich erinnere mich nur noch an ihre klammerrunden Beine und daran, wie sie schwankte, wenn sie ging. Sie arbeitete von früh am Morgen bis um zwei, und wenn sie zu spät dran war, wenn sie zu viel saubermachen mußte und nicht fertig wurde vor viertel drei oder so, dann kürzte sie ihren Weg durch den Obstgarten ab, damit sie ihren Bus nicht verpaßte und noch eine Stunde warten mußte. Sie trug diese wirklich blöde kleine Mütze –

eine Kindermütze mit Ohrenklappen – und sie war nicht viel größer als wir. Eine wirklich schreckliche kleine Mütze. Sogar für eine Stumme war das doch blöd – sich wie ein Kind anzuziehen und niemals irgend etwas zu sagen.

»Aber was passiert, wenn jemand versucht, sie umzubringen?« das fragte ich mich immer. »Oder wenn sie weinen will? Kann sie weinen?«

»Na klar«, sagte Roberta. »Aber nur Tränen. Da kommt kein Ton raus.«

»Sie kann nicht schreien?«

»Nee. Nie.«

»Kann sie hören?«

»Ich nehme es an.«

»Komm, wir rufen sie«, sagte ich. Und wir riefen sie.

»Doofie, Doofie!« Sie drehte sich nicht um.

»O-Bein! O-Bein!« Nichts. Sie schwankte nur weiter und die Kinnbänder ihrer hellblauen Babymütze wackelten von einer Seite zur anderen. Ich glaube, wir haben uns geirrt. Ich glaube, sie konnte hören und hat es sich nicht anmerken lassen. Und ich schäme mich noch heute, wenn ich daran denke, daß dort doch jemand drin war, der uns diese Schimpfwörter rufen hörte und der uns nicht verraten konnte.

Roberta und ich, wir sind gut miteinander ausgekommen. Wechselten jede Nacht die Betten, bekamen Fünfen in Sozialkunde und in Ausdruck und in Sport. Bozo war von uns enttäuscht, sagte sie. Von den 130 von uns Fürsorgefällen waren 90 unter zwölf. Fast alle waren richtige Waisen mit schönen toten Eltern im Himmel. Wir waren die einzigen, die man abgeschoben hatte, und die einzigen, die Fünfen bekamen in drei Fächern, darunter Sport. Wir kamen also miteinander aus – nicht schwierig, denn sie ließ halbe Mahlzeiten auf ihrem Teller und war so nett, keine Fragen zu stellen.

Ich glaube es war an dem Tag, bevor Maggie hinfiel, als wir herausfanden, daß unsere Mütter uns am selben Sonntag besuchen würden. Wir waren seit achtundzwanzig Tagen in dem Waisenhaus (Roberta seit achtundzwanzigeinhalb), und das war ihr erster Besuch bei uns. Unsere Mütter würden um zehn kommen, rechtzeitig für den Gottesdienst, und dann mit uns im Aufenthaltsraum der Lehrer Mittag essen. Ich dachte, wenn meine tanzende Mutter ihre kranke Mutter träfe, das könnte gut für sie sein. Und Roberta dachte, für ihre kranke Mutter wäre eine tanzende der große Knaller. Wir wurden ganz aufgeregt deswegen und drehten uns gegenseitig das Haar ein. Nach dem Frühstück saßen wir auf dem Bett und beobachteten durch das Fenster die Straße. Robertas Socken waren noch naß. Sie hatte sie am Abend vorher gewaschen und zum Trocknen auf den Heizkörper gelegt. Sie waren nicht trocken geworden, aber Roberta hatte sie trotzdem angezogen, weil ihre Ränder so hübsch waren – mit rosa Bögen. Jede von uns hatte einen lila Korb aus Pappe, den wir in Werken gemacht hatten. Auf meinem war ein gelber Bleistifthase. Auf Robertas waren Eier mit bunten Schlangenlinien drauf. Drin war Gras aus Zellophan und nur die Geleebonbons, denn ich hatte die zwei Marshmellow-Eier, die sie uns gegeben hatten, aufgegessen. Big Bozo kam selbst, um uns zu holen. Lächelnd sagte sie uns, daß wir sehr hübsch aussahen und daß wir runterkommen sollten. Wir waren so überrascht von dem Lächeln, das wir noch nie zuvor gesehen hatten, daß sich keine von uns rührte.

»Wollt ihr denn eure Muttis nicht sehen?«

Ich stand als erste auf und verschüttete die Geleebonbons über den ganzen Boden. Bozos Lächeln verschwand, während wir uns am Boden rangelten, um die Süßigkeiten aufzusammeln und zurück in das Gras zu legen.

Sie eskortierte uns runter ins Erdgeschoß, wo sich die anderen Mädchen in einer Reihe aufstellten, um in die Kapelle zu marschieren. Eine Gruppe von Erwachsenen stand auf der einen Seite. Hauptsächlich Zuschauer. Die alten Muttchen, die Diener wollten, und die Außenseiter, die Gesellschaft wollten, suchten nach Kindern, die sie vielleicht adoptieren könnten. Manchmal eine Großmutter. Fast niemals jemand Junges oder jemand, dessen Gesicht dich in der Nacht nicht erschrecken würde. Denn wenn irgendeine von den richtigen Waisen junge Verwandte hätte, dann wäre sie keine richtige Waise. Ich sah Mary sofort. Sie hatte diese engen grünen Hosen an, die ich so haßte und jetzt sogar noch mehr haßte, weil – wußte sie denn nicht, daß wir zum Gottesdienst gingen? Und diese Pelzjacke, in der das Futter der Taschen so zerrissen war, daß sie zerren mußte, um ihre Hände rauszubekommen. Aber ihr Gesicht war hübsch – wie immer, und sie lächelte und winkte, als ob sie das kleine Mädchen wäre, das nach seiner Mutter Ausschau hält – nicht ich.

Ich lief langsam, versuchte, die Geleebonbons nicht fallenzulassen, und hoffte, daß der Griff aus Papier halten würde. Ich mußte meinen letzten Chiclet[7] nehmen, denn als ich alles ausgeschnitten hatte, war von dem Elmer's-Klebstoff nichts mehr übrig. Ich bin Linkshänderin, und ich konnte nie besonders mit der Schere umgehen. Das spielte aber sowieso keine Rolle; ich hätte den Kaugummi genausogut kauen können. Mary fiel auf ihre Knie, umarmte mich und zerdrückte dabei den Korb, die Geleebonbons und das Gras mit ihrer verlotterten Pelzjacke.

»Twyla, mein Baby! Twyla, mein Baby!«

Ich hätte sie umbringen können. Ich hörte schon, wie die großen Mädchen das nächste Mal im Obstgarten rufen wür-

---

7 Markenname eines Kaugummis. (Anm. d. Hrsg.)

den: »Twyyyyyla, mein Baby!« Aber ich konnte nicht böse sein mit Mary, wenn sie lächelte und mich umarmte und nach Lady Esther-Talkpuder roch. Ich wollte den ganzen Tag in ihrem Pelz begraben bleiben.

Um die Wahrheit zu sagen – ich vergaß Roberta vollkommen. Mary und ich stellten uns an für den Gang in die Kapelle, und ich war so stolz, denn sie sah so schön aus, sogar in diesen häßlichen engen grünen Hosen, die ihren Hintern rausdrückten. Eine hübsche Mutter auf der Erde ist besser als eine hübsche tote im Himmel, sogar, wenn sie dich ganz allein ließ, um tanzen zu gehen.

Ich fühlte ein Klopfen auf meiner Schulter, drehte mich um und sah Roberta lächeln. Ich lächelte zurück, aber nicht zu sehr, damit niemand denken konnte, daß dieser Besuch die größte Sache sei, die jemals in meinem Leben passiert war. Dann sagte Roberta: »Mutter, ich möchte, daß du meine Zimmergenossin Twyla kennenlernst. Und das ist Twylas Mutter.«

Ich schaute zu ihr hoch, die Entfernung schien mir meilenweit. Sie war groß. Größer als jeder Mann, und auf ihrer Brust hing das größte Kreuz, das ich je gesehen hatte. Ich schwöre, es war fünfzehn Zentimeter breit und auch lang. Und in ihrer Armbeuge steckte die größte Bibel, die je gemacht wurde.

Mary, so einfältig wie immer, grinste und versuchte, ihre Hand mit einem Ruck aus der Tasche mit dem kaputten Futter zu ziehen – um ihr die Hand zu schütteln, nehme ich an. Robertas Mutter schaute runter auf mich und schaute dann auch auf Mary herunter. Sie sagte nichts, griff nur Roberta mit der bibelfreien Hand, ging aus der Schlange heraus und lief schnell an deren Ende. Mary grinste immer noch, denn sie ist nicht so schnell, wenn es darum geht, zu merken, was wirklich los ist. Dann geht diese Glühbirne an in ihrem Kopf und sie sagt: »Diese Ziege!«, richtig laut, und wir sind jetzt fast schon in der Kapelle. Laute Orgelmusik, die Bonny-Engel singen süß. Jeder auf der Welt drehte sich herum, um zu gucken. Und Mary hätte weiter gemacht – hätte weiter geflucht, wenn ich ihre Hand nicht so fest wie möglich gepreßt hätte. Das half etwas, aber sie zuckte immer noch während des ganzen Gottesdienstes, kreuzte ein Bein über das andere, stellte es wieder zurück. Sie stöhnte sogar ein paarmal. Warum hatte ich gedacht, sie würde dorthin kommen und sich richtig benehmen? Enge Hosen. Nicht wie die Großmütter und Zuschauer, mit Hut; und immer stöhnend. Als wir aufstanden, um die Choräle zu singen, blieb sie still. Schaute nicht mal auf die Seite mit dem Text. Sie griff sogar in ihre Tasche und holte einen Spiegel heraus, um ihren Lippenstift zu kontrollieren. Alles, woran ich denken konnte, war, daß sie wirklich umgebracht werden müßte. Die Predigt dauerte ein Jahr, und ich wußte, daß die richtigen Waisen wieder selbstgefällig aussahen.

Wir sollten im Aufenthaltsraum der Lehrer essen, aber Mary hatte nichts mitgebracht, also lasen wir die Pelzhaare und das Zellophangras von den zerdrückten Geleebonbons und aßen die. Ich hätte sie umbringen können. Ich warf einen verstohlenen Blick auf Roberta. Ihre Mutter hatte Hühnerschenkel mitgebracht, Schinkenbrote, Orangen und eine ganze Schachtel Weizenschrotkekse mit Schokoladenüberzug. Roberta trank Milch aus einer Thermoskanne, während ihre Mutter ihr aus der Bibel vorlas.

Nichts ist richtig. Das falsche Essen ist immer bei den falschen Leuten. Vielleicht ist das der Grund, warum ich später als Kellnerin gearbeitet habe – um die richtigen Leute mit dem richtigen Essen zusammenzubringen. Roberta ließ diese Hühnerschenkel einfach da liegen, aber sie brachte mir später, als der Besuch vorbei war, einen Stapel Kekse. Ich glaube, es tat ihr leid, daß ihre Mutter meiner Mutter nicht die Hand geben wollte. Und ich mochte das, und ich mochte, daß sie kein Wort darüber sagte, daß Mary während des ganzen Gottesdienstes stöhnte und kein Essen mitgebracht hatte.

Roberta ging im Mai weg, als die Apfelbäume schwer und weiß waren. An ihrem letzten Tag gingen wir in den Obstgarten, um den großen Mädchen dabei zuzusehen, wie sie rauchten und wie sie zur Musik aus dem Radio tanzten. Es machte nichts, daß sie riefen: »Twyyyyyla, mein Baby!« Wir saßen auf dem Boden und atmeten tief. Lady Esther. Apfelblüten. Ich werde immer noch schwach, wenn ich das eine oder das andere rieche. Roberta ging nach Hause. Das große Kreuz und die große Bibel kamen, um sie zu holen, und sie schien irgendwie froh zu sein und irgendwie nicht. Ich dachte, ich würde sterben ohne sie in diesem Zimmer mit vier Betten, und ich wußte, daß Bozo Pläne hatte, ein anderes abgeschobenes Kind mit mir zusammenzustecken. Roberta versprach, jeden Tag zu schreiben, was wirklich süß von ihr war, denn sie konnte keinen Buchstaben lesen, wie könnte sie also jemandem schreiben. Ich hätte Bilder gemalt und sie ihr geschickt, aber sie hat mir nie ihre Adresse gegeben. Stück für Stück verblaßte sie. Ihre nassen Socken mit dem rosa Bogenrand und ihre großen ernsthaften Augen – das war alles, was ich einfangen konnte, wenn ich versuchte, sie mir ins Gedächtnis zu rufen.

Ich arbeitete hinter dem Tresen im Howard Johnson's[8] an der Schnellstraße, direkt vor der Abfahrt Kingston. Kein schlechter Job. Eine ziemlich lange Fahrt von Newburgh, aber o. k., sobald ich angekommen war. Ich hatte die zweite Nachtschicht – von elf bis sieben. Sehr leichte Arbeit, bis gegen sechs Uhr dreißig die Insassen eines Greyhound-Busses zum Frühstück hereinkamen. Um diese Zeit stand die

---

[8] US-amerikanische Hotel- und Restaurantkette. (Anm. d. Hrsg.)

Sonne schon ein ganzes Stück über den Hügeln hinter dem Restaurant. Das Lokal sah in der Nacht besser aus – mehr wie eine Zufluchtsstätte – aber ich liebte es, wenn die ersten Sonnenstrahlen hereinkamen, selbst wenn sie alle Risse im Linoleum zeigten und der gesprenkelte Boden schmutzig aussah, egal, wie sehr sich der Junge mit dem Mop abmühte.

Es war August, und die Menge stieg gerade aus dem Bus aus. Die würden eine ganze Weile herumstehen: aufs Klo gehen, sich Souvenire anschauen und die Groschenautomaten, würden zurückhaltend sein, sich nicht zu schnell hinsetzen oder essen wollen. Ich war dabei, die Kaffeekannen zu füllen und sie alle auf die elektrischen Heizplatten zu stellen, als ich sie sah. Sie saß mit zwei Kerlen, die Unmengen Haare auf dem Kopf und im Gesicht hatten, an einem Tisch und rauchte eine Zigarette. Sie selbst hatte so viel Haare, und es war so ungezügelt, daß ich kaum ihr Gesicht sehen konnte. Aber die Augen. Ich würde sie überall wiedererkennen. Sie hatte ein rückenfreies Oberteil an und kurze Hosen, beides hellblau, und Ohrringe in der Größe von Armreifen. Apropos Lippenstift und nachgezogene Augenbrauen. Sie ließ die großen Mädchen wie Nonnen aussehen. Ich konnte bis um sieben nicht vom Tresen weg, aber ich beobachtete den Tisch die ganze Zeit für den Fall, daß sie schon eher gingen. Meine Ablösung war ausnahmsweise pünktlich, also zählte ich die Rechnungen so schnell ich konnte, heftete sie zusammen und schrieb mich aus. Ich lief hinüber zu dem Tisch, lächelte und fragte mich, ob sie sich an mich erinnern würde. Oder ob sie sich überhaupt an mich erinnern wollte. Vielleicht wollte sie nicht an St. Bonny erinnert werden oder sie wollte nicht, daß irgend jemand wußte, daß sie jemals dort war. Ich weiß, daß ich nie jemandem etwas darüber erzählt habe.

Ich steckte meine Hände in die Taschen meiner Schürze und lehnte mich gegen die Kante des Tisches, der ihrem gegenüber stand.

»Roberta? Roberta Fisk?«
Sie schaute auf. »Ja?«
»Twyla.«
Sie blinzelte einen Moment lang und sagte dann: »Wow.«
»Erinnerst du dich an mich?«
»Klar. Ey. Wow.«
»Es ist 'ne Weile her«, sagte ich und warf den beiden haarigen Typen ein Lächeln zu.
»Ja. Wow. Arbeitest du hier?«
»Ja«, sagte ich. »Ich wohne in Newburgh.«
»In Newburgh? Ohne Quatsch?« Sie lachte dann über irgend etwas, schloß die Jungen mit ein in ihr Lachen, aber nur die Jungen, und die lachten mit ihr. Was konnte ich tun, außer mitzulachen und mich zu fragen, warum ich dort stand in einer Kellnerinnenuniform, unter der meine Knie hervorsahen. Ohne hinzuschauen konnte ich das blauweiße Dreieck auf meinem Kopf sehen, mein Haar – formlos in einem Netz, meine Knöchel, die dick aussahen in den weißen Schnürstiefeletten. Nichts hätte weniger hauchdünn sein können als meine Strumpfhosen. Da war diese Stille, die sich ausbreitete, gleich nachdem ich gelacht hatte. Sie war an der Reihe, diese Stille auszufüllen. Vielleicht, indem sie mich ihren Freunden vorstellte oder indem sie mich einlud, mich hinzusetzen und eine Cola zu trinken. Statt dessen zündete sie sich an der Zigarette, die sie gerade geraucht hatte, eine neue an und sagte: »Wir sind auf dem Weg an die Küste. Er hat eine Verabredung mit Hendrix.« Sie wies beiläufig auf den Jungen neben sich.
»Hendrix? Phantastisch«, sagte ich. »Wirklich phantastisch. Was macht sie jetzt so?«
Roberta verschluckte sich am Rauch ihrer Zigarette und die zwei Kerle verdrehten ihre Augen zur Decke.
»Hendrix. Jimi Hendrix, du Idiot. Er ist nur der größte – oh, Mann. Vergiß es.«

Ich war verabschiedet worden, ohne daß jemand »Auf Wiedersehen« gesagt hätte; deshalb dachte ich, ich würde es für sie tun.

»Wie geht es deiner Mutter?« fragte ich. Ihr ganzes Gesicht verzog sich unter ihrem Grinsen. Sie schluckte. »Gut«, sagte sie. »Und deiner?«

»So hübsch wie immer«, sagte ich und drehte mich weg. Meine Kniekehlen waren feucht. Howard Johnson's war im Sonnenlicht betrachtet wirklich eine Kaschemme.

James ist für mich so bequem wie ein Hausschuh. Er mochte mein Essen, und ich mochte seine große, laute Familie. Seine Verwandten haben ihr ganzes Leben lang in Newburgh gewohnt und reden darüber wie Leute, die immer ein Zuhause hatten. Seine Großmutter ist kaum älter als sein Vater und wenn sie über Straßen und Alleen und Gebäude reden, dann verwenden sie Namen, die die nicht mehr haben. Sie nennen das A & P[9] immer noch Rico's, weil es auf dem Grundstück steht, wo Mr. Rico einmal einen Tante-Emma-Laden hatte. Und sie nennen die neue Fachhochschule des Ortes das Rathaus, weil das dort früher war. Meine Schwiegermutter weckt Marmelade ein und Gurken und kauft Butter in Tuch eingewickelt in einer Molkerei. James und sein Vater reden übers Angeln und über Baseball, und ich kann sie mir alle zusammen auf dem Hudson vorstellen in einem halbkaputten kleinen Boot. Die Hälfte der Einwohner von Newburgh lebte mittlerweile zwar von Sozialhilfe, aber für die Familie meines Mannes war das immer noch das ländliche Paradies nördlich von New York aus einer längst vergangenen Zeit. Einer Zeit der Eiskeller und Gemüsekarren, der Kohleöfen und der Kinder, die die Gärten jäteten. Als unser Sohn geboren wurde, gab mir

9 US-amerikanische Supermarktkette. (Anm. d. Hrsg.)

meine Schwiegermutter die Kinderdecke, die ihre gewesen war.

Aber die Stadt, an die sie sich erinnerten, hatte sich verändert. Es lag etwas in der Luft. Herrliche alte Häuser, so verfallen, daß sie die Zufluchtsstätten von Hausbesetzern geworden waren und ein Mietrisiko, wurden aufgekauft und saniert. Gepflegte Leute von IBM zogen heraus aus ihren Vorstädten zurück in die Innenstadt, zogen die Fensterläden hoch und legten Kräutergärten in ihren Hinterhöfen an. Mit der Post kam ein Prospekt, das die Eröffnung einer Filiale von Food Emporium[10] ankündigte. »Feinschmeckerkost« stand da – und Waren, die die reiche IBM Clique kaufen würde, wurden aufgelistet. Es war in einem neuen Einkaufszentrum am Stadtrand untergebracht, und eines Tages fuhr ich dort raus zum Einkaufen – nur, um mal zu sehen. Es war Ende Juni. Die Tulpen waren verblüht und die Königin-Elizabeth-Rosen schon überall aufgegangen. Ich schob meinen Einkaufswagen den Gang entlang und warf geräucherte Austern und Robert's Sauce[11] und Dinge hinein, von denen ich wußte, daß sie jahrelang in meinem Schrank liegen würden. Erst, als ich Klondike-Eisriegel fand, habe ich mich nicht mehr so schuldig deswegen gefühlt, weil ich James' Gehalt von der Feuerwehr so dumm hinauswarf. Mein Schwiegervater aß die mit derselben Begeisterung wie der kleine Joseph.

Als ich an der Kasse anstand, hörte ich jemanden »Twyla« sagen.

Die klassische Musik, die über den Regalreihen ausgestrahlt wurde, berührte mich, und die Frau, die sich mir entgegenlehnte, war umwerfend gut gekleidet. An den Fingern Diamanten, in einem schicken weißen Sommerkleid. »Ich bin Mrs. Benson«, sagte ich.

---

10 Lebensmittelkette. (Anm. d. Hrsg.)
11 Markenname einer Sauce. (Anm. d. Hrsg.)

»Ho. Ho. The Big Bozo«, sang sie.

Für den Bruchteil einer Sekunde wußte ich nicht, wovon sie sprach. Sie hatte einen Bund Spargel und zwei Pappkartons mit teurem Wasser auf dem Arm.

»Roberta!«

»Richtig.«

»Um Himmels willen! Roberta.«

»Du siehst toll aus«, sagte sie.

»Du auch. Wo wohnst du? Hier? In Newburgh?«

»Ja. Drüben in Annandale.«

Ich machte gerade meinen Mund auf, um noch etwas zu sagen, als die Kassiererin mich darauf hinwies, daß ich dran war.

»Ich treffe dich draußen.« Roberta wies mit ihrem Finger hinaus und stellte sich dann an den Expreßschalter an.

Ich legte die Lebensmittel ab und vermied es, mich umzuschauen, wie schnell sie vorankam. Ich erinnerte mich an das Howard Johnson's und daran, auf eine Möglichkeit zu warten zu reden und nur mit einem schäbigen »wow« begrüßt zu werden. Aber sie wartete auf mich, und ihr nicht zu bändigendes Haar lag jetzt geschmeidig, glatt um einen kleinen, hübsch geformten Kopf. Schuhe, Kleid, alles war schön und sommerlich und reich. Ich war verrückt darauf zu hören, wie es ihr ergangen war, wie sie von Jimi Hendrix nach Annandale gekommen war, einer Gegend voll von Ärzten und leitenden Angestellten bei IBM. Einfach, dachte ich. Alles ist so einfach für sie. Die denken, die Welt gehört ihnen.

»Seit wann«, fragte ich sie. »Seit wann bist du hier?«

»Seit einem Jahr. Ich habe einen Mann geheiratet, der hier wohnt. Und du, du bist doch auch verheiratet? Benson, hast du gesagt.«

»Ja. James Benson.«

»Und ist er nett?«

»Ja ... ist er nett?«
»Also, ist er's?« Robertas Augen waren ruhig, so als ob sie die Frage ernst meinte und eine Antwort wollte.
»Er ist wunderbar, Roberta. Wunderbar.«
»Dann bist du also glücklich?«
»Sehr.«
»Das ist gut«, sagte sie und nickte. »Ich habe immer gehofft, du würdest glücklich werden. Hast du Kinder? Ich weiß, du hast Kinder.«
»Eins. Einen Jungen. Und du?«
»Vier.«
»Vier?«
Sie lachte. »Stiefkinder. Er ist Witwer.«
»Oh.«
»Hast du einen Moment Zeit? Laß uns einen Kaffee trinken.«
Ich dachte an die Klondikes, die zerschmolzen, und daran, wie umständlich es war, bis zu meinem Auto zu gehen und die Beutel in den Kofferraum zu legen. Das geschah mir recht, nachdem ich all das Zeug gekauft hatte, das ich nicht brauchte. Roberta lief vor mir.
»Leg das in mein Auto. Es steht gleich dort.«
Und dann sah ich die dunkelblaue Limousine.
»Hast du einen Chinesen geheiratet?«
»Nein«, lachte sie. »Er ist der Chauffeur.«
»Ach Gott. Wenn dich Big Bozo jetzt sehen könnte.«
Wir kicherten beide. Wir haben richtig gekichert. Plötzlich, in nur einem Pulsschlag, verschwanden zwanzig Jahre und alles kam mit einem Schlag wieder zurück. Die großen Mädchen (die wir »gar girls«[12] nannten – Robertas falsch verstandenes Wort für die bösen Gesichter aus Stein, die in den Sozialkundestunden beschrieben wurden) waren da

---

12 Eigtl.: Gargoyle; groteske Steinköpfe oder -figuren, besonders am Dach gotischer Kirchen. (Anm. d. Hrsg.)

und tanzten im Obstgarten, der wäßrige Kartoffelbrei, die doppelten Wiener Würstchen, das Frühstücksfleisch mit Ananas. Wir gingen in das Café und hielten uns aneinander fest, und ich versuchte dahinterzukommen, warum wir jetzt froh waren, uns zu sehen, und das letzte Mal nicht. Einmal, vor zwölf Jahren, gingen wir aneinander vorbei wie Fremde. Ein schwarzes Mädchen und ein weißes trafen sich in einem Howard Johnson's an der Autobahn und hatten sich nichts zu sagen. Eine mit einer blau-weißen dreieckigen Kellnerinnenkappe – die andere auf dem Weg zu Hendrix. Jetzt benahmen wir uns wie Schwestern, die viel zu lange getrennt gewesen waren. Diese vier knappen Monate waren eine so kurze Zeit. Vielleicht war es die Situation selbst. Einfach nur da zu sein, zusammen. Zwei kleine Mädchen, die wußten, was niemand sonst auf der Welt wußte – wie man keine Fragen stellt. Wie man glaubt, was geglaubt werden muß. Da war Höflichkeit in dieser Zurückhaltung und auch Großzügigkeit. Ist deine Mutter auch krank? Nein, sie tanzt die ganze Nacht. Oh – und ein verständnisvolles Nicken.

Wir saßen an einem Tisch am Fenster und gaben uns den Erinnerungen hin wie die Überlebenden einer Katastrophe.

»Hast du jemals lesen gelernt?«

»Sieh her.« Sie nahm die Speisekarte. »Empfehlung des Tages. Maiscremesuppe. Entreés. Zwei Punkte und eine Kringellinie. Quiche. Chefsalat. Muscheln ...«

Ich lachte und applaudierte gerade, als die Kellnerin kam.

»Erinnerst du dich an die Osterkörbe?«

»Und wie wir versuchten, sie einander *vorzustellen*?«

»Deine Mutter mit diesem Kreuz wie zwei Telegraphenmasten.«

»Und deine mit diesen engen Hosen.«

Wir lachten so laut, daß sich Leute umdrehten, was es noch schwerer machte, das Lachen zu unterdrücken.

»Was wurde aus der Verabredung mit Jimi Hendrix?«

Roberta atmete geräuschvoll aus.
»Als er starb, habe ich an dich gedacht.«
»Oh, du hast zu guter Letzt doch noch von ihm gehört?«
»Zu guter Letzt. Na komm, ich war eine Kellnerin in einer Provinzkleinstadt.«
»Und ich war eine Ausreißerin aus einer Provinzkleinstadt. Gott, waren wir verrückt. Ich weiß immer noch nicht, wie ich da lebendig rausgekommen bin.«
»Aber du hast's geschafft.«
»Ja. Ich hab's wirklich geschafft. Ich bin jetzt Mrs. Kenneth Norton.«
»Das hört sich nach etwas an.«
»Das ist etwas.«
»Habt ihr Diener und das alles?«
Roberta hielt zwei Finger hoch.
»Wow. Was macht er?«
»Computer und so was. Was weiß ich denn.«
»Ich erinnere mich nicht mehr an allzu viel von damals, aber, weißt du, St. Bonny ist so deutlich, als wär's gestern gewesen. Erinnerst du dich an Maggie? An den Tag, wo sie hinfiel und diese ›gar girls‹ sie auslachten?«
Roberta schaute von ihrem Salat auf und starrte mich an. »Maggie ist nicht hingefallen«, sagte sie.
»Doch. Das mußt du doch noch wissen.«
»Nein, Twyla. Die haben sie niedergestoßen. Diese Mädchen haben sie zu Boden geworfen und ihre Kleider zerrissen. Im Obstgarten.«
»Nein ... so war es nicht.«
»Natürlich war es so. Im Obstgarten. Weißt du noch, wie sehr wir uns gefürchtet haben?«
»Moment mal. Ich kann mich an nichts davon erinnern.«
»Und Bozo wurde entlassen.«
»Du bist verrückt. Sie war da, als ich wegging. Du bist vor mir weggegangen.«

»Ich bin zurückgekommen. Du warst nicht da, als Bozo entlassen wurde.«
»Was?«
»Zweimal. Einmal für ein Jahr, als ich ungefähr zehn war, und ein anderes Mal für zwei Monate, als ich vierzehn war. Und da bin ich weggerannt.«
»Du bist von St. Bonny weggerannt?«
»Ich mußte. Was willst du denn? Sollte ich auch im Obstgarten tanzen?«
»Bist du sicher mit Maggie?«
»Natürlich bin ich sicher. Du hast es verdrängt, Twyla. Es ist passiert. Du weißt doch, daß diese Mädchen verhaltensgestört waren.«
»Das waren sie. Aber warum kann ich mich an die Sache mit Maggie nicht erinnern?«
»Glaub mir. Es ist passiert. Und wir waren da.«
»Mit wem warst du in einem Zimmer, als du zurückgekommen bist?« Ich fragte sie so, als ob ich das Mädchen kennen könnte. Ich machte mir Gedanken über die Sache mit Maggie.
»Idioten. Die haben sich in der Nacht gekitzelt.«
Meine Ohren juckten, und ich wollte plötzlich heim. Das war alles schön und gut, aber sie konnte nicht einfach ihre Haare kämmen, sich ihr Gesicht waschen und so tun, als wäre alles prima. Nachdem sie mich im Howard Johnson's so vor den Kopf gestoßen hat. Und keine Entschuldigung. Nichts.
»Warst du auf Drogen oder so, damals im Howard Johnson's?« Ich versuchte, meine Stimme freundlicher klingen zu lassen, als ich mich fühlte.
»Vielleicht, etwas. Ich habe nie viel Drogen genommen. Warum?«
»Ich weiß nicht; du hast dich damals irgendwie so benommen, als ob du mich nicht kennen wolltest.«

»Ach, Twyla, du weißt doch, wie es damals war: schwarz gegen weiß. Du weißt doch, wie alles war.«

Aber ich wußte es nicht. Ich dachte, es wäre genau das Gegenteil gewesen. Ganze Busladungen von Schwarzen und Weißen kamen zusammen im Howard Johnson's an. Sie zogen damals zusammen herum: Studenten, Musiker, Verliebte, politische Aktivisten. Im Howard Johnson's hast du alles mitbekommen, und damals kamen Schwarze und Weiße gut miteinander aus. Doch als ich da saß, mit nichts als zwei harten Tomatenstücken auf meinem Teller, und mir Gedanken um die zerschmolzenen Klondikes machte, kam es mir kindisch vor, mich an die Kränkung zu erinnern. Wir gingen zu ihrem Auto und packten mit der Hilfe des Chauffeurs meine Einkäufe in meinen Kombi.

»Diesmal bleiben wir in Kontakt«, sagte sie.

»Klar«, sagte ich. »Klar. Ruf mich an.«

»Das mache ich«, sagte sie. Und dann, als ich gerade hinters Lenkrad rutschte, lehnte sie sich ins Fenster. »Übrigens. Deine Mutter. Hat sie jemals aufgehört zu tanzen?«

Ich schüttelte meinen Kopf. »Nein. Nie.«

Roberta nickte.

»Und deine? Ist sie jemals gesund geworden?«

Sie lächelte ein kleines trauriges Lächeln. »Nein. Niemals. Hör mal, ruf mich an, o. k.?«

»O. k.«, sagte ich, aber ich wußte, ich würde es nicht tun. Roberta hatte meine Vergangenheit irgendwie durcheinandergebracht mit dieser Geschichte von Maggie. Ich würde doch so eine Sache nicht vergessen. Oder doch?

In diesem Herbst kam Zwietracht über uns. So nannte es zumindest die Zeitung. Zwietracht. Rassenunruhen. Das Wort Zwietracht erinnerte mich an ein Tier – ein großes kreischendes Vogeltier von 1 000 000 000 Jahren vor unserer Zeitrechnung. Das mit den Flügeln schlägt und krächzt.

Sein lidloses Auge starrt immer auf dich herab. Den ganzen Tag lang kreischte es, und nachts schlief es auf den Dächern. Es weckte dich am Morgen, und von der *Today*-Sendung[13] bis zu den Nachrichten um elf leistete es dir schreckliche Gesellschaft. Ich konnte es nicht von heute auf morgen begreifen. Ich wußte, ich sollte irgend etwas Erhabenes fühlen, aber ich wußte nicht was, und James war keine Hilfe. Joseph war auf der Liste der Kinder, die von ihrer Mittelschule in eine andere in einem abgelegenen Stadtteil überwechseln sollten, und ich dachte, das wäre eine gute Sache, bis ich hörte, daß es eine schlechte war. Ich meine, ich hatte einfach keine Ahnung. Für mich waren alle Schulen Abladeplätze, und wenn eine von außen besser aussah, hatte das nicht viel Bedeutung. Aber die Zeitungen waren voll davon, und dann begannen die Kinder, unruhig zu werden. Im August schon. Die Schule hatte noch nicht mal angefangen. Ich dachte, Joseph könnte sich fürchten, da rüber zu fahren, aber er schien keine Angst zu haben, und so habe ich nicht mehr daran gedacht, bis ich einmal die Hudson Street entlangfuhr, dort draußen bei der Schule, die sie integrieren[14] wollten, und ich einen Zug von marschierenden Frauen sah. Und wer, glaubst du, war in dem Zug, in Lebensgröße, mit einem Schild in der Hand, das größer war als das Kreuz ihrer Mutter? MÜTTER HABEN AUCH RECHTE! stand darauf.

Ich fuhr weiter, aber dann überlegte ich es mir anders. Ich fuhr einmal ums Karree, wurde langsamer und hupte.

Roberta schaute herüber, und als sie mich sah, winkte sie. Ich winkte nicht zurück, aber ich bewegte mich auch nicht. Sie gab ihr Schild einer anderen Frau und kam dahin, wo ich parkte.

»Hi.«

»Was macht ihr?«

---

13 Morgendliche US-amerikanische Fernsehsendung. (Anm. d. Hrsg.)
14 Eine Schule, in der ein Gleichgewicht zwischen schwarzen und weißen Schülern erreicht oder angestrebt wird. (Anm. d. Hrsg.)

»Demonstrieren. Oder was denkst du?«

»Weshalb?«

»Was meinst du, ›weshalb‹? Die wollen meine Kinder nehmen und sie aus dem Viertel rausschicken. Sie wollen nicht fahren.«

»Was macht das denn, wenn sie auf eine andere Schule gehen? Mein Sohn wird auch mit dem Bus gefahren,[15] und ich habe nichts dagegen. Warum also du?«

»Es geht nicht um uns, Twyla. Um mich und dich. Es geht um unsere Kinder.«

»Was ist denn mehr *wir* als sie?«

»Nun, das ist ein freies Land.«

»Noch nicht, aber es wird eins werden.«

»Was zum Teufel soll das bedeuten? Ich tue dir doch nichts.«

»Glaubst du das wirklich?«

»Ich weiß es.«

»Ich frage mich, warum ich geglaubt habe, daß du anders bist.«

»Ich frage mich, warum ich geglaubt habe, daß du anders bist.«

»Schau sie dir an«, sagte ich. »Schau einfach hin. Wer denken die, daß sie sind? Die schwärmen hier aus, als ob ihnen alles gehört. Und jetzt denken die, sie können entscheiden, wo mein Kind zur Schule geht. Schau sie dir an, Roberta. Das sind Bozos.«

Roberta drehte sich um und beobachtete die Frauen. Fast alle von ihnen standen jetzt still, warteten. Manche schoben sich sogar langsam in unsere Richtung. Roberta schaute mich an, aus einem Kühlschrank hinter ihren Augen heraus. »Nein, das sind sie nicht. Sie sind nur Mütter.«

»Und was bin ich? Schweizer Käse?«

---

[15] Die Schüler der integrierten Schulen wurden mit Schulbussen aus ihrem Stadtviertel zu ihrer Schule gefahren. (Anm. d. Hrsg.)

»Ich habe immer dein Haar eingedreht.«
»Ich habe deine Hände in meinen Haaren gehabt.«
Die Frauen bewegten sich. Der Ausdruck auf unseren Gesichtern wirkte natürlich böse für sie, und sie sahen so aus, als könnten sie es gar nicht erwarten, sich vor Polizeiautos zu werfen oder, noch besser, sich in mein Auto zu werfen und mich an den Knöcheln wegzuziehen. Jetzt umkreisten sie mein Auto und fingen an, es ganz, ganz behutsam zu schaukeln. Ich begann mich wie ein Jo-Jo in der Horizontale hin und her zu bewegen. Ohne es zu wollen, griff ich nach Roberta, wie in alten Tagen im Obstgarten, wenn sie uns beim Zuschauen gesehen hatten und wir von dort verschwinden mußten, und wenn eine von uns hinfiel, half ihr die andere auf, und wenn sie eine von uns gefangen hatten, blieb die andere da und trat und kratzte, und keine hätte die andere zurückgelassen. Mein Arm schoß aus dem Autofenster heraus, aber keine empfangende Hand war da. Roberta sah zu, wie ich von einer Seite zur anderen schaukelte in dem Auto, und ihr Gesicht war ruhig. Meine Handtasche fiel vom Beifahrersitz runter unters Armaturenbrett. Die vier Polizisten, die in ihrem Auto Tab getrunken hatten, begriffen endlich die Lage, schlenderten herüber und bahnten sich ihren Weg gewaltsam zwischen den Frauen. Sie sagten ruhig, bestimmt: »O.k., meine Damen. Zurück in den Zug oder runter von der Straße!«

Manche von ihnen gingen freiwillig weg; manche mußten von den Türen und der Motorhaube weggedrängt werden. Roberta bewegte sich nicht. Sie schaute mich unverwandt an. Ich versuchte, den Zündschlüssel zu drehen, doch der bewegte sich nicht, weil noch ein Gang drin war. Auf den Autositzen herrschte das reinste Chaos, denn das Schaukeln hatte meine Rabattcoupons darüber verstreut, und meine Tasche lag auf dem Boden herum.

»Vielleicht bin ich jetzt anders, Twyla. Aber du nicht. Du bist das selbe kleine Mädchen, das die Fürsorge geschickt hat, das eine arme alte schwarze Frau trat, als sie auf dem Boden lag. Du hast eine schwarze Frau getreten und wagst es, mich verlogen zu nennen.«

Die Coupons waren überall, und der Inhalt meiner Handtasche lag unterm Armaturenbrett verteilt. Was erzählte sie? Schwarz? Maggie war nicht schwarz.

»Sie war keine Schwarze«, sagte ich.

»Und ob sie eine war, und du hast sie getreten. Wir beide. Du hast eine schwarze Frau getreten, die nicht mal schreien konnte.«

»Lügnerin!«

»Du bist die Lügnerin! Warum fährst du nicht einfach weiter nach Hause und läßt uns in Ruhe, hä?«

Sie drehte sich um, und ich fuhr langsam von der Bordsteinkante weg.

Am nächsten Morgen ging ich in die Garage und schnitt eine Seite aus dem Pappkarton heraus, in dem unser tragbarer Fernseher eingepackt gewesen war. Die war bei weitem nicht groß genug, aber nach einer Weile hatte ich trotzdem ein anständiges Schild: rote aufgesprühte Buchstaben auf weißem Grund – UND KINDER AUCH * * *. Ich wollte eigentlich nur zu der Schule fahren und es irgendwo anbringen, damit diese Kühe im Demonstrationszug auf der anderen Straßenseite es sehen konnten, aber als ich dort ankam, waren schon so ungefähr zehn andere da – die gegen die Kühe auf der anderen Straßenseite protestierten. Mit polizeilicher Genehmigung und allem. Ich reihte mich ein, und wir marschierten im Gleichschritt auf unserer Seite, während Robertas Gruppe auf ihrer Seite marschierte. An diesem ersten Tag waren wir alle voll Würde und gaben vor, daß die andere Seite nicht existierte. Am zweiten Tag gab es Beschimpfungen und Fingerzeichen. Aber das war so ziemlich alles. Von Zeit zu Zeit tauschte man die Schilder aus, aber Roberta machte das nie und ich auch nicht. Tatsächlich ergab mein Schild keinen Sinn ohne Robertas. »Und was haben auch Kinder –?« fragte mich eine der Frauen auf meiner Seite. Rechte, sagte ich, als ob das offensichtlich sei.

Roberta nahm meine Anwesenheit in keiner Weise zur Kenntnis, und ich begann zu denken, daß sie vielleicht nicht wußte, daß ich da war. Ich begann, im Zug hin und her zu laufen, einmal schubste ich jemanden nach vorn und dann fiel ich wieder zurück, so daß Roberta und ich das Ende unseres jeweiligen Zugs zur selben Zeit erreichten und es einen Moment gab, beim Umdrehen, wenn wir einander anschauten. Doch ich konnte noch immer nicht sagen, ob sie mich sah und ob sie wußte, daß mein Schild für sie bestimmt war. Am nächsten Tag fuhr ich hin, lange bevor wir uns versammeln sollten. Ich wartete damit, meine neue Schöpfung zu zeigen, bis sie ankam. Als sie ihr MÜTTER HABEN AUCH RECHTE hochnahm, begann ich damit, mein neues Schild zu schwenken, auf dem stand WOHER WILLST DU DAS WISSEN? Ich wußte, daß sie dieses Schild sah, aber mittlerweile war ich süchtig geworden. Meine Schilder wurden jeden Tag verrückter, und die Frauen auf meiner Seite nahmen an, ich sei durchgedreht. Sie konnten keinen Sinn finden in meinen brillanten schreienden Postern.

Ich kaufte ein bemaltes knallrotes Schild, auf dem in riesigen schwarzen Buchstaben stand: GEHT ES DEINER MUTTER GUT? Roberta machte Mittagspause und kam nicht wieder an diesem Tag oder an irgendeinem anderen. Zwei Tage später hörte auch ich auf hinzuzufahren und wurde sicher nicht vermißt, denn meine Schilder verstand sowieso niemand.

Es waren üble sechs Wochen. Der Unterricht wurde ausgesetzt, und Joseph ging in gar keine Schule – weder in unsere noch in ihre – bis Oktober. Die Kinder – die Kinder von allen – begannen bald, sich zu langweilen in diesen verlängerten Ferien, von denen sie gedacht hatten, daß sie so toll sein würden. Sie sahen fern, bis ihnen die Augen zufielen. Ein paar Vormittage habe ich damit zugebracht, meinen Sohn zu unterrichten, so, wie die anderen Mütter gesagt hatten, daß wir es machen sollten. Zweimal habe ich das Buch vom vergangenen Jahr aufgeschlagen, das er nie zurückgebracht hat. Zweimal gähnte er mir ins Gesicht. Andere Mütter organisierten Schulstunden im Wohnzimmer, damit die Kinder am Stoff bleiben. Keines der Kinder konnte sich konzentrieren, und so kamen sie schließlich zurück zu *Der Preis ist heiß* und *The Brady Bunch*[16]. Als die Schule endlich wieder anfing, gab es ein- oder zweimal tätliche Auseinandersetzungen, und ein paar Sirenen heulten ab und zu durch die Straßen. Es waren eine Menge Fotografen aus Albany da. Und gerade, als *ABC* ein Nachrichtenteam schicken wollte, beruhigten sich die Kinder, so als sei nichts auf der Welt passiert. Joseph hängte mein WOHER WILLST DU DAS WISSEN?-Schild in sein Zimmer. Ich weiß nicht, was aus UND KINDER AUCH * * * geworden ist. Ich glaube, mein Schwiegervater hat darauf Fisch ausgenommen. Er werkelte immer in unserer Garage herum. Alle seine fünf Kinder wohnten in Newburgh, und er tat so, als habe er fünf zusätzliche Wohnungen.

Als Joseph von der Oberschule abging, konnte ich nicht anders und schaute mich nach Roberta um, aber ich habe sie nicht gesehen. Was sie zu mir gesagt hatte, im Auto, störte mich nicht sehr. Ich meine, das übers Treten. Ich weiß, das habe ich nicht gemacht, ich könnte das nicht. Aber ich war verblüfft, als sie mir sagte, daß Maggie schwarz war. Wenn ich darüber nachdachte, war ich tatsächlich nicht sicher. Sie war nicht tief-schwarz, das wußte ich, sonst hätte ich mich daran erinnert. Woran ich mich erinnerte, waren die Kin-

---

16 Familienserie im Fernsehen aus den 60ern. (Anm. d. Hrsg.)

dermütze und die halbkreisförmigen Beine. Ich versuchte lange, mich wegen dieser Rassensache zu beruhigen, bis mir klar wurde, daß die Wahrheit schon da war, und daß Roberta sie kannte. Ich habe sie nicht getreten, ich habe nicht mitgemacht mit den »gar girls« und habe diese Frau getreten, aber ich bin sicher, ich wollte es. Wir sahen zu und versuchten nicht, ihr zu helfen, und riefen keine Hilfe. Maggie war meine tanzende Mutter. Taub, dachte ich, und dumm. Niemand drin. Niemand hörte dich, wenn du in der Nacht weintest. Niemand, der dir etwas Wichtiges, das du brauchen konntest, sagte. Wackelnd, tanzend, schwankend beim Laufen. Und als die »gar girls« sie schubsten und begannen, sie herumzustoßen, wußte ich, daß sie nicht schreien würde, nicht schreien konnte – genau wie ich – und ich war froh darüber.

Wir entschieden uns, keinen Baum zu kaufen, denn Weihnachten würden wir im Haus meiner Schwiegermutter feiern, also warum sollten wir zwei Bäume haben? Joseph ging auf die SUNY New Paltz[17], und wir mußten sparen, sagten wir. Aber im letzten Moment überlegte ich es mir anders. So schlecht konnte es nicht stehen. Also hetzte ich durch die Stadt und suchte nach einem Baum, einem kleinen mit dichten Ästen. Als ich endlich einen Baumverkauf gefunden hatte, schneite es, und es war sehr spät. Ich ließ mir Zeit, so, als ob das der wichtigste Einkauf auf der Welt sei, und der Verkäufer hatte die Nase voll von mir. Zu guter Letzt suchte ich einen aus und ließ ihn mir auf dem Kofferraum festbinden. Ich fuhr langsam weg, denn die Laster mit Streusand waren noch nicht unterwegs, und die Straßen konnten mörderisch sein, wenn es zu schneien begann. In der Innenstadt waren die Straßen breit, und, abgesehen von

---

17 State University of New York, New Paltz; kleinere Universität. (Anm. d. Hrsg.)

ein paar Leuten, die aus dem Newburgh Hotel kamen, eher
leer. Das einzige Hotel der Stadt, das nicht aus Pappe und
Plexiglas bestand. Wahrscheinlich eine Feier. Die Männer,
die sich im Schnee zusammendrängten, waren im Frack,
und die Frauen trugen Pelze. Glänzende Sachen schimmerten unter ihren Mänteln hervor. Es machte mich müde, sie
anzusehen. Müde, müde, müde. An der nächsten Ecke war
ein kleines Imbißlokal mit Girlanden aus Papierglocken im
Fenster. Ich hielt an und ging hinein. Nur auf eine Tasse
Kaffee und zwanzig Minuten Ruhe, bevor ich nach Hause
fuhr und versuchte, alles für den Heiligen Abend vorzubereiten.

»Twyla?«

Da war sie. In einem silbrigen Abendkleid und einem
dunklen Pelzmantel. Sie kam mit einem Mann und einer
Frau, der Mann suchte nach Kleingeld für den Zigarettenau-
tomaten. Die Frau summte und klopfte mit ihren Fingernägeln auf den Tresen. Sie sahen alle etwas angetrunken aus.

»Ach, du bist's.«

»Wie geht es dir?«

Ich zuckte die Schultern. »Ziemlich gut. Erschöpft. Wegen Weihnachten und alledem.«

»Normale Größe?« rief die Frau vom Tresen her.

»Gut, ja«, rief Roberta zurück und dann: »Wartet im
Auto auf mich.«

Sie setzte sich neben mich an den Tisch. »Ich muß dir etwas sagen, Twyla. Ich habe mich dazu entschlossen, daß,
falls ich dich einmal wiedersehe, ich es dir sage.«

»Ich würde viel lieber nichts hören, Roberta. Es spielt
jetzt sowieso keine Rolle mehr.«

»Nein«, sagte sie. »Nicht darüber.«

»Beeil dich«, sagte die Frau. Sie trug zwei mittelgroße
Pappbecher Kaffee zum Mitnehmen in der Hand und der
Mann riß seine Zigarettenschachtel auf, als sie hinausgingen.

»Es ist über St. Bonny und Maggie.«
»Oh, bitte.«
»Hör mich an. Ich dachte wirklich, sie wäre schwarz. Ich habe mir das nicht ausgedacht. Ich dachte das wirklich. Aber jetzt bin ich mir nicht mehr sicher. Ich erinnere mich nur noch an sie als alte, so alte Frau. Und weil sie nicht reden konnte – nun, du weißt schon, dachte ich, sie wäre verrückt. Sie war in einer Anstalt aufgewachsen wie meine Mutter, und ich dachte, ich würde auch mal in so was landen. Und du hattest recht. Wir haben sie nicht getreten. Das waren die ›gar girls‹. Nur sie. Aber, nun, ich wollte. Ich wollte wirklich, daß die ihr weh taten. Ich habe gesagt, wir hätten mitgemacht, du und ich, aber das ist nicht wahr. Und ich möchte nicht, daß du das mit dir herumträgst. Es ist nur, daß ich es so sehr wollte an dem Tag – etwas wollen ist es tun.«

Ihre Augen waren feucht, von dem was sie getrunken hatte, nahm ich an. Ich weiß, daß es mir so geht. Ein Glas Wein und ich fange an, wegen der kleinsten Kleinigkeit zu heulen.

»Wir waren Kinder, Roberta.«
»Ja, ja. Ich weiß, nur Kinder.«
»Acht.«
»Acht.«
»Und einsam.«
»Und auch verängstigt.«

Sie trocknete ihre Wangen mit ihrem Handrücken und lächelte. »Gut. Mehr wollte ich nicht sagen.«

Ich nickte und wußte nicht, wie ich die Stille füllen sollte, die vom Imbißlokal reichte über die Papierglocken bis hinaus in den Schnee. Es schneite jetzt heftig. Ich dachte, ich sollte besser auf die Streuwagen warten, bevor ich mich auf den Nachhauseweg machte.

»Danke, Roberta.«

»Gern geschehen.«

»Hab ich's dir gesagt? Meine Mutter hat nie aufgehört zu tanzen.«

»Ja. Du hast es mir gesagt. Und meine ist nie gesund geworden.« Roberta hob ihre Hände von der Tischplatte und bedeckte ihr Gesicht mit ihren Handflächen. Als sie die Hände wegnahm, weinte sie richtig. »Oh, Scheiße, Twyla. Scheiße, Scheiße, Scheiße. Was ist nur aus Maggie geworden?«

Übersetzung von Antje Dallmann

LESLIE MARMON SILKO

Gelbe Frau

I

Mein Schenkel klebte feucht an seinem, und ich sah zu, wie die Sonne zwischen den Lärchen und Weiden aufstieg. Die kleinen braunen Wasservögel kamen zum Fluß und hüpften über den sumpfigen Boden, wobei sie braune Spuren auf der alkaliweißen Kruste zurückließen. Sie badeten geräuschlos im Fluß. Ich konnte das Wasser hören, fast an unseren Füßen, wo die schmale, schnelle Strömung plätscherte und grünes zottiges Moos und Farnkräuter wusch. Ich betrachtete ihn, der da in die rote Decke eingerollt neben mir auf dem weißen Ufersand lag. Ich wischte den Sand zwischen meinen Zehen fort, blinzelnd, weil die Sonne über den Weidenbäumen stand. Ich betrachtete ihn zum letzten Mal, wie er da auf dem weißen Ufersand schlief.

Ich hatte Hunger, und ich ging den Fluß entlang nach Süden, den Weg, den wir am Nachmittag des vorigen Tages gekommen waren. Ich folgte unseren Fußspuren, die von Eidechsen- und Käferspuren fast schon verwischt waren. Die Pferde lagerten immer noch auf dem Boden, und das schwarze wieherte, als es mich sah, aber es stand nicht auf – vielleicht weil der Korral aus dicken Zedernzweigen gemacht war und die Pferde die Sonne noch nicht so gespürt hatten wie ich. Ich versuchte über die blaßrote Mesa[1] hinweg zum Pueblo hinüberzusehen. Ich wußte, er lag dort, selbst wenn ich ihn nicht ausmachen konnte, auf dem Sand-

---

[1] Hochebene. (Anm. d. Hrsg.)

steinmassiv über dem Fluß, demselben Fluß, der jetzt an mir vorbeifloß und in dem sich letzte Nacht der Mond gespiegelt hatte.

Der Hengst unter mir fühlte sich warm an. Er schüttelte den Kopf und scharrte im Sand. Der Braune wieherte und stemmte sich gegen die Gattertür in dem Versuch, uns zu folgen, und ich dachte an ihn, wie er da in der roten Decke am Fluß schlief. Ich glitt vom Pferd und band es dicht neben dem anderen an. Ich lief nach Norden, wieder am Fluß entlang, und die weiße Sandfläche zerbröckelte in zahllosen Fußspuren.

»Wach auf.«

Er bewegte sich in der Decke und wandte mir sein Gesicht zu. Seine Augen waren immer noch geschlossen. Ich kniete nieder und berührte ihn.

»Ich gehe fort.«

Jetzt lächelte er, mit geschlossenen Augen. »Du kommst mit mir, weißt du das nicht mehr?« Er setzte sich auf, und die Sonne schien auf seine nackte dunkle Brust und seinen nackten dunklen Bauch.

»Wohin?«

»Zu mir.«

»Und komme ich wieder zurück?«

Er zog sich die Hosen an. Ich entfernte mich ein paar Schritte von ihm. Ich fühlte, daß er hinter mir stand, und ich roch die Weiden.

»Gelbe Frau«, sagte er.

Ich drehte mich um und sah ihn an. »Wer bist du?« fragte ich.

Er lachte, kniete an dem flachen, sandigen Ufer nieder und wusch sich das Gesicht im Fluß. »Letzte Nacht hast du meinen Namen erraten, und du wußtest, warum ich gekommen war.«

Ich starrte an ihm vorbei auf die flache Strömung und versuchte mich auf die Nacht zu besinnen, aber ich konnte nur den Mond im Wasser sehen und mich an die Wärme erinnern, mit der sein Körper mich eingehüllt hatte.

»Aber ich habe doch nur gesagt, daß du er warst und ich die Gelbe Frau – ich bin sie nicht wirklich –, ich habe meinen eigenen Namen, und ich komme aus dem Pueblo auf der anderen Seite der Mesa. Du heißt Silva, und du bist ein Fremder, dem ich gestern nachmittag am Fluß begegnet bin.«

Er lachte leise. »Was gestern passiert ist, hat nichts mit dem zu tun, was du heute tun wirst, Gelbe Frau.«

»Ich weiß – das sage ich ja –, die alten Geschichten vom Geist Katschina und der Gelben Frau können nicht uns meinen.«

Mein alter Großvater erzählte diese Geschichten am liebsten. Es gibt eine Sage vom Dachs und vom Kojoten, die auf die Jagd gingen und den ganzen Tag fort blieben, und als die Sonne unterging, kamen sie zu einem Haus. Dort lebte ein Mädchen ganz allein, sie hatte helles Haar und helle Augen, und sie sagte ihnen, daß sie beide mit ihr schlafen dürften. Der Kojote aber wollte die ganze Nacht bei ihr bleiben, und deshalb schickte er den Dachs in den Bau eines Präriehundes – er erzählte ihm, er habe etwas darin gesehen. Als der Dachs hineingekrochen war, verrammelte der Kojote den Eingang mit großen Steinen und eilte zur Gelben Frau zurück.

»Komm her«, sagte er zärtlich.

Er berührte meinen Nacken, und ich schmiegte mich an ihn, um seinen Atem zu spüren und sein Herz zu hören. Ich überlegte, ob die Gelbe Frau gewußt hatte, wer sie war – ob sie wußte, daß sie in die Sage eingehen würde. Vielleicht hatte sie einen anderen Namen gehabt, mit dem ihr Mann und ihre Verwandten sie riefen, so daß nur der Katschina aus dem Norden und die Geschichtenerzähler sie als die Gelbe Frau kannten. Aber ich spann den Faden nicht weiter; er warf mich in den weißen Ufersand, und ich fühlte ihn rings um mich.

Die Gelbe Frau zog mit dem Geist aus dem Norden fort und lebte bei ihm und seinen Verwandten. Sie blieb lange Zeit verschollen, aber dann eines Tages kam sie zurück und brachte zwei Zwillingsknaben mit.

»Kennst du die Geschichte?«

»Welche Geschichte?« Er lächelte und zog mich an sich, während er das sagte. Ich fürchtete mich, als ich so auf der roten Decke lag. Ich wußte nur, wie er sich anfühlte, warm, feucht, sein Körper dicht neben mir. Genauso passiert es in den Geschichten, dachte ich: von dem Augenblick an, da sie dem Geist Katschina begegnet, denkt sie an nichts mehr, und sie gehen zusammen fort.

»Ich muß nicht fortgehn. Was in den Geschichten erzählt wird, war nur damals wahr, in grauen Zeiten, wie es immer heißt.«

Er erhob sich und deutete auf meine Kleider, die verstreut auf der Decke lagen. »Gehn wir«, sagte er.

Ich schritt neben ihm, schwer atmend, weil er sehr schnell ging. Seine Hand umklammerte mein Handgelenk. Ich versuchte nicht mehr, mich aus seinem Griff zu befreien, denn seine Hand war kalt, und die Sonne stand hoch am Himmel und trocknete das Flußbett zu Alkali aus. Ich werde jemand sehen, am Ende werde ich jemand sehen, und dann weiß ich mit Sicherheit, daß er nur ein Mensch ist – irgendein Mann aus der Umgegend –, und ebenso sicher, daß ich nicht die Gelbe Frau bin. Denn sie stammt aus grauen Zeiten, und ich lebe jetzt, und ich habe die Schule besucht, und es gibt Landstraßen und Lastwagen, die die Gelbe Frau nie gesehen hat.

Der Ritt nach Norden war leicht und angenehm. Ich sah, wie die Pappeln längs des Flusses Wacholderbüschen wichen, die wir in den niedrigen Hügeln im Vorbeireiten streiften, und schließlich gab es nur noch Pinien, und als ich an der Wand des Bergplateaus hinaufschaute, sah ich, daß am äußersten Rand Kiefern wuchsen. Einmal hielt ich an, um hinunterzublicken, aber der fahle Sandstein war verschwunden, und der Fluß war nicht mehr da, und ringsum gab es nichts als dunkle Lavahügel. Er berührte meine Hand; er sprach nicht, aber er sang immerfort leise ein Gebirgslied vor sich hin und sah mir in die Augen.

Ich hatte Hunger, und ich versuchte mir vorzustellen, was meine Leute zu Hause jetzt wohl tun mochten – meine Mutter, meine Großmutter, mein Mann und das Baby. Vielleicht bereiteten sie gerade das Frühstück, sagten: »Wohin ist sie bloß gegangen? Vielleicht wurde sie entführt«, und Al ging zur Stammespolizei und unterrichtete sie über die Einzelheiten: »Sie ging am Fluß spazieren.«

Das Haus war aus schwarzem Lavagestein und rotem Lehm gebaut. Es erhob sich hoch über den Meilen und Meilen von Arroyos[2] und langen Mesas. Ich schnupperte Gebirgsgeruch: Pech und Buschwerk. Ich stand neben dem schwarzen Pferd, blickte hinunter auf das kleine, im Dunst verschwimmende Land, durch das wir geritten waren, und ich zitterte.

»Gelbe Frau, komm herein, hier drinnen ist es warm.«

II

Er entzündete ein Feuer im Herd. Es war ein alter Herd mit einem runden Bauch, und auf der Herdplatte stand ein Kaffeetopf aus Emaille. Es gab nur den Herd, ein paar ausgebleichte Navajo-Decken, eine Bettrolle und eine Pappkiste. Der Fußboden bestand aus glattem Adobelehm, und der Raum hatte ein kleines Fenster, das nach Osten ging. Er zeigte auf die Pappkiste.

---

2 Bach. (Anm. d. Hrsg.)

»Da drin sind ein paar Kartoffeln und die Bratpfanne.«
Er setzte sich auf den Fußboden, die Arme um die Knie geschlungen, die er dicht an die Brust zog, und sah zu, wie ich die Kartoffeln briet. Es störte mich nicht, daß er mich beobachtete, weil er das immerfort tat – er hatte mich beobachtet, seit ich auf ihn getroffen war, wie er am Flußufer saß und mit seinem Messer Blätter von einem Weidenzweig schnitt. Wir aßen aus der Pfanne, und er wischte seine fettigen Finger an seinen Levis ab.

»Hast du schon früher Frauen hierher mitgenommen?« Er lächelte und kaute weiter, deshalb sagte ich: »Wendest du immer die gleichen Tricks an?«

»Welche Tricks?« Er sah mich an, als habe er nicht verstanden.

»Die Geschichte, daß du ein Katschina aus den Bergen bist. Die Geschichte von der Gelben Frau.«

Silva schwieg; sein Gesicht war ruhig.

»Ich glaube es nicht. Solche Geschichten könnten heute nicht passieren«, sagte ich.

Er schüttelte den Kopf und sagte leise: »Aber eines Tages wird man von uns erzählen, und man wird sagen: ›Diese beiden lebten vor langer Zeit, als so was noch geschehen konnte.‹«

Er stand auf und ging hinaus. Ich aß den Rest der Kartoffeln und dachte über alles mögliche nach – über das Geräusch, das der Herd machte, und über das Heulen des Bergwinds draußen. Ich erinnerte mich an gestern und an vorgestern, und dann ging ich hinaus.

Ich ging am Korral vorüber zum äußersten Rand des Massivs, wo der schmale Saumpfad in den schwarzen Fels einschnitt. Ich stand im Himmel, und nichts war um mich als der Wind, der von dem blauen Berggipfel hinter mir herunterwehte. Meilen hinter den weiten Mesas und Tälern und Ebenen konnte ich die Umrisse von Bergen ausmachen.

Ich fragte mich, wer wohl da drüben den Gebirgswind an den steil abfallenden blauen Bergwänden spürte – wer da drüben in den blauen Bergen über die Kiefernnadeln schritt.

»Kannst du den Pueblo erkennen?« Silva stand hinter mir.

Ich schüttelte den Kopf. »Wir sind zu weit weg.«

»Von hier aus kann ich die Welt sehn.« Er trat an den äußersten Felsrand. »Dort drüben beginnt die Navajo-Reservation.« Er zeigte nach Osten. »Die Grenzen des Pueblo verlaufen dort.« Er sah hinunter nach Süden, der Richtung, aus der der schmale Saumpfad herzukommen schien. »Da drüben haben die Texaner ihre Ranches. Das fängt an bei dem Tal dort, dem Concho-Tal. Auch die Mexikaner weiden dort etwas Vieh.«

»Arbeitest du manchmal für sie?«

»Ich bestehle sie«, antwortete Silva. In unserm Rücken sank die Sonne, und Schatten legten sich über das Land unter uns. Ich wandte mich ab von der Felswand, die ohne Ende in die Täler da unten abfiel.

»Mir ist kalt«, sagte ich, »ich gehe hinein.« Ich fing an, mir über diesen Mann Gedanken zu machen, der die Pueblo-Sprache so gut sprach, der aber auf einem Berg lebte und Vieh stahl. Ich sagte mir, dieser Mann Silva müsse ein Navajo sein, denn Pueblo-Männer taten so was nicht.

»Du mußt ein Navajo sein.«

Silva schüttelte freundlich den Kopf. »Kleine Gelbe Frau«, sagte er, »du gibst nie auf, nicht wahr? Ich habe dir gesagt, wer ich bin. Die Navajos kennen mich auch.« Er kniete sich hin, rollte die Bettrolle auf und legte extra Decken auf ein Stück Segeltuch. Die Sonne war untergegangen, und das einzige Licht im Haus kam von draußen herein – das gedämpfte, orangefarbene Licht des Sonnenuntergangs.

Ich stand da und wartete darauf, daß er unter die Decken kroch.

»Worauf wartest du?« sagte er, und ich legte mich neben ihn. Er entkleidete mich langsam wie in der Nacht zuvor am Fluß – er küßte zärtlich mein Gesicht, und seine Hände glitten über meinen Bauch und meine Beine auf und ab. Er zog mir die Hosen aus, und dann lachte er.

»Warum lachst du?«

»Du atmest so schwer.«

Ich rutschte von ihm weg und drehte ihm den Rücken zu.

Er zog mich zu sich herum und hielt mich mit seinen Armen und seiner Brust nieder. »Du verstehst nicht, nicht wahr, kleine Gelbe Frau? Du wirst das tun, was ich will.«

Und wieder war er rings um mich mit seiner Haut, die glatt auf meiner lag, und ich hatte Angst, weil ich begriff, daß er mir mit seiner Kraft weh tun konnte. Ich lag unter ihm, und ich wußte, daß er mich vernichten konnte. Aber später, als er neben mir schlief, berührte ich sein Gesicht, und ein Gefühl wallte in mir auf – dasselbe Gefühl für ihn, das mich an jenem Morgen am Fluß überwältigt hatte. Ich küßte ihn auf die Stirn, und er griff nach mir.

Als ich am Morgen aufwachte, war er verschwunden. Mir war sonderbar zumute, denn ich saß lange Zeit auf den Decken und sah mich in dem kleinen Haus nach irgendeinem Gegenstand um, der ihm gehörte – einem Beweis dafür, daß er da gewesen war und vielleicht wieder zurückkommen würde. Nur die Decken und die Pappkiste waren noch da. Die Winchesterflinte, die in der Ecke gelehnt hatte, war verschwunden und ebenso das Messer, das ich am Abend zuvor benutzt hatte. Er war fort, und jetzt war meine Chance gekommen zu verschwinden. Aber erst mußte ich etwas essen, denn ich wußte, der Weg nach Hause würde lang werden.

In der Pappkiste fand ich ein paar getrocknete Aprikosen, damit setzte ich mich auf einen Felsen am Rand des Plateaus. Es wehte kein Wind, und die Sonne wärmte mich.

Stille umgab mich. Ich döste mit Aprikosen im Mund vor mich hin, und ich glaubte nicht, daß es Autostraßen oder Eisenbahnen oder Vieh gab, das man stehlen konnte.

Als ich aufwachte, starrte ich auf meine Füße in der lockeren schwarzen Bergerde. Kleine schwarze Ameisen krochen in Scharen über die Kiefernnadeln, die rings um meine Füße den Boden bedeckten. Sie mußten die Aprikosen gerochen haben. Ich dachte an meine Familie da unten in der Tiefe. Sie würden sich Sorgen um mich machen, denn so etwas war mir noch nie zugestoßen. Die Stammespolizei würde einen Bericht schreiben. Aber wenn mein alter Großvater noch am Leben wäre, würde er ihnen sagen, was geschehen war – er würde lachen und sagen: »Gestohlen von einem Katschina, einem Berggeist. Sie wird schon wieder nach Hause kommen – meistens kommen sie wieder.« Sie sind genug Personen, um mit allem fertig zu werden. Meine Mutter und meine Großmutter werden das Baby aufziehen, so wie sie mich aufgezogen haben. Al wird eine andere finden, und sie werden weiterleben wie bisher, nur daß es eine Geschichte geben wird über den Tag, an dem ich verschwunden bin, als ich am Fluß entlangging. Silva war meinetwegen gekommen; jedenfalls sagte er das. Ich beschloß nicht etwa, fortzugehen, ich ging einfach. Mondwinden blühen auf den Sandhügeln, bevor der Morgen dämmert, genauso wie ich ihm folgte. Das dachte ich, als ich zwischen den Kiefern den Saumpfad entlangschritt.

Es war Mittag, als ich zurückkam. Als ich das Steinhaus sah, fiel mir ein, daß ich hatte nach Hause gehen wollen. Aber das schien jetzt nicht mehr wichtig, vielleicht weil auf der Wiese dahinter kleine blaue Blümchen blühten und die grauen Eichhörnchen in den Kiefern spielten, die dicht am Haus wuchsen. Die Pferde standen im Korral, und an der Schattenseite einer großen Kiefer vor dem Haus hing ein ausgeweidetes Rind. Fliegen schwirrten um das geronnene

Blut, das von dem Rumpf herabhing. Silva wusch sich gerade in einem bis obenhin mit Wasser gefüllten Eimer die Hände. Er mußte mich kommen gehört haben, denn er sprach mit mir, ohne sich zu mir umzudrehen.

»Ich hab auf dich gewartet.«

»Ich bin zwischen den großen Kiefern spazierengegangen.«

Ich blickte in den Eimer, in dessen blutigem Wasser braune und weiße Tierhaare herumschwammen. Silva stand da, ließ seine Hände abtropfen und betrachtete mich gespannt.

»Kommst du mit?«

»Wohin?« fragte ich ihn.

»Nach Marquez, das Fleisch verkaufen.«

»Ist die Sache auch sauber?«

»Ich würde dich nicht fragen, wenn sie's nicht wäre«, erwiderte er.

Er ließ das Wasser in dem Eimer hin und her schwappen, bevor er es auskippte und den Eimer mit dem Boden nach oben neben die Tür stellte. Ich ging mit ihm zum Korral und sah zu, wie er die Pferde sattelte. Selbst neben den Pferden wirkte er groß, und ich fragte ihn noch einmal, ob er ein Navajo sei. Er schwieg; er schüttelte nur den Kopf und zog den Sattelgurt fester.

»Aber Navajos sind groß.«

»Steig auf«, sagte er. »Wir reiten los.«

Bevor wir den steilen Saumpfad hinunterritten, nahm er als letztes die Winchester aus der Ecke. Er steckte sie in das Futteral, das von seinem Sattel herabhing.

»Versuchen sie nie, dich zu fangen?« fragte ich.

»Sie wissen nicht, wer ich bin.«

»Warum hast du dann das Gewehr mitgenommen?«

»Weil wir nach Marquez reiten, wo die Mexikaner leben.«

III

Der Saumpfad lief jetzt auf einem schmalen Grat entlang, der zu beiden Seiten scharf abfiel wie das Rückgrat eines Tieres. Auf der einen Seite konnte ich den Pfad sehen, der sich um die grauen Felsberge schlängelte und im Südosten verschwand, wo sich weit weg, in der Nähe meines Hauses, die fahlen Sandstein-Mesas erstreckten. Auf der anderen Seite verlief ein Saumpfad nach Westen, und als ich weit in die Ferne blickte, glaubte ich die kleine Stadt ausmachen zu können. Aber Silva sagte, nein, ich schaute in die falsche Richtung, ich hätte nur geglaubt, Häuser zu erkennen. Danach hörte ich auf, in die Ferne zu blicken; es war heiß, und die wilden Blumen schlossen ihre sattgelben Blütenblätter. Nur die wächsernen Kaktusblüten blühten in der strahlenden Sonne, und ich sah alle Farben, die Kaktusblüten nur haben können; die weißen und die roten waren noch Knospen, aber die purpurroten und die gelben waren weit geöffnet und die schönsten von allen.

Silva sah ihn, bevor ich ihn sah. Der Weiße ritt ein großes graues Pferd; er sprengte den Saumpfad hinauf, auf uns zu. Er ritt schnell, und die Füße des grauen Pferdes schleuderten Steine vom Pfad hinunter in das trockene Unkraut. Silva machte mir ein Zeichen, ich sollte anhalten, und wir beobachteten den Weißen. Bis jetzt hatte er uns noch nicht gesehen, aber schließlich wieherte sein Gaul unseren Pferden entgegen, und er hielt an. Er musterte uns kurz, bevor er den Grauen die knapp dreihundert Meter hinauftrotten ließ, die uns trennten. Er hielt sein Pferd vor Silva an, und der Hutrand beschattete sein dickes junges Gesicht. Er sah nicht bösartig aus, aber der Blick seiner kleinen, blassen Augen wanderte von den blutdurchtränkten Jutesäcken, die an meinem Sattel hingen, zu Silvas Gesicht und dann zurück zu meinem.

»Woher hast du das frische Fleisch?« fragte der Weiße.

»Ich habe gejagt«, sagte Silva, und als er das Gewicht seines Körpers im Sattel verlagerte, knarrte das Leder.

»Den Teufel hast du, Indianer. Du hast Vieh gestohlen. Wir suchen schon lange nach dem Dieb.«

Der Rancher war dick, Schweiß durchfeuchtete sein weißes Cowboyhemd, und der nasse Stoff klebte an den dicken Wülsten seines Fettbauchs. Es hatte fast den Anschein, als keuche er allein infolge der Anstrengung des Sprechens, und er roch unangenehm, vielleicht weil er Angst vor Silva hatte.

Silva wandte sich zu mir um und lächelte: »Reite zurück in die Berge, Gelbe Frau.«

Der weiße Mann wurde wütend, als er Silva in einer Sprache sprechen hörte, die er nicht verstand. »Keine Tricks, Indianer. Reite weiter nach Marquez. Von da aus werden wir die Staatspolizei rufen.«

Der Rancher muß unbewaffnet gewesen sein, denn er hatte große Angst, und hätte er ein Gewehr gehabt, dann hätte er es jetzt hervorgeholt. Ich wendete mein Pferd, und der Rancher brüllte: »Halt!« Einen Augenblick lang sah ich Silva an, und in seinen Augen las ich etwas Uraltes, Dunkles – etwas, das ich in meinem Magen fühlen konnte – und als ich auf seine Hand blickte, sah ich, daß er den Finger am Abzug der Winchester hatte, die immer noch im Sattelfutteral steckte. Ich gab meinem Gaul einen Schlag auf die Flanke, und die Säcke mit dem rohen Fleisch schlugen gegen meine Knie, als das Tier den Saumpfad hinaufpreschte. Ich hatte Mühe, das Gleichgewicht zu bewahren, und einmal glaubte ich, der Sattel rutsche nach hinten; deshalb konnte ich mich nicht umdrehen.

Ohne anzuhalten erreichte ich den Grat, wo sich der Pfad gabelte. Das Pferd atmete keuchend, und seinen Nacken bedeckte eine dunkle Schweißschicht. Ich blickte in die Richtung hinunter, aus der ich gekommen war, aber ich konnte die Stelle nicht sehen. Ich wartete. Wind kam auf und blies warme Luft an mir vorbei. Ich schaute zum Himmel hoch: er war hellblau und voller zarter Wolken und langsam verblassender Kondensstreifen, die Düsenflugzeuge zurückgelassen hatten.

Ich glaube, es wurden vier Schüsse abgefeuert – ich weiß noch, daß ich vier dumpfe Explosionen hörte, die mich an Rotwildjagd erinnerten. Vielleicht fielen danach noch weitere Schüsse, aber ich konnte sie nicht gehört haben, da mein Pferd wieder galoppierte und die losen Steine, die rings um seine Füße kollerten, zuviel Lärm machten.

Es fällt Pferden schwer, bergab zu laufen, aber ich ritt bergab anstatt hinauf in die Berge, weil ich glaubte, das sei sicherer. Ich fühlte mich besser jetzt, da das Pferd nach Südosten lief, vorbei an den runden grauen Hügeln, die mit Zedern bewachsen und mit schwarzem Lavageröll bedeckt waren. Als ich die Ebene erreichte, konnte ich in der Ferne die dunkelgrünen Büschel der Lärchen ausmachen, die am Fluß wuchsen, und hinter dem Fluß konnte ich den Anfang der fahlen Sandstein-Mesas sehen. Ich hielt das Pferd an und schaute hinter mich, um festzustellen, ob mir jemand folgte; dann stieg ich ab und wendete das Tier. Ich fragte mich, ob es wohl zu seinem Korral unter den Kiefern auf dem Berg zurücklaufen würde. Es sah sich einen Augenblick lang nach mir um, fraß ein Maulvoll grüner Steppenläufer und trottete dann den Saumpfad hinauf, die Ohren nach vorn gespitzt, den Kopf leicht zur Seite geneigt, um nicht auf die nachschleifenden Zügel zu treten. Als das Pferd über den letzten Hügel verschwand, hüpften und schwangen die Jutesäcke mit dem Fleisch immer noch hin und her.

IV

Ich wanderte dem Fluß entgegen, auf einem Holzfuhrmannsweg, von dem ich wußte, daß er schließlich auf die gepflasterte Straße mündete. Ich überlegte, ob ich nicht besser an der Straße auf jemand warten sollte, der zufällig vorbeifuhr, aber als ich sie endlich erreichte, hatte ich festgestellt, daß es nicht mehr sehr weit zu laufen war, wenn ich den Weg am Fluß entlang zurückging, den Silva und ich gekommen waren.

Das Flußwasser schmeckte gut, und ich setzte mich in den Schatten unter eine Gruppe silbriger Weiden. Ich dachte an Silva, und ich war traurig, weil ich ihn verlassen hatte; aber es war doch etwas Seltsames um ihn, und ich versuchte den ganzen Weg lang zu ergründen, was es war.

Ich kam wieder zu der Stelle am Ufer, wo er gesessen hatte, als ich ihn das erste Mal erblickte. Die grünen Weidenblätter, die er von dem Zweig abgeschnitten hatte, lagen immer noch da und verwelkten im Sand. Ich sah die Blätter, und ich empfand das Verlangen, zu ihm zurückzukehren – ihn zu küssen, ihn zu berühren –, aber jetzt waren die Berge schon zu weit weg. Ich sagte mir, und ich glaube das wirklich, daß er eines Tages zurückkommen und wieder am Fluß auf mich warten wird.

Ich ging den Pfad entlang, der vom Fluß zum Dorf führt. Die Sonne sank, und als ich an der Gazetür meines Hauses anlangte, roch ich, daß das Abendessen gekocht wurde. Ich konnte ihre Stimmen drinnen hören – meine Mutter erklärte meiner Großmutter, wie man die Jell-o zubereitet, und Al, mein Mann, spielte mit dem Baby. Ich beschloß, ihnen zu erzählen, daß mich ein Navajo entführt hätte, aber es tat mir leid, daß mein alter Großvater nicht mehr am Leben war und meine Geschichte nicht mehr hören konnte, denn die Geschichten von der Gelben Frau erzählte er am liebsten.

Übersetzung von Elga Abramowitz

LOUISE ERDRICH

Der Schatten eines Schattens

Jeder Ort, den ich Ihnen in dieser Welt nennen könnte, hat mehr, was für ihn spricht, als Argus, North Dakota. Ich bin zufällig achtzehn Jahre lang dort aufgewachsen, und die Erde selbst ist zu einem Teil von mir geworden, die Luft hat etwas, das ich eingeatmet habe. Das Wasser in Argus schmeckt nicht so gut wie das Wasser in der Stadt. Und doch ist das erste, was ich tue, als ich das Haus meiner Mutter wieder betrete, mich vor die Küchenspüle zu stellen und ein Glas nach dem anderen hinunterzukippen.

»Bist du abgefüllt?« Meine Mutter steht hinter mir. »Setz dich, wenn du's bist.«

Sie ist hochgewachsen und eckig wie ein Brett, Franco-Chippewa, mit langen Armen und starken Händen. Ihr Gesicht ist grobknochig, grimmig, fast männlich in seinen Kanten und Ebenen. Vor mehreren Monaten hatte die Frau im Schönheitssalon sie dazu überredet, ihr Aussehen durch Locken weiblicher zu gestalten. Nun stand die Dauerwelle, die in grauen Strähnen ausgewachsen war, borstig ab wie das Fell eines Terriers. Ich bin ihr nicht ähnlich. Nicht nur, was die Haare betrifft, da die ihren salz- und pfefferfarben sind und die meinen rötlichbraun, sondern auch nicht im Körperbau. Ich bin klein, vierschrötig, gleiche eher meiner Tante Mary. Wie sie kann ich diese Stadt scheint's nicht für immer hinter mir lassen. Ständig kehre ich zurück.

»Es gibt Arbeit in der Rübenfabrik«, sagt meine Mutter.

Dieses Gerücht, wahrscheinlich falsch, denn der Fabrik geht es wirtschaftlich nicht gut, hängt in der fahlen, verbrauchten Luft der Küche. Wir haben die Fensterblenden heruntergezogen, denn es ist ein heißer Juni, über 40 Grad, und wir versuchen, kühl zu bleiben. Draußen ist das Wasser aus allem herausgesogen worden. Die Adern in den Blättern sind hohl, das Gras in den Gräben knistert. Der Himmel hat jeden Tropfen genommen. Er ist ein dünner, weißlichblauer Schleier, der von einem Ende zum anderen über uns gespannt ist, eine flache Abdeckung aus Gaze. Von der Bahnstation bin ich unter ihm hierhergelaufen, den Koffer schwer in der Hand.

Wir schwitzen, als wären wir in einem Ofen, einem großen, verschmutzten Ofen. Seit einer Woche ist es zu heiß, um viel sauberzumachen oder sich überhaupt zu bewegen, und Getreide und Feldfrüchte welken, verkümmern. Der Farmer neben uns hat gerade sein Feld als Bauland verkauft, doch die Bauarbeiter tun nicht viel. Sie tragen nasse Tücher auf den Köpfen, hocken in der Mittagshelligkeit nahe den Baugruben. Die Holzgerüste ragen über ihnen empor, doch es nützt nichts – nichts wirft einen Schatten. Die Sonne hat auch sie ausgetrocknet.

»Die Rübenfabrik«, sagt meine Mutter nochmals.

»Vielleicht«, sage ich, und dann, weil ich eine viel größere Idee im Hinterkopf habe: »Vielleicht werde ich hingehen und mich bewerben.«

»Oh?« Jetzt ist sie interessiert.

»Mein Gott, es ist ja furchtbar!« Ich nehme das Glas Wasser in die Hand und gieße mir etwas auf den Kopf. Doch es kühlt mich nicht; ich fühle nur, wie der Dampf von mir aufsteigt.

»Der Ventilator ist kaputt«, stellt sie fest. »Beide sind jetzt kaputt. Die Motoren oder so ähnlich. Wenn Mary ihre verdammte Lohnsteuerrückerstattung kriegen würde, könnten wir nach Pamida fahren, noch zwei kaufen, etwas Durchzug machen. Dann wär es kühl hier draußen.«

»Dein Garten muß tot sein«, sage ich und hebe eine Kante der Fensterblende.

»Er ist krank, aber ich habe gegossen. Und ich werd ihn nicht mit Stroh abdecken; das zieht die verdammten Schnecken an.«

»Da draußen kann nichts überleben, kein Ungeziefer.« Meine Augen brennen schon, wenn ich nur in den Hof blicke, der eine einzige Sonnenfläche ist, fast weißglühend.

»Da bin ich mir nicht so sicher.«

Ich wünschte, ich könnte damit herausplatzen, es ihr einfach sagen. Selbst in diesem Moment schwellen mir die Worte im Munde, dieser eine Satz, doch ich habe Angst, und guten Grund dazu. Es gibt da etwas an meiner Mutter: es ist furchtbar, wenn sie wütend wird. Sie preßt ihre Lippen zusammen, und sie macht sich innerlich ganz steif, wird hölzern, schweigsam. Ihr Gesichtsausdruck wird starr und fern, sie weigert sich zu sprechen. Das kann lange dauern, und bis sie wieder spricht, ist man der Spannung gänzlich ausgeliefert. Nichts, was sie schließlich jemals sagt, ist so schlimm wie dieses Gefühl des angespannten Wartens. So warte ich und glaube halb daran, daß sie mein Geheimnis von selbst herausfinden oder es mir entreißen wird; nicht, daß sie das je versucht hätte. Wenn ich schweige, nimmt sie das kaum wahr. Sie ist nicht wie Tante Mary, die mich zwingt, mehr zu sagen, als mir bewußt im Kopf ist.

Meine Mutter seufzt. »Es ist zu heiß, um zu backen. Es ist zu heiß, um zu kochen. Aber es ist sowieso zu heiß, um zu essen.«

Sie redet mit sich selbst, was mich leichtsinnig macht. Vielleicht ist sie so sehr mit der Hitze beschäftigt, daß ich meine Ankündigung an ihr vorbeimogeln kann. Ich sollte es einfach aussprechen, doch ich verliere den Mut, schicke einen Satz voraus, der sie alarmiert. »Ich muß dir etwas sagen.«

Die Würfel sind gefallen, ich kann nicht mehr zurück, es sei denn, ich denke sehr schnell. Meine Gedanken summen.

Doch sie wartet, vergißt die Hitze für einen Moment.

»Eis«, sage ich. »Wir brauchen Eis.« Ich spreche eindringlich, beuge mich zu ihr vor, stiere sie fast an, doch sie läßt sich nicht täuschen.

»Mach dich nicht lächerlich«, sagt sie. »Es gibt keinen einzigen Würfel in der Stadt. Die Eisschränke kommen mit der Kühlung nicht nach.« Sie beäugt mich, wie ein Jäger ein Tier beäugt, das kurz davor steht, seine Höhle zu verlassen und zu rennen.

»O. K.« Ich gebe auf. »Ich muß dir wirklich etwas sagen.« Ich stehe auf, wende ihr den Rücken zu. In dieser lichtlosen Wärme ist mir schwindlig, fast übel. Jetzt bin ich zu ihr durchgedrungen, und sie hat Angst, es zu hören, sie ist atemlos.

»Sag's schon«, fordert sie mich auf. »Bring's hinter dich.«

Und so sage ich es. »Ich habe geheiratet.« Eine Woge der Erleichterung erfaßt mich, ein Wind bläst durch den Raum, doch dann ist er wieder fort. Der Vorhang flattert, und wir sind wieder gefangen, gelähmt in einer noch drückenderen Hitze. Nun bin ich dran zu warten, und ich drehe mich schnell um und setze mich ihr genau gegenüber. Jetzt ist der Zeitpunkt gekommen, ihr seinen Namen zu nennen, ein Chippewa-Name, den sie aus der Zeitung kennen wird, denn er ist berüchtigt. Jetzt ist der Zeitpunkt gekommen, die Sache hinter mich zu bringen. Doch ich kann das Bild nicht ertragen, das sie darbietet, die Lippen vom Schock geöffnet, den Schatten betäubender Verletztheit in den Augen. Ich muß sie irgendwie überzeugen, daß alles in Ordnung ist.

»Du haßt Hochzeiten! Denk doch mal, stell es dir doch einfach mal vor. Ich und ein weißer Schleier. An einem Tag wie heute. Du in dein Sommerwollkleid gezwängt, und

Tante Mary, weiß Gott – und der Frack, der Leihfrack, und der Bräutigam ...«

Sie hatte ihren Kopf gesenkt, während meine Worte auf sie niederprasselten, doch nun hebt sich ihre Stirn, und ich sehe ihre Augen, die sich bereits verhärten. Meine Zunge fliegt in den Mund zurück.

Sie macht mich nach, macht daraus eine Frage: »Der Bräutigam ...«

Ich bin gefangen, die Lippen halb geöffnet, ein Stottern in meiner Kehle. Wie anfangen? Ich hab's geprobt, doch mein Text schmilzt dahin, meine erste Zeile, meine beiläufigen Einführungen. Nichts fällt mir ein, das sie davon überzeugen würde, daß er so viel mehr ist als die Legenden unter den Fotos. Es gibt kein Foto, das ihm entspricht, keine Darstellung, die ihn einfängt. So strecke ich nur meine Hand über den Tisch und berühre ihre Hand. »Mutter«, sage ich, als befänden wir uns in einem Bühnendrama, »er wird in Kürze hier sein.«

Etwas bildet sich langsam in ihr, eine Reaktion. Ich habe Angst, sie Gestalt annehmen zu lassen. »Laß uns hinausgehen und auf der Treppe warten, Mom. Dann wirst du ihn sehen.«

»Ich verstehe nicht«, sagte sie in einer erschreckend neutralen Stimme. Das ist das, was ich meine. Alles ist plötzlich gezwungen, gekünstelt – wir lesen einen Bühnentext.

»Er wird sich aus der Ferne nähern.« Ich kann mir nicht helfen, ich spreche wie ein schlechter Schauspieler. »Ich habe ihm gesagt, er soll mir eine Stunde geben. Er wird warten und dann die Straße entlang hierherlaufen.«

Wir stehen auf und ziehen an unseren Blusen, die am Bauch kleben, an unseren Röcken, die hinten an den Beinen kleben. Dann gehen wir im Gänsemarsch hinaus, ich hintendrein, und lassen uns auf der mittleren Stufe nieder. Ein zerzauster Eschen-Ahorn zur einen Seite wirft einen leichten Schatten, und der verstaubte Flieder auf der anderen scheint eine leichte Brise aufzufangen. Es ist nicht so schlimm hier draußen, immer noch heiß, doch nicht so dämmrig, eingeschlossen. Schlimmer ist es hinter den Bäumen. Die Hitze schimmert in einem Band, das von den Feldern aufsteigt, von den Balken und Knochen der Häuser, die uns den Blick verderben werden. Der Horizont und der Stadtrand sind jetzt durch die Lücken in den Gerüsten sichtbar, und während wir sitzen, schauen wir zu, wie die Bauarbeiter sich bewegen, langsam, fast wie in einer geprobten Aufführung, hin und her. Ihre Kopftücher hängen bis auf die Schultern, ihre Schutzhelme sind gelbe Punkte, ihre weißen T-Shirts verschmelzen mit der weißglühenden Luft, dem Himmel. Es hat nicht den Anschein, als täten sie etwas, obwohl wir schwach dumpfe Schläge ihrer Hämmer hören. Ansonsten, bis auf das Pfeifen von ein paar Vögeln, herrscht tiefe Stille. Wir jedenfalls sprechen nicht.

Wir müssen länger warten, als ich mir vorgestellt hatte, vielleicht, weil er mir mehr Zeit geben wollte. Endlich kriechen die Schatten heraus, und hart, heiß, angesengt, hebt die Hitze an, sich niederzulassen. Die schlimmste Zeit des Nachmittags setzt ein, als ein Punkt am Ende der Straße beginnt, Gestalt anzunehmen.

Mom und ich betrachten ihn beide. Wir haben unsere Augen nicht viel bewegt, und wir blinzeln und kneifen sie zusammen in dem Versuch, scharf zu sehen. Der Punkt verändert sich nicht, für eine lange Zeit nicht. Und dann springt er plötzlich in ein klares Relief – eine Silhouette, die sich für einen Augenblick in der schimmernden Luft verliert, dann wieder klar zu sehen ist. In dieser glitzernden Weite ist er der Schatten eines wandernden Schattens. Er schreitet voran, wird unmerklich größer, bis sein Umriß differenzierter wahrzunehmen ist und man sehen kann, daß er riesig ist. Als er an den Bauarbeitern vorbeigeht, drehen sie sich um und halten inne, alle gleich in ihren Hüten, stocksteif.

Noch immer größer werdend, als hätte er ihre Blicke aufgesaugt, kommt er uns näher. Jetzt können wir Einzelheiten erkennen. Er ist dunkel, das ist das Erste. Seine Arme sind mächtig, sein Brustkorb riesig und die Gesichtszüge weit und offen. Er hält nichts in den Händen. Er trägt ein schwarzes T-Shirt, das Gegenbild zu den Bauarbeitern, und weiche Jogging-Schuhe. Seine Jeans werden unter seinem Bauch von einem Gürtel gehalten, auf dessen Schnalle aus Perlen ein Stern gestickt ist. Sein Haar ist lang, zu einem Schwanz gefaßt. Ich bin die falsche Frau für ihn. Ich bin blasser, kleiner, unherrlich. Doch ich stehe auf. Mom stellt sich neben mich, und ich antworte stolz, als sie fragt: »Sein Name?«

»Er heißt Gerry ...« Selbst jetzt kann ich seinen Nachnamen nicht über meine Lippen zwingen. Doch Mom ist sowieso von seinem Anblick abgelenkt.

Wir treten eine Stufe hinab und halten wieder inne. Dies ist der Ort, an dem wir ihn empfangen. Beide haben wir unsere Hände in Taillenhöhe gefaltet. Wir sind gefaßt, gelassen. Er läuft ruhig weiter auf uns zu, sein weißes Lächeln wird breiter, seine Augen füllen sich mit meinem Anblick wie die meinen mit dem seinen. Am Ende der Straße hinter ihm ist ein weiterer Punkt aufgetaucht. Er bewegt sich schnell, und zweimal blitzt die Sonne in ihm auf: ein Wagen. Nun gibt es zwei Gestalten – die eine, die sich in einer Staubfahne von hinter her nähert, und Gerry, der sie nicht beachtet, der seine Schritte nicht verlangsamt und nicht beschleunigt, der weiter ausschreitet. Es ist wie eine Choreographie. Dann, im selben Moment, als sie zu unserem Hinterhof kommen, beenden sie die Vorstellung; beide halten inne.

Gerry steht da, blickt uns entgegen, die Daumen im Gürtel. Er nickt respektvoll zu Mom herüber, blickt mich ruhig an und lächelt halb. Er hebt die Augenbrauen, und alles hängt in der Luft. Officer Lovchik entsteigt dem Polizeiauto, gebeugt und müde. Er geht von hinten auf Gerry zu, und ich höre die Handschellen zuschnappen, dann springe ich. Doch ich werde von Gerrys Blick aufgehalten, während er sich rückwärts von mir entfernt, immer noch zärtlich lächelnd. Auf halber Strecke bin ich wie gelähmt. Er schickt mir einen Luftkuß, während Lovchik ihn vorsichtig schiebt, seinen Preis im Wagen unterbringt. Und dann schlagen die Türen zu, der Motor heult auf, und sie fahren rückwärts heraus, wenden. Als sie davonfahren, ertönt keine Sirene. Ich glaube, ich habe gehört, wie Lovchik eine Vernehmung erwähnte. Ich bin sicher, daß alles eine Menge Wirbel um nichts ist, ein Fehler, doch es kann nicht geleugnet werden – der Zeitpunkt ist furchtbar.

Ich bewege meine Schultern, glätte meinen Rock und wende mich meiner Mutter mit einem Ausdruck der Empörung zu. »Wie findest du das?« versuche ich es.

Sie hat ihre Handtasche in einer Hand, die Autoschlüssel in der anderen.

»Komm schon«, sagt sie.

»O. K.«, antworte ich. »In Ordnung. Wohin?«

»Tante Mary.«

»Ich würde lieber gehen und die Kaution für ihn hinterlegen, Mom.«

»Die Kaution«, sagt sie. »Kaution?«

Sie wirft mir einen Blick solcher kalten und wütenden Überraschung zu, daß ich sofort in den Vordersitz sinke, mich in den Vinyl-Bezug zurücklehne. Der brennende Schmerz des heißen Plastiks auf meinem Rücken, meinen Oberschenkeln und meinen Schultern ist fast willkommen.

Tante Mary lebt hinter dem Metzgerladen, den sie betreibt. Als wir auf das »Haus des Schlachtfleisches« zugehen, sind ihre Hunde wie Teppiche auf der losen Erde, flach von der Hitze des Tages. Nicht einer von ihnen bellt uns an, um sie zu warnen. Wir steigen über sie hinweg, und sie reagieren mit nicht mehr als einem Winseln, dem langsamen Schlag mit dem Schwanz. Auch drinnen bekommen wir keine Antwort, obwohl wir Tante Mary von einem Ende des Flurs zum anderen rufen. Wir treten in die Küche und setzen uns an den Tisch, auf dem eine halbgegessene Wassermelone liegt. Neben der Spüle, in einer Blechbüchse, sind Zigaretten. Meine Mutter nimmt sich eine, hält vorsichtig ein Streichholz dran und runzelt die Stirn. »Jetzt weiß ich's«, sagt sie. »Geh und sieh in den Kühlräumen nach.«

Es gibt zwei – einen großen Kühlraum voller etikettierter Fleischpackungen und Mietboxen und einen anderen, kleineren, der nur ein Kühlraum nebenher ist. Ich bemerke, als ich an der Fleischtheke vorbeigehe, daß die rote Lampe neben dem Außenschalter des Kühlraums leuchtet. Sie zeigt an, wenn drinnen das Licht an ist.

Ich ziehe an dem langen Metallgriff, und die schwere Tür schwirrt auf. Ich trete in kühle, würzige Luft. Tante Mary ist da, zu stolz, um auch nur einen Hauch von Überraschung zu zeigen. Sie nickt einfach und sieht weg, als wäre ich nur für einen Moment hinausgetreten, obwohl wir uns seit sechs Monaten oder länger nicht gesehen haben. Sie ruht sich auf einer großen Dose mit Pfeffer aus, auf der »Zanzibar« steht, und liest einen Artikel in einem Wissenschaftsmagazin. Ich setze mich auf eine Tonne mit Alaun. Ohne Warnung lasse ich meine Bombe fallen: »Ich bin verheiratet.« Es ist egal, wie ich es Tante Mary erzähle, denn sie läßt sich nicht überraschen, sie weigert sich, überrascht zu sein.

»Was macht er?« fragt sie einfach und legt ihr Heft beiseite. Ich dachte, daß das erste, was sie tun würde, wäre, mich zu schimpfen, daß ich meine Mutter hintergangen hatte. Doch es ist merkwürdig bei zwei Frauen, die gemeinsam langweilige Zeiten und Katastrophen erlebt haben, wie selten die eine die andere verteidigt, und wie oft jede von ihnen bereit ist, die Abwesenheit der anderen zu nutzen. Doch für mich war das immer von Vorteil. Es scheint, als sei Tante Mary wirklich an Gerry interessiert. Also bin ich ehrlich.

»Er ist so etwas wie ein politischer Aktivist. Ich meine, er war im Gefängnis und so. Aber nicht, weil er was verbrochen hätte, weißt du; es war immer nur wegen seiner Überzeugungen.«

Sie wirft mir einen langen, gewitzten Blick zu. Ihre Haut ist zu zäh, um Falten zu bilden, doch sie sieht nicht jung aus. Überall um uns herum hängen Wurstschleifen, jeder Art, die man sich vorstellen kann, in jeder Farbe, von dem Lilaschwarz der Blutwurst bis zu den blaß-weißlichen Würstchen, die meine Mutter am liebsten mag. Butterblöcke und Preßkopf, eine Kanne Rohmilch, eingeschlagene Päckchen und geräucherter Speck sind in die Borde um uns herum gestopft. Mein Herz ist still und kühl in meinem Innern geworden, und ich kann nicht aufhören zu sprechen.

»Er ist eine Art Mann, die man schwer beschreiben kann. Ganz anders. Die Leute nennen ihn einen Freigeist, doch das drückt es auch nicht aus, denn er ist sehr diszipliniert in manchen Sachen. Er hat im Gefängnis gelernt, Ordnung zu halten.« Ich halte inne. Sie sagt nichts, also fahre ich fort. »Ich weiß, daß das ein bißchen plötzlich ist, aber wer mag schon Hochzeiten? Ich hasse sie – all dieser Blödsinn mit den Kleidern für die Brautjungfern, Stoffe besorgen, die aufeinander abgestimmt sind. Ich habe keine Freundinnen, ich meine, da geniert man sich doch, oder nicht? Wer singt dann ›Oh, vollkommene Liebe‹? Wer trägt den Ring?«

Sie hört mir nicht wirklich zu.

»Was macht er?« fragt sie wieder.

Vielleicht läßt sie nicht locker, bis ich die richtige Antwort gefunden habe wie bei einem Spiel mit Substantiven und Synonymen.

»Er – nun, er agitiert«, sage ich ihr.
»Ist das eine Art Job in einer Fabrik?«
»Nicht genau, nein, es ist kein Job von neun bis fünf Uhr oder so etwas ...«

Sie läßt nun ihre Zeitschrift fallen, legt den Kopf auf die Seite und starrt mich an, ohne mit ihren kalten, gelben Augen zu zwinkern. Sie sieht aus wie ein Falke, wie jemand, der in die Zukunft blicken kann, dir aber nichts darüber sagen wird. Sie hat schon Geschäftseinbußen erlitten, weil sie ihre Kunden so angestarrt hat, aber das kümmert sie nicht.

»Sagst du mir da gerade, daß er nicht ...« Hier schüttelt sie zweimal den Kopf, langsam, von einer Seite zur anderen, ohne ihren starren Blick von mir zu wenden. »Daß er keine regelmäßige Arbeit hat?«

»Och, was macht das schon?« sage ich grob. »Ich werde arbeiten. Schließlich sind wir in den siebziger Jahren.«

Sie springt auf, beugt sich über mich – eine vierschrötige Frau mit markanten Gesichtszügen und kurzem, dünnem, abstehendem grauen Haar. Ihre Ohrringe zittern und blitzen – kleine feurige Opale. Ihre Brille mit dem braunen Plastikgestell hängt schief von einer Kordel um ihren Nakken. Ich habe noch nie erlebt, daß sie so urplötzlich so wütend geworden ist, so erregt. »Das werden wir schon ändern«, sagt sie.

Sofort wird der Kühlraum enger, die Würste streifen meine Schultern, und das grelle Licht läßt mich blinzeln. Doch ich bin so eigensinnig wie Tante Mary, und sie weiß, daß ich Kopf an Kopf mit ihr mithalten kann. »Wir sind verheiratet, und das ist endgültig.« Ich bringe es fertig, mit dem Fuß aufzustampfen.

Tante Mary hebt einen Arm, bläst die Wangen auf, und wedelt meine Aussage energisch fort. »Du bist ein kleines Mädchen. Wie alt ist er?«

Ich runzele die Stirn, blicke auf meinen Schoß, fahre mit dem Finger die Fäden in meinem blauen Baumwollrock nach und teile ihr mit, daß Alter keine Rolle spielt.

»Ein großes Wort«, sagt sie sarkastisch. »Laß mich nur eines fragen. Ist er alt genug, um zu arbeiten?«

»Natürlich ist er das, was denkst du denn? O. K., er ist älter als ich. Er ist über dreißig.«

»Aha, das wußte ich.«

»Jesus! Und wenn? Ich meine, bist du denn nie verliebt gewesen, hat's dich denn nie so richtig hier erwischt?« Ich schlage mir mit der Faust auf die Brust.

Unsere Blicke treffen sich, doch sie vergeudet keine Sekunde daran, verletzt zu sein. »Natürlich, natürlich bin ich verliebt gewesen. Denkst du, das war nie der Fall? Ich kenne das Gefühl, du Schlauberger. Du würdest dich wundern. Aber er war kein fauler Bastard. Jetzt hör mal ...« Sie hält inne, holt Luft, und ich lasse sie. »Was ich meine, wenn ich ›ändern‹ sage, ist folgendes. Ich werde ihm das Wurstmacherhandwerk beibringen – dir auch – und den Lebensmitteleinzelhandel. Mir reicht's allmählich sowieso und deiner Mutter auch. Wir machen dasselbe wie deine Tante und mein Onkel – wir vererben dir den Laden und ziehen nach Arizona. Mir gefällt's hier.« Sie blickt zur Sicherheitslampe hoch, dann wieder zu mir. Müdigkeit verzerrt ihre Züge in diesem Licht. »Aber zum Teufel. Ich wollte immer schon reisen.«

Ich bin wie betäubt, ein bißchen wie von einer Walze überrollt, vielleicht schäme ich mich auch. »Du haßt es, irgendwo hinzugehen«, sage ich, und das stimmt.

Die Tür schwingt auf, und Mom kommt zu uns herein. Sie läßt sich vorsichtig auf einer Milchkanne nieder, seufzt vor Vergnügen über das Gefühl der Luft und entnimmt unserem Schweigen die Tatsache, daß wir geredet haben. Sie hat dem nichts mehr hinzuzufügen, nehme ich an, und als die Kühle sie durchdringt, schließen sich ihre Augen. Die Tante Marys ebenfalls. Auch ich kann mich nicht dagegen wehren, und meine Lider senken sich, obwohl mein Kopf hellwach und klar ist. Aus der Dunkelheit kann ich uns in der grellen Helligkeit sehen. Das Licht regnet auf uns herab. Wir sitzen weiter so, wie wir gesessen haben, auf unserer Milchkanne, unserer Pfefferdose, aufrecht und still. Unsere Hände liegen locker auf unseren Schößen. Unsere Gesichter sind ausdruckslos wie die der Götter. Wir könnten Statuen in einem Grab sein, das in die Seite eines Berges eingelassen ist. Wir könnten die Welt in unseren Köpfen erträumen.

Es ist später, und das Wetter kennt keine Gnade. Wir sind aller Dinge entleert, bis auf einfache Gedanken. Es ist zu heiß für Gefühle. Als wir nach Hause fahren, sehen wir, wie Felder über Felder mit Rüben in einen Schockzustand verfallen sind, selbst einige mit Sojabohnen. Die Pflanzen geknickt, kraftlos, in die Erde gebrannt. Nur die Sonnenblumen kämpfen weiter geradezustehen, borstig aber klein.

Was mich zuerst bei Gerry angezogen hat, war das Unerwartete. Ich ging, um ihn reden zu hören, kurz nachdem ich mich in der Universität eingeschrieben hatte, und dann habe ich demonstriert, als sie kamen und ihn vom Podium holten. Er ging immer so willig mit, er kam jedermann entgegen. Ich begann, ihn zu besuchen. Ich verkaufte Mondkalender und Poster, um seine Kaution zusammenzukriegen und ihn schließlich freizubekommen. Eins führte zum anderen, und eines Nachts fanden wir uns allein im Coffeeshop des Howard Johnson, in dem sie ihn untergebracht hatten, nach seinem Vortrag. Sehr viel schönere Frauen stellten ihm nach; er hätte jede von den Schwedinnen haben können, oder von den Yankton Sioux Mädchen, die die schönsten von allen sind. Doch ich sei anders, sagte er. Er mochte, wie ich das Leben in Angriff nahm. Und dann gab es keinen Weg mehr zurück, nachdem es begonnen hatte, keine Umkehr, als ob es so hätte sein sollen. Wir hatten keine Wahl.

Mich überkommt eine plötzliche Vorahnung, als wir uns dem Haus nähern in diesem schicksalhaften Licht, während in dieser Tageswende die Hitze weiterhin drückt, und die Schwärze der Nacht, in welcher die Wärme sich sonst verflüchtigt, sich stetig senkt: Wir müssen zum Ende von etwas kommen; es muß einen Abschluß zu diesem Tag geben.

Als wir in den Hof einfahren, sehen wir, daß Gerry auf den Verandastufen sitzt. Nun sind wir an der Reihe, empfangen zu werden. Ich drücke die Wagentür auf und stolpere hinaus, noch bevor der Motor abgestellt ist. Ich laufe zu ihm und halte ihn, während meine Mutter, der Ordnung der Dinge gemäß, den Wagen vorsichtig parkt. Dann kommt auch sie herüber, ihre Handtasche am Riemen in einer Hand. Sie steht vor ihm und sagt kein Wort, sieht einfach nur in sein Gesicht, starrt, als sei er aus Pappe, ein Mann hinter Glas, der sie nicht sehen kann. Ich denke, daß sie unhöflich ist, doch dann wird mir klar, daß er zurückstarrt, daß beide gleich groß sind. Ihre Augen befinden sich auf gleicher Höhe.

Er streckt seine Hand aus: »Ich heiße Gerry.«

»Gerry wie?«

»Nanapush.«

Sie nickt, verlagert ihr Gewicht. »Du bist aus dieser Linie, diesem alten Geschlecht, die da ...« Sie beendet den Satz nicht.

»Und mein Vater«, sagt Gerry, »war Old Man Pillager.«

»Kashpaws«, sagt sie, »sind meine Linie, natürlich. Wir sind wahrscheinlich verwandt, durch den Bruder meiner Mutter.« Sie stehen regungslos. Sie sind wie zwei Gegner aus dem selben geteilten Land, die sich über die Grenze hinweg anstarren. Sie bewegen sich nicht, sie zucken nicht mit der Wimper, und ich sehe, daß sie sich ähnlicher sind, als ich ihnen beiden ähnle – so groß, mächtig, schwarzhaarig. Sie könnten Mutter und Sohn sein.

»Nun, ich denke, daß du mit hereinkommen solltest«, bietet sie an. »Schließlich bist du ein entfernter Verwandter.« Sie blickt mich an. »Entfernt genug.«

Ganze Schwärme von Moskitos jaulen auf uns herab, entdecken uns gerade, so daß es nicht in Frage kommt zu bleiben, wo wir sind. Und so gehen wir ins Haus, das viel heißer ist als draußen, die Hitze gefangen hat. Sofort bricht der Schweiß von unserer Haut, und ich kann an nichts anderes denken als an Kühlung. Ich versuche, die Fenster in ihren Rahmen noch höher zu schieben, aber es weht sowieso nicht das leichteste Lüftchen; nichts bewegt sich, kein Hauch.

»Bist du sicher«, keuche ich, »bei den Ventilatoren?«

»Oh, die sind ganz sicher kaputt«, sagt meine Mutter erschöpft. Nur selten höre ich das in ihrer Stimme. Sie knipst die Lichter an, die den Raum noch heißer erscheinen lassen, und wir lassen uns in den Sesseln nieder. Unsere Worte hallen wider, als wären die Wände gebacken und hohlgetrocknet.

»Zeig mir diese Ventilatoren«, sagt Gerry.

Meine Mutter zeigt auf die Küche. »Sie stehen auf dem Tisch. Hab schon versucht, sie zu reparieren. Sieh, was du damit anfangen kannst.«

Und das tut er auch. Nach einiger Zeit stemmt sie sich aufrecht und geht zu ihm. Ihre Stimmen sind nun nah beieinander, ineinander vertieft, und ihr Werkzeug scheppert wild, als kämpften sie ein Duell. Aber es ist ein Wettrennen mit der Glocke der Dunkelheit und ihren schwindenden Kräften. Ich denke an Eis. Ich habe nur noch Eis im Kopf.

»Bin gleich zurück«, rufe ich und nehme die Autoschlüssel aus der Handtasche meiner Mutter. »Braucht ihr noch was?«

Aus der Küche kommt keine Antwort außer dem wüsten

Klirren von Metall, dem Klappern von Schrauben und Muttern, die auf den Boden fallen.

Ich fahre zum *Superpumper*, einem großen, neuen Tankstellenkomplex am Rande der Stadt, wo meine Mutter wahrscheinlich noch nie gewesen ist. Sie kennt die Supermärkte nicht, besitzt keine Kreditkarten für Lebensmittel oder Benzin, zahlt nur mit kleinen Scheinen und Münzen. Sie hat noch nie eine Eismaschine benutzt. Es würde ihr gegen den Strich gehen, daß eine Tüte gefrorenes Wasser 80 Cents kostet, aber mir macht das nichts aus. Ich nehme den Kühlbehälter aus Plastikschaum und fülle ihn für zwei Dollar. Ich kaufe zwei Sechserpackungen Shast-Sodawasser und versenke sie in die gleichförmigen Eisstücke. Ich trinke zwei davon selbst auf dem Nachhauseweg, und ich schaffe es, den ganzen schweren Kühlbehälter aus dem Kofferraum zu heben, trage ihn zur Tür.

Die Ventilatoren schwirren, quirlen die Luft. Ich höre sie im Wohnzimmer, als ich das Haus betrete. Das einzige Licht kommt von der Küche. Gerry und meine Mutter haben die Kissen vom Sofa auf den Wohnzimmerboden geworfen und sitzen in einem pulsierenden Luftstrom. Ich trage den Kühlbehälter herein und stelle ihn in die Nähe. Ich habe alle dunkelfarbigen Geschmacksrichtungen mitgebracht – Schwarzkirsche, rote Traube, Amerikanischer Ginseng, Cola –, so daß, während wir trinken, die Dunkelheit in uns sich mit der Nachtluft verwirbelt, die süß und scharf ist, von kleinen Motoren bewegt.

Ich schleppe mehr Kissen aus den anderen Zimmern im oberen Stock an. Es kommt gar nicht in Frage, die Schlafzimmer, die erstickenden Betten zu probieren. Und so, im Dunkeln, halte ich Händchen mit Gerry, der sich zwischen meiner Mutter und mir niedergelassen hat. Er ist riesig wie ein Hügel zwischen uns beiden, fest im flatternden Wind.

Übersetzung von Annette Schlichter

AMY TAN

Jing-Mei Woo: Zwei Sorten

Meine Mutter glaubte, daß in Amerika jeder werden konnte, was er wollte. Man konnte ein Restaurant aufmachen. Man konnte ein Haus fast ohne Anzahlung kaufen. Man konnte reich werden. Oder über Nacht berühmt.

»Natürlich kannst du auch ein Wunderkind werden«, sagte meine Mutter zu mir, als ich neun war. »Du kannst auch in irgendwas die Beste werden. Was bildet Tante Lindo sich ein? Ihre Tochter kennt bloß die besten Schachtricks.«

Meine Mutter hatte all ihre Hoffnung auf Amerika gesetzt. Sie war 1949 herübergekommen, nachdem sie in China alles verloren hatte: ihre Eltern, das Haus ihrer Familie, ihren ersten Mann und ihre beiden kleinen Zwillingstöchter. Doch sie blickte niemals wehmütig zurück. Es gab so viele Möglichkeiten, sich ein besseres Leben aufzubauen.

Wir fanden nicht auf Anhieb das richtige Talent für mich heraus. Zuerst meinte meine Mutter, ich könnte eine chinesische Shirley Temple werden. Wir sahen uns alte Filme von ihr an wie ein Trainingsprogramm. Meine Mutter stupste mich immer an: »*Ni kan* – Schau genau hin. Und ich beobachtete, wie Shirley beim Steppen die Füße setzte, wie sie ein Seemannslied sang und wie sie die Lippen rundete, wenn sie »O Gott!« sagte.

»*Ni kan*«, wiederholte meine Mutter, wenn Shirleys Augen sich mit Tränen füllten. »Das kannst du sowieso schon. Zum Heulen braucht man kein besonderes Talent!«

Nachdem sie sich die Idee mit Shirley Temple in den Kopf gesetzt hatte, brachte sie mich zu einem Schönheitsinstitut im Missionsviertel. Dort überließ sie mich den Frisierkünsten eines Lehrmädchens, das kaum die Schere halten konnte, ohne zu zittern. Statt der erwarteten Lockenpracht bekam ich einen Mopp aus krauser schwarzer Putzwolle verpaßt. Meine Mutter schleifte mich gleich in den Waschraum und mühte sich ab, die Bescherung mit Wasser zu glätten.

»Jetzt siehst du aus wie ein Negermischling«, schimpfte sie, als ob ich es mit Absicht getan hätte.

Der Leiter des Instituts mußte mir den feuchten Krusselfilz abschneiden, um zu retten, was noch zu retten war. »Peter Pan ist gerade groß in Mode«, versicherte er meiner Mutter. Jetzt hatte ich eine Jungenfrisur mit schrägen Ponyfransen über der Stirn. Der neue Haarschnitt gefiel mir sehr, und ich fing tatsächlich an, mich auf meinen zukünftigen Ruhm zu freuen.

Am Anfang versprach ich mir ebensoviel davon wie meine Mutter, vielleicht sogar noch mehr. Ich malte mir eine Wunderkind-Karriere in den verschiedensten Rollen aus: Als zierliche Ballerina wartete ich hinter dem Vorhang auf meinen Auftritt, um beim Einsatz der Musik auf Zehenspitzen hervorzuschweben. Als Christkind wurde ich aus der Krippe gehoben und weinte mit heiliger Gekränktheit. Als Aschenputtel stieg ich aus der Kürbiskutsche, von schmalzigen Geigenklängen begleitet.

In all meinen Vorstellungen war ich fest überzeugt, bald *vollkommen* zu werden. Meine Eltern würden mich anhimmeln. Nie würde ich einen Vorwurf zu hören bekommen. Nie wieder würde ich wegen irgend etwas schmollen müssen.

Doch manchmal wurde das Wunderkind in mir etwas ungeduldig. »Wenn ich nicht bald zum Vorschein kommen darf, verschwinde ich endgültig«, drohte es. »Und dann wirst du immer ein Niemand bleiben.«

Jeden Abend saßen meine Mutter und ich nach dem Essen an dem Resopaltisch. Sie legte mir ständig neue Aufgaben aus den Zeitschriften vor, die sie stapelweise im Badezimmer aufbewahrte. Sie bekam sie von den Leuten geschenkt, bei denen sie putzen ging. Und da sie jede Woche viele Wohnungen putzte, sammelte sich eine Menge Zeitschriften bei uns an. Meine Mutter blätterte sie alle durch, auf der Suche nach Berichten über außergewöhnlich begabte Kinder.

Am ersten Abend ging es um einen dreijährigen Jungen, der die Hauptstädte aller amerikanischen Bundesstaaten und sogar der meisten europäischen Länder kannte. In dem Artikel wurde ein Lehrer zitiert, der bestätigte, daß der Junge die Namen der fremden Städte alle korrekt aussprechen konnte.

»Wie heißt die Hauptstadt von Finnland?« fragte mich meine Mutter, den Kopf tief über die Zeitschrift gebeugt.

Ich kannte bloß die Hauptstadt von Kalifornien, weil Sacramento der Name unserer Straße in Chinatown war. »Nairobi!« riet ich, weil es das ausgefallenste Wort war, das mir einfiel. Sie sah erst nach, ob das vielleicht eine Möglichkeit war, »Helsinki« auszusprechen, bevor sie mir die Lösung zeigte.

Die Aufgaben wurden allmählich immer schwerer – ich mußte Zahlen im Kopf multiplizieren, die Herzdame aus einem Kartenspiel ziehen, einen Kopfstand versuchen, ohne die Hände zur Hilfe zu nehmen, die Tagestemperaturen von Los Angeles, New York und London voraussagen.

An einem Abend mußte ich drei Minuten lang auf eine Bibelseite schauen und dann alles aufzählen, was ich im Gedächtnis behalten hatte. »Nun hatte Jehosaphat Reichtümer und Ehren zuhauf und ... das ist alles, was ich noch weiß, Ma«, sagte ich.

Und als ich wieder einmal ihre enttäuschte Miene sah, begann auch meine Hoffnung langsam zu schwinden. Ich haßte die Aufgaben, die hochgeschraubten Erwartungen und meine ewige Unzulänglichkeit. Bevor ich an jenem Abend zu Bett ging, blickte ich in den Badezimmerspiegel, und als ich darin nichts als mein übliches Alltagsgesicht sah – und erkannte, daß es immer dieses gewöhnliche Gesicht bleiben würde –, fing ich an zu weinen. So ein häßliches, trostloses Mädchen! Ich fauchte wie ein in die Enge getriebenes Tier und versuchte, das Gesicht im Spiegel wegzukratzen.

Doch dann merkte ich plötzlich, worin mein eigenes Talent lag – denn diesen Ausdruck hatte ich noch nie in meinem Gesicht gesehen. Ich starrte in mein Spiegelbild und blinzelte, um es noch deutlicher zu erkennen. Das Mädchen, das mich aus dem Spiegel anblickte, war zornig und stark. Dieses Mädchen war ich. Ich hatte ganz neue, widerspenstige Gedanken. Ich werde nicht zulassen, daß sie mich umkrempelt, versprach ich mir. Ich will nicht jemand werden, der ich nicht bin!

Von da an hatte ich jedes Interesse an den Aufgaben verloren. Ich stützte gelangweilt den Kopf auf den Arm und zählte die Heultöne des Nebelhorns draußen in der Bucht, während meine Mutter mir ihre Illustriertenweisheiten einzupauken versuchte. Das dumpfe Tuten klang tröstlich. Am nächsten Abend wettete ich mit mir selbst, daß meine Mutter schon vor dem achten Heulton aufgeben würde. Und mit der Zeit brauchte ich nur noch einen oder zwei Heultöne zu zählen. Schließlich gab auch sie die Hoffnung auf.

Zwei oder drei Monate waren friedlich verstrichen, ohne daß meine Wunderkind-Talente noch einmal erwähnt wurden. Doch eines Tages sah meine Mutter sich eine Ed-Sullivan-Show[1] im Fernsehen an. Das Gerät war alt, und der

---

[1] Bekannte Fernsehmusikshow in den 50er und 60er Jahren. (Anm. d. Hrsg.)

Ton fiel ständig aus. Jedesmal, wenn meine Mutter vom Sofa aufstand, um den Fernseher richtig einzustellen, sprang der Ton von selbst wieder an. Kaum hatte sie sich wieder hingesetzt, war der Ton wieder weg. Sie stand auf – laute Klaviermusik schallte aus dem Kasten. Sie setzte sich hin – Stille. Auf und nieder, hin und her – wie ein steifes, höfisches Menuett zwischen ihr und dem Fernseher. Zum Schluß stellte sie sich neben das Gerät, mit der Hand am Lautstärkeknopf.

Wie gebannt lauschte sie auf die Musik, ein kleines quirliges Klavierstück von spielerischer Munterkeit, mit neckisch verzögerten Zwischenpassagen.

»*Ni kan!*« – Schau mal –, rief meine Mutter und winkte mich eifrig zu sich hinüber.

Ich konnte sehen, was sie an der Musik so faszinierte. Am Klavier saß ein kleines chinesisches Mädchen mit einem Peter-Pan-Haarschnitt, das so keß wirkte wie Shirley Temple, und gleichzeitig so würdevoll bescheiden wie eine wohlerzogene Chinesin. Und hinterher verneigte sie sich mit einem tiefen Knicks, bei dem ihr weiter weißer Rüschenrock sich graziös wie eine Nelkenblüte um sie auffächerte.

Trotz dieser warnenden Vorzeichen machte ich mir noch keine Sorgen. Wir besaßen kein Klavier und konnten uns auch keins leisten, ganz zu schweigen von den vielen Notenheften und Klavierstunden: So konnte ich das Mädchen großmütig in Schutz nehmen, als meine Mutter an ihr herumkritisierte.

»Sie spielt zwar korrekt, aber gut klingen tut es nicht! Nicht melodisch genug«, mäkelte meine Mutter.

»Wieso mußt du sie denn gleich schlecht machen?« versetzte ich achtlos. »Sie spielt doch recht gut. Vielleicht ist sie noch nicht die Beste, aber sie gibt sich sicher alle Mühe.«

»Genau wie du!« entgegnete sie prompt. »Nicht die Beste, weil du dir keine Mühe gibst!« Sie schnaufte ärgerlich, ließ den Lautstärkeknopf los und setzte sich wieder aufs Sofa.

Das kleine Mädchen setzte sich auch wieder ans Klavier, um als Zugabe *Anitras Tanz* von Grieg zu spielen. Ich erinnere mich gut an das Stück, weil ich es später nämlich selber üben mußte.

Drei Tage nach der Ed-Sullivan-Show verkündete meine Mutter mir den Stundenplan für meine Klavier- und Übungsstunden. Sie hatte mit Mr. Chong gesprochen, der im ersten Stock unseres Hauses wohnte. Mr. Chong war ein pensionierter Klavierlehrer, und meine Mutter hatte ihm als Gegenleistung für die wöchentlichen Klavierstunden – und die täglichen Übungen von vier bis sechs – angeboten, bei ihm zu putzen.

Als meine Mutter mir die Hiobsbotschaft mitteilte, kam es mir vor, als würde ich zur Hölle geschickt. Ich jammerte laut und stampfte wütend mit dem Fuß auf.

»Warum magst du mich nicht so, wie ich bin? Ich bin eben *kein* Genie! Ich kann nicht Klavier spielen! Und selbst wenn ich's könnte, würde ich nie im Fernsehen vorspielen, nicht für eine Million Dollar!«

Meine Mutter gab mir eine Ohrfeige. »Wer hat denn was von Genie gesagt?« schrie sie mich an. »Alles, was du sollst, ist dir Mühe geben! Zu deinem eigenen Besten! Glaubst du, ich will ein Genie aus dir machen? Hnnh! Wozu denn!«

»So was von undankbar«, hörte ich sie auf chinesisch brummeln. »Wenn sie nur halb so begabt wie dickköpfig wäre, dann wäre sie längst berühmt.«

Mr. Chong, den ich insgeheim nur Old Chong nannte, war ein komischer Kauz. Ständig klopfte er mit den Fingern den Takt zu eingebildeten Orchesterklängen. In meinen Augen wirkte er steinalt. Er war halb kahl, und hinter der dicken Brille schien er immer schläfrig zu blinzeln. Doch so alt war er wohl gar nicht, denn er wohnte bei seiner Mutter und war noch nicht verheiratet.

Die alte Frau Chong traf ich nur einmal, und das reichte auch. Sie roch wie ein Baby, das in die Windeln gemacht hat. Ihre Finger fühlten sich wie tot an, wie die Haut eines alten Pfirsichs, den ich mal hinten im Kühlschrank gefunden hatte.

Mir wurde bald klar, warum Old Chong keinen Unterricht mehr in der Schule gab. Er war stocktaub. »Wie Beethoven!« schrie er mir zu. »Wir hören beide nur die Musik in unserem Kopf!« Und dann dirigierte er weiter seine stummen Sonaten.

Die Klavierstunden spielten sich folgendermaßen ab: Er schlug das Notenheft auf und zeigte auf verschiedene Einzelheiten, um ihren Zweck zu erläutern. »Tonart! Diskant! Baß! Keine Kreuze oder B-Vorzeichen! Also C-Dur! Hör zu und spiel mir nach!«

Dann spielte er ein paarmal die Tonleiter, doch er konnte sich nicht verkneifen, nach und nach Schnörkel, Triller und wummernde Baßtöne einzuflechten, bis die Musik tatsächlich ganz eindrucksvoll klang.

Dann spielte ich die Tonleiter nach, mehrmals rauf und runter, und schließlich klimperte ich einfach irgendwelchen Mist zusammen, die garstigste Katzenmusik. Old Chong applaudierte und lobte: »Sehr gut! Aber jetzt mußt du noch lernen, das Tempo zu halten!«

Daran merkte ich, daß er auch zu schlecht sah, um all den falschen Tönen zu folgen, die ich anschlug. Er ließ mich alles noch einmal halb so schnell wiederholen. Damit ich nicht aus dem Rhythmus kam, stellte er sich hinter mich und klopfte den Takt auf meiner Schulter mit. Er legte mir Münzen auf die Handgelenke, damit ich sie geradehielt, während ich meine Tonleitern und Arpeggien übte. Er ließ mich die Finger um einen Apfel krümmen und mit der gleichen Haltung weiterspielen. Er marschierte im Zimmer auf und ab wie ein Zinnsoldat, um mir zu zeigen, wie meine Finger in diszipliniertem Stakkato auf und nieder tanzen sollten.

Während er mir dies alles beibrachte, lernte ich auch, daß ich mir keine Mühe zu geben brauchte, um Fehler zu vermeiden. Wenn ich die falschen Tasten erwischte, weil ich nicht genug geübt hatte, versuchte ich nie, mich zu korrigieren. Ich spielte einfach stur weiter im Takt. Und Old Chong dirigierte weiter seine privaten Phantasiestücke.

Auf diese Weise gab ich mir selber nie die Chance, richtig Klavierspielen zu lernen. Die Grundbegriffe eignete ich mir schnell an, und vielleicht hätte tatsächlich eine recht gute Pianistin aus mir werden können, wäre ich nicht so fest entschlossen gewesen, es gar nicht ernsthaft zu versuchen. Ich wollte mich auf keinen Fall verändern; also lernte ich nichts weiter, als ein paar ohrenzerreißende Präludien und schrill dissonante Kirchenlieder herunterzuhacken.

Das ganze folgende Jahr übte ich so am Klavier, auf meine Weise hartnäckig. Und eines Tages hörte ich meine Mutter und Lindo Jong sich laut und prahlerisch unterhalten, damit auch jeder es mitbekommen konnte. Es war nach der Kirche. Ich lehnte in meinem bauschigen Sonntagskleid an der Mauer, und Waverly, Tante Lindos Tochter, stand ein paar Meter von mir entfernt. Wir waren praktisch wie Schwestern aufgewachsen und hatten uns immer um Puppen und Malstifte gezankt; mit anderen Worten, wir mochten uns nicht sonderlich leiden. Ich fand sie hochnäsig. Waverly Jong hatte als Chinatowns jüngste Schachmeisterin schon viel Erfolg eingeheimst.

»Sie bringt mir zu viele Pokale nach Hause«, beschwerte sich Tante Lindo vernehmlich. »Den ganzen Tag spielt sie Schach. Und ich muß den ganzen Tag lang ihre Pokale abstauben.« Sie blickte unwirsch zu Waverly hinüber, die so tat, als ginge sie das alles nichts an.

»Du kannst froh sein, daß du nicht solche Probleme hast«, seufzte Tante Lindo, an meine Mutter gewandt.

Meine Mutter richtete sich kerzengerade auf und fing ihrerseits an anzugeben: »Unser Problem ist noch viel schlimmer. Wenn ich Jing-mei zum Abwaschen rufe, hört sie nichts als Musik. Dieses Naturtalent ist einfach nicht abzuschalten.«

Da beschloß ich, ihrem albernen Stolz ein für allemal ein Ende zu setzen.

Einige Wochen später heckten meine Mutter und Old Chong zusammen aus, mich an einem Talentwettbewerb teilnehmen zu lassen, der in unserer Kirche abgehalten wurde. Inzwischen hatten meine Eltern genug gespart, um mir ein gebrauchtes Klavier zu kaufen, ein schwarzes Wurlitzer-Instrument mit einer zerkratzten Klavierbank. Es war das Prunkstück unseres Wohnzimmers.

An dem Abend sollte ich ein Stück aus Schumanns Kinderszenen vorspielen, *Bittendes Kind* – ein relativ einfaches, schwermütiges kleines Stück, das anspruchsvoller klang als es war. Ich sollte das Stück auswendig lernen und bestimmte Passagen beim Vorspielen wiederholen, damit es länger wirkte. Aber ich trödelte beim Üben, schlug ein paar Takte an und mogelte mich über die nächsten hinweg, während ich nachschaute, wie es weiterging. Ich hörte nie richtig auf das, was ich spielte, statt dessen träumte ich gelangweilt vor mich hin.

Am liebsten übte ich den tiefen Knicks, den ich zum Schluß machen wollte: den rechten Fuß vorschieben bis zu der Rose im Teppichmuster, dann die Fußspitze im Halbkreis nach hinten gleiten lassen und das linke Knie beugen, aufschauen und lächeln.

Meine Eltern hatten ihre Freunde vom Joy Luck Club zu meinem Debüt eingeladen. Tante Lindo und Onkel Tin, Waverly und ihre älteren Brüder, alle waren erschienen. In den ersten zwei Reihen saßen lauter Kinder, jüngere und ältere als ich. Die Kleinsten machten den Anfang. Sie sagten Kinderreime auf, hopsten in rosa Ballettröckchen herum, und wenn sie sich verbeugten oder knicksten, seufzte das Publikum resigniert, bevor es in heftiges Klatschen ausbrach.

Als ich an die Reihe kam, fühlte ich mich vollkommen selbstsicher und freudig gespannt, als wäre ich auf einmal überzeugt, daß wirklich ein Wunderkind in mir steckte – von Lampenfieber keine Spur. Ich weiß noch, wie ich dachte: Das ist es! Ich überblickte die versammelten Gesichter, die ausdruckslose Miene meiner Mutter, das Gähnen meines Vaters, Tante Lindos künstliches Lächeln, Waverlys Schmollen.

Ich trug ein weißes Kleid mit Spitzenrüschen und eine rosa Schleife in meiner Peter-Pan-Frisur. Während ich mich ans Klavier setzte, sah ich im Geiste schon die Leute von den Stühlen aufspringen und Ed Sullivan nach vorne stürzen, um mich dem Fernsehpublikum vorzustellen.

Ich begann zu spielen. Es war wunderschön. Ich war so von meinem Aussehen eingenommen, daß ich überhaupt nicht auf den Klang achtete; so traf mich der erste falsche Ton völlig überraschend. Schon folgte der nächste, und gleich darauf noch einer. Ein kalter Schauer lief mir den Rücken hinunter. Doch ich spielte verbissen weiter, als ob meine Hände verhext wären. Ich erwartete die ganze Zeit, daß meine Finger gleich von selbst ins richtige Gleis umspringen würden, wie ein Zug, der über eine Weiche fährt. So hielt ich das mißtönende Kuddelmuddel mit sämtlichen Wiederholungen bis zum bitteren Ende durch.

Als ich aufstand, zitterten mir die Knie. Vielleicht war ich ja doch bloß nervös, und das Publikum hatte, wie Old Chong, nur die richtigen Fingerbewegungen gesehen und sonst überhaupt nichts gemerkt? Ich sank in einen graziösen Hofknicks und blickte lächelnd auf.

Eisige Stille schlug mir entgegen, bis auf Old Chong, der strahlend »Bravo! Bravo!« rief. Dann sah ich das betroffene Gesicht meiner Mutter. Die Zuhörer applaudierten verhalten, und ich beherrschte mich, so gut ich konnte, um nicht in Tränen auszubrechen, während ich mit weichen Knien auf meinen Platz zurückging. Ich hörte, wie ein kleiner Junge seiner Mutter zuflüsterte: »Das war scheußlich«, und wie sie antwortete: »Na ja, sie hat sich sicher Mühe gegeben.«

Da fiel mir erst auf, wie viele Leute im Publikum saßen, es kam mir fast vor wie die ganze Welt. Ich fühlte, wie die Blicke sich in meinen Rücken bohrten. Und ich fühlte beinahe körperlich, wie sehr meine Eltern sich schämten, während sie den Rest der Vorstellung über sich ergehen ließen, ohne sich auch nur das Geringste anmerken zu lassen.

Wir hätten uns ja in der Pause hinausschleichen können, aber der Stolz und ein seltsamer Ehrbegriff hielten meine Eltern eisern auf den Stühlen fest. So mußten wir uns alles ansehen: den achtzehnjährigen Jungen mit dem angeklebten Schnurrbart, der geschickt Zauberkunststücke vorführte und auf einem Einrad hin und her strampelnd mit flammenden Ringen jonglierte; das vollbusige Mädchen, das mit einer Arie aus *Madame Butterfly* beachtlichen Erfolg hatte; und schließlich den elfjährigen Jungen, der mit einem virtuosen Violinstück – es klang wie emsiges Bienengesumm – den ersten Preis errang.

Nach der Vorstellung kamen die Hsus, die Jongs und die St. Clairs vom Joy Luck Club auf meine Eltern zu.

»Viele talentierte Kinder«, bemerkte Tante Lindo vage, mit einem breiten Lächeln.

»Ja, ganz unerhört«, sagte mein Vater. Ich wußte nicht, ob das eine witzige Anspielung auf mich sein sollte, oder ob er sich überhaupt noch an mein Debakel erinnerte.

Waverly blickte mich an und zuckte mit den Schultern. »Du bist eben kein Genie wie ich«, konstatierte sie sachlich. Wäre mir nicht so elend zumute gewesen, hätte ich sie sicher an den Zöpfen gezogen und ihr kräftig in den Bauch geboxt.

Doch am härtesten traf mich der Gesichtsausdruck meiner Mutter: Ihre starre, abwesende Miene besagte deutlicher als alle Worte, wie abgrundtief enttäuscht sie war. Mir ging es genauso. Es kam mir vor, als scharten sich die Leute mit gieriger Schadenfreude um uns, wie die Gaffer um einen Unfall. Als wir endlich im Bus saßen, summte mein Vater die Bienenmelodie vor sich hin, während meine Mutter sich in Schweigen hüllte. Ich dachte, sie wollte nur warten, bis wir zu Hause waren, um mich dort nach Strich und Faden abzukanzeln. Doch kaum hatte mein Vater die Wohnungstür aufgesperrt, verschwand sie wortlos im Schlafzimmer, ohne jeden Vorwurf. Fast war ich enttäuscht, so davonzukommen; wenn sie mich wenigstens angeschrien hätte, dann hätte ich toben und heulen und sie für mein ganzes Unglück verantwortlich machen können.

Ich hatte angenommen, daß ich nach diesem Fiasko nie wieder Klavier zu spielen brauchte. Aber zwei Tage später, als ich nach der Schule vor dem Fernseher saß, tauchte meine Mutter plötzlich im Türrahmen auf.

»Vier Uhr«, sagte sie mahnend, als wäre alles noch beim alten. Ich war so verblüfft, als hätte sie mich aufgefordert, die ganze Tortur des Vorspielens nochmals durchzumachen. Ich verkroch mich noch tiefer in meinen Sessel.

»Mach den Fernseher aus!« rief sie fünf Minuten später aus der Küche.

Ich rührte mich nicht. Und dann faßte ich einen Entschluß. Ich brauchte meiner Mutter nicht mehr zu folgen. Ich war nicht ihre Sklavin. Schließlich waren wir hier nicht in China. Ich hatte ja erlebt, was dabei herauskam, wenn ich mich ihren Wünschen fügte. Sie war die Dumme, nicht ich.

Sie kam aus der Küche hervor und pflanzte sich an der Schwelle zum Wohnzimmer auf: »Vier Uhr!« trompetete sie, als wäre ich taub.

»Ich will nicht mehr Klavier spielen«, sagte ich lässig. »Wozu auch? Ich bin nun mal kein Genie.«

Sie stellte sich vor den Fernseher und funkelte mich an. Ich konnte sehen, wie sie schwer atmend mühsam um Beherrschung rang.

»Nein!« beharrte ich trotzig. Ich fühlte eine neue Kraft in mir, mein wahres Ich setzte sich endlich durch. Dieser Widerstand hatte die ganze Zeit in mir geschlummert.

»Nein! Ich denke nicht dran!« schrie ich sie an.

Mit einem Ruck zog sie mich am Arm hoch und stellte den Fernseher ab. Dann zerrte sie mich mit beängstigend starkem Griff zum Klavier, so sehr ich mich auch gegen sie anstemmte. Sie drückte mich auf die harte Bank nieder. Ich schluchzte vor hilfloser Wut und blickte vorwurfsvoll zu ihr hoch. Sie keuchte mit wogender Brust und lächelte grausam, als machte es ihr Spaß, mich weinen zu sehen.

»Immer willst du mich anders haben, als ich bin!« heulte ich. »Nie werde ich die Tochter sein, die du dir vorstellst!«

»Es gibt nur zwei Sorten Töchter!« schrie sie mich auf chinesisch an. »Gehorsame und dickköpfige! Ich dulde nur die eine Sorte in meinem Haus – die gehorsame!«

»Dann wünschte ich, ich wäre nicht deine Tochter und du nicht meine Mutter!« brüllte ich zurück. Es machte mir selber angst, was ich mich da sagen hörte – lauter Gewürm und ekliges Getier, das da aus meiner Kehle gekrochen kam. Aber zugleich fühlte es sich auch gut an, wie meine schlimme Seite sich endlich hervortraute.

»Das ist nicht mehr zu ändern«, entgegnete meine Mutter mit schriller Stimme.

Ich wollte sie noch mehr anstacheln, ihre Wut zum Überschäumen bringen. Da fielen mir die Babys in China ein, über die bei uns nie geredet wurde. »Ich wünschte, ich wäre nie geboren!« schrie ich. »Ich wünschte, ich wäre tot! Wie die anderen!«

Es wirkte wie eine Zauberformel. Abrakadabra! – und ihre Miene wurde plötzlich starr und leer. Sie machte den Mund zu und ließ die Arme sinken. Langsam wich sie rückwärts aus dem Zimmer, wie ein kleines, braunes, abgestorbenes Herbstblatt, das vom Wind davongetragen wird.

Das war nicht die einzige Enttäuschung, die ich meiner Mutter bereitete. In den folgenden Jahren machte ich ihr noch oft Kummer, indem ich meinen Willen durchsetzte, auf meinem Recht bestand, ihren Erwartungen nicht zu entsprechen. Ich bekam nicht die besten Noten beim Schulabschluß. Ich wurde nie zum Klassensprecher gewählt. Ich wurde nicht in Stanford aufgenommen. Ich brach das College ab.

Denn im Gegensatz zu meiner Mutter glaubte ich nicht daran, daß ich alles erreichen konnte, was ich wollte. Ich konnte nur ich selbst sein.

In all diesen Jahren wurden weder das Desaster beim Vorspielen noch mein ausfälliges Benehmen hinterher jemals wieder erwähnt. Das Thema wurde einfach totgeschwiegen, wie ein Verrat, der zu schändlich für alle Worte war. So gelang es mir nie, meine Mutter zu fragen, warum sie ihre Hoffnungen so hochgeschraubt hatte, daß ich unvermeidlich versagen mußte.

Schlimmer noch, ich konnte sie auch niemals fragen, was mich am meisten bedrückte: Warum hatte sie die Hoffnung aufgegeben? Denn nach unserer Auseinandersetzung erwähnte sie mein Klavierspielen nie wieder. Der Unterricht wurde abgebrochen. Der Klavierdeckel blieb verschlossen, als Bollwerk gegen den Staub, gegen mein Unglück, gegen ihre Hoffnungen.

Doch vor einigen Jahren schenkte sie mir das Klavier überraschend zum dreißigsten Geburtstag. Ich hatte es nie wieder angerührt. Ich verstand ihr Angebot als Zeichen, daß sie mir verziehen hatte, und mir fiel ein jahrzehntealter Stein vom Herzen.

»Bist du sicher?« fragte ich sie schüchtern. »Ich meine, werdet ihr es denn nicht vermissen?«

»Nein, das war doch schon immer dein Klavier«, sagte sie entschieden. »Nur du kannst drauf spielen.«

»Wahrscheinlich hab ich inzwischen alles verlernt«, antwortete ich. »Es ist ja schon so lange her.«

»Das holst du im Nu wieder auf«, meinte sie, als gäbe es da gar keinen Zweifel. »Du bist ein Naturtalent. Du hättest ein Genie werden können, wenn du nur gewollt hättest.«

»Nein, ausgeschlossen.«

»Du hast dir eben keine Mühe gegeben«, sagte meine Mutter. Es klang weder vorwurfsvoll noch resigniert, nur wie eine sachliche Feststellung. »Nimm es ruhig an«, fügte sie hinzu.

Aber anfangs mochte ich es noch nicht nehmen. Es genügte mir schon, daß sie es angeboten hatte. Seitdem war ich jedesmal ein wenig stolz, wenn ich es im Wohnzimmer meiner Eltern zwischen den Bogenfenstern stehen sah – als hätte ich einen glanzvollen Preis zurückerobert.

Letzte Woche habe ich einen Klavierstimmer in die Wohnung meiner Eltern geschickt, aus rein sentimentalen Gründen. Meine Mutter war vor ein paar Monaten gestorben, und seitdem hatte ich für meinen Vater nach und nach ihre Sachen weggeräumt. Ihren Schmuck wickelte ich in seidene Futterale. Ihre selbstgestrickten Pullover in gelb, rosa und orange – genau die Farben, die ich nicht leiden konnte – verpackte ich mottensicher in Kartons. Ich stieß auch auf ein paar alte, geschlitzte Seidenkleider, deren weichen Stoff ich zwischen den Fingern rieb, bevor ich sie in Seidenpapier einschlug; ich beschloß, sie mit nach Hause zu nehmen.

Nachdem das Klavier gestimmt war, klappte ich den Deckel auf und strich über die Tasten. Der Klang war viel voller als in meiner Erinnerung. Es war wirklich kein schlechtes Klavier. In der Bank fand ich noch alle meine Übungsblätter von früher, mit den handgeschriebenen Tonleitern, und die alten zerfledderten Notenhefte, deren Einbände mit gelben Klebstreifen zusammengehalten wurden.

Ich schlug die Schumann-Noten an der Seite mit dem schwermütigen kleinen Stück auf, das ich damals gespielt hatte. Es stand auf der linken Seite: *Bittendes Kind*. Es kam mir schwieriger vor, als ich es in Erinnerung hatte. Ich schlug ein paar Takte an und war überrascht, wie gut ich mich noch der Noten entsinnen konnte.

Zum ersten Mal, wie mir schien, warf ich auch einen Blick auf die rechte Seite. Das Stück dort hieß *Glückes genug*. Ich versuchte, es ebenfalls zu spielen. Die Melodie war beschwingter, doch es hatte den gleichen, fließenden Rhythmus; *Bittendes Kind* war kürzer und getragener – *Glückes genug* war länger und heiterer. Und nachdem ich beide Stücke ein paarmal durchgespielt hatte, merkte ich, daß sie einander ergänzten wie die zwei Hälften eines Liedes.

Übersetzung von Sabine Lohmann

SANDRA CISNEROS

Bach der Schreienden Frau

An dem Tag, an dem Don Serafín dem Juan Pedro Martínez Sánchez die Erlaubnis gab, Cleófilas Enriqueta DeLeón Hernández zur Braut zu nehmen und über die Schwelle ihres Vaters, über mehrere Meilen unbefestigter und mehrere Meilen gepflasterter Straße, über eine Grenze hinweg und nach drüben in eine Stadt *en el otro lado* – auf der anderen Seite – zu bringen, da ahnte er schon den Morgen, an dem seine Tochter die Hand über die Augen heben, nach Süden schauen und davon träumen würde, zu den niemals endenden Haushaltspflichten, sechs Taugenichtsen von Brüdern und den Klagen eines alten Mannes zurückzukehren.

Schließlich hatte er, mitten im Stimmengewirr des Abschieds, zu ihr gesagt: Ich bin dein Vater, ich werde dich nie im Stich lassen. Das hatte er doch gesagt, nicht wahr, als er sie umarmte und dann gehen ließ. Aber in dem Augenblick war Cleófilas damit beschäftigt, nach Chela, ihrer Brautjungfer, Ausschau zu halten, um mit ihr das Brautstrauß-Komplott anzuzetteln. Erst später sollte sie sich an die Abschiedsworte ihres Vaters erinnern. *Ich bin dein Vater, ich werde dich nie im Stich lassen.*

Erst jetzt, als Mutter, erinnerte sie sich daran. Jetzt, wenn sie und Juan Pedrito am Bachrand saßen. Und daran, daß, wenn ein Mann und eine Frau einander lieben, diese Liebe manchmal sauer wird. Wogegen die Liebe der Eltern für ein Kind, eines Kindes für seine Eltern etwas völlig anderes ist.

Das dachte Cleófilas abends, wenn Juan Pedro nicht nach Hause kam und sie auf ihrer Seite des Bettes lag und auf das dumpfe Dröhnen von der Durchgangsstraße horchte, auf das ferne Bellen eines Hundes und auf die Pecanobäume, die wie Damen in steifen Petticoats raschelten – schh-schh-schh, schh-schh-schh – und sie in den Schlaf wiegten.

In der Stadt, in der sie aufgewachsen ist, gibt es nicht viel zu tun, außer die Tanten und Patinnen zu einer anderen Tante oder Patin zu begleiten, um Karten zu spielen. Oder zum Kino zu spazieren, um sich den Film dieser Woche noch einmal anzusehen, der Flecken hat und ein störend zitterndes Haar auf der Leinwand. Oder in die Mitte des Städtchens, um einen Milchshake zu bestellen, der in eineinhalb Tagen als Pickel auf ihrer Kehrseite wieder auftauchen wird. Oder zum Haus der Freundin, um die neueste Fortsetzung der *telenovela* anzusehen und zu versuchen, nachzumachen, wie die Frauen sich das Haar frisieren, ihr Make-up tragen.

Aber gewartet, flüsternd und seufzend und kichernd, gehofft, seit sie alt genug war, sich an den Schaufenstern mit dem Tüll und den Schmetterlingen und der Spitze die Nase plattzudrücken, gewartet hat Cleófilas auf die Leidenschaft. Nicht so eine, wie sie auf dem Titelblatt der Zeitschrift *¡Alarma!* zu sehen war, nein, nein, die nicht, wo die Angebetete mit der blutigen Gabel abfotografiert ist, die sie zur Verteidigung ihres makellosen Namens benützt hat. Nein, die Leidenschaft in ihrer reinsten, kristallklaren Natur. Die Sorte, die die Bücher und die Lieder und die *telenovelas* beschreiben, wo du endlich die große Liebe deines Lebens findest und alles tust, was du kannst und was du mußt, um jeden Preis.

Tú o Nadie. »Du oder keiner.« Der Titel der im Augenblick beliebtesten *telenovela*. Die schöne Lucía Méndez, die durch alle Nöte des Herzens hindurchmuß, durch Trennung und Treulosigkeit, und dabei immer liebt, immer liebt, egal was kommt, denn *das* ist das allerwichtigste, und habt ihr Lucía Méndez in der Werbung für Aspirin von Bayer gesehen – war sie nicht wunderschön? Ob sie sich wohl die Haare färbt, was meint ihr? Cleófilas wird in die *farmacía* gehen und sich eine Tönung kaufen; ihre Freundin Chela wird sie ihr auftragen – so schwierig ist das gar nicht.

Weil du doch die Folge gestern abend nicht gesehen hast, wo Lucía beichtet, daß sie ihn mehr als sonst jemanden in ihrem Leben liebt. In ihrem Leben! Und sie singt das Lied »Du oder keiner« am Anfang und am Ende der Sendung. *Tú o Nadie.* Irgendwie sollte man sein Leben so leben, meint ihr nicht? Du oder keiner. Denn um der Liebe willen zu leiden ist gut. Der Schmerz ist süß, irgendwie. Am Ende jedenfalls.

Seguín. Der Klang hatte ihr gefallen. Weit weg und herrlich. Nicht wie *Monclova. Coahuia.* Häßlich.
Seguín, Tejas. Ein hübscher gediegener Klang. Das Klingeln von Geld. Sie würde sich kleiden wie die Frauen in der *tele*, wie Lucía Méndez. Und ein herrliches Haus besitzen, und Chela würde sie so beneiden.

Und ja, sie werden die weite Strecke bis nach Laredo fahren, um ihr Hochzeitskleid zu kaufen. Das sagen sie jedenfalls. Weil Juan Pedro gleich heiraten will, ohne lange Verlobung, weil er nicht so lange von der Arbeit freibekommt. Er hat eine sehr wichtige Stelle in Seguín, bei, bei ... einer Brauerei, glaube ich. Oder irgendwas mit Reifen? Ja, er muß zurück. Deshalb werden sie im Frühling heiraten, wenn er sich freinehmen kann, und dann werden sie in seinem neuen Lieferwagen wegfahren – habt ihr den gesehen? – in ihr neues Heim in Seguín. Na ja, nicht direkt ganz neu, aber sie werden das Haus neu anstreichen. Ihr wißt ja, wie

Frischvermählte sind. Neue Farbe und neue Möbel. Warum nicht? Er kann es sich leisten. Und später vielleicht ein oder zwei Zimmer anbauen für die Kinder. Mögen ihnen viele geschenkt werden.

Ihr werdet schon sehen. Cleófilas konnte doch schon immer so gut mit der Nähmaschine umgehen. Ein bißchen *rrr, rrr, rrr* mit der Nähmaschine und *¡zas!* Wunder. Sie ist doch immer schon so geschickt gewesen, das Mädchen. Armes Ding. Und nicht mal eine Mama, die ihr raten kann, in Dingen wie der Hochzeitsnacht. So helfe ihr Gott. Bei so einem Vater mit einem Kopf wie ein *burro*[1], und diesen sechs tolpatschigen Brüdern. Was denkt ihr denn! Ja, ich geh zur Hochzeit. Natürlich! Das Kleid, das ich anziehen will, muß nur ein ganz klein wenig geändert werden, dann ist es wieder ganz modern. Wißt ihr, ich hab da gestern abend so was gesehen, was mir stehen würde. Habt ihr gestern abend die Folge von *Auch Reiche weinen* gesehen? Ah ja, und ist euch das Kleid aufgefallen, das die Mutter angehabt hat?

La Gritona. So ein komischer Name für so einen schönen *arroyo*[2]. Aber so nannten sie den Bach, der hinter dem Haus vorbeifloß. Obwohl keiner sagen konnte, ob die Frau vor Wut oder Schmerz geschrien hatte. Die Leute von dort wußten nur, daß der *arroyo*, den man auf dem Weg nach San Antonio überquert und dann auf dem Rückweg noch mal, *Woman Hollering*, Schreiende Frau, genannt wurde, ein Name, über den keiner dort nachdachte, geschweige denn, daß er ihn verstand. *Pues, allá de los indios, quién sabe* – wer weiß, sagten die Städter schulterzuckend, weil es keinerlei Bedeutung für ihr Leben hatte, wie dieses tröpfelnde Gewässer zu seinem merkwürdigen Namen gekommen war.

---

1 Esel. (Anm. d. Übers.)
2 Bach. (Anm. d. Übers.)

»Wieso willst du das wissen?« fragte Trini, die Frau aus dem Waschsalon, in demselben mürrischen Spanisch, das sie sprach, wenn sie Cleófilas Wechselgeld gab oder sie wegen irgend etwas anschrie. Zuerst, weil sie zuviel Waschpulver in die Maschinen tat. Später, weil sie sich auf eine Waschmaschine setzte. Und noch später, nachdem Juan Pedrito geboren war, weil Cleófilas nicht begriff, daß man in diesem Land sein Baby nicht ohne Windel und mit raushängendem Pipi rumlaufen lassen kann, das ist doch nicht anständig, ¿entiendes? Pues.[3]

Wie konnte Cleófilas einer Frau wie ihr erklären, warum der Name Schreiende Frau sie faszinierte. Nun ja, mit Trini konnte man eben nicht reden.

Andrerseits gab es da die Nachbarinnen, eine auf jeder Seite des Hauses, das sie in der Nähe des *arroyo* zur Miete bewohnten. Die Dame Soledad auf der linken, die Dame Dolores auf der rechten.

Nachbarin Soledad bezeichnete sich gern als Witwe, obwohl es ein Rätsel blieb, wie sie eine solche geworden war. Ihr Mann war entweder gestorben oder mit einem Flittchen aus dem *Eishaus* weggelaufen oder war einfach eines Nachmittags Zigaretten holen gegangen und nicht wiedergekommen. Man wußte nicht, welches von alledem, da Soledad ihn in der Regel nicht erwähnte.

Im anderen Haus wohnte *la señora* Dolores, freundlich und sehr lieb, aber ihr Haus roch zu stark nach Weihrauch und Kerzen, die unaufhörlich auf den Altären brannten, zur Erinnerung an zwei Söhne, die im letzten Krieg umgekommen waren, und an einen Ehemann, der kurz darauf an Kummer gestorben war. Die Nachbarin Dolores teilte ihre Zeit zwischen dem Gedenken an diese Männer und ihrem Garten auf, der berühmt für seine Sonnenblumen war – so

---

3 Verstehst du? Also. (Anm. d. Übers.)

hoch, daß sie mit Besenstielen und alten Brettern gestützt werden mußten –, für seine tiefroten Korallenbäume, die fransig waren und eine dicke Menstruationsfarbe ausbluteten, und vor allem für seine Rosen, deren trauriger Duft Cleófilas an die Toten erinnerte. Jeden Sonntag schnitt *la señora* Dolores die schönsten dieser Blumen ab und schmückte drei bescheidene Grabsteine auf dem Friedhof von Seguín damit.

Die Nachbarinnen Soledad und Dolores, die hätten früher einmal vielleicht den Namen des *arroyo* gekannt, bevor er englisch geworden war, aber jetzt wußten sie ihn nicht mehr. Sie waren zu sehr damit beschäftigt, an die Männer zu denken, die ihre Frauen entweder freiwillig oder durch die Umstände bedingt verlassen hatten und nie zurückkehren würden.

Schmerz oder Wut, fragte sich Cleófilas, als sie das erste Mal über die Brücke fuhr, als Frischvermählte, und Juan Pedro sie darauf hinwies. *La Gritona*, hatte er gesagt, und sie hatte gelacht. So ein komischer Name für einen Bach, der so hübsch war und so voller ›glücklich bis ans Ende ihrer Tage‹.

Das erste Mal war sie so überrascht gewesen, daß sie nicht einmal schrie und auch nicht versuchte, sich zu verteidigen. Sie hatte immer gesagt, sie würde zurückschlagen, wenn ein Mann, irgendein Mann, sie schlagen sollte.

Doch als der Augenblick kam und er sie schlug, einmal und dann noch mal und noch mal, bis die Lippe aufsprang und eine Orchidee von Blut blutete, wehrte sie sich nicht, brach sie nicht in Tränen aus, lief sie nicht fort, wie sie sich vorgestellt hatte, daß sie es tun würde, wenn sie so etwas in den *telenovelas* sah.

Bei ihr zu Hause hatten die Eltern niemals die Hand gegeneinander oder gegen ihre Kinder erhoben. Obwohl sie zugeben mußte, daß sie vielleicht ein wenig nachgiebig erzogen worden war, als einzige Tochter – *la consentida*, die Verwöhnte –, gab es ein paar Dinge, die sie sich niemals gefallen lassen würde. Niemals.

Vielmehr war sie, als es zum ersten Mal passierte – sie waren kaum Mann und Frau –, so verblüfft gewesen, daß sie sprachlos wurde, bewegungslos, gefühllos. Sie hatte nichts getan, sondern nur hoch zu dem Brennen an ihrem Mund gefaßt und das Blut an ihrer Hand angestarrt, als ob sie selbst da noch nicht verstünde.

Ihr fiel nichts zu sagen ein, also sagte sie nichts. Streichelte nur die dunklen Locken des Mannes, der weinte und jedesmal wieder weinen sollte, wie ein Kind. Tränen der Reue und Scham, dieses und jedes folgende Mal.

Die Männer im *Eishaus*. Aus dem, was sie weiß, von den Malen während des ersten Jahres, wo sie als Neuvermählte noch eingeladen wird und ihren Mann begleitet, stumm neben der Unterhaltung der Männer sitzt, wartet und an einem Bier nippt, bis es warm wird, eine Papierserviette zu einem Knoten dreht, dann eine zweite zu einem Fächer faltet, eine zu einer Rose, mit dem Kopf nickt, lächelt, gähnt, höflich grinst, im passenden Moment lacht, sich an den Ärmel ihres Mannes lehnt, ihn am Ellbogen zupft und es schließlich lernt, vorauszusagen, wo die Unterhaltung hinführen wird, aus alledem schließt Cleófilas, daß jeder dieser Männer Nacht für Nacht versucht, die Wahrheit zu finden, die auf dem Boden der Flasche liegt wie eine Golddublone auf dem Meeresgrund.

Sie möchten einander mitteilen, was sie sich selbst gern sagen würden. Aber das, was wie ein Heliumballon gegen die Decke des Gehirns stößt, findet niemals seinen Weg nach draußen. Es blubbert und steigt auf, es gurgelt im Hals, es rollt über die Zungenoberfläche und bricht zwischen den Lippen hervor – ein Rülpser.

Wenn sie Glück haben, gibt es am Ende der langen Nacht Tränen. Bei jeder Gelegenheit versuchen die Fäuste zu reden. Sie sind Hunde, die ihren eigenen Schwanz jagen, bevor sie sich schlafen legen, versuchen, einen Weg zu finden, eine Route, ein Hinaus und – schließlich – ein wenig Frieden.

Manchmal morgens, bevor er die Augen aufschlägt. Oder nachdem sie mit der Liebe fertig sind. Oder gelegentlich, wenn er ihr einfach nur am Tisch gegenübersitzt und sich das Essen in den Mund steckt und kaut. Dann denkt Cleófilas: Das ist der Mann, auf den ich mein Leben lang gewartet habe.

Nicht, daß er kein guter Mann wäre. Aber sie muß sich in Erinnerung rufen, warum sie ihn liebt, wenn sie dem Baby die Pampers wechselt oder wenn sie den Badezimmerboden aufwischt oder versucht, Vorhänge für die Türöffnungen ohne Türen zu nähen, oder das Leinen bleicht. Oder sich ein bißchen wundert, wenn er dem Kühlschrank einen Tritt versetzt und sagt, daß er dieses beschissene Haus haßt und jetzt wo hingeht, wo ihm nicht die Laune verdorben wird von dem Babygeheul und ihren mißtrauischen Fragen, und ihren Forderungen, dies zu reparieren und das und das, denn wenn sie auch nur ein bißchen Grips im Kopf hätte, dann wäre ihr doch klar, daß er schon vor den Hühnern aufgestanden ist, um Geld zu verdienen für das Essen in ihrem Bauch und das Dach über ihrem Kopf, und daß er am nächsten Tag wieder früh raus muß, also laß mich doch gefälligst in Ruhe, Frau.

Er ist nicht sehr groß, nein, und er sieht nicht aus wie die Männer in den *telenovelas*. Sein Gesicht ist noch von der Akne vernarbt. Und er hat einen kleinen Bauch von all dem Bier, das er trinkt. Na ja, ziemlich stämmig ist er schon immer gewesen.

Dieser Mann, der furzt und rülpst und schnarcht, aber auch lacht und sie küßt und sie in den Armen hält. Dieser Mann, dessen Barthaare sie jeden Morgen im Waschbecken findet, dessen Schuhe sie jeden Abend lüften muß, dieser Ehemann, der sich in der Öffentlichkeit die Fingernägel schneidet, laut lacht, flucht wie ein Fuhrmann und verlangt, daß jeder Gang beim Abendessen auf einem frischen Teller serviert wird, wie bei seiner Mutter, kaum daß er zu Hause ist, ob pünktlich oder verspätet, und der überhaupt keinen Sinn hat für Musik oder *telenovelas* oder Romantik oder Rosen oder den Mond, der perlengleich über den *arroyo* treibt oder auch durchs Schlafzimmerfenster scheint, mach die Läden zu und schlaf wieder, dieser Mann, dieser Vater, dieser Rivale, dieser Hüter, dieser Herr, dieser Meister, dieser Ehemann in alle Ewigkeit.

Ein Zweifel. Unscheinbar wie ein Haar. Eine abgewaschene Tasse, die falsch herum ins Regal gestellt worden ist. Ihr Lippenstift und Körperpuder und ihre Haarbürste im Badezimmer anders angeordnet.

Nein. Nur Einbildung. Das Haus so wie immer. Nichts.

Beim Heimkommen aus der Klinik mit ihrem neugeborenen Sohn, ihrem Mann. Etwas Tröstliches an der Entdeckung ihrer Pantoffeln unter dem Bett, des verblichenen Morgenmantels an dem Haken im Badezimmer, wo sie ihn hingehängt hat. Ihr Kopfkissen. Ihr gemeinsames Bett.

Süße, süße Heimkehr. Süß wie der Duft von Gesichtspuder in der Luft, Jasmin, klebriger Likör.

Schmieriger Fingerabdruck an der Tür. Zerdrückte Zigarette in einem Glas. Ein kleines Stirnrunzeln im Gehirn, das sich zu einer Falte vertieft.

Manchmal denkt sie an das Haus ihres Vaters. Aber wie könnte sie dorthin zurück? Welch eine Schande. Was würden die Nachbarn sagen? So nach Hause zu kommen, mit einem Baby auf der Hüfte und einem unterwegs. Wo ist dein Mann?

Die Stadt der Klatschmäuler. Die Stadt des Staubs und der Verzweiflung. Die sie vertauscht hat gegen diese Stadt der Klatschmäuler. Diese Stadt des Staubs und der Verzweiflung. Die Häuser vielleicht weiter auseinander, aber man ist deshalb auch nicht ungestörter. Auch ohne baumbestandenen *zócalo*[4] mitten in der Stadt ist das Gemurmel und Gerede deutlich genug. Kein flüsterndes Köpfezusammenstecken auf den Kirchenstufen am Sonntag. Weil hier das Flüstern schon bei Sonnenuntergang im *Eishaus* anfängt.

Diese Stadt mit ihrem albernen Stolz auf einen bronzenen Pecanobaum von der Größe eines Kinderwagens vor dem Rathaus. Fernsehreparaturwerkstatt, Drugstore, Eisenwaren, Reinigung, Chiropraktiker, Schnapsladen, Kautionskredite, leere Schaufenster und nichts, nichts, nichts Interessantes. Jedenfalls nichts, wo man zu Fuß hingehen könnte. Denn die Städte sind hier so gebaut, daß man von Ehemännern abhängig ist. Oder man bleibt zu Hause. Oder man fährt mit dem Auto. Wenn man reich genug ist, ein eigenes Auto zu besitzen, und fahren darf.

Nirgends kann man hin. Es sei denn, man zählt die Nachbarinnen. Soledad auf der einen Seite, Dolores auf der anderen. Oder den Bach.

Geh nicht bei Dunkelheit dort hinaus, *mi'jita*[5]. Bleib in der Nähe des Hauses. *No es bueno para la salud. Mala suerte.*[6] Unglück. *Mal aire.*[7] Du wirst krank und das Baby auch. Du wirst dich erschrecken, wenn du dort in der Dunkelheit herumwanderst, und dann wirst du sehen, wie recht wir hatten.

---

4 Hauptplatz eines Ortes. (Anm. d. Übers.)
5 Mein Töchterchen, meine Liebe. (Anm. d. Übers.)
6 Es ist nicht gut für die Gesundheit. Unglück. (Anm. d. Übers.)
7 Schlechte Luft. (Anm. d. Übers.)

Der Bach, im Sommer manchmal nur eine schlammige Pfütze, allerdings jetzt im Frühjahr, wegen der Regenfälle, ein lebendes Ding von ziemlicher Größe, ein Ding mit seiner eigenen Stimme, den ganzen Tag und die ganze Nacht ruft er mit seiner hohen Silberstimme. Ist es La Llorona, die weinende Frau? La Llorona, die ihre eigenen Kinder ertränkte. Vielleicht ist La Llorona diejenige, nach der sie den Bach benannt haben, vermutet sie, und ihr fallen all die Geschichten ein, die sie als Kind gehört hat.

La Llorona ruft sie. Da ist sie ganz sicher. Cleófilas legt die Donald-Duck-Decke für das Baby aufs Gras. Horcht. Der Tageshimmel verwandelt sich in Nacht. Das Baby reißt mit den Fäustchen Gras aus und lacht. La Llorona. Ist es möglich, daß etwas so Stilles eine Frau zur Dunkelheit unter den Bäumen hintreibt.

Die braucht eben mal ... und machte eine Bewegung, als zöge er den Hintern einer Frau an seine Lenden. Maximiliano, der übelriechende Trottel vom Haus gegenüber, hat es gesagt und die Männer damit zum Lachen gebracht, aber Cleófilas hat nur gemurmelt, *grosero*, und weiter Geschirr abgewaschen.

Sie wußte ja, daß er das nicht gesagt hat, weil es wahr ist, sondern weil er selbst eine Frau gebraucht hätte, anstatt jeden Abend im *Eishaus* zu saufen und danach allein heimzustolpern.

Maximiliano, von dem es hieß, er habe seine Frau im Streit wegen dem *Eishaus* umgebracht, als sie mit einem Mop auf ihn losging. Ich mußte schießen, hatte er gesagt – sie war bewaffnet.

Ihr Gelächter vor dem Küchenfenster. Das ihres Mannes, seiner Freunde, Manolo, Beto, Efraín, el Perico. Maximiliano.

Übertrieb Cleófilas nur, wie ihr Mann immer sagte? Es schien, als seien die Zeitungen voll von solchen Geschichten. Die eine Frau neben der *Interstate* gefunden. Eine andere aus einem fahrenden Auto gestoßen. Der Leichnam von dieser, jene bewußtlos, eine dritte blaugeschlagen. Ihr Ex-Mann, ihr Mann, ihr Liebhaber, ihr Vater, ihr Bruder, ihr Onkel, ihr Freund, ihr Arbeitskollege. Immerzu. Täglich dieselben gräßlichen Nachrichten auf den Zeitungsseiten. Sie tauchte ein Glas unter das Seifenwasser, einen Moment lang – schauderte.

Er hatte ein Buch geworfen. Ihres. Quer durchs Zimmer. Ein heißes Aufwallen über der Wange. Das konnte sie ihm verzeihen. Was mehr schmerzte, war die Tatsache, daß es *ihr* Buch war, eine Liebesgeschichte von Corín Tellado, die las sie am liebsten, jetzt, wo sie in den Vereinigten Staaten wohnte, ohne Fernseher, ohne *telenovelas*.

Außer hin und wieder, wenn ihr Mann fort war und sie es einrichten konnte, die paar im Haus der Nachbarin Soledad erwischten Folgen, weil Dolores für so was keinen Sinn hatte, obwohl Soledad auch oft so nett war, ihr zu erzählen, was in welcher Folge von *María de Nadie* passiert war, der Serie über das arme argentinische Mädchen vom Lande, welchem das Unglück widerfuhr, sich in den schönen Sohn der Familie Arrocha zu verlieben, jener Familie, für die sie arbeitete, unter deren Dach sie schlief und deren Fußböden sie saugte, während in eben diesem Haus – die Besen und Scheuerlappen waren Zeugen – Juan Carlos Arrocha mit den kantigen Kiefern Liebesworte geäußert hatte, ich liebe dich, María, hör mich an, *mi querida*,[8] und ihr oblag es dann zu sagen: Nein, nein, wir kommen aus verschiedenen Verhältnissen, und ihn daran zu erinnern, daß es sich für ihn nicht schickte, sich zu verlieben, und für sie auch nicht, und dabei brach ihr fast das Herz, wie man sich vorstellen kann.

---

8 Meine Geliebte. (Anm. d. Übers.)

Cleófilas hatte immer gemeint, ihr Leben müsse so sein wie eine *telenovela*, nur daß jetzt die Folgen immer trauriger wurden. Und dazwischen gab es auch keine Werbung, um die Spannung zu lockern. Und kein Happy End in Sicht. Daran dachte sie, wenn sie mit dem Baby draußen am Bach hinterm Haus saß. Cleófilas de ...? Aber sie hätte ihren Namen gegen Topazio oder Yesenia, Cristal, Adriana, Stefania oder Andrea eintauschen müssen, einen Namen, der poetischer war als Cleófilas. Alles passierte immer den Frauen mit Namen wie Juwelen. Aber was passierte einer Cleófilas? Gar nichts. Höchstens eine Platzwunde im Gesicht.

Weil der Doktor es gesagt hat. Sie muß hin. Um sicherzugehen, daß mit dem Baby alles in Ordnung ist, damit es keine Probleme gibt, wenn es geboren wird, und auf der Terminkarte steht nächster Dienstag. Ob er sie bitte hinfahren kann. Sonst gar nichts.

Nein, sie wird nichts davon sagen. Das verspricht sie. Wenn der Doktor fragt, kann sie sagen, daß sie die Haustreppe hinuntergefallen ist oder ausgerutscht ist, als sie draußen im Hof war, daß sie hinterm Haus ausgerutscht ist, das könnte sie ihm erzählen. Sie muß nächsten Dienstag wieder hin, Juan Pedro, bitte, wegen dem Baby. Für ihr gemeinsames Kind.

Sie könnte ja an ihren Vater schreiben und ihn vielleicht um Geld bitten, nur einen Kredit, für die Arztkosten wegen dem Baby. Na gut, wenn er es lieber nicht möchte. Gut, dann tut sie es nicht. Bitte nicht mehr. Bitte nicht. Sie weiß, daß es schwer ist, Geld zu sparen, bei all den Rechnungen, die sie kriegen, aber wie sollen sie denn das Auto abbezahlen? Und wenn die Miete und das Essen und der Strom und das Gas und das Wasser und wer-weiß-was-noch-alles bezahlt sind, dann ist kaum mehr was übrig. Aber bitte, wenigstens für den Arztbesuch. Sie will um nichts sonst mehr bitten. Sie muß. Warum ihr so viel daran liegt? Weil.

Weil sie sichergehen will, daß das Baby sich nicht umgedreht hat und sie diesmal in der Mitte auseinanderreißt. Ja. Nächsten Dienstag um halb sechs. Ich ziehe Juan Pedrito vorher an und habe ihn dann fix und fertig. Aber das sind die einzigen Schuhe, die er hat. Ich putze sie, und wir sind dann bestimmt bereit. Gleich, wenn du von der Arbeit kommst. Du wirst dich nicht schämen müssen wegen uns.

Felice? Ich bin's, Graciela.

Nein, ich kann nicht lauter reden. Ich bin in der Praxis.

Schau, ich brauch jemand, der mir einen Gefallen tut. Hier ist eine Patientin, die Schwierigkeiten hat.

Warte doch. Hörst du mir jetzt zu oder was?

Ich kann nicht so laut reden, weil ihr Mann nebenan ist.

Also, dann hör doch mal zu, ja?

Ich wollte gerade den Ultraschall machen – sie ist schwanger, verstehst du? – und da fängt sie einfach an zu weinen. *Híjole*, Felice! Die arme Frau hat überall schwarze und blaue Flecken. Kein Scherz.

Von ihrem Mann. Von wem sonst? Wieder eine von diesen Bräuten von der anderen Seite der Grenze. Und ihre ganze Familie ist in Mexiko.

Ach, Scheiße. Du glaubst, daß die ihr helfen? Barmherziger! Das Mädchen spricht nicht mal Englisch. Sie durfte nicht daheim anrufen und auch nicht schreiben und nichts. Drum ruf ich dich ja an.

Sie braucht jemand mit Auto.

Nicht nach Mexiko, du Trottel. Nur zur Greyhound Station. In San Anto.

Nein, nur hinfahren. Sie hat selbst Geld. Brauchst sie nur auf dem Heimweg in San Antonio absetzen. Na komm schon, Felice. Bitte! Wenn wir ihr nicht helfen, wer denn dann? Ich würde sie ja selber hinfahren, aber sie muß den Bus kriegen, bevor ihr Mann von der Arbeit heimkommt. Was sagst du?

Ich weiß nicht. Warte.

Sobald wie möglich, morgen abend.

Na ja, wenn dir morgen abend nicht paßt ...

Gebongt. Felice. Donnerstag. Beim *Cash N Carry* an der I-10. Mittags. Sie steht bereit.

Ach ja, sie heißt Cleófilas.

Ich weiß nicht. Eine von diesen mexikanischen Heiligen, denke ich. Eine Märtyrerin oder so.

Cleófilas. C-L-E-O-F-I-L-A-S. Cle. O. Fi. Las. Schreib's auf.

Danke, Felice. Wenn das Kind auf die Welt kommt, wird sie es nach uns nennen müssen, stimmt's?

Ja, genau. Richtig wie eine Seifenoper manchmal. *Qué vida, comadre. Bueno bye.*[9]

Den ganzen Morgen dieses Flattern, halb Furcht, halb Zweifel. Jeden Moment kann Juan Pedro auf der Türschwelle auftauchen. Auf der Straße. Am *Cash N Carry*. Wie in den Träumen, die sie gehabt hat.

Das mußte sie denken, ja, bis die Frau mit dem Lieferwagen vorfuhr. Dann war keine Zeit mehr, an irgendwas zu denken außer an den Lieferwagen, der in Richtung San Antonio stand. Verstau dein Gepäck hinten und steig ein.

Aber als sie über den *arroyo* fuhren, machte die Fahrerin den Mund auf und ließ einen Schrei heraus, laut wie ein *mariachi*[10]. Was nicht nur Cleófilas aufschreckte, sondern auch Juan Pedrito.

Pues, ach wie goldig. Ich hab euch zwei erschreckt, stimmt's? Tut mir leid. Hätte euch warnen sollen. Ich tu das

---

9 Was für ein Leben, Gevatterin. (Anm. d. Übers.)
10 Musikgruppe. (Anm. d. Übers.)

jedesmal, wenn ich über die Brücke fahre. Wegen dem Namen, weißt du. Schreiende Frau. *Pues* schrei ich. Das sagte sie in einem mit Spanisch vermischten Englisch und lachte. Ist dir schon mal aufgefallen, fuhr Felice fort, daß hier in der Gegend nichts nach einer Frau genannt ist? Wirklich. Außer es ist die Jungfrau. Vermutlich wird man nur berühmt, wenn man Jungfrau ist. Wieder lachte sie.

Deshalb mag ich den Namen von diesem *arroyo*. Kriegste doch Lust, zu brüllen wie Tarzan, stimmt's?

Alles an dieser Frau, dieser Felice, erstaunte Cleófilas. Daß sie einen Lieferwagen fuhr. Einen Lieferwagen, man stelle sich vor, und als Cleófilas fragte, ob der ihrem Mann gehörte, sagte sie, sie hätte keinen Mann. Der Lieferwagen gehörte ihr. Sie hatte ihn sich ausgesucht. Sie zahlte dafür.

Ich hatte früher einen Pontiac Sunbird. Aber solche Autos sind für *viejas*[11]. Muschi-Autos. Das hier, das ist ein richtiges Auto.

Wie redet sie denn, und noch dazu als Frau? dachte Cleófilas. Aber schließlich war Felice völlig anders als alle Frauen, denen sie je begegnet war. Könnt ihr euch vorstellen, als wir über den *arroyo* rüber sind, hat sie angefangen zu schreien wie verrückt, würde sie später ihrem Vater und ihren Brüdern erzählen. Einfach so. Unglaublich!

Unglaublich, ja! Schmerz oder Wut vielleicht, aber nicht so ein Johlen, wie Felice gerade losgelassen hatte. Kriegste doch Lust, zu brüllen wie Tarzan, hatte Felice gesagt.

Dann fing Felice wieder an zu lachen, aber es war gar nicht Felice, die lachte. Es gurgelte aus ihrer eigenen Kehle, ein langes Band von Gelächter, wie Wasser.

Übersetzung von Helga Pfetsch

---

11 Alte Leute. (Anm. d. Übers.)

CYNTHIA OZICK

Der Schal

Kalt war Stella, kalt, so kalt wie in der Hölle. So gingen sie zusammen die Landstraßen entlang – Rosa, zwischen deren wunde Brüste sich Magda schmiegte, Magda, die in den Schal gehüllt war. Manchmal trug Stella Magda. Aber sie war eifersüchtig auf Magda. Stella, eine magere Vierzehnjährige, viel zu klein für ihr Alter, mit eigenen mageren kleinen Brüsten, wünschte sich einen Schal, der sie aufnahm, verbarg, in dem sie schlief, von den Schritten gewiegt, ein Baby, ein runder Säugling in den Armen der Mutter. Magda suchte Rosas Brust, und Rosa verharrte niemals – eine schreitende Wiege. Sie hatte nicht genug Milch; manchmal saugte Magda nur Luft; dann schrie sie. Stella war voller Gier. Ihre Knie waren Geschwülste auf Stöcken, ihre Ellbogen waren Hühnerknochen.

Rosa spürte keinen Hunger; sie fühlte sich schwerelos – nicht als würde sie gehen, sondern als wäre sie ohnmächtig, in Trance, in einem Paroxysmus gefangen, als wäre sie bereits ein schwebender Engel, der wachsam alles sieht, aber von oben, aus der Luft, ohne die Landstraße zu berühren. Als würde sie auf den Spitzen ihrer Fingernägel wandeln. Durch eine Öffnung im Schal sah sie auf Magdas Gesicht: ein Eichhörnchen in seinem Nest, geborgen, in dem kleinen Haus aus den Falten des Schals konnte ihr niemand etwas anhaben. Das Gesicht, so rund, ein Gesicht wie ein Taschenspiegel: Aber es hatte nicht Rosas dunkle Haut, die düster war wie die Cholera, es war überhaupt eine ganz andere Art von Gesicht – Augen, so blau wie der Himmel, weiches flaumiges Haar, das beinahe ebenso gelb war wie der Stern, der auf Rosas Mantel genäht war. Man hätte es für eines *ihrer* Babys halten können.

Rosa schwebte und malte sich aus, Magda in einem der Dörfer fortzugeben. Sie könnte für einen Augenblick aus der Reihe treten und Magda irgendeiner Frau am Straßenrand in die Hände werfen. Aber wenn sie die Reihe verließ, könnten sie schießen. Und selbst wenn sie für eine halbe Sekunde aus der Reihe lief und das Schalbündel einer Fremden zuwarf, würde die Frau es auffangen? Sie könnte überrascht sein oder verängstigt; sie könnte den Schal fallen lassen, und Magda würde herausrollen und sich am Kopf verletzen und sterben. Der kleine runde Kopf. So ein braves Kind, sie schrie jetzt gar nicht mehr und saugte nur noch, um den Geschmack der versiegenden Brustwarze zu spüren. Der feste Zugriff des jungen Zahnfleischs. Die Spitze des kleinen Zahns, die aus dem Unterkiefer lugte, so schimmernd, ein elfenhafter Grabstein aus weißem Marmor, der dort glitzerte. Ohne Klage ließ Magda von Rosas Brüsten ab, erst von der linken, dann von der rechten; beide waren rissig, kein Tröpfchen Milch. Ein ausgetrockneter Kanal, ein erloschener Vulkan, ein blindes Auge, ein kaltes Loch, also nahm Magda sich einen Zipfel des Schals und molk ihn statt dessen. Sie saugte und saugte und durchtränkte die Fäden mit Feuchtigkeit. Der gute Geschmack des Schals, die Milch des Leinens.

Es war ein Zauberschal, er konnte ein Kind drei Tage und drei Nächte lang speisen und tränken. Magda starb nicht, sie blieb am Leben, doch sie war sehr still. Ein eigentümlicher Geruch von Zimt und Mandeln entströmte ihrem Mund. Sie hielt ihre Augen immer geöffnet, sie vergaß zu blinzeln, zu schlummern, und Rosa und bisweilen auch Stella betrachteten das Blau ihrer Augen. Sie schleppten sich auf der Landstraße dahin und betrachteten Magdas Gesicht.

»Arisch«, sagte Stella mit einer Stimme, die so dünn geworden war wie ein Faden; und Rosa dachte, daß Stella Magda mit dem Blick eines jungen Kannibalen ansah. Und als Stella »arisch« sagte, klang es in Rosas Ohren so, als hätte sie in Wahrheit gesagt: »Warum fressen wir sie nicht auf?«

Aber Magda lebte lange genug, um laufen zu lernen. Sie lebte so lange, aber das Laufen fiel ihr schwer – einerseits, weil sie nur fünfzehn Monate alt war, und andererseits, weil ihre spindeldürren Beinchen den dicken Bauch nicht tragen konnten. Er war mit Luft angefüllt, prall und rund. Rosa gab Magda fast ihr ganzes Essen, Stella gab ihr nichts; Stella war voller Gier, sie war selbst ein heranwachsendes Kind, obwohl sie kaum wuchs. Stella hatte keine Menstruation. Rosa hatte keine Menstruation. Rosa war voller Gier, aber sie war es auch nicht; sie lernte von Magda, wie man den Geschmack des eigenen Fingers im Mund auskosten kann. Sie waren an einem Ort ohne Erbarmen, alles Erbarmen in Rosa war erloschen, sie betrachtete Stellas Knochen ohne Erbarmen. Sie war überzeugt, daß Stella auf Magdas Tod wartete, um dann ihre Zähne in die kleinen Schenkel graben zu können.

Rosa wußte, daß Magda sehr bald sterben würde; sie hätte längst tot sein müssen, aber sie war tief im Inneren des Zauberschals vergraben gewesen, wo man sie für den bebenden Hügel der Brüste Rosas gehalten hatte; Rosa umklammerte den Schal, als würde er nur sie bedecken. Niemand nahm ihn ihr. Magda war stumm. Sie weinte nie. Rosa versteckte sie im Lager, unter dem Schal, aber sie wußte, daß eines Tages jemand sie denunzieren würde; oder eines Tages würde jemand – nicht unbedingt Stella – Magda stehlen, um sie zu essen. Als Magda zu laufen begann, wußte Rosa, daß Magda sehr bald sterben würde, daß etwas geschehen würde. Sie fürchtete sich einzuschlafen; wenn sie schlief, legte sie ihren Schenkel auf Magdas Körper; sie fürchtete,

Magda mit dem Gewicht ihres Schenkels zu erdrücken; aber ach, Rosa und Stella wurden allmählich zu Luft.

Magda war still, aber ihre Augen waren furchterregend wach, wie blaue Tiger. Sie beobachtete alles genau. Manchmal lachte sie – es sah aus wie ein Lachen, aber wie war das möglich? Magda hatte nie jemanden lachen sehen. Dennoch lachte Magda über ihren Schal, wenn der Wind in seine Zipfel blies, der ungute Wind, der schwarzen Ruß mitführte und Stellas und Rosas Augen tränen ließ. Magdas Augen waren immer klar und tränenlos. Sie beobachtete alles wie ein Tiger. Sie bewachte ihren Schal. Niemand durfte ihn berühren; nur Rosa durfte ihn berühren; Stella nicht. Der Schal war Magdas Baby, ihr Kleines, ihre kleine Schwester. Wenn sie ganz still sein wollte, wickelte sie sich in ihn ein und saugte an einem der Zipfel.

Dann nahm Stella den Schal und bewirkte, daß Magda starb.

Später sagte Stella: »Mir war kalt.«

Und danach war ihr immer kalt, immer. Die Kälte ging ihr ins Herz: Rosa sah, daß Stellas Herz kalt war. Magda schwankte auf ihren Bleistiftbeinchen, die hierhin und dorthin krakelten, und suchte den Schal; die Bleistifte verharrten am Eingang der Baracke, wo die Helligkeit begann. Rosa sah es und lief hinterher. Doch Magda befand sich schon auf dem Platz vor den Baracken, im fröhlichen Tageslicht. Es war der Appellplatz. Jeden Morgen mußte Rosa Magda unter dem Schal an einer Wand der Baracke verstecken und nach draußen gehen und mit Stella und Hunderten anderen auf dem Hof stehen, manchmal stundenlang, und Magda saß ganz allein still unter dem Schal und saugte an seinem Zipfel. Jeden Tag war Magda still, und deshalb starb sie nicht. Rosa wußte, daß Magda heute sterben würde, und doch durchströmte eine zitternde Freude ihre Handflächen, ihre Finger glühten, sie staunte, fieberte: Magda, die im

Sonnenlicht auf ihren dünnen Bleistiftbeinchen schwankte, heulte laut. Seit Rosas Brust versiegt war, seit Magdas letztem Schrei auf der Landstraße war keine Silbe aus ihrem Mund gedrungen; Magda war stumm. Rosa dachte, daß ihre Stimmbänder nicht in Ordnung seien oder die Luftröhre oder der Kehlkopf; Magda war mit einem Defekt behaftet, sie hatte keine Stimme; vielleicht war sie taub; sie konnte geistig behindert sein; Magda war stumm. Selbst ihr Lachen, wenn der aschegesprenkelte Wind ihren Schal hüpfen ließ, war nur ein Zähneblecken. Selbst wenn die Läuse sie quälten, die bei Tagesanbruch nach Aas suchten, rieb und kratzte sie sich und strampelte und biß und wälzte sich, ohne zu jammern. Aber jetzt entrollte sich aus Magdas Mund ein langer klebriger Strang des Geheuls.

»Maaa-«

Es war der erste Laut aus Magdas Kehle, seit Rosas Brüste versiegt waren.

»Maaa ... aaa!«

Und wieder! Magda schwankte im gefahrvollen Sonnenlicht des Hofes, die erbarmungswürdigen kleinen krummen Schienbeine krakelten auf dem Boden. Rosa sah es. Sie wußte, daß Magda um ihren Schal weinte, sie wußte, daß Magda sterben würde. Eine Flut von Befehlen pulsierte in Rosas Brust: Hol, nimm, bring! Aber sie wußte nicht, was sie zuerst holen sollte, Magda oder den Schal? Wenn sie in den Hof hinauseilte, um Magda an sich zu reißen, würde das Schreien nicht aufhören, denn Magda hätte noch immer nicht ihren Schal; aber wenn sie in die Baracke zurücklief, um den Schal zu suchen, und wenn sie ihn fände, und wenn sie dann den Schal hochhielte und schwenkte, um Magda herzulocken, dann würde sie Magda zurückbekommen, Magda würde den Schal in den Mund stecken und wieder verstummen.

Rosa trat in die Dunkelheit. Es war nicht schwer, den Schal zu finden. Stella schlief zusammengekauert darunter, mit ihren dünnen Knochen. Rosa entriß ihr den Schal und flog – sie konnte fliegen, sie war ja nur Luft – in den Hof. Die Sonnenhitze flüsterte von einem anderen Leben, von Schmetterlingen im Sommer. Das Licht war mild und warm. Jenseits des Stacheldrahts, weit weg, gab es grüne Wiesen mit Tupfern von Löwenzahn und tiefvioletten Veilchen; jenseits davon, noch weiter weg, unschuldige hohe Tigerlilien, die ihre rötlichgelben Häupter emporreckten. Im Lager wurde von »Blumen« gesprochen, von »Regen«: Exkremente, dicke Kotflechten und der träge, übelriechende braune Wasserfall, der von den oberen Pritschen troff, und der bittere, fettige Rauch, der sich mit dem Gestank vermischte und Rosas Haut mit einem öligen Film überzog. Einen Augenblick lang verharrte sie am Rand des Hofes. Bisweilen war es, als würde der Strom im Stacheldraht summen; sogar Stella sagte, das sei bloß Einbildung, aber Rosa hörte richtige Töne im Stacheldraht: viele einzelne traurige Stimmen. Je weiter sie vom Stacheldraht weg war, um so eindringlicher bedrängten sie die Stimmen. Die klagenden Stimmen surrten so überzeugend, so leidenschaftlich, unmöglich konnte man sie für Geisterstimmen halten. Die Stimmen befahlen ihr, den Schal in die Höhe zu halten; die Stimmen befahlen ihr, ihn zu schwenken, mit ihm zu winken, ihn wie eine Fahne zu entrollen. Rosa entrollte ihn, hielt ihn hoch, schwenkte ihn, winkte mit ihm. Weit weg, sehr weit weg beugte Magda sich über ihren luftgefüllten Bauch und ruderte mit ihren dürren Ärmchen in der Luft. Sie war hoch oben, hochgehoben, jemand hatte sie auf die Schultern genommen. Aber die Schultern, die Magda trugen, kamen nicht auf Rosa und den Schal zu, sie entfernten sich, Magda wurde immer kleiner und bewegte sich immer weiter in die rauchige Ferne. Über den Schultern glänzte ein Helm. Licht fiel auf den Helm und ließ ihn wie einen Pokal funkeln. Ein schwarzer Körper unter dem Helm – ein Domino – und ein Paar schwarze Stiefel eilten zu dem elektrisch geladenen Stacheldraht. Die elektrischen Stimmen begannen aufgeregt zu rufen. »Maamaa, Maaamaaa«, summten sie alle gemeinsam. Wie weit entfernt von Rosa war Magda nun, durch den ganzen Hof war sie von ihr getrennt, ein Dutzend Baracken entfernt, weit drüben auf der anderen Seite! Sie war nicht größer als eine Motte.

Und plötzlich schwebte Magda. Ihr Körper flog durch die Luft. Sie sah aus wie ein Schmetterling, der eine silbrige Ranke berührt. Und als Magdas flaumiger runder Kopf und ihre Bleistiftbeinchen und ihr aufgeblähter Bauch und ihre fuchtelnden Ärmchen gegen den Stacheldraht trafen, schrien die stählernen Stimmen auf und drängten Rosa, zu laufen und zu laufen, dorthin, wo Magda nach ihrem Flug gegen den elektrischen Zaun niedergefallen war; aber natürlich gehorchte Rosa ihnen nicht. Sie stand nur da, denn wenn sie liefe, würden sie schießen, und wenn sie versuchte, die Stecken aufzusammeln, die Magdas Körper gewesen waren, würden sie schießen, und wenn sie den Wolfsschrei herausbrechen ließe, der Rippe für Rippe in ihr aufstieg, würden sie schießen; und so nahm sie Magdas Schal und füllte damit ihren eigenen Mund, sie stopfte ihn sich in den Mund, bis sie den Wolfsschrei heruntersschluckte und den Zimt- und Mandelgeschmack von Magdas Speichel schmeckte; und Rosa kostete Magdas Schal aus, bis er versiegte.

Übersetzung von Melanie Walz

URSULA K. LEGUIN

Texte

Johanna fand, daß Botschaften entweder um Jahre zu spät oder Jahre, bevor man ihren Code knacken kann, eintreffen, oder bevor man nur die Sprache gelernt hat, in der sie verfaßt waren. Aber sie trafen immer häufiger ein, und ihre Forderung, sie zu lesen, etwas zu unternehmen, war so dringend, so zwingend, daß sie sie schließlich zwangen, vor ihnen zu flüchten. Sie mietete für den Monat Januar ein kleines Haus ohne Telefon in einer kleinen Küstenstadt, in der keine Post zugestellt wurde. Sie war einige Male im Sommer in Klatsand gewesen; wie sie gehofft hatte, war der Winter noch ruhiger als der Sommer. Ein ganzer Tag konnte vergehen, ohne daß sie ein Wort hörte oder sprach. Sie kaufte keine Zeitung und schaltete den Fernsehapparat nicht ein, und an dem einzigen Vormittag, an dem sie dachte, daß sie im Radio Nachrichten hören sollte, empfing sie ein Programm in finnischer Sprache aus Astoria. Aber die Botschaften trafen noch immer ein. Überall waren Worte.

Kleidung mit Worten darauf stellte kein wirkliches Problem dar. Sie erinnerte sich an das erste bedruckte Kleid, das sie gesehen hatte, ein echtes *Druck*kleid, bei dem die Buchdruckerkunst an dem Muster beteiligt gewesen war – Grün auf Weiß, Koffer und Hibiskus, und die Namen *Riviera*, *Capri* und *Paris* waren ziemlich unregelmäßig von der Schulternaht bis zum Saum verteilt, manchmal mit der richtigen Seite nach oben, manchmal verkehrt herum. Wie die Verkäuferin zugab, war es damals sehr ungewöhnlich gewesen. Jetzt war es schwierig, ein T-Shirt zu finden, das nicht politische Aktionen propagierte oder lange Zitate aus dem Werk eines toten Physikers brachte oder zumindest die Stadt nannte, in der man es in den Geschäften bekam. Mit all dem war sie fertig geworden, hatte es sogar getragen. Aber zu vieles wurde lesbar.

Sie hatte in früheren Jahren bemerkt, daß die Schaumlinien, die die Wellen nach stürmischem Wetter auf dem Strand hinterließen, manchmal Kurven bildeten, die wie Handschrift aussahen, kursive, von Zwischenräumen unterbrochene Linien wie bei Worten; aber erst nachdem sie vierzehn Tage lang allein gewesen und viele Male zum Wreck Point hinunter und wieder zurückgegangen war, hatte sie festgestellt, daß sie die Schrift lesen konnte. Es war ein milder, beinahe windstiller Tag, so daß sie nicht rasch gehen mußte, sondern zwischen den Schaumlinien um den Rand des Wassers, wo der Sand den Himmel widerspiegelte, dahinschlendern konnte. Gelegentlich lief ein Winterbrecher den Strand ruhig immer weiter hinauf und trieb so einige Möwen vor sich her auf dem trockenen Sand; wenn die Welle dann zurücklief, folgten ihr sie und die Möwen. Auf dem langen Strand gab es keine weitere Menschenseele. Der Sand lag so fest und eben da wie ein Notizblock aus hellbraunem Papier, und auf ihm hatte eine Welle kürzlich an ihrem höchsten Punkt eine komplizierte Reihe von Kurven und Schaumflocken hinterlassen. Die weißen Bänder, Schleifen und geraden Linien sahen einer Handschrift so ähnlich, daß sie stehenblieb, so wie sie im Sommer beinahe unwillig stehenblieb, um zu lesen, was die Leute in den Sand kratzten. Für gewöhnlich waren es »Jason + Karen«, oder zwei Initialen und die Daten 1973–1984, der einzige dieser Texte, der nicht von einem gehaltenen, sondern einem gebrochenen Versprechen berichtete. Was immer diese elf Jahre gewesen waren – die Länge einer Ehe? Das Leben eines Kindes? – sie waren vorbei, und als sie wieder an der Stelle vorbeikam, wo die Buchstaben und Zahlen gestanden hatten, waren sie ebenfalls fort, weil die Flut hereinkam. Sie hatte sich damals gefragt, ob die Person, die sie geschrieben hatte, sie geschrieben hatte, damit sie ausgelöscht wurden. Aber die Schaumwörter, die jetzt auf dem braunen Sand lagen, waren von dem auslöschenden Meer selbst geschrieben worden. Wenn sie sie lesen konnte, würden sie ihr vielleicht eine Weisheit vermitteln, die wesentlich tiefer und bitterer war, als sie verkraften konnte. Will ich wissen, was das Meer schreibt? dachte sie, aber zugleich las sie bereits den Schaum, der zwar statt Buchstaben eines Alphabets annähernd keilförmige Flecken bildete, die aber vollkommen lesbar waren, während sie an ihnen entlangging. »Yes«, las sie, »esse hes hetu tokye to' ossusess ekyes. Seham hut' u.« (Als sie die Botschaft später niederschrieb, verwendete sie die Apostrophe, um eine Art Zäsur oder ein Knacken darzustellen wie der letzte Buchstabe in »Yep!«) Als sie es noch einmal las und dabei einige Meter zurücktrat, las sie immer noch das gleiche, so daß sie mehrere Male an ihm entlangging und es auswendig lernte. Als dann die Blasen platzten und die Flecken schrumpften, veränderte sich das Schriftbild und lautete: »Yes, e hes etu kye to' ossusess kye ham te u.« Sie fand, daß dies keine wesentliche Veränderung darstellte, sondern nur eine Einbuße war, und merkte sich den Originaltext. Das Wasser des Schaums sank in den Sand, und die Blasen trockneten, bis die Zeichen und Linien zu einem undeutlichen, nur halb leserlichen Filigranmuster wurden. Es sah zarten Spitzen so ähnlich, daß sie sich fragte, ob man auch Spitzen- oder Häkelarbeiten lesen konnte.

Als sie nach Hause kam, schrieb sie die Schaumworte auf, damit sie sie nicht ständig wiederholen mußte, um sie im Gedächtnis zu behalten, und dann betrachtete sie das maschinell erzeugte Quäker-Spitzentischtuch auf dem kleinen, runden Eßtisch. Es war nicht schwer zu lesen, war aber natürlich langweilig. Sie erkannte die erste Linie innerhalb des Randes als »pith wot pith wot pith wot« unendlich, mit einem »dub« alle dreißig Stiche, wo das Randmuster es unterbrach.

Der Spitzenkragen jedoch, den sie in einem Altwarengeschäft in Portland gefunden hatte, war etwas ganz anderes. Er war handgemacht, handgeschrieben. Die Schrift war klein und sehr gleichmäßig. Wie die spencerianische Schrift, die sie vor fünfzig Jahren in der ersten Klasse gelernt hatte, war sie überladen, aber überraschend leicht zu lesen. »Meine Seele muß gehen«, war der viele Male wiederholte Rand, »Meine Seele muß gehen, meine Seele muß gehen«, und die zarten Fäden, die nach innen führten, lauteten: »Schwester, Schwester, Schwester, entzünde das Licht.« Und sie wußte nicht, was sie tun sollte, oder wie sie es tun sollte.

Übersetzung von Hilde Linnert

TAMA JANOWITZ

Ein wirklich echter Kannibale in Manhattan

Die Reporter, zehn oder zwölf an der Zahl, traten ein, und Parker Junius ließ endlich von mir ab und stierte verbittert in die Luft. »Hereinspaziert, hereinspaziert«, ermunterte er sie.

Die Presseleute standen herum, scharrten mit den Füßen, und ihre Blicke verrieten, daß ich keineswegs ihren Erwartungen entsprach. Sie kamen mir wie ein Haufen zusammengewürfelter Primaten vor – da war eine Schimpansendame mit schlaffer Oberlippe, ein großer, roter Gibbon von der *New York Post*, dessen Arme fast auf dem Boden schleiften, ferner eine Reihe minderer Affen, ein Klammeraffe, ein Mandrill und ein Nachtaffe. Alle tappten sie ziellos umher.

»Ich begrüße Sie«, sagte Parker Junius. »Die meisten von Ihnen kenne ich ja schon. Ich bin Parker Junius, Gründer und Kurator des Museums für primitive Kulturen. Wie Sie wissen, veranstaltet das Museum demnächst ein internationales Tanzfestival, und es freut mich, Ihnen mitteilen zu dürfen, daß fast jedes Land, das wir zur Teilnahme aufgefordert haben, durch seine besten Tänzer repräsentiert sein wird. Wir haben Vertreter aus der Türkei, aus elf afrikanischen Ländern, aus dem polynesischen Raum – es würde zu weit führen, hier alle Nationen aufzuzählen. Das Festival fängt am Wochenende auf der UN Plaza an und endet drei Wochen später im Brunnen beim Lincoln Center. Das genaue Programm finden Sie in Ihren Pressemappen. Ich hoffe, daß Sie wenigstens ein paar unserer Veranstaltungen werden besuchen können. Aber nun zum eigentlichen Grund dieser Pressekonferenz – ich darf Ihnen einen Ehrengast unseres internationalen Tanzwettbewerbs vorstellen, einen Mann, der wie kein anderer den Sinn unseres Festivals, den weltweiten Willen zum Frieden nämlich, zu repräsentieren imstande ist. Meine Damen und Herren – Mr. Mgungu Yabba Mgungu ...«

Mir war nicht entgangen, daß der Reporter von der *Time* sich keine Notizen machte, sondern nur an einem winzigen Tonbandgerät rumgefummelt hatte. Parker Junius konnte es währenddessen nicht unterlassen, mir einen mißmutigen Blick zuzuwerfen, als er mich vorstellte. »... von der Insel New Burnt Norton. Er gehört einem fast ausgestorbenen Stamm an, einem Stamm, der sich durch sein einmaliges, wunderschönes auberginefarbenes Hautpigment auszeichnet. Mr. Mgungu ist ein reformierter Kannibale.« Daraufhin schien das Interesse für mich kurzfristig aufzuwallen; man hoffte, daß jetzt irgend etwas passierte. »Mit ›reformiert‹ meine ich, daß auf der Insel New Burnt Norton der Kannibalismus vor gut zwanzig Jahren gesetzlich verboten worden ist. Aber wer einmal Geschmack am menschlichen Fleisch gefunden hat, kann nur mit Mühe davon lassen, was viele von Ihnen wohl bestätigen werden können.« Das war offenbar eine Anzüglichkeit, da im Publikum verhaltenes Gelächter laut wurde. »Habe ich Ihre Entwicklung richtig beschrieben, Mgungu?« fragte Parker Junius.

Ich zögerte. Wie sollte ich bloß mit Leuten reden, die ich nicht einmal kannte? Ich hatte Lampenfieber, was sich in einem stinktierartigen Körpergeruch niederschlug.

»Mr. Mgungu?«

»Um die Wahrheit zu sagen, und ich hoffe, das ist der richtige Zeitpunkt, ich war nie ein begeisterter Kannibale, ich habe es immer vorgezogen, junge Schweine zu schlachten. Ich bin Schweinezüchter und besitze eine ansehnliche

Herde ...« So hätte ich noch ewig weiterreden können, hätte mich Parker Junius nicht mit derart wildem Grimm angestarrt, daß es mir die Sprache verschlug. Das war weiter nicht schlimm, da ohnehin niemand zuhörte, aber dann kamen die Fragen so kurz hintereinander, daß ich keine einzige beantworten konnte.

»Mr. Mgungu, wo liegt New Burnt Norton?« – »Mr. Mgungu, wieso können Sie Englisch?« – »Magnungu, mal ehrlich, wann haben Sie zum letztenmal Menschenfleisch gegessen?« – »Mugnu, wie schmeckt Menschenfleisch? Stimmt es, daß man es sich nicht mehr abgewöhnen kann, wenn man es einmal gegessen hat?« – »Ihre Haut – ist die wirklich lila, oder benutzen Sie ein Färbemittel?«

Weitere persönliche Fragen folgten, und ich erzählte ihnen von Yerba, Oola und Nitsa. »Und wer macht die Hausarbeit? Sie oder die Frauen?«

»Ausschließlich die Frauen. Ich kümmere mich nur um die Schweinezucht, ansonsten ruhe ich mich in meiner Hängematte aus. Ein Mann, der drei Frauen hat, ist schnell erschöpft.«

Die Schimpansin sah mich wütend an und machte sich wie eine Furie Notizen. »Leben Sie alle zusammen?«

»Nein, jeder hat sein eigenes Haus.«

»Wohnen Sie immer abwechselnd bei Ihren Frauen?«

»Nie und nimmer. Die Männer dürfen nicht bei ihren Frauen wohnen. Die Männer haben ihr eigenes Haus, und sollte es eine Frau, die älter als fünf Jahre ist, betreten, gilt es als verseucht. Frauen sind nämlich mit einer Materie versehen, die man auf Englisch vielleicht am besten mit Anti-*Moodla* bezeichnen kann. Das ist etwas, das die Wirkung der Moodla zunichte macht.«

»Und was genau ist *Moodla*?«

»Etwas Hochgeistiges und nur schwer zu erlangen. Es ist gefährlich und machtvoll. Mehr kann ich dazu nicht sagen, außer daß ich selbst nicht übermäßig stark damit ausgestattet bin.«

Aber die meisten hörten nicht einmal zu, so kam es mir wenigstens vor. Ich ließ sie meinen Spezialtabak probieren, was ihnen großes Vergnügen bereitete. Allmählich taute ich ein wenig auf und fand Gefallen an diesen freundlichen Leuten, sehr zum Mißvergnügen von Parker Junius, der sie nun recht gerne wieder losgeworden wäre.

»Was ich von Amerika halte?« sagte ich. »Es erinnert mich an die gute alte Zeit auf New Burnt Norton, ehe die Regierung einfiel und die meisten der Greater Pimbas und neunundneunzig Prozent der Lesser Pimbas tötete. Das waren noch goldene Zeiten, Junge, Junge. Damals konnte man noch tun und lassen, was man wollte. Nur ein Beispiel – Yerbas Vater ging mir gewaltig auf den Keks. Und wissen Sie, was ich gemacht habe? Als er uns eines Tages besuchen kam, habe ich ihn einfach aufgegessen.« Wider Erwarten lachte niemand, im Gegenteil, es herrschte Totenstille, wahrscheinlich hatte ich mich ungeschickt ausgedrückt. »Falls es Ihnen nichts ausmacht«, sagte ich, »würde ich Ihnen nun gerne meinerseits ein paar Fragen stellen, die Sie mir vielleicht beantworten können.« Sofort baute sich Arthur vor mir auf und fotografierte mich wie besessen, was meinen Kontakt zum Publikum ziemlich erschwerte. Später habe ich erfahren, daß dies eine taktische Maßnahme von Parker Junius war, der die Leute um jeden Preis von mir ablenken wollte, da ich wie ein Idiot quasselte und in ein Fettnäpfchen nach dem anderen trat.

»Ich wäre Ihnen sehr dankbar«, sagte ich und zog einen Zeitungsausschnitt hervor, »wenn Sie mir diese wichtige Frage erklären könnten, die ein sehr kluger Mensch oder ein Guru gestellt hat, und die ich nicht verstehe. Es handelt sich hierbei zweifellos um ein amerikanisches Problem.«

Ich las also vor:

Lieber Dr. Fox, wir haben einen kleinen zweijährigen, nicht reinrassigen Hund. Seit er fünf Monate alt war, hat er sich von männlichen Hunden bespringen lassen, als ob er ein Weibchen sei. Meiner Frau und mir ist das mehr als peinlich. Er ist nicht durch und durch homosexuell, da er andere Männchen nicht bespringt und in der Nähe läufiger Hündinnen ziemlich scharf wird. Er ist ein liebenswertes Kerlchen und ein guter Wachhund. Unser Tierarzt hat ihn mehrfach untersucht und konnte keine ernsthaften Gesundheitsschäden feststellen. Können Sie diese sexuelle Fehlentwicklung erklären?

Mein Publikum schien, wenn ich nicht irre, recht interessiert zu sein. »Was bedeutet das?« fragte ich. »Was will dieser Mensch wirklich wissen?«

Die Schimpansin rümpfte angeekelt die Nase und murmelte: »Dieser Typ ist doch nicht echt.« Die anderen sahen mich an, zuckten die Achseln und schüttelten die Köpfe. Niemand antwortete.

»Also, was ist?« beharrte ich weiter. »Kann mir das niemand erklären? Na gut, mir geht es mit vielen meiner Sitten genauso.«

»Was schreibt Dr. Fox«, rief jemand von hinten.

»Oh, er meint, daß es bei Tieren keine Fehlentwicklungen gibt, und daß man den Hund ruhig gewähren lassen soll. Betrifft dieses Thema also hauptsächlich Menschen?« Ich wollte das ehrlich wissen, aber sie haben nur wieder weggeguckt. »Außerdem verstehe ich den amerikanischen Humor nicht«, sagte ich. »Da hab ich dann noch gleich ein paar Fragen, aber vorher möchte ich Ihnen ein Kochrezept mitteilen.«

Mein Lampenfieber war verflogen, ich fühlte mich pudelwohl und lief schauspielerisch zur Höchstform auf. Die Leute waren begeistert, bildete ich mir wenigstens ein, und so verrückt nach mir, daß ich bereute, nicht schon früher eine Bühnenkarriere erwogen zu haben. »Im Flugzeug habe ich euer *Cosmopolitan* und eure *New York Times* gelesen, daher weiß ich, daß ihr euch für Eßkultur interessiert. Hier also ein Rezept, ein sehr altes Rezept, das in meiner Familie von Generation zu Generation weitergereicht worden ist.« Die Schimpansin spitzte die Ohren und wechselte ihren Schreibblock aus, den offiziellen gegen den privaten sozusagen. »Aufgepaßt«, sagte ich, »hier ist das Rezept. Man nehme die Wurzel einer bestimmten wild wachsenden Pflanze – sie hat gelbe Blätter und heißt in meiner Gegend Aboodhbee; kleine Klauenstücke vom Riesenkasuar; den knochigen Schädel eines Hornhechts – leider sehr schwer zu bekommen, da wir in den Bergen wohnen, und man nur auf abenteuerlichen Wegen ans Wasser gelangt – und wickeln Sie das alles in quadratisch geschnittene Bananenblätter.« Das war's.

Aber das Publikum blickte mich erwartungsvoll an. »Und was ergibt das ganze, wenn man es zubereitet hat?« fragte ein Reporter.

»Nur das«, sagte ich. »Vielleicht können Sie mir jetzt diese Witze erklären. Wie gesagt, der amerikanische Humor ist mir ein Buch mit sieben Siegeln.« Ich zeigte einige Cartoons, die ich aus dem *New Yorker* ausgeschnitten hatte, und hub an, sie vorzulesen. Aber schon erklärte Parker Junius die Pressekonferenz für beendet und geleitete die Leute zur Tür. Da rief mir jemand noch schnell etwas zu: »Eine letzte Frage, Sir. Was würden Sie am liebsten mitnehmen, wenn Sie die Vereinigten Staaten verlassen?«

»Ah«, sagte ich, »darüber habe ich schon gründlich nachgedacht. Und ich habe mich für einen Flipper und einen Geschirrspülautomaten entschieden, den ich in einem Sears-Katalog gesehen habe. Dieser Geschirrspülautomat ist vorne aus Glas, und man kann zugucken, wie das Geschirr sauber wird.«

»Danke.« Und er ging fort.

Wie gesagt, ich hatte diese freundlichen, liebenswerten Leute gemocht und sie hatten einen aufrichtigen Eindruck gemacht, was immer das heißen mag. Man kann sich also vorstellen, wie schockiert ich war, als ich am folgenden Freitag die Schlagzeilen las: ER WIRD MANHATTAN AUFFRESSEN und UNGLAUBLICHE GESCHICHTEN EINES PRIMITIVEN. Dabei hatte ich geglaubt, es ihnen so einfach wie möglich gemacht zu haben!

In den Artikeln stand, daß ich nicht einmal mit einem Bügeleisen umgehen könne, und daß ich in Panik gerate, wenn ich die U-Bahn benutzen oder eine Glühbirne auswechseln soll, da ich völlig unfähig sei, mich auch nur im geringsten anzupassen. Ich wurde als ein unbeholfener Dummbeutel dargestellt, der dauernd darüber jammere, wie schrecklich es sei, schon fünfundfünfzig Jahre zu zählen, und der sich von seinen drei Frauen scheiden lassen wolle, um eine fünfundzwanzigjährige Amerikanerin zu heiraten. Ich konnte mich nicht erinnern, dergleichen gesagt zu haben.

Diese sogenannten Tatsachenberichte stimmten hinten und vorne nicht und selbst die gemäßigtsten enthielten noch spöttische Bemerkungen über mich: »Krankhaftes Interesse für Homosexualität«; »Richtige Wilde gibt es nicht mehr und die wenigen, die es noch gibt, sind auf materielle Güter versessen, auf Flipper und Geschirrspülmaschinen«; »Mgungu hält sich seine Frauen als Zwangsarbeiterinnen, um mit Süßkartoffeln ans große Geld zu kommen, während seine Kinder illegal Reichtümer anhäufen, damit er nach Argentinien auswandern kann.« Und so weiter, und so fort. Es war übles Zeug, und ich war drauf und dran, meine Teilnahme an dem Tanzfestival abzusagen.

Wäre mein Kopf nicht auf der Titelseite des *Time*-Magazins erschienen, hätte ich das auch wirklich gemacht. Es sollte sich herausstellen, daß ich während des Tanzfestivals in eine Reihe anderer Ereignisse verstrickt wurde. Aber jetzt hatte mich Parker Junius von allen weiteren Verpflichtungen entbunden, was mehr als großzügig von ihm war, wenn man bedenkt, daß sie meinen Flug hierher bezahlt hatten und für die Hotelrechnung aufkamen, und das alles nur wegen eines Fotos. Mein Gesicht war öffentliches Allgemeingut geworden: viele Leute erkannten mich und baten mich um ein Autogramm oder rannten aus Angst vor dem Kannibalen davon, wenn ich Fratzen schnitt. Das amüsierte mich köstlich.

Übersetzung von Michael Schulte

MICHAEL CHABON

Ocean Avenue

Solange man versteht, warum man einen Menschen früher mal lieben konnte, liebt man ihn immer noch; eine erloschene Liebe ist ganz und gar unerklärlich. Eines Tages vor nicht allzu langer Zeit fuhr ein Architekt namens Bobby Lazar in die Innenstadt von Laguna Beach, Kalifornien, um im Café Zinc mit seinem Freund Albert Wong und Alberts neuer Frau Dawn (die vernünftigerweise ihren Mädchennamen behalten hatte) eine Tasse Kaffee zu trinken. Albert und Dawn befanden sich noch immer in jener Phase völligen Staunens, die auf eine Hochzeit folgt, strahlten sich an wie zwei Menschen, die einen Flugzeugabsturz ohne eine Schramme überlebt haben, berührten einander oft, froh, am Leben zu sein. Lazar war kein Zyniker und wünschte ihnen alles Gute, aber er war auch seit langer Zeit einsam, und ihr Glück widerte ihn fast an. Albert hatte die Ausgabe von *Science* mitgebracht, in der er vor kurzem eine Arbeit über die String-Theorie veröffentlicht hatte, und als Lazar von Alberts Namen und den Abkürzungen seiner Titel im Inhaltsverzeichnis der Zeitschrift aufblickte, sah er Suzette, die in ihrem Trainingsoutfit von der anderen Straßenseite auf das Café zuging und dem Aussehen nach ungefähr dreißig Kilo wog.

Sie war immer zu dünn gewesen, auch wenn er zur Zeit ihrer engsten Bekanntschaft geglaubt hatte, daß ihm eine Frau mit knochigen Schultern gefalle. Sie hatte auch einen knochigen Rücken, fiel ihm plötzlich wieder ein, wie eine Marimba, zudem eine spitze, knochige Nase und ein ebensolches Kinn, und sie war immer – wirklich *immer* – auf Diät, obwohl sie von Natur aus wenig Appetit hatte und jeden Tag Aerobic machte oder zehn Kilometer lief. Ihr Gesicht sah eingefallen aus und irgendwie verändert, wie die Gesichter der meisten Frauen, die zuviel Sport treiben, aber auf ihrer Stirn lag ein Glanz und in ihren Augen ein irrer Aerobic-Schimmer. Sie hatte sich eine Dauerwelle machen lassen, seit er sie das letzte Mal gesehen hatte, und das Haar wallte ihr in goldenen präraffaelitischen *rotini* um den Kopf – Tennysons lilienreine Jungfrau von Astolat auf einem Endorphin-Trip. Ein Freund hatte einmal gesagt, sie sei der Typ Frau, die Autounfälle verursacht, wenn sie die Straße entlanggeht, und als sie auf die Terrasse des Cafés trat, machte ein Mann auf einem Fahrrad tatsächlich den Fehler, ihr kurz mit dem Blick zu folgen, und krachte beinahe in die offene Tür eines geparkten Wagens.

»Ist das nicht Suzette?« sagte Al. Zufälligerweise war Albert der einzige seiner Freunde, der nach dem Gerichtsurteil nicht so tun wollte, als hätte Suzette nie existiert, und sich in seiner unverblümten, naturwissenschaftlichen Art immer nach ihr erkundigte, eine Augenbraue skeptisch hochgezogen. Lazar schmeckten diese Erinnerungen an früher natürlich gar nicht. Während ihrer Affäre war er schrecklich sprunghaft gewesen, das war ihm klar, mal knauserig, mal verschwenderisch, mal bedrückt, mal euphorisch, mal ungesellig, mal umtriebig, ständig eine Schmeichelei oder eine wüste Beschimpfung auf den Lippen – kurz gesagt ein Arschloch –, und für ihn sprach nur, daß er fürchtete, Suzette sehr schlecht behandelt zu haben.

Mehr als alles andere mag dieses verdrängte Wissen dazu geführt haben, daß er sich bei ihrem ersten Wiedersehen einredete, sie nicht mehr zu lieben.

»Au weia«, sagte Dawn, als ihr einfiel, wer Suzette war.

»Es gibt nichts, wovor ich Angst haben müßte«, sagte Lazar.

Als sie vorbeikam, rief er: »Suzette?« Er fühlte sich auf seltsame Weise gegen ihre nach wie vor offensichtlichen Reize gefeit und sprach ihren Namen so abschätzig und leichthin aus wie jemand, der in einem überfüllten Flugzeug sitzt und eine attraktive, aber schon etwas ältere Stewardeß zu sich ruft. »He, Suze!«

Sie trug jedoch Kopfhörer, hatte den Walkman ganz laut gestellt und rauschte auf einer Woge von Chaka Khan and Rufus vorbei.

»Hat sie dich nicht gehört?« sagte Albert und machte ein verblüfftes Gesicht.

»Nein, Dr. Fünf-Nützliche-Non-Implikationen-der-String-Theorie«, sagte Lazar. »Sie trägt *Kopfhörer.*«

»Ich glaube, sie hat dich absichtlich übersehen.« Albert wandte sich an seine Frau, wie es sich gehört. »Hat sie nicht so ausgesehen, als hätte sie ihn bemerkt? Hat sie nicht irgendwie das Gesicht verzogen?«

»Da ist sie, Bobby«, sagte Dawn und zeigte zum Eingang des Cafés. Weil es ein schöner Dezembermorgen war, saßen sie auf der Terrasse, und Lazar wandte dem Zinc den Rücken zu. »In der Schlange.«

Er hatte das Gefühl, daß ihn Alberts und Dawns Anwesenheit irgendwie zu einem Gespräch mit ihr drängte, obwohl es ihn eigentlich nicht danach verlangte. In diesem Teil der Welt herrscht eine bestimmte Tyrannei des In-Verbindung-Bleibens – ein Zwang, sich ständig so zu verhalten, als sei man immer noch in psychiatrischer Behandlung, mache aber echte Fortschritte, und die Regeln aufgeklärten Verhaltens schienen vorzuschreiben, daß er sich nicht, das Gesicht hinter einer Zeitung versteckt, vom Tisch wegschlich – was er unter Umständen getan hätte, wenn er allein gewesen wäre – und nach Hause ging, um sich mit einem Zwölferpack mexikanischem Bier und dem Hörer neben dem Telefon drei Stunden vor die Glotze zu setzen und den Weather Channel oder das Home Shopping Network zu sehen. Im Sitzen drehte er sich um und betrachtete Suzette genauer. Sie hatte so einen glitzernden, opalisierenden Einteiler an, ganz intergalaktische Amazone, Trikot und Strumpfhose in einem, scheinbar aus Adamant oder Cavorit, Materialien, die sich weniger an den Körper einer Frau anschmiegen, als ihn vielmehr gegen Gammastrahlen und kosmischen Staub abschirmen. Lazar sprach noch mal ihren Namen aus, lauter, rief ihn über die sonnige Terrasse. Von hinten wirkte Suzette noch dünner.

»Tag, Bobby«, sagte sie und nahm den Kopfhörer ab, ohne jedoch ihren Platz in der Schlange vor dem Kaffeeautomaten zu verlassen.

»Hallo, Suze«, sagte er. Sie nickten sich freundlich zu, und damit hätte es vielleicht sein Bewenden haben können. Nach ein oder zwei Sekunden neigte sie halb entschuldigend den Kopf und schob sich mit einem irritierten Lächeln den Kopfhörer – »Ohrenstöpsel«, erinnerte er sich, lautete die ekelerregende Bezeichnung – wieder über die Ohren.

»Sie sieht toll aus«, sagte Lazar edelmütig zu Albert und Dawn und sah Suzette dabei unverwandt an.

»Sie sieht so dünn aus, so verhärmt«, sagte Dawn, der es durchaus nicht geschadet hätte, fünf, sechs Kilo abzuspecken.

»Ich finde, sie sieht gut aus«, sagte Al. »Schöner denn je, wenn du mich fragst.«

»Ich frage dich aber nicht«, fuhr Lazar ihn an. »Das sagst du nur, um mich zu ärgern.«

Er war jetzt selbst leicht gereizt. Die Erinnerung an ihre letzten gemeinsamen Tage war wieder in ihm hochgekommen, trotz all seiner heroischen Anstrengungen in den letzten Monaten, sie ganz und gar zu verdrängen. Er dachte an das Wochenende nach dem Verriß ihres Restaurants in der *Times* (sie hatten ein balearisches Restaurant namens Ibiza in San Clemente gehabt) – ein Verriß, in dem der Kritiker insbesondere sein auf alt getrimmtes Stuck-Interieur und Suzettes mallorquinische Paella bemängelt hatte. Da genau dies die beiden Punkte waren, an denen sich im Vorfeld der Eröffnung des Restaurants ihre blödsinnigsten und fürchterlichsten Streitereien entzündet hatten, traf die negative Kritik ihre ohnehin schon wacklige Beziehung wie ein Dumdumgeschoß, und Suzette drehte ein bißchen durch. Den ganzen darauffolgenden Tag ließ sie sich weder zu Hause noch im Ibiza blicken – was bedeutete, daß der arme hypersensible José die ganze Kocherei allein bewerkstelligen mußte –, sondern verschwand statt dessen in den Folterkammern der Körperkultur. Sie trainierte im Fitneßcenter, besuchte den Zahava-Kurs, ließ ihren Körper durchkneten und fuhr dann, um all dem die Krone aufzusetzen, mit dem Rad bis nach El Toro und wieder zurück. Als sie schließlich nach Hause kam, hatte sie ein gewaltiger hormoneller Taumel erfaßt, und sie litt unter der Wahnvorstellung, zehn Zentner hochwuchten und sich mit bloßen Zähnen durch Vanadiumstahl beißen zu können. Neben anderen ungeheuerlichen und aus der Luft gegriffenen Vorwürfen behauptete sie, Lazar habe sie ruiniert, und um ihr zu entkommen, ging er ein Bier trinken. Als er mehrere Stunden später nach Hause kam, war sie ausgezogen, hatte aber *nur seine Sachen* mitgenommen, als sei ihr unterdessen eine fundamentale Ungerechtigkeit in ihrer Beziehung aufgegangen – zum Beispiel, daß sie bei der Geburt vertauscht worden waren –, die sie auf diese Weise zu korrigieren beabsichtige.

So schmerzhaft dieser Verlust auch war, er hatte sich damit abgefunden, wenn darunter nicht auch seine William-Powell-Sammlung gewesen wäre, die damals gerade auf ihrem Höhepunkt angelangt war und buchstäblich alles umfaßt hatte – von den karierten Flügelkappen-Brogues, die Powell in *Mordfall Kennel* getragen hatte, über Powells persönliche Kopie des Drehplans von *Unser Leben mit Vater* bis hin zu einem Brief Dashiell Hammetts aus dem Jahre 1934, in dem er Powell zu seiner Interpretation des Nick Charles gratulierte, einen Brief, den Lazar von einem Großneffen Powells hatte erwerben können, nur wenige Minuten bevor die nimmersatten Korrespondenz-Geier der University of Texas zuschlagen wollten. Suzette verkaufte die ganze Sammlung weit unter Preis an diesen schrecklichen Kelso McNair in Lawndale, der sie lediglich seinem gewaltigen Hort von Myrna-Loy-Souvenirs einverleibte und in einer Stahlkammer wegschloß. Zur Vergeltung ging Lazar am nächsten Morgen an ihr gemeinsames Schließfach in der Bank in Dana Point, holte Suzettes Barbie-Puppen aus den Jahren 1958 und 59 heraus und verkaufte alle sechs für nicht ganz viertausend Dollar an ein Sammler-Geschäft in Orange, worauf sie den ersten Prozeß gegen ihn anstrengte.

»Warum wirst du so rot im Gesicht?« sagte Dawn, die vielleicht gerade mal zweiundzwanzig war.

»Oh!« sagte er und bemühte sich nicht mal um einen aufrichtigen Ton. »Mir ist gerade was eingefallen. Ich habe einen Termin.«

»Bis dann, Bobby«, sagte Al.

»Bis dann«, sagte er, stand aber nicht auf.

»Jedenfalls brauchst du sie nicht ständig anzustarren«, fuhr Al vernünftig fort. »Du kannst einfach auf die Ocean Avenue sehen, oder auf meine hübsche junge Frau – hallo, Schatz –, und so tun, als wäre Suzette nicht da.«

»Ich weiß«, sagte Lazar, lächelte Dawn an und richtete den Blick dann sofort wieder auf Suzette. »Aber ich möchte gern mit ihr reden. Nein, ehrlich.«

Mit diesen Worten erhob er sich und ging, so lässig er konnte, auf sie zu. Öffentliche Plätze zu überqueren war ihm schon immer peinlich gewesen, er konnte es nicht, ohne sich irgendwie verschwiemelt und zwielichtig zu fühlen, als schreite er über ein provisorisches Podium in einer angemieteten Stadthalle, um das Diplom einer dubiosen Akademie für Immobilienhandel entgegenzunehmen; er machte sich Sorgen, daß seine Hose hinten zu eng saß, daß sein Gang ungelenk und doof war, daß er die Hände baumeln ließ wie ein Schimpanse. Suzette war jetzt die nächste in der Schlange und studierte die Speisekarte; dabei hätte er – immer noch – genau vorhersagen können, was sie bestellen würde: einen koffeinfreien Café au lait und ein Stück Frittata mit zwei Becherchen Gurken-Salsa. Er trat von hinten auf sie zu und klopfte ihr auf die Schulter; der Klaps sollte unbekümmert und freundlich wirken, aber natürlich übertrieb er, und heraus kam die brüske Zudringlichkeit eines Mannes, der mit jemandem ein Hühnchen zu rupfen hat. Suzette drehte sich um und wirkte gereizter denn je, und als sie sah, wer es war, legten sich um die Winkel ihrer strahlenden grünen Augen tiefe kleine Runzeln.

»Wie geht's?« sagte Lazar und wagte es, seine Hand auf ihrer Schulter liegen zu lassen, wo sie sehr schnell ungeheuer an Masse zu gewinnen schien, als nähere sie sich c. Er war sich seiner Hand auf ihrer feuchten, festen Schulter so bewußt, daß er Suzettes erste Worte gar nicht mitbekam und die Hand schließlich errötend zurückziehen mußte.

»... toll. Alles läuft wirklich prima«, sagte Suzette und sah zu der Stelle an ihrer Schulter, wo vor einem Moment noch seine Hand gelegen hatte. Hätte er eine frisch ausgebeinte rohe Hühnerbrust dort hingelegt und sie dann wieder weggenommen, hätte Suzettes Miene nicht verwirrter sein können. Sie wandte sich ab. »Tag, Norris«, sagte sie zu der Lesbierin hinter der Theke. »Nur einen Espresso.«

»Auf Diät?« sagte Lazar und spürte, wie sich sein Lächeln verkrampfte.

»Keinen Hunger«, sagte sie. »Du hast ein paar Pfund zugenommen.«

»Da könntest du recht haben«, sagte er und strich sich über den Bauch. Seit er Suzettes Borg-Badezimmerwaage zusammen mit ihren anderen Sachen auf den Müll geworfen hatte (wodurch die Wohnung praktisch leer stand), hatte er keine Ahnung mehr, wieviel er wog, und es war ihm auch, wie er in Gedanken formulierte, während er die ganze Zeit seine Ex-Freundin anlächelte, wirklich scheißegal. »Gut möglich. Du siehst schlanker aus denn je, ehrlich, Suze.«

»Hier ist der Espresso«, sagte Norris und lächelte Lazar merkwürdig an, als wären sie alte Freunde; einen Moment war er verwirrt, bis ihm einfiel, daß er unmittelbar, nachdem Suzette ihn verlassen hatte, Norris auf einer Party in Bluebird Canyon über den Weg gelaufen war, und dort hatten sie im Suff ein kurzes, bitteres Gespräch darüber geführt, was für ein Gefühl es war, wenn einem die Frau weglief, und Lazar hatte sie mit dem weisen Diktum beeindruckt, es sei ein Gefühl, als komme man nach Hause und müsse feststellen, daß alles, was einem das Liebste und Teuerste auf der Welt ist, an einen Mann aus Lawndale verhökert worden sei. »Was ist mit dem Geld, das du mir schuldest?« sagte er. Die Frage war schon halb heraus, ehe er es merkte, und obwohl er schnell noch Ha-ha anhängte, hatte er die Zähne gefletscht und mußte ausgesehen haben, als wolle er ihr gleich eine knallen.

»Wahnsinn!« sagte Suzette und ging gewandt um ihn herum. »Ich verdufte. Tschüs Bobby.« Sie schob ihr Kinn an die Brust, zog den Kopf ein und schlüpfte durch die Tür, als wage sie sich in einen Wolkenbruch hinaus.

»Warte!« sagte er. »Suzette!«

Sie drehte sich zu ihm um, als er auf die Terrasse rauskam, straffte die Schultern und hielt ihn mit ihrer Espressotasse in Schach.

»Ich muß mich nicht mehr mit dir auseinandersetzen, Bobby Lazar«, sagte sie. »Colleen meint, ich hätte mich schon genug mit dir auseinandergesetzt.« Colleen war Suzettes Therapeutin. Eine Zeitlang waren sie gemeinsam zu ihr gegangen, und Lazar verachtete und fürchtete ihre in Fachchinesisch verpackten Ratschläge.

»Tut mir leid«, sagte er. »Ich versuche, äh, nachgiebiger zu sein. Ich werde nachgeben. Ehrenwort. Ich bin bloß – ich weiß nicht. Was ist, setzen wir uns?«

Er wandte sich zu dem Tisch um, wo er Albert, Dawn und seine Kaffeetasse zurückgelassen hatte, und stellte fest, daß seine Freunde aufgestanden waren, ihre Einkaufstaschen zusammensuchten und ihre Pullover anzogen.

»Geht ihr?« sagte er.

»Falls ihr zwei euch wieder zusammenrauft«, sagte Albert, »geht hier alles – und zwar zum Teufel. Das ist der Super-GAU.«

»Albert!« sagte Dawn.

»Du bist krank, Bob«, sagte Albert. Er schüttelte Lazar die Hand und grinste. »Du bist krank, und du magst kranke Frauen.«

Lazar verwünschte ihn, küßte Dawn auf beide Wangen und lachte betont unbekümmert.

»Ist er betrunken oder was?« hörte er Dawn sagen, bevor sie außer Hörweite kamen, und als er an Suzettes Tisch zurückging, wirkte die Welt tatsächlich mit einem Mal intensiver und bunter, das Violett an den Rändern des Himmels noch kräftiger.

»Ist das Als neue Frau?« sagte Suzette. Sie winkte hinter ihnen her. »Sie ist hübsch, aber sie muß an ihren Schenkeln arbeiten.«

»Ich glaube, das besorgt Al«, sagte er.

»Scht«, sagte Suzette.
Sie lehnten sich zurück und musterten einander argwöhnisch und mit Vergnügen. Die Umstände ihrer Trennung waren so angespannt, feindselig und verhängnisvoll gewesen, daß ihnen die ganze Situation – hier zu sitzen, auf einer hellen Terrasse, einfach so, und zwei Tassen schwarzen Kaffee zu trinken – dermaßen aufregend vorkam, als verletzten sie ein mächtiges Tabu. Alle, von ihren Seelenklempnern über ihre Eltern bis hin zum Gericht des Orange County, hatten sie ermahnt, gebeten und sogar aufgefordert, sich voneinander fernzuhalten; und doch saßen sie hier, vor aller Augen, und strahlten übers ganze Gesicht. Vieles hatte ihrer Beziehung gefehlt, leider aber nicht die gegenseitige erotische Anziehungskraft, und Lazar spürte, wie sich jene uralte gierige Schlange in ihrer darwinischen Höhle regte.

»Schön, dich zu sehen«, sagte Suzette.

»Du siehst hübsch aus«, sagte er. »Mir gefällt, was du aus deinem Haar gemacht hast. Du siehst aus wie ein Millais.«

»Danke«, sagte sie fast tonlos; noch hatte sie nicht recht Lust, sich wieder sein ständiges Gewäsch anzuhören. Sie schürzte die Lippen und sah ihn mit einer Art Chirurgenblick an, als wollte sie mit einem ganz kleinen Beil einen präzisen Hieb führen. Sie sagte: »Letzte Woche lief *Das Lied vom dünnen Mann*.«

»Ich weiß«, sagte er. Er war beeindruckt und seltsam gerührt. »Ziemlich gewagt von dir, das zu erwähnen. Wenn man bedenkt.«

Energisch stellte sie die Kaffeetasse ab, und er bemerkte das Zucken ihres rechten Bizeps. »Du hast mehr bekommen als ich«, sagte sie. »Du hast sechstausend Dollar bekommen! Ich fünftausendvierhundertfünfundneunzig. Ich schulde dir gar nichts.«

»Ich habe nur viertausend bekommen, weißt du noch?« sagte er. Er spürte, wie er rot wurde. »Das, äh, hat sich vor

Gericht rausgestellt – weißt du nicht mehr? Ich – na ja, ich habe gelogen.«

»Stimmt«, sagte sie bedächtig. Sie verdrehte die Augen und biß sich auf die Lippe, als sie sich daran erinnerte. »Du hast gelogen. Viertausend. Sie waren doppelt soviel wert.«

»Vielen fehlten die Haare oder Arme und Beine«, sagte er.

»Du Schwein!« Sie schüttelte einsilbig den Kopf, und die goldenen Locken knisterten wie ein Kleid. Weil sie Lazar früher voll Feingefühl und Zärtlichkeit ein Schwein genannt hatte, war er jetzt nicht gleich beunruhigt. »Du hast meine Puppen verkauft«, sagte sie verträumt, obwohl sie das natürlich ganz genau wußte, und zwar schon lange. Nur daß jetzt, das konnte er sehen, alles wieder in ihr hochkam, die Erinnerung an die Gemeinheiten, die sie einander gesagt hatten, an die müden, höhnisch grinsenden Gesichter der Rechtsanwälte, an das scharfe Schlußwort des Richters, der all ihre Klagen und Gegenklagen abgewiesen hatte, an den Tag, als sie sich zum letzten Mal in den leeren Räumen getroffen hatten, in denen ihr Restaurant gewesen war, inmitten der bloßgelegten Anschlüsse, der blanken Drähte, der Verputzbrocken auf dem Boden; an die Erbitterung, die von Anfang an die Frucht ihrer Liebe gewesen war. »Und ihre Sachen hast du auch verkauft«, fiel ihr ein. »Ihre Kleider und Pumps und kleinen Badeanzüge, alles.«

»Ich habe nur versucht, es dir heimzuzahlen.«

»Weswegen? Weil ich dafür gesorgt habe, daß mir von der ganzen Zeit, die ich mit dir vergeudet habe, wenigstens etwas bleibt?«

»Mach halblang, Suze.«

»Und dann auch noch zu lügen? Viertausend Dollar!«

»Dazu haben mir anfangs meine Anwälte geraten«, log er.

»Kravitz! Di Martino! Diese fetten, schmierigen, aalglatten Rechtsverdreher! Oh, Ihr Schweine!«

Sie war jetzt aufgesprungen, und alle auf der Terrasse hatten sich mit großem Interesse umgedreht und starrten sie an. Ihm wurde klar – vielmehr, er erinnerte sich –, daß er sich auf gefährliches Terrain gewagt hatte, daß Suzette eine Vorliebe dafür hatte, Szenen in Restaurants zu machen. Genauso war's früher auch, sagte eine Stimme im Innern Lazars – eine pessimistische, verdammende Stimme –, das hat dir wohl gefehlt. Er bemerkte, wie merkwürdig schräg sie ihre Kaffeetasse hielt, und hoffte wider alle Hoffnung, daß sie nicht vorhatte, ihm den Espresso ins Gesicht zu schütten. Sie gehörte zu den Frauen, die gern mit Getränken um sich werfen.

»Erzähl mir jetzt bloß nicht«, sagte er unwillkürlich in einem vor salbungsvollem Sarkasmus triefenden Ton, »daß du dich wieder mit mir *auseinandersetzt.*«

Man sah ihr an, daß sie mit Wurfbahnen, Seitenwindabweichungen, Getränkegeschwindigkeit und ähnlichen technischen Überlegungen beschäftigt war – all die erforderlichen Daten sammelte, und Mut –, und dann warf sie. Die Tasse flog an Lazars Kopf vorbei, und er hatte gerade noch Zeit, zu einem toleranten, überlegenen Lächeln anzusetzen und den Mittelfinger seiner rechten Hand teilweise auszustrecken, bevor die Tasse von dem niedrigen Mäuerchen neben ihm abprallte und ihn als Querschläger im Gesicht traf.

Suzette machte kurz ein verdutztes Gesicht, nahm dies zur Kenntnis, wie man ein As beim Tennis oder Golf zur Kenntnis nimmt, und lachte dann so fröhlich, wie man nur nach einem Glückstreffer lachen kann. Während die mitleidlosen Leute auf der Terrasse Beifall klatschten – Mann, das brachte Lazar zur Weißglut –, machte Suzette auf dem Absatz kehrt und schritt mit einem aufreizenden Lächeln leichtfüßig von der Terrasse des Cafés mitten auf die Ocean

Avenue hinaus. Lazar rappelte sich auf und ging ihr nach, während ihm kalter Kaffee in dünnen Rinnsalen über die Wangen lief. Sie achteten beide nicht darauf, wohin sie gingen; in diesen letzten paar Sekunden, ehe er sie einholte und auf die hohle Wange küßte, vertrauten sie darauf, daß nichts sie aufhalten würde, weder ein plötzlich daherrasender Bus noch sonst ein Unfall.

Übersetzung von Denis Scheck

JOHN EDGAR WIDEMAN

Valaida

> Wither shall I go from thy spirit?
> Or whither shall I flee from thy presence?

Bobby[1] , sag dem Mann, was er hören will. Bobby steckt sich eine Zigarette an. Atmet Rauch aus, der höher und höher steigt, dorthin, wo ich auf meiner Wolke sitze und alles mit anhöre. Zu niemandem singe. Die goldene Trompete von der Königin von Dänemark auf den Knien. In meiner Einsamkeit. Tot schon seit dreißig Jahren und treffe immer noch Leute. Stecke lose Haarenden fest. Besorgt, wie ich wohl aussehe. Wie ich wohl klinge. Dumm. Denn alles bleibt beim alten. Bobby, du mit deinen Wimpern, für die eine Frau alles täte, hohen Backenknochen, buschigen Brauen und buschiger Oberlippe, Elfenbein wenn du lächelst. Während du so tust, als würdest du hinter deinem Rauchschleier über seine albernen Fragen nachdenken und mich zu dir rufst, indem du deine großen Schlafzimmeraugen zur Decke drehst, wo der Rauch nicht einen Augenblick innehält, sondern vorbeirast und mich wärmt, wo ich sitze, erzähl ihm, Bobby, von der »berühmten Valaida Snow[2], die in einem orchideenfarbenen Mercedes-Benz reiste, in einem orchideenfarbenen Kostüm, mit ihrem zahmen Affen, ausstaffiert in orchideenfarbener Jacke und Kappe, mit dem

---

[1] Bobby Short war ein Sänger. (Anm. d. Hrsg.)
[2] Valaida Snow (um 1900–1956), hochtalentierte schwarze Jazztrompeterin, Sängerin, Bandleaderin und Tänzerin der frühen Swing-Ära, besonders erfolgreich in Europa, wo sie von 1936 bis zu ihrer Internierung durch die Nazis in Skandinavien im Jahre 1940 lebte, 1941 oder später Rückkehr in die USA. (Anm. d. Hrsg.)

Chauffeur ebenfalls in Orchidee«. Wenn du lügen mußt, dann tu's richtig, Bobby. Geh auch nicht allzu verschwenderisch mit der Wahrheit um. Das können sie mir nicht nehmen. Bleib cool. Wie immer. Zähl die Länder und Städte auf, in denen wir gespielt haben. Die Kontinente, die wir erobert haben. Laß dir jene fernen Orte und ihre seltsam klingenden Namen in deinem süßen Mund zergehen. Sag ihm, daß sie mich auch zu Hause geliebt haben, das Mädchen von nebenan aus Chattanooga, Tennessee, das das Apollo[3] füllte, auch nicht ein gemurmeltes Wort von den billigen Plätzen, bis sie auf den Beinen waren und nach mehr brüllten und klatschten, wie der Rest der Zuschauer. Träumereien von vergangenen Zeiten, ja, ja, sie lassen mich nicht los, Baby, ich kann sie schmecken, auf der Zunge. Vergangene Jahre, vergangene Stunden. Bobby, erinnerst du dich auch an das, was du ihm nicht erzählst? Bluesphrasen zwischen den Seufzern einer blinden Flamenco-Sängerin. Mutter Afrika, die ihre krustigen, dunklen Hände ausstreckt, ihre weit verstreuten Kinder zurückruft. Später am selben Abend wurde uns beiden schlecht von schlechtem Rotwein, wir drehen und drehen uns in einer düsteren Zigeunerhöhle. Olé. Olé.

Bemüh dich nicht zu sehr, es richtig zu erzählen, er wird es sowieso nicht verstehen. Er schaut das Funkeln deiner Manschettenknöpfe an. Fragt sich, ob sie echt Gold sind, und die Stecker echte Diamanten. Du hast mich »Minnie Mouse« genannt. Aber du hast mich nie zusammengeschmolzen auf 68 Pfund gesehen, völlig durchnäßt. Sie schlugen mich und fickten mich in jede Öffnung. Ich war ihre Hure. Ihr Dienstmädchen. Eine Fußbank, auf der sie standen, wenn sie an etwas dran kommen wollten. Aber ich habe in ihrem Käfig nie gesungen, Bobby. Nicht einen einzigen Ton. Hat mich einmal einen Zahn gekostet, aber nicht

---

3 Bedeutendstes schwarzes Showtheater in Harlem, New York. (Anm. d. Hrsg.)

einen Ton. Sag ihm, daß ich eines Tages die Nase voll hatte und aus ihrer Hölle wegging. Ging durch Europa, über den Atlantischen Ozean, durch die ganzen Vereinigten Staaten, bis ich einen ruhigen Flecken fand, der meiner Seele den Frieden wiedergab. Dann habe ich wieder angefangen aufzutreten. Meine Songs. In meiner Einsamkeit. Und ja. Es gab dort einen erbärmlichen, niedergetretenen kleinen weißen Jungen in dem Lager, den ich davor bewahren wollte, daß ihn die Wächter umbrachten, aber ob er am Leben blieb oder starb, habe ich nie erfahren. Weder damals noch heute. Äffchen und Chauffeur und Limousine und Champagner und Zigarren und verrückte Kleider mit Straß, Fransen und hohen Schlitzen. Das ist die Art von Albernheit, hinter der der Reporter her ist. Füll ihn mit deinen Verkaufszahlen ab, und wenn er immer noch neugierig ist, wenn du fertig bist, wenn er trotz seiner selbst ein einigermaßen anständiger Kerl zu sein scheint, könntest du ihm vorschlagen, sich das Trompetensolo in My Heart Belongs to Daddy anzuhören, stoß ihn in Richtung Hot Snow, die vorletzte Aufnahme, meine Stimme und Lady Day's[4] im Wechselgesang. »Dear Lord above, send back my love.«

Er konnte sie im Badezimmer hören, Hähne auf und zu, auf und zu, Plätschern im Waschbecken, in der Wanne. Kurzer Duschschauer, Regenprasseln auf Plastikvorhang. Jetzt, in der Stille, wird sie polieren. Jede Apparatur wird glänzen. *Glanz sehen die Leute. Sehen was Glänzendes, gucken nicht weiter, die meisten nicht.* Wenn sie eilig ist, wird sie wischen und polieren, Hähne, Spiegel, metallene Abflußbunde. Lernte den Trick, als sie neu war in der Stadt und mit den Mädchen in Kolonnen in großen Hotels in der Innenstadt arbeitete. *Die sagten mir, sagten, Kind, wisch da nicht da-*

---

4 Lady Day meint die Jazzsängerin Billie Holiday. (Anm. d. Hrsg.)

hinter oder dadrunter rum. Geh einmal über den Spiegel. Reib über die Hähne. Noch zwanzig solche Räume vor uns vor Mittag. Er senkt die Zeitung gerade genug, um sie zu sehen, wenn sie durch das Wohnzimmer kommt, ohne daß sie ihn bemerkt, wenn er ihr zuguckt, außer, sie bleibt stehen und schaut zu ihm hin, was sie nie tut. Sie weiß, daß er ihr zuguckt. Hat ihm einmal gesagt, wenn es reichte, zu Beginn, als sie anfing, in sein Apartment zu kommen und zu putzen. Damals, als er noch manchmal morgens zur Arbeit ging. Bevor sie sich verstanden, als die Verdächtigungen gegenseitig waren und dicht wie der Staub beim ersten Mal, als sie zur Tür herein in seine Wohnung gestürmt kam, atemlos und mit mißtrauischem Blick, so, als wäre jemand, vielleicht sogar er selbst, hinter ihr her.

Sie war zur Tür hereingestürmt und er hatte sich bedrängt gefühlt. Hatte sich zurückgezogen, sie ihr Gebiet abstecken lassen. Sie kommandierte ihn nicht herum, aber sie verlangte in der Sprache ihrer brüsken, sparsamen Bewegungen, daß er sich an gewisse Änderungen gewöhnen müsse. Sie entwickelten ein Zeremoniell, das genau festlegte, wie nah, wie fern sich die beiden einmal die Woche, wenn sie seine Wohnung reinigte, sein durften.

Seltsam, daß er so viele Jahre gebraucht hatte, bis ihm klar wurde, wie klein sie war. Kleiner als er, wo doch keiner in seiner Familie größer als fünf Fuß war, plus ungefähr einem Inch von diesem dicken, glatten, schwarzen Haar. Amerika war ein Land der Riesen, und schon früh hatte er gelernt, der Größe keinerlei Aufmerksamkeit zu schenken. Man konnte schlecht seine Tage damit verbringen, wie ein Dorftrottel die Wolkenkratzerköpfe seiner neuen Landsmänner anzugaffen. Niemand hatte ihn je gefragt, und so hatte er niemals seine Putzfrau beschreiben müssen. Hatte ihre Größe nicht bemerkt. Ihr Name war Clara Jackson und zunächst, als sie kam, war er von der Geschäftigkeit ihrer

Anwesenheit überwältigt gewesen. Was sie alles auf einmal zu machen schien. Geräusche, die sie mit den Putzutensilien erzeugte, ihr Summen und Singen, den Kaugummi, den sie platzen ließ, das laute Klappern ihrer Absätze, obwohl sie doch, sobald sie über die Türschwelle in seine Wohnung trat, Turnschuhe anzog, ihr mühsames Atemholen, asthmatisches Pfeifen und Schnauben der kaputten Nebenhöhlen, die über die Jahre immer schlimmer wurden, ihre knackenden Knie, Kleiderschichten, Staubwedel, flüsternden Unterröcke, ihr Seufzen und Ächzen und das von Zusammenzukken begleitete Aufschreien. Ansprachen an unsichtbare Zuhörer, die sie an ihrer Person in sein Revier schmuggelte. *Ja, Lord. Erlöse mich, Jesus. Danke dir, Vater.* Er wich zurück vor der lautstarken, lärmenden Wucht ihrer Attacke, vermied sie systematisch. Selten waren sie beide länger als wenige Minuten zur selben Zeit im selben Raum, denn kein Raum hatte Platz genug für sie und den Abstand, den sie benötigten.

Sie war vornüber gebeugt und dabei, ein geschrubbtes Gitter zurück in den Ofen zu schieben, als er die Knitter in ihrem Schädel entdeckte. Sie trug ein Netz über ihrem Haar wie die Serviererinnen im »Horn and Hardart's«. Unter dem Netz waren Haarklumpen, von Furchen umrissen, die auf ihre bloße Kopfhaut blicken ließen. Eine gerippte Yarmulka aus Haar, oben auf den Kopf gepreßt. Haar, wie er es sich nie vorgestellt hatte. Wie aufgerolltes Garn auf dem Schoß seiner Großmutter. Wie ein Kinderreim. *Black sheep. Black sheep, have you any wool?* So anders als das, was auf seinem eigenen Kopf wuchs, den Köpfen seiner Brüder und Schwestern und seiner Mutter und seines Vaters und seiner Cousins und von jedem in dem verfluchten Dorf, in dem er geboren wurde. So anders, daß er es nicht wirklich als Haar betrachten konnte, sondern als einen Ersatz, der am Abend der Schöpfung genommen wurde, als kein Haar mehr da war. Einfacher, sie sich kahl vorzustellen und mit einer seltsamen Kappe aus dem Fell eines dunklen wilden Tieres. Federnde Drähte aus Haar ragten aus dem Netz hervor. Eine zurückgelassene dunkle Strähne schockierte ihn, als er sie gestrandet in dem glänzenden, weißen Bauch der Wanne entdeckte, gewunden wie ein Fragezeichen am Ende des Satzes, den er sich immer wieder fragte. Er hatte es mit den Fingerspitzen in einem Bausch aus Toilettenpapier aufgehoben und weggespült.

Ihr Haarpelz war über die Jahre grau und dünner geworden. Es war jetzt weniger. Er hatte sich unzählige Male versucht gefühlt, es zu berühren. Seinen Finger durch das Netz zu stupsen in einen der Hügel. Er hatte sich gefragt, ob sie es von dem Schleier befreien würde, wenn sie zu Bett ging. Ob es sich löste und sich auf ihrem Kissen ausbreitete oder ob sie die ganze Nacht wie ein Soldat mit einem Helm schlief.

Wenn er neben oder hinter ihr stand, konnte er das Muster der Furchen erspähen, beobachten, wie die Dunkelheit in symmetrischen Feldern angebaut war und das hieß, daß er größer war als Clara Jackson, daß er auf sie herabsah. Aber diese Tatsachen hinderten nicht den Sturm ihrer Geschäftigkeit und ihres Lärmes, untergruben ihre Kraft genauso wenig wie die Zufälligkeit des Wachstums, des halben Inches, den er über seinen zweitgrößten Bruder errungen hatte, der Inch, mit dem er die Größe seines Vaters ausstach, die Autorität seines Vaters in der Familie hätte schmälern können, wenn es eine Familie gegeben hätte, in dem Sommer, als er über alle hinausschoß, mit dreizehn der Größte, die Größe, die er heute noch hatte.

Mrs. Clara. Wußten Sie schon, daß eine farbige Frau mir einmal das Leben gerettet hat?

Warum starrt sie ihn so an, als hätte er gesagt: Wußten Sie schon, daß ich einmal mit einer farbigen Frau geschlafen habe? Das hatte er nicht gesagt. Ihr Schweigen nörgelte an ihm, als ob er es tatsächlich gesagt hätte, als ob ihm etwas Unangemessenes herausgerutscht wäre, eine nicht gentlemanmäßige Beleidigung, die sie zwang, ihren Kiefer zusammenzupressen und ihre Zunge in die eine Backe zu schieben und die Bitternis des Kloßes in ihrem Hals zu schmecken. Warum ist sie stets bereit zu weinen oder ihn einen Lügner zu nennen, ihn anzuschreien oder eine Entschuldigung zu erwarten oder einfach durch ihn hindurchzusehen, an ihm vorbei, so wie seine Mutter ihn an endlosen Oktobernachmittagen angestarrt hatte, wenn graue Regenströme sie im Haus gefangen hielten, und sie saubermacht, kocht, ein spärliches Feuer im Kamin hegt und er sich schlecht benimmt, seine kleine Schwester ärgert, bis er die Aufmerksamkeit seiner Mutter hat; und dann schrumpft er in der Müdigkeit dieser traurigen Augen, die ihn dabei erwischen, ihn durchdringen, ihn ignorieren, der Schmerz, die Härte und die Entfernung in ihnen, die ihn anschuldigen, ihm sagen, in diesem Moment, und vielleicht für immer, wegen dieses grausamen, selbstsüchtigen Übergriffes existierst du nicht.

Nein, Mistah Cohen. Das ist was, das habe ich sicher nicht gewußt.

Seine Finger spielen mit einem Knopf, knöpfen die Manschette seines weißen Hemdes auf. Er rollt einen Ärmel hoch. Bereitet sich auf die Arbeit des Geschichtenerzählens vor. Sie hat das Hemd so viele Male gereinigt. Es wird von Sauberkeit und Stärke zusammengehalten. Ein Hemd, das weggeworfen werden sollte, aber sie schrubbt und sprüht und bügelt es, er kennt den Vorgang, die Geräusche. Wie viele Male rettet sie es, flickt es, bessert aus, schnippelt widerspenstige Fäden ab; die ausgefransten Manschetten- und Kragenkanten wieder gehärtet, so daß er anständig aussieht, gut in ihnen aufgehoben, die leuchtend weiße Brust, die er wie ein Pinguin im Frühjahr aufplustert, und er kommt vom zwölften Stock hinunter und erobert den Park zurück, die Schuhe geputzt, die Überreste seines herrlichen Haarschopfes zurückgestrichen, frisch rasierte Backen, blank wie die eines Babies in dem frischen Sonnenschein jener ersten Tage, die das Leben wieder willkommen heißen und ja, er ist dort draußen wieder mit dabei, sein Spreizfußpinguingang und seine Gentlemankleidung, Hemd wie ein Gelöbnis, ein Versprechen, eine Absichtserklärung, die die gedämpften Streifen seiner dunklen Krawatte einrahmen. Nummern in den Kragen gestanzt. Abzeichen der Reinigungsfirma, von vor zehn Jahren, bevor Clara Jackson anfing, bei ihm sauberzumachen. Spuren noch sichtbar im Kragen einiger seiner Hemden, die sie unglaublich lange nach ihrem besten Alter erhielt, eine Reihe von verblichenen Nummern wie jene, die ihr auf seiner Haut zu zeigen er seinen Ärmel hochschiebt.

Die Haarknubbeln auf dem Rücken seines Unterarms liegen niedergedrückt wie Gras in den Wäldern, wo ein gejagtes Tier geschlafen hat. Graue Haare in der Farbe seines Fleisches, außer auf der Innenseite seines Unterarmes; kurz oberhalb seines Handgelenkes ist die Haut weißer, mit blauen Venen durchzogen. Alles das, alles, was grau, was blaß, was mit dunklen Flecken gesprenkelt ist, ist Fleisch, das zu Speck wird und süßlich und widerlich gen Himmel stinkt, wenn es gekocht wird.

Würden Sie gerne aufhören? Warum unterbrechen Sie nicht ein wenig? Setzen Sie sich doch ein paar Minuten hin, bitte. Ich mache Ihnen einen Kaffee und mir meinen Tee. Ich erzähle Ihnen eine Geschichte. Es ist doch bald Weihnachten, oder?

Sie bleibt wie erstarrt stehen. Eine ganz kleine Frau, keine Frage. Rundlich jetzt. Vielleicht stiehlt sie und versteckt Dinge unter ihrem Kleid. Dicklich, nicht dick. Ihre

Schultern sind rund und ausgepolstert. Wie jene heruntergekommenen Frauen, die auf der Straße wohnen und ihre ganze Garderobe Winter, Frühjahr, Sommer, Herbst tragen. Sie hat Gewicht zugelegt als Sicherheitszone. Um Schläge abzufangen. Besser um harte Ecken zu kommen. Etwas Gepolstertes, gegen das man sich lehnen kann. Etwas, das den Klang brechender Knochen dämpft, wenn sie fällt. Ein Kissen für all die Häupter, die von ihr gegangen sind und zu Staub geworden sind, die immer noch einen Weg finden, um nachts zu ihr zu kommen und eine Ruhestätte zu finden. Er könnte Verwendung dafür finden. Zusätzliches Fleisch auf ihren Knochen war nicht ein Zuviel, sondern ein Geschenk. Die weibliche Fülle, ihr Umfang waren beruhigend in gleichem Maß, in dem seine Gesäßbacken einschrumpfen, seine Finger zu Klauen werden, der Hühnerhals abgenutzt wird in jenen messerscharfen Kanten der Krägen, die sie schrubbt und bügelt.

Oh, du Vogelscheuche. Totenkopf auf einen Stock gesetzt. Ein weiterer Stock quer angebunden als Arme. Das erste Mal, wenn man sich tot sieht, kichert man. Du bist ein Überlebender, du Glücklicher. Du grinst, steckst dem Bild in der dunstigen Spiegelscherbe die Zunge heraus, weil die anderen wohl lachen werden, sich nicht helfen können, ihr Klang hinter deinem Rücken, wenn sie über deine klapprigen Schultern blicken, zusehen, wie du im Spiegel entdeckst, was sie schon gesehen haben, seit sie die Tore stürmten und die versiegelten Türen der Baracken auftraten und dich von dem Stapel lebenden Zündholzes retteten, das dein Scheiterhaufen sein sollte. Deine Mitmenschen. Alliierte. Sieger. Überlebende. Die dich anstarren, wenn sie denken, daß du nicht hinsiehst, deren Augen voll Scham sind, als ob sie dort Dienst getan hätten, in dieser Grube, diesem Gartopf, der das Fleisch von deinen Knochen kocht. Sie können nichts dafür. Du lachst, um ihnen zu helfen, das zu vergessen, was sie sehen. Was du siehst. Wenn sie die Wächter an dir vorbei trieben, ihre gewaltigen Uniformen geschoren von Knöpfen, Tressen, Bändern, Orden, der im Blitz erstarrten, doppelten S, goldenen Totenköpfen, Adlerschwingen, ihre Schaftstiefel verschwunden, die Füße barfuß oder in Holzschuhen, die Köpfe gebeugt und ohne Hut, die eisernen Gesichter unrasiert, und dennoch überwogen die Schlächter dich noch mit hundert Pfund pro Mann. Du konntest die Spucke nicht aufbringen, um sie zu zeichnen. Du senktest die Augen vor Pein, tatest so, als würdest du einnicken, weil dein Körper zu schwach war, um einen Spuckefaden zu produzieren, und wenn doch, so hättest du sie aufgespart, gehortet und sie hundert Mal geschmeckt, bevor du die kostbare Galle heruntergeschluckt hättest.

Eine Parade von watschelnden, kuhäugigen Tieren. Sie werden an dir vorbeigetrieben, an den offenen Gräbern vorbei, an Abwasserkanälen, bis zum Rande gefüllt mit nacktem, verrottendem Fleisch, vorbei an Stacheldrahtlagern, wo die Lebenden langsam und unwirklich wie Nebel unter den Haufen der Toten kriechen. Niemand kann das glauben. Ofen und Gaskammern. Galgen und Peitschpfähle. Schuhe, Schuhe, Schuhe, ein Berg von Schuhen in einer Lagerhalle. Scheiße. Zähne. Knochen. Säcke voll Haar. Die Untoten, die in sich gekauert sind wie Fledermäuse und sich auf einem Flecken dreckiger Erde niederlassen und ihr eigenes Dahinscheiden betrauern. Keiner glaubt dem Feind. Er ist keiner dieser harmlosen Bauern, die defilieren in geplünderten Uniformen, um die Arbeit zu verrichten, das aufzuräumen, was jemand anders angerichtet hat. Niemand hat je einen Geist gesehen, der versucht, sich in einem Spiegel zu verdoppeln, so lachen sie hinter seinem Rücken, als ob, als ob das Lachen ein Spiel sei, und der Tote die Energie aufbringen könnte und mitmachen könnte und wieder ganz werden würde. Ich kichere. Ich sage: Wer in Gottes Namen würde das Gesicht eines Jungen stehlen und dieses Ding zurücklassen?

Fast ein halbes Jahrhundert guter Mahlzeiten und nur selten eine verpaßt, aber man kann die Leere nicht füllen, kann das Schreien jener verlorenen Seelen, die verhungern, nicht zum Schweigen bringen, das Kind, das du warst, vor Hunger weinend, solche wie du, diese Bäuche, die du hast anschwellen, sich aufblähen sehen, tagelang unbeerdigt und du träumtest davon, sie zu öffnen, einen Löffel oder so von dem zu nehmen, was darin wuchs, weil es so leer in dir war und nichts schlimmer sein konnte als diese nagende Leere. Warum sollten die Toten sich schämen, die Toten zu essen? Wer sind ihre Brüder, Schwestern, wer sind sie selbst? Du hörst den Jungen, wie er mit sich selber redet, Milch, Brot, Honig halluziniert. Krank, wenn das verdorbene verrottete Fleisch schließlich weggefahren wird.

Mister Cohen, mir geht es heute nicht so gut. Wenn es Ihnen nichts ausmacht, arbeite ich durch und gehe früher nach Haus. Muß noch meine ganzen Weihnachtsvorbereitungen machen und bin müde.

Sie wackelt mit dem Kopf. Murmelt noch etwas, das er nicht entziffern kann. Als ob er es schon viele Male angeboten hätte, als ob es nichts Seltsames oder Besonderes an diesem Morgen um zehn Uhr siebenundvierzig gäbe, als er vor dem Geschirrschrank stand, bereit, ihn zu öffnen, und eine Zuckerdose, eine silberne Milchkanne, Tassen und Untertassen für beide herauszunehmen, bereit, den Instantkaffee zu holen, einen Teebeutel, das Wasser zu kochen und sich ihr gegenüber an den Tisch zu setzen. Als ob das an jedem Tag, an dem sie kommt, geschieht, als ob dies nicht das erste Mal wäre, das einzige Mal, daß er diese Frau eingeladen hat, sich zu ihm zu setzen, und sie kann ihren alten Kopf schütteln, ihn mondäugig wie eine Eule anstarren und etwas ablehnen, das noch nie zuvor angeboten worden war.

Die Tätowierung ist schwach. Von wo sie steht und mit dem Staubsauger hantiert, wird sie nichts sehen. Ihre Augen, trotz der starken Brille, wäßrig und schwach wie die seinen. Sie sind zusammen alt geworden, haben sich in diesen moderigen Räumen vermieden, wo er bald, bald, da führt kein Weg daran vorbei, eines Tages tot aufwachen wird und keiner wird es wissen, bis sie donnerstags klopft, und noch einmal klopft, dann klingelt, hämmert, brüllt, aber keiner antwortet; und sie stampft weg, um die Aufsicht zu holen mit dem massiven Schlüsselbund.

Er braucht weniger Schlaf nun, da er älter wird. Die Zeit, die sich davonschleicht, wiegt schwerer auf ihm, weniger und weniger Zeit mit jeder Sekunde, die vergeht, aber auch mehr, die Vergangenheit, die sich ansammelt wie Schneedünen in der Dunkelheit vor seinem Fenster. In den Wolfsstunden vor dem Morgengrauen schläft diese fremde Stadt so unruhig wie er, wendet sich, verdreht sich, stöhnt. Er entdeckt sich selbst dabei, wie er aufmerksam nach einem Zeichen lauscht, daß die Nacht weiß, daß er zuhört, aber was er hört, ist seine eigene Abwesenheit. Die Nacht, mit sich selbst beschäftigt, verweigert ihn. Und wenn er nicht dort draußen ist, wenn er deutlich seine eigene Abwesenheit in dem Nachtpuls der Stadt hören kann, wo ist er jetzt, wo war er, bevor sich seine Augen öffneten, wo wird er sein, wenn das Flattern des Atems und des Herzens aufhören?

Sie brachten jeden in den Lagern um. Die ganze Welt starb dort. Nicht nur Juden. Die Menschen vergessen das. Alle möglichen Menschen in den Lagern eingeschlossen. Ja. Sogar Deutsche, die keine Juden waren. Sogar eine schwarze Frau. Keine Zigeunerin. Keine Afrikanerin. Amerikanerin wie Sie, Mrs. Clara.

Sie sagten, sie sei Tänzerin und könne jedes Instrument spielen. Sagten, sie könne Schuhe aus vielen Ländern aufreihen, von einem Paar zum nächsten hüpfen und die Tänze der Welt aufführen. Sie sagten, die Königin von Dänemark habe sie mit einer goldenen Trompete geehrt. Aber sie war dort, in der Hölle mit uns anderen.

Eine Frau wie Sie. Vor vielen Jahren. Vor einem Lebensalter. Jung damals, wie Sie es gewesen wären. Und schön. Wie ich glaube, daß Sie es gewesen sein müssen. Ja. Bevor Amerika in den Krieg eintrat. Die Lager hatten schon begonnen, Menschen zu verschlingen. Alle möglichen Menschen. Und doch war sie etwas Besonderes. Nur eine Frau wie sie habe ich je gesehen, bevor ich hierher kam, in dieses Land, diese Stadt. Und sie rettete mir das Leben.

Das arme Ding.

Ich war nur ein Junge. Dreizehn Jahre alt. Die Wachen schlugen mich. Ich wußte nicht warum. Warum? Sie brauchten kein Warum. Sie schlugen nur. Und manchmal endete das Schlagen im Tod, weil es keinen Grund gab aufzuhören, so wie es keinen Grund gab zu beginnen. Ein Junge. Aber ich hatte es oft gesehen. Lang genug im Lager, um zu vergessen, wieso ich lebte, warum irgend jemand lange würde leben wollen. Sie taten mir weh, schlugen auf mich ein, aber ich war nicht überrascht, erwartete keine Erklärung. Ich erinnere mich, wie ich mich zusammenkrümmte, wie ich einst einen Hund vor den Schlägen einer zusammengerollten Zeitung sich hatte zusammenkauern sehen. In der alten Heimat vor Lebzeiten. Ein Junge in meinem Dorf, der einen Hund anstarrte, der sich zusammengekrümmt auf dem Rücken wälzte im Staub vor dem Bäckerladen, und unser Bäcker in seiner weißen Schürze und großen weißen Mütze, der diesen Köter wieder und wieder schlug. Ich wußte nicht, was für einen Unfug der Hund angestellt hatte. Ich verstand nicht, warum der dicke Mann mit Mehl auf seiner Schürze ihn so unbarmherzig auspeitschte. Ich sah es nur und haßte den Mann, fühlte Mitleid für das Tier, aber schon das Kind in mir verstand, daß es nicht anders sein konnte; so wand ich mich und krümmte mich gegen die Schläge wie dieser gefleckte Hund in der staubigen Dorfstraße, an den ich mich erinnerte; weil es so sein mußte.

Dann drang eine Frauenstimme zu mir in einer Sprache, die ich nicht verstand. Eine Frau, aufgebracht, kreischend. Ich hörte sie noch bevor ich sie sah. Sie mußte sie angeschrien haben aufzuhören. Sie mußte sich entschlossen haben, daß es besser wäre, ihr Leben zu riskieren, als den Wächtern zuzusehen, wie sie einen kleinen Jungen zu Tode prügeln. Zunächst hörte ich ihre Stimme, dann stürzte sie herbei, warf sich auf mich, legte sich um mich. Die Wächter brüllten sie an. Einer versuchte, sie wegzuziehen. Sie wollte mich nicht loslassen und sie fingen an, sie auch zu schlagen. Ich hörte den Aufprall der Knüppel auf ihrem Rücken, fühlte, wie sie jedes Mal, wenn ein Schlag sie traf, zusammenzuckte.

Sie kämpfte sich auf die Beine, mich mit sich ziehend. Warf sich schützend vor mich, als wir stolperten und gegen eine Wand schlugen.

Mein Kopf war in ihrem Kittel vergraben. In dem ihr eigenen Geruch, dem Geruch nach Staub, nach Blut. Ich war überrascht, wie klein sie war, kaum so groß wie ich, aber stark, sehr stark. Ihre Finger gruben sich in meine Schulter, quetschten mich, griffen fest genug, um mir weh zu tun, wenn ich nicht schon jenen Punkt, an dem man Schmerz empfindet, überschritten hätte. Ihre Hände waren stark, ihre Beine lebendig und warm, aufgewühlt, als sie mich gegen sich drückte, in sich. Irgendwie hatte sie mich hochgezogen und zurück zu der Barackenwand geschleppt, sich selber und mich stützend, mich beschützend. Dann schrie sie sie an in dieser Sprache, die ich jetzt benutze, aber von der ich damals kein einziges Wort verstand, verfluchte sie, ich bin sicher, in ihrer Muttersprache, ein Strom von Spucke und spuckenden Tönen, als könnte sie einen Wall aus Wörtern bauen, den sie nicht überqueren könnten.

Die Kapos zögerten, verblüfft von dem, was sie gewagt hatte. War diese Schwarze eine Verrückte, eine Hexe? Dann entrissen sie mich ihrem Griff, drückten mich herunter, und ich fiel in mich zusammen dort in dem stinkenden Matsch des Lagers. Ein weiterer Tritt, ein betäubendes, blendendes Schmettern, das mir den Atem raubte. Blut überströmte meine Augen. Ich verlor das Bewußtsein. Das letzte was ich von ihr sah, war, daß sie noch immer kämpfte, ihre schlanken, schönen Beine traten sie, als sie sie über den Hof zogen und schlugen.

Sie sagen, daß sie farbig war?

Ja. Ja. Ein dunkler Engel, der vom Himmel fiel und mich rettete.

Dachte immer, es waren nur die Ihren dort drüben, die sich gegenseitig solche schrecklichen Dinge angetan haben.

Er schließt den Geschirrschrank. Ihr Rücken ist ihm zugewandt. Sie murmelt etwas zu den Staubsaugerschläuchen, deren Klammern sie löst. Ihm wird klar, daß er die Geschichte sowieso beendet hatte. Weiß nicht, wie er den Rest sagen sollte. Sie summt, faltet die Putzlappen, stapelt sie auf dem untersten Regal im Abstellraum. In ihren eigenen Lärm versunken. Noch viel mehr zu erzählen von seiner Geschichte, aber sie bleibt nicht, um es zu hören. Es ist der letzte Tag vor ihren Ferien. Er hat ihr Weihnachtsgeld in einem Briefumschlag versiegelt, den Umschlag wie immer auf den Küchentisch gelegt. Die Küchenschränke haben Magnetverschlüsse, damit sie dicht schließen. Nach einer Salve von klickenden Türen wird sie weg sein. Wenn er sich sein Abendessen allein zubereitet, verläßt er sich auf dieses Geräusch als Gesellschaft. Er drückt sie so zu, daß sie nicht zu laut, nicht zu leise klingen. Sie unterbrechen die Stille, geben ihm Sicherheit, wie das solide Türschlagen der großen

Limousinen, die er von Kunde zu Kunde fuhr. Wie lange schon, daß er nicht mehr hinter dem Steuer eines Autos gesessen hatte? Jahre, und nun noch ein weiteres Jahr fast vorüber. In jedem Winkel der Stadt werden sie ihren Christus, ihr Neues Jahr mit überschwenglichen Freudensbekundungen willkommen heißen. Er denkt an Clara Jackson inmitten ihrer großen Familie. Sie ist klein, aber die anderen sind braun und groß, mit Lippen wie Löffel, um das zuckrige Geplapper ihrer Rede darzureichen. Er versucht, sie sich vorzustellen, wie sie essen und trinken, riesige Menschen in einen winzigen, schäbigen Raum gezwängt. Unvorstellbar, eigentlich. Die Gesichter ihrer Verwandten werden zu den seinen. Das Haar aller ist dick und glatt und schwarz.

Übersetzung von Pamela Meyer

BHARATI MUKHERJEE

Die Geschichte einer Ehefrau

Imre sagt, vergiß es, aber ich werde David Mamet[1] schreiben. An Patels[2] lassen sich Immobilien also schlecht verkaufen. Man kauft ihnen ein Bier, flüstert Glengarry Glen Ross, und die riechen Sumpf statt Sonne und Surfen. Die arbeiten hart, essen billig, leben zu zehnt in einem Raum, verstecken ihr Geld unter Futonmatratzen in Queens, und bevor du dich umsiehst, besitzen sie halb Hoboken. Du fragst dich, wo nur die süße Gutgläubigkeit ist, die diese Nation groß gemacht hat?

Witze über Polen, Witze über Patels: nicht deshalb werde ich Mamet schreiben.

Habt ihr ihre Frauen gesehen?

Alle lachen. Imre lacht. Der vor sich hin dösende dicke Mann mit dem Barnes & Nobles[3]-Beutel zwischen seinen Beinen, die Frau neben ihm, der Platzanweiser, jeder lacht. Es ist nicht so dunkel im Saal, als daß sie mich nicht sehen könnten. In meinem roten Seidensari bin ich auffällig. Runde, goldene Wellenlinien glitzern auf meiner Brust.

Der Schauspieler fängt gerade an, richtig warmzuwerden. *Habt ihr ihre Frauen gesehen?* Er spielt einen Verkäufer. Er hatte einen schlechten Tag, jetzt ist er in einem chinesischen Restaurant und versucht sich zu entspannen. Sein Gesicht

---

[1] David Mamet (*1947), bedeutender amerikanischer Dramatiker, u. a. *Glengarry Glen Rose* (1984). (Anm. d. Hrsg.)
[2] Patel ist ein häufiger indischer Name. (Anm. d. Hrsg.)
[3] Große amerikanische Kette von Buchläden. (Anm. d. Hrsg.)

ist rosa. Seine Wollverschnitt-Hosen sind im Schritt zerknittert. Wir haben unsere Eintrittskarten zum halben Preis gekauft. Wir sitzen in der ersten Reihe, aber am äußersten Rand, und wir sehen Dinge, die wir nicht sehen sollten. Zumindest sehe ich diese Dinge, oder ich denke, daß ich sie sehe. Speichel, Schauspieler, die sich gegenseitig treten, kurzes Zwinkern, verschmiertes Make-up.

Vielleicht improvisieren sie auch den Dialog. Vielleicht hat Mamet sie mit Beleidigungsbausätzen ausgestattet, donnerstags Chinesen, mittwochs Latein-Amerikaner, heute Inder. Vielleicht kommen sie zusammen, bevor der Vorhang aufgeht, sehen eine Inderin, die sich in die erste Reihe setzt, und sagen zueinander: »He, vergessen wir Freitag. Machen wir *die* heute fertig. Mal sehen, ob sie heult. Mal sehen, ob sie rausrennt.« Vielleicht schließen sie Wetten darauf ab, genau wie die Verkäufer, die sie spielen.

Vielleicht sollte ich mich nicht verraten fühlen.

Ihre Frauen, fängt er wieder an, *die sehen aus, als wären sie gerade von einem toten Kater gefickt worden.*

Der dicke Mann grölt laut und schiebt dabei meinen Ellenbogen von unserer gemeinsamen Armlehne.

»Imre. Ich gehe nach Hause.« Aber Imre hat sich so weit vorgelehnt, daß er nichts hört. Englisch versteht er nicht so gut. Er ist ein Flüchtling aus Budapest, er muß sich Mühe geben beim Zuhören. »Ich habe nicht 18 Dollar bezahlt, um mich beleidigen zu lassen.«

Ich hasse Mamet nicht. Es ist die Tyrannei des »American Dream«, die mir angst macht. Zuerst gibt es dich gar nicht. Dann bist du unsichtbar. Dann bist du lächerlich. Dann bist du ekelerregend. Beleidigen, werden meine amerikanischen Freunde mir erklären, ist eine Form von Akzeptieren. Es gibt keine sofortige Würde hier. Zu Hause würde ein Stück wie dieses Tumulte auslösen. Primitiv, rassistisch und unsozial. Die Schauspieler würden nicht heil von der Bühne kommen. Dieses Stück, und all diese schrecklichen Gefühle, würden sicher verschlossen verwahrt werden.

Manchmal sehne ich mich nach klaren Antworten. Biete mir sofortige Würde und ich nehme sie.

»Was?« Imre rückt zu mir heran, ohne seine Augen von dem Schauspieler abzuwenden. »Noch einmal kommen?«

Tränen treten mir in die Augen. Ich will aufstehen, schreien, eine schreckliche Szene machen. Ich sehne mich nach häßlicher, böser Wut.

Der Schauspieler brüllt, Speichel spritzt. *Gebt mir eine Chance. Ich bin noch nicht am Ende, ich kann wieder auf die Spielzettel kommen. Ich sage dem Arschloch, er soll mir eine richtige Hauptrolle geben. Und was gibt das Arschloch mir? Patels. Nichts als Patels.*

Dieses Mal legt Imre seinen Arm um meine Schulter. »Panna, was ist Patel? Warum nimmst du das alles so persönlich?«

Ich zucke vor seiner Berührung zurück, aber ich gehe nicht. Teure Mädchenschulen in Lausanne und Bombay haben mich dazu erzogen, mich gut zu benehmen. Meine Manieren sind ausgezeichnet, meine Gefühle delikat, meine Gesten kultiviert, meine Launen nicht wahrnehmbar. Ich habe Tumulte erlebt, Aufstände, Trennung, den Tod meines Sohnes.

»Ich nehme es nicht persönlich.«

Der dicke Mann sieht uns an. Die Frau sieht auch her und legt den Finger auf ihre Lippen.

Ich starre die beiden an. Dann starre ich, böse und kühl, auf den Ellenbogen des Mannes. Der Ellenbogen sieht weich und schwammig aus unter dem hellblauen Ärmel seines Hawaiihemdes aus Polyester. »Entschuldigen Sie«, sage ich. Meine Stimme hat die mühelose Arroganz wohlerzogener emigrierter Frauen aus der dritten Welt, obwohl meine Rhetorik anderswoher stammt. »Sie nehmen meinen Platz ein.«

Überrascht reißt der Mann seinen Arm von mir weg. Er drückt ihn gegen seine Brust. Als er sich wieder zurücklehnt, habe ich ihm meinen Rücken zugewandt. Ich habe ihm wahrscheinlich den ersten Akt verdorben. Ich weiß, daß ich ihn für Imre verdorben habe.

Es ist nicht meine Schuld; es ist die *Situation*. Alte Kolonien nutzen sich ab. Patels – die neuen Pioniere – müssen einfach verdächtig sein. Die Erinnerung an Idi Amin ist gegenwärtig. Die Leitungen von AT & T transportieren gute Ratschläge von einem Kontinent zum anderen. Halte alle Vermögenswerte flüssig. Investiere in 7-IIs, ziehe deine Anlagen von Eigentumswohnungen und Motels ab. Ich weiß, wie sich beide Seiten fühlen, das ist das Problem. Patels, die sich Tricks ausdenken, die traurigen Verkäufer auf der Bühne: der Postkolonialismus hat mich zu ihrem Schiedsrichter gemacht. Ich sehne mich nach Haß; nach einfachem, brutalen Partisanenhaß.

Nach der Vorstellung laufen Imre und ich in Richtung Broadway. Manchmal hält er meine Hand. Das bedeutet nicht mehr, als daß Verrückte und Betrunkene in den Hauseingängen liegen. Imre ist schon seit mehr als zwei Jahren hier, aber er ist noch sehr europäisch, sehr zuvorkommend, offen fürsorglich gegenüber Frauen. Ich habe ihn im vergangenen Semester bei einem Seminar in Sonderschulerziehung kennengelernt. Seine Frau arbeitet als Krankenschwester, irgendwo in der ungarischen Provinz. Er hat zwei Söhne, und er hat kilometerlange Petitionen für ihre Auswanderung geschrieben. Mein Mann leitet eine Mühle hundert Meilen nördlich von Bombay. Wir haben keine Kinder.

»Du machst es dir schwer«, sagt Imre. Er hatte angenommen, Patel sei ein jüdischer Name, oder vielleicht ein lateinamerikanischer, beides hat die gleiche Bedeutung für ihn. Er fand das Stück geschmacklos, er machte sich Gedanken darüber, welche Effekte die vulgäre Sprache auf meine empfindlichen Ohren haben würde. »Du mußt dich ein wenig gehenlassen.« Und wie um mir zu zeigen, wie man sich gehenläßt, macht er sich von mir los, springt nach vorn mit geducktem Kopf und tanzt dann auf erstaunlich stolprigen Beinen. Er ist ein Magyare, das sagt er mir oft, und tief drin ist er auch ein Asiate. Ich sehe ihn vor mir, mit seinen Wangenknochen wie Attilas Messerklinge, trotz der blonden Haare. In seinen abgetragenen Jeans und seiner Lederjacke ist er der Star aus einem Rockvideo. Ich sehe mir stundenlang MTV an in der Wohnung, wenn Charity die Abendschicht bei Macy's macht. Ich höre mir WPLJ[4] über Charitys Kopfhörer an. Warum sollte ich mich schämen? In Indien ist das Fernsehen so aufbauend.

Imre hört genauso plötzlich wieder auf wie er angefangen hat. Um uns herum laufen Leute. Die sommerliche Seitenstraße ist voll von Theaterbesuchern in leichten Baumwollanzügen. Imres langgetragene Jacke ist hier fehl am Platze. Europäisch. Polizisten kommen in Zweier- und Dreiergruppen vorbei, stoßen ihre Schlagstöcke leicht gegen ihre Oberschenkel und lächeln mich voll Milde an. Ich möchte ihnen zuzwinkern, uns alle in Schwierigkeiten bringen, ihnen sagen, daß der verrückte tanzende Mann aus dem Warschauer Pakt ist. Ich bin zu schüchtern, um auf dem Broadway zu tanzen. Statt dessen umarme ich Imre.

Die Umarmung überrascht Imre. Er will, daß ich aufhöre, aber er erwartet nicht wirklich, daß ich aufhören werde. Er stolpert, obwohl ich nicht mehr als 104 Pfund wiege, und zusammen mit ihm stürze auch ich etwas nach vorn. Dann fängt er mich auf und wir gehen Arm in Arm zur Bushaltestelle. Mein Mann würde niemals auf dem Broadway tanzen oder eine Frau umarmen. Auch meine Brüder nicht. Sie sind nicht spießig, aber sie sind auf anglikanische Internatsschu-

---

4 New Yorker Radiostation. (Anm. d. Hrsg.)

len gegangen, und sie haben ein gut entwickeltes Gefühl dafür, was lächerlich ist.

»Imre.« Ich presse seine große, rauhe Hand. »Es tut mir leid, daß ich dir den Abend verdorben habe.«

»Du hast nichts dergleichen getan.« Er hört sich müde an. »Laß uns nicht auf den Bus warten. Laß uns extravagant sein und ein Taxi nehmen.«

Imre hat immer unvorhersehbare Quellen. Das Netzwerk, nennt er es, den Jahrgang '56.

Auf dem Rücksitz des Taxis fühle ich mich, ohne mich anstrengen zu müssen, leicht, fast frei. Erinnerungen an mittellose Inder vermischen sich mit Erinnerungen an die Scharen von New Yorker Obdachlosen, und sie treiben schwerelos dahin in meinem Kopf, wie Astronauten. Ich habe es geschafft. Ich mache etwas aus meinem Leben. Ich habe mein Zuhause verlassen, meinen Mann, um einen Doktortitel in Sonderschulerziehung zu erwerben. Ich habe ein Langzeitvisum und ein kleines Stipendium für zwei Jahre. Danach werde ich weitersehen. Meine Mutter wurde von ihrer Schwiegermutter, meiner Großmutter, geschlagen, als sie sich für Französischunterricht bei der Alliance Française einschrieb. Meine Großmutter, die älteste Tochter eines reichen Zamindars[5], war eine Analphabetin.

Imre und der Taxifahrer unterhalten sich in Russisch. Ich lasse meine Augen geschlossen. So kann ich meine Erinnerungen besser spüren. Ich werde heute Nacht an Mamet schreiben. Ich fühle mich stark, tollkühn. Vielleicht werde ich auch an Steven Spielberg schreiben, ihm mitteilen, daß Inder keine Affenhirne essen.

Wir haben es geschafft. Patels müssen es einfach geschafft haben. Mamet, Spielberg: sie sind nicht herablassend uns gegenüber. Vielleicht fürchten sie sich ein wenig.

---

5 Indischer Großgrundbesitzer. (Anm. d. Hrsg.)

Charity Chin, meine Zimmergenossin, sitzt auf dem Boden und trinkt Chablis aus einem Weinglas aus Plastik. Sie ist einen Meter fünfundsechzig groß, fast zehn Zentimeter größer als ich, aber sie wiegt anderthalb Kilo weniger. Sie ist ein Model für Hände. Orientalen haben das Monopol im »hand's modelling«-Geschäft, sagt sie. Vor acht oder neun Monaten hat sie sich ihre Augen operieren lassen, und aus Dankbarkeit schläft sie jeden dritten Mittwoch mit ihrem plastischen Chirurgen.

»Oh, gut«, sagt Charity. »Ich freue mich, daß du so früh zurück bist. Ich muß reden.«

Sie hat Schecks ausgestellt. MCI, Con Ed, Bonwit Teller. Umschläge, schon zugeklebt und mit Briefmarken versehen, stapeln sich zu einer Pyramide zwischen ihren wohlgeformten Beinen, an denen sie Kniestrümpfe trägt. Das Scheckheft hat einen braunen Plastikumschlag, der wie Kuhleder aussehen soll. Jedesmal, wenn Charity den Umschlag öffnet, fliegen weiße Gänse über die himmelblauen Schecks. Sie verdient gut, aber sie ist auch extravagant. Die Differenz dazwischen summiert sich zu dieser Zweiraum-Mietwohnung in Chelsea, die wir uns teilen.

»Gut. Erzähle.«

Als ich in die Wohnung einzog, hatte sie einen Psychotherapeuten. Jetzt hat sie einen Diätplaner.

»Eric hat angerufen. Aus Oregon.«

»Was wollte er?«

»Er will, daß ich die Hälfte der Miete seiner Dachgeschoßwohnung für das vergangene Frühjahr bezahle. Er hat mich gebeten zurückzukommen, weißt du noch? Er hat *gebettelt*.«

Eric ist Charitys Ehemann, mit dem sie nicht mehr zusammenlebt.

»Was sagt dein Diätplaner?« Eric trägt jetzt einen roten Trainingsanzug und bestellt den Boden in Rajneeshpuram.

»Du denkst doch, daß auch Phil ein Idiot ist? Was soll er auch sonst sein, wenn ich doch nur Idioten anziehe?«

Phil ist ein Flötist, dem die Haare ausgehen. Er ist sehr empfindlich, was die Unterscheidung zwischen *Flötist* und *Flötenspieler* angeht. Er ist auf jedem Gebiet empfindlich, von Musik über Bücher bis hin zu Essen und Kleidung. Er unterrichtet an einer kleinen Fachschule im nördlichen Teil des Bundesstaates, und Charity hat vergangenen Monat einen gebrauchten blauen Datsun gekauft (Phil besteht darauf, ihn »Nissan« zu nennen), so daß sie die Wochenenden mit ihm verbringen kann. Sonntagabends kommt sie dann zurück, erschöpft und verärgert. Phil und ich haben uns nicht viel zu sagen – er ist der einzige Musiker, den ich kenne; die Männer in meiner Familie sind Anwälte, Ingenieure oder Geschäftsleute – aber ich mag ihn. Er entspannt sich, wenn ich da bin. Wenn er zu Besuch kommt, bäckt er uns Pumpernickelbrote. Er poliert unseren Küchenfußboden. Wie viele Männer in diesem Land macht er auf mich den Eindruck eines verlorenen Kindes, oder sogar einer Frau. Er sucht nach etwas, was an ihm vorbeigegangen ist, oder was er niemals haben kann. Wenn er denkt, daß ich nicht hinsehe, läßt er seine Hand unter Charitys Pullover verschwinden, nur ist da nicht allzu viel. Hier ist sie ein Model mit großen Ambitionen. In Indien wäre sie eine flachbrüstige alte Jungfer.

Ich geniere mich, wenn ich mit den Verliebten zusammen bin. Dunkelheit kommt über mich, wenn ich sie miteinander schmusen sehe.

»Es ist nicht das Geld«, sagt Charity. Ach?, denke ich. »Er sagt, er liebt mich immer noch. Dann dreht er sich um und verlangt fünfhundert von mir.«

Was ist denn so merkwürdig daran, möchte ich fragen. Sie liebt Eric immer noch, und Eric, trotz rotem Trainingsanzug und alledem, ist schlau genug, das zu wissen. Liebe ist eine Ware, die wie jede andere vorrätig gehalten wird. Mamet weiß das. Aber ich sage statt dessen: »Mich solltest du nichts über Liebe fragen.« Charity weiß, daß ich in Hindu-Tradition geheiratet habe. Meine Eltern hatten, unterstützt von einem Heiratsvermittler, der der Cousin meiner Mutter war, einen Bräutigam für mich ausgesucht. Alles was ich machen mußte, war, seinen Geschmack was Essen angeht herauszufinden.

Dies wird ein langer Abend, fürchte ich. Charity beichtet gern.

Ich lege meinen Sari zusammen – er sieht nicht mehr allzu eindrucksvoll aus –, wickele ihn in Musselinstoff und lege ihn weg in das Schubfach in der Anrichte. In Manhattan ist es schwierig, Saris reinigen zu lassen, obwohl es einen Fachmann in Jackson Heights gibt. Als nächstes werde ich uns eine Tasse Chrysanthementee kochen. Es ist ein ganz besonderer Tee vom Festland. Charitys Onkel hat ihn uns geschenkt. Ich mag ihn. Er ist ein gebeugter, unsicherer, verängstigter Mann. Er hat einen Geschenkeladen auf der Mott Street, und obwohl er nicht besonders gut Englisch spricht, scheint er erfolgreich zu sein. Vor langer Zeit arbeitete er einmal für die Eisenbahn in Chengdu in der Szechwan Provinz, und während des Wuchang-Aufstandes wurde auf ihn geschossen. Wenn ich traurig bin, wenn ich mich nach meinem Mann sehne, wenn ich an unseren Sohn denke, oder wenn ich möchte, daß mich jemand festhält, dann denke ich an Charitys Onkel. Wenn ich nicht von zu Hause weggegangen wäre, hätte ich nie von dem Wuchang-Aufstand gehört. Ich habe meinen Horizont erweitert.

Sehr spät in dieser Nacht ruft mich mein Mann aus Ahmadabad an, einer Stadt nördlich von Bombay, geprägt von Textilmühlen. Mein Mann ist der Vizepräsident von Lakshmi Cotton Mills. Lakshmi ist die Göttin des Reichtums, aber LCM (Priv.), Ltd., tut sich schwer. Aussperrungen,

Streiks, Steinewerfen. Mein Mann ernährt sich von Digitalis, er nennt es die Nahrung unseres *Yugas*[6] der Unzufriedenheit.

»Wir hatten heute ein schlimmes Mißgeschick in der Mühle.« Dann sagt er einige Sekunden lang nichts.

Die Vermittlung schaltet sich ein. »Sind sie mit dem richtigen Anschluß verbunden, mein Herr? Wir versuchen, Mrs. Butt zu erreichen.«

»Bhatt«, ich bestehe darauf. »*B* für Bombay, *H* für Haryana, *A* für Ahmadabad, doppelt *T* für Tamil Nadu.« Es ist eine Litanei. »Ich bin am Apparat.«

»Einer unserer Lastwagen wurde heute mit einer Feuerbombe angegriffen. Drei Menschen sind gestorben. Der Fahrer, der alte Karamchand, und seine zwei Kinder.«

Ich weiß, wie die Augen meines Mannes in diesem Moment aussehen, wie sich die Augenränder senken und die gelbe Hornhaut leuchtet und sich vor Schmerz wölbt. Er ist kein emotionaler Mann – das Ahmadabad Institut für Management hat ihm beigebracht, seine Verluste in Grenzen zu halten, die positive Seite an ökonomischen Katastrophen zu sehen – aber in dieser Nacht fühlt er sich schlecht. Ich versuche, mich an einen Lastkraftwagenfahrer Karamchand zu erinnern, aber ich kann nicht. Dieser Teil meines Lebens ist vorbei, so wie *Lastkraftwagen* in meinem Vokabular durch *Trucks* ersetzt wurden, so wie Charity Chin und ihr lasterhaftes Liebesleben meine ererbten Vorstellungen von ehelichen Pflichten ersetzt hatten. Morgen wird er darüber hinweg sein. Bald wird er wieder essen. Er wird wie ein Baby schlafen. Er ist so erzogen worden, daß er an Umsatz glaubt. Jeden Morgen reibt er seine Kopfhaut mit Kantharidin-Öl ein, damit sein Haar wieder nachwächst.

---

[6] Nach dem hinduistischen Glauben eines der vier Zeitalter der Welt, die in ihrer Abfolge immer kürzer, dunkler und negativer werden. (Anm. d. Hrsg.)

»Das nächste Mal könnte es dein Auto sein.« Zuneigung, Liebe. Wer kann den Unterschied bestimmen in einer traditionellen Ehe, in der die Frau ihren Mann noch immer nicht mit seinem Vornamen anspricht?

»Nein. Die wissen, daß ich ein Lakai bin, genau wie sie. Gut bezahlt, vielleicht. Kein Grund zu übertriebener Unruhe, bitte.«

Dann wird seine Stimme belegt. Er sagt, er braucht mich, er vermißt mich. Er sagt, er möchte, daß ich zu ihm komme am Abend, feucht vom Duschen, nach Sandelholz-Seife riechend, Jasminblüten in meinem Zopf.

»Ich brauche dich auch.«

»Beunruhige dich nicht, bitte«, sagt er. »Ich komme in vierzehn Tagen. Ich habe schon alles arrangiert.«

Vor meinem Fenster heulen Feuerwehrautos die Eighth Avenue hinunter. Ich frage mich, ob er sie hören kann, was er von einem Leben wie meinem hält, inmitten von Unordnung geführt.

»Ich denke, es wird wie Flitterwochen sein. Mehr oder weniger.«

Als ich studierte, immer darauf wartend, geheiratet zu werden, stellte ich mir vor, daß Flitterwochen nur etwas für die schickeren Mädchen wären, für die Mädchen, die aus moderneren Familien kamen, die in den Toiletten des Schlafsaals Sobranies rauchten und Poster von Kabir Bedi an die Wand hängten, von dem es hieß, daß er ein großer Star im Westen geworden sei. Mein Mann will, daß wir nach Niagara fahren. Ich soll mir keine Gedanken über die Wechselbestimmungen machen. Er hat, über einen Cousin in San José, ein paar Dollars extra bekommen vom Gujarati-Netzwerk. Und er hat weitere vierhundert auf dem schwarzen Markt gekauft. »Sag mir, daß du mich brauchst. Panna, bitte sag es mir noch einmal.«

Ich ziehe die Baumwollhosen aus und die Bluse, die ich den ganzen Tag lang getragen habe, und fahre in einem Sari zum JFK-Flughafen, wo ich meinen Mann abhole. Ich vergesse den Schmuck nicht, das Hochzeitskollier aus *Mangalsutra*, tropfenförmige Ohrringe aus Gold, schwere Goldarmreifen. Das trage ich nicht jeden Tag. In dieser Gegend der Sünde und Gier weiß man nicht, wer plötzlich vom Verlangen danach überwältigt wird.

Mein Mann entdeckt mich in der Menge und winkt. Er hat abgenommen, und er hat eine neue Brille. Sein Arm, nach oben gehoben in fröhlichem Winken, ist knochig, zerbrechlich, fast schillernd.

In dem Carey-Bus halten wir uns an der Hand. Er streichelt meine Finger, einen nach dem anderen. »Wieso trägst du den Ring meiner Mutter nicht?«

»Weil Diebe sich mit Inderinnen auskennen«, sage ich. Sie wissen, daß wir 24karätiges Gold tragen. Der Ring seiner Mutter ist auffällig, überall außerhalb Indiens von schrecklich schlechtem Geschmack: ein blutroter Burma-Rubin, eingelassen in Blumengewinde aus Gold. Meine Schwiegermutter hat den Ring von ihrem Guru segnen lassen, bevor ich in die Staaten gegangen bin.

Er sieht irritiert aus. Er ist an ein anderes Rollenbild gewöhnt. Er ist der wissende, der argwöhnische in der Familie. Er scheint zu schmollen, und schließlich kommt er raus damit. »Du hast nichts über meine neue Brille gesagt.« Ich mache ihm ein Kompliment wegen dieser Brille, sage, wie schick er damit aussieht und wie sehr er einem westlichen leitenden Angestellten ähnelt. Aber ich kann nichts gegen diese anderen Dinge tun, Notwendigkeiten, bis er die Fallstricke kennenlernt. Ich verwalte das Geld, kaufe die Eintrittskarten. Ich weiß nicht, ob mich das unglücklich macht.

Charity fährt in ihrem Nissan in den Norden, und so haben wir die Wohnung für zwei Wochen für uns. Das ist mehr Privatsphäre, als wir jemals in Indien hatten. Keine

Eltern, keine Diener, die uns zu Zurückhaltung zwingen. Aus den Hausarbeiten machen wir ein Spiel. Imre hat uns einen Hibachi[7] geliehen, und darin backe ich Hühnchenbrüste in Safran. Mein Mann bestaunt die Größe der Perdue-Hennen. »Die sind so groß wie Pfauen, was? Diese Amerikaner, die können wirklich etwas!« Er probiert Pizzas, Burger, McNuggets. Er kaut. Er erforscht. Er urteilt. Er liebt alles, fürchtet nichts, fühlt sich zu Hause in den sommerlichen Gerüchen, dem Durcheinander der Straßen von Manhattan. Da er glaubt, daß amerikanisches Essen ungewürzt ist, trägt er immer eine Flasche mit rotem Pfeffer in seiner Tasche. Ich schiebe einen Einkaufswagen zwischen den Regalen des Grand-Union-Supermarktes in unserem Viertel entlang, und er folgt mir, schnell, gierig. Er nimmt Shampoos und proteinhaltige Schlankheitsmittel aus den Regalen. Es gibt so viel, was für mich schon zur Normalität gehört.

Eines Abends kommt Imre vorbei. Er will, daß wir mit ihm ins Kino gehen. In seinem Arbeitshemd mit roter Lederkrawatte sieht er wie ein Künstler aus oder ein Junky auf Entzug. Es ist nur eine Woche her, aber es kommt mir so vor, als ob ich ihn zum ersten Mal sehe. Das gelbe Haar, das er an den Seiten sehr kurz trägt, die langen, schmalen Lippen. Er sieht gut aus, aber er wirkt unsicher und fast arrogant. Er hat den Film, den wir sehen sollen, ausgesucht. Er sagt mir immer, was ich sehen, was ich lesen soll. Er kauft die *Voice*. Er ist von Natur aus Avantgardist. Für heute hat er *Numéro Deux* ausgesucht.

»Ist das ein Musical?« fragt mein Mann. Die Radio City Music Hall ist auf seiner Liste von Sehenswürdigkeiten, die er sich anschauen will. Er hat sich aufs laufende gebracht über die Geschichte der Rockettes. Er bemerkt Imres verständnisvolles Zwinkern nicht.

---

7 Japanischer Holzkohlengrill. (Anm. d. Hrsg.)

Schuldgefühle, Scham, Loyalität. Ich sehne mich danach, undankbar zu sein, möchte mich nicht vor beiden Männern rechtfertigen.

An diesem Abend rechnet mein Mann das Geld, das wir für Godard hinausgeworfen haben, in Rupien um. »Dieser Kerl, dieser Flüchtling, Nagy, muß eine Schraube in seinem Kopf locker haben. Ich habe auf dem Schwarzmarkt einen sehr hohen Preis für die Dollars bezahlt.«

An manchen Nachmittagen gehen wir einkaufen. Zu Hause haben wir Einkaufen gehaßt, aber jetzt ist es die Beschäftigung von Verliebten. Die Einkaufsliste meines Mannes verwundert mich. Ich fühle mich so, als würde ich ihn gerade erst kennenlernen. Vielleicht könnte er sich jetzt, wie Imre, wo er von den Ehrvorstellungen der Kultur der alten Welt befreit ist, betrinken und einem anderen Gast Cheez Whiz in die Augen schütten. Ich sehe ihm zu, wie er in Geschäfte stürmt in seinen glänzenden Lederschuhen. Von Boxershorts im Ausverkauf, die auf Wühltischen vor den Geschäften auf dem Broadway liegen, ist er hingerissen. Weiße Rollsocken mit verschiedenfarbigen Streifen erfreuen ihn. Er sucht nach Mikrokassetten, nach allem, was klein, elektronisch und leicht zu schmuggeln ist. Er braucht eine Kleidertasche. Er nennt das »Kleidertüte« und ich muß übersetzen.

»Ganz New York macht Ausverkauf, was?«

Mein Herz rast, wenn ich ihn so glücklich sehe. Wir haben die dritte Woche im August, es ist fast das Ende des Sommers, und die Stadt riecht reif. Mehr Hitze kann sie nicht aushalten, nicht mehr Geld, nicht mehr Energie.

»Es ist so toll! Die Preise sind so günstig!« Unbesonnen unterschreibt mein vorsichtiger Mann einen Reisescheck nach dem anderen. Wie er sich vorstellt, das alles zurückzuschmuggeln, wage ich nicht zu fragen. Wenn er eine Mikrowelle kauft, so rechnet er sich aus, können wir uns den Koch sparen.

Es muß Liebe sein, überlege ich mir. Charity, Eric, Phil: die sind vielleicht Experten, was Sex angeht. Mein Mann jagt mich nicht um das Sofa herum, aber er drückt mich in Charitys kaputte Kissen, und der Mann, der nie die Küche unseres Hauses in Ahmadabad betreten hat, kommt jetzt zu mir mit einer Schüssel voll dampfenden Wassers und massiert die Hitze der Bürgersteige aus meinen Füßen.

Die ersten zehn Tage seines Urlaubs studiert mein Mann Broschüren von Stadtrundfahrten. Shortline, Grayline, Crossroads: sein neuer Aktenkoffer aus Vinyl ist voll mit Fahrplänen und Prospekten. Während ich Eierkuchen aus einem Fertigteig backe, macht er Preisvergleiche. Die Tour Nummer Eins kostet $ 10.95 und bringt uns zum World Trade Center, nach Chinatown und zu den Vereinten Nationen. Die Tour Nummer Drei würde uns sowohl in den nördlichen *als auch* den südlichen Teil der Stadt bringen für $ 14.95, aber mein Mann ist ganz sicher, daß er Harlem nicht sehen will. Wir entscheiden uns für die Tour Nummer Vier: Downtown und die Freiheitsstatue. Diese Tour wird von einem neuen Reiseveranstalter angeboten, der ein kleines, schmutziges Büro an der Ecke Eighth Avenue und Achtundvierzigste Straße hat.

Touristen machen die Seitenstraße vor dem Büro bunt. Mein Mann schickt mich rein, damit ich die Karten kaufe, denn er ist zu der Überzeugung gekommen, daß die Amerikaner ihn nicht verstehen.

Der farbige Mann hinter dem Ladentisch, wahrscheinlich ein Libanese, wird gleich zu vertraulich. »Komm rein, Mädel. Mach mich glücklich!« Er will mir nicht sagen, was seine Tour ist. »Nummer Vier? Süße, nein! Enttäusche mich doch nicht! Komm, überleg es dir noch einmal!« Er nimmt meine zwei Zwanzig-Dollar-Scheine und gibt mir das Wechselgeld zurück. Er hält die Karten fest, so daß ich sie ihm aus der Hand reißen muß. Er lehnt sich nach vorn. »Nach dem Mittagessen bin ich frei.«

Mein Mann muß mich vom Bürgersteig aus beobachtet haben. »Was hat der Kerl gesagt?« fragt er. »Ich habe dir doch gesagt, daß du keine Hosen tragen sollst. Er denkt, du bist eine Puerto Ricanerin. Er denkt, er kann dich respektlos behandeln.«

Der Bus ist überfüllt und wir sitzen durch den Gang voneinander getrennt. Der Fremdenführer beginnt seine Sprüche auf der Sechsundvierzigsten Straße. Er sieht aus wie ein Schauspieler, sein Haar ist blondiert und zurechtgefönt. Von nahem ist er sicher nicht mehr ganz jung, aber von meinem Platz aus sehen seine Haut glatt und seine Wangen rosig aus.

»Willkommen im Big Apple, Leute.« Der Fremdenführer spricht ins Mikrophon. »Big Apple. Das ist es, wie wir verkommenen Eingeborenen von Manhattan unsere Stadt nennen. Heute haben wir Gäste hier aus fünfzehn Ländern und aus sechs Staaten der US von A. Das macht das Touristenbüro wirklich froh. Und lassen sie mich ihnen versichern, daß, obwohl wir die wahrscheinlich reichste Stadt im reichsten Land der Welt sind, es in Ordnung ist, wenn sie ihrem charmanten und talentierten Reiseführer ein Trinkgeld geben.« Er lacht. Dann schwingt er seine Hüfte in den Gang und singt ein Lied.

»And it's mighty fancy on old Delancey Street, you know ...«

Mein Mann sieht gereizt aus. Wie ich erwartet hatte, singt der Reiseführer gut. »Sollte uns dieser Mensch nicht die Geschichten der Gebäude erzählen, an denen wir vorbeifahren?« Ich streichele seine Hand, seine Laune bessert sich. Er beugt sich vor, um hinauszusehen. Unsere Fensterplätze sind beide an Japaner gegangen. Das ist die Tour seines Lebens. Daneben verlieren seine kurzen Geschäftsreisen nach Manchester und Glasgow an Glanz.

»And tell me what street compares to Mott Street, in July …«

Der Fremdenführer wartet auf Beifall. Er schafft es, ein spöttisches Lachen von den Amerikanern weiter vorn zu bekommen. Er läuft jetzt den Gang entlang. »Ich könnte doch jemand sein. Ich könnte ein Star sein!« Zwei oder drei von uns, die, die Parodie erkennen, lächeln. Er sieht mein Lächeln. Die Sonne ist auf seinem leuchtenden, gebleichten Haar. »Stimmt's, Euer Hoheit? Seht her, wir haben eine Maharani bei uns. Hätte ich nicht ein Star sein können?«

»Richtig!« sage ich mit brüchiger Stimme. Ich bin dazu erzogen worden, mich anzupassen; was sonst kann ich sagen?

Wir arbeiten uns durch den Verkehr voran, vorbei an berühmten Bürogebäuden und Kirchen. Der Reiseführer schnipst mit seinen Fingern. »Art Deco«, sagt er immer wieder. Ich höre, wie er einem der Amerikaner anvertraut: »Das ist zu viel für mich. Ich habe eine billige Reiseführerschule besucht.« Mein Mann will mehr über dieses Art Deco wissen, aber der Reiseführer singt wieder.

»Wir haben eine schlechte Wahl getroffen«, beklagt sich mein Mann. »Wir sitzen nur im Bus. Wir gehen nicht in die berühmten Gebäude hinein.« Er mustert die Prospekte in seiner Jackentasche. Ich denke: Wenigstens ist es hier voll klimatisiert. Ich könnte ewig hier, im kühlen Schatten der Stadt, sitzen.

Nur fünf von uns scheinen sich für die Tour »Downtown und die Freiheitsstatue« entschieden zu haben. Die anderen werden an den Vereinten Nationen vorbei zurück nach Norden fahren, nachdem man uns an der Anlegestelle der Fähre zur Freiheitsstatue abgesetzt hat.

Ein älterer Europäer zieht einen Fotoapparat aus der Designerumhängetasche seiner Frau. Er macht Fotos von den

Booten im Hafen, von Japanern in Kimonos, die Popcorn essen, von herumfliegenden Tauben, von mir. Dann schiebt er seine Frau vor sich her in den Bus und winkt uns zu. Einen Moment lang fühle ich mich schrecklich verloren. Ich wünschte, wir wären im Bus auf dem Weg zurück in die Wohnung. Ich weiß, daß ich Charity nichts von alledem beschreiben kann, oder Imre. Ich bin zu stolz zuzugeben, daß ich an einer Stadtrundfahrt teilgenommen habe.

Der Ausblick auf die Stadt von der Circle-Line-Fähre aus ist verlockend, unreal. Die Skyline schwankt außer Reichweite, aber verschwindet nie völlig. Die Sommersonne kommt durch flauschige Wolken und läßt das Glas der Bürohochhäuser glitzern. Mein Mann sieht begeistert aus, noch begeisterter als beim Einkaufsbummeln auf dem Broadway. Touristen und Träumer, wir haben die Ersparnisse unseres Lebens dafür ausgegeben, diese Skyline zu sehen, diese Statue.

»Schnell, mach ein Foto von mir!« schreit mein Mann, während er sich auf eine Lücke am Geländer zubewegt. Eine ältere Japanerin hat ihren Platz aufgegeben, um den Film zu wechseln. »Bevor die Twin Towers verschwinden!«

Ich fokussiere, ich warte, bis eine große orientalische Familie aus dem Bild gelaufen ist. Mein Mann hält seine Pose eng an das Geländer gelehnt. Er will entspannt aussehen, ein internationaler Geschäftsmann, der auf allen Finanzmärkten zu Hause ist.

Ein Mann mit Bart schiebt sich an der Bank vorbei auf mich zu. »So«, sagt er und hilft mir, meinen Mann scharf ins Bild zu bekommen. »Wollen Sie, daß ich das Foto für Sie mache?« Sein Name, sagt er, ist Goran. Er ist Goran aus Jugoslawien, als ob das genug wäre, um ihn wiederzufinden. Imre aus Ungarn. Panna aus Indien. Er zieht die alte Leica aus meiner Hand, signalisiert den Orientalen zu verschwinden und fotografiert. »Ich bin Fotograf«, sagt er. Er hätte ein Kameradieb sein können. Das hätte mein Mann angenommen. Irgendwie hatte ich ihm vertraut. »Soll ich Ihnen ein Bier holen?« fragt er.

»Ich tue das nicht. Trinken, meine ich. Vielen Dank.« Ich sage diese letzten Worte sehr laut, im Interesse von allen. Die wenigen Flaschen Soave, die ich mit Imre getrunken hatte, zählten nicht.

»Zu schade.« Goran gibt mir die Kamera zurück.

»Mach noch ein Foto!« schreit mein Mann vom Geländer aus.

»Zur Sicherheit.«

Die Insel selbst ist enttäuschend. Um die Lady herum ist ein brutales Gerüst, das sie in Form hält. Das Museum ist geschlossen. Der Imbiß ist schmutzig und teuer. Mein Mann liest mir die Preise vor. Er bestellt zweimal Pommes frites und zwei Colas. Wir sitzen an Picknicktischen und warten darauf, daß uns die Fähre zurückbringt.

»Was hat dieser Hippie-Kerl gesagt?«

Als ob ich das erzählen könnte. Die Kinder aus einem Kindergarten, mindestens vierzig, sind für den Tag auf der Insel. Die Kinder, die alle Namenskärtchen tragen, rennen um uns herum. Ich kann nicht umhin zu bemerken, wie viele von ihnen Inder sind. Sogar ein Patel, und wenn ich genau hinsehe, wahrscheinlich auch ein Bhatt. Sie werfen den Tauben Stücke von Hamburgern zu. Sie spielen mit Plastikbechern Fußball. Die Tauben sind langsam, gierig, hartnäckig. Ich muß eine von der Tischplatte hinunterjagen. Ich glaube nicht, daß mein Mann an unseren Sohn denkt.

»Welcher Hippie?«

»Der auf dem Boot. Mit dem Bart und den Haaren.«

Mein Mann sieht mich nicht an. Er schüttelt seine Papierserviette aus und versucht, seine Pommes frites vor Taubenfedern zu bewahren.

»Ach, der. Er hat gesagt, er wäre aus Dubrovnik.« Das stimmt nicht, aber ich will keinen Streit.
»Was hat er über Dubrovnik gesagt?«
Ich weiß genug über Dubrovnik, um damit durchzukommen. Imre hat es mir erzählt. Auch über Mostar und Zagreb. In Mostar singen weiße Moslems den Ruf zum Gebet. Bevor ich sterbe, würde ich das gern sehen: weiße Moslems. Vor mir sind ganze Völker umhergezogen, sie haben sich angepaßt. In der Nacht, in der mir Imre von Mostar erzählt hat, habe ich in Manhattan zum ersten Mal Schnee gesehen. Wir waren von der Columbia Universität aus nach Chelsea gelaufen. Wir waren gelaufen, hatten geredet und ich war überhaupt nicht müde.
»Du bist zu unschuldig«, sagt mein Mann. Er greift nach meiner Hand. »Panna«, schreit er mit Schmerz in seiner Stimme, und ich werde zurückgeholt aus meinen perfekten, treibenden Erinnerungen an Schnee. »Ich bin hergekommen, um dich zurückzuholen. Ich habe gesehen, wie die Männer dich anschauen.«
»Was?«
»Komm mit, jetzt. Ich habe Flugtickets. Wir haben all die Dinge, die wir jemals brauchen werden. Ich kann nicht ohne dich leben.«
Ein kleines Mädchen mit steifen Zöpfen wirft einen Flaschendeckel auf seine Schuhe. Die Tauben wenden neben uns und sausen im Sturzflug an uns vorbei. Mein Mann bedeckt seine Pommes mit seinen ausgestreckten Fingern. »Nicht werfen«, sagt er zu dem Mädchen. Ihr Name, Beulah, steht in grüner Tinte auf dem herzförmigen Namensschild. Er zwingt sich zu einem Lächeln, und Beulah lächelt zurück. Dann beginnt sie, mit ihren Armen zu flattern. Sie flattert, sie springt. Die Tauben drehen durch wegen der Pommes frites und der Hamburgerstücke.
»Der Kursus in Sonderschulerziehung dauert zwei Jahre«, erinnere ich ihn. »Ich kann nicht zurückgehen.«

Mein Mann nimmt unsere Tabletts und wirft sie in den Abfall, bevor ich ihn aufhalten kann. Er treibt die Wegwerfbarkeit etwas zu weit. »Die haben uns übers Ohr gehauen«, sagt er und geht auf die Anlegestelle zu, obwohl die Fähre erst in zwanzig Minuten kommen wird. »Die Fähre kostet pro Person nur zwei Dollar hin und zurück. Wir hätten die Tour Nummer Eins für $ 10.95 nehmen sollen anstelle der Tour Nummer Vier für $ 14.95.«

Die Tour mit meinem libanesischen Freund, denke ich. »Aber so müssen wir uns keine Gedanken um Taxis machen. Der Bus wird an der Anlegestelle auf uns warten und uns in die Innenstadt zurückfahren. Von dort aus können wir nach Hause laufen.«

»New York ist voll von Betrügern und Schlimmeren. Genau wie Bombay.« Er bezichtigt mich nicht der Untreue. Trotzdem bekomme ich Angst.

In dieser Nacht fängt, nachdem wir ins Bett gegangen sind, das Telefon an zu klingeln. Mein Mann hört zu und reicht mir dann den Hörer. »Was sagt diese Frau?« Er schaltet die rosa Nachttischlampe von Macy's an. »Ich verstehe die Aussprache dieser Schwarzen nicht.«

Die Vermittlung wiederholt die Nachricht. Es ist ein Telegramm von einem der Direktoren der Lakshmi Cotton Mills. »Massive gewalttätige Konfrontation mit den Arbeitern steht bevor. Stop. Kommen Sie schnellstens zurück. Stop. Telegrafieren Sie genaue Flugdaten. Gezeichnet Kantilal Shah.«

»Es ist nicht deine Fabrik«, sage ich. »Du sollst doch Ferien machen.«

»Du machst dir also Gedanken um mich? Ja? Du weist meine von Herzen kommenden Wünsche zurück, aber du sorgst dich um mich?« Er zieht mich an sich heran, schiebt die Träger meines Nachthemds von meinen Schultern. »Warte einen Moment.«

Unbekleidet warte ich darauf, daß mein Mann zurückkommt. Im Badezimmer läuft das Wasser. In den zehn Tagen, die er hier war, hat er amerikanische Riten gelernt: Deodorants, Parfums. Morgen früh wird er Air India anrufen; morgen abend wird er auf dem Weg nach Bombay sein. Heute nacht sollte ich ihn für meine jahrelange Abwesenheit entschädigen, für die ausgebrannten Lastwagen, mit einer Intensität, die ich in Indien niemals zeigen werde. Ich möchte wie er so tun, als hätte sich nichts verändert.

Im Spiegel, der an der Badezimmertür hängt, sehe ich, wie sich mein nackter Körper bewegt, wie die Brüste, die Schenkel leuchten. Die Schönheit dieses Körpers ist verblüffend. Ich stehe hier ohne Scham, so wie er mich noch nie gesehen hat. Ich bin frei, treibe, schaue jemand anderem zu.

Übersetzung von Antje Dallmann

MARK AMERIKA

Grammatron

Abe Golam saß an seinem Computer und überlegte, wie er seiner Marketing-Ehrlichkeit entsagen und sich für nicht schuldig erklären könnte. Vorbei waren die Zeiten der Meditation bei Joints und Musik. Seine mentalen Lagerstätten voll seltener Mineralien existierten schon lange nicht mehr. Der letzte Rest kreativen Erzes in seinem ausgebrannten Gehirn war abgebaut; und ihm war klar, daß er, um auch nur den Versuch zu unternehmen, in der Elektrosphäre zu überleben, die Aufmerksamkeit auf sich lenken mußte, als einem der Begründer jener Kunstströmung, die in den letzten paar Jahren des zwanzigsten Jahrhunderts ein kurzes Erfolgshoch hatte.

Er spürte, wie die Vergangenheit eines anderen Menschen sich in völlig unnatürlicher Weise an seiner eigenen Gegenwart zu reiben begann. Sein Kredit war völlig ausgereizt, und die letzte Freundin, mit der er zusammengewohnt hatte, hatte ihn wegen eines jungen Künstlers aus der Internet-Kunstszene verlassen. Er fragte sich, ob er das verkraften würde.

Die großen, weichen Schmetterlings-Schneeflocken, die vom Julihimmel herab am Fenster seines Büros vorbeisegelten, signalisierten etwas. Sein schneller Blick in den neben ihm hängenden Spiegel, der ihm die chirurgisch transplantierten fotzenartigen Gebilde zeigte, die von seinen verschwollenen Altmännerwangen herabhingen, signalisierte etwas. Das Softwareprogramm, das ihm erst vor ein paar Minuten zugeflüstert hatte, daß es Zeit sei aufzuwachen, damit er zum Death Terminal zurückkehren und seinen körperlichen Verfall beschreiben könnte, signalisierte ebenfalls etwas. Alles was er tat, alles was er sah, signalisierte etwas, das in Richtung soziales Verhalten wies, in Richtung Sich-Einbringen in eine Welt, deren Landschaft sich zunehmend in eine geschlechtslose Flut absurder Daten verwandelte. Seine übliche Reaktion auf all diese verstreuten Signale war der Drang, sich hinaus in die Elektrosphäre zu begeben, damit jeder, den es interessierte, seinen Wert ermessen konnte. Der *Wert* äußerte sich im Rauschen der Daten. Nur ein Künstlertyp wie er konnte sich heute noch ins einundzwanzigste Jahrhundert hinüberretten: er war ein Info-Schamane.

ES IST WERTLOS. Er schickte seine Begrüßungssalve für diesen Tag in die Elektrosphäre, ging dann wieder auf das Wort WERTLOS zurück und tippte statt dessen DIE DATENFLUT. Als er seine erste Zeile beendet hatte, lautete sie ES IST DIE DATENFLUT, DIE MICH BEUNRUHIGT.

Seine glasigen Glupschaugen starrten wie hypnotisiert hinaus in die Elektrosphäre auf der Suche nach weiteren Worten, um seinen persönlichen Bedeutungsverlust zu umschreiben. Er nahm seine Finger von der Tastatur und führte ein Selbstgespräch im spöttisch professionellen Jargon: »Tun wir doch mal so, als stünden wir auf einer Stufe mit den ganz Großen der Erzählkunst. Gehen wir also dieses Stück mit scheinbar immer vorwärts drängender Entwicklung Zeile für Zeile durch und motzen es so mit Spezialeffekten auf, daß jeder, der es liest, völlig hin und weg ist. Wir tun so, als ob das der allerletzte Schrei ist, und beweisen in bester Trendsetter-Manier: das ist *das Beste*, was die sterbliche Literatur je hervorgebracht hat. Genau; *irdische* Literatur Nur nicht sterben!«

Das drogenfreie Cyber-Dorf frißt seine eigenen Kinder. Golam hatte »Blütenstaub« und »Gelee Royal« genommen, und sein Hirn vibrierte. In diesem Moment brach die chaotische Elektrosphäre in seinen mentalen Schreibprozeß ein, als irgendein skrupelloser Programmanbieter den Schutzschild seines Programms durchbrach und mit einem Fremdsignal in seinen Hörbereich einfiel:

»JUCKT DIR DER SCHWANZ, KUMPEL? IMMER NOCH DAS ALTE LIED? SCHEISS AUF DEN MIST, MANN ... NIMM MONSTER! MONSTER IST DIE WIRKUNGSVOLLSTE FORM VON DAMIANA, DIE ES JEMALS GAB. UND WIR HABEN ES HIER IN DER STADT DER GEILEN! KOMM IN DIE STADT DER GEILEN UND ERLEBE, WIE SICH DEIN LEBEN VERÄNDERT – VON BESCHISSEN ZU ... NOCH BESCHISSENER!«

Darüber mußte Golam lachen. Er stand auf existenziell düstere, abgefahrene Infomercials. Schon seit mehr als dreißig Jahren. Er erinnerte sich an den ersten Auto-Werbespot der Postpunk-Ära, in dem dieser ätzende, grünschnäblige Widerling mit der James-Dean-Nostalgiefrisur mit seinem glatten weißen Arsch aufgeregt um den Subaru herumtänzelte und dabei Zeug redete wie »'n heißer Schlitten kommt hier geritten! Diese Kiste muß auf eure Hitliste! Ihr glaubt, ich hab sie nicht alle? Na, Hauptsache ich bin keine schleimige Qualle! Ich kotze euch an? Zum Glück bin ich nicht aus 'm Iran! Schluß mit dem Quatsch! KAUFT DIESES AUTO! Was? Ihr habt die Nase gestrichen voll? Könnt ihr mir erklären, was das jetzt soll ...«, und dann ignorierte er einen völlig, sprang in den Wagen und brauste davon, hinaus in die Weiten der amerikanischen Wüste.

Aber die Wüste war nicht wirklich. Es war die Wüste der Wirklichkeit. Es war eine digital bearbeitete Hyperdatei, deren herausragende Fähigkeit es war, Informationen so zu verknüpfen, daß Pfade zur Dekonstruktion der Wirklichkeit geschaffen wurden. Langsam, unmerklich orientierte sich die körnige Masse in Golams Kopf auf ein unbekanntes Gelände hin, welches von Cynthia, einer seiner studentischen Ex-Freundinnen, geschaffen worden sein könnte – als ihr letzter, verzweifelter Versuch, nicht auf der Straße zu landen.

Das Fremdsignal auf dem Monitor pulsierte jetzt wie das Innere eines menschlichen Auges, während die Stimme laut und deutlich zu hören war:

»HI, ICH BIN JOCK DERRIERE, UND ICH BIN DA, UM DIR BEHILFLICH ZU SEIN, ALL DEINE UNERFÜLLTEN TRÄUME IN EINEN FILM HINEINZUPROJIZIEREN, DER GARANTIERT NICHT WIE EINE SEIFENBLASE ZERPLATZT! HIER IST ›INTER-JIVE‹ UND DU BIST AUF SENDUNG! SAG UNS, WER DU BIST!«

Golam war in eine Live-Schleife geraten, und er antwortete auf der Stelle. Es war nicht leicht, mit alten Gewohnheiten zu brechen, und seine waren wirklich sehr alt.

»Ich bin Abe Golam, ein alter Mann. Ich bin einem Zeichen bis zum Ende der Straße gefolgt und habe mich dann verirrt. Sucht mich.«

»MENSCH, ABE! DU BIST DER GEFEIERTE DICHTER VON WURDSTAR HYPERMEDIA! JEDER, DER AUCH NUR EIN BISSCHEN AHNUNG HAT, WEISS, DASS ES DEINE BAHNBRECHENDEN LEISTUNGEN ALS EINER DER ERSTEN WURDSTARS WAREN, DIE DIESE UNBESCHRÄNKT FREIE MEINUNGSÄUSSERUNG ERST ERMÖGLICHT HABEN! OHNE DICH WÄREN WIR HEUTE VIELLEICHT ALLE IN UNZUGÄNGLICHEN DATEIEN GEFANGEN, DIE IN NICHT AUFFINDBAREN ORDNERN IN STAATLICH GESICHERTEN OBJEKTEN VERBORGEN WÄREN! DASS WIR DICH HEUTE LIVE ÜBER DIE ELEKTROSPHÄRE HÖREN KÖNNEN, HÄNGT DIREKT MIT DEINEN ERRUNGENSCHAFTEN VON DAMALS ZUSAMMEN! DANKE, ABE GOLAM!«

Golam hielt inne, während seine Aura die elektrisierenden Lobreden aufnahm, die ihm zuteil wurden.

»Die großen Werke der Erzählliteratur[1] waren Katastrophen«, redete er unbeeindruckt weiter, wobei er sein Signal an alle sandte, die dieses interaktive Live-Programm belauschten, in das er irgendwie geraten war. »Wir mußten einfach dieses ganze Benennen und Begehren loswerden. Die Konzentration auf den Körper als experimentelles Projekt war zu stark. Wir wußten, daß die mentalen Nachrichten, die wir in regelmäßigen Abständen mit Hilfe des vorgegebenen, in der modernen Verständlichkeit verankerten Modus Operandi aussandten, in den vom Internet bestimmten Befindlichkeiten der Massen-Multimedien irgendwie untergingen. Die Kreditkriege, Auftragsmorde, Amöben-Verseuchung – all das spielte eine Rolle bei unserer letztendlichen Domestizierung. Jetzt bin ich hier zu Hause ...«

»JA KLAR, ALTER, WIR ALLE SIND JETZT ZU HAUSE! ALLEIN ZU HAUS! KOMM MIR BLOSS NICHT ZU NAHE!«

»Ich habe eigentlich nie wirklich reinen Tisch gemacht«, fuhr Golam fort. »Früher, gegen Ende des zwanzigsten Jahrhunderts, reiste ich herum und las aus meinen Werken. Ich trat in Buchhandlungen auf, in Unis, Bibliotheken, Galerien, das Übliche. Ich reduzierte meine Sprache auf das Essentielle, und versuchte so, den bestmöglichen Effekt zu erzielen und mehr Schwung und Energie herauszuholen, um wer weiß was damit zu erreichen; und das alles konnte ich nur überstehen, indem ich mich nebenbei an chemischen Rohsubstanzen delektierte. Aber zumindest bin ich nicht mehr in meiner eigenen Haut gefangen. Ich bin jenseits des Jenseits ...«

---

[1] »Grand Narratives«, Anspielung auf Jean-François Lyotards These vom Verfall der »Meistererzählungen« der Aufklärung in der Postmoderne. (Anm. d. Hrsg.)

»JENSEITS VON GUT UND BÖSE, JUNGE! VÖLLIG ABGEFUCKT! APROPOS, KÖNNEN WIR MAL EBEN EINE KLEINE HYPOMERZIELLE SCHWEINEREI EINSCHIEBEN? MEIN SPONSOR WIRD SCHON GANZ UNRUHIG!«

»Na klar, immer zu!«

»HIER KOMMT JACKIE JILL MIT IHRER ANMACHE!«

An dieser Stelle begann eine virtuelle Traumfrau mit enormem Dekolleté und wülstigen, mit digitalem Tau benetzten Kollagen-Lippen, ihre Zunge über den Bildschirm kreisen zu lassen, wobei sie den Zuschauern den Eindruck vermittelte, ihnen im nächsten Moment die Strahlung direkt von den verdrießlichen Gesichtern lecken zu wollen. Nach etwa zwei Dutzend unanständigen Zungenbewegungen in Zeitlupe warf sie ihren Kopf zurück und sprach mit tiefer erotischer Stimme:

»HÖR AUF RUMZUWICHSEN. ICH BIN NICHT HERGEKOMMEN, UM MIR DEINEN DEPRESSIVEN SCHEISS ANZUHÖREN. ICH WEISS GENAU, WAS DEIN PROBLEM IST, BABY. DU BRAUCHST 'NE MUSCHI. 'NE HEISSE, FEUCHTE MUSCHI; OHNE PAUSE, NONSTOP, MITTEN INS GESICHT. KOMM ZU MIR, ZU JACKIE JILL, DIE IMMER WILL, UND VERPASS MIR EINE LADUNG GEILEN, HEISSEN SAFT. KOMM SCHON, BABY, DU HAST DEINE GANZE BESCHISSENE ZEIT VERGAMMELT. WILLST DU GEFICKT WERDEN?«

Hier kamen nochmal drei Zeitlupenbewegungen der aufreizenden Zunge über den Bildschirm, und dann leuchtete dunkelrot ihr Einstiegscode auf: JJ@900SEX.COM.

»HI, HIER IST JOCK DERRIERE, UND WIR SIND WIEDER LIVE ZURÜCK BEI ›INTER-JIVE‹! UND WIR HABEN BEI UNS DEN WURSTSTAR-PIONIER ABE GOLAM! ABE, KUMPEL, HAST DU NOCH EIN BISSCHEN ABGEDREHTES GESCHWAFEL FÜR UNS?!«

»Tolle Anmache. Ich wünschte, ich könnte mir was davon leisten, aber es wäre nicht gut für mich. Außerdem wäre es zu primitiv von mir, einem *solchen* Zeichen in die Wüste hinaus zu folgen. Weißt du was, der Wille zur Liebe existiert, und er ist noch immer in mir. Ich kann es in meinen Lenden spüren. Zumindest deute ich das Stechen zwischen meinen Beinen als ein Zeichen des Verlangens, des Verlangens nach *Liebe*, und das kannst du mir nicht wegnehmen. Ich bin genauso verantwortungsvoll wie jeder Mathematiker, der Programmierformeln absichert. Digital Remote und The Mortal Scan. Ich lese dich, du *brauchst* mich. Wir sind alle *da*, Partner.

Hey, hör mir mal zu: diese wahrnehmbaren Bedeutungsfetzen und ihr möglicher Gehalt an Gefühlsreizen reichen nicht aus, um die verschlungenen Wege des Wassers zu verstehen, das jetzt *dieses* universelle Gewässer speist. Vielleicht würdest auch du mich gerne überfluten, aber doch bloß als Lückenfüller. Eine feste Anstellung gibt es dort oben über den Wolken, wo die Kälte grenzenlos ist. Die Unvermeidbarkeit meines Todes ist es, was mir die größte Befriedigung verschafft.

Niemand kann diese Übelkeit hervorrufen, die ich meine. Das ist ein Code, der sich nicht knacken läßt. Zieh Leine. Verpiss dich. Der Krieg geht um Das Subjekt. Der Krieg ist vorbei, und *ich* bin Das Subjekt. Genau das bin ich.«

Golam schaltete seinen ReadyWipe[R] ein, und kurz bevor der Eindringling völlig verschwand, flimmerte eine Spur verbaler Bruchstücke vorbei. Er glaubte zu lesen:

BRANDHEISSE NEUIGKEITEN!
MACRO WORLD MEDIA ERKLÄRT DEN KRIEG!
PAY-PER-VIEW AUF KANAL X!
CHECKEN SIE JETZT DIE PREISE ...

Ein Gedanke kam ihm in den Sinn: Kaffeetrinken mit Cynthia. Wo sie sich wohl rumtrieb?

Übersetzung von Dietmar Böhnke

Autoren, Kurzbiographien, Textnachweise

MARK AMERIKA
(geb. 1960)

Amerika gehört seit den 80er Jahren zur Avantgarde postmoderner Schriftsteller in den USA. Für seine literarische Arbeit verwendet er neben dem traditionellen Medium Buch die neuen Medien, und er nutzt die Möglichkeiten, die sich aus dieser Synthese von Literatur und moderner Computertechnologie ergeben, um einerseits eine neue Beziehung zwischen Schriftsteller und Leser zu ermöglichen und andererseits auch verschiedene Kunstrichtungen, wie Literatur, Graphik und Musik, miteinander zu verbinden. Im Moment arbeitet er an dem *Grammatron*-Projekt, das ausschließlich über das Internet abrufbar ist, »work-in-progress«-Charakter trägt und als interaktiv, vom »Leser« beeinflußbar, geplant ist. Weiterhin hat Amerika Romane wie *The Kafka Chronicles* und *Sexual Blood* veröffentlicht. Er gibt das Web-Journal *alternative-x* heraus. Zur Zeit arbeitet Amerika darüber hinaus an der Brown University, Providence.

Grammatron 633
Grammatron

After Yesterday's Crash. The Avant-Pop Anthology. Ed. by Larry McCaffery. New York: Penguin Books, 1995. S. 266–270. – Erstübers. von Dietmar Böhnke. – Mit Genehmigung von Mark Amerika, Boulder (CO).

SHERWOOD ANDERSON
(1876–1941)

Anderson ist bekannt als Autor von Romanen und Kurzgeschichten. Sein sparsamer Prosastil hat u. a. Hemingway und Faulkner beeinflußt. Anderson verließ die Schule im Alter von 14 Jahren, arbeitete in verschiedenen Berufen, nahm am Spanisch-Amerikanischen Krieg (1898/99) teil, heiratete und leitete eine Farbenfabrik. 1913 verließ er Familie und Arbeitsplatz zugunsten einer schriftstellerischen Laufbahn. Zu Andersons bekanntesten Werken zählen der Kurzgeschichtenzyklus *Winesburg, Ohio* (1919) und die Romane *Poor White* (1920) und *Dark Laughter* (1925).

Ich möchte wissen warum 35
I Want to Know Why

Sh. A.: Ich möchte wissen warum. Ausgewählte Erzählungen. Aus dem Amerikan. von Karl Lerbs und Helene Henze. Zürich: Diogenes Verlag, 1978. S. 7–19. – Übers. von Helene Henze. – Mit Genehmigung des Diogenes Verlages, Zürich. Copyright © 1978 Diogenes Verlag AG, Zürich.

JAMES BALDWIN
(1924–1987)

Baldwin ist Autor von Romanen, Erzählungen, Dramen, kritischen Essays und Gedichten. Zentrales Thema seiner Werke ist die Auseinandersetzung mit den Problemen, mit denen sich Afro-Amerikaner im Amerika des 20. Jahrhunderts konfrontiert sehen. Er thematisierte Fragen nach einer schwarzen Identität und den Konflikt zwischen ethnischen Gruppen. Er war stark im Civil Rights Movement engagiert, lehnte aber militante Positionen ab. Baldwin verbrachte seine Jugend in Harlem, New York City. Er war wie sein Vater Prediger und später Mitarbeiter verschiedener Zeitschriften. 1948–58 lebte er in Frankreich. Zu Baldwins wichtigsten Werken zählen neben Kurzgeschichten die Romane *Go Tell It on the Mountain* (1953), *Giovanni's Room* (1956), *Going to Meet the Man* (1965), *Tell Me How Long the Train's Been Gone* (1968), und *Just Above My Head* (1979), sowie die Essaybände *Notes of a Native Son* (1955), *Nobodys Knows My Name* (1961), und *The Fire Next Time* (1963).

Sonnys Blues 301
Sonny's Blues

J. B.: Gesammelte Erzählungen. Deutsch von Gisela Stege. Reinbek: Rowohlt, 1968. S. 98–141. – Mit Genehmigung des Rowohlt Verlages, Reinbek. Copyright © 1968 Rowohlt Verlag GmbH, Reinbek.

DONALD BARTHELME
(1931–1989)

Barthelme verwendete in seinen Kurzgeschichten und Romanen metafiktionale Verfahren der postmodernen Literatur. Bedeutung des Textinhalts und Realitätsbezug werden in Frage gestellt, konventionelle Erzählpraktiken aufgelöst. Barthelme wurde in Philadelphia geboren. Er arbeitete als Reporter und Redakteur, gab avantgardistische Literatur- und Kunstzeitschriften heraus, war Museumsdirektor in Houston. Am City College in New York und an der Boston University nahm er Gastprofessuren an. In seinen Kurzgeschichtenbänden wie in *Come Back, Dr. Caligari* (1964), und *Sixty Stories* (1981) ist die Auflösung von Sprache häufig zentrale Metapher für die Unmöglichkeit zwischenmenschlicher Beziehungen in der modernen Gesellschaft.

Paraguay 383
Paraguay

D. B.: City Life. Erzählungen. Deutsch von Marianne Oellers. Frankfurt a. M.: Suhrkamp, 1972. (Bibliothek Suhrkamp. 311.) S. 29–40. – Mit Genehmigung des Suhrkamp Verlages, Frankfurt am Main. © 1972 Suhrkamp Verlag, Frankfurt am Main.

SAUL BELLOW
(geb. 1915)

Bellow ist Autor von Romanen, Novellen, Kurzgeschichten und Dramen. Die Thematik seiner Werke kreist um die Probleme, denen jüdische Intellektuelle in der modernen urbanen Gesellschaft begegnen. Seine Werke untersuchen die Tragweite der traditionellen Werte des osteuropäischen Judentums, sind aber zugleich bestimmt durch eine kritische Aufarbeitung säkularer Geistesströmungen wie des französischen Existentialismus. Bellow wurde als Sohn russischer Immigranten in Quebec geboren. 1924 zog seine Familie nach Chicago. Er besuchte die University of Chicago, die Northwestern University und die University of Wisconsin. 1938 begann er eine akademische Laufbahn auf dem Gebiet der Anthropologie und Soziologie als Dozent und (ab 1962) als Professor an der University of Chicago. Neben Kurzgeschichten veröffentlichte Bellow auch zahlreiche Romane, u. a. *Dangling Man* (1944), *The Victim* (1947), *The Adventures of Augie March* (1953), *Herzog* (1964), *Mr. Sammler's Planet* (1970), und *Humboldt's Gift* (1976). 1976 erhielt er den Nobelpreis für Literatur.

Ein künftiger Vater 206
A Father-to-be

S. B.: Mosbys Memoiren und andere Erzählungen. Aus dem Amerikan. von Walter Hasenclever. Köln: Kiepenheuer & Witsch, 1973. S. 89–106. – Mit Genehmigung des Verlages Kiepenheuer & Witsch, Köln. © 1973 Verlag Kiepenheuer & Witsch, Köln.

RAYMOND CARVER
(1939–1988)

Carver beschreibt in seinen Kurzgeschichten die oft schwierigen Lebensumstände und Probleme von Durchschnittsbürgern/innen. Trotz der – oberflächlich gesehen – einfachen minimalistischen Struktur seiner Geschichten, vermitteln diese doch eine bedrückend intensive Sicht auf die moderne Welt. Carver wuchs in Washington auf und besuchte bis 1966 das Chico State College. Er unterrichtete an Universitäten in Iowa, Texas und Kalifornien und war Professor an der Syracuse University. Neben verschiedenen Kurzgeschichtensammlungen (*What We Talk About When We Talk About Love*, 1981, und *Cathedral*, 1983) veröffentlichte Carver auch Gedichtbände, z. B. *Where Water Comes Together With Other Water* (1985).

So viel Wasser direkt vor der Tür 417
So much Water so close to home

R. C.: Wovon wir reden, wenn wir von Liebe reden. 14 Erzählungen. Aus dem Amerikan. von Klaus Hoffer. München: Piper, 1989. S. 18–27. – Mit Genehmigung des Piper Verlages, München. © 1989 Piper Verlag GmbH, München.

MICHAEL CHABON
(geb. 1965)

Chabon wurde in Washington (DC) geboren und studierte an der University of Pittsburgh und an der University of California, Irvine. Sein erster Roman *The Mysteries of Pittsburgh* wurde ein internationaler Erfolg und wurde mit den Werken von Fitzgerald und Salinger verglichen. Im Jahre 1991 veröffentlichte er eine Sammlung von Kurzgeschichten, die zuvor zum größten Teil im *New Yorker* erschienen waren: *A Model World and Other Stories*.

Ocean Avenue 582
Ocean Avenue

M. Ch.: Ocean Avenue. Erzählungen. Aus dem Amerikan. von Denis Scheck. Köln: Kiepenheuer & Witsch, 1992. S. 177–188. – Mit Genehmigung des Verlages Kiepenheuer & Witsch, Köln. © 1992 Verlag Kiepenheuer & Witsch, Köln.

JOHN CHEEVER
(1912–1982)

Cheever ist Autor zahlreicher Kurzgeschichten und Romane. In seinen Werken setzte er sich auf humoristische Weise mit Werteverlust und geistigem Niedergang in den finanziell gutgestellten amerikanischen Vorstädten auseinander. Cheever besuchte die Thayer Academy und unterrichtete kreatives Schreiben, u. a. am Barnard College und der Boston University. Cheevers erstes Buch (*The Wapshot Chronicle*, 1957) gewann 1958 den National Book Award. Viele seiner zahlreichen Kurzgeschichten wurden 1978 in *The Stories of John Cheever* zusammengefaßt, einem Band, der verschiedene Preise errang, darunter den Pulitzer Prize.

Das grauenvolle Radio 190
The Enormous Radio

J. Ch.: Der Schwimmer. Stories. Deutsch von Lore Fiedler [u. a.]. Reinbek: Rowohlt Taschenbuch Verlag, 1995. (rororo 13326.) S. 7–23. – Übers. von Peter Naujack. – Mit Genehmigung des Rowohlt Taschenbuch Verlages, Reinbek. Copyright © 1995 Rowohlt Taschenbuch Verlag GmbH, Reinbek.

SANDRA CISNEROS
(geb. 1954)

Cisneros wurde in Chicago geboren und wuchs in Humboldt Park (Ill.) als einziges Mädchen unter sechs Brüdern auf. Ihre Mutter ist mexikanisch-amerikanischer Herkunft, ihr Vater ist Mexikaner. Cisneros studierte an der Loyola University und der University of Iowa. Sie arbeitete als »writer in residence« an der University of Michigan in Ann Arbor, der University of California in Irvine und an der University of New Mexico in Albuquerque. Cisneros schreibt als Chicana und als Feministin und kritisiert viele Strömungen des Feminismus wegen ihrer rassistischen Tendenzen. In ihren Werken erforscht und überschreitet sie die Grenzen von Raum, Ethnizität, Geschlecht und Sprache. Ihre Zweisprachigkeit bereichert ihre Gedichte und Geschichten und zeigt gleichzeitig, wie unterschiedlich Lebenswelten von Frauen innerhalb der USA sind. Neben Gedichtbänden (*Bad Boys*, 1980, und *My Wicked Wicked Way*, 1987) veröffentlichte Cisneros den Roman *The House on Mango Street* (1984), der den »Before Columbus American Book Award« erhielt, und die Kurzgeschichtensammlung *Woman Hollering Creek* (1991).

Bach der Schreienden Frau 547
Woman Hollering Creek

S. C.: Kleine Wunder. Erzählungen. Aus dem Amerikan. von Helga Pfetsch und Silvia Morawetz. München: Goldmann, 1992. S. 59–75. – Übers. von Helga Pfetsch. – Mit Genehmigung des Wilhelm Goldmann Verlages, München. Alle Rechte an der deutschsprachigen Ausgabe beim Wilhelm Goldmann Verlag, München 1992.

ROBERT COOVER
(geb. 1932)

In seinen metafiktionalen Kurzgeschichten und Romanen beschäftigt sich Coover auf oft sarkastische Weise mit Fragen nach der strukturierenden Kraft von Fiktionen und Mythen in Geschichts-Schreibung und postmoderner Welt. Coover wurde in Charles City (Ia.) geboren. Er studierte an Universitäten in Southern Illinois (Ind.) und in Chicago. Von 1953–57 war er in der US-Armee. Er hielt sich mehrmals in Europa auf. Seit 1979 lehrt er Philosophie als Professor an der Brown University in Providence (R. I.). Zu Coovers Werken zählen die Romane *The Origin of the Brunists* (1966), *The Public Burning* (1977), *Gerald's Party* (1986) und die Kurzgeschichtensammlung *Pricksongs and Discants* (1969).

Der Aufzug 368
The Elevator

R. C.: Schräge Töne. Stories. Deutsch von Gerd Burger. Reinbek: Rowohlt Taschenbuch Verlag, 1994. (rororo 13020.) S. 136–149. – Mit Genehmigung des Rowohlt Taschenbuch Verlages, Reinbek. Copyright © 1994 Rowohlt Taschenbuch Verlag GmbH, Reinbek.

MELVIN DIXON
(1950–1992)

Dixon wurde im schwarzen Stadtteil Stamfords (Conn.) geboren. Er veröffentlichte seine ersten Gedichte schon 1967, bevor er sich an der Wesleyan University einschrieb. Bereits während seiner Studienzeit wurden zwei seiner Stücke aufgeführt. 1975 promovierte Dixon. Zeit seines Lebens schwankte er zwischen schriftstellerischer und akademischer Arbeit: einerseits veröffentlichte er Romane und Gedichte, andererseits hielt er sich auch im Rahmen von wissenschaftlichen Studien, finanziert durch ein Fulbright Stipendium, im Senegal auf. Er war Professor am Queens College der City University of New York. 1992 starb Dixon an Aids. Dixon veröffentlichte den Gedichtband *Change of Territory* (1983), die Romane *Trouble the Water* (1989) und *Vanishing Rooms* (1991) sowie zahlreiche literaturwissenschaftliche Arbeiten, darunter *Ride Out the Wilderness: Geography and Identity in Afro-American Literature* (1987).

Der Mann mit dem Bier 457
The Boy with Beer

Terry McMillan (Hrsg.): Breaking Ice. Eine Anthologie zeitgenössischer afro-amerikanischer Literatur. Übers. von Barbara von Bechtolsheim [u. a.]. Frankfurt a. M.: Rogner & Bernhard bei Zweitausendeins, 1994. S. 336–347. – Übers. von Christiane Buchner. – Mit Genehmigung des Rogner & Bernhard Verlages, Hamburg. Copyright © 1990 by Terry McMillan, © 1994 by Rogner & Bernhard GmbH & Co. Verlags KG, Hamburg.

RALPH ELLISON

(1914–1994)

Ellison, afro-amerikanischer Schriftsteller und Kulturkritiker, gilt neben J. Baldwin als einer der wichtigsten Autoren in der Tradition R. Wrights, räumte aber, ähnlich wie Z. N. Hurston, der afro-amerikanischen Kulturtradition eine wesentlich größere Bedeutung ein. Ellison besuchte 1933–36 das Tuskegee Institute in Alabama, wo er Musik studierte und zu einem ausgezeichneten Trompetenspieler ausgebildet wurde. Danach studierte er in New York Bildhauerei, und er schrieb, ermuntert von R. Wright, Buchrezensionen, Essays und Kurzgeschichten. 1952 veröffentlichte Ellison *Invisible Man* – einen Roman, der heute als moderner Klassiker gilt. In diesem Buch, das autobiographische Züge trägt, entwickelte Ellison eine komplexe Erzählweise, die Stilmittel des Naturalismus, des Symbolismus, der schwarzen Musik und der Folk Culture verbindet, um die Identitätssuche eines schwarzen Amerikaners zu beschreiben, die die afro-amerikanische Erfahrung in der Vision eines multikulturellen Amerikas verankert. Neben diesem Roman hat Ellison einige Kurzgeschichten sowie Essays (*Shadow and Act*, 1964, und *Going to the Territory*, 1986) veröffentlicht.

Der schwarze Adler 161
Flying Home

The Best Stories by Negro Writers. An Anthology from 1899 to the Present. Ed. by Langston Hughes. Boston/Toronto: Little, Brown and Comp., 1967. S. 151–170. – Erstübers. von Manfred Allié und Gabriele Kempf-Allié. – Abdruck mit Genehmigung des Ammann Verlages, Zürich. Copyright © der deutschen Übersetzung 1998 by Ammann Verlag AG, Zürich.

LOUISE ERDRICH
(geb. 1954)

Erdrich ist Autorin von Gedichten, Kurzgeschichten und Romanen. In ihren Werken problematisiert sie die Geschichte und das Selbstverständnis von Indianern in der amerikanischen Gesellschaft. Erdrich ist Tochter eines Deutschamerikaners und einer Chippewa-Indianerin. Sie studierte am Dartmouth College und an der Johns Hopkins University. Zusammen mit ihrem Mann, dem Anthropologen Michael Dorris, einem Modoc-Indianer, schrieb sie den Roman *The Crown of Columbus* (1991). In ihren Romanen schildert Erdrich die Geschichte der Chippewa im fiktiven Argus (N. D.) von 1912–84: *Love Medicine* (1984), *The Beet Queen* (1986), *Tracks* (1988) und *The Bingo Palace* (1994).

Der Schatten eines Schattens 515
A Wedge of Shade

Nirwana Blues. Ein Lesebuch der neuesten amerikanischen Literatur. Hrsg. von Vera Pagin. München: Heyne, 1990. S. 434–448. – Übers. von Annette Schlichter. – Erstveröffentlichung in *The New Yorker*. – Mit Genehmigung der Rembar & Curtis Literary Agency, New York. Copyright © 1989 by Louise Erdrich, reprinted by permission of the author. Copyright © der deutschen Übersetzung 1990 by Wilhelm Heyne Verlag GmbH & Co. KG, München.

WILLIAM FAULKNER
(1897–1962)

Im Mittelpunkt von Faulkners Werken stehen der Zusammenbruch der Werte und des Mythos der alten Südstaatenaristokratie und die Auseinandersetzung mit dem tiefgreifenden gesellschaftlichen Wandel im »New South«. Er wurde in New Albany (Miss.) geboren, wuchs aber in Oxford (Miss.) auf, wo er den größten Teil seines Lebens verbrachte. Er brach seine Universitätsausbildung 1915 ab, trat 1918 der Canadian Air Force bei, nahm aber nicht mehr am Krieg teil. 1929 heiratete er. Die Veröffentlichung zahlreicher Romane und Kurzgeschichten brachte Faulkner keine finanzielle Sicherheit. Er arbeitete deshalb darüber hinaus als Drehbuchautor in Hollywood, u. a. schrieb er Kinoversionen von Hemingways *To Have and Have Not* (1945) und Chandlers *The Big Sleep* (1946). In seinen wichtigsten Romanen, die meist in dem fiktiven Yoknapatawpha County des nördlichen Mississippi spielen und sich durch eine außerordentlich dichte und komplexe Erzählweise auszeichnen, zählen *The Sound and the Fury* (1926), *Light in August* (1935), *Absalom, Absalom!* (1936), *Go Down, Moses* (1942) und *A Fable* (1954). 1950 erhielt Faulkner den Nobelpreis für Literatur.

Eine Rose für Emily 109
A Rose for Emily

Der Baum mit den bitteren Feigen. Erzählungen aus dem Süden der USA. Ausgew. und übertr. von Elisabeth Schnack. Zürich: Diogenes Verlag, 1979. S. 175–188. – Mit Genehmigung des Fretz & Wasmuth Verlages, Lachen, Schweiz. Copyright © 1963 Fretz & Wasmuth Verlag, Zürich.

F. SCOTT FITZGERALD
(1896–1940)

Fitzgerald war neben Hemingway ein wichtiger Vertreter der »lost generation«. Er beschrieb in seinen Werken, die oft autobiographische Züge tragen, den dekadenten Lebensstil und auch die Verzweiflung der weißen Mittel- und Oberschicht des »jazz age« (nach *Tales of the Jazz Age*, 1922). Fitzgerald stammte aus einer wohlhabenden Familie in St. Paul (Min.). Er brach sein Studium an der Princeton University 1917 ab und war bis 1919 beim Militär. 1920 heiratete Fitzgerald Zelda Sayre. Sein künstlerischer Erfolg, der ihm vorerst auch finanzielle Unabhängigkeit brachte, erlaubte ihm ein Leben im Stil der »roaring twenties«. 1924 zog das Ehepaar ins billigere Europa, wo sich eine Freundschaft mit Hemingway und Gertrude Stein entwickelte. In den 30er Jahren versuchte Fitzgerald, als Drehbuchautor in Hollywood Fuß zu fassen. Desillusionierung in seiner literarischen Arbeit, eine tiefe Krise in der Beziehung zu Zelda und schwere Depressionen prägten diese Zeit. Zu Fitzgeralds wichtigsten Werken zählen, neben zahlreichen Kurzgeschichten, seine Romane *This Side of Paradise* (1920), *The Great Gatsby* (1925) und *Tender Is the Night* (1934).

Winterträume 60
Winter Dreams

F. S. F.: Ein Diamant – so groß wie das Ritz. Erzählungen 1922–1926. Aus dem Amerikan. von Walter Schürenberg [u. a.]. Zürich: Diogenes Verlag, 1980. S. 73–108. – Übers. von Walter Schürenberg. – Mit Genehmigung des Diogenes Verlages, Zürich. Copyright © 1980 Diogenes Verlag AG, Zürich.

ERNEST HEMINGWAY
(1898–1961)

Hemingway ist bekannt für seine nüchterne, prägnante, scheinbar emotionslose Sprache und eine Symbolik und Metaphorik eigener Art in seinen Kurzgeschichten und Romanen. Hemingway gilt als einer der wichtigsten Vertreter der »lost generation« – junger amerikanischer Intellektueller, die nach dem Ersten Weltkrieg in Europa lebten. In Oak Park (Ill.) geboren, wurde er mit 18 Jahren Reporter, nahm ab 1918 als Freiwilliger im Sanitätscorps am Ersten Weltkrieg teil und wurde verwundet. 1921–27 arbeitete Hemingway als Korrespondent in Europa, 1936–37 auf republikanischer Seite im Spanischen Bürgerkrieg. 1954 erhielt er den Nobelpreis für Literatur. Zentrales Thema seiner Werke ist die Auseinandersetzung mit Gewalt und Tod, dargestellt an Extremsituationen in einer männlich dominierten Welt: Krieg, Stierkampf, Hochseefischerei, Großwildjagd. In seinen Werken wie in seinem Leben scheitert die Beziehung zwischen Mann und Frau. Hemingway war viermal verheiratet. In seinen letzten Lebensjahren verzweifelte er an scheinbar nachlassender künstlerischer Kreativität und an gesundheitlichen Problemen. Er beging 1961 Selbstmord. Zu seinen wichtigsten Werken zählen die Kurzgeschichtensammlung *In Our Time* (1925) wie auch die Romane *The Sun Also Rises* (1926), *A Farewell to Arms* (1929) und *For Whom the Bell Tolls* (1939).

Soldaten zuhaus 50
Soldier's Home

E. H.: 49 Stories. Deutsch von Annemarie Horschitz-Horst. Hamburg: Rowohlt, 1950. S. 144–151. – Mit Genehmigung des Rowohlt Verlages, Reinbek. Copyright © 1950 Rowohlt Verlag GmbH, Hamburg.

ZORA NEALE HURSTON
(1891–1960)

Als Mitglied der »Harlem Renaissance« arbeitete Hurston mit L. Hughes zusammen und beeinflußte unter anderen R. Ellison und in ihren späteren Werken T. Morrison. Auch für die feministische Literaturkritik sind Hurstons Werke von großer Bedeutung. In Eatonville, einer schwarzen Gemeinde in Florida geboren, studierte Hurston in New York, wo sie auch als Sekretärin von F. Hurst arbeitete. Sie gewann ein Stipendium an der Columbia University und begann, sich als Schülerin des Anthropologen F. Boas mit afro-amerikanischer Folklore zu beschäftigen. In Florida, in Louisiana und auf Haiti sammelte sie afro-amerikanische Mythen und Erzählungen und studierte Voodoo-Praktiken. Die Ergebnisse ihrer Forschungen veröffentlichte sie in Büchern wie *Mules and Men* (1935) und verarbeitete sie in ihren Romanen, z. B. in *Jonah's Gourd Vine* (1934) und *Their Eyes Were Watching God* (1937).

Spunk 99
Spunk

Spunk. The Selected Stories of Zora Neale Hurston. Berkeley: Turtle Island Foundation, 1985. S. 1–8. – Erstübers. von Anke Caroline Burger. – Mit Genehmigung der Turtle Island Foundation, Berkeley (CA). Copyright © 1985 by Turtle Island Foundation.

TAMA JANOWITZ
(geb. 1957)

Im Mittelpunkt von Janowitz' Werken stehen Künstler und Schriftsteller, die an der Ostküste Amerikas ziel- und orientierungslos ihr Leben fristen. Ihre Erzählweise, die Verschiedenes und Ähnliches, Wichtiges und Unwichtiges scheinbar ungeordnet nebeneinanderstellt, spiegelt auch formal die Inhalte ihrer Texte wider. Janowitz wurde in San Francisco geboren. Sie besuchte das Barnard College, das Hollins College und die Yale University. Neben ihrer schriftstellerischen Arbeit beschäftigte sie sich auch mit dem Film. Sie erhielt zahlreiche Preise und Auszeichnungen. Bekannt wurde Janowitz, neben ihren Beiträgen für *Interview*, *Rolling Stone*, *Mademoiselle*, *Harper's* und den *New Yorker*, vor allem durch die Romane *American Dad* (1981) und *A Cannibal in Manhattan* (1987) sowie die Kurzgeschichtensammlung *Slaves of New York* (1988).

Ein wirklich echter Kannibale in Manhattan . . 574
A Cannibal in Manhattan

T. J.: Ein Kannibale in Manhattan. Roman. Aus dem Amerikan. von Michael Schulte. München: Goldmann, 1988. S. 118–124. – Mit Genehmigung des Wilhelm Goldmann Verlages, München. Alle Rechte an der deutschsprachigen Ausgabe beim Wilhelm Goldmann Verlag GmbH, München 1988.

LEROI JONES (AMIRI BARAKA)
(geb. 1934)

Jones, Schriftsteller, Herausgeber von Zeitschriften und Gesellschaftskritiker, ist eine wichtige Stimme Afro-Amerikas seit den 50er Jahren. Er wurde in Newark (N. J.) geboren, studierte an der Howard und der Columbia University. Nach seiner Militärzeit bei der Luftwaffe begann er 1956, sich künstlerisch und politisch zu etablieren. Bekannt wurde er durch seine radikalen Gedichtbände und Dramen wie *Dutchman* (1964) und *The Slave* (1964). Nach einem Besuch in Kuba (1960) und der Ermordung von Malcolm X (1965) distanzierte er sich von seinen weißen Freunden und der Avantgardeliteratur, trat zum Islam über, nahm den Namen (Imamu) Amiri Baraka an und zog in das schwarze Ghetto Newarks. Er gründete dort das Spirit House Theatre und in Harlem das Black Arts Repertory Theatre. Baraka lehrte amerikanische Literatur und kreatives Schreiben an der Columbia University und an anderen Universitäten und ist seit vielen Jahren Professor an der State University of New York, Stony Brook. Seit 1974 veränderte sich Barakas politische Überzeugung. Er sah immer mehr das kapitalistische System als Ursprung von Rassismus und allgemeiner Unterdrückung und propagierte einen antikolonialistischen Kampf aller ethnischen Gruppen zusammen gegen dieses System (*The Motion of History*, 1977). Weiterhin veröffentlichte Baraka Essays mit politischem und kulturkritischem Inhalt, z. B. *Home: Social Essays* (1966), kulturhistorische Studien wie *Blues People: Negro Music in White America* (1963), Kurzgeschichten, Romane, Theaterstücke und seine Autobiographie.

Die Schreier 393
The Screamers

In the Mood: Jazz-Geschichten. Hrsg. von Konrad Heidkamp. Hamburg/Zürich: Luchterhand-Literaturverlag, 1991. S. 148–156. – Übers. von Klaus Ensslen. – Mit Genehmigung des Luchterhand-Literaturverlages, Hamburg. Alle Rechte an der deutschsprachigen Ausgabe beim Luchterhand-Literaturverlag GmbH, München. Copyright © LeRoi Jones (Amiri Baraka).

URSULA K. LEGUIN
(geb. 1929)

LeGuin, eine der wichtigsten Science-Fiction-Autorinnen der Gegenwart, wurde vor allem durch ihr Buch *The Dispossessed. An Ambiguous Utopia*, 1974, bekannt. LeGuin wurde in Berkeley (CA) geboren und studierte am Radcliffe College und der Columbia University. Ihr Vater, der Anthropologe A. L. Kroeber, führte sie frühzeitig an das Studium fremder Kulturen heran, was von großer Bedeutung für ihre Werke ist. Die »Earthsea Trilogy« (bestehend aus *A Wizard of Earthsea*, 1968; *The Tombs of Atuan*, 1971; *The Farthest Shore*, 1972) und *The Left Hand of Darkness* (1969) zählen zu ihren wichtigsten Werken.

Texte 570
Texts

U. K. L.: Searoad. Chronicles of Klatsand. New York: HarperCollins, 1991. – Erstübers. von Hilde Linnert. – Abdruck mit Genehmigung des Wilhelm Heyne Verlages, München. Copyright © der deutschen Übersetzung 1998 by Wilhelm Heyne Verlag GmbH & Co. KG, München.

BERNARD MALAMUD
(1914–1986)

Malamud ist einer der markantesten jüdisch-amerikanischen Schriftsteller der Nachkriegszeit. Malamud war Sohn russischer Immigranten. Er wurde in New York geboren und wuchs dort auf. Er war Professor an der Oregon State University (1949–61) und dann am Bennington College (Vt.). Malamuds Werke, die sich mit der Notwendigkeit einer Suche nach ethischen und moralischen Werten beschäftigen und in der jüdischen Leidensgeschichte ein Symbol des Sinnverlusts des Menschen in der Moderne sehen, weisen eine breite thematische und formale Vielfalt auf. Zu Malamuds wichtigsten Romanen zählen *The Assistant* (1957), *The Fixer* (1968; ausgezeichnet unter anderem mit dem Pulitzer Preis) und *The Tenants* (1971). Malamuds Kurzgeschichten sind in verschiedenen Sammlungen erschienen, z. B. in *The Magic Barrel* (1958).

Das Zauberfaß 221
The Magic Barrel

B. M.: Das Zauberfaß und andere Geschichten. Aus dem Amerikan. von Annemarie Böll. Köln: Kiepenheuer & Witsch, 1962. S. 7–31. – Mit Genehmigung des Verlages Kiepenheuer & Witsch, Köln. © 1962 Verlag Kiepenheuer & Witsch, Köln.

TONI MORRISON
(geb. 1931)

Morrison ist eine der wichtigsten Vertreterinnen der afroamerikanischen Gegenwartsliteratur. In ihren Werken, die mythisch-phantastische und realistische Elemente verbinden, greift sie das schwarze Kulturerbe auf und thematisiert afro-amerikanische Geschichte aus feministischer Sicht. In ihrem Roman *Beloved* gestaltet sie auf eindringliche Weise die Kraft der literarischen Imagination bei der Suche nach historischer Erinnerung und Wiederaneignung verdrängter zentraler Erfahrungen amerikanischer Geschichte wie der »Middle Passage«, der Überfahrt von Afrikanern von Afrika nach Amerika in die Sklaverei. Morrison studierte an der Lowell University, war Verlagslektorin und Dozentin an verschiedenen Universitäten, vor allem an der Princeton University. Morrisons wichtigste Werke sind die Romane *The Bluest Eye* (1969), *Sula* (1973), *Songs of Solomon* (1977), *Tar Baby* (1981), *Beloved* (1987), für den sie den Pulitzer-Preis erhielt, und *Jazz* (1992), sowie der Essayband *Playing in the Dark: Whiteness and the Literary Imagina-*

tion (1992), in dem sie die zentrale Bedeutung von schwarzer Erfahrung und Rassismus für das Verständnis der amerikanischen Literatur überhaupt herausarbeitet. 1993 erhielt Morrison den Nobelpreis.

Recitatif 471
Recitatif

Confirmation. An Anthology of African American Women. Ed. by Amiri Baraka (LeRoi Jones) and Amina Baraka. New York: W. Morrow and Comp. (Quill), 1983. S. 243–261. – Erstübers. von Antje Dallmann. – Mit Genehmigung der International Creative Management, Inc., New York. Copyright © 1998 Toni Morrison.

BHARATI MUKHERJEE

(geb. 1940)

Mukherjee wurde in Kalkutta in Indien geboren. Sie besuchte dort eine von irischen Nonnen geleitete Ordensschule und setzte später ihre Ausbildung in England und der Schweiz fort. 1961 kam sie in die USA, wo sie an der University of Iowa promovierte. Von 1966 an lebte Mukherjee zusammen mit ihrem Mann, dem Schriftsteller Clark Blaise, in Kanada. 1980 emigrierten sie in die USA. Sie lehrt an der University of California, Berkeley. Mukherjee schreibt Romane, Kurzgeschichten und Essays. Im Mittelpunkt ihrer Werke stehen meist Asian-Americans wie sie selbst und Probleme der Akkulturation und der Multikulturalität. Neben den Romanen *The Tiger's Daughter* (1971), *Wife* (1975) und *Jasmine* (1989) haben ihr auch gerade die Kurzgeschichtensammlungen *Darkness* (1985) und *Middleman and Other Stories* (1988) zu allgemeiner Anerkennung und zu Erfolg verholfen.

Die Geschichte einer Ehefrau 611
A Wife's Story

B. M.: The Middleman and other Stories. New York: Grove Press, 1988. S. 23–41. – Erstübers. von Antje Dallmann. – Mit Genehmigung der Autorin und der Janklow & Nesbit Associates, Literary Agents, New York. Copyright © 1988 Bharati Mukherjee.

JOYCE CAROL OATES
(geb. 1938)

Oates ist Autorin zahlreicher Romane, Kurzgeschichten und Gedichte. Im Mittelpunkt ihrer Werke steht die Problematik vom Verlust des Erfolgsmythos des »American dream« und die zunehmende Vereinsamung des Individuums in der modernen Gesellschaft. Oates wurde in Lockport (NY) geboren, dem realen Gegenstück zum »Eden Country« in vielen ihrer Romane. Bis 1961 besuchte sie die Syracuse University und die University of Wisconsin. Oates unterrichtete an der University of Detroit, der University of Windsor (Ontario) und in Princeton. Zu ihren wichtigsten Werken zählen die Romane *them* (1969; ausgezeichnet mit dem National Book Award), *Wonderland* (1971) und *A Bloodsmoor Romance* (1983) sowie der Kurzgeschichtenband *The Wheel of Love* (1970).

Wie ich die Welt von der Detroiter Jugendstrafanstalt betrachtete und mein Leben von vorne anfing 427
How I Contemplated the World from the Detroit House of Correction and Began My Life Over again

J. C. O.: Das Rad der Liebe. Erzählungen. Aus dem Amerikan. übertr. von Barbara von Bechtolsheim und Barbara Henninges. Stuttgart: Deutsche Verlags-Anstalt, 1988. S. 56–75. – Übers. von Barbara von Bechtolsheim. – Mit Genehmigung der Deutschen Verlags-Anstalt, Stuttgart. Copyright © der deutschen Ausgabe 1988 by Deutsche Verlags-Anstalt GmbH, Stuttgart.

FLANNERY O'CONNOR
(1925–1964)

O'Connor hat mit ihren Erzählungen die literarische Szene ihrer Zeit nachdrücklich beeinflußt. Ihre Herkunft aus dem Süden, ihre katholische Erziehung und das Leiden an einer tödlichen Krankheit beeinflußten O'Connors Themenwahl und sind wiederkehrende Motive in ihren Werken. O'Connor studierte am Georgia State College für Frauen und an der University of Iowa. In ihren der Tradition des Grotesken verpflichteten Geschichten und Romanen verwendete O'Connor arme, kranke oder am Rande der Gesellschaft stehende Charaktere in absurden Situationen, um die geistige und gefühlsmäßige Armut der modernen Welt darzustellen. Zu ihren wichtigsten Werken zählt die Kurzgeschichtensammlung *A Good Man is Hard to Find* (1955).

Ein guter Mensch ist schwer zu finden 266
A Good Man is Hard to Find

F. O'C.: Ein guter Mensch ist schwer zu finden und andere Erzählungen. Aus dem Amerikan. von Elisabeth Schnack und Cornelia Walter. Zürich: Diogenes Verlag, 1987. S. 78–100. – Übers. von Elisabeth Schnack. – Mit Genehmigung des Diogenes Verlages, Zürich. Copyright © 1987 Diogenes Verlag AG, Zürich.

CYNTHIA OZICK
(geb. 1928)

Ozick beschäftigt sich mit den Problemen, denen Juden in einer vom Christentum dominierten Welt begegnen. In ihren Werken verwendet sie orthodox-jüdische Traditionen und Formen der hebräischen Kultur. Ozicks Interesse liegt auch bei Mystizismus und Übernatürlichem. Sie wurde in New York geboren und studierte in New York und an der Ohio State University. Zu Ozicks bekanntesten Werken zählen die Romane *Trust* (1966) und *The Cannibal Galaxy* (1983) sowie die Kurzgeschichtensammlung *Five Fictions* (1981).

Der Schal 563
The Shawl

C. O.: Puttermesser und ihr Golem. Erzählungen. Aus dem Amerikan. von Melanie Walz. München: Piper, 1987. S. 189–196. – Mit Genehmigung des Piper Verlages, München. © 1987 Piper Verlag GmbH, München.

GRACE PALEY
(geb. 1922)

In ihren Kurzgeschichten behandelt Paley auf ironisch-pointierte Weise Episoden und Probleme aus dem Alltagsleben. Sie wurde in New York City geboren als Kind jüdisch-russischer Immigranten. Sowohl jüdische als auch russische und amerikanische kulturelle Traditionen hatten Bedeutung für ihre Entwicklung als Schriftstellerin. Paley studierte an der New York University, wo sie von W. H. Auden beeinflußt wurde. Sie ist Pazifistin, war aktiv in der Anti-Vietnam-Bewegung und ist engagierte Feministin. Paley gründete 1961 das Greenwich Village Peace Center. Sie lehrte am Sarah Lawrence College. Ihre Geschichten wurden oft in *The New Yorker* und *The Atlantic Monthly* erstmalig abgedruckt und liegen heute in verschiedenen Sammelbänden vor, darunter *Enormous Changes at the Last Minute* (1960).

Unterredung mit meinem Vater 449
A Conversation with my Father

G. P.: Ungeheure Veränderungen in letzter Minute. Geschichten. Aus dem Amerikan. von Marianne Frisch [u. a.]. Frankfurt a. M.: Suhrkamp, 1985. (es 1208.) S. 108–114. – Übers. von Marianne Frisch. – Mit Genehmigung des Suhrkamp Verlages, Frankfurt am Main. © 1985 Suhrkamp Verlag, Frankfurt am Main.

THOMAS PYNCHON
(geb. 1937)

Pynchon zählt zu den wichtigsten Schriftstellern der Postmoderne. In seinen Romanen und Kurzgeschichten löst sich die literarische Sinnsuche der Moderne in einem unauflösbaren Gemenge von Chaos und Ordnung, Sinnverlust und Übermaß an Sinnangeboten auf. Pynchon wurde in Glen Cove (NY) geboren. Er studierte an der Cornell University. Zeitweise arbeitete er in der Boeing Aircraft Corporation in Seattle. Zu seinen wichtigsten Werken zählen die Romane *V* (1963), *The Crying of Lot 49* (1966), *Gravity's Rainbow* (1973; ausgezeichnet mit dem National Book Award) und, jüngst erschienen, *Mason & Dixon* (1997) sowie die Kurzgeschichtensammlung *Slow Learner* (1984).

Entropie 347
Entropy

Th. P.: Spätzünder. Frühe Erzählungen. Deutsch von Thomas Piltz und Jürg Laederach. Reinbek: Rowohlt, 1985. S. 97–119. – Übers. von Thomas Piltz. – Mit Genehmigung des Rowohlt Verlages, Reinbek. Copyright © 1985 Rowohlt Verlag GmbH, Reinbek.

PHILIP ROTH
(geb. 1933)

In seinen Romanen, Kurzgeschichten und Essays thematisiert Roth auf oft sarkastisch-selbstironische Weise jüdisch-amerikanische Lebenswelten in der modernen amerikanischen Gesellschaft. Roth wurde in Newark (NJ) geboren und studierte in Bucknell und an der University of Chicago. Für sein erstes Buch – *Goodbye, Columbus* (1959), bestehend aus einer Novelle und fünf Kurzgeschichten – gewann er 1960 den National Book Award. Er veröffentlichte zahlreiche Romane, darunter *Portnoy's Complaint*

(1969), eine semiautobiographische Romantrilogie (*The Ghost Writer*, 1979; *Zuckerman Unbound*, 1981; *The Anatomy Lesson*, 1983), *The Professor of Desire* (1977), *Deception* (1990) sowie Essays (*Reading Myself and Others*, 1975).

Die Bekehrung der Juden 245
The Conversion of the Jews

Ph. R.: Goodbye, Columbus! Ein Kurzroman und fünf Stories. Mit einem Vorw. zur deutschen Ausgabe von Ph. R. Aus dem Amerikan. von Herta Haas. Reinbek: Rowohlt Taschenbuch Verlag, 1987. (rororo 12210.) S. 106–119. – Mit Genehmigung des Rowohlt Taschenbuch Verlages, Reinbek. Copyright © 1962 Rowohlt Verlag GmbH, Reinbek.

LESLIE MARMON SILKO
(geb. 1948)

Silko ist eine höchst angesehene Vertreterin der zeitgenössischen Indianerliteratur. In ihren Gedichten, Kurzgeschichten und Romanen greift sie Material und Techniken aus traditionellen Quellen der Laguna-Indianer auf und verbindet sie mit Themen und Methoden der westlichen Literaturtradition. Silko ist von gemischt laguna-indianischer, mexikanischer und anglo-amerikanischer Abstammung. Sie wuchs in der Laguna-Pueblo-Reservation im westlichen New Mexiko auf und studierte an der University of New Mexico, Albuquerque. Sie hielt sich längere Zeit in Alaska auf und ist seit 1978 Professorin in Tucson (Ariz.). Zu Silkos wichtigsten Werken zählen die Romane *Ceremony* (1977), *Almanac of the Dead* (1991), *Storyteller* (1981) – eine Sammlung von Gedichten, Erzählungen und autobiographischen Fragmenten – sowie der Gedichtband *Laguna Woman* (1974).

Gelbe Frau 501
Yellow Woman

Zukunft aus der Erinnerung. Indianische Erzählungen. Aus dem Amerikan. übers. von Elga Abramowitz. Berlin/Weimar: Aufbau-Verlag, 1979. S. 33–49. – Mit Genehmigung der Mohrbooks Literary Agency, Zürich. Copyright © Leslie Marmon Silko. Copyright © der deutschen Übersetzung 1979 by Aufbau-Verlag, Berlin und Weimar.

AMY TAN
(geb. 1952)

Tan ist chinesisch-amerikanischer Herkunft. Sie wurde in Oakland (CA) geboren und arbeitete als freiberufliche Autorin von technischen Schriften, bis sie 1985 Kurzgeschichten zu schreiben begann. Diese Geschichten integrierte sie später in ihren Debütroman *The Joy Luck Club* (1989). Zentrales Thema ihrer Romane ist die Beziehung von Immigrantinnen, die in China geboren wurden, zu ihren Töchtern, die in den USA zur Welt gekommen sind und auch dort aufwachsen, einer Beziehung, die durch den Widerstreit zwischen chinesischen Traditionen und modernen amerikanischen Wertvorstellungen geprägt ist. Nach *The Joy Luck Club* veröffentlichte Tan 1991 ihren zweiten Roman, *The Kitchen God's Wife*.

Jing-Mei Woo: Zwei Sorten 531
Two Kinds

A. T.: Töchter des Himmels. Roman. Aus dem Amerikan. von Sabine Lohmann. München: Goldmann, 1990. S. 141–158. – Mit Genehmigung des Wilhelm Goldmann Verlages, München. Alle Rechte an der deutschsprachigen Ausgabe beim Wilhelm Goldmann Verlag, München 1990.

JEAN TOOMER
(1894–1967)

Toomer war eine zentrale Figur der »Harlem Renaissance«. In seinem ersten und bekanntesten Werk *Cane* (1923) experimentierte er mit traditionellen Genres, wobei die Suche nach einer eigenständigen afro-amerikanischen Tradition im Mittelpunkt stand. Toomer wurde in Washington (DC) geboren. Sein Großvater war ein bedeutender Politiker im Louisiana der Periode der Reconstruction (1865–77). Nach seinen Studien lehrte Toomer ein Jahr lang in Georgia an einer Dorfschule. Dort entdeckte er sein afro-amerikanisches Erbe neu. 1924 wurde in Paris sein Interesse an den mystischen Lehren Gurdieffs geweckt, was ihn zu einem neuen Selbstverständnis als Autor eines multikulturellen Amerika führte. Neben *Cane* publizierte Toomer das breitangelegte Gedicht »Blue Meridian« (1936) und eine Sammlung von Aphorismen (*Essentials*, 1931).

Theater 92
Theater

J. T.: Zuckerrohr. Aus dem Amerikan. übertr. und mit einem Nachw. vers. von Monika Plessner. Frankfurt a. M. / Berlin / Wien: Ullstein, 1985. S. 74–80. – Mit Genehmigung der Ullstein Buchverlage, Berlin. Copyright © der deutschen Ausgabe 1985 by Verlag Ullstein GmbH, Frankfurt/M. – Berlin.

JOHN UPDIKE
(geb. 1932)

Updike ist Autor von Kurzgeschichten, Romanen, Gedichten, Dramen und Essays. In seinen sehr erfolgreichen Werken befaßt er sich auf meist satirische Weise mit dem Verfall christlicher Werte und Moralvorstellungen in der modernen amerikanischen Gesellschaft, vor allem im Mittelstand.

Updike wurde in Shillington (Pa.) geboren. Er besuchte die Harvard University und die Ruskin School of Drawing and Fine Arts in Oxford. Von 1955–57 war er Mitarbeiter der Zeitschrift *The New Yorker*. In seinen »Rabbit«-Romanen beschreibt er die Lebensgeschichte des amerikanischen Durchschnittsbürgers Harry Angstrom von der Eisenhower-Ära bis in die achtziger Jahre: *Rabbit Run* (1960), *Rabbit Redux* (1971), *Rabbit is Rich* (1981) und *Rabbit at Rest* (1990). Zu seinen anderen wichtigen Werken zählt auch die Kurzgeschichtensammlung *The Same Door* (1959) und der Roman *The Centaur* (1963), für den er den National Book Award erhielt, sowie die Autobiographie *Self-Consciousness. Memoirs* (1990).

Dein Liebhaber hat eben angerufen 289
Your Lover Just Called

J. U.: Der weite Weg zu zweit. Szenen einer Liebe. Deutsch von Maria Carlsson [u. a.]. Reinbek: Rowohlt Taschenbuch Verlag, 1996. (rororo 5777.) S. 59–75. – Übers. von Karin Polz. – Mit Genehmigung des Rowohlt Taschenbuch Verlages, Reinbek. Copyright © 1982 Rowohlt Verlag GmbH, Reinbek.

ALICE WALKER
(geb. 1944)

Die afro-amerikanische Schriftstellerin Walker hat Romane, Kurzgeschichten, Gedichte und gesellschafts- und kulturkritische Essays verfaßt. In ihren Werken, die u. a. von Z. N. Hurston beeinflußt sind, thematisiert sie vor allem die feministische Problematik der durch Gewalt und Brutalität physisch und psychisch unterdrückten Frau, vor allem der afro-amerikanischen Frau. Walker wurde in Eatonton (Ga.) geboren. Sie besuchte das Spelman College, das Sarah Lawrence College und war engagiert in der Bürgerrechtsbewegung. Sie unterrichtete zeitweise an der Jackson State University (1968–69) und am Tougaloo College (1969–70) in Mississippi. Zu Walkers Werken zählen die Romane *The Color Purple* (1982), *The Temple of My Familiar* (1989), der Kurzgeschichtenband *In Love and Trouble: Stories of Black Women* (1973) und ein Sammelband von Essays (*Search for My Mother's Garden: Womanist Prose*, 1983).

Für jeden Tag 404
Everyday Use

A.W.: Roselily. 13 Liebesgeschichten. Aus dem Amerikan. von Gertraude Krueger und Helga Pfetsch. München: Frauenbuchverlag, 1986. S. 64–79. – Übers. von Gertraude Krueger. – Mit Genehmigung des Verlages Antje Kunstmann, München. Copyright © der deutschen Ausgabe 1986 by Verlag Antje Kunstmann GmbH, München.

EUDORA WELTY

(geb. 1909)

Welty ist Autorin von Romanen, Kurzgeschichten und Essays. In ihren Werken spielen Geschichte und Gegenwart ihrer Heimat – Mississippi im Süden der USA – eine zentrale Rolle. Welty besuchte das Mississippi State College für Frauen, die University of Wisconsin und die Columbia University. Sie arbeitete für eine örtliche Radiostation und eine Tageszeitung in Memphis. Während des Zweiten Weltkriegs war sie Mitarbeiterin der *New York Times Book Review*. Bereits mit der Veröffentlichung ihrer ersten Kurzgeschichtensammlung – *A Curtain of Green and Other Stories* (1941) – erwies Welty sich als wichtige Schriftstellerin aus dem Süden. Sie veröffentlichte weitere Kurzgeschichtensammlungen, Romane (*Delta Wedding*, 1946, und *The Optimist's Daughter*, 1972), Sammlungen von Essays (*The Eye of the Story: Selected Essays and Reviews*, 1979) und ihre Autobiographie (*One Writer's Beginnings*, 1984).

Der Tod eines Handlungsreisenden 123
Death of a Travelling Salesman

E. W.: Der purpurrote Hut und andere Erzählungen. Aus dem Amerikan. übers. von Katrine von Hutten. Stuttgart: Klett-Cotta, 1986. S. 172–187. – Mit Genehmigung der Mohrbooks, Literary Agency, Zürich. Copyright © der deutschen Ausgabe 1986 by J. G. Cotta'sche Buchhandlung Nachfolger GmbH, Stuttgart.

JOHN EDGAR WIDEMAN
(geb. 1941)

Wideman gilt seit den achtziger Jahren als einer der führenden afro-amerikanischen Schriftsteller. Er wurde in Washington (DC) geboren, wuchs in dem von Schwarzen bewohnten Viertel Homewood und später in einer vornehmlich weißen Gegend in Pittsburgh (Pa.) auf, studierte an der University of Pennsylvania in Philadelphia und in Oxford, England, und ist als Professor an der University of Massachusetts, Amherst, tätig. In seinen frühen Romanen war Wideman stark von der weißen literarischen Moderne geprägt (Joyce, Faulkner), begann aber seit Beginn der siebziger Jahre, sich intensiv mit der mündlichen und schriftlichen Tradition Afro-Amerikas auseinanderzusetzen, wie in der Homewoodtrilogie (*Damballah*, 1981, *Hiding Place*, 1981, *Sent for You Yesterday*, 1983), für die er 1984 den PEN / Faulkner Award erhielt. In neueren Werken, insbesondere den Romanen *Reuben* (1987) und *Philadelphia Fire* (1990), entwarf er Formen, die als »black postmodernism« charakterisiert wurden. Neben zahlreichen Kurzgeschichtenbänden, vor allem *Fever* (1989), hat Wideman engagierte, gesellschaftskritische Essaybände vorgelegt, etwa *Brothers and Keepers* (1984).

Valaida 595
valaida

The Stories of John Edgar Wideman. Ed. by J. E. W. New York: Pantheon Books, 1992. S. 165–175. – Erstübers. von Pamela Meyer. – Mit Genehmigung von The Wylie Agency (UK) Ltd, London. Copyright © 1992 John Edgar Wideman.

RICHARD WRIGHT
(1908–1960)

Richard Wright – Schriftsteller und Sozialkritiker – gilt als einer der wichtigsten afro-amerikanischen Autoren nach der »Harlem Renaissance«. Sein stark vom Naturalismus beeinflußter Stil wird von surrealistischen Elementen durchbrochen und ist von einer Verarbeitung des schwarzen Kulturerbes geprägt. Wright wuchs in Mississippi im Süden auf, zog 1927 nach Chicago, trat dort 1932 der kommunistischen Partei bei (aus der er 1944 wieder austrat). 1937–46 lebte er in New York, ab 1947 in Paris. Wright bereiste die Goldküste und Indonesien, wo er Erfahrungen sammelte, die sich in seinen Büchern über den Rassismus in den USA und den Kampf gegen den Kolonialismus in anderen Teilen der Welt widerspiegeln. Wright arbeitete an dem von der Regierung geförderten Federal Negro Theatre Project und am Federal Writers' Project mit. Bei der Verfilmung seines Buchs *Native Son* (1941) spielte Wright die Hauptrolle. Er veröffentlichte neben Erzählungen (u. a. *Uncle Tom's Children*, 1938) Romane (*Native Son*, 1940, und *The Outsider*, 1953), sozialkritische Schriften und seine Autobiographie (*Black Boy*, 1945, und *American Hunger*, postum, 1977).

Der Mann, der fast ein Mann war 142
The Man Who was almost a Man

R. W.: Der Mann, der nach Chikago ging. Erzählungen. Aus dem Amerikan. von Enzio von Cramon und Erich Fried. Hamburg: Claassen, 1961. S. 79–95. – Übers. von Enzio von Cramon.

Herausgeber und Verlag danken für die Nachdruckgenehmigung den Rechteinhabern, die durch den Textnachweis und einen folgenden Genehmigungs- oder Copyrightvermerk bezeichnet sind. In einem Fall war der Inhaber der Rechte nicht festzustellen. Hier ist der Verlag bereit, nach Anforderung rechtmäßige Ansprüche abzugelten.